EDIÇÕES BESTBOLSO

Pecados sagrados

Nora Roberts nasceu em Maryland, nos Estados Unidos, em 1950. O talento para criar histórias apaixonantes e irresistíveis fez com que Nora se tornasse a autora número 1 de diversas listas de best-sellers em todo o mundo. Escritora incansável, publicou quase 200 romances e seus livros já foram traduzidos para 25 idiomas. Sua grande popularidade é resultado do enorme talento para mesclar suspense, amor e paixão em suas tramas. Em 1995, a autora criou a série Mortal, sob o pseudônimo de J. D. Robb.

Nora Roberts

PECADOS SAGRADOS

LIVRO VIRA-VIRA 1

Tradução de
Alda Porto

EDIÇÕES
BestBolso

RIO DE JANEIRO – 2010

CIP-BRASIL. CATALOGAÇÃO-NA-FONTE
SINDICATO NACIONAL DOS EDITORES DE LIVROS, RJ

Roberts, Nora, 1950-
R549d Pecados sagrados – Livro vira-vira 1/ Nora Roberts; tradução de Alda Porto. – Rio de Janeiro: BestBolso, 2010.

Tradução de: Sacred Sins
Obras publicadas juntas em sentido contrário
Com: Doce vingança / Nora Roberts; tradução de A. B. Pinheiro de Lemos. – Rio de Janeiro: BestBolso, 2010
ISBN 978-85-7799-324-6

1. Romance norte-americano. I. Porto, Alda. II. Lemos, A. B. Pinheiro de (Alfredo Barcellos Pinheiro de), 1938 – 2008. III. Título. IV. Título: Doce vingança.

10-5646 CDD: 813
CDU: 821.111(73)-3

Pecados sagrados, de autoria de Nora Roberts.
Título número 211 das Edições BestBolso.
Primeira edição vira-vira impressa em dezembro de 2010.
Texto revisado conforme o Acordo Ortográfico da Língua Portuguesa.

Título original norte-americano:
SACRED SINS

www.edicoesbestbolso.com.br

Design de capa: Simone Villas-Boas sobre foto intitulada "Frangipani on Black" (Fotolia).

Impresso no Brasil

ISBN 978-85-7799-324-6

Para minha mãe,
com agradecimentos por ter me incentivado
a contar esta história

1

Quinze de agosto. Um dia após outro de suor e céus nebulosos. Sem nuvens brancas fofas nem brisas aprazíveis, apenas uma parede de umidade quase espessa o suficiente para alguém nadar nela.

A previsão do tempo nos noticiários prometia melancolicamente mais. Nos últimos dias longos e morosos de verão, a onda de calor avançando pela segunda e impiedosa semana foi a matéria mais importante publicada em Washington, capital.

O Senado entrara em recesso até setembro, por isso o movimento na colina do Capitólio era indolente. Relaxando antes de uma viagem à Europa havia muito acalentada, o presidente descansava em Camp David. Sem o vaivém diário de políticos, Washington era uma cidade de turistas e vendedores ambulantes. Do outro lado do Smithsonian, um mímico apresentava-se a um público que parara mais para recuperar o fôlego do que para apreciar a arte. Bonitos vestidos de verão murchavam, e crianças choramingavam por sorvete.

Jovens e velhos afluíam ao parque público de Rock Creek, usando a sombra e a água como defesa contra o calor. Consumia-se refrigerantes e limonada aos litros, bebia-se cerveja e vinho na mesma quantidade, mas de forma menos conspícua. As garrafas desapareciam quando a polícia do parque passava. Nos piqueniques e churrascos ao ar livre, as pessoas enxugavam o suor, preparavam cachorros-quentes e vigiavam os bebês que caminhavam com passinhos incertos no gramado.

Mães gritavam para os filhos ficarem longe da água, não correrem perto da rua, largarem paus ou pedras. Os rádios portáteis tocavam, como sempre, música alta e desafiante; trilhas quentes, como as chamavam os DJs, que informavam temperaturas por volta dos 30 graus.

Pequenos grupos de estudantes, alguns sentados nas pedras acima do riacho, reuniam-se para discutir o destino do mundo, outros se refestelavam no gramado, mais interessados no destino dos bronzeados. Os que tinham tempo e gasolina de sobra haviam fugido para a praia ou as montanhas. Alguns universitários encontravam energia para lançar discos de plástico, os homens só de calção para exibir torsos uniformemente bronzeados.

Uma jovem artista plástica estava sentada sob uma árvore e fazia esboços indolentemente. Após várias tentativas de atrair a atenção dela para seus bíceps, que vinha trabalhando durante seis meses, um dos jogadores tomou um caminho mais óbvio. O disco pousou no bloco em que a moça desenhava com um estalo. Quando ela ergueu os olhos, aborrecida, ele se aproximou correndo. Exibia um sorriso de desculpas, calculado, para fasciná-la.

– Desculpe. Escapuliu.

Depois de jogar para trás do ombro uma cascata de cabelos escuros, a pintora devolveu-lhe o disco.

– Tudo bem.

Retornou ao esboço sem nem sequer dar-lhe uma olhada. Juventude é sinônimo de tenacidade. Agachando-se ao lado dela, ele examinou o desenho. Não sabia praticamente nada sobre arte, mas não custava nada dar uma opinião inocente.

– Nossa, isso é bom mesmo. Onde você estuda?

Reconhecendo o estratagema, ela ia ignorá-lo, mas levantou o rosto o suficiente para ver seu sorriso. Talvez ele fosse óbvio, mas era bonitinho.

– Georgetown.

– Está brincando? Eu também. Bacharelado em direito.

Impaciente, o amigo do rapaz gritou do outro lado do gramado:

– Rod! Vamos tomar uma gelada ou não?

– Você vem sempre aqui? – perguntou Rod, ignorando o amigo.

A mulher tinha os maiores olhos castanhos que ele já vira.

– De vez em quando.

– Por que nós não...

– Rod, anda. Vamos tomar aquela cerveja.

Ele olhou para o amigo suado, meio acima do peso, e depois de volta para os frios olhos castanhos da artista. Não havia comparação.

– Eu encontro você depois, Pete – gritou e lançou o disco num arco alto e negligente.

– Terminou de jogar? – perguntou a jovem, observando o voo do disco.

Rod riu e tocou as pontas dos cabelos dela.

– Depende.

Praguejando, Pete foi atrás do disco. Acabara de pagar 6 dólares por ele. Após quase tropeçar num cachorro, deslizou barranco abaixo, torcendo para que o disco não caísse no riacho. Tinha pagado muito mais que 6 dólares por suas sandálias de couro. O disco girou em direção à água, o que fez com que Pete praguejasse em voz alta, depois bateu em uma árvore e caiu em meio aos arbustos. Pingando de suor e pensando na cerveja gelada que esperava por ele, Pete afastou os galhos para procurar o disco.

Sentiu o coração parar e depois bombear o sangue para sua cabeça. Antes que pudesse inspirar para gritar, vomitou com violência as batatas fritas e os dois cachorros-quentes que comera.

O disco tinha pousado a 50 centímetros da margem da enseada. Novo e vermelho numa mão branca e fria que parecia pronta para atirá-lo de volta.

Era Carla Johnson, aluna de teatro de 23 anos e garçonete em meio período. Entre 12 e 15 horas antes, fora estrangulada com um amicto de padre. Branco, debruado com fio de ouro.

O DETETIVE BEN PARIS desabou diante da mesa de trabalho após terminar de escrever o relatório sobre o homicídio de Carla Johnson. Nenhuma violência sexual, nenhum indício de roubo visível. A bolsa continuava embaixo do corpo, com 23,75 dólares e um cartão MasterCard. Um anel de opala que teria sido empenhado por cerca de 50 dólares ainda se encontrava no dedo da morta. Sem motivo nem suspeitos. Nada.

Ben e o parceiro haviam passado a tarde entrevistando a família da vítima. Uma coisa terrível, pensou. Necessária, mas terrível. Haviam obtido as mesmas respostas a cada vez. Carla queria ser atriz. A vida dela eram os estudos. Namorava, mas nada sério – dedicava-se demais a uma ambição que jamais iria realizar.

Ben passou mais uma vez os olhos pelo relatório e demorou-se na parte sobre a arma do crime: o pano branco que cobre o pescoço e os ombros dos padres sob a batina. Havia um bilhete preso com um alfinete ao lado. Ele se ajoelhara ao lado da morta horas antes para lê-lo:

Seus pecados foram perdoados.

– Amém – murmurou Ben, e soltou um longo suspiro.

PASSAVA DE 1 HORA DA MANHÃ da segunda semana de setembro quando Barbara Clayton cortou caminho pelo gramado da Catedral de Washington. Embora o ar estivesse quente e as estrelas brilhassem, não tinha ânimo para apreciá-los. Enquanto caminhava resmungava mal-humorada. Dera uma bronca no mecânico pela manhã. Ele tinha dito que consertara a transmissão e que a deixara tão boa quanto nova. Que traste! Ainda bem que só faltavam mais duas quadras para percorrer. Agora ia ter de tomar o ônibus para o trabalho. O filho da mãe abominável e sujo de graxa ia pagar. Uma estrela cadente explodiu e deslizou pelo céu num arco brilhante. Barbara nem sequer notou.

Nem o homem que a espreitava. Sabia que ela viria. Não tinham mandado que a vigiasse? Não sentia a cabeça, mesmo agora, quase explodindo com a pressão da Voz? Fora escolhido, recebera o fardo e a glória.

– *Dominus vobiscum* – murmurou e segurou com força nas mãos o macio amicto branco do padre.

Quando concluiu sua missão, sentiu a intensa euforia do poder. Os hormônios estavam a mil. O sangue fervia. Ele estava limpo. E agora ela também estava. Lenta e delicadamente, levou o polegar à testa, aos lábios e ao coração da morta, fazendo o sinal da cruz. Deu-lhe a absolvição, mas rapidamente. A Voz advertira-o de que muitos não entenderiam a pureza do trabalho que ele fazia.

Deixando o cadáver nas sombras, saiu andando, os olhos brilhando de lágrimas de alegria e loucura.

– A MÍDIA NÃO LARGA DO NOSSO PÉ. – O capitão Harris bateu com força o punho no jornal aberto sobre a mesa. – Toda a maldita cidade está em pânico. Quando eu descobrir quem vazou esse negócio de padre para a imprensa...

Interrompeu-se e se recompôs. Não era com frequência que chegava tão próximo de perder o controle. Podia até sentar-se atrás de uma mesa, mas era um policial, um policial realmente bom. Um bom tira não perde o controle. Para dar tempo a si mesmo, dobrou o jornal e deixou o olhar deslizar pelos outros policiais na sala. Excelentes, admitiu Harris. Ele não toleraria menos.

Ben Paris, sentado a um canto da mesa, brincava com um peso de papel de acrílico. Harris conhecia-o bem demais e sabia que ele gostava de ter algo nas mãos quando pensava. Jovem, refletiu, mas tarimbado com dez anos na corporação. Policial incorruptível, embora meio informal no procedimento. Quando as coisas estavam menos tensas, até divertia o capitão o fato de Ben parecer a versão adaptada por um roteirista de Hollywood de um agente secreto – rosto fino, ossos fortes, moreno, magro e musculoso. Seus cabelos eram cheios e compridos demais para serem convencionais, mas eram cortados num daqueles pequenos salões elegantes de Georgetown. Tinha olhos verde-claros aos quais não escapava o que era importante.

Numa cadeira, a 1 metro de pernas estendidas diante dele, sentava-se Ed Jackson, seu parceiro. Com 1,95 metro de altura e pouco menos de 115 quilos, em geral intimidava de imediato um suspeito. Por capricho ou intencionalmente, usava uma barba cheia tão ruiva quanto a juba encaracolada na cabeça. Tinha olhos azuis e afetuosos. A 50 metros de distância, conseguia abrir um buraco na águia de uma moeda americana de 25 centavos com a arma especial da polícia.

Harris largou o jornal, mas não se sentou.

– O que você conseguiu?

Ben jogou o peso de papel de uma mão para a outra e largou-o.

– Além da constituição física e da cor, não há ligação entre as vítimas, nenhum amigo em comum. Nunca saíram juntas. Você recebeu o relatório detalhado sobre Carla Johnson. Barbara Clayton trabalhava numa loja de roupas em Maryland, era divorciada, sem filhos. Estava saindo com alguém com muita assiduidade até três meses atrás. As coisas malograram, e ele se mudou para Los Angeles. Estamos investigando o cara, mas parece que não tem nada a ver com o caso.

Ben enfiou a mão no bolso para pegar um cigarro e percebeu o olhar do parceiro.

– É o sexto – disse Ed, como quem não quer nada. – Ben está tentando fumar menos de um maço por dia – explicou, e continuou ele mesmo o relatório: – Barbara passou a noite num bar em Wisconsin. Tipo saída noturna só de meninas, com uma amiga que trabalha com ela. A amiga disse que Barbara foi embora por volta de 1 hora da manhã. Seu carro foi encontrado enguiçado a duas quadras de onde ela foi atacada. Parece que teve problemas na transmissão e decidiu continuar o caminho a pé. O apartamento dela fica a menos de 1 quilômetro do local.

– As únicas coisas que as vítimas tinham em comum era o fato de serem louras, brancas e mulheres. – Ben tragou fundo a fumaça, deixou-a encher os pulmões e soltou-a. – Agora estão mortas.

Em sua jurisdição, pensou Harris, e levou a coisa para o lado pessoal.

– A arma do crime, a estola do padre.

– Amicto – informou Ben. – Não pareceu difícil demais investigar. Nosso cara usa a melhor... seda.

– Não comprou na cidade – continuou Ed. – Não no ano passado, pelo menos. Checamos cada loja de artigos religiosos, cada igreja. Liguei para três revendedores em New England que têm esse tipo de amicto.

– Os bilhetes eram escritos em um papel comum que pode ser comprado em qualquer loja – acrescentou Ben. – Não temos como rastrear a origem deles.

– Em outras palavras, vocês não têm nada.

– Em outras palavras – Ben deu outra tragada –, não temos nada.

Harris examinou cada homem em silêncio. Talvez desejasse que Ben usasse uma gravata e Ed aparasse a barba, mas tratava-se de uma questão pessoal. Eram os melhores. Paris, com o encanto indolente e a despreocupação superficial, tinha o instinto de uma raposa e a mente afiada como um estilete. Jackson era meticuloso e eficiente como uma tia solteirona. Um caso para ele era um quebra-cabeça, cujas peças ele nunca cansava de rearrumar.

Harris inalou a fumaça do cigarro de Ben, depois se lembrou de que deixara de fumar para seu próprio bem.

– Voltem e falem com todos de novo. Quero o relatório sobre o ex-namorado de Barbara e as listas dos representantes de artigos religiosos. – Olhou mais uma vez o jornal. – Quero acabar com esse cara.

– O Padre – murmurou Ben, passando os olhos pela manchete. – A imprensa sempre gosta de dar um nome para esses psicóticos.

– E grande cobertura – acrescentou Harris. – Vamos tirá-lo das manchetes e enfiá-lo atrás das grades.

EXAUSTA APÓS UMA LONGA NOITE de trabalho administrativo, a Dra. Teresa Court tomava café e passava os olhos pelo *Post*. Uma semana havia se passado depois do segundo assassinato e o Padre, como o batizara a imprensa, continuava foragido. Não considerava a leitura sobre ele a melhor maneira de começar o dia, mas profissionalmente o homem a interessava. Não era indiferente à morte de duas jovens, mas fora formada para examinar fatos e fazer diagnósticos. Dedicara a vida a isso.

Em termos profissionais, sua vida era atormentada por problemas, dor e frustrações. Para compensar, mantinha seu mundo particular organizado e simples. Como crescera protegida pela riqueza e tivera boa educação, considerava a gravura de Matisse na parede e o cristal Baccarat na mesa algo natural.

Preferia linhas simples e tons pastel, mas vez ou outra se via atraída por alguma coisa gritante, como o óleo abstrato em vívidas pinceladas e cores arrogantes acima da mesa. Entendia sua necessidade do berrante assim como do suave e sentia-se contente. Uma de suas principais prioridades era permanecer satisfeita.

Como o café já esfriara, ela o afastou. Após um instante, afastou também o jornal. Queria saber mais sobre o assassino e as vítimas, conhecer todos os detalhes. Então se lembrou do velho ditado sobre tomar cuidado com o que deseja, pois você pode conseguir.

Com uma rápida conferida no relógio, levantou-se da mesa. Não tinha tempo para ficar pensando sobre uma matéria de jornal. Precisava ver seus pacientes.

AS CIDADES DA COSTA LESTE atingem o máximo do esplendor no outono. O verão as transforma num forno, o inverno as deixa paralisadas e sombrias, mas no outono há uma explosão de cor e dignidade.

Às 2 horas da manhã, numa fria madrugada de outubro, Ben Paris viu-se de repente desperto. De nada adiantava perguntar-se o que perturbara seu sono e o interessante sonho que estava tendo com três louras. Levantou-se nu, dirigiu-se à cômoda e tateou à procura dos cigarros. Vinte e dois, contou em silêncio.

Acendeu um e deixou o conhecido gosto amargo encher-lhe a boca antes de ir à cozinha fazer café. Ligou a luz fluorescente no fogão e manteve o olhar atento ao surgimento de baratas. Nada se esgueirou pelas fendas. Ben acendeu a chama sob a chaleira e achou que a última dedetização continuava eficaz. Ao estender a mão para uma xícara, afastou o volume de dois dias de correspondência que ainda tinha de abrir.

Na intensa luz da cozinha, seu rosto parecia duro, até perigoso. Pudera, estava pensando em assassinato. O corpo nu era flexível e comprido, com uma magreza que seria esquelética sem as sutis saliências dos músculos.

O café não o manteria acordado. Quando tivesse a mente lúcida, o corpo logo faria o mesmo. Treinara-se durante infindáveis vigilâncias policiais.

Uma gata mirrada cor de pó saltou na mesa e encarou-o enquanto ele tomava o café e fumava. Notando que ele estava distraído, a gata reavaliou a ideia do pires de leite tarde da noite e sentou-se para observar.

Não estavam mais próximos de encontrar o assassino do que na tarde em que o primeiro cadáver fora descoberto. Se houvessem encontrado algo remotamente semelhante a uma pista, havia desaparecido após os primeiros quilômetros de trabalho de campo. Beco sem saída, refletiu Ben. Zero. Nada.

Tudo bem, tinha havido cinco confissões em apenas um mês. Todas de mentes perturbadas que ansiavam por atenção. Haviam se passado 26 dias desde o segundo assassinato e eles não haviam chegado a conclusão alguma. E ele sabia que a cada dia que passava a pista ficava mais fria. Com a diminuição gradual da pressão da imprensa, as pessoas começavam a relaxar. Ele não gostava disso. Ao acender um cigarro na guimba de outro, Ben pensava na calmaria após as tempestades. Olhou a fria noite iluminada por uma meia-lua e ficou refletindo.

O DOUG'S FICAVA A CERCA DE 8 quilômetros do apartamento de Ben. A pequena boate estava às escuras. Os músicos tinham ido embora e a bebida fora derramada, esfregada e lavada. Francie Bowers saiu pela entrada dos fundos e vestiu o suéter. Os pés doíam. Após seis horas usando saltos de 10 centímetros, os dedos dos pés latejavam dentro dos tênis. Mesmo assim, as gorjetas haviam valido a pena. O trabalho como garçonete no bar dava para pagar as contas, mas quando se tinha boas pernas – como ela –, as gorjetas entravam aos borbotões. Mais algumas noites como aquela, pensou, e teria condições de dar a entrada em um pequeno fusca. Não mais a luta incômoda com o ônibus. Essa era a sua ideia de paraíso.

Sentiu uma cortante pontada de dor no arco do pé. Estremecendo, Francie examinou o beco, que lhe pouparia quase 500 metros. Estava escuro. Ela avançou mais dois passos em direção ao poste de luz e desistiu. Escuro ou não, não iria andar um passo a mais do que precisava.

Ele a esperava fazia um longo tempo. Mas soubera. A Voz dissera que uma das perdidas estava sendo enviada. Ela se aproximava rápido, como se estivesse ansiosa para alcançar a salvação. Durante dias ele rezara por ela, pela purificação de sua alma. Agora a hora do perdão estava bem perto. Ele era apenas um instrumento.

O tumulto iniciado em sua cabeça desceu em espiral. O poder inundou-o. Nas sombras, orou até ela morrer.

Agia rápido, pois era misericordioso. Assim que passou o amicto em volta do pescoço dela, a mulher teve apenas um instante para arquejar antes de ele apertá-lo. Emitiu um leve som gutural tão logo o ar foi cortado. Quando o terror a tomou, ela deixou a bolsa de lona cair e agarrou o pano com as mãos.

Às vezes, quando sentia grande poder, ele as libertava rápido, mas o mal naquela era forte e desafiava-o. Puxou a seda com os dedos e depois os enterrou com força nas luvas que usava. Assim que o corpo cedeu, ele a levantou, mas ela continuava a espernear. Um dos pés bateu numa lata e derrubou-a. O barulho ecoou na cabeça dele até quase fazê-lo gritar junto.

Então ela ficou mole, e as lágrimas no rosto dele secaram no ar outonal. Deitou-a com delicadeza no concreto e absolveu-a na língua antiga. Após prender o bilhete no suéter, abençoou-a.

Ela descansava em paz. E, por enquanto, ele também.

– Não há motivo algum pra você nos matar desse jeito, correndo assim. – O tom da voz de Ed era sereno quando Ben fez uma curva com o Mustang a 100 quilômetros por hora. – Ela já está morta.

Ben reduziu a marcha e tomou a direita seguinte.

– Foi você quem fez o último carro sofrer perda total. Meu último carro – acrescentou sem muita maldade. – Só tinha 120 mil quilômetros rodados.

– Perseguição em alta velocidade – resmungou Ed. O Mustang trepidou sobre um calombo e lembrou a Ben que ele pretendia verificar os para-choques. – E eu não o matei.

– Contusões e fissuras. – Ben engrenou a terceira e atravessou um sinal amarelo. – Contusões e fissuras múltiplas.

Com uma expressão de quem se lembrava, Ed sorriu.

– Nós os pegamos, não foi?

– Estavam inconscientes. – Ben parou, cantando os pneus junto ao meio-fio, e enfiou as chaves no bolso. – E eu precisei de cinco pontos no braço.

– Ranzinza, ranzinza, ranzinza.

Com um bocejo, Ed dobrou-se para sair do carro e endireitou-se na calçada.

Embora mal amanhecesse e fizesse frio o bastante para se ver a respiração no ar, uma multidão já se formava. Encolhido dentro da jaqueta e desejando um café, Ben abriu caminho por entre os espectadores curiosos até o beco isolado por uma corda.

– Dissimulado.

Fez um aceno da cabeça para o fotógrafo da polícia e baixou os olhos para a vítima número três.

Calculou que tinha entre 26 e 28 anos. Suéter de poliéster barato, solas dos tênis quase lisas de gastas. Usava brincos pendentes folheados a ouro. O rosto, uma máscara de pesada maquiagem que não combinava com o suéter e a calça de veludo cotelê de loja de departamentos.

Protegendo com as mãos em concha o segundo cigarro do dia, ele ouviu o relatório do policial uniformizado ao lado.

– Um vagabundo a encontrou. Nós o colocamos num carro do esquadrão para curar a bebedeira. Parece que estava remexendo no lixo quando topou com ela, o que desencadeou um medo enorme no cara e por isso ele saiu correndo do beco e quase bateu na minha radiopatrulha.

Ben assentiu com a cabeça e baixou os olhos para o bilhete preso no suéter da vítima. Frustração e fúria despertaram tão rápido dentro dele que, quando se instalou a aceitação, mal foram notadas. Curvando-se, Ed pegou a enorme bolsa de lona que a vítima deixara cair. Um punhado de passagens de ônibus derramou-se.

Seria um longo dia.

Seis horas depois, entraram no distrito policial. A Divisão de Homicídios não tinha a agradável magia do seriado *Miami Vice*, mas era quase tão arrumada e limpa quanto as delegacias dos bairros residenciais afastados nos subúrbios da cidade. Dois anos antes, haviam pintado as paredes de uma cor a que Ben se referia como bege de prédio de apartamentos. A cerâmica do piso esquentava no verão e conservava o frio no inverno. Por mais ativo que fosse o serviço de manutenção com desinfetante de pinho e flanelas, as salas cheiravam o tempo todo a fumaça saturada, grãos de café úmidos e suor fresco. Era verdade que haviam feito uma vaquinha na primavera e delegado a um dos detetives a tarefa de comprar, para enfeitar o parapeito das janelas, algumas plantas, que não estavam morrendo, mas tampouco floresciam.

Ben passou por uma mesa e cumprimentou Lou Roderick, que datilografava um relatório. Era o policial da equipe que registrava constantemente a quantidade de casos tratados durante determinado período, como um contador registra as finanças de uma empresa.

– Harris quer ver você – disse Lou e, sem erguer os olhos, conseguiu transmitir um toque de solidariedade. – Acabou de chegar de uma reunião com o prefeito. E acho que Maggie Lowenstein tem um recado para você.

– Obrigado. – Ben deu uma olhada comprida para a barra de chocolate na mesa de Roderick. – Escute, Lou...

– Nem pensar.

Roderick continuou a datilografar o relatório sem interromper o ritmo.

– Isso é que é fraternidade– resmungou Ben, e encaminhou-se devagar para Maggie Lowenstein.

Ela era um tipo inteiramente diferente de Roderick, pensou. Trabalhava em surtos, parava e retornava, e ficava mais à vontade na rua que diante de uma máquina de escrever. Ben respeitava a precisão de Lou, mas como apoio na retaguarda escolheria Maggie, pois os adequados terninhos e os vestidos elegantes não escondiam o fato de que ela tinha as melhores pernas do departamento. Deu uma rápida olhada para as pernas antes de sentar-se a um canto da mesa dela. Era uma pena que fosse casada, pensou.

Remexendo como quem não quer nada em seus papéis, ele esperou que ela terminasse a ligação telefônica.

– Como andam as coisas, Maggie?

– O meu triturador de lixo da pia está jogando tudo pra cima e o encanador quer 300 paus, mas tudo bem, porque o meu marido vai consertar. – Ela colocou uma folha de formulário na máquina de escrever. – Só que com ele vai custar o dobro. E você? – Deu um tapa na mão dele para afastá-la da Pepsi que estava na mesa. – Alguma novidades sobre o nosso padre?

– Só um cadáver. – Se havia amargura na voz dele, era difícil detectar. – Já esteve no Doug's, mais adiante do canal?

– Eu não tenho a sua vida social, Paris.

Ele bufou rapidamente e pegou a caneca gorda onde ela guardava os lápis.

– A moça era garçonete em um bar. Vinte e sete anos.

– Não adianta se deixar abater – ela murmurou, e então, vendo a expressão dele, passou-lhe a Pepsi. Mas sempre nos abatemos. – Harris quer ver você e o Ed.

– É, eu sei. – Ele tomou um longo gole e deixou o açúcar e a cafeína se espalharem pelo organismo. – Tem algum recado para mim?

– Ah, sim. – Com um sorriso afetado, ela remexeu nos papéis até encontrá-lo. – Bunny ligou. – Como a voz alteada, estridente, não despertou ânimo algum nele, ela lançou-lhe um olhar malicioso e entregou-lhe o papel. – Ela quer saber a que horas você vai buscá-la. Ela parece ser mesmo uma graça, Paris.

Ele enfiou o papel no bolso e riu.

– Ela é realmente uma graça, Maggie, mas eu a largaria num minuto se você quisesse trair o seu marido.

Quando ele saiu andando sem devolver o refrigerante, ela riu e retomou a datilografia do formulário.

– Vão transformar meu apartamento em um condomínio. – Ed desligou o telefone e foi com Ben até o escritório de Harris. – Cinquenta mil. Deus do céu!

– O encanamento é ruim.

Ben esvaziou o restante da Pepsi e jogou a lata fora.

– É. Tem alguma vaga no seu?

– Ninguém sai de lá, a não ser morto.

Através da larga vidraça do escritório de Harris, viram o capitão parado em pé junto à mesa, falando ao telefone. Mantinha-se em boa forma para um homem de 57 anos que passara os últimos dez atrás de uma mesa. Tinha muita força de vontade para se deixar engordar. O primeiro casamento fora por água abaixo por causa do trabalho, o segundo por causa da bebida. Abandonara a bebida e o casamento, e agora o trabalho ocupava o lugar de ambos. Os policiais do departamento não necessariamente gostavam dele, mas o respeitavam. Harris preferia as coisas assim. Erguendo os olhos, fez sinal para que os dois entrassem.

– Quero as análises do laboratório antes das cinco. Se havia uma fibra no suéter dela, quero saber de onde veio. Façam o trabalho de vocês. Deem-me alguma coisa em que trabalhar pra eu poder fazer o meu. – Quando desligou, foi até a cafeteira e serviu café. Após cinco anos de abstinência, ainda desejava que fosse uísque escocês. – Falem de Francie Bowers.

– Ela servia mesas no Doug's há quase um ano. Veio da Virgínia para a capital em novembro passado. Morava sozinha num apartamento em North West. – Ed deslocou o peso do corpo de um pé para o outro e conferiu o caderno de anotações. – Casada duas vezes, nenhuma das duas durou mais de um ano. Estamos investigando os ex. Trabalhava à noite e dormia de dia, por isso os vizinhos não sabem muita coisa sobre ela. Saiu do trabalho à 1 hora da manhã. Parece que cortou caminho pelo beco para chegar ao ponto de ônibus. Não tinha carro.

– Ninguém ouviu nada – acrescentou Ed. – Nem viu coisa alguma.

– Perguntem de novo – disse Harris apenas. – E encontrem alguém que tenha ouvido ou visto algo. Mais alguma coisa sobre a número 1?

Ben não gostava de chamar as vítimas por números e enfiou as mãos nos bolsos.

– O namorado de Carla Johnson está em Los Angeles. Conseguiu um pequeno papel numa novela. Está limpo. Parece que ela teve uma briga com outro estudante na véspera do assassinato. Algumas testemunhas disseram que a coisa ficou bem feia.

– O rapaz admitiu – continuou Ed. – Pelo que consta, tinham saído duas vezes e ela não estava mais interessada.

– Álibi?

– Ele afirma que ficou bêbado e pegou uma caloura. – Com uma encolhida de ombros, Ben sentou-se no braço de uma cadeira. – Estão noivos. Podemos investigar o rapaz de novo, mas não acreditamos que ele tenha nada a ver com isso. Não tem ligação com Barbara Clayton nem com Francie Bowers. Quando investigamos, descobrimos que é um típico estudante americano de família de classe média alta, com um bom currículo. É mais provável o Ed ser um psicótico do que esse universitário.

– Obrigado, parceiro.

– Bem, investiguem de novo mesmo assim. Qual é o nome dele?

– Robert Lawrence Dors. Dirige um Honda Civic e usa camisas polo. – Ben pegou um cigarro. – Mocassins brancos sem meias.

– Roderick vai interrogá-lo.

– Espere um minuto...

– Estou designando uma força-tarefa para esse caso – disse Harris, interrompendo Ben. Serviu-se de uma segunda xícara de café. – Roderick, Lowenstein e Bigsby vão trabalhar com vocês. Quero esse cara antes que ele mate a próxima mulher que por acaso esteja caminhando sozinha. – Matinha a voz branda, moderada e definitiva. – Vêm algum problema nisso?

Ben encaminhou-se até a janela e olhou para o lado de fora. Era pessoal e ele sabia bem das coisas.

– Não, todos queremos pegar o cara.

– Inclusive o prefeito – acrescentou Harris, com apenas um levíssimo traço de amargura. – Quer dar à imprensa alguma notícia positiva até o final da semana. Chamamos um psiquiatra pra traçar um perfil.

– Psiquiatra? – Com um arremedo de risada, Ben deu meia-volta. – Por favor, capitão.

Como também não gostava da ideia, a voz de Harris gelou:

– O Dr. Court concordou em cooperar conosco, a pedido do prefeito. Não sabemos como esse assassino é, então talvez seja hora de descobrirmos o que ele pensa. A essa altura – acrescentou com um olhar nivelado para os dois policiais –, estou disposto a consultar até uma bola de cristal se isso nos der uma pista. Estejam aqui às 16 horas.

Ben ia abrir a boca, mas captou o olhar de advertência de Ed. Sem uma palavra sequer, os dois saíram.

– Talvez a gente devesse chamar um paranormal.

– Mente tacanha.

– Realista.

– A psique humana é um mistério fascinante.

– Você anda lendo de novo.

– E os que têm formação para entendê-la conseguem abrir portas que permanecem fechadas para os leigos.

Ben suspirou e acendeu um cigarro enquanto saíam para o estacionamento.

– Merda.

– MERDA – RESMUNGOU TESS quando olhou pela janela do consultório. Não tinha a menor vontade de fazer duas coisas naquele momento. A primeira era enfrentar o trânsito na chuva fria e detestável que tinha começado a cair. A segunda era se envolver com os homicídios que assolavam a cidade. Teria de fazer a primeira, porque o prefeito pedira, e seu avô a pressionara a fazer a segunda.

Já tratava de casos demais. Poderia ter recusado o pedido do prefeito com educação e até justificativa. O avô era outra história. Nunca se sentia a Dra. Teresa Court quando lidava com ele. Após cinco minutos, não tinha mais 1,65 metro de altura, corpo de mulher e diploma emoldurado em preto atrás de si. Tornava a ser uma menina magricela de 12 anos, dominada pela personalidade do homem que mais amava no mundo.

Ele garantira a obtenção daquele diploma emoldurado em preto, não garantira? Com sua confiança, pensou, seu apoio e sua fé inabalável nela. Como podia dizer não quando ele lhe pedia para usar seu talento? Porque tratar do número de casos que tinha atualmente exigia-lhe dez horas diárias. Talvez fosse o momento de parar de ser teimosa e arrumar um sócio.

Tess olhou em volta para o consultório em tons pastel, com as antiguidades e aquarelas cuidadosamente selecionadas. É meu, pensou. Cada pedacinho. E o arquivo de carvalho alto, de cerca de 1920, cheio de pastas dos pacientes. Também seus. Não, não iria aceitar um sócio. Dentro de um ano, faria 30 anos. Tinha sua clientela, o consultório e os próprios problemas. E era assim mesmo que desejava manter as coisas.

Tirou a capa de chuva forrada de vison do armário e se enfiou nela. Talvez, apenas talvez, pudesse ajudar a polícia a encontrar o homem alardeado nas manchetes dia após dia. Poderia ajudá-los a encontrá-lo e detê-lo, para que ele, por sua vez, pudesse obter a ajuda de que precisava.

Pegou a bolsa e a pasta, cheia de arquivos a serem selecionados e analisados naquela noite.

– Kate. – Entrou na antessala do consultório e levantou a gola. – Vou até o escritório do capitão Harris. Não marque nada, a não ser que seja urgente.

– Devia pôr um chapéu – respondeu a secretária.

– Tenho um no carro. Até amanhã.

– Dirija com cuidado.

Adiantando-se, ela cruzou a porta enquanto remexia na bolsa à procura das chaves do carro. Talvez pudesse comprar comida chinesa a caminho de casa e desfrutar de um jantar tranquilo antes de...

– Tess!

Mais um passo e teria entrado no elevador. Praguejando baixinho, ela se virou e conseguiu dar um sorriso.

– Frank.

Tivera tanto sucesso em evitá-lo por quase dez dias.

– Você é uma mulher difícil de encontrar.

Ele se dirigiu a ela. Impecável. Era essa a palavra que sempre lhe vinha à mente quando via o Dr. F. R. Fuller. Logo antes de chato. O chato vestia um terno cinza-perolado da Brooks Brothers e a gravata listrada tinha o matiz e o rosa bebê da camisa Arrow. Os cabelos estavam penteados à perfeição no estilo conservador. Ela se esforçou para não deixar o sorriso se desfazer. Não era culpa de Frank a perfeição dele não entusiasmá-la.

– Tenho andado ocupada.

– Você sabe o que costumam dizer sobre trabalhar o tempo todo, Tess.

Ela mordeu os lábios para impedir-se de responder que não, não sabia o que diziam. Ele apenas riria e diria o restante do clichê.

– Vou ter de correr o risco.

Apertou o botão para descer e torceu para que o elevador chegasse logo.

– Está saindo cedo hoje.

– Tenho uma reunião fora. – Ela olhou de propósito para o relógio de pulso. Tinha tempo de sobra. – E já estou um pouco atrasada – mentiu, sem escrúpulo.

– Venho tentando entrar em contato com você. – Apoiando a palma da mão na parede, Frank curvou-se sobre ela. Mais um dos hábitos dele que Tess se viu detestando. – Seria de imaginar que isso não fosse um problema, já que os nossos consultórios ficam ao lado um do outro.

Onde diabos estava um elevador quando se precisava dele?

– Sabe como são os horários, Frank.

– Na verdade, sei. – O colega disparou-lhe um sorriso de anúncio de pasta de dentes e ela se perguntou se ele achava que sua colônia a deixava louca. – Mas todos precisamos relaxar de vez em quando, certo, doutora?

- À nossa própria maneira.

– Tenho ingressos para a peça de Noel Coward no Kennedy Center amanhã à noite. Que tal relaxarmos juntos?

Na última vez, a única, que ela concordara em relaxar com ele, mal escapara com as roupas no corpo. Pior, antes do cabo de guerra, quase morrera de tédio durante três horas.

– É muita gentileza sua pensar em mim, Frank. – Mais uma vez, ela mentiu sem hesitação: – Sinto muito, mas já tenho um compromisso amanhã.

– Por que a gente não...

As portas se abriram.

– Opa, estou atrasada. – Lançando-lhe um sorriso radiante, ela entrou. – Não trabalhe demais, Frank. Sabe o que costumam dizer.

Por causa da chuva e do tráfego intensos, ela consumiu quase todo o tempo de sobra dirigindo até o distrito policial. O estranho foi que a batalha de meia hora a deixou animada. Talvez, pensou, por ter escapado tão primorosamente de Frank. Se tivesse coragem, e não tinha, teria apenas dito a Frank que ele era um imbecil e seria o fim da história, mas até que ele a encurralasse além da conta, ela usaria tato e desculpas.

Estendendo a mão, pegou um chapéu de feltro e prendeu os cabelos por baixo dele. Olhou no retrovisor e franziu o nariz. De nada adiantava fazer reparos agora. A chuva os tornaria perda de tempo. Ainda assim, devia haver um banheiro feminino lá dentro onde pudesse pegar a bolsa de truques mágicos e sair parecendo digna e profissional. Por enquanto, iria apenas parecer molhada.

Com um empurrão, Tess abriu a porta do carro, segurou o chapéu com a mão e deu uma corrida até o prédio.

– Veja só isso.

Ben parou o parceiro nos degraus que levavam à delegacia. Observaram, alheios à chuva, Tess saltar as poças.

– Belas pernas – comentou Ed.

– Se são. Melhores que as da Maggie.

– Talvez. – Ed pensou por um instante. – É difícil dizer na chuva.

Ainda correndo, cabisbaixa, Tess precipitou-se degraus acima e chocou-se com Ben. Ele ouviu-a praguejar antes de segurar-lhe os ombros e afastá-la apenas o suficiente para dar uma boa olhada em seu rosto.

Valia a pena ficar molhado.

Elegante. Mesmo com pingos de chuva escorrendo pelo rosto, Ben pensou em elegância. O corte acentuado das maçãs do rosto era forte, alto o bastante para fazê-lo lembrar-se de donzelas viquingues. A boca suave e molhada lembrava-lhe outras coisas. A pele clara tinha apenas um toque rosado. Mas foram os olhos que o fizeram esquecer a observação superficial que pensara em fazer. Grandes, frios e apenas um pouco irritados. Violeta. Ele achava que a cor era reservada a Elizabeth Taylor e flores silvestres.

– Desculpe – conseguiu dizer Tess quando recuperou o fôlego. – Eu não vi você.

– Não. – Ben queria continuar encarando-a, mas deu um jeito de afastar o olhar. Tinha uma reputação mítica com mulheres. Exagerada, mas baseada em fatos. – À velocidade que você estava correndo, não me surpreende. – Era agradável segurá-la, ver a chuva grudar-se em seus cílios. – Eu podia prender você por agredir um policial.

– A moça está ficando molhada – murmurou Ed.

Até então, Tess tivera consciência apenas do homem que a segurava, encarando-a como se ela tivesse surgido de uma nuvem de fumaça. Agora se forçou a desviar o olhar e examinar e avaliar o outro homem de cima a baixo. Viu um gigante molhado, de olhos sorridentes e uma massa de cabelos ruivos gotejantes. Era uma delegacia de polícia, pensou, ou um conto de fadas?

Ben manteve uma das mãos no braço dela ao abrir a porta. Deixou-a entrar, mas não iria deixá-la escapar. Ainda não.

Tão logo entrou, Tess lançou outro olhar a Ed, decidiu que era real e desviou-o para Ben. Ele também era. E continuava segurando seu braço. Sorrindo, ela ergueu uma sobrancelha.

– Policial, tenho que avisar que se me prender por agressão, vou dar queixa de brutalidade policial. – Quando ele sorriu, ela sentiu alguma coisa dar um clique. Então ele não era tão inofensivo quanto achara. – Agora, se me der licença...

– Esqueça as acusações. Se precisar resolver uma multa por estacionar em lugar proibido...

– Sargento...

– Detetive – ele corrigiu. – Ben.

– Detetive, talvez eu aceite a sua oferta outra hora, mas no momento estou meio atrasada. Se quiser ser útil...

– Sou um funcionário público.

– Então pode soltar meu braço e me dizer onde encontro o capitão Harris?

– Capitão Harris? Homicídios?

Ela viu a surpresa, a desconfiança e sentiu o braço livre.

Intrigada, inclinou a cabeça e tirou o chapéu. Os cabelos louro-claros caíram sobre os ombros.

– Isso mesmo.

Ben olhou para os cabelos caídos sobre o ombro e tornou a olhar para o rosto dela. Não se encaixava, pensou. Ele desconfiava de coisas que não se encaixavam.

– Dra. Court?

Era sempre necessário um esforço para enfrentar descortesia e cinismo com graça. Tess não se incomodou em fazê-lo.

– Isso mesmo, mais uma vez... Detetive.

– Você é psiquiatra?

Ela devolveu-lhe um olhar idêntico.

– Você é policial?

Ambos poderiam ter acrescentado algo não muito lisonjeiro se Ed não tivesse desatado a rir.

– Soou a campainha para o primeiro round – disse, apaziguando. – O escritório de Harris é uma área neutra.

Tomou o braço de Tess e mostrou-lhe o caminho.

2

Ladeada pelos dois, Tess atravessou os corredores. De vez em quando, uma voz gritava com alguém ou uma porta era aberta e fechada com um ruído oco. O barulho de telefones tocando vinha de toda parte ao mesmo tempo; parecia que nunca eram atendidos. Um homem de camiseta e macacão enxugava uma poça de alguma coisa. O corredor exalava forte cheiro de desinfetante e umidade.

Não era a primeira vez que ela entrava numa delegacia de polícia, mas a primeira em que chegara tão perto de sentir-se intimidada. Ignorando Ben, concentrou-se no parceiro.

– Vocês sempre andam em par?

Afável, Ed riu. Gostou da voz dela, pois, além de grave, era fria como sorvete numa quente tarde de domingo.

– O capitão gosta que eu fique de olho nele.

– Aposto que sim.

Ben deu uma guinada brusca à esquerda.

– Por aqui... doutora.

Tess lançou-lhe um olhar enviesado e passou à frente. Ele cheirava a chuva e sabonete. Ao entrar na sala da delegacia, ela viu dois homens arrastarem um adolescente algemado. Sentada num canto com uma caneca nas mãos, uma mulher chorava baixinho. Ruídos de discussão chegavam do corredor.

– Bem-vinda à realidade – disse-lhe Ben quando alguém começou a dizer palavrões.

Ela deu-lhe um demorado olhar de esguelha e resumiu-o como um tolo. Por acaso ele achava que ela imaginava que iriam oferecer-lhe chá com biscoitos? Comparado com a clínica onde atendia uma vez por semana, aquilo era uma festa no jardim.

– Obrigada, detetive...

– Paris. – Ben se perguntou por que achava que ela ria dele. – Ben Paris, Dra. Court. Este é meu parceiro, Ed Jackson. Pegando um cigarro, acendeu-o e examinou-a. Parecia deslocada na lúgubre sala da delegacia, como uma rosa num monte de lixo. Mas isso era problema dela. – Vamos trabalhar juntos.

– Que ótimo!

Com o sorriso que reservava aos vendedores de loja irritantes, ela passou rápido à frente. Antes que pudesse bater à porta de Harris, Ben abriu-a.

– Capitão. – Ele esperou o capitão afastar os papéis na mesa e levantar-se. – Esta é a Dra. Court.

Harris não esperava uma mulher, nem ninguém tão jovem, mas comandara policiais e principiantes demais para sentir qualquer coisa além de momentânea surpresa. O prefeito recomendara-a; insistira nela, corrigiu-se. E o prefeito, por mais irritante que fosse, era um homem tarimbado que dava poucos passos errados.

– Dra. Court. – Estendeu a mão e achou a dela macia e pequena, mas bastante firme. – Agradeço por ter vindo.

Não, ela não estava convencida de que ele estava grato, mas lidara com essas situações antes.

– Espero poder ajudar.

– Por favor, sente-se.

Ela ia tirar a capa quando sentiu mãos em seus braços. Ao dar uma rápida olhada para trás, viu Ben.

– Bela capa, doutora. – Ele deslizou os dedos pelo forro ao ajudar a tirá-la. – Horas de cinquenta minutos devem ser rentáveis.

– Nada é mais divertido que secar os pacientes até a última gota– ela disse com a mesma insinuação na voz. Idiota arrogante, pensou, e sentou-se.

– A Dra. Court talvez queira café – interveio Ed. Sempre se divertindo com facilidade, riu para o parceiro. – Teve uma recepção meio molhada.

Vendo o brilho nos olhos de Ed, Tess não pôde deixar de retribuir o sorriso.

– Eu adoraria um café. Puro.

Após olhar a borra no bule sobre a chapa quente, Harris pegou o telefone.

– Roderick, traga uns cafés aqui. Quatro... não, três – corrigiu ao olhar para Ed.

– Se tiver um pouco de água quente...

Ed enfiou a mão no bolso e pegou um saquinho de chá de ervas.

– E uma xícara de água quente – disse Harris, torcendo os lábios em algo semelhante a um sorriso. – É, para o Jackson. Dra. Court... – Não sabia o que a divertira, mas teve a sensação de que tinha a ver com seus dois homens. Era melhor começarem o negócio. – Ficaremos gratos por qualquer ajuda que possa nos dar. E contará com a nossa total cooperação. – Disse isso com um olhar rápido e significativo para Ben. – Já recebeu um resumo com as informações essenciais sobre o que precisamos?

Tess pensou na reunião de duas horas que tivera com o prefeito e nas pilhas de papelada que levara do escritório dele para casa. Em resumo, pensou, nada tinha a ver com aquilo.

– Recebi. Vocês precisam de um perfil psicológico do assassino conhecido como Padre. Necessitam de uma opinião qualificada, especializada, sobre o motivo de ele matar e seu estilo de matar. Querem que eu diga quem ele é emocionalmente. Como pensa, como sente. Com os dados que tenho, e os que vão me dar, é possível dar uma opinião... uma opinião – ela enfatizou – sobre como, por que e quem ele é, em termos psicológicos. Com isso, talvez possam dar um passo para detê-lo.

Então ela não prometia milagres. Isso ajudou Harris a relaxar. Pelo canto dos olhos, viu que Ben a observava atento, passando um dedo como quem não quer nada pela capa de chuva dela.

– Sente-se, Paris – disse Harris, indulgente. – O prefeito lhe deu algumas informações? – perguntou à psiquiatra.

– Algumas. Comecei a trabalhar nisso ontem à noite.

– Vai precisar dar uma olhada nestes relatórios também. – Harris pegou uma pasta da mesa e passou-a para ela.

– Obrigada.

Tess retirou da bolsa óculos de aro de tartaruga e abriu a pasta.

Psiquiatra, pensou mais uma vez Ben, examinado o perfil dela. Tinha a aparência de quem devia estar liderando a torcida de um time de universidade. Ou tomando conhaque no Mayflower. Não sabia por que as duas imagens pareciam combinar com ela, mas combinavam. Era a imagem de médica que não se encaixava. Os psiquiatras eram altos, magros e pálidos, de olhos, voz e mãos calmos.

Lembrou-se do psiquiatra que o irmão consultara durante três anos após retornar do Vietnã. Josh partira como um jovem idealista de rosto rosado. Regressara assombrado e beligerante. O psiquiatra ajudara. Ou assim parecera, como todos tinham dito, incluindo o próprio Josh. Até ele pegar o revólver de serviço e acabar com quaisquer chances que tivesse.

O psiquiatra definira seu comportamento como Distúrbio do Estresse Pós-Traumático. Até então, Ben não sabia quanto detestava rótulos.

Roderick trouxe o café e conseguiu não parecer aborrecido por ser incumbido de fazer serviços gerais.

– Trouxe os garotos Dors? – perguntou-lhe Harris.

– Eu ia buscá-los.

– Paris e Jackson vão fazer um resumo das informações para você, e Lowenstein e Bigsby de manhã após a chamada.

Dispensou-o com um aceno da cabeça enquanto despejava três colheres de açúcar na xícara. Do outro lado da sala, Ed estremeceu.

Tess aceitou a xícara com um murmúrio, sem erguer os olhos.

– Devo supor que o assassino tem uma força maior que a média?

Ben pegou um cigarro e examinou-o.

– Por quê?

Tess empurrou os óculos bem para baixo no nariz, num truque que lembrava um professor que teve na faculdade. O objetivo era desmoralizar.

– A não ser pelas marcas de estrangulamento, as vítimas não apresentavam hematomas, nem sinais de violência, nem roupa rasgada ou vestígios de luta.

Ignorando o café, Ben tragou o cigarro.

– Nenhuma das vítimas era particularmente forte. Barbara Clayton, a maior, tinha 1,65 metro e menos de 55 quilos.

– O terror e a adrenalina provocam surtos de força – ela contestou. – Sua suposição, a julgar pelos relatórios, é que ele as pega de surpresa, por trás.

– Supomos isso com base no ângulo e na localização dos hematomas.

– Acho que compreendo – ela disse, ativa e enérgica, empurrando mais uma vez os óculos para cima. Não era fácil desmoralizar um cabeça-dura. – Nenhuma das vítimas conseguiu arranhar o rosto dele, senão haveria fragmentos de pele sob as unhas. Estou certa? – Antes que ele pudesse responder, ela se virou de forma enfática para Ed. – Então, ele é esperto o bastante para querer evitar marcas problemáticas. Não parece que mata esporadicamente, mas planeja de maneira ordenada, até lógica. A roupa delas – continuou –, estava desarrumada, com botões abertos, costuras rasgadas? Elas estavam sem sapatos?

Ed fez que não com a cabeça, admirando a maneira como ela mergulhava nos detalhes.

– Não, doutora. Todas as três estavam em perfeita ordem.

– E a arma do crime, o amicto?

– Dobrado sobre o peito.

– Um psicótico organizado – acrescentou Ben.

Tess apenas ergueu uma sobrancelha.

– É rápido no diagnóstico, detetive Paris, mas no lugar de *organizado* eu usaria a palavra *reverente*.

Erguendo um único dedo, Harris deteve a réplica de Ben.

– Poderia explicar isso, doutora?

– Não posso traçar um perfil minucioso, completo, sem mais algum estudo, capitão, mas acho que posso dar um esboço geral. O assassino é obviamente um religioso radical, e acho que de formação tradicional.

– Então acha que se encaixa no perfil de um padre?

Mais uma vez, ela se virou para Ben.

– Ele pode ter frequentado alguma ordem religiosa por algum tempo, ou apenas nutrir fascinação e até mesmo medo pela autoridade da Igreja. O uso que faz do amicto é um símbolo, para si mesmo, para nós, até para as vítimas. Talvez usado de uma forma rebelde, mas eu excluiria isso com base nas anotações. Como todas as vítimas eram da mesma faixa etária, isso tende a indicar que representam alguma figura feminina importante na vida dele. Mãe, esposa, amante, irmã. Alguém que foi ou é íntima num nível emocional. Minha impressão é de que essa figura o decepcionou de algum modo, por meio da Igreja.

– Um pecado? – Ben soprou uma baforada de fumaça.

Talvez ele fosse um cabeça-dura, ela pensou, mas não era idiota.

– A definição de pecado varia – respondeu friamente –, mas é isso, um pecado aos olhos dele, provavelmente sexual.

Ben detestou a análise calma, impessoal.

– Então está punindo essa figura feminina por meio de outras mulheres?

Ela ouviu o escárnio na voz dele e fechou a pasta.

– Não, está salvando.

Ben tornou a abrir a boca e fechou-a. Fazia sentido.

– Esse é o único aspecto que acho que está absolutamente claro – afirmou Tess, virando-se de novo para Harris. – Consta das anotações, de todas elas. O homem se põe no papel de salvador. Pela ausência de violência desnecessária, eu diria que não tem a menor vontade de punir. Se fosse vingança, ele seria brutal, cruel e desejaria que elas soubessem o que ia acontecer. Em vez disso, mata essas mulheres o mais rápido possível, depois arruma as roupas, cruza o amicto num gesto de reverência e deixa um bilhete declarando que estão salvas.

Tirando os óculos, girou-os pelas lentes.

– Não as estupra. É mais que provável que seja impotente. Mais importante do que isso, porém, é o fato de que um ataque sexual seria pecado. É possível que obtenha alguma espécie de liberação sexual com o assassinato, mais espiritual, contudo.

– Um fanático religioso – pensou alto Harris.

– Por dentro – disse Tess. – Por fora, na certa, age normalmente por longos períodos. Os assassinatos ocorreram com um intervalo de semanas entre um e outro, portanto parece que ele tem um nível de controle. Poderia muito bem manter um trabalho normal, confraternizar, ir à missa.

– Igreja. – Ben levantou-se e foi andando até a janela.

– Com assiduidade, imagino. Esse é o ponto principal. Se não é padre, assume o aspecto de um durante os assassinatos. Em sua mente, está oficiando.

– Absolvição – murmurou Ben. – O rito final.

Intrigada, Tess estreitou os olhos.

– Exatamente.

Como não sabia muito sobre a Igreja, Ed passou para outro tópico:

– Esquizofrênico?

Tess franziu o cenho em direção aos óculos quando respondeu que não com a cabeça.

– Esquizofrenia, distúrbio bipolar ou dupla personalidade. Esses rótulos são aplicados com demasiada facilidade e tendem a generalizar. – Ela não tinha notado que Ben se virara e a encarava. Tornou a guardar os óculos no estojo e largou-os na bolsa. – Todo distúrbio psiquiátrico é um problema muito particular, e só é possível entender cada problema descobrindo suas origens dinâmicas.

– Eu preferiria trabalhar com os pormenores – disse Harris. – Mas são escassos nesse caso. Estamos lidando com um psicopata?

A expressão dela mudou sutilmente. Impaciência, pensou Ben, notando o leve vinco entre as sobrancelhas e um rápido movimento da boca. Então se tornou mais uma vez profissional:

– Se precisa de um termo geral, *psicopatia* serve. Significa distúrbio mental.

Ed cofiou a barba.

– Então ele é insano.

– *Insanidade* é um termo legal, detetive. – Ela disse isso de maneira quase precisa, pegou a pasta e levantou-se. – Quando ele for detido e levado a julgamento, isso se tornará uma questão. Traçarei um perfil para vocês o mais rápido possível, capitão. Ajudaria se eu visse os bilhetes deixados nos corpos e as armas do crime.

Insatisfeito, Harris levantou-se. Queria mais. Embora soubesse bem das coisas, queria A, B, C e as linhas que ligavam uma coisa à outra.

– O detetive Paris vai lhe mostrar o que precisar ver. Obrigado, Dra. Court.

Ela aceitou a mão que ele lhe estendeu.

– Tem pouco por que me agradecer a essa altura. Detetive Paris?

– Por aqui. – Com um aceno apressado, ele conduziu-a para fora.

Nada disse ao tornar a levá-la pelos corredores até o ponto de controle no qual se registraram para examinar as provas. Tess também ficou calada enquanto examinava os bilhetes e as letras de imprensa precisas e ordenadas. Não variavam e eram exatas a ponto de parecer quase cópias fotostáticas. O homem que as escrevera não sentia raiva nem desespero, ela refletiu. Ao contrário, sentia-se em paz. Era a paz que buscava, e paz, à sua maneira distorcida, era o que procurava dar.

– Branco pela pureza – murmurou, após examinar os amictos. Talvez um símbolo, pensou. Mas para quem? Afastou-se dos bilhetes. Mais que as armas de um crime, causavam-lhe calafrios. – Parece que é um homem com uma missão.

Ben lembrou a nauseante sensação que sentira após cada assassinato, mas sua voz foi fria e imperturbável:

– Parece segura de si mesma, doutora.

– Pareço? – Virando-se de frente para ele, ela deu-lhe uma breve examinada, ponderou e agiu no impulso: – A que horas deixa o serviço, detetive?

Ele inclinou a cabeça, sem ter muita certeza de seus movimentos.

– Dez minutos atrás.

– Ótimo. – Ela vestiu a capa. – Pode me pagar uma bebida e me dizer por que não gosta da minha profissão, ou apenas da minha pessoa. Dou-lhe minha palavra, nada de análises superficiais.

Alguma coisa nela o desafiava. A aparência indiferente, elegante, a voz forte, sofisticada. Talvez os olhos grandes e suaves. Pensaria nisso depois.

– Sem honorários?

Ela riu e enfiou o chapéu no bolso.

– Talvez a gente tenha chegado à raiz do problema.

– Preciso do meu casaco.

Quando voltaram à sala dos detetives, cada um se perguntava por que iria passar parte da tarde com alguém que desaprovava com tanta obviedade quem e o que eram. Por outro lado, ambos tinham se decidido a sair por cima antes que a noite terminasse. Ben pegou o casaco e rabiscou alguma coisa num livro de ponto.

– Charlie, diga ao Ed que estou ocupado em mais consultas com a Dra. Court.

– Preencheu aquela requisição?

Ben deslocou Tess quase como um escudo e rumou para a porta.

– Requisição?

– Droga, Ben...

– Amanhã, em triplicata.

Encaminhou-se com ela para fora do alcance do ouvido e quase até a porta externa.

– Não gosta muito de trabalho administrativo? – ela perguntou.

Ele abriu a porta e viu que a chuva se tornara uma garoa úmida.

– Não é a parte mais recompensadora do trabalho.

– E qual é?

Ben dirigiu-lhe um olhar enigmático e conduziu-a em direção a seu carro.

– Pegar bandidos.

Por mais estranho que fosse, ela acreditou.

Dez minutos depois, entravam num bar pouco iluminado em que a música vinha de uma jukebox e as bebidas não eram aguadas. Não era um dos locais noturnos mais distintos de Washington, tampouco um dos mais desagradáveis. Pareceu a Tess um lugar no qual os assíduos se conheciam pelo nome e os recém-chegados eram aceitos aos poucos.

Ben fez um aceno descuidado para o *barman*, trocou uma palavra abafada com uma das garçonetes e encontrou uma mesa nos fundos. Ali, a música era suave e as luzes, ainda mais baixas. Um dos pés mais curto deixava a mesa instável.

Assim que se sentou, ele relaxou. Era a sua praia e ele conhecia as jogadas.

– O que vai querer?

Esperava que ela pedisse um belo vinho branco de nome francês.

– Uísque, puro.

– Stolichnaya – ele disse à garçonete enquanto continuava a observar Tess. – Com gelo. – Deixou o silêncio estender-se por dez segundos, depois vinte. Um silêncio interessante, pensou, cheio de perguntas e animosidade velada. Talvez a confundisse. – Você tem olhos incríveis.

Ela sorriu e recostou-se, à vontade.

– Eu achei que você ia dizer algo mais original.

– Ed gostou das suas pernas.

– Fico surpresa de ter conseguido vê-las da altura dele. O detetive Jackson não se parece com você – observou. – Imagino que formem uma dupla impressionante. Mudando de assunto, detetive Paris, me interessa saber por que desconfia da minha profissão.

– Por quê?

Quando sua bebida foi servida, ela tomou um lento gole. Aqueceu-a em lugares que o café não tocara.

– Curiosidade. Vem com a profissão. Afinal, estamos ambos no negócio de procurar respostas, resolver quebra-cabeças.

– Acha que nossos trabalhos são semelhantes? – A ideia o fez sorrir. – Tiras e psiquiatras.

– Talvez eu ache seu trabalho tão desagradável quanto você acha o meu – ela respondeu, sem se alterar. – Mas continuarão sendo necessários enquanto as pessoas continuarem não se comportando de acordo com o que a sociedade chama de padrões normais.

– Não gosto de dar nomes aos bois. – Ele virou a bebida. – Não tenho muita confiança em alguém que se senta atrás de uma mesa sondando o cérebro das pessoas, depois encaixa a personalidade delas em escaninhos.

– Ora. – Ela tomou mais um gole do uísque e ouviu a música tornar-se uma canção mais onírica de Lionel Richie. – É assim que define os psiquiatras?

– É.

Ela assentiu com a cabeça.

– Suponho que também tenha de tolerar muito preconceito em sua profissão.

Uma coisa perigosa de repente lampejou nos olhos dele, depois sumiu com a mesma rapidez.

– Ponto pra você, doutora.

Ela tamborilou um dedo na mesa, único sinal externo de emoção. O detetive tinha uma admirável capacidade de manter-se tranquilo. Já notara isso no escritório de Harris. Mas sentia certa inquietação nele. Era difícil não apreciar a forma como a mantinha sob controle.

– Muito bem, detetive Paris, que tal marcar o *seu* ponto?

Após girar a vodca, ele largou-a sem beber.

– Certo. Talvez eu veja você como alguém que extorque donas de casa frustradas e executivos entediados. Tudo está relacionado ao tópico já batido de sexo ou ódio pela mãe. Responde a perguntas com perguntas e nunca derrama uma gota de suor. Cinquenta minutos decorrem e você passa para o caso seguinte. Quando alguém precisa mesmo de ajuda, quando está desesperado, isso é ignorado. Você rotula, arquiva e continua na sessão seguinte.

Por um instante, ela nada disse, pois sob a raiva percebeu o sofrimento.

– Deve ter sido uma experiência muito ruim – murmurou. – Sinto muito.

Constrangido, ele se ajeitou na cadeira.

– Nada de análise superficial – lembrou-lhe.

Uma experiência muito ruim, ela tornou a pensar, mas ele não era um homem que precisasse de compaixão.

– Tudo bem, vamos tentar um ângulo diferente. Você é um detetive da divisão de homicídios. Imagino que tudo o que faz o dia inteiro seja correr por becos escuros disparando armas de fogo. Desvia-se de duas balas de manhã, põe algemas à tarde, depois lê os direitos do suspeito e o leva para ser interrogado. Está bom para você?

Um sorriso relutante aflorou-lhe nos lábios.

– Você é muito inteligente, não é?

– É o que as pessoas dizem.

Não era do feitio dele fazer julgamentos absolutos de alguém que não conhecia. Seu senso de justiça lutava contra um longo e enraizado preconceito. Fez um sinal pedindo outra bebida.

– Qual é o seu primeiro nome? Cansei de chamar você de Dra. Court.

– O seu é Ben. – Ela deu-lhe um sorriso que o fez concentrar-se de novo em sua boca. – Teresa.

– Não. – Ele balançou a cabeça. – Não é assim que a chamam. Teresa é muito comum. E Terry não tem classe suficiente.

Ela se curvou para a frente e apoiou o queixo nas mãos juntas.

– Talvez você seja um bom detetive, afinal. É Tess.

– Tess. – Ele repetiu devagar e assentiu com a cabeça. – Muito bonito. Diga-me, Tess, por que psiquiatria?

Ela observou-o um instante, admirando seu jeito fácil de se esticar na cadeira. Não indolente, pensou, nem desleixado, apenas relaxado. Invejava-o.

– Curiosidade – ela disse de novo. – A mente humana é cheia de perguntas sem resposta. E eu queria encontrar as respostas. Se você encontra as respostas, pode ajudar, às vezes. Curar a mente, aliviar o coração.

Isso o tocou. A simplicidade.

– Aliviar o coração – repetiu e pensou no irmão. Ninguém conseguira aliviar o dele. – Acha que, se cura um, pode aliviar outro?

– É a mesma coisa. – Tess olhou além dele um casal abraçado, rindo por cima de canecas de cerveja.

– Achei que você só era paga pra examinar mentes.

Ela curvou os lábios um pouco, mas continuou de olhos fixos além dele.

– A mente, o coração e a alma. "Não podes encontrar remédio algum para um cérebro doente, da memória tirar uma tristeza enraizada, da mente extirpar as dores ali escritas, e com algum antídoto de doce e agradável esquecimento aliviar o peito oprimido a gemer sob o peso da matéria perigosa que comprime o coração?"

Ben ergueu o olhar da bebida enquanto ela falava. Embora ela mantivesse a voz baixa, ele deixara de ouvir a música, a algazarra, as risadas.

– *Macbeth*. – Quando ela sorriu, ele encolheu os ombros. – Os policiais também leem.

Tess ergueu o copo no que poderia ser um brinde.

– Talvez devamos os dois fazer reavaliações.

Continuava garoando quando retornaram ao estacionamento da delegacia. A noite trouxera logo a escuridão, de modo que as poças brilhavam sob os postes de luz nas calçadas molhadas e desertas. Washington deitava-se e levantava-se cedo. Ela tinha esperado até aquele momento para perguntar-lhe o que vinha querendo saber a tarde toda.

– Ben, por que se tornou policial?

– Já disse, gosto de pegar bandidos.

A semente da verdade estava ali, pensou Tess, mas não tudo.

– Então cresceu brincando de polícia e ladrão e decidiu continuar brincando?

– Sempre brinquei de médico. – Ele parou o carro ao lado do dela e puxou o freio de mão. – Era educacional.

– Sei. Então por que a mudança para o serviço público?

Ele podia ter sido superficial, se esquivado. Parte de seu charme com as mulheres era fazer as duas coisas com um sorriso fácil. De algum modo, para variar, quis dizer a ela a simples verdade.

– Tudo bem, agora eu tenho uma citação pra você. "O que é a lei, senão palavras e papel, sem as mãos e espadas dos homens para impô-la?" – Com um meio sorriso, virou-se e viu que ela o examinava calmamente. – Palavras e papel não são meu jeito de cuidar das coisas.

– E a espada é?

– Isso mesmo. – Ele se curvou para abrir a porta do lado dela. Os corpos se encostaram, mas nenhum dos dois reconheceu a atração física. – Acredito na justiça, Tess. É muito mais do que palavras no papel.

Ela ficou sentada por um instante, assimilando. Havia violência nele, ordenada e controlada. Talvez a palavra fosse treinada, mas violência assim mesmo. Com certeza matara, coisa que a educação e a personalidade dela rejeitavam por completo. Tirara vidas, arriscara a própria. E acreditava na lei, na ordem e na justiça. Assim como na espada.

Não era o homem simples por quem o tomara de início. Era muito para aprender numa tarde. Mais que o suficiente, pensou, e deslizou para o lado.

– Bem, obrigada pelo drinque, detetive.

Quando ela saltou do carro, Ben saiu do outro lado.

– Não tem guarda-chuva?

Ela abriu um sorriso tranquilo enquanto pegava as chaves.

– Nunca trago quando chove.

Com as mãos nos bolsos de trás, ele encaminhou-se devagar até ela. Por motivos que não sabia definir, relutava em deixá-la. – Fico imaginando o que um médico da cabeça concluiria a partir disso.

– Você também não trouxe. Boa noite, Ben.

Ele sabia que ela não era a mulher sofisticada, excessivamente educada e superficial que rotulara. Viu-se segurando a porta do carro aberta após ela deslizar para o assento do motorista.

– Tenho um amigo que trabalha no Centro Kennedy. Ele me deu dois ingressos para a peça de Noel Coward amanhã à noite. Interessada?

Veio à ponta da língua de Tess recusar educadamente. Óleo e água não se misturam. Nem trabalho e prazer.

– Sim, estou interessada.

Como não soube como se sentia em relação ao fato de ela ter aceitado, ele apenas assentiu com a cabeça.

– Pego você às sete.

Quando ele fechou a porta, ela baixou o vidro da janela.

– Não quer meu endereço?

Ben lançou-lhe um sorriso presunçoso, que ela devia ter detestado.

– Sou detetive de polícia.

Ao observá-lo voltar para o carro, Tess viu-se rindo.

ÀS 22 HORAS A CHUVA PARARA. absorvida no perfil que compilava, ela não notou o silêncio, nem a baça luz da lua. Esquecera-se de comprar a comida chinesa para jantar, e o sanduíche de rosbife que fizera fora comido pela metade e esquecido.

Fascinante. Leu mais uma vez os relatórios. Fascinante e arrepiante. Como ele escolhia as vítimas?, perguntou-se. Todas louras, todas com 20 e tantos anos, todas de estatura pequena a média. Quem simbolizavam para ele, e por quê?

Vigiava-as, seguia-as? Escolhia-as arbitrariamente? Talvez a cor do cabelo e a constituição física fossem apenas coincidência. Qualquer mulher sozinha à noite poderia terminar sendo salva.

Não. Havia um padrão, tinha certeza. De algum modo, ele selecionava cada vítima pela aparência física geral. Depois observava sua rotina. Três assassinatos e não cometera um único erro. Era doente, mas metódico.

Louras, 20 e tantos anos, de constituição física pequena a média. Tess viu-se fitando seu vago reflexo na janela. Não acabara de descrever a si mesma?

A batida à porta a fez saltar e depois ela amaldiçoou a própria insensatez. Verificou as horas no relógio de pulso pela primeira vez desde que se sentara e viu que trabalhara três horas seguidas. Mais duas e talvez tivesse alguma coisa para dar ao capitão Harris. Quem quer que estivesse na porta teria de ser rápido.

Largando os óculos na pilha de papéis, foi atender.

– Vovô. – O aborrecimento evaporou-se quando se ergueu nas pontas dos pés a fim de beijá-lo com o prazer que ele ajudara a instilar em sua vida. O avô cheirava a hortelã e colônia Old Spice, e tinha postura de general. – É meio tarde para estar na rua.

– Tarde?!? – A voz estrondeou, como sempre. Das paredes da cozinha, onde fritava peixe fresco, num jogo de futebol durante o qual ele torcia por qualquer time que lhe viesse à cabeça, na tribuna do Senado, onde servira durante 25 anos. – Mal passa das dez. Ainda não estou preparado pra ficar sentado com uma manta cobrindo o colo e os pés e tomando leite quente, menina. Prepare uma bebida pra mim.

Já tirava do sobretudo o corpo de atacante de futebol de quase 1,90 metro. Tinha 72 anos, pensou Tess ao olhar a indomável juba de cabelos brancos e o rosto curtido. Setenta e dois anos e mais energia do que os homens com quem ela saíra. E sem dúvida mais influência. Talvez o motivo de ela continuar solteira e contente assim fosse ter padrões tão altos para homens. Serviu-lhe três dedos de uísque.

Ele olhou para a mesa cheia de papéis, pastas e anotações. Aquela era a sua Tess, pensou ao pegar o copo da mão dela. Sempre obstinada para concluir logo o trabalho. Também viu o sanduíche comido pela metade. Isso também era típico da sua Tess.

– Então. – Tomou um gole rápido de uísque. – O que sabe sobre esse maníaco que temos nas mãos?

– Senador – Tess usou sua voz mais profissional ao sentar-se no braço de uma poltrona –, sabe que não posso discutir isso com o senhor.

– Besteira. Eu que arranjei o trabalho para você.

– Pelo qual não vou agradecer.

Ele lançou-lhe um de seus olhares duros, diante dos quais diziam que até mesmo políticos veteranos se encolhiam de medo.

– Vou saber pelo prefeito de qualquer modo.

Em vez de encolher-se de medo, Tess deu-lhe um sorriso amoroso.

– Pelo prefeito, então.

– Maldita ética – ele resmungou.

– Foi você quem me ensinou.

O avô grunhiu, satisfeito com ela.

– E o capitão Harris? O que achou?

Ela ficou sentada por um instante, meditando como fazia ao juntar as ideias.

– Competente, controlado. Está furioso, frustrado e sofrendo grande pressão, mas consegue manter tudo sob controle.

– E os detetives encarregados do caso?

– Paris e Jackson. – Tess correu a ponta da língua pelos dentes. – Os dois me pareceram uma dupla incomum, mas uma dupla. Jackson lembra um homem das montanhas. Fez as perguntas de sempre, mas escuta muito bem. Parece um tipo metódico. Paris... – Ela hesitou, não tão segura. – É inquieto, e acho que mais inconstante. Inteligente, porém mais instintivo que metódico. Ou talvez mais emotivo.

Ela pensou na justiça e numa espada.

– São competentes?

– Não sei como julgar isso, vovô. Se me basear na impressão, diria que são dedicados, mas mesmo isso é apenas uma ideia vaga.

– O prefeito confia muito neles. – O avô bebeu o restante do uísque. – E em você.

Ela se concentrou de novo no assassino, olhos graves.

– Não sei se é uma garantia. Esse homem é muito perturbado, vovô. Perigoso. Talvez eu possa dar a eles um esboço de como funciona sua mente, o padrão emocional, mas isso não vai detê-lo. Jogos de adivinhação. – Ela levantou-se e enfiou as mãos nos bolsos. – Tudo é apenas um jogo de adivinhação.

– É sempre apenas um jogo de adivinhação, Tess. Você sabe que não há garantias.

Ela sabia, mas não gostava. Jamais gostara disso.

– Ele precisa de ajuda, vovô. Grita, pedindo por ela, mas ninguém o ouve.

O avô pôs a mão sob o queixo.

– Ele não é seu paciente, Tess.

– Não, mas estou envolvida. – Quando viu a expressão preocupada franzir a testa dele, mudou de tom: – Não comece a se preocupar. Eu não vou extrapolar.

– Você me disse a mesma coisa uma vez sobre uma caixa cheia de filhotes de gato. E eles acabaram me custando mais que um bom terno.

Ela beijou-lhe outra vez a face e pegou o casaco do avô.

– Está me expulsando?

– Só ajudando com o casaco – ela corrigiu. – Boa noite, vovô.

– Comporte-se, menina.

Tess fechou a porta, lembrando que ele dizia a mesma coisa desde que ela tinha 5 anos.

A IGREJA ESTAVA ESCURA E VAZIA, mas não fora difícil lidar com a fechadura. Ele tampouco sentiu que pecara fazendo isso. As igrejas não eram para ficar trancadas. A casa de Deus deveria ficar aberta aos necessitados, perturbados, reverentes.

Acendeu as velas, quatro – uma para cada mulher que salvara, e a última para a que não conseguira salvar.

Ajoelhando-se, rezou, e as orações foram desesperadas. Às vezes, apenas às vezes, quando pensava na missão, tinha dúvidas. Uma vida era sagrada. Já tirara três e sabia que o mundo o considerava um monstro. Se os que trabalhavam com ele soubessem, iriam desprezá-lo, colocá-lo na prisão, detestá-lo. Sentiriam pena dele.

A carne, porém, era transitória. A vida só era considerada sagrada por causa da alma. A alma que ele salvava. A alma que precisava continuar a salvar até equilibrar os pratos da balança. Ter dúvidas, sabia, era um pecado em si.

Se ao menos tivesse alguém com quem falar. Se ao menos houvesse alguém que o entendesse, o confortasse. Uma onda de desespero quente e espessa invadiu-o. Entregar os pontos teria sido um alívio. Não tinha ninguém, ninguém em quem pudesse confiar. Ninguém com quem partilhar aquele fardo. Quando a Voz se calava, ele se sentia muito só.

Perdera Laura. Laura se perdera e levara consigo pedaços dele. Os melhores. Às vezes, quando escurecia, quando tudo silenciava, ele a via. Nunca mais tornara a rir. Tinha o rosto tão pálido, tão cheio de dor. Acender velas em igrejas vazias jamais eliminaria a dor. Nem o pecado.

Ela estava nas trevas, à espera. Quando ele concluísse sua missão, só então, Laura estaria liberta.

O cheiro de velas votivas ardendo, o silêncio abafado da igreja e as silhuetas das imagens o acalmavam. Ali era possível encontrar esperança e um porto seguro. Sempre encontrara esse conforto nos símbolos da religião e afins.

Baixando a cabeça até o parapeito, orou com ainda mais fervor. Como lhe haviam ensinado, orou pela graça de aceitar as provações que o aguardavam.

Quando se levantou, a luz das velas tremeluziu sobre o colarinho branco clerical em sua garganta. Ele as apagou com um sopro e tudo tornou a escurecer.

3

O tráfego de Washington às vezes deixava os nervos em frangalhos – sobretudo quando alguém acordava com preguiça, satisfazia-se com uma xícara de café e depois cuidava de sucessivos compromissos. Tess avançava devagar atrás de um Ford com o cano de descarga defeituoso e ferveu em silêncio diante de outro sinal vermelho. A seu lado, um homem num grande GMC azul acelerou o motor. Decepcionou-se quando ela não se deu ao trabalho de olhar.

Joey Higgins a preocupava. Dois meses de terapia e ela não chegara nem perto do verdadeiro problema, ou, mais precisamente, da verdadeira resposta. Um adolescente de 14 anos não devia sofrer de depressão clínica, e sim jogar beisebol na terceira base. Hoje sentira que ele chegara a ponto de abrir-se realmente. Quase, pensou Tess com um suspiro. Mas ainda não transpusera a linha. Construir sua confiança, sua autoestima, era como erguer as pirâmides. Um passo agonizante após outro. Se ao menos conseguisse chegar ao ponto em que tivesse toda a confiança dele...

Lutava para atravessar a cidade, preocupada com um jovem taciturno e cheio de ressentimento nos olhos, oprimindo-a. Havia tantas outras coisas. Demasiadas outras coisas.

Tess sabia que não tinha de sacrificar a sua hora do almoço e entregar pessoalmente o perfil ao capitão Harris. Não considerava tampouco sua obrigação trabalhar nele até as 2 horas da manhã, mas julgara impossível não fazê-lo.

Alguma coisa a impelia – instinto, palpite, superstição, não saberia dizer. Sabia apenas que se envolvera tão a fundo com o assassino anônimo quanto com qualquer dos seus pacientes. A polícia precisava de toda ajuda que ela pudesse dar para entendê-lo e capturá-lo. Tinha de ser capturado para ser ajudado.

Ao parar no estacionamento da delegacia, deu uma rápida examinada no local. Nenhum Mustang. De qualquer forma, lembrou-se, saltando do carro, não fora por isso que viera. Por outro lado, tampouco sabia por que concordara em sair com Ben Paris, pois o considerava arrogante e difícil, além da carga de trabalho ter aumentado com o tempo extra que dedicava à Divisão de Homicídios. Sabia que se trabalhasse mais duas horas naquela noite, poderia fazer com que tudo mais uma vez se desenrolasse sem percalços. Várias vezes durante o dia pensara em telefonar-lhe pedindo desculpas e cancelando a saída.

E mais, paquerar não era algo que encarasse com muito entusiasmo. Um ambiente cheio de solteiros descompromissados continuava sendo um círculo que ela considerava difícil, detestável até, que em geral deixava os envolvidos frustrados ou desgastados. O que mais a repelia era o tipo vaselina "aqui estou eu, garota de sorte!". Frank. Tampouco tinha qualquer ilusão sobre o manjado "é só um papo sem compromisso". Como o defensor público com quem saíra algumas vezes na última primavera.

Não era que os homens não a interessassem, mas apenas que a maioria dos que conhecera não conseguira despertar seu interesse. Quando havia grandes expectativas, a decepção vinha rápido. No fim das contas, era mais fácil ficar em casa com um bom filme antigo ou uma gorda pasta de documentos.

Contudo, não iria cancelar a saída. Disse a si mesma que seria uma grosseria desmarcar um encontro tão em cima da hora – mesmo um encontro que sabia ter sido combinado no impulso por ambas as partes. Iria, aproveitaria a peça e depois diria boa-noite. Trabalharia no fim de semana.

Quando entrou na Divisão de Homicídios, deu uma olhada de relance para ver quem se sentava a uma mesa, quem andava de um lugar para outro. Alguém enfiara a cabeça numa geladeira pequena, arranhada, mas, quando a endireitou, ela percebeu tratar-se de um estranho.

Ben não estava ali, mas Tess viu uma variedade de estilos nos policiais que estavam. Ternos e gravatas, calças jeans e suéteres, botas e tênis. A única coisa que todos pareciam usar era o coldre no ombro. Muito aquém do glamour da espada.

Uma olhada no escritório de Harris mostrou-lhe que não havia ninguém.

– Dra. Court?

Ela parou e viu um homem que acabava de se levantar de uma máquina de escrever.

– Sim.

– Sou o detetive Roderick. Se estiver procurando o capitão Harris, ele está numa reunião com o chefe.

– Entendo. – Era o tipo terno-e-gravata, observou. Embora o paletó pendesse do encosto da cadeira, tinha a gravata arrumada e reta. Ela concluiu que Ben jamais usava uma. – Ele vai voltar?

– Vai. Se quiser esperar, ele não vai demorar muito. – Roderick riu, lembrando o dia anterior. – Posso trazer um café.

– Ah... – Ela conferiu as horas. O paciente seguinte seria dali a quarenta minutos. Levaria metade do tempo para voltar ao consultório. – Não, obrigada. Não tenho tempo. Trouxe um relatório para o capitão.

– O perfil. Pode me dar. – Quando viu a hesitação dela, continuou: – Fui designado para o caso, Dra. Court.

– Desculpe. Agradeço se puder entregá-lo ao capitão Harris assim que ele chegar. – Tess abriu o zíper da pasta e retirou um arquivo. – Se ele tiver alguma pergunta, pode me encontrar no consultório até as cinco, depois em casa, até as sete. Imagino que você não possa me dizer se houve algum progresso.

– Bem que eu queria. A essa altura, andamos revendo tudo, na esperança de ter deixado escapar alguma coisa na primeira meia dúzia de vezes.

Tess olhou o arquivo e perguntou-se se ele conseguiria entender de fato o homem sobre o qual ela escrevera. Alguém conseguiria? Insatisfeita, assentiu com a cabeça e entregou-o. Parecia inofensivo, assim como uma bomba em repouso.

– Obrigada.

Uma dama, ele pensou. Depois de um tempo naquele trabalho, você começava a deixar de ver as coisas de verdade.

– De nada. Quer deixar algum recado para o capitão?

– Não. Está tudo no arquivo. Obrigada mais uma vez, detetive.

Maggie Lowenstein esperou até que Tess não pudesse mais ouvi-los.

– É a psiquiatra?

Roderick deslizou a pasta pelos dedos antes de colocá-la na mesa.

– É. Trouxe o perfil para o Harris.

– Parece saída da *Harper's Bazaar* – murmurou Maggie. – Classuda, embora tenham me dito que saiu com Paris ontem à noite. – Com uma risadinha, ela deu um tapinha no braço de Roderick. – Ela fez sua pressão subir, Lou?

Sem graça, ele encolheu os ombros.

– Eu estava pensando em outra coisa.

Maggie assumiu uma expressão cínica.

– Claro. Bem, espero que ela saiba o que está fazendo. Melhor que a tábua espírita Ouija, pelo menos. – Ela pendurou a bolsa no ombro. – Bigsby e eu vamos interrogar alguns dos fregueses assíduos do Doug's. Mantenha tudo em ordem.

– Traga de volta alguma pista, Maggie. – Roderick tornou a sentar-se na cadeira. – Ou talvez a gente tenha de recorrer à tábua Ouija.

Tess tinha virado na segunda esquina do corredor quando ouviu alguém xingando. Olhou para trás e viu Ben dando um forte chute numa máquina de venda automática.

– Filha da mãe.

– Ben. – Ed pôs a mão no ombro dele. – Esse troço é veneno para o seu organismo. Deixe pra lá. Seu corpo vai agradecer.

– Tem 50 centavos meus aí dentro. – Pondo as mãos em cada lado da máquina, Ben sacudiu-a e xingou de novo: – Cinquenta centavos, porra, é um roubo, para começo de conversa, por um mísero pedaço de chocolate com nozes.

– Devia experimentar passas – sugeriu Ed. – Açúcar natural. Muito ferro.

Ben rangeu os dentes.

– Detesto passas, não passam de uva murcha.

– Detetive Paris. – Incapaz de resistir, Tess refez o caminho de volta no corredor. – Você sempre luta com objetos inanimados?

Ele virou a cabeça, mas não soltou a máquina.

– Quando me aborrecem.

Deu outra violenta sacudida na máquina, mas olhou para ela.

Não estava molhada hoje, notou. E prendera os cabelos para cima e para trás de um jeito elegante que o fez pensar em doces refinados sob cristal. Talvez ela achasse que fosse profissional, mas deixou-o com água na boca.

– Está bonita, doutora.

– Obrigada. Olá, detetive Jackson.

– Madame. – Ele pôs de novo a mão no ombro de Ben. – Não sei como dizer o quanto estou constrangido pelo meu parceiro.

– Está tudo bem. Já me habituei a problemas comportamentais.

– Merda. – Ben deu um último empurrão na máquina e afastou-se. Na primeira chance que tivesse, iria arrombar a fechadura. – Veio me procurar?

Tess pensou na inspeção que fizera no estacionamento e depois na sala onde ficavam os detetives. Decidiu-se pelo tato em vez da verdade.

– Não, trouxe o perfil para o capitão Harris.

– Trabalha rápido.

– Se tivesse mais com que trabalhar, teria levado mais tempo. – Com um movimento dos ombros, ela expressou ao mesmo tempo aceitação e insatisfação. – Não sei até que ponto fui útil. Gostaria de fazer mais.

– É o nosso trabalho – lembrou-lhe Ben.

– Oi, rapaziada.

Maggie Lowenstein passou por eles e inseriu uma moeda na fenda da máquina. Na verdade, mais que doces, ela queria dar uma olhada melhor na psiquiatra. Teria apostado o pagamento de uma semana que o conjunto cor-de-rosa era de seda.

– Essa porcaria está com defeito – disse Ben, mas quando ela puxou a alavanca, duas barras de chocolate caíram na bandeja.

– Duas por uma – respondeu Maggie, jogando as duas na bolsa. – Até logo.

– Espere aí...

– Não vai querer fazer uma cena na frente da Dra. Court – lembrou-lhe Ed.

– A Maggie pegou uma coisa que me pertence.

– Melhor assim. O açúcar vai acabar matando você.

– Tudo isso é fascinante – disse Tess secamente, ao ver Ben disparar um olhar furioso na direção de Maggie –, mas o tempo urge. Quero que saibam que fiz uma sugestão. Está no meu relatório para o capitão.

Ben enfiou as mãos nos bolsos e olhou para ela novamente.

– Qual?

– Vocês precisam de um padre.

– Já percorremos esse caminho, doutora. Ed e eu entrevistamos uma dúzia deles.

– Com experiência em psiquiatria – concluiu Tess. – Fiz o melhor que pude, mas não sou qualificada para sondar profundamente o lado religioso. E isso, de acordo com o meu julgamento, é a chave. – Examinou Ed, mas sabia qual opinião tinha de contrabalançar. – Eu poderia pesquisar sobre o catolicismo, mas isso levaria tempo. Acho que nenhum de nós quer perdê-lo. Conheço um médico na Universidade Católica, monsenhor Logan. Tem excelente reputação na Igreja e na medicina psiquiátrica. Quero consultá-lo.

– Quanto mais gente consultarmos – interferiu Ben –, mais chances de vazarem informações. Não podemos deixar os pormenores chegarem à imprensa.

– E se não tentarem outra coisa, sua investigação vai continuar exatamente onde está. Estagnada. – Ela percebeu a irritação e passou por cima dela. – Eu poderia recorrer ao prefeito, fazer pressão, mas não é assim que quero agir. Preciso que me apoie nisso, Ben.

Ele balançou-se para a frente e para trás nos calcanhares. Outro psiquiatra, pensou. E padre, ainda por cima. Porém, por mais que detestasse admitir, a investigação estava estagnada. Se ela queria tirar um coelho da cartola, era melhor que eles estivessem por perto.

– Vou falar com o capitão.

O sorriso de Tess veio fácil após a vitória.

– Obrigada. – Ela tirou a carteira e enfiou uma moeda na máquina atrás dele. Após uma breve consideração, puxou a alavanca. Com um estalido baixo, uma barra de chocolate Hershey caiu na bandeja. – Aqui está. – De olhos solenes, entregou-a a Ben. – Você realmente me deixou de coração partido. Prazer em vê-lo de novo, detetive Jackson.

– O prazer é meu, madame. – Um sorriso dividiu o rosto dele quando a viu afastar-se. – Ela se porta muito bem, não acha?

Fechando a cara, Ben jogou a barra de chocolate de uma mão para a outra.

– Ah, é – murmurou. – Como uma profissional.

Não era do feitio de Tess perder tempo com roupas. A verdade é que seu guarda-roupa fora meticulosamente escolhido, até o último suéter de cashmere e o último blazer de linho, pelo motivo específico de não ter paciência para decidir toda manhã o que vestir. Quase sempre se atinha a estilos clássicos e cores que combinavam entre si porque ficavam melhor nela, além de tornarem simples, nas manhãs estressadas, o ato de enfiar a mão no armário e tirar a primeira coisa que encontrasse.

Contudo, ela não estava se vestindo para ir para o consultório. Enquanto colocava o terceiro vestido de volta no cabide, Tess disse a si mesma que tampouco estava se vestindo para o príncipe encantado. Aos 29 anos, ela sabia que não existiam príncipes e que uma mulher racional não queria uma torre de marfim. Um encontro despretensioso com um homem que fazia você pensar rápido era completamente diferente, e Ben Paris com certeza a fazia pensar.

Uma olhada no relógio avisou-a de que estava pensando demais e ia atrasar-se. Em pé numa combinação curta cor da pele, pegou um vestido de seda preta e estudou-o criticamente. Simples, mas elegante. Uma escolha sensata, decidiu, e não tinha mais tempo a perder. Enfiou o vestido e fechou a fileira de botões que iam da cintura ao pescoço.

Outra demorada inspeção no alto espelho vertical emoldurado fez com que ele fizesse um gesto aprovador com a cabeça. Sim, pensou, era melhor que o azul-claro com o qual começara e o de seda georgette roxo que rejeitara. Pôs os brincos em forma de gota de diamante da mãe e o fino bracelete de ouro que ganhara do avô quando se diplomara. Pensou se deveria prender os cabelos no alto, mas a batida à porta decidiu por ela. Teriam de ficar soltos.

Não esperara que Ben pudesse parecer elegante, mas, quando abriu a porta, o terno cinza-azulado e a camisa salmão dele provaram que tinha se enganado. Mesmo assim, acertara na ausência de gravata. O colarinho estava aberto. Ia sorrir, então viu o buquê de violetas em sua mão. Não era da personalidade dela deixar-se desestabilizar tanto, mas, quando ergueu de novo os olhos para ele, sentiu-se uma adolescente com o primeiro buquê de flores murchas.

– Oferta de paz – disse Ben, sentindo-se tão inseguro e deslocado quanto ela.

Não devia sentir-se, disse a si mesmo, pois se habituara a ter gestos grandiosos ou impulsivos com as mulheres com quem saía. Era seu jeito de ser. Procurar um buquê de violetas em outubro não parecera uma coisa tão tola a fazer até que se viu ali em pé, oferecendo-as.

– São lindas. Obrigada. – Recuperando o equilíbrio, ela sorriu, aceitou as flores e recuou para deixá-lo entrar. O perfume a fez lembrar a primavera tão distante, do outro lado do inverno. – Vou colocar num vaso.

Quando ela entrou na cozinha, Ben olhou em volta. Viu a gravura de Matisse, os tapetes turcos, as graciosas almofadas bordadas em pontos pequenos e inclinados. Cores suaves, bonitas, e madeira antiga, nobre. Era uma sala que transmitia uma discreta riqueza de família.

Que diabos está fazendo aqui?, perguntou a si mesmo. O avô dela é senador. O seu era açougueiro. Ela foi criada com empregados, e a sua mãe ainda limpa o próprio banheiro. Ela se diplomou com louvor na Smith, e você estudou apressadamente tudo em dois anos de faculdade antes da Academia de Polícia.

Oh, ele pesquisara muito bem a respeito dela. Era o jeito dele. E tinha absoluta certeza de que após 15 minutos não teriam mais nada sobre o que conversar.

Quando ela voltou, trazia as violetas num pequeno vaso de cerâmica Wedgwood.

– Vou lhe oferecer um drinque, mas não tenho Stolichnaya.

– Tudo bem.

Ben tomou a decisão sem pesar os prós e contras. Aprendera a confiar nos instintos. Enquanto ela punha as violetas no centro de uma mesa, ele se aproximou e tomou-lhe os cabelos na mão.

Tess virou-se devagar, sem sobressalto nem surpresa, e encarou o demorado e silencioso olhar.

Ela cheirava a Paris. Ele lembrou os cinco dias que passara lá quando tinha 20 e poucos anos, viajando com uma pequena quantia de dinheiro e muito otimismo. Apaixonara-se pela cidade – a paisagem, os cheiros, o ar. Todo ano prometia a si mesmo que voltaria e descobriria o que vinha procurando.

– Gosto mais deles assim, soltos – acabou dizendo e deixou os dedos se demorarem um pouco mais. – Hoje à tarde, quando estavam presos, você parecia remota, inacessível.

A tensão irrompeu dentro dela, a tensão homem-mulher madura que ela não sentira com ninguém em anos – não quisera sentir.

– Profissional – ela corrigiu e deu um passo descontraído para trás. – Gostaria daquele drinque?

Ele pensou em fazer um longo e fino corte no controle dela. Como seria? Mas se o fizesse, talvez descobrisse que errara a mira e cortara o próprio.

– Tomaremos um no teatro. Teremos tempo de sobra antes de a cortina se abrir.

– Vou pegar meu casaco.

Ben parecia tão conhecido do pessoal no Roof Terrace quanto dos frequentadores no enfumaçado barzinho da noite anterior. Tess observou como ele falou com um, cumprimentou outro, a intimidade fácil, descontraída. Então não era um solitário, concluiu, só quando escolhia ser.

Ela admirava alguém capaz de sentir-se tão à vontade com as pessoas, sem se preocupar com impressões, opiniões. Para ser assim, era preciso primeiro sentir-se à vontade consigo mesmo. De algum modo, por mais satisfeita que estivesse com seu estilo de vida, jamais chegara a esse ponto.

Ben pegou o copo, esticou as pernas e olhou para ela.

– Já me decifrou?

– Não completamente. – Tess pegou uma amêndoa na tigela da mesa e mastigou-a, pensativa. – Mas acho que você já se decifrou. Se mais pessoas entendessem a si mesmas como você, eu teria de procurar outro ramo de trabalho.

– Você é muito boa no que faz. – Ele viu-a escolher outra amêndoa com dedos longos e finos. Uma pérola antiga cintilou de leve em sua mão direita. – Oradora oficial da turma na cerimônia de formatura – ele começou e viu-a parar de mexer a mão. – Um consultório que vem crescendo rápido demais para você dar conta. Acabou de recusar uma oferta para juntar-se à equipe psiquiátrica do Centro Médico Nacional Naval de Bethesda, mas trabalha uma vez por semana na Clínica Donnerly, em South East, sem cobrar nada.

O breve resumo irritou-a. Habituara-se a saber mais da vida das pessoas do que elas da sua.

– Sempre faz um levantamento sobre a pessoa com quem vai ter um encontro, detetive?

– Hábito – ele respondeu, sem titubear. – Você mesma falou sobre curiosidade ontem à noite. O senador Jonathan Writemore é seu avô materno, um pouco de esquerda, franco, carismático e osso duro de roer.

– Ele iria gostar de saber que você disse isso.

– Ficou órfã aos 14 anos. Sinto muito. – Ele ergueu mais uma vez a bebida. – É sempre duro perder alguém da família.

Ela captou o tom, a empatia que lhe dizia que ele também perdera alguém.

– Meu avô fez toda a diferença. Talvez não tivesse me recuperado se não fosse por ele. Como descobriu tanta coisa?

– Os policiais não revelam suas fontes. Li o perfil que você fez.

Ela se enrijeceu um pouco, esperando crítica.

– E?

– Acha que nosso homem é inteligente.

– Sim. Esperto. Deixa para trás apenas o que quer deixar, mas nenhuma pista.

Após um instante, Ben assentiu com a cabeça.

– O que você disse faz sentido. Estou interessado em saber como chegou a tais conclusões.

Tess tomou um gole da bebida antes de responder. Não se perguntou por que era importante fazê-lo entender. Simplesmente era.

– Pego os fatos, o padrão que ele deixa para trás. Dá para ver que é quase idêntico todas as vezes, ele não varia. Suponho que no seu negócio você chame isso de *modus operandi*.

Ele deu um breve sorriso ao tornar a assentir com a cabeça.

– É, o método ou modo de operação.

– O padrão forma uma imagem, uma imagem psicológica. Você é formado para procurar pistas, provas, motivos e aprender. Eu, para procurar razões, causas e depois tratar. Tratar, Ben – ela repetiu, olhando-o nos olhos. – Não julgar.

Ele ergueu uma sobrancelha.

– E acha que é isso que estou fazendo?

– Você o quer – ela respondeu.

– É, quero. Fora das ruas e numa cadeia.

Ben esmagou um cigarro, devagar e metodicamente. Era uma medida de controle. Mas tinha mãos fortes.

– Quer que ela seja punido. Eu entendo isso, mesmo que não concorde.

– Você preferiria abrir a mente dele e curá-lo. Nossa. – Ele virou a bebida. – Não devia deixar o coração sangrar por causa de um homem desses.

– A compaixão faz parte da minha atividade – ela disse com firmeza. – Ele é doente, desesperadamente doente. Se tiver lido e entendido o meu perfil, saberá que o que ele faz, faz com dor.

– Estrangula mulheres. Se sente dor ao dar um nó em volta do pescoço delas, isso não faz com que elas estejam menos mortas, Tess, para as famílias dessas mulheres com quem eu tive de conversar. Tenho de olhar nos olhos dessas pessoas quando me perguntam por quê. E não tenho resposta.

– Sinto muito. – Ela tomou-lhe a mão sem pensar. Entrelaçou os dedos nos dele. – É um trabalho terrível. Um trabalho que faz você acordar no meio da noite. Tive de conversar com as famílias... que ficaram aturdidas e abaladas após um suicídio. – Sentiu a mão dele ficar tensa e a acariciou. – Quando você fica acordado na cama às 3 horas da manhã, continua vendo as perguntas nos olhos deles, e a dor. Ben... – Curvou-se em direção a ele, precisando tê-lo mais para perto. – Tenho de pensar nisso como médica. Poderia dar a você termos clínicos... impulso, transtorno, psicoses funcionais. Seja qual for o rótulo, significa uma doença. Esse homem não mata por vingança ou em proveito próprio, mas por desespero.

– E eu tenho de pensar como policial. É minha função detê-lo. Esse é o ponto principal. – Calou-se um instante, depois afastou a bebida para o lado. – Falamos sobre o monsenhor Logan. Harris está considerando.

– Que bom! Obrigada.

– Não agradeça. Não levo muita fé na ideia.

Ela recuou com um pequeno suspiro.

– Não temos nada em comum, temos?

– Talvez não. – Ele lembrou a leveza e o calor da mão dela na sua. – Talvez a gente simplesmente ainda não tenha descoberto.

– O que você gosta de fazer numa tarde de sábado? – ela perguntou de repente.

– Ficar sentado com uma cerveja e ver um jogo de futebol.

Tess franziu o nariz.

– Isso não vai dar certo. Que tal música?

Ele riu.

– O que tem a música?

– De que tipo de música gosta?

– Depende. Gosto de rock quando dirijo, de jazz quando bebo e de Mozart nas manhãs de domingo.

– Estamos chegando mais perto. O que acha de Jelly Roll Morton?

Surpreso, ele riu de novo.

– Gosto.

– E Springsteen?

– Ele me conquistou com *The River*.

– Marvin Gaye?

Ben recostou-se.

– Talvez já seja um começo. – Ele encostou a perna na dela sob a mesa. – Quer ir à minha casa e ouvir minha coleção de discos?

– Detetive Paris... – Tess escolheu uma última amêndoa. – As psiquiatras experientes não caem em cantadas baratas.

– E em cantadas caras?

– Por exemplo?

– Jantar comigo depois do teatro e ver quem lembra mais letras antigas dos Beatles.

Ela deu-lhe um sorriso rápido, impulsivo e muito diferente dos sorrisos cuidadosos de antes.

– Você vai perder, mas tudo bem.

– Conhece um cara com o equivalente a 2 mil dólares de capas nos dentes e um terno da Brooks Brothers?

Ela franziu as sobrancelhas.

– É um jogo de adivinhação?

– Tarde demais, ele já está se aproximando.

– Quem... Ah, olá, Frank.

– Tess, eu não esperava ver você aqui. – Frank deu um tapinha na mão da mulher de aparência extravagante e magra como um lápis a seu lado. – Lorraine, esta é a Dra. Teresa Court, uma colega.

Obviamente entediada, o que conquistou a solidariedade de Tess, a mulher estendeu a mão.

– É um grande prazer conhecê-la. – Deslizou o olhar indolente por Tess e cravou-o em Ben. – Olá.

O sorriso dele foi vagaroso e, embora não desprendesse os olhos do rosto dela, absorveu cada detalhe.

– Olá, sou o Ben.

– Tess, você devia ter me dito que vinha. Teríamos combinado de vir os quatro juntos – comentou Frank.

Lorraine inclinou a cabeça, ainda olhando para Ben. Talvez a noite pudesse ser salva, afinal, pensou.

– Podemos ficar juntos depois da peça – disse ela.

– Sem dúvida – murmurou Ben, e levou um rápido chute de Tess debaixo da mesa. O sorriso dele não vacilou –, mas a Tess e eu precisamos terminar a noite cedo. Trabalho.

– Sinto muito, Frank, fica para outra vez. – Sabendo que a fuga era sempre duvidosa, Tess já se levantava. – A gente se vê no consultório. Tchau, Lorraine.

– Tome seu chapéu. Por que a pressa? – resmungou Ben ao sair atrás dela.

– Se você soubesse o que eu sei, me agradeceria.

– Seu, ah, colega tem mais bom gosto para mulheres que para gravatas.

– Sério? – Tess pareceu ocupar-se em alisar o casaco enquanto caminhavam. – Achei ela meio óbvia.

– É. – Ele deu uma olhada para trás. – Hum-hum. Óbvia.

– Suponho que alguns homens gostem de decotes profundos e cílios postiços.

– Alguns homens são animais.

– Ela foi a segunda opção dele. Eu recusei o convite primeiro.

– É mesmo? – Intrigado, Ben fez Tess reduzir o passo pondo o braço nos ombros dela. – Ele a convidou para ver a peça de Coward e você recusou?

– Isso mesmo.

– Estou lisonjeado.

Ela disparou-lhe outro olhar. O ego dele não precisava de ajuda.

– Eu só aceitei o seu convite porque você não é perfeito.

– Hum. Quando ele a convidou?

– Ontem à tarde.

– Ele não pareceu se incomodar por você ter recusado o convite dele e estar aqui comigo.

Pouco à vontade, ela ajeitou-se sob o braço dele.

– Eu disse que tinha um compromisso.

– Ah. Mentiu.

Ele disse isso com tanto prazer que ela riu.

– Também não sou perfeita.

– Isso torna tudo mais fácil.

A NOITE QUE SEGUNDO BEN teria de acabar cedo terminou às 2 horas da manhã, quando andavam pelo corredor em direção ao apartamento de Tess.

– Vou me detestar amanhã – ela disse bocejando.

– Eu ainda nem a convidei para ir para a cama.

O bocejo terminou com um riso abafado.

– Eu estava pensando em tomar meia garrafa de vinho e ter cinco horas de sono. – Ela parou na porta e virou-se para encostar-se. – Não esperava me divertir tanto.

Nem ele.

– Por que não tentamos outra vez? Talvez a gente não se divirta tanto.

Ela pensou durante três segundos.

– Tudo bem, quando?

– Tem um festival de Bogart amanhã à noite no outro lado da cidade.

– *O falcão maltês*?

– E *À beira do abismo*.

Ela sorriu, confortavelmente sonolenta.

– Tudo bem.

Quando ele chegou mais perto, Tess esperou que a beijasse. Embora a ideia a animasse, achou-a apenas natural. O desejo de ser abraçada e tocada era humano. Fechou de leve os olhos e sentiu o coração bater um pouco mais rápido.

– Tem que trocar essa fechadura ridícula.

Ela tornou a adejar as pestanas.

– Como?

– A fechadura da sua porta, Tess, é uma piada. – Ele correu um dedo pelo nariz dela, satisfeito por vê-la confusa. – Se vai continuar morando num prédio sem segurança, é melhor colocar um bom ferrolho na porta.

– Uma bom ferrolho na porta. – Com um meio sorriso, ela se endireitou e pegou as chaves. – Não posso discutir com um policial.

– É bom saber.

Ben pôs as mãos em cima das dela e beijou-a antes que ela pudesse se preparar de novo. Mais tarde, quando conseguisse pensar direito, Tess se perguntaria se ele planejara tudo daquela forma.

Era tolice acreditar que um beijo tão delicado, tão descontraído como aquele pudesse enviar ondas de choque por todo o corpo. O sangue não aquece de verdade, e a mente não flutua de verdade. Ela sabia muito bem, mas sentiu de qualquer modo. Tocando-lhe apenas as mãos, ele a tomou sob si.

Tinha a boca inteligente, mas até aí ela já desconfiara. Os lábios eram quentes, macios, e ele usou os dentes para acrescentar uma pitada de excitação. Morderam-lhe de leve o lábio antes de sua língua deslizar pela dela. Tess disse a si mesma que era a hora, o vinho, o relaxamento, mas se entregou ao momento sem nada da cautela que sempre tinha.

Devia ser fria, um pouco reservada. Era o que ele esperara. Não esperara o calor, a paixão, nem a doçura que ela derramava sobre ele. Não esperara a intimidade de antigos amantes. Conhecia bem as mulheres – ou achava que conhecia. Tess era um mistério que exigia esclarecimento.

O desejo era conhecido, outra coisa que julgara entender bem. Mas não se lembrava de jamais ter pulsado daquela forma, deixando-o sem ar. Queria-a agora, instantânea e desesperadamente. Em geral, teria ido em frente. Era natural. Mas por motivos que nem começava a entender, se afastou dela.

Por um momento, os dois apenas se encararam.

– Isso poderia ser um problema – ele conseguiu dizer após alguns segundos.

– É.

Ela engoliu em seco e concentrou-se no frio metal das chaves na mão.

– Passe a corrente na porta, sim? Até amanhã.

Ela errou o buraco da fechadura por milímetros na primeira tentativa e jurou que acertaria na segunda.

– Boa noite, Ben.

– Boa noite.

Ele esperou ouvir o clique da fechadura e o tilintar da corrente antes de se virar e seguir pelo corredor. Um problema, tornou a pensar. Um problema infernal.

Ele tinha caminhado durante horas quando entrou em seu apartamento, chegou quase cansado demais para ficar em pé. Nos últimos meses, constatou que so dormia sem sonhar quando se exauria primeiro.

Não era necessário acender a luz; conhecia o caminho. Ignorando a necessidade de descansar, passou pelo quarto. Dormiria apenas depois que terminasse o último dever. O quarto mais afastado ficava sempre trancado. Quando abriu a porta, sentiu o leve perfume feminino das flores frescas que colocava ali todo dia. A batina de padre pendia da porta fechada do armário. Drapejado sobre ela, o amicto era uma faixa branca.

Riscando um fósforo, acendeu a primeira vela, depois outra e mais outra, até as sombras ondularem na imaculada superfície do pano de altar.

Havia uma fotografia, numa moldura de prata, de uma adolescente loura e sorridente. Para sempre, capturada jovem, loura e feliz. Rosas cor-de-rosa eram suas preferidas, e era o cheiro delas que se misturava com o das velas queimando.

Em molduras menores, viam-se fotografias recortadas com todo capricho de três outras mulheres. Carla Johnson, Barbara Clayton, Francie Bowers. Juntando as mãos, ele se ajoelhou diante delas.

Havia tantas outras, pensou. Tantas. Ele tinha apenas começado.

4

O jovem sentou-se diante de Tess, calado e taciturno. Não mexia as mãos nem olhava pela janela. Raras vezes o fazia. Em vez disso, ficava sentado na cadeira, cabisbaixo, e olhava para os joelhos. Estendia as mãos sobre as coxas, os dedos finos, as juntas um pouco aumentadas pelos estalos nervosos. As unhas estavam roídas até abaixo do sabugo. Sinais de ansiedade, embora as pessoas muitas vezes atravessassem a vida bastante bem, estalando, sacudindo e mastigando a si mesmas.

Também era raro ele olhar para a pessoa com quem falava, ou, mais corretamente nesse caso, a pessoa que falava com ele. Toda vez que ela conseguia olhá-lo nos olhos, sentia ao mesmo tempo uma pequena vitória e uma pequena pontada. Via tão pouco nos olhos dele, pois o paciente aprendera bem cedo a esconder e se proteger. O que via – quando tinha essa chance rara e rápida de olhar – não era ressentimento nem medo, apenas um traço de tédio.

A vida não fora justa com Joseph Higgins Jr., e ele não correria o risco de receber outro golpe abaixo da cintura. Em sua idade, quando os adultos o solicitavam, ele preferia o isolamento e a incomunicabilidade como defesa contra a falta de opção. Tess conhecia os sintomas. Ausência de emoção exterior, de motivação, de interesse. Ausência.

De algum modo, por algum caminho, ela precisava encontrar o gatilho que o fizesse voltar a gostar primeiro de si mesmo, depois do mundo à sua volta.

Era velho demais para ela fazer jogos com ele e jovem demais para tratá-lo de adulto para adulto. Tentara as duas coisas, e ele não aceitara nenhuma. Joey Higgins plantara-se firme num espaço intermediário. A adolescência não era apenas difícil para ele, era infeliz.

Usava uma calça jeans boa, resistente, cuja braguilha de botões era alardeada em comerciais berrantes, e um suéter folgado de moletom com um desenho da tartaruga aquática de Maryland rindo no peito. Os tênis de cano alto da Nike eram modernos e novos. Tinha os cabelos castanhos repicados de leve em volta do rosto fino demais. Por fora, parecia um garoto de 14 anos normal. Todos os sinais da adolescência eram evidentes. Por dentro, um labirinto de confusão, ódio de si mesmo e ressentimento, que Tess sabia que nem sequer começara a tocar.

Era lamentável que, em vez de ser uma confidente, um muro de lamentações ou mesmo uma folha de papel em branco para ele, ela fosse apenas mais uma figura autoritária em sua vida. Se uma única vez Joey tivesse desabafado, gritado ou discutido com ela, Tess teria achado que as sessões progrediam. Durante todas, ele permanecia educado e indiferente.

– O que acha da escola, Joey?

Ele não encolheu os ombros. Era como se o movimento pudesse transmitir algum dos sentimentos que mantinha trancados dentro de si.

– Legal.

– Legal? Eu achava que era sempre um pouco difícil mudar de escola.

Ela lutara contra isso, tentara tudo a seu alcance para convencer os pais a não fazerem uma mudança tão drástica àquela altura da terapia. Más companhias, eles disseram. Iam afastá-lo das pessoas que o influenciavam, que o haviam atraído para o álcool, um breve flerte com drogas e um namoro igualmente rápido, porém mais inquietante, com o ocultismo. Os pais haviam conseguido apenas aliená-lo e despedaçar-lhe um pouco mais a autoestima.

Não foram as companhias, más ou não, que levaram Joey a essas jornadas. Foram a própria depressão, se movendo em espiral, e a procura por uma resposta que ele julgasse completa e apenas sua.

Como não encontravam mais baseados nas gavetas da cômoda do filho, nem sentiam cheiro de bebida alcoólica em seu hálito, os pais achavam que ele estava começando a se recuperar. Não conseguiam ou não queriam ver que Joey continuava afundando rápido, apenas aprendera a internalizar tudo isso.

– As novas escolas às vezes são uma aventura – continuou Tess, quando não obteve resposta. – Mas é difícil ser aluno novo.

– Não é tão importante assim – ele murmurou, sem deixar de olhar os joelhos.

– Que bom saber – ela disse, embora soubesse que era mentira. – Eu tive de trocar de escola quando tinha a sua idade e fiquei morta de medo.

Ele ergueu os olhos, não acreditando, mas interessado. Olhos castanho-escuros que deviam transmitir eloquente expressividade, mas eram defensivos e cautelosos.

– Não tem do que ter medo, é só uma escola.

– Por que não me fala sobre ela?

– É só uma escola.

– E os outros garotos? Alguém interessante?

– A maioria é idiota.

– É mesmo? Como assim?

– Eles ficam juntos, numa galera. Não tem ninguém que eu queira conhecer.

Ninguém que ele conhecia, corrigiu Tess. A última coisa que precisava àquela altura era sentir-se rejeitado pela escola após perder os colegas de turma aos quais se habituara.

– Fazer amigos, amigos de verdade, leva um tempo. É mais difícil ficar sozinho, Joey, do que tentar conhecer as pessoas.

– Eu não quis trocar de escola.

– Eu sei. – Nisso, ela estava com ele. Alguém tinha de estar. – E sei que é duro sentir como se a gente pudesse ser empurrado de um lado para o outro sempre que as pessoas que fazem as regras têm vontade de mudá-las. Seus pais escolheram a escola porque querem o melhor para você.

– Você não queria que eles me tirassem da escola. – Ele ergueu mais uma vez os olhos, porém tão rápido que ela mal viu a cor. – Ouvi a minha mãe falando.

– Como sua médica, achei que talvez se sentisse mais à vontade na escola antiga. Sua mãe ama você, Joey. A transferência de escola não foi uma punição, mas um meio de tentar tornar as coisas melhores para você.

– Ela não queria que eu ficasse com os meus amigos.

Ele não disse isso com ressentimento, mas aceitação simples e categórica. Sem opção.

– Como se sente em relação a isso?

– Ela tinha medo que, se eu convivesse com eles, começasse a beber de novo. Não estou bebendo.

Mais uma vez, não disse isso ressentido, mas exaurido.

– Eu sei – disse Tess ao colocar a mão no braço dele. – Pode ficar orgulhoso de si mesmo por sair dessa, fazer a escolha certa. Sei o esforço que você tem de fazer todo dia para não beber.

– A minha mãe vive pondo a culpa das coisas que acontecem em outra pessoa.

– Que coisas?

– Só coisas.

– Como o divórcio? – Como sempre, a menção disso não provocou reação. Tess recuou. – Como se sente por não ir mais de ônibus?

– Os ônibus são uma droga.

– A sua mãe leva você para a escola agora.

– É.

– Tem falado com o seu pai?

– Ele está ocupado. – Joey olhou para Tess com um toque de ressentimento misturado a uma súplica. – Arranjou um novo trabalho numa loja de computadores, mas na certa vou passar o fim de semana com ele no mês que vem. No Dia de Ação de Graças.

– Como se sente em relação a isso?

– Vai ser bom. – Sucinto, o menino resplandecia de esperança: – Vamos ver o jogo dos Redskins. Ele vai comprar ingressos na área 50. Vai ser como era antes.

– Como era antes, Joey?

Ele tornou a olhar para os joelhos, mas franziu as sobrancelhas de raiva.

– É importante entender que nada vai ser como era antes. Diferente não quer dizer ruim. Às vezes a mudança, mesmo difícil, pode ser o melhor pra todo mundo. Sei que você ama o seu pai. Não tem de deixar de amá-lo porque não mora mais com ele.

– Ele não tem mais casa. Só um quarto. Disse que se não tivesse de pagar pensão, poderia ter uma casa.

Ela sentiu vontade de mandar para o inferno Joseph Higgins pai, mas manteve a voz firme e suave:

– Você entende que o seu pai tem um problema, Joey. E o problema não é você. É o álcool.

– Nós temos uma casa – ele resmungou.

– Se não tivessem, acha que seu pai seria mais feliz? – Nenhuma resposta. Joey mais uma vez baixou a cabeça. – Fico feliz em saber que vai passar algum tempo com o seu pai. Sei que sente saudades dele.

– Ele está ocupado.

– É. – Ocupado demais para ver o filho, ocupado demais para retornar os telefonemas da psiquiatra que estava tentando curar as mágoas dele. – Às vezes os adultos ficam muito envolvidos com a própria vida. Você precisa entender como tudo é difícil para o seu pai agora, num novo trabalho, porque também está numa nova escola.

– Vou passar um fim de semana com ele no mês que vem. Mamãe disse para eu não contar com isso, mas eu vou.

– A sua mãe não quer que você fique decepcionado se surgir algum imprevisto.

– Ele vem me pegar.

– Espero que sim, Joey. Mas se ele não vier... Joey... – Ela tocou mais uma vez o braço dele e por pura força de vontade atraiu seu olhar. – Se ele não vier, você tem de saber que não é por sua causa, mas por causa da doença dele.

Ele concordou, porque concordar era o meio mais rápido de evitar um confronto. Tess sabia disso e desejou, não pela primeira vez, conseguir convencer os pais de que Joey precisava de uma terapia mais intensiva.

– A sua mãe trouxe você hoje?

Embora ele continuasse cabisbaixo, a raiva, pelo menos por fora, tinha passado.

– O meu padrasto.

– Você continua se dando bem com ele?

– Ele é legal.

– Há meninas bonitas na sua nova escola?

Tess queria um sorriso, de qualquer tamanho, qualquer tipo.

– Acho que sim.

– Acha? – Talvez fosse o sorriso na voz dela que o fez erguer os olhos de novo. – Na minha opinião, você parece ter bons olhos.

– Talvez duas. – E curvou um pouco os lábios. – Não presto muita atenção.

– Bem, há tempo para isso. Vai voltar na semana que vem?

– Acho que sim.

– Me faria um favor enquanto isso? Eu disse que você tem bons olhos. Observe a sua mãe e o seu padrasto. – Ele virou a cabeça, mas ela tomou-lhe a mão e segurou-a. – Joey... – Esperou até os olhos escuros, ilegíveis, encontrarem de novo os seus. – Observe. Eles estão querendo ajudar. Cometem erros, mas estão tentando, porque gostam de você. Ainda tem o meu número, não tem?

– É, acho que tenho.

– Sabe que pode me ligar se quiser conversar antes da semana que vem.

Ela foi até a porta do consultório com ele e viu o padrasto levantar-se e dar um grande abraço em Joey, acompanhado de um afável sorriso. Era um empresário bem-sucedido, sereno e educado. A antítese do pai.

– Tudo terminado, hein? – Olhou para Tess, sem sorrir, apenas com uma expressão tensa. – Como nos saímos hoje, Dra. Court?

– Muito bem, Sr. Monroe.

– Isso é bom, isso é bom. Que tal se comprarmos uma comida chinesa no caminho e fizermos uma surpresa para sua mãe?

– Falou. – Joey vestiu a jaqueta da escola, a escola que não frequentava mais. Deixando-a aberta, virou-se para trás e olhou para um ponto além do ombro direito de Tess. – Tchau, Dra. Court.

– Até logo, Joey, vejo você na semana que vem.

Eles o alimentavam, ela pensou ao fechar a porta. E ele morria de fome. Eles o vestiam, mas ele continuava com frio. Tess tinha a chave, mas ainda não conseguira girá-la de modo a abrir a fechadura.

Com um suspiro, encaminhou-se de volta à mesa.

– Dra. Court?

Tess atendeu o telefone interno, guardando de volta a ficha de Joey Higgins na pasta atrás da mesa.

– Sim, Kate.

– A senhora recebeu três telefonemas enquanto estava na sessão. Um do *Post*, um do *Sun* e um da emissora de TV WTTG.

– Três repórteres?

Tess tirou o brinco para coçar de leve o lóbulo da orelha.

– Todos os três queriam confirmar que a senhora está trabalhando nos homicídios do Padre.

– Droga. – Ela largou o brinco na mesa. – Não estou autorizada a fazer comentários, Kate.

– Sim, senhora.

Devagar, Tess atarraxou de novo o brinco. Prometera anonimato. Fazia parte do acordo com o gabinete do prefeito. Nada de mídia, alarde ou comentários. O prefeito lhe dera garantia pessoal de que ela conseguiria trabalhar sem pressão da imprensa. De nada adiantava culpá-lo, lembrou-se, levantando-se para ir até a janela. A notícia vazara e ela teria de lidar com isso.

Não gostava de notoriedade. Esse era o problema. Gostava da vida simples e privada. Isso também era problema dela. O bom-senso dissera-lhe que a coisa toda viria a público antes de acabar, mas mesmo assim aceitara o trabalho. Se estivesse aconselhando um de seus pacientes, teria lhe dito que enfrentasse a realidade e lidasse com tudo um passo de cada vez.

Lá fora, o tráfego da hora do rush começava a intensificar-se. Algumas buzinas soavam, mas o barulho era abafado pela janela e pela distância. Joey Higgins estava lá fora, indo comprar comida chinesa para viagem com o padrasto, que ele se recusava a confiar ou amar. Os bares já estavam prontos para servir a clientela do "vamos tomar um drinque antes do jantar". As creches esvaziavam-se, e uma multidão de mães e pais solteiros, mães que trabalhavam fora e pais exaustos, acomodava crianças no carro e manobrava Volvos e BMWs por entre outros Volvos e BMWs com apenas uma coisa em mente: chegar em casa, ficar seguro e aquecido atrás das portas, janelas e paredes, junto da família. Era improvável que ocorresse a algum deles a ideia concreta de que havia alguém mais lá fora. Alguém com uma pequena bomba tiquetaqueando dentro da cabeça.

Por um momento, Tess desejou poder juntar-se a eles naquela tranquila rotina noturna, pensando apenas num jantar quente e na conta do dentista, mas o arquivo do Padre já estava em sua pasta.

Ela se virou e pegou-a. O primeiro passo era ir para casa e certificar-se de que todas as chamadas fossem atendidas pela secretária eletrônica.

– Quem deixou vazar? – Ben exigiu saber e soprou uma baforada de fumaça.

– Ainda estamos trabalhando nisso.

Em pé atrás da mesa, Harris observava os policiais designados para a força-tarefa. Ed estava jogado numa cadeira, passando um saquinho de sementes de girassol de uma mão para a outra. Bigsby, com o grande rosto corado e as mãos fortes, batucava com os pés. Maggie Lowenstein, atrás de Ben, estava com as mãos nos bolsos. Roderick sentava-se ereto na cadeira com as mãos no colo. Ben olhava-o como se fosse arreganhar os dentes e rosnar à primeira palavra equivocada.

– O que temos de fazer agora é lidar com a situação. A imprensa sabe que a Dra. Court está envolvida. Em vez de bloqueá-los, vamos usá-los.

– Temos sido golpeados pela imprensa há semanas, capitão – opôs-se Maggie. – As coisas estavam começando a se acalmar.

– Eu leio os jornais, detetive.

Disse isso com moderação. Bigsby mudou de posição na cadeira, Roderick pigarreou e Maggie fechou a boca.

– Vamos marcar uma coletiva de imprensa para amanhã de manhã. O gabinete do prefeito entrará em contato com a Dra. Court. Paris, Jackson, como chefes da equipe, quero vocês presentes. Sabem quais informações podemos passar à imprensa.

– Não temos nada de novo para eles, capitão – salientou Ed.

– Façam parecer novo. A Dra. Court deve bastar para satisfazê-los. Marquem a reunião com esse monsenhor Logan – acrescentou, desviando o olhar para Ben. – E mantenham isso em segredo.

– Mais psiquiatras. – Ben esmagou o cigarro. – A primeira não nos disse nada que já não soubéssemos.

– Ela disse que o assassino está cumprindo uma missão – observou Maggie em voz baixa. – E que, embora as coisas andem tranquilas há algum tempo, é provável que ele não tenha terminado.

– Ela disse que ele está matando jovens louras – rebateu Ben. – Já sabíamos disso.

– Dá um tempo, Ben – murmurou Ed, sabendo que o mau humor ia se desviar na direção dele.

– Dá um tempo você. – Ben fechou as mãos em punhos nos bolsos. – Aquele filho da puta só está esperando para estrangular a próxima mulher que estiver no lugar errado e na hora errada, e a gente fica aqui sentado conversando com psiquiatras e padres. Não dou a mínima para alma nem para psique dele.

– Talvez devamos dar. – Roderick olhou primeiro para o capitão, depois para Ben. – Escute, sei como se sente, como acho que todos nos sentimos. Apenas o queremos. Mas já lemos o perfil feito pela Dra. Court. Não estamos lidando com alguém que anda por aí só atrás de sangue, de diversão. Se quisermos fazer o nosso trabalho, acho melhor entendermos quem ele é.

– Você deu uma boa olhada nas fotos do necrotério, Lou? Sabemos quem elas são. Quem elas eram.

– Tudo bem, Paris. Se quiser aliviar a tensão, vá para a academia de ginástica.

Harris esperou um instante, reunindo a todos com seu senso de autoridade. Fora um bom policial de rua. Era ainda melhor na administração. Saber disso apenas o deprimia de vez em quando.

– A coletiva de imprensa está sendo marcada para as oito da manhã, no gabinete do prefeito. Quero um relatório sobre o monsenhor Logan na minha mesa amanhã. Bigsby, continue investigando de onde vieram aquelas malditas estolas. Maggie, Roderick, voltem e falem com a família e os amigos das vítimas. Agora saiam daqui e vão comer alguma coisa.

Ed esperou todos assinarem o ponto da saída, percorrerem os corredores e atravessarem o estacionamento.

– Não vai fazer bem algum a você descarregar a raiva pelo que aconteceu com o seu irmão na Dra. Court.

– Josh não tem nada a ver com isso.

Contudo a dor continuava. Ele não podia dizer o nome do irmão sem ferir a garganta.

– Tem razão. E a Dra. Court está fazendo o trabalho dela, como o resto de nós.

– Ótimo, mas não acho que o trabalho dela tenha ligação com o nosso.

– A psiquiatria criminal tornou-se uma ferramenta viável no...

– Ed, pelo amor de Deus, você precisa parar de ler essas revistas.

– Parar de ler, parar de aprender. Quer sair para tomar um porre?

– Isso vindo de um homem que anda com um saco de sementes de girassol. – Sua nuca ainda estava tensa. Perdera o único irmão, mas Ed aparecera e quase preenchera o vazio. – Esta noite, não. De qualquer modo, me constrange ver você mandar despejar todo aquele suco de fruta na vodca.

– A gente tem que pensar na saúde.

– Também tem que pensar na reputação.

Ben abriu a porta do carro e ficou sacudindo as chaves. Era uma noite fria, fria o bastante para ver a respiração no ar. Se chovesse antes da manhã, como indicava o céu sem estrelas, cairia chuva com neve. Na série de casas geminadas, restauradas e com pé-direito alto, os ricos de Georgetown iriam acender a lareira, tomar *irish coffees* e apreciar as chamas. Os sem-teto podiam se preparar para uma noite longa e desagradável.

– Ela me perturba – disse Ben de repente.

– Uma mulher com aquela aparência perturba qualquer homem.

– Não é tão simples assim. – Ben entrou no carro e desejou conseguir entender o que o perturbava. – Pego você amanhã. Sete e meia.

– Ben. – Ed curvou-se, segurando a porta aberta. – Diga a ela que eu mandei lembranças.

Ben fechou a porta e pisou fundo. Os parceiros passavam a conhecer um ao outro bem demais.

TESS DESLIGOU O TELEFONE E, com os cotovelos na mesa, apertou a base das mãos contra os olhos. Joe Higgins pai precisava tanto de terapia quanto o filho, mas se envolvera demais na destruição da própria vida para entender isso. O telefonema nada resolvera. Mas conversas com alcoólatras de pileque raras vezes resolviam. Ele apenas chorara à menção do filho e prometera com a fala arrastada telefonar no dia seguinte.

Não iria telefonar, pensou Tess. O mais provável era que nem se lembrasse da conversa pela manhã. O tratamento de Joey dependia do pai, e o pai não desgrudava da garrafa – a mesma garrafa que destruíra seu casamento fizera-o perder inúmeros empregos e deixara-o sozinho e infeliz.

Se ela conseguisse levá-lo a uma reunião dos alcoólicos anônimos, se conseguisse fazê-lo dar o primeiro passo... Tess soltou um longo suspiro ao deixar cair as mãos dos lados. A mãe de Joey não explicara quantas vezes ela tentara, durante quantos anos se dedicara a afastar Joseph Higgins pai da bebida?

Tess entendia o ressentimento da mulher, respeitava sua determinação em recomeçar a própria vida e enterrar o passado.

Mas Joey não conseguia. Durante toda a infância, a mãe o protegera, protegera-o da doença do pai. Dava desculpas pelas noites que passava acordado e pelos empregos perdidos, acreditando que devia esconder a verdade do filho.

Na infância, Joey vira demais, ouvira mais, depois aceitara as explicações e desculpas da mãe e construíra uma parede de mentiras ao redor do pai. Mentiras em que decidira acreditar. Se o pai bebia, então beber era legal. Tão legal que aos 14 anos já estava em tratamento por dependência de álcool. Se o pai perdia o emprego, era porque o patrão tinha inveja. Enquanto isso, as notas de Joey na escola despencavam cada vez mais à medida que o respeito pela autoridade e por si mesmo diminuía.

Quando a mãe não conseguiu mais tolerar a bebida e ocorreu o rompimento, as mentiras, as promessas quebradas e os anos de ressentimento extravasaram. Ela amontoara os defeitos do pai diante do filho, na tentativa desesperada de fazê-lo ver os erros e não culpá-la. Joey não a culpara, claro, tampouco culpara o pai. Só havia a uma pessoa a culpar, e era ele mesmo.

A família desintegrara-se, ele tivera de sair da casa em que fora criado e a mãe passara a trabalhar fora. O menino tinha se debatido. Depois que a Sra. Higgins se casou de novo, foi o padrasto de Joey quem insistiu na orientação psicológica. Quando Tess começou a vê-lo, Joey tinha 13 anos e meio de culpa, ressentimento e dor para superar com dificuldade. Em dois meses, ela mal fizera uma mossa na armadura usada por ele – nas sessões privadas ou na orientação familiar duas vezes por mês com a mãe e o padrasto.

A raiva tomou-a com tanta rapidez que ela teve de ficar parada durante vários minutos e reprimi-la. Não era sua função se enfurecer, mas ouvir, perguntar e oferecer opções. Compaixão – podia permitir-se sentir compaixão, mas não raiva. Por isso ficou sentada, a raiva recuando, lutando contra o controle com que nascera e depois afiara como ferramenta profissional Queria chutar alguma coisa, bater em alguma coisa, eliminar de algum modo aquela detestável sensação de desesperança.

Em vez disso, abriu a pasta de Joey e passou a fazer anotações sobre a última sessão, à tarde.

Começou a cair uma mistura de chuva e neve. Tess pegou os óculos, mas não olhou pela janela, não viu o homem do outro lado da rua, parado no meio-fio, observando a luz em seu apartamento. Se tivesse olhado, visto, não teria dado importância.

Quando ouviu a batida à porta, Tess pensou apenas no aborrecimento causado pela interrupção. O telefone tinha tocado sem parar, mas ela conseguira ignorá-lo e deixar que a secretária eletrônica atendesse. Se uma das ligações fosse de um paciente, o bipe ao lado teria soado. As chamadas, adivinhara, eram todas ligadas à matéria do jornal da noite, vinculando-a à investigação da Divisão de Homicídios.

Deixando a pasta aberta, ela se encaminhou para a porta.

– Quem é?

– Paris.

Podia-se obter muita informação do tom de uma voz, até de uma palavra. Ela abriu a porta, sabendo que a abria para um confronto.

– Detetive. Não é um pouco tarde para uma visita oficial?

– Bem a tempo do noticiário das onze.

Ele entrou e ligou o aparelho de televisão.

Tess não se afastara da porta.

– Não tem tevê em casa?

– É mais divertido assistir a um circo com companhia.

Ela fechou a porta, irritada o bastante para deixá-la bater.

– Escute, estou trabalhando. Por que não diz o que tem a dizer e me deixa voltar para o meu trabalho?

Ben olhou a mesa, as pastas abertas e os óculos de aros grandes largados em cima de tudo.

– Não vai demorar.

Ele não se sentou, ficou com as mãos nos bolsos, vendo a introdução da equipe do noticiário. Foi uma bonita morena, de rosto em forma de coração, quem leu a principal matéria da noite:

– O gabinete do prefeito confirmou hoje que a Dra. Teresa Court, respeitada psiquiatra, foi designada para a equipe de investigação dos homicídios do Padre. Não conseguimos encontrar a Dra. Court, neta do veterano senador Jonathan Writemore, para comentar. Suspeita-se que os assassinatos de pelo menos três mulheres estejam ligados ao assassino descrito como Padre devido ao emprego de um amicto, estola branca usada na cerimônia da missa pelos padres católicos romanos, para estrangular as vítimas. A polícia continua a investigação iniciada em agosto último, agora com a ajuda da Dra. Court.

– Nada mal – murmurou Ben. – Teve seu nome citado três vezes.

Ele nem piscou quando Tess se aproximou e, com uma pancada, desligou o aparelho.

– Vou repetir, diga logo o que tem a dizer.

A voz dela foi fria. Ele pegou um cigarro, decidido a igualá-la.

– Temos uma coletiva de imprensa amanhã às oito no gabinete do prefeito.

– Fui notificada.

– Mantenha os comentários vagos, afaste-se o máximo possível dos pormenores do caso. A imprensa sabe sobre a arma do crime, mas conseguimos evitar o vazamento das notas e do conteúdo delas.

– Eu não sou tola, Ben. Sei lidar com uma entrevista.

– Tenho certeza que sabe. Por acaso essa é sobre um assunto departamental, não a respeito de uma glória pessoal.

Ela abriu a boca, mas saiu apenas um silvo de respiração. Sabia que era ao mesmo tempo humilhante e inútil perder a paciência. Sabia que uma declaração tão ridícula e ressentida não merecia resposta. Sabia que ele, parado ali julgando-a, merecia apenas o mais frio e controlado descaso.

– Seu imbecil intolerante, tacanho, insensível. – O telefone tornou a tocar, mas os dois o ignoraram. – Quem diabos você pensa que é para entrar aqui sem pedir licença e sair dizendo suas pérolas de idiotice?

Ele procurou um cinzeiro em volta e decidiu-se por um pequeno prato pintado à mão, ao lado de um vaso de crisântemos outonais frescos.

– Que pérola foi essa?

Ela ficou ereta como um soldado, enquanto ele, à vontade, batia de leve as cinzas no prato.

– Vamos apenas deixar uma coisa bem clara. Eu não vazei essa história para a imprensa.

– Ninguém disse que vazou.

– Não? – Ela enfiou as mãos nos bolsos da saia com a qual trabalhara durante 14 horas. As costas doíam, tinha o estômago vazio e queria algo que lutava com tanto esforço para dar aos pacientes... paz de espírito. – Pois bem, eu interpreto essa pequena cena de outra forma. De fato me prometeram que meu nome jamais seria ligado à investigação.

– Você se incomoda de as pessoas saberem que coopera com a polícia?

– Nossa, como você é inteligente.

– Muito – ele devolveu, fascinado pela completa aniquilação do controle dela.

Tess andava de um lado para o outro ao falar, os olhos de cor de violeta agora escurecidos. A raiva era rígida e gélida, muito diferente do tipo que cuspia veneno e atirava pratos a que ele se habituara. Ainda mais interessante.

– Não importa o que eu faça, você sempre tem uma resposta. Já lhe ocorreu, detetive, que talvez eu não goste de ter os meus pacientes e os meus colegas me questionando sobre esse caso? Já lhe ocorreu que eu não queria pegar o caso, para falar a verdade?

– Então por que pegou? O pagamento é ridículo.

– Porque fui convencida de que poderia ajudar. Se não pensasse assim, eu diria para pegar o seu caso e se virar com ele. Acha que eu quero perder o meu tempo discutindo com um juiz tacanho, autonomeado, sobre a moralidade da minha profissão? Já tenho problemas suficientes na minha vida.

– Problemas, doutora? – Ele examinou o apartamento com um olhar demorado, as flores, o cristal, tons pastel suaves. – Tudo me parece muito satisfatório aqui.

– Você não sabe nada a meu respeito, a respeito da minha vida e do meu trabalho. – Ela se aproximou da mesa e apoiou as mãos no tampo, mas ainda não recuperara o controle. – Está vendo essas pastas, esses papéis, essas fitas? É a vida de um garoto de 14 anos. Um garoto que já é alcoólatra, que precisa que alguém o ajude ver seu próprio valor e seu próprio lugar. – Tornou a virar-se, os olhos escuros e ardentes. – Sabe o que é tentar salvar uma vida, não sabe, detetive? Sabe como dói, como assusta? Talvez eu não use uma arma, mas é o que estou tentando fazer. Passei dez anos da minha vida tentando aprender como fazer isso. Talvez, com tempo, talento e sorte suficiente eu consiga ajudá-lo. Droga. – Ela se interrompeu, percebendo até que ponto se deixara levar por algumas palavras. – Não tenho de justificar nada para você.

– Não, não tem. – Ao falar, ele esmagou o cigarro no pratinho de porcelana. – Me desculpe. Eu me excedi.

A respiração dela saiu em dois soluços enquanto tentava recompor-se.

– Por que o que eu faço deixa você tão ressentido?

Ele não estava pronto para dizer, deixar aquela antiga ferida exposta para inspeção e análise. Em vez disso, apertou os dedos nos próprios olhos cansados.

– Não é você. É a coisa toda. Faz com que eu me sinta andando numa corda muito bamba sobre um grande abismo.

– Acho que posso aceitar isso. – Embora não fosse toda a resposta, ou a que ela queria. – É difícil ser objetiva nesse momento.

– Vamos dar uma trégua por um minuto. Não tenho muito apreço pelo que você faz, e acho que nem você pelo que eu faço.

Ela esperou um instante e assentiu com a cabeça.

– Concordo.

– Não temos como fugir disso. – Ben aproximou-se da mesa e ergueu a meia xícara de café dela. – Tem um pouco disso quente?

– Não. Mas posso fazer.

– Não precisa. – Ele ergueu a mão para massagear a tensão pouco acima das sobrancelhas. – Escute, eu sinto muito. Parece que temos corrido numa esteira, e o único avanço que fizemos foi um vazamento para a imprensa.

– Eu sei. Talvez não consiga entender, mas estou tão envolvida e me sinto tão responsável quanto você agora. – Interrompeu-se de novo, mas dessa vez sentiu afinidade, empatia. – Essa é a parte difícil, não é? Sentir-se responsável.

Tess era boa mesmo em seu trabalho, pensou Ben, recostando-se na mesa.

– Tenho a sensação, da qual não consigo me livrar, de que ele não aguenta mais esperar para atacar de novo. Não estamos nem perto de encontrá-lo, doutora. Podemos enrolar um pouco a imprensa amanhã, mas o que temos de engolir é que não chegamos nem um pouco mais perto. O fato de você me dizer por que o Padre mata não vai ajudar a próxima mulher que ele atacar.

– Só posso lhe dizer como ele é por dentro, Ben.

– E eu tenho que dizer que não dou a mínima. – Ele contornou a mesa para encará-la. Ela estava calma mais uma vez. Via isso apenas olhando em seus olhos. – Quando o pegarmos, e o vamos pegar esse cara, vão usar o seu perfil psiquiátrico. Vão mandar fazer outros, depois vão chamar você ou alguma outro psiquiatra como testemunha, e ele vai se livrar.

– Ele vai ficar confinado num hospital para doentes mentais. Não se trata de um piquenique, Ben.

– Até uma equipe de médicos dizer que ele está curado.

– Não é tão simples assim. Você conhece a lei. – Tess passou a mão pelos cabelos. Ben tinha razão e ela também. Isso só dificultava mais as coisas. – Você não trancafia alguém porque tem câncer, porque não pode controlar a desintegração do próprio corpo. Como pode punir alguém sem levar em consideração a desintegração da mente dessa pessoa? Ben, a esquizofrenia apenas incapacita mais pessoas de por um período maior do que o câncer. Centenas de milhares estão confinadas em hospitais. Não podemos abandoná-las, nem queimá-las como bruxas, por causa de um desequilíbrio químico no cérebro.

Não lhe interessavam estatísticas, motivos, apenas resultados.

– Você disse uma vez, doutora... insanidade é um termo legal. Louco ou não, ele tem direitos civis e terá direito a um advogado, e o advogado vai usar esse termo legal. Eu gostaria de ver você se reunir com aquelas três famílias depois que tudo terminar e falar sobre desequilíbrios químicos. Quero ver se consegue convencê-las de que foi feita justiça.

Ela orientara famílias antes, conhecia bem demais a sensação de traição e ressentida impotência. Era uma impotência que, sem controle, podia respingar no terapeuta.

– É você que tem a espada, Ben, não eu. Só tenho palavras.

– É. – Ele também as tinha, e usara-as de uma maneira da qual não se orgulhava. Precisava sair, ir para casa. Queria que houvesse um conhaque e uma mulher a sua espera. – Vou marcar uma consulta com o monsenhor Logan amanhã. Vai precisar estar presente.

– Claro. – Ela cruzou os braços e perguntou-se por que um ataque de raiva sempre a deixava tão deprimida. – Tenho consultas o dia todo, mas posso cancelar o paciente das quatro.

– Não é loucura demais?

Como ele fizera o esforço, ela também fez, e sorriu.

– Vamos deixar passar essa.

– Vou ver se consigo marcar para as quatro e meia. Alguém vai ligar para você e confirmar.

– Ótimo. – Parecia não restar mais nada a dizer, e talvez mais a dizer do que qualquer um dos dois podia suportar. – Tem certeza de que não quer aquele café?

Ele tinha e, mais que isso, queria sentar-se com ela para falar de qualquer coisa, menos do que os unia.

– Não, preciso ir. As ruas já estão uma zorra.

– É?

Ela olhou em direção à janela e notou a chuva com neve.

– Está trabalhando demais, doutora, se não vê o que se passa lado de fora da sua janela. – Ben se encaminhou para a porta. – Ainda não comprou aquele ferrolho.

– Não, ainda não.

Ele se virou com a mão na maçaneta. Queria mais ficar com ela do que com o conhaque e a mulher imaginários.

– Bogart foi legal na outra noite?

– Foi ótimo.

– Talvez a gente deva fazer isso de novo qualquer hora.

– Talvez.

– Até mais, doutora. Passe a corrente.

Ele fechou a porta, mas esperou até ouvir o barulho da corrente da fechadura sendo presa.

5

Ed seguia pela Décima Sexta Avenida num ritmo tranquilo. Gostava tanto de dirigir devagar – bem, não tanto – quanto de fazer os pneus cantarem. Para um homem simples, relativamente sereno, correr a toda pelas ruas em perseguição acirrada era um pequeno vício.

Ao lado, Ben mantinha silêncio. Em geral, teria algumas observações ferinas a fazer sobre a maneira de o parceiro dirigir, o que era motivo de piada no departamento. O fato de ele nada dizer a respeito, nem sobre a fita de Tanya Tucker que Ed colocara, significava que seus pensamentos estavam em outro lugar. Não era necessária uma mente tão metódica quanto a de Ed para descobrir onde.

– Recebi a papelada do caso Borelli.

Ed ouvia Tanya gemer sobre mentira e traição e sentia-se contente.

– Hum? Ah, é, também recebi.

– Parece que teremos que passar alguns dias no tribunal mês que vem. O promotor público deve condená-lo bem rápido.

– É melhor que condene. Trabalhamos como cachorros para conseguir as provas.

O silêncio se instalou aos poucos como chuva fina. Ed cantarolou a melodia de boca fechada junto com Tanya, cantou alguns compassos do refrão e voltou a cantarolar.

– Soube da cozinha da Maggie? O marido a inundou. O lixo vazou de novo.

– É o que acontece quando se deixa um contador andar com uma chave inglesa na mão.

Ben baixou a janela para a fumaça sair ao acender um cigarro.

– Esse é o décimo quinto – disse Ed, indulgente. – Não vai chegar a lugar algum se continuar ansioso com a coletiva de imprensa.

– Não estou ansioso com nada. Gosto de fumar. – Como prova, tragou fundo, mas resistiu a soprar a fumaça na direção do parceiro. – É um dos poucos grandes prazeres da humanidade.

– Junto com tomar porre e vomitar nos próprios sapatos.

– Meus sapatos estão limpos, Jackson. Isso me faz lembrar de alguém tombando como a porra de uma sequoia quando emborcou meio galão de vodca com suco de cenoura.

– Eu só ia tirar uma soneca.

– É, de cara no chão. Se eu não tivesse segurado você e quase me presenteado com uma hérnia no processo, você teria quebrado esse seu nariz enorme. De que diabos está rindo?

– Se está sacaneando, é porque não sente pena de si mesmo. Sabe, Ben, ela se saiu muito bem mesmo.

– Quem disse que não? – Ben enterrou os dentes no filtro ao dar outra tragada. – E quem disse que eu estava pensando nela, aliás?

– Em quem?

– Na Tess.

– Eu nem toquei no nome dela.

Ed pisou fundo quando o sinal ficou amarelo e piscou até mudar para vermelho.

– Não faça joguinhos comigo, e o sinal estava vermelho.

– Amarelo.

– Estava vermelho, seu filho da mãe daltônico, e alguém devia apreender sua carteira. Corro o risco de morrer toda vez que entro no mesmo carro que você. Eu devia ter uma pasta cheia de recomendações por bravura.

– Ela também estava linda – comentou Ed. – Pernas fantásticas.

– Você está no cio. – Ben ligou o aquecimento quando o vento que entrava pela fresta da janela tornou-se cortante. – De qualquer modo, ela parecia que podia imobilizar um homem a vinte passos.

– As roupas transmitem sinais. Autoridade, indecisão, compostura. Ela parecia se esforçar por conseguir um tom de altiva autoridade. Acho que aqueles repórteres já estavam na mão dela antes de abrir a boca.

– Alguém devia cancelar sua assinatura da *Reader's Digest* – resmungou Ben.

As grandes e centenárias árvores que pontilhavam os lados da rua estavam no auge da cor. Folhas suaves ao toque vibravam vermelhas, amarelas e laranja. Mais uma semana e ficariam secas, espalhadas como lixo nas calçadas e sarjetas, emitindo ruídos ásperos ao se arrastarem pelo asfalto. Ben empurrou o cigarro pela fresta e depois fechou bem a janela.

– Certo, então ela se saiu bem. O problema é que a imprensa vai bater nessa tecla durante dias. A mídia tem um jeito peculiar de expor os malucos. – Ben olhou os serenos prédios antigos atrás das serenas árvores antigas. Era o tipo de prédio do qual ela fazia parte. O tipo que ele se habituara a ver de fora. – E, porra, ela tem mesmo pernas fantásticas.

– É inteligente, também. O homem seguro sabe admirar a mente de uma mulher.

– O que você sabe sobre a mente de uma mulher? A última que namorou tinha o QI de um ovo mal cozido. E que bosta é essa que estamos ouvindo?

Ed sorriu, satisfeito por ter o parceiro de volta à rotina.

– Tanya Tucker.

– Pelo amor de Deus!

Ben recostou-se no banco e fechou os olhos.

– PARECE ESTAR SE SENTINDO muito melhor hoje, Sra. Halderman.

– Ah, sim, me sinto. Realmente me sinto. – A morena bonita não se deitou no divã nem se sentou numa poltrona, mas praticamente dançou em volta do consultório de Tess. Jogou um casaco de zibelina sobre o encosto de uma poltrona e fez pose. – O que acha do meu novo vestido?

– Fica muito bem na senhora.

– Fica, não é? – A Sra. Halderman correu a mão pela lã fina, debruada de seda. – Vermelho é tão vistoso. Adoro chamar a atenção.

– Andou fazendo compras de novo, Sra. Halderman?

– Andei. – Ela deu um sorriso radiante, depois o rosto bonito, tipo boneca de porcelana, retraiu-se numa expressão de amuo, com um beicinho. – Ah, não fique aborrecida, Dra. Court. Sei que disse que talvez eu devesse ficar longe das lojas por algum tempo. E fiquei mesmo. Não vou à Neiman há quase uma semana.

– Não estou aborrecida, Sra. Halderman – respondeu Tess, e viu o beicinho transformar-se em outro sorriso radiante. – Tem excelente gosto para roupas.

Uma sorte, pois Ellen Halderman era obsessiva. Via, gostava, comprava e com frequência largava de lado, esquecia o que acabara de comprar após usar uma vez. Mas isso era um problema pequeno. A Sra. Halderman fazia o mesmo com homens.

– Obrigada, doutora. – Como uma menina, Ellen rodopiou num círculo para exibir a roda da saia. – Eu me diverti muito fazendo compras. E você teria ficado orgulhosa de mim. Só comprei duas roupas. Bem, três – corrigiu com um risinho. – Mas lingerie não conta, não é? Depois fui tomar um café. Sabe aquele restaurante maravilhoso na Galeria Mazza, de onde se vê todas as pessoas e lojas?

– Sei.

Tess estava sentada no canto da mesa. A Sra. Halderman olhou-a e mordeu o lábio inferior, não de vergonha nem ansiedade, mas de reprimido deleite. Então foi até uma cadeira e sentou-se com uma postura recatada.

– Eu estava tomando um café. Tinha pensado em pedir um pãozinho doce, mas, se não tiver cuidado, as minhas roupas não vão ser mais tão divertidas. Tinha um homem sentado na mesa ao lado. Ah, Dra. Court, eu soube assim que o vi. Nossa, meu coração simplesmente começou a martelar. – Levou a mão ao peito, como ainda não fosse possível confiar no ritmo do coração. – Era tão bonito. Só um pouco grisalho bem aqui. – Tocou as pontas dos dedos nas têmporas, enquanto os olhos adquiriam aquela luz suave, onírica, que Tess vira demasiadas vezes. – Bronzeado, como se houvesse estado esquiando. Saint Moritz, pensei, porque é cedo demais para Vermont. Tinha uma pasta de couro com um monograma de pequenas iniciais. Fiquei tentando adivinhar o que representavam. M.W – Suspirou ao dizê-las, e Tess soube que ela já estava trocando o monograma das toalhas de banho. – Não sei dizer quantos nomes imaginei para se encaixarem naquelas iniciais.

– Correspondiam a que nomes?

– Maxwell Witherspoon. Não é um nome esplêndido?

– Muito distinto.

– Ora, foi exatamente o que eu disse a ele.

– Então falou com ele.

– Bem, minha bolsa escorregou da mesa. – Ela levou os dedos aos lábios como para esconder um sorriso. – As garotas precisam ter um ou dois truques se quiserem encontrar o homem certo.

– Você empurrou a bolsa da mesa.

– Caiu bem aos pés dele. Era a minha linda bolsa de couro de cobra preta e branca. Maxwell se curvou para pegar. Quando me entregou, sorriu. O meu coração quase parou de bater. Foi como um sonho. Eu não ouvia a algazarra das outras mesas. Os nossos dedos se tocaram e... oh, prometa que não vai rir, doutora.

– Claro que não.

– Foi como se ele tivesse tocado a minha alma.

Era isso que ela temia. Tess afastou-se da mesa e sentou-se na cadeira adiante da paciente.

– Sra. Halderman, lembra-se de Asanti?

– O que é que tem? – Torcendo o nariz, a Sra. Halderman desprezou o quarto marido.

– Quando o conheceu na galeria de arte, sob o quadro de Veneza dele, achou que ele tinha tocado a sua alma.

– Foi diferente. O Asanti era italiano. Sabe como os italianos são espertos com as mulheres. O Maxwell é de Boston.

Tess reprimiu um suspiro. Seriam cinquenta minutos muito longos.

Quando Ben entrou na antessala do consultório de Tess, encontrou exatamente o que esperara. Um ambiente tão sofisticado e elegante quanto o apartamento dela. Cores calmantes, tons de rosa profundos, cinza esfumados, que deixavam os pacientes à vontade. As samambaias em vasos próximos às janelas tinham folhas úmidas, como se tivessem acabado de ser borrifadas com água. Flores frescas e uma coleção de estatuetas num armário com vidraça móvel transmitiam mais a atmosfera de uma sala de estar do que de uma sala de recepção. Pelo exemplar da *Vogue* deixado aberto numa mesa de centro, ele deduziu que a paciente atual era mulher.

Não lembrava o consultório de outro médico, com paredes brancas e cheiro de couro. Ele não sentiu o aperto na barriga nem o suor na nuca quando a porta se fechou atrás de si. Não iria esperar o irmão ali, pois Josh se fora.

Sentada a uma arrumada mesa esmaltada, a secretária de Tess trabalhava com um laptop. Parou de digitar quando Ben e Ed entraram, e parecia tão calma e agradável quanto a sala.

– Posso ajudá-los?

– Detetives Paris e Jackson.

– Ah, sim. A Dra. Court aguarda os senhores. Está com uma paciente no momento. Se não se incomodam de esperar, posso lhes servir um café.

– Só água quente.

Ed tirou um saquinho de chá do bolso.

A secretária não vacilou.

– Claro.

– Você é um motivo constante de vergonha para mim – resmungou Ben ao entrar numa pequena sala lateral.

– Não vou bombear cafeína no meu organismo só pra ser socialmente aceitável. – Com o saquinho de ervas pendendo da mão, ele olhou a sala em volta. – Que tal o lugar? Classudo.

– É. – Ben deu outra olhada em volta. – Combina com ela.

– Não sei por que isso incomoda tanto você – disse Ed com a voz tranquila ao examinar uma gravura de Monet, pôr do sol na água, apenas cores suavemente borradas com um toque de fogo. Gostava dela, como gostava de arte, porque alguém tivera a imaginação e o talento para criá-la. Suas opiniões sobre a raça humana eram praticamente as mesmas. – Uma mulher de classe, bonita e inteligente não devia intimidar um cara que soubesse o próprio valor.

– Deus do céu, você devia estar escrevendo uma coluna sentimental.

Nesse momento, a porta do consultório de Tess se abriu. A Sra. Halderman saiu, a zibelina atirada sobre um braço. Ao ver os homens, parou, sorriu, depois tocou com a língua o lábio superior como faria uma menina ao ver uma tigela de sorvete de chocolate.

– Olá!

Ben enganchou os polegares nos bolsos da calça.

– Olá.

– Estão esperando para ver a Dra. Court?

– Isso mesmo.

Ela ficou ali parada um instante, e então arregalou os olhos ao examinar Ed.

– Minha nossa, você é enorme, hein?

Ed engoliu uma pequena obstrução na garganta.

– Sim, senhora.

– Sou simplesmente fascinada por... homens grandes. – Cruzou a sala até ele, ergueu os olhos e adejou as pestanas. – Sempre me fazem sentir indefesa e feminina. Qual é a sua altura, senhor...?

Rindo, com os polegares ainda enganchados nos bolsos, Ben dirigiu-se à porta de Tess e deixou Ed se virar sozinho.

Sentada atrás da mesa, a cabeça para trás, os olhos fechados, a doutora tinha os cabelos mais uma vez presos no alto, mas não parecia inacessível. Cansada, ele pensou, e não apenas fisicamente. Enquanto a observava, viu-a levar a mão à têmpora e comprimi-la no início de uma dor de cabeça.

– Parece que uma aspirina lhe faria bem, doutora.

Tess abriu os olhos. Tornou a erguer a cabeça, como se não julgasse aceitável descansar, a não ser em sua privacidade. Embora fosse pequena, a mesa não a diminuía. Parecia totalmente adaptada ao móvel e ao diploma emoldurado de preto na parede atrás.

– Não gosto de tomar remédio.

– Só de receitar?

Ela endireitou um pouco as costas curvadas.

– Vocês não esperaram muito tempo, esperaram? Preciso da minha pasta.

Quando ela começou a levantar-se, ele se aproximou da mesa.

– Temos alguns minutos. Dia difícil?

– Um pouco. E o seu?

– Nem cheguei a atirar em alguém. – Ele pegou um pedaço grande de ametista na mesa e passou-o de uma mão para a outra. – Queria dizer a você que se saiu bem hoje de manhã.

Ela pegou um lápis e correu-o pelos dedos, largando-o de novo. Parecia que o confronto seguinte seria adiado.

– Obrigada. Você também.

Ben moveu-se em direção ao canto da mesa, descobrindo que podia relaxar no consultório dela, psiquiatra ou não. Não havia fantasmas ali, nem remorsos.

– O que acha das matinês de sábado?

– Tenho a mente aberta a novas ideias.

Ele foi obrigado a rir.

– Imaginei que teria. Estão passando dois filmes clássicos de Vincent Price.

– *Museu de cera*?

– E *A mosca da cabeça branca*. Interessada?

– Talvez. – Ela se levantou. A dor de cabeça era apenas uma palpitação maçante numa das têmporas, facilmente ignorada. – Se incluir pipoca.

– Até pizza depois.

– Combinado.

– Tess. – Ele pôs a mão no braço dela, embora ainda achasse intimidante o formal terninho cinza que ela usava. – Sobre ontem à noite...

– Achei que já tínhamos nos desculpado por isso.

– É. – Ela não parecia cansada nem vulnerável agora, mas no controle. Intocada, intocável. Ele recuou, ainda com a pedra de ametista na mão. Combinava com os olhos dela. – Já fez amor aqui?

Tess ergueu uma sobrancelha. Sabia que ele queria chocar ou, no mínimo, irritá-la.

– Informação privilegiada. – Ergueu a pasta do lado da mesa e rumou para a porta. – Vamos?

Ele sentiu vontade de enfiar a ametista no bolso. Irritado, colocou-a com todo cuidado em cima da mesa e seguiu-a porta afora.

Em pé ao lado da mesa da secretária, tomando chá, Ed tinha o rosto tão vermelho quanto os cabelos.

– A Sra. Halderman – ela disse a Tess. – Consegui acompanhá-la com delicadeza até a porta antes que devorasse o detetive.

– Lamento profundamente, Ed. – Os olhos de Tess brilhavam. – Gostaria de se sentar um instante?

– Não. – Ele disparou um olhar de advertência ao parceiro. – Se der uma palavra, Paris...

– Longe de mim. – Fazendo-se de inocente, Ben foi até a porta e segurou-a aberta. Quando Ed passou, Ben o acompanhou. – Você é enorme, hein?

– Continue e vai ver.

O MONSENHOR TIMOTHY LOGAN não se assemelhava à ideia infantil que Ben tinha de um padre. Em vez de batina, usava um paletó de tweed sobre camisa amarelo-clara de gola rulê. Tinha o rosto grande, largo, de um irlandês, e cabelos ruivo-escuros que apenas começavam a entremear-se com fios brancos. O escritório não tinha o sossego silencioso de uma reitoria com suas fragrâncias um tanto santificadas e antigas madeiras escuras. Cheirava, em vez disso, a tabaco de cachimbo e poeira, como o pequeno gabinete de trabalho de um homem comum.

Não se viam quadros de santos nem do Salvador nas paredes, tampouco imagens de cerâmica da Virgem Maria com o rosto triste e compreensivo. Viam-se livros, dezenas e dezenas, alguns de teologia, alguns de psiquiatria e vários outros sobre pesca. No lugar de um crucifixo, pendia uma perca prateada montada num engaste.

Em um suporte estava apoiada uma Bíblia antiga de capa gravada; outra mais nova, embora mais manuseada, estava aberta sobre a mesa, com um rosário de gordas contas de madeira ao lado.

– É um prazer vê-lo, monsenhor Logan.

Tess estendeu a mão de colega para colega, o que deixou Ben incomodado. O homem era um padre, de tweed ou não, e os padres deviam ser reverenciados, até um pouco temidos, e respeitados. Os representantes de Deus, lembrou a mãe dizendo. Cuidavam dos sacramentos, perdoavam os pecados e absolviam os moribundos.

Um deles viera ver Josh depois que ele já estava morto. Houve palavras de conforto, compaixão e bondade para a família, mas não absolvição. Suicídio. O mais mortal dos pecados mortais.

– O prazer é meu, Dra. Court. – Logan tinha uma voz clara, estrondosa, que podia sem dificuldade encher uma catedral, mas dela se desprendia um fio de rispidez que fez Ben pensar num árbitro marcando um pênalti. – Assisti à palestra que fez sobre demência. Não pude falar com você depois e dizer que a achei brilhante.

– Obrigada, monsenhor. Esses são os detetives Paris e Jackson... chefiam a equipe de investigação.

– Detetives.

Ben aceitou o aperto de mãos e sentiu-se tolo por esperar, mesmo que por um instante, algo mais que carne e osso.

– Por favor, fiquem à vontade. – Ele indicou cadeiras com um gesto. – Tenho seu perfil e seu relatório na minha mesa, Dra. Court. – Contornou-a rápido, com os passos livres e fáceis de um homem num campo de golfe. – Li os dois esta manhã e achei perturbadores e intuitivos.

– Concorda?

– Sim; com as informações do relatório do investigador, eu teria redigido um perfil reflexivo. Os aspectos religiosos são inegáveis. Claro, alusões religiosas e alucinações são comuns na esquizofrenia.

– Joana d'Arc ouvia vozes – murmurou Ben.

Logan sorriu e juntou as mãos largas e hábeis.

– Como inúmeros santos e mártires. Alguns talvez digam que um jejum de quarenta dias poderia fazer qualquer um ouvir vozes. Outros que eles foram escolhidos. Nesse caso, podemos todos concordar que não estamos lidando com um santo, mas com uma mente muito perturbada.

– Concordo plenamente – murmurou Ed, o caderno de anotações na mão.

Lembrou que se sentira um pouco... bem, espiritual, após um jejum de três dias.

– Como médico e padre, vejo o assassino como um pecado contra Deus e um ato de extrema aberração mental. Contudo, temos de lidar primeiro com a aberração mental, a fim de impedir que o pecado seja cometido de novo. –Logan abriu a pasta de Tess e tamborilou com o dedo sobre ela. – Parece que os aspectos religiosos e as alucinações estão enraizados no catolicismo. Tenho de concordar com sua opinião de que poderíamos interpretar o uso do amicto como arma como um golpe contra a Igreja, ou de devoção a ela.

Tess curvou-se para a frente.

– Acha que ele poderia ser, ou ter sido, padre? Talvez quisesse ser padre.

– Creio que é mais do que provável que tenha tido formação religiosa. – A expressão de reprovação chegou devagar e pareceu alojar-se entre os olhos de Logan. – Outras peças do hábito de um padre seriam igualmente eficazes para estrangulamento. O amicto é usado no pescoço, e por isso é sinistramente preciso.

– E o uso do branco?

– Simboliza absolvição, salvação.

Sem perceber, estendeu as mãos, as palmas viradas para a frente, no gesto milenar.

Tess concordou, assentindo com a cabeça.

– Absolve um pecado. Contra si mesmo?

– Talvez. Mas um pecado que resulta na morte ou perda espiritual da mulher que ele continua a salvar.

– Ele se põe no papel de Cristo? Como o Salvador? – perguntou Ben. – E atira a primeira pedra?

Como era um homem que não se apressava e prestava atenção onde estava pisando, Logan recostou-se e esfregou o lóbulo da orelha.

– Ele não vê a si mesmo como Cristo, pelo menos ainda não. Julga-se um trabalhador de Deus, detetive, e um trabalhador que sabe que é mortal. Toma precauções, protege-se. Compreende que a sociedade não aceitaria a sua missão, mas obedece uma autoridade superior.

– Vozes mais uma vez.

Ben acendeu um cigarro.

– Vozes, visões. Para um esquizofrênico, são tão reais, com frequência até mais, que o mundo real. Não se trata de dupla personalidade, detetive, mas de uma doença, uma disfunção biológica. É possível que ele tenha essa enfermidade há anos.

– Os assassinatos começaram em agosto – salientou Ben. – Checamos com as divisões de homicídio em todo o país. Não houve assassinatos com esse mesmo método. Começou aqui.

Embora o trabalho policial detalhado interessasse a Logan, não o influenciou.

– Talvez estivesse num período de recuperação e algum tipo de estresse tenha desencadeado os sintomas de volta, resultando em violência. No momento, dilacera-se entre o que é e o que parece ser. Agoniza e reza.

– E mata – disse Ben, sem rodeios.

– Eu não espero compaixão. – Logan, com os olhos escuros de padre e mãos capazes, falou em voz baixa: – Este é o meu território, e o da Dra. Court, e não pode ser de vocês enquanto estiverem lidando com esse caso. Nenhum de nós quer vê-lo matar de novo, detetive Paris.

– O senhor não acha que ele tem a ilusão de ser Cristo – interrompeu Ed, continuando a fazer anotações metódicas. – Apenas porque toma precauções? Cristo foi destruído fisicamente.

– Uma excelente observação. – A voz clara de Logan adquiriu uma intensa sonoridade. Não havia nada de que gostasse mais do que aluno questionando suas teorias. Logan desviou o olhar de um detetive para o outro e decidiu que formavam uma boa dupla. – Mesmo assim, não acho que ele se considere nada além de um instrumento. A religião, a estrutura, as barreiras, as tradições assomam mais que a teologia. Ele mata como padre, quer seja um quer não. Absolve e perdoa como um representante de Deus – continuou e viu Ben retrair-se. – Não como o Filho de Deus. Elaborei uma teoria interessante que não notou, Dra. Court.

Ela prestou atenção no mesmo instante.

– Sério?

Ele sorriu de novo, reconhecendo o orgulho profissional.

– É muito compreensível. Não é católica, é?

– Não – respondeu Tess.

– Os investigadores da polícia também ignoraram isso.

– Eu sou metodista – respondeu Ed, ainda escrevendo.

– Não estou tentando converter ninguém. – Pegando o cachimbo, Logan começou a enchê-lo. Tinha dedos ásperos e largos, as unhas cortadas com esmero. Alguns flocos de tabaco caíram e grudaram em sua gola rulê amarela. – A data do primeiro assassinato, 15 de agosto, é uma data sagrada para a Igreja Católica.

– A Assunção – murmurou Ben, antes de percebê-lo.

– Sim.

Logan continuou a encher o cachimbo e sorriu. Ben lembrou-se de quando respondia corretamente à pergunta no catecismo.

– Eu era católico.

– Um problema comum – disse o monsenhor e acendeu o cachimbo.

Sem sermão nem carranca pontifícia. Ben sentiu os ombros relaxarem. A mente começou a funcionar.

– Não relacionei uma data com a outra. Acha que isso é importante?

Meticulosamente, Logan tirou o tabaco do suéter.

– Poderia ser.

– Lamento, monsenhor. – Tess ergueu as mãos. – Terá de explicar.

– Quinze de agosto é o dia em que a Igreja reconhece a ascensão da Virgem Maria ao céu. A mãe de Deus era mortal, mas carregou o Salvador no útero. Nós a reverenciamos como a mais abençoada e pura entre as mulheres.

– Pura – murmurou Tess.

– Por si só, talvez eu não tivesse prestado muita atenção à data – continuou Logan. – Mas estimulou bastante minha imaginação para me levar a verificar o calendário da Igreja. O segundo assassinato ocorreu no dia em que celebramos o nascimento de Maria.

– Ele está escolhendo os dias em que ela... me desculpe... Maria é glorificada pela Igreja? –Ed parou de escrever o tempo suficiente para erguer os olhos à espera de reconhecimento.

– O terceiro assassinato caiu na festa de Nossa Senhora do Rosário. Acrescentei um calendário à sua pasta, Dra. Court. Considerando as três datas, não acho que seja coincidência.

– Concordo.

Ela se levantou, ansiosa para ver por si mesma. Pegou o calendário e examinou as datas em volta das quais o monsenhor fizera um círculo. Caía a tarde. Logan acendeu a luz e o feixe luminoso brilhou sobre o papel nas mãos dela.

– A próxima data é só em 8 de dezembro.

– A Imaculada Conceição. – Logan baforou no cachimbo.

– Isso significaria um intervalo de dois meses entre os assassinatos – calculou Ed. – Ele nunca levou mais de um mês.

– E não podemos ter certeza de que seja emocionalmente capaz de esperar tanto – acrescentou Tess num murmúrio. – Poderia mudar o padrão. Algum incidente talvez o incite. Poderia escolher uma data particularmente significativa para ele.

– A data do nascimento ou da morte de alguém importante para ele. – Ben acendeu outro cigarro.

– Uma figura feminina. – Tess dobrou o calendário. – A figura feminina.

– Concordo que o estresse sob o qual ele se encontra está se intensificando. – Logan largou o cachimbo e curvou-se para a frente. – A necessidade de libertar-se talvez baste para fazê-lo atacar mais cedo.

– Na certa, anda às voltas com algum tipo de dor física. – Tess deslizou o calendário para dentro da pasta. – Enxaqueca, náusea. E se isso se tornar importante demais para que possa continuar a vida normal...

– Exatamente. – Logan tornou a juntar as mãos. – Gostaria de poder ser mais útil. Desejaria conversar sobre isso com você de novo, Dra. Court.

– Enquanto isso, temos um padrão. – Ben esmagou o cigarro ao levantar-se. – Vamos nos concentrar em 8 de dezembro.

– NÃO PASSA DE UMA MIGALHA DE PÃO – disse Ben quando saíram num gélido crepúsculo. – Mas estou disposto a aceitá-la.

– Eu não sabia que você era católico. – Tess abotoou o casaco contra o vento que a açoitava. – Talvez isso seja uma vantagem.

– Eu era católico. E, por falar em migalhas de pão, está com fome?

– Morrendo.

– Ótimo. – Ele passou o braço pelo ombro dela. – Então podemos vencer o Ed na votação. Não está a fim de iogurte e brotos de alfafa, está?

– Ah...

– Ben vai querer parar e comprar um hambúrguer gorduroso. O que o cara come é revoltante.

– Que tal comida chinesa? – Foi a melhor concessão que ocorreu a Tess quando entrou no carro. – Tem um pequeno restaurante, ótimo, bem perto do meu consultório.

– Eu disse que ela era classuda – animou-se Ed, sentando no lugar do motorista. Colocou o cinto de segurança e esperou com a paciência dos sensatos e determinados que Ben fizesse o mesmo. – Os chineses têm o devido respeito pelo sistema digestivo.

– Claro, eles o mantêm lotado de arroz. – Ben olhou para trás e viu Tess esparramada no banco traseiro, a pasta aberta. – Por favor, doutora, tire uma folga.

– Só quero checar duas coisas.

– Já tratou alguma pessoa viciada em trabalho?

Ela passou os olhos pelo arquivo e desviou-os para ele.

– Talvez eu decida que estou com vontade de comer iogurte, afinal.

– Tanya Tucker, não! – Ben apertou o botão para ejetar a fita antes de o primeiro compasso da música tocar. – Você já se satisfez com ela hoje de manhã.

– Bem que eu queria.

– Degenerado. Vou pôr um... ah, merda, olhe ali. Na loja de bebidas.

Ed reduziu a velocidade.

– Parece um cinco-zero-nove em andamento.

– Um o quê? –Tess se endireitou no banco de trás e tentou enxergar.

– Assalto em andamento. – Ben já soltava o cinto de segurança. – Volte ao trabalho.

– Assalto? Onde?

– Cadê a radiopatrulha? – resmungou Ben ao estender a mão para o rádio. – Merda, eu só queria uma porção de carne de porco agridoce.

– Carne de porco é um veneno.

Ed soltou o próprio cinto.

Ben ligou rápido o rádio.

– Unidade meia-zero. Temos um cinco-zero-nove em andamento na Terceira com Douglas. Toda as unidades disponíveis. Levamos uma civil no carro. Ah, droga, ele está saindo. Requisitando reforço. Criminoso dirigindo-se para o sul. Branco, mais ou menos 1,80 metro, uns 80 quilos. Jaqueta preta, calça jeans. – O rádio chiou de volta. – É, estamos atrás dele.

Ed acelerou e contornou a esquina. Do banco de trás, Tess olhava, fascinada.

Viu o homem enérgico de jaqueta preta sair da loja de bebidas e seguir pela rua correndo. Assim que se virou e viu o Mustang, saiu em disparada.

– Merda, ele nos viu. – Ben retirou a grande sirene vermelha de emergência e colocou-a no capô. – Fique onde está, doutora.

– Indo para o beco – informou Ed, sem se alterar. Parou o carro, dando uma guinada com a traseira. Antes que Tess pudesse abrir a boca, os dois desceram do carro e correram.

– Fique no carro! – gritou-lhe Ben.

Tess obedeceu por uns dez segundos. Batendo a porta, correu para a entrada do beco.

Ed era maior, mas Ben era mais rápido. Enquanto Tess olhava, o homem a quem caçavam enfiou a mão na jaqueta. Viu a arma e só teve um instante para imobilizar-se antes de Ben agarrá-lo pelos joelhos e derrubá-lo numa fileira de latas de lixo. Ouviu-se um disparo acima do estardalhaço de metal. Ela avançara metade do beco quando Ben arrastou o homem e levantou-o. Viu sangue e sentiu o cheiro de comida podre vindo das latas de metal que eram esvaziadas regularmente, mas raras vezes limpas. O homem não lutou, na certa porque viu Ed com o distintivo da polícia na mão. Escarrou uma torrente de saliva tingida de sangue.

Não era como na tevê, pensou Tess, olhando o homem que teria atirado na cara de Ben se ele tivesse levado mais um segundo. Tampouco era como um romance. Nem sequer como o noticiário das 23 horas, no qual os detalhes eram arrumados impecavelmente e transmitidos com acelerado distanciamento. A vida era cheia de becos malcheirosos e escarros. A formação e o trabalho dela tinham feito com que deparasse com coisas assim antes, mas apenas em termos emocionais.

Tess inspirou fundo, aliviada por não se sentir aterrorizada, apenas curiosa. E talvez um pouco fascinada.

Com dois estalos, Ben algemou as mãos do homem nas costas.

– Não tem mais miolos suficientes pra saber que não deve atirar num policial?

– Tem graxa na sua calça – observou Ed com a arma na mão.

Ben baixou os olhos e viu a longa marca do escorregão que ia do tornozelo ao joelho.

– Merda. Sou da divisão de homicídios, imbecil – berrou na cara do prisioneiro. – Não gosto de graxa na minha calça. – Repugnado, passou-o para Ed enquanto mostrava o distintivo. – Você está preso, babaca. Tem o direito de permanecer calado. Tem... Tess, droga, não mandei você ficar no carro?

– Ele tinha uma arma.

– Os bandidos sempre têm armas. – Enquanto olhava para ela, envolta num casaco de cashmere cinza-azulado, sentia o cheiro de suor do ladrão insignificante. Ela parecia a caminho de um coquetel na rua das embaixadas. – Volte para o carro, aqui não é lugar para você.

Ignorando-o, ela examinou o ladrão. O homem tinha um grande arranhão na testa, onde batera no concreto. Isso explicava a expressão ligeiramente vidrada. Concussão leve. A pele e o branco dos olhos exibiam um matiz amarelado. Suor brotava-lhe do rosto, embora o vento que atravessava o beco inflasse a jaqueta.

– Parece que ele tem hepatite.

– Vai ter muito tempo para se recuperar. – Ben ouviu as sirenes e olhou por cima do ombro dela. – Aí vem a cavalaria. Vamos deixar os policiais uniformizados lerem os direitos dele.

Quando a pegou pelo braço, Tess balançou a cabeça.

– Você correu atrás do cara, e ele tinha uma arma.

– Foi assim mesmo – comentou Ben, puxando-a de volta do beco.

Exibiu o distintivo aos policiais uniformizados e continuou em direção ao carro.

– Você não sacou a sua arma. Ele ia atirar em você.

– É o que os bandidos fazem. Cometem o crime, nós vamos atrás deles, eles tentam se livrar.

– Não aja como se fosse um jogo.

– Tudo é um jogo.

– Ele ia matar você, e você ficou furioso porque sujou a calça.

Lembrado do fato, Ben baixou mais uma vez os olhos para a mancha.

– O departamento também vai receber a conta. Graxa nunca sai.

– Você é louco.

– É uma opinião profissional?

Tinha de haver um bom motivo para ela sentir vontade de rir. Tess decidiu analisar isso depois.

– Vou elaborar uma.

– Não se apresse.

A adrenalina da perseguição ainda estava sendo bombeada pelo corpo de Ben. Quando chegou ao carro, ele viu que havia um reforço de três unidades para um marginal barato com hepatite.

– Talvez todos sejam loucos. Fique sentada aqui enquanto dou as informações aos policiais.

– Sua boca está sangrando.

– É? – Ele esfregou as costas da mão nos lábios e olhou a mancha. – É. Talvez eu precise de um médico.

Ela tirou um lenço de papel do bolso e pressionou-o de leve no corte.

– Talvez precise.

Atrás dos dois, o homem que haviam prendido começou a xingar e um grupo de curiosos já se reunira.

6

Nos dias seguintes, Tess debruçou-se sobre seus casos. Dias de oito e dez horas estenderam-se para doze e catorze. Ela adiou o habitual jantar de sexta-feira com o avô, algo que jamais faria por um encontro, apenas por um paciente.

A imprensa perseguia-a, assim como alguns dos colegas menos sensíveis, como Frank Fuller. O fato de estar trabalhando com a polícia apenas acrescentou mistério suficiente para levá-lo a fazer hora diante do consultório dela às 17 horas. Tess começou a trabalhar até as 18 horas.

Não tinha nenhuma informação nova, apenas uma irritante sensação de preocupação. Não demoraria muito para surgir outra vítima. Quanto mais achava que entendia a mente do assassino, mais certeza tinha disso.

Foi Joey Higgins, porém, que a manteve acordada e inquieta até a madrugada de sábado, as ruas lá fora vazias e escuras e os olhos ardendo devido ao esforço excessivo. Tess tirou os óculos, recostou-se e esfregou-os.

Por que não conseguia chegar até ele? Por que não abria uma brecha? A sessão naquela tarde com Joey, a mãe e o padrasto fora um desastre. Não houvera ataques de raiva, gritaria, acusações. Ela teria preferido assim, pois seria mais carregado de emoção.

O adolescente simplesmente ficou sentado, dando pseudorrespostas monossilábicas. O pai não telefonara. Tess vira a fúria nos olhos da mãe, mas apenas inexpressiva aceitação nos do filho. Joey continuava a insistir, à sua maneira contida, em que iria passar um fim de semana – o do Dia de Ação de Graças – com o pai.

Ia decepcionar-se. Ela apertou os dedos nos olhos até a ardência reduzir-se a uma dor maçante. E quando se decepcionasse dessa vez, poderia ser a gota-d'água.

Joey Higgins era um candidato forte a bebidas, drogas ou destruição. Os Monroe percebiam as coisas até certo ponto, permitiam que ela fosse apenas até certo ponto. À menção de tratamento hospitalar, Tess fora interrompida. Joey só precisava de tempo, de uma estrutura familiar, só precisava de... Ajuda, ela pensou. Desesperadamente. Não estava mais convencida de que uma sessão semanal com ela levaria a alguma forma de progresso.

O padrasto, concluiu... talvez ela conseguisse fazê-lo ver. Talvez conseguisse fazê-lo entender a necessidade de protegê-lo de si mesmo. O passo seguinte, decidiu, seria trazer Monroe sozinho ao consultório.

Nada mais poderia ser feito naquela noite. Ela se curvou para fechar a pasta, olhando o lado de fora pela janela. Nas ruas vazias, um único vulto chamou sua atenção. Naquela parte de Georgetown, com os bem cuidados canteiros de flores ao longo das calçadas e os velhos prédios de tijolos aparentes de arenito castanho-avermelhado não combinavam com moradores de rua ou vagabundos. Mas o homem parecia parado ali havia muito tempo. No frio, sozinho, olhando para cima... Olhando para a janela dela, percebeu Tess, e esquivou-se automaticamente.

Tolice, disse a si mesma, mas estendeu a mão para desligar o abajur da mesa. Ninguém teria motivo para ficar parado na esquina de uma rua olhando fixamente para sua janela. Mesmo assim, com as luzes apagadas, ela se levantou e foi até a beirada da janela e afastou um pouco a cortina.

Ele continuava ali, apenas ali. Sem se mexer, mas olhando. Tess estremeceu diante da ideia tola de que olhava direto para ela, embora estivesse três andares acima, numa sala escura.

Um de seus pacientes?, perguntou-se. Mas ela sempre fora tão cuidadosa em manter o endereço de casa privado. Um repórter. Parte do medo diminuiu com o pensamento. Na certa era um repórter na esperança de um novo ângulo para a história. Às 2 horas da manhã?, perguntou-se e deixou cair a cortina.

Não era nada, tranquilizou-se. Imaginara que ele olhava para sua janela. Estava escuro, e ela, cansada. Não passava de alguém à espera de uma carona ou...

Não naquele bairro. Ia estender mais uma vez a mão para a cortina, mas não conseguiu convencer-se a afastá-la.

Ele ia atacar de novo, em breve. Não era essa a ideia que a vinha perseguindo? Assustando-a? O homem sentia dor, estava sob pressão e tinha uma missão. Louras, 20 e tantos anos, constituição física pequena ou média.

Ela levou a mão à garganta.

Pare. Largando-a mais uma vez, tocou a bainha da cortina. Era fácil lidar com um pouco de paranoia. Ninguém estava atrás dela, a não ser um psicanalista louco por sexo e alguns repórteres famintos.

Cansada pelo excesso de trabalho, imaginara coisas. Era hora de terminar a noite, servir uma taça de vinho branco gelado, ligar o som e afundar numa banheira cheia de espuma.

Mas a mão tremia quando ela afastou a cortina para o lado.

A rua estava vazia.

Quando deixou cair a cortina, perguntou-se por que isso não lhe trouxera paz de espírito.

ELA O VIRA. Ele de algum modo soubera; soubera no momento em que ela concentrara os olhos nele parado na rua embaixo do prédio. O que vira? A salvação?

Quase soluçando de dor de cabeça, ele entrou em seu apartamento. O corredor estava escuro. Ninguém jamais o via entrar ou sair. Nem ele receava que ela tivesse visto seu rosto. Escuro e distante demais para isso. Mas vira a dor?

Por que fora lá? Despiu o casaco e deixou-o cair. No dia seguinte, ele o penduraria direito e arrumaria o restante do apartamento, como era hábito, mas naquela noite mal podia pensar de tanta dor.

Deus sempre testava os justos.

Encontrou um frasco de analgésico e mastigou duas pílulas, acolhendo de bom grado o gosto seco e amargo. O estômago revirava-se com uma náusea que surgia agora toda noite e prolongava-se pelas manhãs. Ele vinha se entupindo de remédios apenas para manter-se funcionando.

Por que fora até lá?

Talvez estivesse enlouquecendo. Talvez fosse tudo loucura. Estendeu a mão e observou o tremor. Se não se controlasse, todos iriam saber. No exaustor de alumínio do fogão, que mantinha limpo de gordura e sujeira, como o haviam ensinado, viu seu reflexo distorcido. O colarinho eclesiástico branco sob o rosto emaciado. Se o vissem agora, todos saberiam. Talvez fosse melhor. Então poderia descansar, descansar e esquecer.

A dor varou-lhe a base do crânio.

Não, não poderia descansar, nem esquecer. Laura precisava que ele concluísse sua missão para que ela pudesse, enfim, encontrar a luz. Não lhe pedira, implorara, que ele rogasse perdão a Deus?

O Juízo Final fora rápido e implacável para Laura. Ele amaldiçoara Deus, perdera a fé, porém jamais esquecera. Agora, depois de todos aqueles anos, a Voz chegara e mostrara-lhe o caminho para a salvação dela. Talvez Laura tivesse de morrer repetidas vezes por meio de outra alma perdida, mas era rápido e todas as vezes havia absolvição. Logo estaria acabado, para todos eles.

Ao entrar no quarto, ele acendeu as velas. A luz tremeluziu na foto emoldurada da mulher que ele perdera e das que matara. Recortada com todo capricho e estendida sob um rosário preto, a foto da Dra. Teresa Court.

Ele orou em latim, como lhe fora ensinado.

Ben comprara um pirulito com espirais vermelhas e amarelas. Tess aceitou-o na porta, deu-lhe uma boa olhada e balançou a cabeça.

– Você sabe desestabilizar uma mulher, detetive. A maioria dos homens escolhe chocolate.

– Comum demais. Além disso, imaginei que você na certa estava habituada ao tipo suíço, e eu... – Interrompeu-se, consciente de que ia começar a falar de forma desconexa se ela continuasse a sorrir por trás do pirulito. – Você está diferente.

– Estou? Como assim?

– Os cabelos soltos. – Ele sentiu vontade de tocá-los, mas sabia que não estava preparado. – E sem o terninho de sempre.

Tess baixou os olhos para a calça de lã e o suéter largo.

– Em geral, não uso terninho pra uma sessão dupla de filme de terror.

– E não parece mais uma psiquiatra.

– Pareço, sim. Só não me pareço com o conceito que você faz de uma.

Então ele de fato tocou-lhe os cabelos, apenas um pouco, num gesto ao mesmo tempo amistoso e cauteloso.

– Você nunca se pareceu com o conceito que eu faço de uma psiquiatra.

Esperando um instante para arrumar as ideias, ela colocou o pirulito na mesa, ao lado de uma travessa de porcelana de Dresden, e foi até o armário pegar uma jaqueta.

– E qual é o seu conceito?

– Alguém pálido, magro e careca.

– Hum.

A jaqueta era de camurça e macia como manteiga. Ele segurou-a para que ela vestisse.

– Também não cheira a psiquiatra.

– Como cheira um psiquiatra? Será que quero saber?

– A hortelã e loção pós-barba English Leather.

Ela virou-se para olhá-lo.

– Isso é muito específico.

– É. Seus cabelos ficaram presos.

Ele enfiou a mão por dentro da gola da jaqueta dela e soltou-os. Avançou um passo, quase sem perceber, e manteve-a encostada na porta do armário. Ela ergueu o rosto, com um cansaço nos olhos que Ben já notara antes. Usava pouca maquiagem, e a aparência elegante, refinada, que era parte importante de sua imagem, fora substituída por uma afetuosa acessibilidade que um homem perspicaz reconhecia como algo perigoso. Ele sabia o que queria e sentiu-se à vontade com a impetuosa onda de desejo. O grau dessa onda era outra história. Quando se queria demais, rápido demais, pensou, era melhor fazer as coisas devagar.

Tinha a boca perto da dela e continuava com a mão em seus cabelos.

– Gosta de manteiga na pipoca? – perguntou.

Tess não soube se ria ou praguejava. Decidindo não fazer nem uma coisa nem outra, disse a si mesma que se sentia relaxada.

– Muito.

– Ótimo. Assim não tenho que comprar dois sacos. Está frio lá fora – ele acrescentou, afastando-se dela. – Vai precisar de luvas.

Pegou as suas, de couro preto, e abriu a porta.

– Eu tinha esquecido como esses filmes eram assustadores. – Já escurecera quando Tess se acomodou no carro dele, satisfeita depois de comer pizza e tomar vinho tinto barato. O ar estava cortante, açoitando-lhe o rosto com a primeira investida do inverno antes que ela entrasse no carro de Ben.

– Sempre gostei da maneira como os policiais chegam à moça em *Museu de cera* – ele comentou.

– Vincent só precisava de um bom analista – ela disse, a voz suave, enquanto Ben ajustava o rádio.

– Claro, e ele teria jogado você num barril cheio de cera e transformado você numa... – Virou a cabeça para examiná-la com os olhos semicerrados. – Helena de Troia, acho.

– Nada mal. – Tess franziu os lábios. – É claro que alguns psiquiatras provavelmente diriam que você, detetive Paris, a escolheu inconscientemente, pois se associa ao apaixonado Páris, o príncipe de Troia.

– Como policial, eu não romantizaria um sequestro.

– Que pena!

Ela deixou os olhos semifechados, sem se dar conta de como era fácil relaxar com ele. O aquecimento zumbia como acompanhamento da melancólica música no rádio do carro. Ela lembrou a letra e cantou-a mentalmente.

– Cansada?

– Não, satisfeita. – Tão logo disse essas palavras, empertigou-se. – É provável que eu tenha alguns pesadelos. Os filmes de terror são uma esplêndida válvula de escape para as tensões da vida real. Garanto que ninguém no cinema estava pensando no próximo pagamento do seguro ou na chuva ácida.

Ele soltou uma risada animada ao sair do estacionamento.

– Sabe, doutora, algumas pessoas talvez vejam isso apenas como diversão. Não me pareceu que você estivesse pensando em válvula de escape quando fez buracos no meu braço nas cenas em que a mocinha corria em meio ao nevoeiro.

– Deve ter sido a mulher do outro lado.

– Eu estava sentado ao lado do corredor.

– O braço dela chegava bem longe. Você deixou passar a curva para o meu apartamento.

– Não deixei passar. Não virei de propósito. Você disse que não estava cansada.

– Não estou. – Não sabia se já se sentira mais desperta ou mais viva. A música parecia tocar sob sua pele, prometendo romance e extraordinário sofrimento. Sempre achara que o primeiro ficava de certa forma incompleto sem o segundo. – Vamos a algum lugar?

– Um lugarzinho onde a música é boa e eles não colocam água na bebida.

Ela passou a língua pelos lábios.

– Eu adoraria. – Entrava no clima de música, um blues, talvez, com a dor do som de um saxofone. – Imagino que seja um talento profissional você conhecer tão bem os bares locais.

– Tenho conhecimento prático. – Ele apertou o isqueiro do carro. – Você não parece o tipo que frequenta bares.

Interessada, ela o encarou. O perfil envolto em sombras fulgia intermitentemente com as luzes da rua. Era estranho como ele às vezes parecia seguro, firme, o tipo de homem para o qual uma mulher correria se estivesse escuro. Depois a luz incidiu no rosto de outra forma e os planos e ângulos se destacaram. Uma mulher podia correr dele. Ela afastou o pensamento. Uma de suas regras era não analisar os homens com quem saía. Com demasiada frequência, descobria mais do que desejava saber.

– Existe um tipo?

– Existe. – E ele conhecia todos. – E você não é esse tipo. Saguão de hotel. Coquetéis de champanhe no Mayflower ou no Hotel Washington.

– Agora quem está traçando perfis psicológicos, detetive?

– No meu trabalho preciso saber classificar as pessoas, doutora.

Ele parou, manobrou e entrou numa vaga entre um triciclo Honda e uma caminhonete Chevette de carroceria aberta. Antes de desligar o carro, perguntou-se se estava cometendo um erro.

– Que lugar é esse?

– Esse lugar – Ben retirou as chaves, mas as deixou balançando na mão – é onde eu moro.

Ela olhou para um prédio de quatro andares de tijolos vermelhos e toldos verdes.

– Ah.

– Não tenho champanhe.

Era decisão dela. Ela o entendia bem o suficiente para saber disso. O carro era quente e tranquilo. Seguro. No apartamento, ela não sabia o que esperar. Conhecia-se bem o bastante para compreender como era raro correr riscos. Talvez fosse a hora.

– Tem uísque escocês?

– Tenho.

– Serve.

O ar bateu gelado assim que ela desceu do carro. O inverno não iria esperar o calendário, imaginou e tremeu de frio pensando em outro calendário, um com uma gravura da Virgem Maria e o Menino Jesus. O leve arrepio de medo fez com que ela olhasse de um lado para outro da rua. Uma quadra adiante, os canos de escapamento de um caminhão fizeram um estrondo.

– Venha. – Ben parou embaixo da luz de um poste, que se refletia dos ângulos de seu rosto. – Está gelada.

– Estou.

Ela tremeu de novo quando ele passou o braço por seu ombro.

Ben conduziu-a para dentro. Havia 12 escaninhos de correspondência numa parede. O tapete verde-claro era limpo, mas surrado. Sem hall, nem segurança à mesa da portaria, apenas um escuro lance de degraus.

– Sem dúvida, é um prédio tranquilo – disse ela quando subiram para o segundo andar.

– Quase todo mundo aqui basicamente cuida da própria vida.

Um fraco cheiro de comida flutuava no corredor quando ele parou para destrancar a porta. A luz acima cintilava bem fraca.

O apartamento era mais arrumado do que ela esperava. Mais do que apenas uma ideia preconcebida de um homem que morava sozinho, compreendeu Tess. Ben parecia demasiadamente relaxado e desleixado em outros aspectos para se dar ao trabalho de tirar a poeira e jogar fora revistas velhas. Então decidiu que se enganara. A sala, apesar de limpa, refletia seu estilo.

O sofá destacava-se como a peça de mobília dominante. Longe de ser novo, estava coberto de almofadas. Um divã Dagwood, pensou Tess, que simplesmente convidava a gente a relaxar e tirar um cochilo. No lugar de quadro havia pôsteres. Dançarinas de cancã de Toulouse Lautrec, uma única perna de mulher sobre um salto de 10 centímetros, a coxa coberta por renda branca. Um comigo-ninguém-pode florescia num pote plástico de margarina. E livros, que quase cobriam completamente uma das paredes. Maravilhada, ela retirou um exemplar surrado em capa dura de *A leste do Éden*. Quando Ben levou as mãos aos ombros dela, Tess abriu a folha em branco no início do volume.

– Para Ben. – Ela leu a caligrafia feminina, pontiaguda. – Beijo, beijo, Bambi. – Com uma expressão irônica, ela fechou-o. – Bambi?

– Sebo. – Ele tirou a jaqueta dela. – Lugares fascinantes. Você nunca sabe o que vai encontrar.

– Encontrou o livro ou Bambi?

– Não importa.

Ben tirou o exemplar das mãos dela e colocou-o de volta na prateleira.

– Sabia que formamos uma imagem imediata de certos nomes?

– Sabia. Uísque puro, certo?

– Certo. – Um vulto cinza passou zunindo e pousou numa almofada vermelha. – Gato também? – Divertida, Tess aproximou-se para afagar o bichano. – Qual é o nome dele?

– Dela. Provou isso tendo gatinhos na banheira no ano passado. – A gata rolou de costas para Tess coçar-lhe a barriga. – Eu a chamo de GE.

– Como em General Electric?

– Como em Gata Estúpida.

– É um milagre ela não ter algum complexo.

Correndo mais uma vez as mãos pela barriga arredondada da gata, Tess perguntou-se se devia avisá-lo de que ela ia ter outra ninhada de presentes dali a mais ou menos um mês.

– Ela se choca com as paredes. De propósito.

– Eu podia encaminhar você para um excelente psicólogo de animais de estimação.

Ben riu, mas não teve certeza absoluta de que ela estava brincando.

– Acho melhor pegar as bebidas.

Quando ele entrou na cozinha, Tess se levantou para ver a vista da janela. As ruas não eram tão sossegadas quanto no seu bairro. O tráfego se movia num ritmo constante, roncando e rosnando. Ele não ficaria longe da ação, pensou, e lembrou que não prestara a mínima atenção ao caminho que tinham feito. Ela podia estar em qualquer lugar da cidade. Esperou sentir-se inquieta, mas, em vez disso, teve uma sensação de liberdade.

– Eu prometi música.

Ela se virou e olhou-o. O suéter simples, cinzento, e a calça jeans desbotada caíam-lhe muito bem. Agora seria tolice negar que desejava entendê-lo.

– É, prometeu.

Ben estendeu-lhe um copo e pensou em como ela era diferente, em todos os sentidos, de qualquer outra mulher que trouxera ali. Aquela classe discreta exigia que o homem engolisse o desejo e tomasse a pessoa inteira. Perguntando-se se estava pronto para isso, ele largou o próprio copo e conferiu os discos.

Quando ele colocou um no aparelho de som, Tess ouviu o calor metálico do jazz.

– Leon Redbone – disse ela.

Ben abanou a cabeça e virou-se para ela.

– Você não para de me surpreender.

– Meu avô é um dos maiores fãs dele. – Tomando um gole da bebida, ela se aproximou e pegou a capa do disco. – Parece que vocês dois têm muito em comum.

– Eu e o senador?

Ben riu e tomou um pouco de vodca.

– É sério. Vocês tem que se conhecer.

Conhecer a família de uma mulher era algo que ele associava a aliança de casamento e flores de laranjeira. Sempre as evitara.

– Que tal a gente... – O telefone tocou e ele praguejou, largando o copo. – Eu ignoraria, mas estou de plantão.

– Não precisa explicar essas coisas a uma médica.

– É. – Ben pegou o telefone ao lado do divã. – Paris. Ah, sim. Oi.

Não era necessário ser uma psiquiatra experiente para saber que havia uma mulher no outro lado da linha. Tess sorriu para a bebida e voltou a apreciar a vista.

– Não, tenho andado ocupado. Escute, benzinho... – Tão logo disse a palavra, Ben estremeceu. Tess continuava de costas para ele. – Estou mergulhado até o pescoço num caso, sabe? Não, não esqueci o... Não esqueci. Escute, eu ligo para você quando as coisas estiverem mais calmas. Não sei, semanas, talvez meses. Você realmente devia dar uma chance àquele fuzileiro naval. Claro. Até mais. – Desligou, pigarreou e pegou mais uma vez a bebida. – Era engano – explicou.

Era tão fácil rir. Ela se virou, encostou-se no parapeito da janela e cedeu à vontade de fazê-lo.

– Ah, é mesmo?

– Se divertiu com isso, né?

– Imensamente.

– Se eu soubesse que ia se divertir tanto, teria convidado ela para vir até aqui.

– Ah, o ego masculino.

Com um braço cruzado ao redor do corpo, ela tornou a erguer a bebida. Continuava rindo para ele. O riso não se desfez quando Ben se aproximou e tirou-lhe a bebida da mão. A Tess afetuosa e acessível tinha voltado. Ele sentiu a atração, o perigo e a necessidade das duas coisas.

– Fico feliz que você esteja aqui.

– Eu também.

– Sabe, doutora... – Ele deixou os dedos brincarem nos cabelos dela. O gesto foi amistoso como antes, mas não tão cauteloso. – Tem uma coisa que ainda não fizemos juntos.

Tess recuou ao ouvir isso. Ele sentiu, embora ela não tivesse se afastado. Continuou brincando com os cabelos e puxou-a mais para perto.

– Dançar – murmurou e colou a face na dela. Se o suspiro que ouviu foi de prazer ou alívio, não soube, mas sentiu-a quase relaxada junto dele. – Tem uma coisa que notei sobre você.

– O quê?

– Você é agradável. – Ele deslizou os lábios pela orelha dela, enquanto balançavam, mal saindo do lugar. – Muito agradável.

– Ben...

– Relaxe. – Ele fez longas carícias ao longo das costas dela. – Outra coisa que notei é que você não relaxa muito.

Tinha o corpo colado no dela, os lábios quentes grudados em sua têmpora.

– No momento, não é fácil.

– Ótimo.

Ben gostava do cheiro daqueles cabelos, fresco e agradável, sem o excesso de xampu, gel e laquê perfumados. Pela forma confortável como o outro corpo se fundia no seu, sentiu que ela não usava nada sob o suéter. Imaginou-a sem a camada de tecido e deixou que o calor se intensificasse.

– Sabe, doutora, não tenho dormido bem.

Os olhos dela estavam quase fechados, mas não era por causa do relaxamento.

– Você está com muita coisa em mente por causa desse caso.

– É. Mas tenho mais uma coisa em mente.

– O quê?

– Você. – Ele recuou um pouco. Olhos abertos e fixos nos dela, brincou com sua boca. – Não consigo parar de pensar em você. Acho que tenho um problema.

– Eu... o número de casos que atendo no consultório está muito grande no momento.

– Sessões privadas. – Como desejara fazer a noite toda, ele deslizou as mãos por baixo do suéter e deixou que a pele dela o aquecesse. – Começando esta noite.

Tess sentiu os dedos ásperos dele subindo pela espinha.

– Não acho...

Mas ele a interrompeu com um beijo, uma demorada e vagarosa fusão de lábios que fez disparar seu coração. Havia uma hesitação nela que lhe aguçava o desejo. Ela fora um desafio desde o início, e talvez um engano. Ele não se importava mais.

– Fique comigo, Tess.

– Ben. – Ela se livrou dos braços dele, precisando de distância e controle. – Acho que estamos nos precipitando.

– Eu desejei você desde o início.

Não era do feitio dele admitir algo assim, mas aquele não era o seu jogo habitual.

Ela passou a mão pelos cabelos. Pensou na dedicatória do livro, no telefonema.

– Não encaro o sexo de forma leviana, não posso.

– Não estou encarando você de forma leviana. Gostaria de poder. Talvez seja um erro. – Olhou para ela mais uma vez, frágil, delicada, elegante. Não seria, nem poderia ser, apenas uma ficada, nem uma noitada rápida e inconsequente, sem repercussões matinais. – Não ligo a mínima, Tess. – Decidido, mas de algum modo menos seguro de si, avançou um passo e tomou o rosto dela nas mãos. – Não quero passar mais nem uma noite sem você. – Curvou-se para beijá-la. – Fique.

Ele acendeu velas no quarto. A música parara e tudo ficou tão silencioso que ela julgou ouvir o eco do silêncio. Tremia, e nenhum sermão para si mesma sobre ser adulta e fazer as próprias escolhas acabaria com o tremor. Os nervos estavam à flor da pele. As necessidades se misturaram a eles até se tornarem a mesma coisa. Ben aproximou-se e abraçou-a.

– Você está tremendo.

– Me sinto como uma colegial.

– Isso ajuda. – Ele enterrou o rosto nos cabelos de Tess. – Estou morto de medo.

– Está?

Com um sorriso nos lábios, ela levou as mãos ao rosto dele e empurrou-o.

– Me sinto, não sei, como um garoto no banco de trás do Chevy do pai que vai puxar as primeiras alças de sutiã. – Ele pôs as mãos nos pulsos dela um instante, para impedir-se de tocá-la. – Jamais houve alguém como você. Estou com medo de dar o passo errado.

Nada do que ele dissesse a teria tranquilizado mais. Ela trouxe o rosto dele para junto do seu. Os lábios dos dois se encontraram, apenas uma mordidela, apenas um teste que ameaçava intensificar-se numa mordida faminta.

– Até aqui, tudo bem – ela murmurou. – Faça amor comigo, Ben. Eu sempre quis você.

Ele manteve os olhos fixos nos dela ao puxar pela cabeça o suéter. Então os cabelos caíram avolumados nos ombros nus.

Luar e luz de vela iluminavam-lhe a pele. Ele reconheceu as próprias sombras nela.

Tess nunca se sentira segura de si mesma naquele nível com um homem. Hesitou ao começar a tirar o suéter dele. Sob o agasalho, o torso era magro e firme. Uma medalha de São Cristóvão pendia acima do esterno. Ela correu o dedo pela imagem e sorriu.

– É só para dar sorte – explicou Ben.

Sem dizer nada, ela colou os lábios nos ombros dele.

– Você tem uma cicatriz aqui.

– É antiga.

Ele soltou o botão de pressão da calça de Tess, que passou o polegar pela cicatriz.

– Uma bala – ela percebeu, e desprendeu-se um entorpecido horror de sua voz.

– É antiga – repetiu Ben, puxando-a para a cama. Deitou-a por baixo, os cabelos resplandecentes na colcha escura, os olhos pesados, os lábios separados. – Eu quis você aqui, não sei dizer o quanto, nem com que frequência.

Ela ergueu o braço e tocou-lhe o rosto com as pontas dos dedos. Ao longo do contorno do maxilar sentiu o início da barba. Abaixo, logo acima do batimento do pulso, a pele era macia.

– Você pode me mostrar.

Quando Ben riu, Tess descobriu que estava relaxada e à sua espera.

A experiência de Ben podia ser maior, mas a necessidade, não. A dela, embora mantida sob rígido controle, agora que fora liberada, aflorava faminta. Rolaram na cama, úmidos e nus, esquecendo o civilizado, o comum.

A colcha amarrotava-se e embolava-se sob os dois. Ben xingou-a, arrancou-a e puxou Tess para cima de si. Os seios dela eram pequenos e alvos. Ele pegou um, depois os dois, nas mãos em concha. Ouviu um murmúrio de prazer e viu os olhos dela se fecharem. Então ela já o puxava para si, a boca sedenta, febril.

A intenção de tratá-la como uma dama, com carinho e delicadeza, foi abandonada quando ela o envolveu com os braços e as pernas. Ali, Tess não era a fria e classuda Dra. Court, mas uma mulher tão passional e exigente quanto qualquer homem poderia querer. Tinha a pele macia, frágil ao toque, mas escorregadia de desejo. Ele deslizou a língua por ela, sedento dela.

Tess arqueou colada nele, deixou as necessidades, fantasias e paixões obterem o que queriam. Só importava o que acontecia ali, naquela hora. O que existia lá fora se tornara remoto, distante. Ele era real, vital e só ele importava. O resto do mundo podia esperar.

A luz da vela tremeluziu, consumiu-se e apagou-se.

Horas depois, Ben acordou com frio, a colcha embolada aos pés da cama. Tess enroscara-se numa bola, ao lado. Ele se levantou e puxou as cobertas sobre ela. Até a lua se fora. Por algum tempo, ele apenas ficou parado em pé junto à cama olhando-a dormir. A gata entrou devagar no quarto quando Ben saiu em silêncio.

7

Médicos e policiais sabiam que raras vezes teriam um dia que começasse às 9 e terminasse às 17 horas. Entendiam que haviam escolhido uma carreira em que o divórcio e os índices de esgotamento mental são altos, as exigências, muitas, e os danos emocionais, extremos. Telefonemas estragam jantares, sexo e sono. Isso faz parte do trabalho.

Quando o telefone tocou, Tess estendeu automaticamente a mão. E pegou um coto de vela. No outro lado da cama, Ben praguejou, derrubou um cinzeiro e encontrou o aparelho.

– Paris falando. – No escuro, esfregou a mão no rosto, como para expulsar o sono. – Onde? – Na mesma hora despertou e acendeu o abajur. Enroscada na barriga de Tess, a gata grunhiu uma queixa e saltou para o lado quando ela se apoiou nos cotovelos. – Segure-o aí. Já estou indo.

Ben desligou o telefone e fitou a leve camada de gelo na janela.

– Ele não esperou, não foi?

A luz bateu-lhe brusca no rosto quando se virou para olhá-la. Ela teve um estremecimento involuntário, rápido, ao ver aqueles olhos duros – não exaustos, nem pesarosos, mas duros.

– Não, não esperou.

– Pegaram ele?

– Não, mas parece que temos uma testemunha. – Ao rolar para fora da cama, ele pegou a calça jeans. – Não sei quanto tempo vou demorar, mas pode esperar aqui, dormir mais um pouco. Ponho você a par quando... O que está fazendo?

Ela levantou-se no outro lado da cama e pegou o suéter.

– Vou com você.

– Nem pensar. – Embora as pernas desaparecessem na calça, ele deixou-a aberta enquanto puxava uma gaveta à procura de um suéter. – Você não pode fazer nada no local de um crime além de atrapalhar. – No espelho acima da cômoda, viu-a erguer de repente a cabeça. – Não são nem 5 horas, pelo amor de Deus. Volte para a cama.

– Ben, estou envolvida nesse caso.

Ben virou-se. Ela vestia apenas o suéter, que lhe roçava as coxas, fazendo-o lembrar que o material era grosso e macio quando a despira. Tinha a calça embolada nas mãos e os cabelos amarfanhados do travesseiro, mas era a psiquiatra, não a mulher, que o encarava. Alguma coisa dentro dele se azedou. Enfiou com violência o suéter e dirigiu-se ao armário para pegar o coldre de ombro.

– Estamos falando de um homicídio. Não é como olhar um cadáver bem maquiado num caixão.

– Eu sou médica.

– Sei o que você é.

Ele checou a arma e prendeu o coldre.

– Ben, talvez eu veja alguma coisa, algum detalhe que me dê uma pista para a mente do assassino.

– Foda-se a mente do assassino.

Sem nada dizer, ela sacudiu a calça, vestiu-a e prendeu o botão de pressão.

– Eu entendo como se sente e lamento.

– É? – Ele se sentou para calçar as botas, mas continuou a encará-la. – Acha que sabe como me sinto? Bem, me deixe dizer mesmo assim. Tem uma mulher morta a poucos quilômetros daqui. Alguém pôs uma estola no pescoço dela e apertou até ela não poder mais respirar. Ela esperneou, puxou a estola com as mãos e tentou gritar, mas não teria condições de fazer isso. Continua sendo uma pessoa. Durante mais algum tempo, continua sendo uma pessoa.

Ela teria estendido a mão para Ben, se achasse que havia uma chance de ele aceitá-la. Em vez disso, afivelou o cinto e manteve a voz neutra:

– Acha que eu não entendo?

– Não tenho certeza se entende.

Os dois se encararam por mais um instante, ambos dedicados e frustrados, mas cada um com uma formação e crenças diferentes. Foi Tess quem aceitou isso primeiro.

– Ou vou com você agora, ou ligo para o prefeito e chego cinco minutos depois. Mais cedo ou mais tarde, vai ter de começar a trabalhar comigo.

Ele acabara de passar a noite com aquela mulher. Fluíra para ela três vezes durante a noite. Sentira o corpo de Tess balançar, arquear-se e tremer. Agora falavam de assassinato e política. A feminilidade, a suavidade e até a timidez que ele levara para a cama continuavam presentes, mas por baixo se via o âmago de dureza, uma presença de espírito que ele reconhecera desde o início. Examinando-a, viu que ela iria, não importava o que ele dissesse ou fizesse.

– Tudo bem. Venha comigo e dê uma olhada bem de perto. Talvez, depois que a vir, pare de deixar o coração sangrar pelo homem que a matou.

Ela curvou-se para pegar os sapatos. Embora a cama estivesse entre eles, era como se jamais a houvessem partilhado.

– Suponho que de nada adiante lembrar a você que estou do seu lado. – Ele pegou a carteira e o distintivo e nada disse. Tess viu os seus brincos na mesinha de cabeceira, um pequeno sinal de grande intimidade. Apanhou-os e enfiou-os no bolso. – Aonde vamos?

– Um beco perto da rua 23 com a M.

– Vinte e Três com a M? Fica a apenas duas quadras do meu apartamento.

Ele não se deu ao trabalho de olhar para ela.

– Eu sei.

As ruas estavam desertas. Os bares teriam fechado à 1 hora da manhã. A maioria das festas particulares terminara por volta das 3 horas. Washington era uma cidade de políticos e, embora os locais noturnos variassem da elite aos pobres, não tinha a energia de Nova York ou Chicago. Os traficantes de drogas ao redor da Décima Quarta com a U tinham um estilo de vida à parte. Até as prostitutas teriam dado por encerrada a noite.

De vez em quando, as folhas que haviam caído corriam pela calçada e paravam, levadas pelo vento esporádico. Eles passavam por fachadas de lojas e butiques vazias com suéteres de néon nas vitrines. Ben acendeu um cigarro e deixou o sabor conhecido de tabaco da Virgínia aliviar parte da tensão.

Ele não a queria ali. Médica ou não, não queria que ela participasse da desesperançada feiura daquela parte de seu trabalho. Ela podia participar da elaboração da papelada, do encaixe do quebra-cabeça, da lógica passo a passo de uma investigação, mas não devia estar ali.

Eu tinha de estar aqui, pensou Tess. Chegara a hora de enfrentar os resultados e talvez, apenas talvez, entender melhor a motivação. Era médica. O fato de não ser uma médica que cutucava com os dedos o corpo humano não tinha a menor importância. Passara por uma formação profissional, era competente e entendia a morte.

Viu as luzes azuis e vermelhas da primeira radiopatrulha e começou a disciplinar a respiração em longas inspirações e demoradas expirações.

O beco e um perímetro de vários metros ao redor haviam sido isolados, embora não houvesse ninguém nas ruas naquelas horas antes do amanhecer. Havia radiopatrulhas paradas com as luzes acesas e o rádio ligado. Uma comunidade de trabalhadores já estava dentro da área oficial.

Ben parou junto ao meio-fio.

– Fique perto de mim – disse a Tess, mas ainda sem olhá-la. – Não costumamos permitir a presença de civis nos locais de crime.

– Não pretendo atrapalhar você. Quero apenas fazer o meu trabalho. Vai descobrir que sou tão boa no meu quanto você no seu.

Ela abriu a porta e quase se chocou com Ed.

– Me desculpe, Dra. Court. – As mãos de Tess estavam geladas. Ele esfregou-as sem pensar. – Vai precisar pôr as luvas.

Ed enfiou as próprias mãos nos bolsos e olhou para Ben.

– O que temos?

– Os rapazes do laboratório estão ali agora. Sly está tirando fotos. – A respiração dele era uma nuvem de vapor branco.

Embora já tivesse as pontas das orelhas vermelhas de frio, esquecera de abotoar o casaco. – Um garoto a encontrou às 4h30. Os policiais ainda não conseguiram muita coisa dele. Está ocupado demais vomitando mais ou menos umas seis latinhas de cerveja. – Tornou a olhar para Tess. – Desculpe.

– Não se desculpe – disse Ben, curto e grosso. – Ela vai lhe lembrar que é médica.

– O capitão vai participar.

– Fantástico. – Ben atirou a guimba do cigarro na rua. – Vamos trabalhar.

Dirigiram-se ao beco, passando por uma radiopatrulha, onde alguém sentado no banco de trás chorava. Tess olhou, atraída pelo ruído de desespero. Então roçou o braço no de Ben e seguiu em frente. Um cara baixinho, com óculos de aro de tartaruga e uma câmera aproximou-se. Pegou um lenço grande azul e esfregou o nariz.

– É toda sua. Pegue o cara, pelo amor de Deus. Não aguento mais fotografar louras mortas. A gente precisa de um pouco de variedade no trabalho.

– Você é uma figura, Sly. – Ben esbarrou de leve nele ao passar, deixando o fotógrafo assoando o nariz no lenço.

Mal haviam avançado alguns passos no beco quando o cheiro da morte se elevou. Todos reconheciam aquele cheiro amargo, fétido, ao mesmo tempo ofensivo e misteriosamente irresistível para os vivos.

O cadáver esvaziara-se. O sangue assentara. Os braços haviam sido dobrados com esmero sobre o corpo, mas ela não parecia em paz. Não enxergava, mas tinha os olhos bem abertos. Havia uma mancha de sangue coagulado no queixo. Dela mesma, pensou Tess. Em algum momento enquanto lutava pela própria vida, ela fincara os dentes no lábio inferior.

Usava um casado de lã resistente de tecido cor de azeitona. O amicto branco destacava-se de forma incisiva sobre a peça de vestuário. Fora retirado do pescoço, onde já se haviam formado hematomas, e estendido sobre os seios.

O bilhete estava pregado ali, com a mesma mensagem: *Seus pecados foram perdoados.*

Dessa vez, porém, as letras não haviam sido escritas com capricho. Eram oscilantes, e o papel um pouco enrugado, como se as mãos do criminoso o houvessem amassado. A palavra pecados tinha sido grafada maior que o resto, os traços mais escuros, quase atravessando o papel. Tess agachou-se ao lado do cadáver para dar uma olhada mais de perto.

Um grito de socorro?, perguntou-se. Seria uma súplica a alguém para impedi-lo de pecar de novo? A caligrafia trêmula parecia um desvio, por mais leve que fosse, da rotina. Para Tess, isso significava que ele vinha perdendo o controle, talvez duvidando de si mesmo até quando realizava sua missão.

Não tivera tanta certeza dessa vez, ela concluiu. A mente dele tornava-se um acúmulo de obstruções de pensamentos, lembranças e vozes. Devia estar apavorado, pensou a psiquiatra, e quase com certeza fisicamente doente a essa altura.

O casaco da vítima fora deixado aberto e não fechado com esmero. Não havia brisa suficiente no beco para abri-lo por inteiro. Portanto, ele não o arrumara como fizera com as roupas das outras. Talvez não houvesse tido condições.

Então ela viu o broche de lapela na lã verde, um coração de ouro com o nome Anne gravado dentro em arabesco. Uma onda de piedade inundou-a, por Anne e pelo homem que fora impelido a matá-la.

Ben viu como ela examinava o corpo, com olhar clínico, imparcial, sem repulsa. Quisera protegê-la da realidade da morte, mas também obrigá-la a encará-la até ela chorar e correr para o outro lado.

– Se já deu uma boa examinada, Dra. Court, que tal recuar e nos deixar fazer o nosso trabalho?

Ela ergueu os olhos para ele e então se levantou devagar.

– O assassino está quase acabado. Não creio que tenha condições de aguentar muito mais.

– Diga isso a ela.

– O garoto vomitou para tudo que é lado – comentou Ed, com um ar meio descontraído, e respirou pela boca para tentar combater o fedor. Com um lápis, abriu a carteira da mulher, que caíra da bolsa. – Anne Reasoner – disse, lendo a carteira de motorista. – Vinte e sete anos. Mora a uma quadra daqui, na M.

Uma quadra dali, pensou Tess. Uma quadra mais próxima de seu próprio apartamento. Comprimiu os lábios e desviou o olhar até o medo passar.

– É um ritual – disse, com bastante clareza. – A julgar por tudo que li, ritual, ritos e tradições fazem parte da Igreja católica. Ele tem realizado o próprio ritual aqui, salvando essas mulheres, absolvendo-as e deixando-as com isso. – Indicou o amicto. – O símbolo da salvação e da absolvição. Dobra o amicto exatamente da mesma maneira todas as vezes. Posiciona o corpo delas exatamente da mesma maneira. Mas dessa vez não arrumou as roupas.

– Dando uma de detetive?

Tess fechou as mãos nos bolsos, esforçando-se para ignorar o sarcasmo de Ben.

– Trata-se de devoção, devoção cega à Igreja, obsessão com o ritual. Mas a caligrafia mostra que ele está começando a questionar o que tem feito, o que é impelido a fazer.

– Que ótimo! – Uma raiva irracional pela falta de reação emocional dela desatou dentro do detetive. Deu-lhe as costas e curvou-se sobre o corpo. – Por que não vai para o carro e escreve isso? Não vamos esquecer de transmitir a sua opinião profissional à família dela.

Não viu a expressão no rosto de Tess, a rápida mágoa logo seguida pela lenta raiva que aflorou em seus olhos. Mas ouviu-a afastar-se.

– Foi meio grosso com ela, não acha?

Ben também não olhou para o parceiro, mas para a mulher morta, Anne. Ela encarava-o de volta. Servir e proteger. Ninguém protegera Anne Reasoner.

– O lugar dela não é aqui – murmurou, e pensava tanto em Anne Reasoner quanto em Tess. Abanou a cabeça, ainda examinando a pose quase santificada do corpo. – O que ela estava fazendo no beco no meio da noite?

Um beco perto, perto demais, droga, do apartamento de Tess.

– Talvez não estivesse aqui.

Franzindo as sobrancelhas, Ben ergueu um dos pés da vítima. Ela usava mocassins. Desses que duram por toda a faculdade, o primeiro casamento e o divórcio. O couro caía no pé dela como luva e era bem polido. Na parte de trás da sola havia arranhões e ranhuras recentes.

– Então ele a matou na rua e arrastou até aqui. – Ben olhou para Ed, quando o parceiro se agachou e examinou o outro sapato. – Ele a estrangulou na rua, porra. Temos postes de luz a apenas malditos três metros uns dos outros nesse bairro. Temos radiopatrulhas fazendo a ronda a cada trinta minutos e ele a mata em plena rua. – Olhou as mãos dela. Tinha unhas compridas e bem modeladas, apenas três quebradas. O esmalte cor de coral sem uma lasca. – Parece que não ofereceu muita resistência.

A LUZ TORNAVA-SE CINZA, um cinza leitoso que prometia céus nublados e fria chuva outonal. O amanhecer flutuava acima da cidade sem beleza alguma. Manhã de domingo. As pessoas dormiam. Os remanescentes curtiam a ressaca. Os primeiros serviços eclesiásticos logo começariam com as congregações aturdidas dos fins de semana.

Tess encostou-se no capô do carro de Ben. A jaqueta de camurça não era quente o bastante no gélido amanhecer, mas ela estava inquieta demais para entrar. Viu um homem corpulento com crachá de médico e calça de pijama por baixo de um sobretudo dirigir-se ao beco. O dia do médico-legista começara cedo.

De algum lugar, a quadras de distância, chegava o ruído de um caminhão trocando de marcha. Um policial trouxe um grande copo de isopor que exalava o vapor e o aroma de café e entregou-o ao vulto no banco de trás da radiopatrulha.

Tess olhou mais uma vez em direção ao beco. Contivera-se, tranquilizou a si mesma, embora o estômago agora se revirasse como reação. Fora profissional, como se prometera. Mas não esqueceria Anne Reasoner por um longo tempo. A morte não é uma estatística impressa quando a olhamos de frente.

Ela deve ter se debatido, puxado a estola com as mãos e tentado gritar.

Tess inspirou com tanta força que o ar machucou a garganta, dolorida por engolir a náusea. Era médica. Repetiu isso várias vezes, até o espasmo no estômago acalmar-se. Fora treinada para lidar com a morte. E tinha de lidar.

Virando-se de costas para o beco, deparou com a rua vazia. Quem estava tentando enganar? Lidava com desespero, fobias, neuroses e até violência, mas nunca ficara frente a frente com uma vítima de assassinato. Tinha uma vida ordenada, protegida, porque se certificava de que assim fosse. Paredes em tons pastel, perguntas e respostas. Até as horas na clínica eram amenas, comparadas com a violência cotidiana nas ruas da cidade onde morava.

Sabia tudo sobre feiura, violência e perversão, mas sempre se separara nitidamente de tudo isso por sua própria formação. Neta de senador, brilhante universitária e médica de sangue-frio. Tratara dos indefesos, desesperançados e deploráveis, mas nunca se ajoelhara ao lado de uma pessoa assassinada.

– Dra. Court?

Ela se virou e viu Ed. Por instinto, olhou atrás dele e viu Ben falando com o médico-legista.

– Consegui um pouco de café para você.

– Obrigada.

Tess pegou o copo e bebeu devagar.

– Quer uma rosquinha?

– Não. – Ela pôs a mão na barriga. – Não.

– Saiu-se bem lá.

O café se assentou e pareceu disposto a permanecer no estômago. Olhando por cima do copo, Tess encontrou os olhos dele. Ed entendeu, percebeu, sem condenar nem sentir pena.

– Espero jamais ter de voltar a fazer isso.

Um grande saco de plástico foi retirado do beco. Ela não conseguiu olhar enquanto ele era colocado na caminhonete do necrotério.

– Nunca fica mais fácil – murmurou Ed. – Por algum tempo, cheguei a desejar que ficasse.

– Não deseja mais?

– Não. Imagino que, se ficar mais fácil, significará que perdemos a agudeza que nos faz querer descobrir por quê.

Ela assentiu com a cabeça. O bom senso e a compaixão naturais na voz tranquila dele eram calmantes.

– Há quanto tempo você e o Ben são parceiros?

– Uns cinco anos, quase seis.

– Combinam um com o outro.

– Estranho, eu pensava a mesma coisa sobre vocês dois.

Ela deu uma risada baixa, sem humor.

– Há uma diferença entre atração e compatibilidade.

– Talvez. E também entre obstinação e idiotice. – Ele continuou com o olhar afável quando ela virou a cabeça. – De qualquer modo, Dra. Court – continuou, antes que ela tivesse chance de reagir –, eu tinha esperança de que você pudesse conversar com a testemunha por alguns minutos. Ele está muito abalado, e não estamos conseguindo chegar a lugar algum.

– Tudo bem. – Ela indicou a radiopatrulha. – É ele no carro, não é?

– É. Chama-se Gil Norton.

Tess foi até o carro e agachou-se diante da porta aberta. Gil pouco passava de um garoto, ela avaliou. Uns 20 anos, talvez 22. Tremia e bebia café, o semblante pálido, com um acentuado rubor nas maçãs do rosto. Tinha os olhos inchados de chorar e batia os dentes. Deixara mossas com os polegares nas laterais do copo de isopor. Cheirava a cerveja, vômito e terror.

– Gil?

Após um sobressalto, ele virou a cabeça. Ela não teve a menor dúvida de que o rapaz estava totalmente sóbrio agora, mas suas pupilas ainda estavam bem dilatadas.

– Sou a Dra. Court. Como está se sentindo?

– Quero ir pra casa. Eu vomitei, meu estômago está doendo. – Desprendeu-se um traço da lamurienta autocomiseração de um embriagado em cujo rosto se jogou água fria. Por baixo, puro medo.

– Encontrar a moça deve ter sido realmente horrível.

– Eu não quero falar disso. – Ele contraiu a boca numa fina linha branca. – Quero ir pra casa.

– Eu ligo para alguém se você quiser. Sua mãe?

Lágrimas começaram a brotar mais uma vez dos olhos do jovem. As mãos tremeram até agitarem o café no copo.

– Gil, por que não sai do carro? Talvez se sinta melhor no ar fresco.

– Quero um cigarro. Fumei todos os meus.

– A gente arranja um.

Ela estendeu a mão. Após uma hesitação momentânea, ele a tomou. Fechou os dedos nos dela como um torno.

– Não quero falar com os tiras.

– Por quê?

– Eu devia chamar um advogado. Não devia chamar um advogado?

– Tenho certeza de que pode chamar um se quiser, mas você não está encrencado, Gil.

– Eu encontrei a mulher.

– É verdade. Aqui, me deixe levar isso. Com toda delicadeza, ela pegou o copo de café pela metade, antes que ele derrubasse o restante nas calças. – Gil, precisamos que você diga o que sabe para podermos encontrar quem a matou.

O adolescente olhou em volta e viu os uniformes azuis, as expressões impassíveis.

– Eles vão sentar o pau em mim.

– Não. – Ela falou com calma, já se antecipando a ele. Mantendo-se bem junto do rapaz, começou a conduzi-lo em direção a Ben. – Eles não acham que você a matou.

– Eu sou fichado. – Gil disse isso num sussurro trêmulo. – Detenção por porte de droga ano passado. Só um baseado insignificante, um pouquinho de maconha, mas os tiras na certa vão pensar que a matei só porque sou fichado e encontrei o corpo.

– É natural ficar assustado. Isso só vai passar depois que você falar sobre o que aconteceu. Tente pensar de forma lógica, Gil. Alguém o prendeu?

– Não.

– Alguém perguntou se você matou aquela mulher?

– Não. Mas eu estava lá. – Fitou o beco com horror, perplexo, hipnotizado. – E ela estava...

– É disso que você precisa se livrar. Gil, este é o detetive Paris. – Ela parou diante de Ben, mas manteve a mão no braço do jovem. – Ele é da Divisão de Homicídios e esperto demais para achar que você matou alguém.

Sob as palavras, a mensagem foi clara: Vá com calma. Ben comunicou o ressentimento com a mesma lucidez. Dispensava que lhe dissessem como agir com uma testemunha.

– Ben, o Gil precisa de um cigarro.

– Claro. – O detetive pegou o maço e sacudiu-o para liberar um. – Manhã dura – comentou enquanto riscava um fósforo.

As mãos de Gil ainda tremiam, mas ele tragou avidamente o cigarro.

– É. – Olhou para cima e para os lados quando Ed se aproximou.

– Este é o detetive Jackson – continuou Tess com voz de apresentação, apaziguadora. – Eles precisam que você diga o que viu.

– Terei que ir para a delegacia?

– Vamos precisar que assine uma declaração.

Ben também pegou um cigarro.

– Cara, eu só quero ir pra casa.

– Nós o levaremos. – Ben olhou Tess por trás da névoa de fumaça. – Apenas relaxe e conte tudo desde o início.

– Eu estava numa festa. – Gil interrompeu-se e olhou para Tess. Ela fez um aceno encorajador. – Podem checar, foi na Vinte e Seis. Um amigo meu tinha acabado de se mudar, entende, e foi uma festa tipo para inaugurar a casa nova. Posso dar nomes.

– Isso está ótimo. – Ed já tirara seu caderno de anotações. – Pegamos os nomes com você depois. Quando saiu da festa?

– Não sei. Bebi demais e briguei com a minha namorada. A gente discutiu. Ela não gosta quando eu bebo demais com a galera. – Ele engoliu em seco, aspirou fumaça de novo e exalou-a numa expiração trêmula. – Ficou pau da vida e foi embora, isso lá por volta de 1h30 da manhã. Levou o carro para eu não dirigir.

– Parece que ela queria proteger você – disse Ed.

– É, bem, eu estava de porre demais para ver a coisa assim.

Os indícios visíveis de uma ressaca heroica já começavam. Gil preferia-os à náusea.

– O que aconteceu depois que ela foi embora? – perguntou Ed.

– Fiquei bebendo com o pessoal. Acho que apaguei por algum tempo. A festa já estava meio que terminando quando acordei. Lee... era o apartamento dele, Lee Grimes... disse que eu podia dormir no sofá, mas... bem, eu precisava de ar, entende? Decidi ir a pé para casa. Acho que já estava enjoado pra burro, então parei bem ali do outro lado da rua. – Virou-se e apontou. – A minha cabeça rodava e eu vi que ia vomitar. Só descansei ali um pouco e controlei o mal-estar. Aí vi o cara sair do beco...

– Você viu o cara sair – interrompeu Ben. – Não ouviu nada? Viu quando ele entrou?

– Não, juro. Não sei durante quanto tempo fiquei ali. Não muito, acho, porque fazia um frio dos diabos. Mesmo bêbado, eu sabia que tinha que andar para continuar aquecido. Vi o cara sair, depois ele se encostou no poste de luz um minuto, como se também estivesse enjoado. Achei meio engraçado, dois pinguços vacilando pela rua, um diante do outro, como uma coisa saída de um desenho animado. E um deles é padre.

– Como sabe disso?

Ben parou no ato de oferecer outro cigarro a Gil.

– Usava aquela roupa de padre... a veste preta com o colarinho branco da Igreja. Eu ria sozinho. Sabe, parecia que ele tinha entornado o vinho da missa. De qualquer modo, fiquei ali imaginando se eu ia mijar nas calças ou vomitar, quando ele se endireitou e se afastou.

– Para que lado?

– Em direção à M. É, rua M. Dobrou a esquina.

– Viu que aparência ele tinha?

– Cara, vi que era um padre. – Gil tragou o cigarro. – Tinha a pele clara. – Apertou os olhos com os dedos. – É, um almofadinha branco. Acho que com cabelos escuros. Escute, eu estava um lixo, e ele, parado com a cara encostada no poste de luz.

– Certo. Você está se saindo bem. – Ed virou a folha no caderno. – E o físico? Sabe dizer se era baixo, alto?

Gil franziu o rosto, concentrando-se. Embora ainda consumisse o cigarro em profundas tragadas, Tess viu que ele se acalmava.

– Acho que era bem alto; em todo caso, não era um cara pequeno. Merda, como a média, você sabe. Mais ou menos como você, imagino – disse a Ben.

– E a idade? – perguntou Ben.

– Não sei. Não era velho nem fraco. Tinha cabelos escuros. – Acrescentou a última informação depressa, quando lhe veio à lembrança: – É, tenho certeza de que eram escuros, não grisalhos, nem louros. Estava com as mãos assim. – Demonstrou, apertando as mãos nos lados da cabeça. – Como se a cabeça doesse muito. As mãos eram pretas, mas o rosto, branco. Como se usasse luvas, sabe? Fazia frio.

Interrompeu-se mais uma vez quando se deu conta de todo o envolvimento. Vira um assassino. O medo retornou em dobro, uma coisa pessoal. Se vira, estava envolvido. Os músculos do rosto começaram a tremer.

– É o cara que tem matado todas essas mulheres. É ele. É um padre.

– Vamos terminar logo com isso – disse Ben, tranquilo. – Como encontrou o corpo?

– Ai, meu Deus.

Gil fechou os olhos e Tess aproximou-se dele.

– Gil, tente lembrar que já acabou. O que você está sentindo vai passar. Vai começar a desaparecer logo depois que disser em voz alta. Assim que fizer isso, vai ficar mais fácil.

– Tudo bem. – Ele tomou a mão dela e segurou-a. – Depois que o cara foi embora, comecei a me sentir um pouco melhor, tipo talvez segure tudo na barriga, afinal. Mas eu tinha tomado muita cerveja e precisava me aliviar um pouco.

Ainda estava inteiro o bastante para saber que não podia simplesmente mijar na calçada. Então fui até o beco. Quase tropecei nela. – Passou a mão sob o nariz, que começara a escorrer. – Já com a mão na calça, quase tropecei nela. Meu Deus. Entrava luz suficiente da rua, e por isso vi o rosto dela muito bem. Nunca tinha visto ninguém morto antes. Nunca. Não é como no cinema, cara. Não é nada como no cinema. – Levou um instante tragando o cigarro e apertando os dedos de Tess. – Comecei a vomitar. Dei dois passos, tentando me afastar, e simplesmente pus tudo para fora. Achei que o meu peito ia explodir antes que eu parasse. A cabeça começou a rodar de novo, mas de algum modo eu dei o fora. Acho que caí na calçada. Vi os tiras. Dois deles pararam o carro. Eu disse a eles... Disse apenas para entrarem no beco.

– Fez muito bem, Gil. – Ben pegou o maço de cigarros e enfiou no bolso do rapaz. – Vamos mandar um dos policiais levar você em casa, para tomar um banho e comer alguma coisa. Depois precisamos de você na delegacia.

– Posso ligar para minha namorada?

– Claro.

– Se ela não tivesse levado o carro, teria ido a pé pra casa. E passado por aqui.

– Ligue pra sua namorada – disse Ben. – E diminua a cerveja. Whittaker. – Fez um sinal para o motorista da primeira radiopatrulha. – Por favor, leve o Gil para casa. E dê algum tempo para ele se recompor antes de levá-lo à delegacia.

– Ele precisa dormir um pouco, Ben – murmurou Tess.

Ele ia dar-lhe uma resposta furiosa, mas se conteve. O rapaz parecia prestes a desabar.

– Tem razão. Deixe-o em casa, Whittaker. Mandaremos um carro buscar você ao meio-dia. Está bem?

– Valeu. – Gil olhou então para Tess. – Obrigado. Eu me sinto melhor mesmo.

– Se o que aconteceu lhe causar algum problema e quiser falar a respeito, ligue para a delegacia. Eles darão o meu número.

Antes de Gil chegar ao carro, Ben já segurava Tess pelo braço, afastando-a.

– O departamento não aprova que se tente conseguir pacientes no local do crime.

Tess soltou o braço dele.

– Sim, detetive, disponha sempre. Fico feliz por ter ajudado a obter uma história coerente de sua única testemunha.

– Nós teríamos arrancado a história dele.

Ben acendeu um novo cigarro. Pelo canto dos olhos, viu Harris chegar à cena do crime.

– Você detesta mesmo o fato de eu ter ajudado, não é? Porque sou psiquiatra ou por que sou mulher? Eu gostaria muito de saber.

– Não me analise – ele avisou, jogou o cigarro na rua e logo se arrependeu.

– Não preciso analisá-lo para ver ressentimento, preconceito e raiva. – Ela se interrompeu ao perceber o quanto beirava a perda de controle em público. – Ben, sei que não me queria aqui, mas não atrapalhei.

– Atrapalhar? – Ele riu e examinou seu rosto. – Não, você é uma verdadeira profissional.

– É isso, não é? – ela murmurou. Queria gritar, sentar-se, ir embora. Exigiu-lhe o resto de controle não fazer nenhuma dessas coisas. Terminar sempre o que se começa. Isso também fazia parte de sua formação. – Eu entrei naquele beco com você e fiquei no mesmo nível. Não desmoronei, vomitei ou corri. Não fiquei histérica com a visão de um cadáver, e é isso que o aborrece.

– Os médicos são objetivos, certo?

– Certo – ela concordou, calma, embora o rosto de Anne Reasoner lhe surgisse de relance na mente. – Mas talvez aplaque seu ego saber que não foi nada fácil para mim. Tive vontade de dar meia-volta e sair correndo dali.

Alguma coisa dentro dele se agitou, mas Ben ignorou.

– Você se segurou muito bem.

– E isso me tira a feminilidade, talvez até a sexualidade. Você teria ficado mais feliz se precisasse me carregar para fora daquele beco. Por maior que fosse a interferência ou a inconveniência. Isso na certa teria sido mais confortável para você.

– Que besteira! – Ele pegou outro cigarro, amaldiçoando-se porque percebeu que era verdade. – Eu trabalho com várias policiais.

– Mas não dorme com elas, dorme, Ben?

Ela disse isso em voz baixa, sabendo que atingira um ponto sensível.

Olhos estreitados, ele deu uma tragada demorada e profunda.

– Atenção onde pisa.

– É isso que pretendo fazer. – Ela tirou as luvas do bolso e percebeu pela primeira vez que tinha as mãos congeladas. O sol subira, mas a luz continuava obscura. Achou que jamais sentira tanto frio. – Diga ao seu capitão que ele terá um relatório atualizado amanhã à tarde.

– Ótimo. Vou arranjar alguém para levar você para casa.

– Eu quero andar.

– Não.

Ele a segurou pelo braço antes que ela pudesse afastar-se.

– Você disse várias vezes que eu sou uma civil, então deve saber que não pode me dar ordens.

– Dê queixa de assédio na polícia, se quiser, mas vai ser escoltada até em casa.

– São apenas duas quadras – ela começou, e ele estreitou o aperto.

– Sei disso. Duas quadras. Duas quadras e o seu nome e a sua foto estampados no jornal. – Com a mão livre, Ben juntou os cabelos dela. Eram quase do mesmo tom que os de Anne Reasoner. Os dois sabiam disso. – Use um pouco do cérebro de que tanto se orgulha e pense.

– Não vou deixar você me assustar.

– Tudo bem, mas vai ser escoltada até em casa.

Manteve o braço no ombro dela ao conduzi-la até uma radiopatrulha.

8

Os cinco detetives designados para os homicídios do Padre fizeram bem mais de 160 horas de trabalho de campo e administrativo na semana seguinte ao assassinato de Anne Reasoner. Um deles recebeu do cônjuge ameaça de divórcio. Outro lutou contra uma gripe fortíssima e o terceiro se viu às voltas com um caso crônico de insônia.

O quarto na série de assassinatos foi matéria principal nos dois noticiários, das 18 e das 23 horas, derrotando notícias como o retorno do presidente americano em visita à Alemanha Ocidental. Por enquanto, Washington estava mais interessada nos assassinatos do que na política. A NBC planejava fazer um especial em quatro episódios.

O incrível era que manuscritos vinham sendo vendidos a grandes editoras. Ainda mais incrível, a Paramount já pensava numa minissérie. Anne Reasoner – na verdade, nenhuma das vítimas – jamais merecera tanta atenção em vida.

Anne morava sozinha. Era contadora, vinculada a um dos escritórios jurídicos da cidade. O apartamento dela revelava gosto pelo *kitch*, com esculturas esmaltadas e em néon, de estruturas de formas livres, e flamingos fluorescentes. O guarda-roupa refletia o empregador: era constituído na maior parte por terninhos de corte suave e blusas de seda. Além de condições financeiras para comprar na Sacks, tinha dois vídeos de exercícios físicos de Jane Fonda, um computador pessoal e uma cozinha bem equipada. Na mesinha de cabeceira, o retrato emoldurado de um homem, e um frasco de colônia Colombian e flores frescas – zínias brancas – em cima da cômoda.

Fora uma boa funcionária. Ausentara-se apenas três dias por motivo de doença desde o início do ano. Mas os colegas de trabalho nada sabiam sobre sua vida social. Os vizinhos descreveram-na como simpática e o homem na foto da mesinha de cabeceira como um hóspede assíduo.

O caderno de endereços de Anne era ordenado com capricho e quase cheio. Muitos dos nomes eram de conhecidos e da família, além de corretores de seguro, um cirurgião-dentista e um personal trainer.

Então localizaram Suzanne Hudson, artista gráfica, amiga e confidente de Anne desde a faculdade. Ben e Ed encontraram-na em casa, num apartamento em cima de uma butique. Ela usava um roupão atoalhado e trazia uma xícara de café na mão. Tinha os olhos injetados e inchados, com olheiras profundas até as maçãs do rosto.

O som da tevê fora desligado, mas o programa *Roda da Fortuna* passava na tela. Alguém acabara de resolver o provérbio: UMA DESGRAÇA NUNCA VEM SÓ.

Após recebê-los, ela foi até o sofá e encolheu os pés.

– Tem café na cozinha, se quiserem. Não está sendo um momento fácil e não consigo me esforçar para ser sociável.

– Obrigado de qualquer modo. – Ben sentou-se na outra ponta do sofá e deixou a poltrona para Ed. – Você conhecia Anne Reasoner muito bem.

– Já teve um melhor amigo? Não me refiro a alguém que apenas chamava de melhor, mas a alguém que era mesmo. –

Ela não penteara os cabelos ruivos curtos. Passou a mão por eles e deixou-os cheios de pontas espigadas. – Eu a amava de verdade, sabe? Ainda não consigo assimilar o fato de que está... – Mordeu o interior do lábio e aliviou a dor com café. – O enterro é amanhã.

– Eu sei. Srta. Hudson, é um momento terrível para incomodá-la, mas precisamos fazer algumas perguntas.

– John Carroll.

– Desculpe-me, como?

– John Carroll. – Suzanne repetiu o nome e depois o soletrou meticulosamente quando Ed pegou o caderno de anotações. – Querem saber por que Anne estaria andando sozinha na rua no meio da noite, não é?

A dor e a raiva se revelaram quando ela se curvou e pegou o caderno de endereços. Café ainda na mão, folheou-o com o polegar.

– Está aqui o endereço.

Passou o caderno a Ed.

– Temos um advogado, John Carroll, que faz parte da equipe da firma para a qual a Srta. Reasoner trabalhava.

Ed folheou as páginas das anotações de trás para frente e cotejou os endereços.

– Isso mesmo, é ele.

– Não apareceu no escritório por dois dias.

– Está se escondendo – ela respondeu ríspida. – Não teria coragem de dar as caras e enfrentar o que fez. Se aparecer amanhã, se ousar mostrar a cara amanhã, eu cuspirei nela. – Então cobriu os olhos com a mão e balançou a cabeça. – Não, não, isso não é certo. – A fadiga vencia-a quando tornou a baixar a mão. – Ela o amava. De verdade. Vinham se encontrando desde que Anne começou a trabalhar no escritório. Mantinham o caso discreto... ideia dele. – Suzanne tomou um grande gole de café e conseguiu controlar as emoções. – Ele não queria fofocas no trabalho. Ela concordou. Aliás, concordava com tudo. Vocês não imaginam o quanto ela engoliu por esse cara. Anne era a própria Miss Independência, do tipo venci por mérito próprio e gosto disso e ser solteira é um estilo de vida alternativo. Não era militante, se é que me entendem, apenas ficava contente por ter conseguido seu próprio espaço. Até conhecer John.

– Tinham um relacionamento – concluiu Ben.

– Se é que se pode chamar assim. Anne nem contou aos pais sobre ele. Ninguém além de mim sabia. – Ela esfregou os olhos. O rímel grudara nos cílios e caía em partículas. – Ela foi feliz no começo. Acho que fiquei feliz por ela, mas não gostava do fato de que era... bem, tão controlada por ele. Pequenas coias, vocês sabem. Se ele gostava de comida italiana, ela também. Se ele se interessava por cinema francês, lá ia ela atrás. – Suzanne lutou contra o ressentimento e a dor por um instante. Com a mão livre, começou a fechar e abrir a lapela do roupão. – Ela queria se casar. Precisava se casar com ele. Só pensava em tornar público o relacionamento e colocar uma lista de casamento na Bloomingdale's. Ele vivia afastando-a da ideia, sem dizer não, apenas ainda não. Ainda não. Em todo caso, ela vinha afundando cada vez mais em termos emocionais. Ela fez algumas exigências e acabou levando um fora dele. Assim, sem nenhuma cerimônia. Nem teve coragem de dizer na cara dela. Telefonou.

– Quando foi isso?

A amiga não respondeu por vários segundos. Fitava sem expressão a tela da tevê. Uma mulher girou a roda da fortuna, que parou em Falência. Má sorte.

– Na mesma noite em que foi assassinada, Anne me ligou, dizendo que não sabia o que ia fazer, nem como ia conviver com isso. A coisa realmente a deixou abalada. Ele não era só mais um para ela, era o cara. Perguntei se queria que eu fosse até lá, mas ela disse que precisava ficar sozinha. Eu devia ter ido. – Suzanne fechou os olhos com força. – Devia ter entrado no meu carro e ido até lá. Podíamos tomar um porre, ficar doidonas ou pedir pizza. Em vez disso, ela saiu andando sozinha.

Ben ficou em silêncio enquanto ela chorava baixinho. Tess saberia o que dizer. A ideia veio do nada e enfureceu-o.

– Srta. Hudson. – Ele deu-lhe um instante e continuou: – Sabe se alguém a andava incomodando? Teria notado alguém perto do apartamento, do escritório? Alguém que a deixava nervosa?

– Ela não notava ninguém além do John. Se não, teria me contado. – Suzanne deu um longo suspiro e esfregou os olhos com as costas da mão. – Nós chegamos a conversar sobre esse maníaco algumas vezes, que se devia ter muito cuidado enquanto não o pegassem. Ela saiu porque não estava pensando. Ou talvez porque tivesse muito em que pensar. Teria se desvencilhado. Anne era durona. Simplesmente não teve chance.

Os dois deixaram-na no sofá olhando para a tevê e saíram para falar com John Carroll.

Ele tinha um dúplex numa parte da cidade onde moravam vários jovens profissionais liberais. Havia uma delicatéssen perto, uma loja de bebidas alcoólicas que oferecia marcas desconhecidas e uma loja especializada em roupas esportivas, tudo concentrado a razoável distância a pé da área residencial. Um sedã Mercedes azul-escuro estava estacionado na garagem particular de John.

Ele atendeu à porta após a terceira batida. Usava uma camiseta sem mangas e calça de moletom, e segurava uma pequena garrafa de Chivas Regal. Tinha pouca semelhança com o jovem e bem-sucedido advogado em ascensão. A barba de três dias por fazer sombreava-lhe o queixo. Tinha os olhos inchados e a pele se dobrara em bolsas caídas. Cheirava como um vagabundo que entrara se arrastando num beco na Décima Quarta para dormir até ficar sóbrio. Deu uma olhada superficial nos distintivos, ergueu a garrafa para mais um gole e afastou-se, deixando a porta aberta. Ed fechou-a.

O dúplex tinha parte do piso de tábuas de madeira coberto com dois tapetes Aubusson. Na sala de estar, um sofá comprido e baixo estofado, assim como as poltronas, em cores masculinas, cinza e azul. Em uma das paredes, havia um equipamento eletrônico de última geração. Ao longo de outra, uma coleção de brinquedos – videogames antigos, aviões, trens.

Carroll desabou no sofá no centro da sala. No chão, havia duas garrafas vazias tombadas, um cinzeiro cheio até a borda e uma manta jogada sobre as almofadas. Ben calculou que ele não se deslocara muito além daquele lugar desde que fora notificado.

– Posso pegar dois copos limpos. – A voz do rapaz era pastosa, mas não ininteligível, como se o efeito da bebida tivesse começado a passar algum tempo antes. – Mas não podem beber, podem? Em serviço? – Ergueu mais uma vez a garrafa. – Eu não estou de serviço.

– Gostaríamos de fazer algumas perguntas sobre Anne Reasoner, Sr. Carroll.

Embora houvesse uma poltrona atrás dele, Ben não se sentou.

– É, imaginei que fossem aparecer por isso. Disse a mim mesmo que, se não apagasse, falaria com vocês. – Olhou para a garrafa com menos de três quartos de uísque. – Parece que não consigo apagar.

Ed tomou-lhe a garrafa da mão e colocou-a de lado.

– Não ajuda de verdade, ajuda?

– Alguma coisa tem de ajudar. – Ele apertou a base das mãos nos olhos e começou a vasculhar a mesa de centro de vidro fumê à procura de um cigarro. Ben acendeu um e deu a ele. – Obrigado. – tragou fundo e manteve quase toda a fumaça nos pulmões. – Larguei há dois anos – disse e tornou a tragar. – Mas não engordei, porque cortei os carboidratos.

– Você e a Srta. Reasoner tinham um relacionamento – começou Ben. – Foi uma das últimas pessoas a falar com ela.

– Fui. Sábado à noite. Íamos ao National. *Sunday in the Park with George*. A Anne gosta de musicais. Eu prefiro o teatro convencional, mas...

– Não foram ao teatro? – interrompeu Ben.

– Eu estava me sentindo pressionado. Telefonei para ela para cancelar o programa e disse que queria dar um tempo. Foi assim que falei. – Ele ergueu os olhos por cima do cigarro e viu Ben encarando-o. – Dar um tempo. Pareceu razoável.

– Vocês brigaram?

– Brigar? – Ele riu e engasgou-se com a fumaça. – Não, não brigamos. Nunca brigamos. Não gosto de brigar. Há sempre uma solução lógica e racional para qualquer problema. Foi uma solução racional, e para o bem dela.

– Você a viu naquela noite, Sr. Carroll?

– Não. – Ele olhou em volta com um ar ausente, à procura da garrafa, mas Ed pusera-a fora de alcance. – Ela me pediu para conversar. Estava chorando. Eu não queria uma daquelas cenas lacrimosas, por isso recusei. Disse que achava melhor a gente dar um tempo. Em uma ou duas semanas, poderíamos tomar uns drinques depois do trabalho e conversar com calma. Uma ou duas semanas. – Fitou o nada a sua frente. As cinzas do cigarro caíram-lhe no joelho. – Ela me ligou mais tarde.

– Ligou de novo? – Ed equilibrou o caderno na palma da mão. – Que horas eram?

– Eram 3h35. O radiorrelógio fica bem ao lado da minha cama. Fiquei irritado. Não devia, mas fiquei. Anne estava doidona. Eu sempre sabia quando ela fumava um baseado. Não tinha um vício exorbitante, apenas queimava um fumo de vez em quando para aliviar a tensão, mas eu não gostava. É tão infantil – acrescentou. – Concluí que tinha feito aquilo para me irritar. Disse que tinha tomado algumas decisões. Queria me informar que não me culpava. Ia assumir a responsabilidade por suas próprias emoções, e eu não precisava temer que ela fosse fazer uma cena no escritório. – Quando se recostou e fechou os olhos, os cabelos louro-escuros caíram-lhe na testa. – Fiquei aliviado, porque estava com um pouco de medo. Ela explicou que tinha muito no que pensar e um monte de reavaliação a fazer antes de a gente conversar de novo. Respondi que estava tudo bem e que nos veríamos na segunda-feira. Quando desliguei, eram 3h42, sete minutos depois.

Gil Norton vira o assassino sair do beco em algum momento entre as 4h e as 4h30 da manhã. Ed anotou os horários no bloco e guardou-o no bolso.

– Na certa o senhor não está disposto a ouvir conselhos, Sr. Carroll, mas seria melhor ir para a cama e dormir um pouco.

Ele concentrou-se em Ed, depois olhou a bagunça de garrafas a seus pés.

– Eu a amava. Como só fui perceber isso agora?

BEN SAIU E CURVOU os ombros contra o frio.

– Meu Deus!

– Acho que Suzanne Hudson não teria mais vontade de cuspir na cara dele agora – comentou Ed.

– Então o que é que temos? – Ben entrou no carro e sentou-se no lugar do motorista. – Um advogado egoísta, comodista, que não se encaixa na descrição de Norton. Uma mulher que tenta se livrar de um relacionamento ruim e sai para um passeio. E um psicopata que por acaso está lá quando ela sai.

– Um psicopata de batina.

Ben enfiou a chave na ignição, mas não a girou.

– Acha que ele é padre?

Em vez de responder, Ed recostou-se, fitou o céu pelo para-brisa e perguntou:

– Quantos tipos de padres altos, de cabelos escuros você calcula que existem na cidade?

Ed pegou um saco plástico com frutas secas e granola.

– O suficiente para nos manter ocupados durante seis meses. Não temos seis meses.

– Não faria mal conversar de novo com Logan.

– É. – Enfiou os dedos no saco plástico, que Ed ofereceu sem pensar. – O que acha disso? Um ex-padre que abandona o sacerdócio por causa de uma tragédia relacionada com a Igreja. Logan talvez consiga nos dar alguns nomes.

– Outra migalha de pão. No relatório, a Dra. Court diz que ele está sofrendo um colapso mental e que é provável que esse último assassinato o deixe incapacitado por alguns dias.

– Eu li. Que diabos é isso? Casca de árvore e gravetos? – Ben girou a chave e afastou-se do meio-fio.

– Passas, amêndoas, um pouco de granola. Você devia telefonar para ela.

– Eu cuido da minha vida pessoal, parceiro. – Ben virou na esquina e percorreu uma quadra antes de xingar. – Foi mal.

– Não tem problema. Sabe, vi num especial na tevê que na sociedade atual os homens se deram bem. As mulheres reduziram a pressão para que eles sejam o único esteio... o Sr. Macho, que tem de resolver todos os problemas e levar comida pra casa. Em geral, elas esperam mais tempo para buscar o casamento, isso quando o buscam, o que deixa os homens com mais opções. Hoje, a mulher não procura mais o príncipe encantado num cavalo branco. O estranho é que um bando de homens ainda se sente ameaçado pela força e independência delas. – Ele catou uma passa. – Muito impressionante.

– Puxa-saco.

– A Dra. Court me parece muito independente.

– Que bom para ela! Quem quer uma mulher que não larga do seu pé?

– Bunny não exatamente não largava do pé – lembrou Ed. – Ela meio que cravava as unhas nele.

– Bunny é a personagem cômica na tragédia que alivia a tensão – resmungou Ben. Bunny fora um de seus casos-padrão de três meses, alguém com quem se encontrava, dava algumas risadas, rolava sob os lençóis e dispensava antes que começasse a ter ideias. Lembrou-se de Tess curvada no parapeito do apartamento dele rindo. – Escute, nessa função a gente precisa de uma mulher que não nos faça pensar o tempo todo. Que não nos faz pensar nela o tempo todo!

– Está cometendo um erro, Ben. – Ed recostou-se. – Mas sei que é esperto o bastante para sacar isso sozinho.

Ben fez a curva em direção à Universidade Católica.

– Vamos falar com o Logan antes de voltar para a delegacia.

ÀS 17 HORAS, TODOS OS DETETIVES designados para os homicídios do Padre, com exceção de Bigsby, já se haviam instalado dispersos na sala de conferência. Embora Harris tivesse uma cópia de todos os relatórios diante de si, repassou um ponto após outro. Reconstituíam os movimentos de Anne Reasoner na última noite de vida.

Às 17h05, ela deixara o salão de beleza de sempre, onde cortara o cabelo, retocara a pintura e fizera as unhas. De excelente humor, dera uma gorjeta de 10 dólares à profissional. Às 17h15, pegara as roupas na lavanderia. Um terninho cinza, com colete, duas blusas de linho e duas calças de gabardine. Chegara ao apartamento por volta das 17h30. A vizinha da porta ao lado falara com ela no corredor. Anne comentara a ida ao teatro naquela noite. Trazia flores frescas.

Às 19h15, John Carroll telefonara, cancelara o encontro e rompera o relacionamento. Conversaram durante uns 15 minutos.

Às 20h30, Anne Reasoner telefonara para Suzanne Hudson, transtornada, chorosa. Conversaram por quase uma hora.

Por volta da meia-noite, a vizinha ouvira o som da tevê de Anne. Notara isso porque chegava ao apartamento à noite e não esperava que ela estivesse em casa.

Às 3h35, Anne telefonara para Carroll. Encontraram dois tocos de cigarro de maconha ao lado do telefone. Conversaram até as 3h42. Nenhum dos vizinhos a ouviu sair do prédio.

Em algum momento entre as 4h e as 4h30, Gil Norton vira um homem vestido de padre sair do beco a duas quadras do apartamento dela. Às 4h36, Norton fez sinal para dois policiais e comunicou a existência do cadáver.

– São esses os fatos – disse Harris. Atrás dele, pendia um mapa da cidade com os pontos nos quais o assassino fora visto, assinalados por tachas azuis. – A julgar pelo mapa, vemos que ele se limita a uma área de 18 mil metros quadrados. Todos os assassinatos ocorreram entre 1 e 5 horas da manhã. Sem ataque sexual, nem roubo. Segundo o padrão estabelecido por monsenhor Logan, esperamos que ele torne a atacar em 8 de dezembro. As patrulhas de rua vão trabalhar durante dois turnos de agora até essa data.

"Sabemos que se trata de um homem de altura mediana ou acima, que tem cabelos escuros e se veste como padre. Segundo o perfil e os relatórios psiquiátricos da Dra. Court, sabemos que é um psicopata, possivelmente esquizofrênico, com delírios religiosos. Mata apenas jovens louras, pois parecem simbolizar uma pessoa real que existe ou existiu em sua vida.

"A Dra. Court acha, devido à quebra de padrão do assassinato e à caligrafia desordenada do bilhete deixado no corpo, que ele está à beira de uma crise psicótica. O último assassinato talvez lhe tenha custado mais do que pode suportar.

Harris largou o arquivo sobre a mesa, julgando que aquilo era mais do que qualquer um deles podia suportar.

– Segundo ela, o assassino teria tido uma reação física, enxaquecas e náusea, que o debilitaram. Se ele continua capaz de agir em nível normal por determinados períodos de tempo, isso tem lhe causado uma enorme tensão. Ela acredita que se revelaria como fadiga, perda de apetite, desatenção.

Interrompeu-se um instante para certificar-se de que todos haviam assimilado tudo. A sala de conferência era separada da do destacamento por vidraças e persianas que estavam amareladas com a idade. Além deles, ouvia-se o constante zumbido de atividade, telefones, passos e vozes.

Havia uma cafeteira elétrica no canto e um copo de plástico tamanho gigante para que os policiais escrupulosos contribuíssem com uma moeda de 25 centavos por dose. Harris foi até lá, serviu-se de uma xícara e acrescentou uma colher de sopa do creme pulverizado que ele detestava. Tomou-o e examinou a equipe.

Além da inquietação e do excesso de trabalho, sentiam-se frustrados. Se não recomeçassem a reduzir a carga a um dia de oito horas, perderia alguns para a gripe. Maggie Lowenstein e Roderick já tomavam descongestionantes. Não podia permitir-se a ausência deles por doença, mas tampouco paparicá-los.

– Temos nesta sala mais de sessenta anos de experiência policial. É hora de pormos esses sessenta anos em prática e capturarmos um fanático religioso doentio que na certa não consegue mais manter o café da manhã no estômago.

– Ed e eu conversamos de novo com o Logan. – Ben afastou a xícara de café. – Como o cara se veste de padre, achamos que devíamos começar a tratá-lo como tal. Na condição de psiquiatra, Logan conversa com colegas padres e trata os que têm algum tipo de problema emocional. Não vai nos dar uma lista dos pacientes, mas vai examinar as fichas médicas e checar para ver se encontra alguma coisa... alguém que se encaixe. Depois ainda há as confissões.

Calou-se um instante. A confissão era uma parte do ritual católico que sempre lhe causara problemas. Lembrava de si mesmo ajoelhado no escuro cubículo com painel de treliça, confessando-se, arrependendo-se e cumprindo a penitência. Vá e não peque mais. Mas é claro que pecava.

– Um padre precisa se confessar com alguém, e tem de ser outro padre. Se a Dra. Court estiver certa, e ele começar a pensar no que fez como pecado, vai ter de se confessar.

– Então começamos a entrevistar padres – acrescentou Maggie. – Escute, é óbvio que não sei muita coisa sobre os católicos, mas não existe uma coisa sobre a santidade do confessionário?

– É improvável que consigamos fazer um padre dedurar alguém que o procurou no confessionário – concordou Ben. – Mas talvez a gente consiga em outro lugar. Há grandes chances de que ele se mantenha em contato com a sua própria paróquia. Tess... a Dra. Court... disse que provavelmente o assassino frequentava a igreja com assiduidade. Poderíamos descobrir que igreja. Se ele é ou foi padre, a probabilidade é de que recorra à própria igreja. – Levantou-se e foi até o mapa. – Esta área – disse, fazendo um círculo nas bandeirolas azuis – inclui duas paróquias. Aposto que ele tem ido a uma ou a ambas as igrejas, talvez ficando no altar.

– Você acha que ele vai aparecer no domingo – concluiu Roderick. Apertou o nariz com o polegar e o indicador para aliviar um pouco da pressão. – Sobretudo se a Dra. Court acertou e ele estivesse doente demais para ir semana passada. Necessitará do apoio da cerimônia.

– Acho que sim. Também há missas sábado à noite.

– Eu achava que isso era a nossa praia – comentou Maggie.

– Os católicos são flexíveis. – Ben enfiou as mãos nos bolsos. – E gostam de dormir até tarde nos domingos, como todo mundo. O negócio é o seguinte: aposto que esse cara é tradicionalista. Manhã de domingo é para missa, que ainda deve ser rezada em latim, e não se come carne na sexta-feira. Regras da Igreja. Acho que a Dra. Court sacou alguma coisa quando disse que o cara é obcecado pelas regras da Igreja.

– Então cobriremos as duas igrejas no domingo. Enquanto isso, temos dois dias para entrevistar padres. – Harris olhou cada um dos detetives. – Maggie, você e Roderick ficam numa paróquia, Jackson e Paris na outra. Bigsby vai... onde diabos ele está?

– Disse que tinha uma pista sobre os amictos, capitão. – Roderick levantou-se e serviu-se um copo de água gelada, sabendo que já tinha muito café no organismo. – Escutem, não quero parecer do contra, mas suponham que ele de fato apareça durante uma das missas no domingo. O que nos leva a crer que poderemos identificá-lo em meio a congregação? O cara não é uma aberração, não vai começar a falar línguas ininteligíveis, nem espuma pela boca. A Dra. Court disse que ele é como qualquer outra pessoa, a não ser pelo fato de que é perturbado.

– É tudo o que temos – disse Ben, irritado por ter suas dúvidas expressas por outra pessoa. – Temos que aproveitar qualquer vantagem que tivermos; no momento é o local. Vamos nos concentrar nos homens que forem à missa sozinhos. A Dra. Court também acha que ele é um solitário, portanto não vai entrar com mulher e filhos. Logan vai um passo além e o vê como um devoto. Um monte de pessoas vai à missa e adormece ou pelo menos se desliga. Ele não faria nenhuma das duas coisas.

– Passar o dia na igreja nos dá a oportunidade de tentar outra coisa. – Ed terminou de fazer uma anotação e ergueu os olhos. – Rezar.

– Mal não faz – disse Maggie em voz baixa quando Bigsby entrou na sala.

– Consegui uma coisa. – Ele trazia um bloco amarelo e tinha os olhos injetados, aquosos e inchados. Vinha passando as noites à base do anti-histamínico Nyquil e de uma garrafa de água quente. – Uma dúzia de amictos brancos de seda, fatura número 52346-A, encomendados em 15 de junho à empresa Artigos Religiosos O'Donnely, em Boston, Massachusetts. Entregues em 31 de julho ao reverendo Francis Moore. O endereço é uma caixa postal em Georgetown.

– Como ele pagou por isso? – perguntou Harris com a voz calma, enquanto tentava decidir os passos seguintes.

– Vale postal.

– Identifique. Quero uma cópia da fatura.

– Está a caminho.

– Maggie, vá à caixa postal. – Harris conferiu as horas e quase praguejou de frustração. – Esteja lá de manhã quando abrir. Descubra se ele ainda mantém a caixa. Consiga uma descrição.

– Sim, senhor.

– Quero saber se algum padre na cidade se chama Francis Moore.

– Deve haver uma lista de todos os padres na arquidiocese. Talvez a gente consiga no escritório principal.

Harris concordou com Ben.

– Investigue. Depois investigue os Francis Moore restantes.

Ben não podia discutir com o trabalho policial básico, mas os instintos lhe diziam que se concentrasse na área dos assassinatos. O cara estava lá. Tinha certeza. E agora talvez também tivessem seu nome.

De volta à sala do destacamento, os detetives lançaram-se aos telefones.

Uma hora depois, Ben desligou e olhou Ed por cima do entulho em cima da mesa.

– Temos um padre Francis Moore na arquidiocese. Tem 37 anos, ingressou há dois e meio.

– E?

– É negro. – Ben estendeu a mão para os cigarros e encontrou o maço vazio. – Vamos investigá-lo de qualquer modo. O que você conseguiu?

– Sete. – Ed olhou sua lista detalhada com todo capricho. Alguém espirrou atrás e ele se encolheu de medo. A gripe propagava-se pela delegacia como um incêndio florestal. – Um professor de ensino médio, um advogado, um vendedor da Sears, um recém-desempregado, um *barman*, um comissário de bordo e um operário de manutenção. É um ex-condenado. Tentativa de estupro.

Ben conferiu as horas. Já estava trabalhando havia mais de dez.

– Vamos.

A REITORIA DEIXAVA-O POUCO À VONTADE. O perfume de flores frescas competia com o de madeira envernizada. Esperavam num salão com um antigo e confortável sofá, duas poltronas de encosto alto e as laterais largas, e uma imagem de Jesus com uma túnica azul e a mão erguida em bênção. Na mesa de centro, dois exemplares da revista *Catholic Digest*.

– Este lugar faz eu me sentir como se devesse ter engraxado os sapatos – murmurou Ed.

Os dois, constrangidos com as armas sob os paletós, não se sentaram. Em algum lugar no corredor, uma porta se abriu o bastante para deixar escapar melodias de Strauss. A porta tornou a fechar-se e a valsa foi substituída por passos. Os detetives olharam de relance quando o reverendo entrou.

Alto, com a compleição semelhante à de um zagueiro de futebol americano, tinha a pele cor de mogno e os cabelos aparados em volta do rosto redondo. Em contraste com a batina preta, pendia de uma tipoia no ombro direito um braço imobilizado cujo gesso estava cheio de assinaturas.

– Boa noite. – Ele sorriu, parecendo mais curioso que satisfeito por receber os visitantes. – Queiram me desculpar por não apertar as mãos de vocês.

– Parece que o senhor se meteu em algum apuro.

Ed quase sentia a decepção do parceiro. Mesmo que a descrição de Gil Norton fosse infiel, não havia como contornar aquele gesso.

– Futebol, há duas semanas. Eu devia ter mais juízo. Não querem sentar?

– Precisamos fazer algumas perguntas, padre. – Ben mostrou o distintivo. – Sobre o estrangulamento de quatro mulheres.

– Os assassinatos em série. – Moore curvou a cabeça por um instante, como se orasse. – Em que posso ajudar?

– Fez uma encomenda à empresa Artigos Religiosos O'Donnely em Boston no verão passado?

– Boston? – Com a mão livre, o padre Moore brincou com o rosário no cinto. – Não. O encarregado dos suprimentos é o padre Jessup. É ele quem encomenda o que necessitamos de uma firma aqui em Washington.

– O senhor mantém uma caixa postal, padre?

– Ora, não. Toda a nossa correspondência é entregue na reitoria. Desculpe-me, detetive...

– Paris.

– Detetive Paris. O que significa tudo isso?

Ben hesitou um instante e depois decidiu apertar todos os botões disponíveis.

– O seu nome foi usado para encomendar as armas dos assassinatos.

Viu os dedos se apertarem no rosário. Moore abriu a boca e logo a fechou. Estendeu a mão e segurou a lateral de uma poltrona.

– Eu... estão suspeitando de mim?

– Há uma possibilidade de o senhor conhecer ou ter tido contato com o assassino.

– Não posso acreditar nisso.

– Por que não se senta, padre?

Ed tocou-o com delicadeza no ombro e ajudou-o a acomodar-se numa poltrona.

– Meu nome – murmurou Moore. – É difícil assimilar. Me deram esse nome num orfanato católico na Virgínia. Não é nem o nome com que nasci, que não posso dizer qual é, porque não sei.

– Padre Moore, o senhor não é suspeito – disse Ben. – Temos uma testemunha que disse que o assassino é branco, além de o senhor estar com o braço engessado.

Moore movimentou os dedos negros, que desapareceram no gesso.

– Duas fraturas afortunadas. Desculpem. – Inspirou fundo e tentou recompor-se. – Serei franco com vocês: esses assassinatos mais de uma vez foram assunto de conversa aqui. A imprensa chama o assassino de Padre.

– A polícia ainda não chegou a uma conclusão a esse respeito – acrescentou Ed.

– Em todo caso, todos nós temos vasculhado nossas almas num esforço para encontrar respostas. Quisera eu tê-las!

– É íntimo dos seus paroquianos, padre?

Moore virou-se mais uma vez para Ben.

– Eu gostaria de dizer que sim. Há alguns, claro. Temos uma ceia mensal e também um clube para jovens. No momento, planejamos um baile no Dia de Ação de Graças para eles. Receio não ter conseguido mobilizá-los.

– Alguém o preocupa, alguém que o senhor consideraria emocionalmente instável?

– Detetive, a minha função é confortar os aflitos. Tivemos alguns casos de dependência de drogas e álcool e um caso infeliz de espancamento de esposa. Apesar disso, não há ninguém que eu considere capaz de cometer esses assassinatos.

– O seu nome pode ter sido escolhido ao acaso, ou usado porque o assassino se identifica com o senhor, como padre. – Ben calou-se, sabendo que pisava no inabalável terreno rígido do santificado. – Padre, alguém o procurou no confessionário e indicou de algum modo que sabia alguma coisa sobre os assassinatos?

– Mais uma vez serei franco: não. Detetives, têm certeza de que era o meu nome?

Ed pegou as anotações e leu:

– Reverendo Francis Moore.

– Não é Francis X. Moore?

– Não.

O padre deslizou a mão pelos olhos.

– Espero que o alívio não seja pecado. Quando me deram o nome e eu tinha idade suficiente para saber escrevê-lo, sempre usei o X no lugar do Xavier. Achava que ter um nome do meio que começava com X era exótico e exclusivo. Detetives, em todos os documentos de identificação que tenho uso minha inicial do meio. Tudo que eu assino a inclui. Todo mundo que me conhece sabe que sou o reverendo Francis X. Moore.

Ed anotou. Se tivesse sido levado pelo instinto, teria desejado boa noite e passado para o próximo endereço na lista. Mas o procedimento era mais exigente e infinitamente mais chato que o instinto. Entrevistaram os três outros padres da casa paroquial.

– Bem, só levamos uma hora para descobrir nada – comentou Ben quando se encaminhavam de volta ao carro.

– Demos algo para esses caras conversarem hoje à noite.

– Acumulamos mais uma hora extra esta semana. A contabilidade vai ficar furiosa.

– É. – Ed sorriu ao sentar-se no banco do carona. – Sujeitos abomináveis.

– Podíamos dar uma parada ou ir ver o ex-condenado.

Ed pensou um instante e pegou o resto da granola. Deveria sustentá-lo até conseguir uma refeição.

– Tenho mais uma hora.

NÃO HAVIA FLORES FRESCAS no apartamento conjugado em South East. O mobiliário, o que dele se via, não fora envernizado desde a compra no Exército da Salvação. Uma cama de embutir que ninguém se dera ao trabalho de enfiar na parede ocupava quase todo o espaço. Os odores de suor, sexo rançoso e cebola pairavam no aposento.

A loura tinha dois centímetros de raízes castanhas expostas na cabeleira cacheada. Abriu a porta com o olhar demorado e cauteloso dos que sabem das coisas, quando Ben e Ed mostraram os distintivos. Usava uma calça jeans colada ao corpo sobre um traseiro bem modelado e um suéter pink de decote cavado o suficiente para exibir seios que começavam a perder a firmeza.

Ben calculou que ela teria uns 25 anos, embora as rugas já corressem fundas nos lados da boca. Tinha olhos castanhos, o esquerdo realçado por um hematoma em tons esmaecidos de malva, amarelo e cinza. Ele calculou que ela fora agredida três ou quatro dias antes.

– Sra. Moore?

– Não, não somos casados. – A loura tirou um cigarro do maço de Virginia Slims. Você percorreu um longo caminho, meu bem. – Frank saiu para comprar cerveja. Voltará num minuto. Algum problema?

– Só precisamos conversar com ele.

Ed deu-lhe um sorriso tranquilo e decidiu que ela precisava de mais proteína na dieta.

– Claro. Bem, posso dizer que ele tem se mantido longe de problemas. Ando cuidando disso. – A loura encontrou uma caixa de fósforos, acendeu o cigarro e usou o maço para esmagar uma baratinha. – Talvez ele beba um pouco demais, mas faço questão que seja aqui, onde não pode se meter em encrenca. – Olhou o lamentável aposento em volta e tragou fundo. – Não parece grande coisa, mas estou juntando dinheiro. Frank tem um bom emprego agora e é confiável. Podem perguntar ao superintendente.

– Não estamos aqui para perturbar o Frank. – Ben achou melhor não se sentar. Não dava para saber o que talvez rastejasse sob as almofadas. – Parece que andou pondo o Frank na linha demais.

Ela tocou o olho machucado.

– Dou o mesmo que recebo.

– Aposto que sim. O que aconteceu?

– Frank quis mais 5 dólares para cerveja no sábado. Tenho um orçamento.

– Sábado? – Ben tomou posição de sentido. A noite do último assassinato. A mulher diante dele era uma loura que deixava muito a desejar. – Imagino que vocês tenham se desentendido, então ele saiu furioso para o bar, a fim de se queixar com a rapaziada.

– Ele não foi a lugar algum. – Ela riu e bateu as cinzas num prato de plástico que convidava a pessoa: PONHA A GUIMBA AQUI. – Quando teve um ataque e me agrediu, os vizinhos de baixo começaram a bater com aquela maldita vassoura no teto. Eu revidei logo a pancada. – Deixou a fumaça sair devagar da boca e subir pelo nariz. – Frank respeita esse tipo de coisa numa mulher. Gosta, vocês sabem. Então... fizemos as pazes. Ele não pensou mais em cerveja na noite de sábado.

A porta abriu-se. Frank Moore tinha braços que pareciam blocos de concreto, pernas como troncos e talvez 1,80 metro de altura. Usava uma capa de chuva preta com furos de traça no ombro e trazia uma embalagem de seis cervejas.

– Quem diabos são vocês? – quis saber, já erguendo o braço livre.

Ben pegou o distintivo.

– Homicídios.

Frank baixou o braço. Ben notou o arranhão de dois centímetros de comprimento na face quando o recém-chegado se curvou para ler o distintivo. Coberto por uma crosta, parecia tão horrível quanto o hematoma da loura.

– O sistema come merda – anunciou e largou com força a embalagem no balcão. – Aquela puta disse ao juiz que eu tentei estuprá-la e acabei pegando três anos; depois, quando saio, os tiras ficam rondando a minha casa. Eu disse que o sistema come merda, Maureen.

– É. – A loura serviu-se uma cerveja. – É, disse sim.

– Por que simplesmente não nos diz onde estava na madrugada de sábado passado, Frank? – começou Ben. – Por volta das 4 horas da manhã.

– Quatro da manhã. Nossa. Na cama, como todo mundo. E também não estava sozinho.

Apontou o polegar para Maureen e puxou o lacre de uma Budweiser. A cerveja saiu chiando pela abertura e acrescentou mais um odor ao conjugado.

– É católico, Frank?

Ele esfregou as costas da mão na boca, arrotou e tomou mais um gole.

– Pareço católico?

– O pai dele era batista – esclareceu Maureen.

– Feche a matraca – disse-lhe Frank.

– Não fode.

Ela apenas sorriu quando o outro ergueu o braço. Ed adiantara-se só um passo quando Frank tornou a baixá-lo.

– Quer contar tudo aos tiras, ótimo. O meu velho era batista. Um batista que não jogava, não bebia nem ficava à toa. Ele me espancava muito, e eu revidei uma vez, antes de me mandar de casa. Isso foi há 15 anos. Uma puta barata me meteu em cana. Cumpri três anos e, se eu a visse de novo, também daria umas porradas nela. – Tirou um maço de Camel do bolso da camisa e acendeu-o com um Zippo gasto. – Arranjei um emprego lavando chão e limpando banheiros. Toda noite chego em casa e essa megera me diz que só tenho 5 dólares para a cerveja. Não faço nada ilegal. A Maureen aqui pode confirmar.

Passou o braço carinhoso pelo ombro da mulher a quem acabara de chamar de megera.

– É verdade.

Ela tomou um gole de cerveja.

Ele não se encaixava na descrição, nem física nem psiquiátrica. Mesmo assim, Ben insistiu:

– Onde estava em 15 de agosto?

– Nossa, como é que eu posso me lembrar? – Frank emborcou o resto da cerveja e amassou a lata. – Vocês têm um mandado para estar aqui?

– Estávamos em Atlantic City – respondeu Maureen, sem pestanejar, quando Frank atirou a lata fora e errou a lata de lixo por centímetros. – Lembra, Frank? A minha irmã trabalha lá, sabe? Conseguiu um ótimo negócio para nós no hotel em que é responsável pela limpeza. O Ocean View Inn. Não fica no calçadão nem nada disso, mas é perto. Fomos de carro no dia 14 de agosto e passamos três dias. Está no meu diário.

– É, eu lembro. – Ele desprendeu o braço e virou-se para ela. – Eu estava jogando dados, você desceu e começou a me dar esporro.

– Você perdeu 25 paus.

– Eu teria recuperado e ganhado duas vezes mais, se você tivesse me deixado em paz.

– Roubou o dinheiro da minha bolsa.

– Peguei emprestado, sua sacana. Emprestado.

Ben indicou a porta com a cabeça quando a discussão esquentou.

– Vamos dar o fora daqui.

Quando fecharam a porta, ouviram uma pancada acima da gritaria.

– Acha que devemos arrombar?

Ben virou-se e olhou para a porta.

– O quê? E estragar a diversão deles? – Algo sólido e quebrável atingiu a porta e despedaçou-se. – Vamos beber alguma coisa.

9

— Sr. Monroe, eu lhe agradeço por ter vindo conversar comigo. – Tess cumprimentou o padrasto de Joey na porta do consultório. – A minha secretária teve de sair antes de encerrar o expediente, mas posso preparar um pouco de café para nós, se quiser.

– Para mim, não.

Ele ficou ali parado, constrangido como sempre na presença dela, e esperou-a tomar a iniciativa.

– Entendo que já passou um dia inteiro trabalhando – começou Tess, sem acrescentar que também passara.

– Não me importo com o tempo extra se for para ajudar o Joey.

– Eu sei. – Ela sorriu, indicando-lhe uma poltrona. – Não tive muitas oportunidades de conversar com o senhor em particular, Sr. Monroe, mas quero lhe dizer que vejo o esforço que vem fazendo com Joey.

– Não é fácil. – Ele dobrou o casaco no colo. Era um homem arrumado, organizado por natureza. Tinha as unhas manicuradas com esmero, os cabelos bem penteados, o terno escuro e conservador. Tess julgou entender até que ponto ele acharia um adolescente como Joey inescrutável. – É mais difícil para a Lois, claro.

– É? – Tess sentou-se atrás da mesa, sabendo que a distância e a posição impessoal facilitariam tudo para ele. – Sr. Monroe, entrar numa família após o divórcio e tentar ser uma figura paterna para um adolescente é difícil em quaisquer circunstâncias. Quando se trata de um garoto tão perturbado como Joey, as dificuldades são imensamente multiplicadas.

– Eu tinha esperanças, a essa altura, bem... – Ele ergueu as mãos e tornou a estendê-las abertas. – De que poderíamos fazer coisas juntos, jogar bola. Cheguei a comprar uma barraca, embora deva admitir que não sei nada sobre acampamento. Mas ele não está interessado.

– Não sente que pode se permitir ficar interessado – corrigiu Tess. – Sr. Monroe, Joey se identificou com o pai num nível muito prejudicial. Os defeitos do pai são os dele; os problemas do pai, seus problemas.

– O safado nem sequer... – Interrompeu-se. – Desculpe.

– Não, não se desculpe. Sei que parece que o pai do Joey não se preocupa ou não se incomoda. Isso se deve à doença dele, mas não é o que eu gostaria de conversar com o senhor. Sr. Monroe, sabe que tentei sugerir uma intensificação do tratamento do Joey. A clínica que mencionei em Alexandria é especializada em distúrbios emocionais na adolescência.

– Lois não quer nem ouvir falar nisso. – Pelo que Monroe sabia, o assunto terminava aí. – Ela sente, e tenho de concordar, que Joey acharia que o abandonamos.

– A transição seria difícil, não há como negar. Teria de ser tratada por todos nós de maneira que o Joey entendesse que não está sendo punido nem mandado embora, mas recebendo outra chance. Sr. Monroe, preciso ser franca com o senhor: Joey não tem respondido ao tratamento.

– Ele está bebendo?

– Não, não está bebendo. – Como podia convencê-lo de que o alívio de um sintoma estava muito distante da cura? Já percebera nas sessões de terapia da família que Monroe era um homem que via os resultados com muito mais clareza do que as causas. – Sr. Monroe, Joey é e sempre será alcoólatra, quer beba quer não. É um dos 28 milhões de filhos de alcoólatras neste país. Um terço deles se tornou alcoólatra sozinho, como Joey.

– Mas ele não tem bebido – insistiu Monroe.

– Não, não tem. – Ela entrelaçou os dedos, apoiou-os na mesa e tentou mais uma vez: – Ele não tem consumido álcool, nem alterado a realidade com isso, mas ainda precisa lidar com a dependência, e, mais importante, com os motivos dessa dependência. Ele não tem se embriagado, Sr. Monroe, mas o álcool é uma camuflagem e um desdobramento de outros problemas. Joey não pode mais controlar nem encobrir esses problemas com bebida alcoólica, e agora eles o estão oprimindo. Ele não demonstra fúria, Sr. Monroe, nem raiva, e muito pouco sofrimento, embora esteja tudo lá dentro, reprimido. Os filhos de alcoólatras assumem com frequência a responsabilidade pela doença dos pais.

Constrangido e impaciente, Monroe mudou de posição na poltrona.

– Já explicou isso antes.

– Sim, já. Joey se ressente do pai e, em grande parte, da mãe, porque ambos o decepcionaram. O pai com a bebida, a mãe com a preocupação em relação ao alcoolismo do pai. Porque os ama, ele voltou esse ressentimento contra si mesmo.

– Lois fez o melhor que pôde.

– Sim, eu sei que ela fez. É uma mulher de força admirável. Infelizmente, Joey não tem a força da mãe. A depressão dele atingiu um estágio perigoso, crítico. Não posso lhe dizer o que conversamos nem o que dissemos em nossas sessões recentes, mas posso afirmar que estou mais preocupada que nunca com o estado emocional dele. A dor é imensa. A essa altura, faço pouco mais que aliviar a dor para ele conseguir chegar ao fim da semana e eu poder aliviá-la de novo. Joey sente que sua vida é inútil, que fracassou como filho, como amigo e como pessoa.

– O divórcio...

– O divórcio atinge os filhos. A medida do golpe depende do estado mental em que eles se encontram na época, de como o divórcio é conduzido, da força de cada criança. Para algumas, às vezes é tão devastador quanto uma morte. Há em geral um período de sofrimento, ressentimento, até negação. Culpar a si mesmo é comum. Sr. Monroe, faz quase três anos que a sua mulher se separou do pai do Joey. A obsessão dele com o divórcio e a sua participação nele não são normais. Isso se tornou um trampolim para todos os problemas. Ela se interrompeu por um instante e tornou a entrelaçar as mãos. – O alcoolismo é doloroso. E Joey acha que merece a dor. De fato, a criança aprecia ser disciplinada por violar as regras. A disciplina e a dor fazem com que se sinta parte da sociedade, enquanto ao mesmo tempo o alcoolismo o faz sentir-se isolado da sociedade. Aprendeu a depender desse isolamento, a se considerar diferente, não exatamente como todos os demais. Especialmente o senhor.

– Eu? Não entendo.

– Joey se identifica com o pai, um bêbado, um fracasso no trabalho e na vida familiar. O senhor é tudo que o pai dele e, portanto, ele, não é. Parte dele quer se desligar do pai e tomar o senhor como modelo. O resto simplesmente não se julga merecedor, e ele teme correr o risco de outro fracasso. Vai até muito além disso, Sr. Monroe. Joey está avançando rápido para um ponto em que se sentirá cansado demais até para se importar com a vida.

Ele abria e fechava os dedos. Quando falou, foi com a voz calma de membro do conselho diretor:

– Eu não entendo.

– O suicídio é a terceira causa mais alta de morte entre adolescentes, Sr. Monroe. Ele já anda brincando com a ideia, circulando em volta dela com a fascinação pelo ocultismo. Seria necessário muito pouco nesse ponto para levá-lo a transpor a linha... uma discussão que o deixe sentindo-se rebelde, uma prova na escola que o faça sentir-se inadequado. O comportamento ambivalente do pai. – Embora falasse com calma, ela transmitiu-lhe a urgência por baixo da voz. Curvou-se, esperando avançar para o passo seguinte. – Sr. Monroe, não sei como enfatizar como é vital Joey começar um tratamento intensificado, estruturado. O senhor confiou em mim o suficiente para trazê-lo aqui e permitir que eu tratasse dele. Precisa confiar o suficiente para acreditar quando digo que não basto para ele. Tenho informações aqui sobre a clínica. – Ela empurrou um folheto sobre a mesa. – Por favor, discuta tudo isso com a sua mulher, peça a ela que venha falar comigo. Vou reorganizar o meu horário para podermos nos reunir a qualquer hora que seja conveniente. Mas, por favor, faça isso logo. Joey precisa muito, e precisa agora, antes que alguma coisa o leve à beira do abismo.

Ele pegou o folheto, mas não o abriu.

– A senhora quer que mandemos Joey para um lugar desses, mas não quis que o trocássemos de escola.

– Tem razão, eu não quis. – Ela sentiu vontade de tirar os grampos dos cabelos, correr as mãos por eles até sentir passar a pressão nas têmporas. – Naquela época, eu tinha esperança de ainda poder alcançá-lo, mas desde setembro Joey tem se fechado cada vez mais.

– Ele viu a mudança de escola como outro fracasso, não foi?

– Foi. Sinto muito.

– Eu sabia que era um erro. – Monroe deu um longo suspiro. – Quando Lois estava tomando as providências para a transferência, ele olhou para mim. Era como se dissesse: por favor, me dê uma chance. Eu quase ouvi. Mas apoiei a minha mulher.

– Não tem que se culpar, Sr. Monroe. O senhor e a sua mulher estão lidando com uma situação que não tem respostas fáceis. Não há certo ou errado absolutos.

– Vou levar os papéis para casa. – Ele se levantou então, devagar, como se o folheto na mão fosse pesado e opressivo. – Dra. Court, Lois está grávida. Ainda não contamos ao Joey.

– Parabéns. – Ela estendeu a mão enquanto ponderava mentalmente como essa notícia poderia afetar seu paciente. – Acho que seria bom se vocês contasse a ele juntos, tornando isso um assunto de família. Como se os *três* esperassem um bebê. Seria importante fazer Joey se sentir mais incluído que substituído. Um bebê, a expectativa de um bebê, pode trazer muito amor ao seio de uma família.

– Tivemos receio de que ele talvez se ressentisse disso... de nós.

– Talvez. – O momento certo, ela pensou, a sobrevivência emocional com muita frequência dependia da escolha do momento. – Quanto mais o fizerem participar do processo, do planejamento, mais se sentirá parte de tudo. Vocês já têm um quarto para o bebê?

– Temos um quarto livre que pensamos em redecorar.

– Imagino que Joey seria muito bom com um pincel, se lhe dessem a chance. Por favor, me ligue depois que tiverem conversado sobre a clínica. Eu gostaria de ir até lá com Joey sozinha.

– Tudo bem. Obrigado, doutora.

Tess fechou a porta atrás de Monroe e retirou os grampos do cabelo. Ela não sabia se conseguiria relaxar até Joey ser tratado na clínica. Pelo menos, estavam na direção certa, disse a si mesma. O padrasto não se entusiasmara com a sugestão, mas Tess acreditava que podia convencê-lo.

Arquivou a pasta e as fitas de Joey, segurando um pouco mais a fita da última sessão. Ele falara de morte duas vezes durante a consulta, em ambas de forma trivial. Não a descrevera como morte, mas como uma opção, uma saída. A morte como escolha. Ela deixou a última fita de fora e decidiu telefonar para o diretor da clínica.

Quando o telefone tocou, Tess quase grunhiu. Não precisava atender. O serviço de atendimento receberia a ligação depois da quarta chamada e entraria em contato com ela se fosse importante. Então mudou de ideia e levou a fita de Joey na mão enquanto atravessava a sala para atender:

– Alô, Dra. Court.

No silêncio que se seguiu, ela ouviu a respiração difícil e ruídos de tráfego. Automaticamente, puxou um bloco e pegou um lápis.

– Aqui é a Dra. Court. Posso ajudá-lo?

– Pode?

A voz não passava de um sussurro. Ela ouviu não apenas o pânico pelo qual já esperava, mas desespero.

– Posso tentar. Gostaria que eu tentasse?

– Você não estava lá. Se estivesse, talvez tivesse sido diferente.

– Estou aqui agora. Gostaria de me ver?

– Não posso. – Ela ouviu o soluço profundo, engolido em seco. – Você saberia.

– Posso ir até você. Por que não me diz o seu nome e onde está?

Ouviu o clique.

A menos de uma quadra dali, o homem de casaco escuro encostou-se na cabine telefônica e chorou de dor e confusão.

– Maldição!

Tess olhou as anotações que fizera durante a conversa. Se fora um paciente, ela não reconhecera a voz. Para o caso de o telefone tocar de novo, demorou-se mais 15 minutos no consultório, depois juntou os papéis e foi embora.

Frank Fuller esperava no corredor.

– Ora, aí está ela. – Enfiou o spray para melhorar o hálito de volta no bolso. – Eu já começava a achar que você tinha se mudado deste prédio.

Tess virou-se e olhou sua porta, com o seu nome e a profissão nitidamente impressos.

– Não, ainda não. Trabalhando até tarde esta noite, Frank?

– Ah, você sabe como é. – Na verdade, ele passara a última hora tentando arranjar um encontro. Não tivera sucesso. – Parece que essa função de consultora da polícia tem mantido você muito ocupada.

– Parece.

Mesmo para alguém com boas maneiras tão enraizadas como Tess, conversa fiada após aquele dia de trabalho significava estender as coisas além do limite. Ela voltou a pensar no telefonema enquanto esperava o elevador.

– Sabe, Tess... – Ele usou o velho truque de apoiar a mão na parede e cercá-la. – Talvez descubra que é benéfico, em termos profissionais, trocar ideias com um colega. Seria um prazer abrir espaço na minha agenda para você.

– Obrigada, Frank, mas sei como anda ocupado.

Quando as portas do elevador se abriram, ela entrou. Apertou o botão do térreo e mudou a pasta de mão ao vê-lo se posicionar ao seu lado.

– Nunca estou ocupado demais para você, Tess, em termos profissionais ou não. Por que não conversamos sobre isso num bar?

– Receio não ter liberdade para conversar sobre isso, em hipótese alguma.

– Encontraremos outra coisa sobre a qual conversar então. Tenho uma garrafa de vinho, um pretensioso Zinfandel que venho reservando para a ocasião certa. Que tal irmos ao meu apartamento, estourarmos a rolha e esticarmos os pés?

Para ele começar a mordiscá-los, pensou Tess, e fez uma silenciosa prece de agradecimento quando as portas tornaram a abrir-se.

– Não, obrigada, Frank.

Atravessou o saguão para ir embora, mas isso não o dissuadiu.

– Então por que não paramos no Mayflower, bebemos alguma coisa tranquilamente, ouvimos um pouco de música, sem nada de jargão profissional?

Coquetéis de champanhe no Mayflower. Ben dissera que faziam o estilo dela. Talvez fosse hora de provar a ele, e a Frank Fuller, que não.

– O Mayflower é um pouco sério para mim, Frank. – Tess ergueu a gola quando chegaram à gelada escuridão do estacionamento. – De qualquer modo, não tenho tempo para confraternização. Devia tentar a nova boate aqui perto, a Zeedo. Segundo me disseram, é quase impossível não arranjar alguém com quem passar a noite quando se é persistente como você.

Pegou e enfiou na fechadura da porta do carro.

– Como sabe...?

– Frank. – Tess estalou a língua e deu um tapinha no rosto dele. – Cresça.

Maravilhada consigo mesma e com a expressão de espanto dele, deslizou para dentro do carro. Olhou para trás ao dar marcha a ré, mas nem se deu conta do homem parado em pé nas sombras, na margem do estacionamento.

Mal cruzara a porta do apartamento e despira o casaco e os sapatos, quando alguém bateu. Se fosse Frank, deixaria de ser educada, prometeu a si mesma, e o acertaria direto na testa, entre os olhos.

Era o senador Jonathan Writemore, no sobretudo da Saville Row, com uma caixa de papelão vermelha com frango e um saco de papel.

– Vovô. – Grande parte da tensão da qual Tess nem se conscientizara totalmente desfez-se. Ela inspirou fundo e quase sentiu o gosto dos temperos. – Espero que não esteja a caminho de um encontro importante.

– Estou a caminho daqui mesmo. – Ele largou a caixa de comida nas mãos dela. – Ainda está quente, garota. Eu trouxe tempero extra.

– Meu herói. Eu ia fazer um sanduíche.

– Imagine. Pegue os pratos e guardanapos.

Ela entrou na cozinha, deixando o frango na mesa ao passar.

– Quer dizer que não estou convidada para jantar amanhã?

– Quer dizer que vai fazer duas refeições decentes esta semana. Não esqueça o saca-rolha. Eu trouxe um vinho.

– Desde que não seja Zinfandel.

– Como?

– Nada, não. – Tess retornou com pratos, guardanapos de linho, duas das melhores taças de vinho e um saca-rolha. Pôs a mesa, acendeu velas e virou-se para dar um grande abraço no avô. – Como você soube que eu precisava de um estímulo esta noite?

– Os avós nascem sabendo.

Ele beijou-lhe as faces e depois a repreendeu:

– Não tem descansado o bastante.

– Sou eu a médica.

O avô deu-lhe uma palmada no traseiro.

– Apenas se sente, menina. – Desviou a atenção para a garrafa de vinho quando ela obedeceu. Tess abriu a tampa da caixa enquanto ele lidava com a rolha. – Me dê uma dessas tetas de galinha.

Ela riu como uma criança e pôs a comida pronta na melhor porcelana inglesa da mãe.

– Pense em como seus eleitores ficariam chocados se o ouvissem falar em tetas de galinha. – Ela escolheu uma coxa e ficou encantada ao descobrir uma caixa de batatas fritas. – Como andam os negócios no Senado?

– É necessário muito estrume para cultivar flores, Tess. – Ele retirou a rolha. – Continuo fazendo lobby para tentar obter a aprovação da lei de reforma do seguro-saúde. Não sei se consigo angariar apoio suficiente antes do recesso dos feriados.

– É uma boa lei. Fico orgulhosa de você.

– Bajuladora. – O avô serviu o vinho para ambos. – Cadê o ketchup? Não como batata frita sem ketchup. Não, não se levante, eu pego. Quando foi a última vez que você esteve num supermercado? – perguntou assim que abriu a geladeira.

– Não comece – ela disse e deu uma mordida na coxa de frango. – Além disso, você sabe que sou especialista em comida para viagem e em pedir comida em casa.

– Não gosto de pensar na minha única neta comendo para sempre em embalagens de papelão. – Ele voltou com um vidro de ketchup, ignorando sem dificuldade o fato de que os dois comiam em embalagens de papelão. – Se eu não estivesse aqui, você ficaria naquela mesa com um sanduíche de queijo e uma pilha de pastas.

– Já disse que foi uma alegria ver você?

Tess ergueu a taça e sorriu.

– Tem trabalhado demais.

– Talvez.

– O que acha de eu comprar duas passagens para Saint Croix e a gente encerrar o expediente no dia seguinte ao Natal? Tirar uma semana de diversão ao sol?

– Você sabe que eu adoraria, mas os feriados são difíceis para alguns dos meus pacientes. Preciso ficar aqui por causa deles.

– Tenho reconsiderado o que fiz.

– Você? – Ignorando o ketchup, ela começou a mordiscar a batata frita e perguntou-se se tinha apetite para um segundo pedaço de frango. – Em relação a quê?

– Envolver você nesses homicídios. Está com uma aparência esgotada.

– Isso é apenas parte.

– Tendo problemas com a vida sexual?

– Informação privilegiada, é?

– Sério, Tess, falei com o prefeito. Ele me contou o quanto você tem se envolvido com a investigação policial. Tudo que eu tinha em mente era que você fizesse um perfil, talvez quisesse exibir um pouco minha neta inteligente.

– Emoções de segunda mão, hein?

– A emoção adquire um caráter diferente após o quarto assassinato. A apenas duas quadras daqui.

– Vovô, teria acontecido se eu estivesse ou não envolvida com a investigação. A questão agora é que quero me envolver. – Ela pensou em Ben, nas acusações, no ressentimento. Pensou na própria vida bem ordenada e nas repentinas e pequenas pontadas de insatisfação. – Talvez eu precise estar envolvida. Tudo tem sido muito preciso para mim até agora na vida e na carreira. E a minha participação nisso tem me mostrado um aspecto diferente de mim mesma e do sistema. – Pegou o guardanapo, mas apenas o amassou nas mãos. – A polícia não está interessada nas atividades da mente, na motivação emocional dele, e ainda assim vão usar o conhecimento para tentar pegá-lo e puni-lo. Não me interessa vê-lo punido, mas vou usar o que puder saber de sua mente e de sua motivação para tentar fazer com que seja detido e ajudado. Qual de nós está certo, vovô? Justiça é punição ou tratamento?

– Você está falando com um advogado das antigas, Tess. Todo homem, toda mulher e toda criança neste país têm direito à representação legal e a um julgamento justo. O advogado talvez não acredite no cliente, mas precisa acreditar na lei. A lei diz que esse homem tem o direito de ser julgado pelo sistema. E, em geral, o sistema funciona.

– Mas será que o sistema e a lei entendem a mente doente? – Balançando a cabeça, ela largou o guardanapo, reconhecendo a pressão nos nervos. – Inocente por motivo de insanidade. Isso não devia torná-lo não responsável? Vovô, ele é culpado de matar essas mulheres. Mas responsável, não.

– Não é um dos seus pacientes, Tess.

– É, sim. Tem sido o tempo todo, mas só entendi isso na semana passada... no último assassinato. Ainda não me pediu ajuda, mas vai pedir. Vovô, lembra-se do que me disse no dia em que abri o meu consultório?

Ele observou-a e percebeu que, mesmo com os olhos intensos e perturbados, a luz de velas a deixava linda. Era a sua menina.

– Na certa, disse coisas demais. Vivi uma vida longa.

– Você disse que eu tinha escolhido uma profissão que me permitiria entrar na mente das pessoas, mas que jamais deveria esquecer o coração delas. Eu não esqueci.

– Senti orgulho de você naquele dia. Ainda sinto.

Ela sorriu e pegou o guardanapo.

– Está com ketchup no queixo, senador – murmurou e limpou-o.

A UNS 5 QUILÔMETROS de distância, Ben e Ed já haviam tomado mais de uma bebida. A boate era decorada com garrafas de vinho, havia uma parcela razoável de clientes assíduos e um pianista cego que cantava rock bem baixinho e cujo pote de gorjetas se enchera apenas até a metade, mas a noite era uma criança. A mesa dos dois não era muito maior que um jogo americano espremido em meio a uma fileira de outras mesas. Ed comia uma salada de macarrão. Ben decidira-se por nozes para acompanhar a cerveja.

– Se comer muito isso – comentou Ben, indicando o prato do parceiro – a pessoa vira yuppie.

– Não é possível ser yuppie se não se toma vinho branco.

– Tem certeza?

– Absoluta.

Acreditando no que o parceiro disse, Ben pescou uma massa em forma de espiral.

– Quais eram as novidades quando você ligou? – perguntou Ed.

Ben pegou o copo e observou uma mulher com saia curta de couro passar pela mesa deles.

– O Bigsby foi à loja de conveniência onde o cara comprou o vale postal. Nada. Quem vai se lembrar de um sujeito que comprou um vale postal há três meses? Você não vai pôr sal nisso?

– Está brincando?

Ed fez sinal para a garçonete trazer mais uma rodada. Nenhum dos dois se embriagara ainda, mas não por falta de tentativas.

– Vai ao Kinikee's sábado ver o jogo? – perguntou Ben.

– Preciso procurar apartamento. Tenho de sair do meu no dia 1º de dezembro.

– Você devia esquecer essa coisa de apartamento – disse Ben, passando para a bebida recém-chegada. – Dinheiro de aluguel é dinheiro jogado fora. Devia pensar em comprar uma casa própria, investir a sua grana.

– Comprar? – Ed pegou uma colher e misturou a bebida. – Comprar uma casa?

– Claro. Você só pode ser louco para jogar dinheiro pela janela todo mês em aluguel.

– Comprar? Você pensa em comprar uma casa?

– Com o meu salário? – Ben riu e inclinou a cadeira para trás no espaço mínimo que tinha.

– Na última vez que chequei, eu ganhava o mesmo que você.

– Preste atenção no que você precisa fazer, parceiro. Precisa se casar. – Ed nada disse, mas bebeu metade do que havia no copo. – Sério... Você encontra uma mulher, se certifica de que ela tem um bom trabalho, quer dizer, uma carreira, para que ela não pense em parar de trabalhar depois. Ajudaria se encontrasse uma mulher que não fosse ruim de olhar por longos períodos. Depois juntam os salários dos dois, compram uma casa e você para de jogar fora o dinheiro do aluguel.

– Só porque estão transformando o meu prédio em um condomínio eu tenho de me casar?

– Esse é o sistema. Vamos perguntar a alguém imparcial. – Ben curvou-se para a mulher ao lado. – Com licença, mas você acredita, com o atual clima socioeconômico, que duas pessoas podem viver gastando a mesma coisa que apenas uma? Na verdade, considerando o poder de compra de uma família com duas rendas, duas podem viver com as mesmas despesas que uma?

A mulher largou o vinho com soda e olhou para ele analiticamente.

– É uma pegadinha?

– Não, é uma pesquisa aleatória. Estão transformando o apartamento do meu amigo num condomínio.

– Os safados imundos fizeram a mesma coisa comigo. Agora levo vinte minutos de metrô pra chegar ao trabalho.

– Você trabalha?

– Claro. Sou gerente da loja Women's Better Dresses, em Woodies.

– Gerente?

– Isso mesmo.

– Olha aí, Ed. – Ben curvou-se para o parceiro. – A sua futura noiva.

– Tome outra bebida, Ben.

– Vai deixar uma oportunidade perfeita passar assim? Que tal trocarmos de lugar para você poder... – Calou-se quando viu um homem aproximar-se da mesa deles. Instintivamente endireitou-se na cadeira. – Boa noite, monsenhor.

Ed virou-se e viu Logan logo atrás, de suéter e calça larga cinza.

– É um prazer vê-lo de novo, monsenhor. Quer se espremer aqui junto de nós?

– Sim, se não for interromper. – Logan conseguiu arrastar uma cadeira até o canto da mesa. – Liguei para a delegacia e me disseram que vocês estavam aqui. Espero que não se importem.

Ben passou o dedo pela lateral do copo.

– O que podemos fazer pelo senhor?

– Podem me chamar de Tim. – Logan fez um sinal para a garçonete. – Acho que isso nos deixaria mais à vontade. Traga-me uma cerveja St. Pauli Girl e outra rodada para os meus colegas. – Desviou o olhar quando o pianista começou a tocar uma das baladas de Billy Joel. – Não preciso perguntar se tiveram um dia puxado. Entrei em contato com a Dra. Court e tive uma breve conversa com o capitão de vocês há duas horas. Estão tentando encontrar um certo Francis Moore.

– Tentando é a palavra exata.

Ed afastou o prato vazio para a garçonete retirá-lo depois de servir as bebidas.

– Conheci um Frank Moore. Dava aulas no seminário aqui. Escola antiga. Fé inabalável. O tipo de padre ao qual imagino que esteja mais habituado, Ben.

– Onde ele está?

– Oh, na luz de Deus, tenho certeza. – Logan pegou um punhado de nozes. – Morreu há dois anos. Abençoado seja, filho – disse diante da cerveja que acabava de chegar. – Mas o velho Frank não era um fanático delirante, apenas inflexível. Hoje temos muitos padres jovens que questionam e pesquisam, debatem essas questões espinhosas... perdoem-me o trocadilho... como celibato e o direito da mulher de ministrar os sacramentos. Era mais fácil para Frank Moore, que via tudo em preto e branco. Um homem do clero não deseja vinho, mulheres, nem roupas íntimas de seda. Saúde. – Ergueu o copo e bebeu o que restava da cerveja. – Digo isso porque achei que poderia fazer algumas ligações, conversar com pessoas que se lembram de Frank e alguns de seus discípulos. Também dei orientação no seminário, mas isso foi há quase dez anos.

– Aceitaremos o que conseguirmos.

– Ótimo. Agora que já ficou tudo acertado, eu tomaria outra cerveja. – Atraiu a atenção da garçonete, depois se virou e sorriu para Ben. – Quantos anos de escola católica?

O detetive pegou o maço de cigarros.

– Doze.

– A trajetória completa. Tenho certeza de que as irmãs lhe deram uma base admirável.

– E algumas boas broncas.

– Sim, abençoadas sejam. Não são todas como Ingrid Bergman.

– Não.

– Tampouco tenho muito em comum com Pat O'Brien. – Logan ergueu a cerveja nova. – A não ser o fato de que somos ambos irlandeses.

– Padre Logan... Tim – apressou-se a corrigir Ed. – Posso lhe fazer uma pergunta religiosa?

– Claro.

– Se esse cara, qualquer cara, o procurasse no confessionário e dissesse que matou alguém, assassinou alguém, você o entregaria à polícia?

– Trata-se de uma pergunta que posso responder da mesma forma como psiquiatra e padre. Não existem muitas. – Ele examinou a cerveja por um instante. Em algumas ocasiões, os superiores de Logan o consideravam flexível demais, porém sua fé em Deus e no próximo era inabalável. – Se alguém que cometeu um crime me procurasse no confessionário ou buscasse a minha ajuda, eu usaria tudo ao meu alcance para convencê-lo a se entregar.

– Mas não tomaria as providências necessárias? – insistiu Ben.

– Se alguém viesse a mim como médico ou buscasse absolvição, estaria em busca de ajuda. E eu cuidaria para que a tivesse. Psiquiatria e religião nem sempre estão de pleno acordo. Nesse caso, sim.

Não havia nada de que Ed gostasse mais que um problema com mais de uma solução.

– Se não estão de pleno acordo, como você pode fazer as duas coisas?

– Lutando para entender a alma e a mente... em muitos aspectos, vendo-as como a mesma coisa. Entendam, como padre, eu poderia discutir a questão da criação durante horas, dar a vocês razões viáveis por que o Gênesis se mantém sólido como uma rocha. Como cientista, poderia fazer exatamente a mesma coisa em relação à evolução e explicar por que o Gênesis é um belo conto de fadas. Como homem, poderia continuar sentado aqui e dizer: que diferença isso faz? Estamos aqui.

– Em qual das duas explicações acredita? – perguntou Ben. Ele preferia uma solução, uma resposta. A certa.

– Depende, por assim dizer, de que roupa eu esteja usando. – O monsenhor tomou um longo gole e percebeu que, se pedisse mais uma cerveja, ficaria agradavelmente zonzo. Desfrutando a segunda, começou a aguardar ansioso a terceira. – Ao contrário do que ensinava o velho Francis Moore, não há só preto e branco, Ben, nem no catolicismo nem na psiquiatria, e com certeza não na vida. Deus nos criou pela Sua bondade e generosidade, e talvez um senso de ridículo? Ou inventamos Deus porque temos uma necessidade inata, desesperada, de acreditar em alguma coisa maior e mais poderosa que nós próprios? Discuto isso comigo mesmo muitas vezes. – Fez sinal, pedindo outra rodada.

– Nenhum dos padres que conheci questionava a ordem das coisas. – Ben tomou o resto de sua vodka. – Era certo ou errado. Na maioria das vezes, era errado, e você tinha que pagar por isso.

– O pecado em sua infinita variedade. Os Dez Mandamentos foram muito claros. Não matarás. No entanto, temos sido guerreiros desde que aprendemos a falar. A Igreja não condena o soldado que defende o seu país.

Ben pensou em Josh. O irmão se condenara.

– Matar uma pessoa é pecado. Jogar uma bomba com a bandeira americana numa aldeia é patriótico.

– Somos criaturas ridículas, não? – perguntou Logan, à vontade. – Deixe-me usar um exemplo mais simplista de interpretação. Tive uma aluna há dois anos, uma jovem brilhante que, me envergonha dizer, conhecia a Bíblia melhor do que eu jamais teria sequer esperança de conhecer. Ela me procurou um dia para perguntar sobre a questão da masturbação. – Virou-se um pouco na cadeira e esbarrou no cotovelo da garçonete. – Desculpe-me, querida. – Virou-se de novo. – Ela recorreu a uma citação, claro que não vou lembrar as palavras exatas, mas tinha a ver com o conceito de que é melhor um homem derramar sua semente no ventre de uma prostituta que no chão. Uma posição muito forte, poderia dizer, contra, ah, se satisfazer sozinho.

– Maria Madalena era prostituta – murmurou Ed quando a embriaguez começou a alcançá-lo.

– É verdade. – Logan sorriu para ele, divertindo-se. – De qualquer modo, o argumento da minha aluna era de que a mulher não tinha semente para derramar no chão. Portanto, só a masturbação do homem era pecado.

Ben lembrou-se de algumas sessões apavorantes, suadas, durante a puberdade.

– Tive de rezar a droga do rosário inteiro – resmungou.

– E eu duas vezes – disse Logan, e pela primeira vez viu Ben relaxar com um sorriso.

– O que disse a ela? – quis saber Ed.

– Disse que a Bíblia muitas vezes fala de generalidades e que ela devia examinar a sua consciência. Depois eu mesmo pesquisei a citação. – Deu um gole reconfortante. – O diabo que me carregue se não achei que a garota tinha razão.

10

A Galeria de Arte Greenbriar era um conjunto de duas salas pequenas e espalhafatosas perto do rio Potomac que permanecia em atividade porque as pessoas sempre compram o ridículo se o preço na etiqueta for muito alto.

Era dirigida por um habilidoso homenzinho que alugara o prédio que caía aos pedaços por uma bagatela e promovera sua excêntrica reputação pintando o exterior de castanho-avermelhado. Gostava de paletós compridos, soltos, em matizes multicoloridos, com botas de cano curto para combinar, e fumava cigarros delicados. Tinha um rosto estranho, em forma de lua cheia, e olhos claros que tendiam a adejar quando ele falava de liberdade e expressão artísticas. Investia os lucros em títulos municipais.

Magda P. Carlyse era uma artista plástica que ficara badalada quando uma ex-primeira-dama comprou uma de suas esculturas como presente de casamento para a filha de uma amiga. Alguns críticos de arte haviam sugerido que a primeira-dama talvez não gostasse muito dos recém-casados, mas a carreira de Magda deslanchara.

Sua exposição na Galeria Greenbriar foi um sucesso estrondoso. As pessoas apinhavam-se na sala, vestindo peles, brim, fibras sintéticas e sedas. Serviam-se cappuccinos em xícaras do tamanho de dedais e quiches de cogumelo do tamanho de moedas de 25 centavos. Um negro de mais de 2,10 metros de altura, envolto num manto púrpura, olhava hipnotizado para uma escultura de chapas metálicas e penas.

Tess deu uma longa olhada na peça, que a fez pensar no capô de um caminhão que passara por uma migração de gansos desafortunados.

– Combinação fascinante de materiais, não é?

Ela esfregou o dedo no lábio inferior e ergueu os olhos para o rapaz com quem saíra.

– Ah, com certeza.

– Um simbolismo muito forte.

– Assustador – concordou Tess, e ergueu a xícara para disfarçar uma risadinha. Ouvira falar da Greenbriar, claro, mas nunca encontrara tempo nem energia para explorar a pequena e badalada galeria. Nessa noite, agradecia a distração proporcionada pelo encontro. – Sabe, Dean, foi maravilhoso mesmo você ter pensado nisso. Receio ter andado negligenciando meu interesse pela arte, ah, popular.

– Seu avô me disse que você tem trabalhado demais.

– Ele é que se preocupa demais. – Ela afastou-se para examinar um tubo fálico de uns 60 centímetros que se erguia em direção ao céu. – Mas uma noite aqui sem dúvida distrai a mente de tudo o mais.

– Tanta emoção, tanta perspicácia – disse um homem exultante, usando seda amarela, para uma mulher envolta em pele de zibelina. – Como pode ver, o uso da lâmpada quebrada simboliza a destruição das ideias numa sociedade impulsionada para um deserto de uniformidade.

Tess afastou-se quando o homem fez um gesto dramático com o cigarro e olhou para a escultura pela qual delirava.

Tinha uma lâmpada G.E. de 75 watts com um buraco recortado bem junto ao centro. Fora aparafusada numa base de pinheiro-branco. Só isso, exceto pelo fato de a etiqueta azul indicar que havia sido vendida por 1.275 dólares.

– Impressionante – murmurou Tess e foi presenteada com um radiante sorriso do Sr. Seda Amarela.

– Muito inovadora, não? – Dean sorriu para a lâmpada como se ele próprio a houvesse criado. – É de um pessimismo ousado.

– As palavras me escapam.

Decidindo-se a não fazer um comentário óbvio, ela apenas sorriu e continuou em frente. Poderia escrever um ensaio, pensou, sobre as implicações – histeria de massa – que incitavam as pessoas a pagarem um preço alto por lixo esotérico. Parou perto de um cubo de vidro cheio de botões de vários tamanhos e cores: quadrados, redondos, esmaltados e forrados de tecido, amontoavam-se e chocavam-se na caixa lacrada. A escultora batizara a obra de *População, 2010*. Tess imaginou que uma menina poderia tê-la montado em três horas e meia.

Com um abano da cabeça, começou a voltar para Dean quando viu Ben. Parado diante de outra peça em exibição, ele tinha as mãos nos bolsos e uma expressão de indisfarçável diversão no rosto. Sob o paletó aberto, usava um suéter cinza simples e calça jeans. Uma mulher com o equivalente a 5 mil dólares em diamantes parou ao lado dele para examinar a mesma escultura. Tess viu-o resmungar alguma coisa em voz baixa, pouco antes de erguer os olhos e vê-la.

Encararam-se, enquanto as pessoas passavam entre eles. A mulher dos diamantes bloqueou o caminho por um instante, mas, quando seguiu adiante, nenhum dos dois saíra do lugar. Tess sentiu alguma coisa relaxar-se no íntimo, depois se contrair e mais uma vez incomodá-la, antes de forçar-se a sorrir e acenar com a cabeça, numa saudação casual, amistosa.

–...não concorda?

– Como? – Ela se voltou sobressaltada para Dean. – Desculpe, eu estava distraída.

O jovem, que dava aulas para centenas de estudantes universitários por ano, habituara-se a ser ignorado.

– Eu perguntei se você não acha que essa escultura específica mostra o verdadeiro conflito e o ciclo eterno do relacionamento homem-mulher?

– Hum.

O que ela via era uma desarmonia de cobre e estanho que podia ou não ter sido soldada em cópula metálica.

– Eu estava pensando em comprar para o meu escritório.

– Ah. – Ele era um professor de inglês meigo e totalmente inofensivo, cujo tio jogava pôquer ocasionalmente com o avô dela. Tess sentiu-se obrigada a afastá-lo da escultura, como talvez uma mãe afastasse o filho, cuja mesada lhe coçava a mão, da prateleira de miniaturas de carros a preços exorbitantes. – Não acha que devia dar mais uma olhada por aí, examinar algumas das outras... – Como alguém as chamara? – peças, primeiro?

– As obras estão vendendo como pão quente. Não quero perder a oportunidade. – Ele olhou para as pessoas que se espremiam na sala como sardinhas em lata e começou a avançar devagar em direção ao dono da galeria. Era difícil não ver Greenbriar num terno azul cintilante com um lenço combinando na cabeça. – Com licença, só um minuto.

– Olá, Tess.

Cautelosa, calma, ela ergueu os olhos para Ben. Ficou com os dedos úmidos em volta da minúscula asa da xícara. Disse a si mesma que era o calor do corpo no espaço abarrotado de gente.

– Olá, Ben, como vai?

– Esplêndido. – Ele sentia-se um lixo, sentira-se um lixo durante a semana inteira. Ali, no meio do que considerava ostentação e pompa, ela parecia tão indiferente e virginal quanto um vaso de violetas no meio de uma floresta de orquídeas. – Reunião interessante.

– Pelo menos. – Então seu olhar foi desviado para a mulher ao lado dele.

– Dra. Court, Trixie Lawrence.

Era uma amazona vestida de couro vermelho. Com as botas de salto alto, Trixie tinha uns 2 centímetros a mais que ele e exibia uma juba de improváveis cabelos ruivos que explodiam em volta da cabeça em espigões, saca-rolhas e roscas. O exército de braceletes no braço tinia quando ela se mexia. No seio esquerdo, via-se uma tatuagem de rosa que brotava do profundo decote em V do vestido.

– Olá.

Tess sorriu e estendeu a mão.

– Oi. Então é médica?

Apesar da altura, a voz de Trixie não passava de um guincho ofegante.

– Psiquiatra.

– Verdade?

– Verdade – concordou Tess, e Ben pigarreou.

Trixie pegou uma das quiches minúsculas e engoliu-a como uma aspirina.

– Um primo meu foi internado no hospício uma vez. Ken Launderman. Talvez o conheça.

– Não, acho que não.

– É, imagino que receba um monte de pessoas com um parafuso frouxo.

– Mais ou menos – murmurou Tess e olhou para Ben. Nenhum vestígio de constrangimento, notou. Ria como um idiota. Ela contraiu os lábios e ergueu a xícara. – Estou surpresa de ver você aqui.

Ben balançou-se para trás nos calcanhares dos tênis surrados.

– Apenas um impulso. Prendi Greenbriar há uns sete anos. Um pequeno problema artístico com cheques. Quando ele me enviou o convite, pensei em aparecer e descobrir como vinha se saindo. – Deu uma rápida inspecionada e viu o anfitrião abraçar a mulher dos diamantes. – Parece estar indo de vento em popa.

Ela provou o cappuccino já quase frio e perguntou-se se Ben mantinha relações tão amistosas assim com todos que já prendera.

– Então, o que está achando da exposição? – perguntou.

Ele olhou para a caixa dos botões.

– Tanta mediocridade flagrante, numa sociedade que tem noite de solteiros no supermercado, decerto será recompensada com incríveis ganhos financeiros.

Notou a luz brilhar nos olhos dela, desejando poder tocá-la. Apenas uma vez. Só um instante.

– É isso que torna os Estados Unidos um país maravilhoso.

– Você parece ótima, doutora.

Ele sentia saudades. Era a primeira vez que julgava entender o verdadeiro significado da palavra.

– Obrigada.

Com a intensidade despreocupada que não sentira desde a adolescência, ela desejou estar mesmo ótima.

– Eu nunca participei de uma noite de solteiros no supermercado – acrescentou Trixie ao sentir o cheiro de uma travessa cheia de quiches.

– Vai adorar. – O sorriso de Ben se desfez um pouco quando olhou por cima do ombro de Tess e viu o homem com quem ela estava antes. – Amigo seu?

Tess virou a cabeça e esperou Dean abrir caminho pela multidão e juntar-se a eles. Ben observou o pescoço longo, fino e rodeado por pérolas, que realçavam ainda mais a delicadeza da pele dela. Sentiu aquele perfume discreto, com um leve toque sensual, acima de tudo o mais.

– Dean, gostaria que você conhecesse Ben Paris e Trixie Lawrence. Ben é detetive da polícia local.

– Ah, um dos melhores da cidade.

Dean deu-lhe um caloroso aperto de mãos.

O cara parecia saído de uma capa da revista *Gentlemen's Quarterly* e cheirava como um comercial de Brut. Ben sentiu uma compulsão irracional de apertar-lhe a mão à maneira da luta livre e torcê-la.

– É um dos colegas de Tess?

– Não, na verdade faço parte do corpo docente da Universidade Americana.

Professor universitário. Era de imaginar. Ben tornou a enfiar as mãos nos bolsos e afastou-se um pequeno e revelador passo de Tess.

– Trix e eu acabamos de chegar. Ainda não tivemos a chance de apreciar as esculturas.

– É coisa demais para absorver em apenas uma noite. – Dean lançou um olhar de posse para a deformação de cobre atrás de si. – Acabei de comprar essa peça. É meio audaciosa para o meu escritório, mas não pude resistir.

– É mesmo? – Ben olhou-a com ar irônico. – Você deve estar emocionado. Vou dar uma volta por aí e ver se consigo escolher alguma coisa para a minha toca. Foi um prazer conhecê-lo. – Passou o braço pela cintura firme de Trixie. – Até mais, doutora.

– Boa noite, Ben.

FALTAVA MUITO PARA AS 23 HORAS quando Tess entrou sozinha no apartamento. A dor de cabeça que usara como desculpa para interromper a noite fora apenas metade mentira. Em geral, gostava das saídas esporádicas com Dean. Era um homem não exigente e descomplicado. Mas naquela noite simplesmente não tivera condições de enfrentar um jantar e uma conversa sobre a literatura do século XIX. Não depois da galeria de arte.

Não depois de ver Ben, obrigou-se a admitir, e descalçou os sapatos após dois passos porta adentro. Qualquer progresso que fizera para aliviar o seu ego e a tensão desde aquela última manhã em que o vira se desfizera em pedacinhos.

Então começaria do zero. Uma xícara de chá quente. Despiu o casaco de pele e pendurou-o no armário do corredor. Passaria a noite com Kurt Vonnegut, camomila e Beethoven. A combinação livraria a mente de qualquer pessoa dos problemas.

Que problemas?, perguntou, parada no silêncio do apartamento ao qual chegava uma noite após outra. Não tinha problemas de verdade, porque cuidava para não os ter. Um belo apartamento num bom bairro, um carro confiável, uma vida social agradável e sempre informal.

Dava o passo A, e fazia questão de que a levasse ao B, até chegar ao platô que a satisfazia. Sentia-se satisfeita.

Tirou os brincos e largou-os na mesa de jantar. O ruído das pedras na madeira ecoou surdo no espaço vazio. Os crisântemos que comprara no início da semana começavam a desfazer-se e as pétalas amareladas e desbotadas jaziam no mogno polido. O perfume intenso e aromático acompanhou-a até o quarto.

Não olharia os arquivos na mesa essa noite, disse a si mesma, abrindo o zíper do vestido de lã marfim. Se tinha algum problema, era por não dedicar tempo suficiente a si mesma. Essa noite, iria paparicar-se, esquecer os pacientes que iriam ao consultório na manhã seguinte, esquecer a clínica onde teria de enfrentar, duas tardes na semana seguinte, a raiva e o ressentimento por causa da suspensão dos remédios. Esquecer o assassinato de quatro mulheres. E Ben.

No espelho de corpo inteiro dentro do armário, seu reflexo projetou-se de um salto. Era uma mulher de altura mediana, compleição magra, num vestido marfim caro e de corte conservador. A gargantilha de três fios de pérolas e uma gorda ametista sobressaíam na garganta. Duas travessas debruadas de pérolas prendiam-lhe os cabelos acima das têmporas. O conjunto fora da mãe e assentava-lhe com uma elegância tão discreta quanto na filha do senador.

A mãe usara a gargantilha no casamento. Tess tinha retratos no álbum encadernado em couro que guardava na última gaveta da cômoda. Quando o senador dera as pérolas à neta, no aniversário de 18 anos, os dois choraram. Toda vez que as usava, sentia ao mesmo tempo uma pontada de sofrimento e orgulho. Representavam um símbolo de quem era, de onde viera e, em alguns aspectos, do que se esperava dela.

Mas naquela noite pareciam apertadas demais na garganta. Tirou-as e sentiu as pérolas frias na mão.

Mesmo sem elas, a imagem pouco mudou. Examinando-se, perguntou-se por que escolhera um traje tão simples, tão *correto*. O armário estava cheio deles. Virou-se de lado e tentou imaginar como ficaria em algo ousado ou chamativo. Como couro vermelho.

Logo se deu conta. Balançando a cabeça, despiu o vestido e pegou um cabide. Ali estava ela, uma mulher madura, prática, até sensível – psiquiatra experiente –, parada diante do espelho imaginando-se vestida de couro vermelho. Lamentável. O que diria Frank Fuller se o procurasse para fazer análise?

Satisfeita por conseguir rir de si mesma, estendeu a mão para pegar o roupão de chenile quentinho que ia até o chão. No impulso, contornou-o e retirou um quimono de seda florida. Um presente raras vezes usado. Essa noite iria mimar-se, a seda roçando na pele, música clássica, e levaria vinho, não chá, consigo para a cama.

Pôs a gargantilha sobre a cômoda, puxou as travessas do cabelo e largou-as junto. Desfez a cama e afofou os travesseiros. Outro impulso fez com que acendesse as velas perfumadas ao lado. Inalou o cheiro de baunilha e dirigiu-se para a cozinha.

O telefone a deteve. Tess disparou-lhe um olhar acusador, mas foi até a mesa e o atendeu na terceira chamada:

– Alô.

– Você não estava em casa. Esperei um longo tempo, mas você não chegou.

Ela reconheceu a voz. Ele telefonara antes, para o consultório, na quinta-feira. A ideia de uma noite prazerosa em casa se esvaiu quando ela pegou um lápis.

– Você queria falar comigo. Não terminamos a conversa antes, terminamos?

– É errado eu falar. – Tess ouviu-o inspirar dolorosamente. – Mas preciso...

– Nunca é errado falar – ela disse, num tom reconfortante. – Posso tentar ajudá-lo.

– Você não estava lá. Naquela noite não voltou, não voltou para casa. Eu esperei. Vigiei.

Tess ergueu a cabeça, sobressaltada de um modo que a fez congelar o olhar para a janela escura além da mesa de trabalho. Vigiara-a. Embora estremecesse, aproximou-se mais, decidida, e olhou a rua vazia.

– Você me vigiou?

– Eu não devia ir até aí. Não devia. – O homem baixou a voz, como se falasse consigo mesmo. Ou com outra pessoa. – Mas preciso. Você tem que entender – deixou escapar num tom rápido e acusador.

– Vou tentar entender. Gostaria de ir ao meu consultório e conversar comigo?

– Lá, não. Eles saberiam. Não é hora de saberem. Ainda não terminei.

– O que foi que você não terminou? – Seguiu-se apenas silêncio, enquanto ele inspirava e tornava a expirar com dificuldade. – Eu poderia ajudá-lo mais se você se encontrasse comigo.

– Não posso, você não entende? Até falar com você é... Ah, meu Deus.

Começou a murmurar. Tess não entendia. Aguçou o ouvido. Talvez latim, pensou, e pôs um ponto de interrogação no bloco, com um círculo em volta.

– Você está sofrendo. Gostaria de ajudá-lo a lidar com a dor.

– Laura sentia dor, uma dor terrível. Sangrava. Eu não consegui ajudá-la. Ela morreu em pecado, antes da absolvição.

O lápis vacilou em sua mão. Tess precisou sentar-se na cadeira para acalmar-se. Quando se viu fitando às cegas a janela, forçou-se a olhar mais uma vez o bloco e as anotações. A formação profissional reinstalou-se e ela se disciplinou para respirar fundo e manter a voz calma.

– Bela, bela Laura. Cheguei tarde demais para salvá-la. Eu não tinha o direito então. Agora me deram o poder e a obrigação. A vontade de Deus é dura, muito dura. – Ele quase suspirou quando a voz se tornou forte: – Mas justa. Os cordeiros são imolados e seu sangue puro é derramado sobre o altar em expiação dos pecados. Deus exige sacrifícios. Exige, sim.

Ela umedeceu os lábios.

– Que tipo de sacrifícios?

– Uma vida. Ele nos dá e tira a vida. "Teus filhos e filhas estavam comendo e bebendo vinho em casa do irmão mais velho, quando um furacão se levantou de repente do deserto, abalou os quatro cantos da casa e esta desabou sobre os jovens. Morreram todos. Só eu consegui escapar para te trazer a notícia." Só eu – repetiu na mesma voz terrível e sem expressão que usara na citação. – Mas, depois dos sacrifícios, depois dos juízos, Deus recompensa aqueles que permanecem inocentes.

Como se fosse receber notas por isso, Tess concentrou-se em fazer anotações claras e uniformes. O coração martelava-lhe na garganta.

– Deus manda você sacrificar as mulheres?

– Salvar e absolver. Tenho o poder agora. Perdi a fé depois de Laura, dei as costas a Deus. Foi um tempo terrível de egoísmo e ignorância. Mas depois Ele me mostrou que, se eu fosse forte, se as sacrificasse, todos seríamos salvos. A minha alma está ligada à dela – ele disse em voz baixa. – Estamos presos um ao outro. Você não voltou para casa naquela noite. – A mente do homem oscilava para a frente e para trás. Tess ouvia isso tanto nas mudanças de voz quanto no conteúdo das palavras. – Eu esperei, queria falar com você, explicar, mas você passou a noite em pecado.

– Fale-me daquela noite. A noite em que você me esperou.

– Esperei, vigiei a luz na sua janela. Você não apareceu. Saí andando. Não sei por quanto tempo, nem onde. Achei que você vinha na minha direção, ou Laura. Não, achei que era você, mas não era. Então eu... eu soube que dava no mesmo... e a coloquei no beco, longe do vento. Tão frio. Fazia tanto frio. Coloquei-a fora do campo de visão de todos antes que viessem e me levassem. Eles são ignorantes e desacatam os costumes do Senhor. – A respiração dele agora vinha em arfadas irregulares. – Dor. Náusea. Minha cabeça. Essa dor tão grande.

– Posso ajudar com a dor. Diga-me onde está e eu irei até aí.

– Pode? – Uma criança assustada a quem se oferece uma luz numa noite de tempestade. – Não! – A voz saiu retumbante, de repente poderosa. – Acha que pode me tentar e levar a questionar a vontade de Deus? Eu sou o instrumento Dele. A alma de Laura aguarda os sacrifícios restantes. Só mais dois. Então todos seremos livres, Dra. Court. Não é a morte que se deve temer, mas a danação. Tomarei conta de você – ele prometeu, quase humilde. – Rezarei por você.

Tess não se moveu quando ele desligou o telefone, ficou sentada absolutamente imóvel. Lá fora, as estrelas eram claras, próximas e brilhantes. Os carros fluíam pela rua num ritmo tranquilo. As luzes dos postes empoçavam-se na calçada. Ela não viu ninguém, mas se perguntou, sentada perto da janela, se a viam.

O suor brotara-lhe na testa, frio e pegajoso. Ela pegou um lenço de papel no canto da mesa e secou-o com todo o cuidado.

O assassino vinha avisando-a. Tess não sabia nem se ele tinha plena consciência disso, mas telefonava-lhe tanto para avisá-la quanto para pedir ajuda. Seria a próxima. Levou os dedos trêmulos ao lugar onde antes tinha a gargantilha de pérolas. Não conseguiu engolir.

Devagar, e com extremo cuidado, puxou a cadeira para trás, levantou-se e saiu do campo de visão da janela. Pusera a mão na cortina para puxá-la quando a batida à porta a fez bater com as costas na parede, num pânico animal que jamais sentira antes. O terror inundou-a enquanto procurava ao redor um meio de defesa, um lugar para esconder-se e um jeito de fugir. Reprimiu-o ao estender a mão para o telefone – 911. Só precisava discar, dar o nome e endereço.

Quando a batida recomeçou, porém, ela olhou para a porta e viu que esquecera de passar a corrente.

Chegou ao outro lado da sala em segundos, apoiando o peso na porta e atrapalhando-se com a corrente, que de repente pareceu grande e desajeitada demais para encaixar-se na fenda. Meio soluçando, encaixou-a afinal.

– Tess? – De novo a batida, dessa vez mais alta e exigente. – Tess, o que está acontecendo?

– Ben, Ben, oh, meu Deus!

Continuava com os dedos atrapalhados quando puxou a corrente para soltá-la. Deslizou a mão pela maçaneta uma vez, depois abriu com força a porta e lançou-se em cima dele.

– O que foi? – Ben sentiu os dedos dela se enterrarem em seus bolsos quando tentou empurrá-la para trás. – Está sozinha? – O instinto o fez estender a mão para pegar a arma, agarrá-la firmemente e olhar em volta à procura de alguém, qualquer um, que pudesse ter tentado machucá-la. – O que aconteceu?

– Feche a porta. Por favor.

Mantendo um dos braços nos ombros de Tess, ele entrou e encaixou a corrente.

– Fechada. É melhor se sentar, está tremendo. Me deixe pegar uma bebida para você.

– Não. Apenas me abrace um instante. Achei, quando você bateu, achei...

– Vamos, você precisa de um pouco de conhaque. Está fria como gelo.

Tentando acalmá-la, acariciá-la, ele conduziu-a até o sofá.

– Ele me telefonou.

Ben apertou os dedos no braço dela e virou-a de frente. Viu o rosto pálido, os olhos enormes. Tess continuava com a mão direita agarrada no casaco dele. E ele não precisou perguntar quem.

– Quando?

– Um minuto atrás. Telefonou para o consultório antes, mas não percebi que era ele. Não daquela vez. Tem ficado lá fora. Eu o vi uma noite, na esquina, parado. Achei que estava sendo paranoica. Um bom psiquiatra conhece os sintomas. – Ela riu e depois cobriu a boca com as mãos. – Oh, meu Deus, preciso parar com isso.

– Sente-se, Tess. – Ben relaxou os dedos em torno do braço dela e manteve a voz calma; o mesmo tom que usava para interrogar uma testemunha abalada. – Tem algum conhaque?

– Como? Ah, está no bufê ali, a porta à direita.

Quando ela se sentou, ele foi até o bufê, o que sua mãe chamaria de aparador, e encontrou uma garrafa de Rémy Martin. Serviu uma dose dupla numa taça de conhaque e levou para ela.

– Beba um pouco disso antes de começar de novo.

– Tudo bem. – Ela já se recompunha, mas bebeu para ajudar a se acalmar. O conhaque disparou no organismo e entorpeceu o medo restante. Não havia lugar em sua vida para o medo, lembrou. Apenas ideias claras e análise cuidadosa. Quando tornou a falar, foi com a voz nivelada, sem histeria. Permitiu-se sentir vergonha apenas por um instante.

– Na noite de quinta-feira, tive uma consulta tarde. Quando terminou e eu estava arrumando as coisas para encerrar o expediente, recebi um telefonema. Ele parecia muito perturbado e, embora eu não achasse que era um dos meus pacientes atuais, tentei atraí-lo um pouco. Não cheguei a lugar algum, ele apenas desligou. – O conhaque ondulou delicadamente quando ela girou a taça nas mãos. – Esperei alguns minutos, mas, como ele não voltou a ligar, arquivei as pastas e fui embora. Voltou a ligar esta noite.

– Tem certeza de que era o mesmo homem?

– Tenho. O mesmo que ligou antes. O mesmo homem que vocês têm procurado desde agosto. – Tess tomou mais um gole de conhaque e pousou a taça. – Ele está se desintegrando rápido.

– O que foi que ele disse, Tess? Conte tudo que lembra.

– Eu anotei.

– Você... – Ben se calou e fez um movimento brusco com a cabeça. – Claro que sim. Vamos dar uma olhada.

Ela levantou-se, mais uma vez firme, e foi até a mesa. Trouxe o bloco amarelo e entregou-o. Ali estava algo positivo, construtivo. Desde que conseguisse considerá-lo um caso, ela não tornaria a desmoronar.

– Talvez tenha omitido algumas palavras, porque ele falava muito depressa, mas peguei quase tudo.

– É estenografia.

– É. Ah, eu leio para você. – Ela começou do início, com o cuidado de manter a voz neutra. As palavras serviam para dar ao psiquiatra uma pista sobre a mente. Tess lembrou isso e repeliu o horror de saber que aquelas haviam sido dirigidas a ela. Após a citação bíblica, parou. – Parece do Antigo Testamento. Imagino que o monsenhor Logan saberá identificar.

– Jó.

– Como?

– É uma passagem de Jó. – Ele fixou o olhar na outra parede da sala e acendeu um cigarro. Lera duas vezes a Bíblia inteira, quando Josh adoecera. À procura de respostas, lembrou, para perguntas que jamais chegara sequer a formular. – Sabe, o cara que teve tudo que quis.

– E então Deus o testou?

– Sim. – O detetive pensou mais uma vez em Jó e balançou a cabeça. Josh tinha tudo que queria antes do Vietnã. – Feliz demais, Jó? Que tal uma lepra?

– Entendo. – Embora fosse dolorosamente óbvio que ela não conhecia a Bíblia tão bem quanto ele, compreendeu a relação. – É, faz sentido. Ele tinha a vida estabelecida, era feliz; é muito provável que fosse um bom católico.

– Nunca teve a fé testada – murmurou Ben.

– É, então quando teve a fé testada de alguma forma, ele fracassou.

– Essa "alguma forma" tem a ver com Laura. – Ben olhou mais uma vez o bloco amarelo, frustrado por não conseguir ler sozinho. – Vamos ver o resto.

Ouvindo-a ler, esforçava-se para pensar como policial, e não como um homem entre uma paixão tola e algo mais profundo. Um assassino vinha vigiando-a. Sentiu o estômago contrair-se num labirinto de minúsculos nós. Estava à espera dela na noite em que Anne Reasoner fora assassinada, a noite que Tess passara na cama dele. O policial reconheceu o aviso tão rápido quanto a médica.

– Ele se concentrou em você.

– É, esse parece ser o ponto. – Sentindo um brusco calafrio, ela enfiou as pernas debaixo do corpo e afastou o bloco. Um caso. Tess viu que era vital pensar e analisar aquilo como um caso. – Foi atraído para mim porque sou psiquiatra e parte dele sabe o quanto é desesperadora a sua necessidade de ajuda. E também porque me encaixo na descrição física de Laura. – A voz, lembrou, fora o mais assustador. A forma como oscilava de lamentável a poderosa, em uma loucura tranquila e determinada. Ela comprimiu uma mão na outra. – Ben, eu quero que entenda que é como falar com duas pessoas. Uma delas, chorosa, desesperada, quase suplicante. A outra... a outra, altiva, fanática e decidida.

– É apenas uma pessoa que estrangula mulheres. – Ele se levantou e encaminhou-se para o telefone. – Vou ligar para a delegacia. Vamos precisar pôr uma escuta no seu telefone, aqui e no consultório.

– No consultório? Ben, muitas vezes eu falo com pacientes pelo telefone. Não posso pôr em risco o direito deles ao sigilo.

– Não me crie problemas, Tess.

– Você precisa entender...

– Não! – Ele virou-se e encarou-a. – Tem um maníaco lá fora matando mulheres. Os telefones serão grampeados, com a sua permissão ou com uma ordem judicial. Outras quatro mulheres não tiveram a chance. Alô, capitão? Aqui é Paris. Temos uma pista.

LEVOU MENOS DE UMA HORA. Dois policiais de terno e gravata entraram, fizeram o que pareceram alguns pequenos ajustes no telefone e recusaram com toda educação o café oferecido. Um deles ergueu o receptor, apertou alguns números e testou a escuta. Pegaram a chave sobressalente do consultório de Tess e tornaram a sair.

– Só isso? – ela perguntou quando ficou de novo a sós com Ben.

– Vivemos no tempo do circuito integrado. Vou aceitar um pouco daquele café.

– Ah, claro. – Com uma última olhada para o telefone, ela foi até a cozinha. – Isso faz eu me sentir exposta, saber que, sempre que o telefone toca, alguém com fones escuta tudo o que digo.

– A ideia é fazer você se sentir protegida.

Quando ela voltou com o café, encontrou-o parado junto à janela, olhando a rua. Viu-o fechar a cortina decidido ao ouvi-la se aproximar.

– Não sei se ele vai ligar de novo. Fiquei assustada, tenho certeza de que percebeu; droga, eu não soube conduzir muito bem a situação.

– Acho que você perdeu a postura de superpsiquiatra. – Ben tomou o café e a mão dela. – Não quer um pouco?

– Não, já estou ligada demais.

– Está cansada. – Ele esfregou o polegar nos nós dos dedos dela. Tess parecia tão frágil de repente, tão pálida e linda. – Escute, por que não descansa um pouco? Eu me ajeito no sofá.

– Proteção policial?

– Apenas parte da nossa campanha para melhorar as relações comunitárias.

– Fico feliz que esteja aqui.

– Eu também. – Ele soltou a mão dela e correu a ponta do dedo pelo cinto do quimono de seda. – Bonito.

– Senti saudade de estar com você.

Ben interrompeu o movimento do dedo. Tornou a olhá-la e lembrou que mais cedo à noite ela usava brincos e uma pedra na garganta da cor dos seus olhos. E quisera tanto tocá-la que doera até nos ossos. Agora, como antes, recuou.

– Tem um cobertor sobressalente?

Tess conhecia um movimento de retirada quando via um. Como ele, recuou um passo.

– Tenho, vou pegar.

Quando ela saiu, ele se amaldiçoou e esforçou-se para entender as próprias contradições. Ele a queria. Não queria envolver-se com ninguém igual a ela. Fora receptiva. Ele recuara. Serena e linda, Tess lembrava as iguarias rosa e brancas atrás das vitrines das confeitarias. Ele já tivera um gostinho e sabia que certas iguarias às vezes criam hábitos. Mesmo que tivesse espaço na vida dele para Tess, o que não era verdade, ela nunca se adaptaria. Mas lembrou mais uma vez como a vira apoiar-se no parapeito da janela, rindo.

Tess voltou com um travesseiro e um cobertor e começou a arrumar o sofá.

– Você não age como se quisesse um pedido de desculpas.

– Pelo quê?

– Pela última semana.

Embora tivesse se decidido a não mencionar isso, Tess já se perguntara se ele traria o episódio à tona.

– Por que eu iria querer um pedido de desculpas?

Ele a observou enfiar com capricho as pontas do cobertor embaixo das almofadas.

– Tivemos uma discussão bem clara. A maioria das mulheres que eu... a maioria das mulheres que conheço iria querer ouvir o velho "desculpe, fui um idiota".

– E foi?

– Fui o quê?

– Um idiota.

Ele teve de admitir que ela o conduzia de uma forma magnífica.

– Não.

– Então seria tolice você dizer que foi só para manter a tradição. Pronto, isso deve servir – ela acrescentou, dando uma afofada final no travesseiro.

– Tudo bem, droga, me sinto um idiota pelo modo como agi na última vez.

– Foi um idiota. – Tess virou-se do sofá e sorriu-lhe. – Mas tudo bem.

– O que acabei de dizer foi muito sincero.

– Sei que foi. Eu também.

Lados opostos, pensou Ben. Lados opostos.

– Então aonde isso nos leva?

Se ela soubesse, não tinha certeza se teria dito. Em vez disso, manteve a voz alegre:

– Que tal deixar a coisa morrer por aí? Eu fico feliz que esteja aqui, com toda essa...

Ela desviou o olhar para o telefone.

– Não fique remoendo isso agora. Deixe que eu cuido disso daqui em diante.

– Você tem razão. – Ela juntou as mãos e logo as separou. – Se a gente pensa numa coisa dessas por muito tempo, acaba...

– Enlouquecendo? – ele sugeriu.

– Para usar um termo vago, incorreto. – Tess afastou-se e pôs-se a arrumar a mesa de trabalho para manter as mãos ocupadas. – Fiquei surpresa ao ver você essa noite na galeria.

Sei que é uma cidade pequena, mas... – Então caiu em si; a confusão e o pânico haviam obscurecido a dúvida de antes. – O que está fazendo aqui? Achei que tinha um encontro.

– Tinha. Eu disse a ela que surgiu uma emergência. Não estava muito longe. E o seu?

– O meu o quê?

– Encontro.

– Ah, o Dean. Eu, ah, disse a ele que estava com dor de cabeça. Quase cheguei a ter de fato uma dorzinha. Mas você não me disse por que apareceu.

Ele se esquivou, encolhendo os ombros, e ergueu um peso de papel, uma pirâmide de cristal que refletia cores diversas quando era girada.

– Parecia um verdadeiro cidadão honrado e respeitável. Professor universitário, não é?

– É. – Alguma coisa começou a acomodar-se dentro dela, e foi identificada como prazer: – Trixie. O nome era Trixie, não era?

– Era.

– É encantadora. Adorei a tatuagem.

– Qual delas?

Tess apenas ergueu uma sobrancelha.

– Você gostou da exposição?

– Gosto de baboseiras pretensiosas. Parece que o seu professor também. Bonito terno. E aquele pequeno e elegante alfinete de gravata com a correntinha de ouro, muito distinto. – Ele largou o peso de papel com força suficiente para fazer os lápis num pote saltarem. – Tive vontade de quebrar o nariz dele.

Ela deu um sorriso radiante.

– Obrigada.

– Não há de quê. – Após um gole de café, ele largou a xícara na mesa. Iria deixar uma mancha em forma de círculo na madeira, mas ela nada disse. – Não tenho conseguido pensar em nada além de você esses dias. Tem um nome para isso?

Tess recebeu o olhar irado com um sorriso.

– Gosto de obsessão. Soa bonito.

Ela se aproximou. Não havia mais a menor necessidade de sangue-frio, nem de fingimentos. Quando ele ergueu as mãos e tomou-lhe os ombros, ela continuou a sorrir.

– Imagino que você ache tudo isso muito engraçado.

– Acho que sim. E imagino que posso correr um risco calculado e dizer a você que senti a sua falta. Senti muito a sua falta. Gostaria que eu dissesse por que está zangado?

– Não.

Ben puxou-a para junto de si e sentiu os lábios curvos e macios, que logo se renderam aos dele. A seda do quimono farfalhou quando a abraçou. Se pudesse afastar-se, ele o teria feito, sem olhar para trás. Mas soubera assim que se vira na porta que já era tarde demais.

– Não quero dormir nesse maldito sofá. E não vou deixar você sozinha.

Ela se esforçou para abrir os olhos e, pela primeira vez que se lembrava, teve vontade de ser arrebatada.

– Dividirei a cama com você com uma condição.

– Qual?

– Que faça amor comigo.

Ele a abraçou, para sentir o perfume de seus cabelos e a forma como lhe roçavam a pele.

– Sabe como negociar, doutora.

11

O cheiro de café acordou-a. Deitada de lado, Tess virou-se de costas, ainda sonolenta, com o agradável aroma caseiro. Fazia quantos anos desde que acordara com o cheiro de café fumegando? Quando morava na casa do avô, com pé-direito alto e vestíbulo com piso de cerâmica, descia a escadaria em arco de manhã e o encontrava já sentado atrás de um imenso prato de ovos ou panquecas, o jornal aberto e tomando café.

Srta. Bette, a governanta, punha a mesa com os pratos do dia a dia, os que tinham as violetinhas nas bordas. As flores dependiam da estação, mas sempre estavam lá, narcisos, rosas ou crisântemos no vaso de porcelana azul que fora da avó.

Ouvia-se o tranquilo movimento da cauda de Trooper, o velho cão *golden retriever* do avô, quando ele se sentava sob a mesa na esperança de petiscos caídos ao acaso.

Essas haviam sido as manhãs de sua juventude – estáveis, seguras e conhecidas –, e do início da maturidade, assim como o avô fora a forte figura central em sua vida.

Então ficara adulta, mudara-se para um apartamento próprio e abrira a própria clínica. Fazia o café ela mesma.

Com um suspiro, virou-se preguiçosa, na esperança de outro sonho. Então lembrou e sentou-se de um salto na cama vazia, a não ser por ela. Afastando os cabelos dos olhos, tocou o lençol ao lado.

Ele ficara e cumprira o trato. Haviam rolado, se entregado e amado um ao outro noite adentro, até o sono exausto ser a única alternativa. Sem perguntas, sem palavras; a única resposta fora aquela de que ambos precisavam: um ao outro e espairecer. Ele também precisava disso. Ela entendera que ele precisava de algumas horas sem tensão, quebra-cabeças e responsabilidades.

Agora que chegara a manhã, cada um tinha um trabalho a enfrentar.

Tess se levantou e vestiu o quimono jogado no chão. Queria um banho de chuveiro, porém queria mais o café.

Encontrou Ben no pequeno L da sala de jantar, com um mapa da cidade, um emaranhado de anotações e o bloco amarelo dela largado sobre a mesa.

– Bom dia.

– Oi – ele respondeu ausente e depois olhou e concentrou-se. Embora sorrisse, ela viu que tinha os olhos sombreados e intensos ao examinarem seu rosto.– Oi – repetiu. – Achei que você ia dormir um pouco mais.

– Já passa das sete.

– Hoje é domingo – ele lembrou-lhe e levantou-se, como para separá-la do que fazia à mesa. – Com fome?

– Vai cozinhar?

– Tem estômago sensível?

– Não muito.

– Então na certa aguenta uma de minhas omeletes. Topa?

– Topo. – Ela foi com ele até a cozinha e serviu-se de uma xícara de café. – Levantou-se há muito tempo?

– Não muito. Com que frequência você compra comida? Ela olhou por trás dele a geladeira agora aberta.

– Quando me encostam na parede.

– Considere-se encostada. – Ele pegou uma embalagem de ovos com menos da metade e um miserável pedaço de queijo cheddar. – Ainda dá para preparar a omelete. Na conta.

– Tenho uma omeleteira. Segunda prateleira no armário à direita.

Ele lançou-lhe um olhar brando, de pena.

– A gente só precisa de uma frigideira quente e mão leve.

– Admito meu erro.

Tess tomava café enquanto ele cozinhava. Impressionante, pensou, e sem dúvida melhor do que ela sabia fazer com utensílios de cozinha e uma receita detalhada. Interessada, curvou-se acima do ombro de Ben e mereceu um furioso olhar silencioso. Partiu um brioche, enfiou-o na torradeira e deixou o resto com ele.

– Bom – decidiu, quando se sentaram à mesa e ela engoliu a primeira mordida. – Sou muito atrapalhada na cozinha, é por isso que não guardo muita comida que precise ser preparada.

Ele se serviu com o fácil entusiasmo de um homem que considerava a comida um dos principais prazeres da vida.

– Morar sozinhos nos torna autossuficientes.

– Mas não faz milagres.

Ele cozinhava, mantinha o apartamento arrumado, era obviamente competente na sua profissão e parecia ter poucos problemas com as mulheres. Tess terminou o café e perguntou-se por que estava mais tensa agora do que quando fora para a cama com ele.

Porque não era tão jeitosa com os homens quanto ele com as mulheres. E porque, pensou, não tinha o hábito de dividir um café da manhã informal após uma noite frenética de sexo. O primeiro caso amoroso fora na faculdade. Um desastre. Agora, com quase 30 anos, mantinha os relacionamentos com homens na zona segura. As ocasionais experiências intensas foram agradáveis, mas não importantes. Até essa.

– Você parece autossuficiente.

– Se você gosta de comer, aprende a cozinhar. – Ele meneou os ombros. – Eu gosto de comer.

– Nunca se casou?

– Como? Não. – Ben engoliu em seco e pegou metade do brioche. – Tende a atrapalhar...

– O namoro sem intenções sérias.

– Entre outras coisas. – Ele sorriu. – Você passa manteiga num delicioso brioche.

– É verdade. Eu diria que outro motivo de você nunca ter se... digamos, assentado, é que o seu trabalho vem em primeiro lugar. – Ela olhou os papéis que ele empurrara para a extremidade da mesa. – O trabalho policial é exigente e consome tempo, além de ser perigoso.

– As duas primeiras, pelo menos. A divisão de homicídios é mais ou menos como a parte executiva. Trabalho administrativo, quebra-cabeças.

– Executivo – ela murmurou, lembrando com muita clareza a facilidade com que uma vez ele pegara a arma.

– A maioria dos rapazes usa terno. – Ele quase raspara a omelete do prato e já se perguntava se podia convencê-la a pegar um pouco do prato dela. – Em geral, a gente chega depois de completada a ação e então junta as peças. Fala com pessoas, dá telefonemas.

– Foi como conseguiu essa cicatriz? – Tess remexeu o resto da omelete no prato. – Distribuindo papéis?

– Eu já disse a você antes, isso é notícia velha.

Tess tinha a mente analítica demais para deixar a coisa parar por aí.

– Mas foi baleado, e na certa mais de uma vez.

– Às vezes temos que ir a campo e as pessoas não ficam muito satisfeitas em nos ver.

– Tudo num dia de trabalho?

Quando ele percebeu que ela não iria desistir, largou o garfo.

– Tess, não é como no cinema.

– Não, e tampouco como vender sapatos.

– Certo. Não vou dizer que nunca nos deparamos com uma situação em que as coisas esquentam, mas, em essência, esse tipo de trabalho policial é no papel. Relatórios, entrevistas, trabalho mental. Semanas, meses, até anos de incrível trabalho desinteressante, mesmo tedioso, ao contrário do risco físico real. É provável que um novato de uniforme lide com mais pressão num ano que eu.

– Entendo. Então não é provável que você enfrente uma situação, no esquema normal das coisas, em que tenha de usar a arma.

Ele não respondeu por um momento, não gostando do rumo que a conversa tomava.

– Aonde você quer chegar?

– Estou tentando entender você. Passamos duas noites juntos. Gostaria de saber com quem estou dormindo.

Ele vinha evitando isso. O sexo era mais fácil se se resumisse a isso.

– Vamos lá: Benjamin James Matthew Paris, 35 anos em agosto, solteiro, 1,87 metro de altura, 78 quilos.

Ela apoiou os cotovelos na mesa e o queixo nas mãos entrelaçadas ao examiná-lo.

– Você não gosta de falar do seu trabalho.

– O que há para falar? É só um emprego.

– Não, com você, não. Num emprego a gente bate o ponto toda manhã, de segunda a sexta-feira. Você não leva a arma como uma pasta.

– A maioria das pastas não está carregada.

– Você teve de usá-la.

Ben terminou o café. Já satisfizera o organismo.

– Duvido que muitos policiais cheguem ao fim da carreira pra receber a pensão sem ter sacado a arma pelo menos uma vez.

– É, entendo. Por outro lado, como médica, eu lidaria mais com os resultados depois. A dor da família, o choque e o trauma da vítima.

– Eu nunca baleei uma vítima.

Desprendia-se uma aspereza da voz dele que a interessava. Talvez gostasse de fingir para ela, até para si mesmo, que os aspectos violentos do trabalho eram ocasionais, um efeito colateral esperado. Considerava qualquer um que baleara no cumprimento do dever, segundo suas palavras, bandido. No entanto, ela tinha certeza de que parte dele pensava no humano, na carne e no sangue. E essa parte perdia o sono.

– Quando se atira em alguém por autodefesa – ele perguntou, devagar –, é como numa guerra, em que se vê o inimigo mais como um símbolo que um homem?

– Você não pensa.

– Não vejo como seria possível.

– Acredite na minha palavra.

– Mas quando se encontra numa situação que exige esse tipo de extrema ação defensiva, você mira para ferir.

– Não. – Com a resposta categórica, ele se levantou e pegou o prato. – Escute, você saca a arma, não é o Zorro. Não tem essa de atingir de raspão com a bala de prata a mão armada do bandido. Sua vida, a do seu parceiro e a de algum civil estão em risco. É preto e branco.

Levou os pratos para a cozinha. Ela não lhe perguntou se matara, pois ele já lhe dissera.

Tornou a olhar os papéis em que andara trabalhando. Preto e branco. Ele não veria os matizes de cinza que ela via ali. O homem que procuravam era um assassino. O estado mental dele, as emoções e talvez até a alma não importavam a Ben. Talvez não pudessem importar.

– Esses papéis – começou, quando ele voltou. – É alguma coisa em que posso ajudar?

– Só trabalho chato.

– Sou especialista em trabalho chato.

– Talvez. Podemos falar sobre isso mais tarde. No momento, tenho de ir se quiser pegar a missa das nove.

– Missa?

Ele riu da expressão dela.

– Não voltei para o rebanho. Achamos que nosso homem pode aparecer esta manhã numa das duas igrejas. Estivemos cobrindo as missas nas duas desde as seis e meia. Tive uma folga e fiquei com os serviços das nove, dez e onze e meia.

– Eu vou com você. Não, nem tente – ela disse quando ele abriu a boca. – Posso ajudar de verdade. Conheço os sinais, os sintomas.

De nada adiantava dizer-lhe que desejava a sua companhia. O negócio era deixá-la achar que o convencera.

– Não me culpe se ficar com os joelhos esfolados.

Ela tocou a face dele com a mão, mas não o beijou.

– Me dê dez minutos.

A IGREJA CHEIRAVA A parafina e incenso. Menos da metade dos bancos estava ocupada para a missa das 9 horas. Fazia silêncio, a não ser por um ou outro tossido que ecoava abafado. Uma luz celestial, agradável, atravessava as janelas de vitral na parede à esquerda. O altar ficava na parte superior da igreja, forrado de tecido e ladeado por velas. O branco da pureza. Acima, pendia o Filho de Deus, agonizando na cruz.

Ben sentou-se com Tess num banco nos fundos e passou os olhos pela congregação. Algumas idosas espalhavam-se entre as famílias mais para a frente. Um jovem casal sentava-se no banco em frente aos dois, preferindo a parte de trás, pensou Ben, por causa do recém-nascido que dormia no colo da mulher. Um idoso, que entrara com a ajuda de uma bengala, instalara-se sozinho, próximo a uma família de seis pessoas. Duas meninas nas melhores roupas de domingo sentaram-se e começaram a sussurrar, e um menino ajoelhara-se de costas no banco e deslizava em silêncio um carrinho de plástico pela madeira. Ben soube que ele fazia mentalmente os ruídos de motor e pneus gemendo.

Três homens sentados sozinhos encaixavam-se na descrição geral. Um já se ajoelhara, o paletó fino e escuro ainda abotoado, embora fizesse calor na igreja. Outro folheava ocioso, no banco, o hinário. O terceiro estava sentado imóvel na frente da igreja. Ben sabia que o da frente era Roderick, e o policial novato, Pilomento, instalara-se no meio.

Um movimento ao lado de Tess o fez enrijecer. Logan sentou-se ao lado dela, deu-lhe um tapinha na mão e sorriu para Ben.

– Pensei em me juntar a você.

Tinha a voz meio ofegante. Tossiu baixinho para limpar a garganta.

– É um prazer vê-lo, monsenhor – murmurou Tess.

– Obrigado, minha cara. Ando um tanto derrubado pelo tempo ultimamente e não sabia se ia conseguir vir. Esperava que você estivesse aqui, pois tem um olho aguçado. – Percorreu a igreja semivazia com o olhar. A maioria idosos e jovens, pensou. Os de meia-idade raras vezes achavam que Deus precisava de uma hora de seu tempo. Após tirar uma pastilha para garganta do bolso, tornou a olhar para Ben. – Espero que não se incomode por me oferecer como voluntário. Se por acaso tiver sorte, talvez eu possa ajudar. Afinal, tenho o que se poderia chamar de vantagem da casa.

Pela primeira vez desde que Ben o conhecera, Logan usava o colarinho clerical branco. Vendo-o, ele apenas assentiu.

O padre entrou, a congregação levantou-se. Começou o ofício.

Ritual da entrada. O celebrante de vestes verdes, estola alva, o inofensivo amicto sob os mantos soltos, o menino sacristão magro e alto, de preto e branco, pronto para servir.

Deus tende piedade de nós.

Um bebê cinco bancos adiante começou a chorar com vontade. A congregação murmurava as respostas em uníssono.

Cristo, tende piedade de nós.

O idoso com a bengala avançava pelo rosário. As meninas riam e tentavam desesperadamente se conter. O menino do carrinho de plástico foi silenciado pela mãe.

Um homem com um amicto de seda branca junto à pele sentiu o martelar na cabeça aliviar-se ao som do fluxo conhecido do celebrante e da congregação. Suas mãos estavam úmidas, mas ele as mantinha unidas diante de si.

O Senhor esteja convosco.

E com vosso espírito.

Era o latim que ele ouvia, o latim da infância, do seu sacerdócio. Aquilo o acalmava, e o mundo permanecia estável.

A liturgia. A congregação sentou-se devagar, com murmúrios e rangidos. Ben observava, sem ouvir de fato as palavras do padre. Ouvira-as tantas vezes antes. Uma das lembranças mais antigas era ele sentado num banco duro, as mãos entre os joelhos, o colarinho engomado da melhor camisa grudado no pescoço. Tinha 5, talvez 6 anos. Josh fora sacristão.

O homem de casaco fino escuro desabou recostado no banco, exausto. Alguém assoou o nariz com estrépito.

– Porque a paga do pecado é a morte, enquanto o dom de Deus é a vida eterna em Cristo Jesus, Nosso Senhor.

Ele sentiu o amicto frio na pele, no coração, ao murmurar a resposta:

– Graças sejam dadas a Deus, Nosso Senhor!

Todos se ergueram para o Evangelho. Mateus 7:15-21:

– Guardai-vos dos falsos profetas.

Não fora isso que lhe dissera a Voz? A cabeça começou a ressoar com a força da mensagem quando ele se sentou imóvel. Excitação, frescor e pureza cantavam pelo seu corpo cansado. Sim, guardai-vos. Eles não entenderiam, não o deixariam concluir. Ela fingia entender. A Dra. Court. Mas só queria colocá-lo num lugar onde ele não poderia concluir sua tarefa.

Conhecia o tipo de lugar – paredes brancas, todas aquelas paredes e enfermeiras de branco com olhares entediados e cautelosos. Um lugar como aquele em que a mãe passara os terríveis últimos dias.

– Cuide de Laura. Ela tem o pecado no coração e ouve o demônio. – A mãe tinha a pele pastosa, as faces flácidas. Mas os olhos escuros e brilhantes. Brilhantes de loucura e conhecimento. – Vocês são gêmeos. Se a alma dela for condenada, a sua também será. Cuide de Laura.

Mas Laura já morrera.

Ouviu o final do Evangelho. Dirigia-se a ele:

– Senhor, Senhor, não entrará no Reino dos Céus apenas aquele que faz a vontade de meu Pai que lá está?

Curvou a cabeça, aceitando.

– Louvado seja Nosso Senhor Jesus Cristo.

Sentaram-se para o sermão.

Ben sentiu a mão de Tess deslizar pela sua. Ele entrelaçou os dedos nos dela, consciente de que ela sabia que ele estava desconfortável. Resignara-se a assistir mais uma vez à missa toda, porém era outra história com um padre sentado. Isso lhe suscitou uma clara lembrança das poucas vezes em que fora à igreja na infância e descobrira, encabulado, a irmã Mary Angelina sentada no banco em frente ao da família. As freiras não eram tão tolerantes quanto as mães quando os meninos brincavam com os dedos e cantavam de boca fechada consigo mesmos durante a missa.

– Você ficou mais uma vez sonhando acordado durante a missa, Benjamin. – Ele lembrou o truque que a irmã Mary Angelina tinha de enfiar as mãos brancas nas mangas pretas do hábito, de modo que ficava igual a um boneco joão-teimoso, que balança, balança, mas não cai. – Devia tentar ser mais parecido com seu irmão Joshua.

– Ben?

– Hum?

– Aquele homem ali. – A voz de Tess soou leve como uma pluma junto ao ouvido dele. – O de casaco preto.

– É, já vi antes.

– Está chorando.

A congregação levantou-se para o Credo. O homem de casaco preto continuou sentado, chorando em silêncio sobre o rosário. Antes de terminar a oração, levantou-se instável e saiu apressado da igreja.

– Fique aqui – ordenou Ben e levantou-se do banco para segui-lo.

Quando ela fez menção de acompanhá-lo, Logan apertou-lhe a mão.

– Relaxe, Tess. Ele conhece o trabalho.

Ben não voltou durante as orações do Ofertório nem da lavagem das mãos. Tess continuou com as mãos cerradas no colo e o corpo tremendo. Ben conhecia seu trabalho, mas não o dela, concordou em silêncio. Se tivessem encontrado o homem, ela devia estar lá com ele, que precisaria falar, mas ficou onde estava, pela primeira vez com o reconhecimento pleno de que sentia medo.

Ben retornou, a expressão sombria ao curvar-se por trás do banco e tocar o ombro de Logan.

– Poderia vir aqui fora um instante?

O monsenhor saiu sem fazer perguntas. Tess viu-se inspirando fundo e seguiu-os até a entrada da igreja.

– O cara sentado ali na escada. A mulher dele morreu semana passada. Leucemia. Eu diria que tem sido um período muito difícil. Vou investigá-lo de qualquer modo, mas...

– Sim, entendo. – Logan olhou em direção às portas fechadas da igreja. – Cuidarei dele. Me informe se alguma coisa mudar. – Sorriu para Tess e deu-lhe um tapinha afetuoso na mão. – Foi ótimo ver você.

– Até logo, monsenhor.

Viram-no sair no cortante frio da manhã de novembro. Em silêncio, voltaram para a igreja. No altar, realizava-se a Consagração.

Fascinada, Tess sentou-se para observar o ritual do pão e do vinho.

Pois este é o Meu corpo.

Cabeças curvaram-se, aceitando o símbolo e a dádiva. Ela achou lindo. O padre, as vestes tornando-o grande e largo no altar, ergueu a branca hóstia redonda. Depois consagrou o cintilante cálice de prata e ergueu-o em oferenda.

Em sacrifício, pensou Tess. Ele falara muito tempo em sacrifício. A cerimônia que ela achara linda, até um pouco pomposa, significaria sacrifício apenas para ele. Seu Deus era o do Antigo Testamento, justo, severo e sedento do sangue da submissão. O Deus do Dilúvio, de Sodoma e Gomorra. Ele não veria a linda cerimônia como uma ligação entre a congregação e o Deus de misericórdia e bondade, mas como um sacrifício para o Deus exigente.

Tess tomou a mão de Ben.

– Acho que ele se sentiria... completo aqui.

– Como?

Ela balançou a cabeça, sem saber como explicar.

Do altar vieram as palavras solenes:

– ...como recebestes a oferta de Abel, o sacrifício de nosso pai Abraão e os dons de Melquisedeque, um sacrifício sagrado, uma vítima imaculada.

– Uma vítima imaculada – repetiu Tess. – O branco da pureza. – Olhou para Ben com sombrio horror. – Não salvando. Não salvando tanto quanto sacrificando. E, quando ele está aqui, distorce tudo isso para reforçar o que faz. Não se desintegra aqui, aqui não. Nutre-se disso de maneira muito doentia.

Viu o padre consumir a hóstia e, após o sinal da cruz, beber o vinho. Símbolos, pensou. Mas até onde um homem os levara além dos símbolos da carne e do sangue?

O padre ergueu o pão eucarístico e falou em voz clara:

– Eis o Cordeiro de Deus, que tira o pecado do mundo. Senhor, eu não sou digno de que entreis em minha morada, mas dizei uma só palavra e serei salvo.

Membros da congregação começaram a retirar-se dos bancos e arrastar os pés pela nave para receber a comunhão.

– Acha que ele vai comungar? – murmurou Ben, vendo a fila mover-se devagar.

– Não sei. – Ela de repente sentiu frio, frio e insegurança. – Acho que precisaria. É renovador, não?

O corpo de Cristo.

– É, a ideia é essa.

O homem que virava as páginas do hinário levantou-se para ir ao altar. O outro que Ben vigiava continuava no banco, cabisbaixo, em oração ou num leve cochilo.

Outro ainda sentia no íntimo a necessidade e a saudade intensificarem-se com urgência. As mãos quase tremiam da intensidade. Queria a oferenda, a carne do Senhor para saciá-lo e lavar toda mancha de pecado.

Ficou ali sentado, enquanto vozes inundavam a igreja.

– Você nasceu em pecado – dissera-lhe a mãe. – Nasceu pecaminoso e indigno. É uma punição justa. Por toda a vida, cairá em pecado. Se morrer em pecado, sua alma estará condenada.

– Castigo – advertira-o o padre Moore. – Você precisa ser castigado pelo pecado antes que ele possa ser perdoado e absolvido. Castigo. Deus exige.

Sim, sim, ele entendia. Já começara o castigo. Levara quatro almas ao Senhor. Quatro almas perdidas, que buscavam pagar pela perda de Laura. A Voz exigira mais duas para o pagamento total.

– Eu não quero morrer. – Laura, em delírio, agarrara-lhe as mãos. – Não quero ir para o inferno. Faça alguma coisa. Ah, por favor, meu Deus, faça alguma coisa.

Ele sentiu vontade de tapar os ouvidos, ajoelhar-se no altar e receber a hóstia dentro de si. Mas não era digno. Até concluir a missão, não seria digno.

– O Senhor esteja convosco – disse o padre em alto e bom som.

– *Et cum spiritu tuo* – ele murmurou.

Tess deixou a brisa refrescante do lado de fora brincar no seu rosto e reanimá-la após mais de três horas de ofícios religiosos. A frustração retornara enquanto via os desgarrados da última missa encaminharem-se para os carros; frustração e uma sensação vaga, incômoda, de que ele estivera perto o tempo todo.

Enlaçou o braço no de Ben.

– E agora?

– Vou para a delegacia dar uns telefonemas. Lá vem o Roderick.

O outro desceu a escada, acenou com a cabeça para ela e espirrou três vezes no lenço.

– Desculpem.

– Você está com uma aparência péssima – comentou Ben, e acendeu um cigarro.

– Obrigado. O Pilomento está investigando a licença de uma placa de carro. Disse que um cara na frente dele murmurou consigo mesmo durante a última missa. – Guardou o lenço e tremeu um pouco de frio no vento. – Não sabia que estava aqui, Dra. Court.

– Achei que talvez pudesse ajudar. – Ela viu os olhos avermelhados e solidarizou-se quando ele foi tomado por um ataque de tosse. – Parece sério. Já foi ao médico?

– Estou sem tempo.

– Metade do departamento pegou gripe – explicou Ben. – Ed ameaçou usar uma máscara. – Pensando no parceiro, tornou a olhar a igreja. – Talvez eles tenham tido mais sorte.

– Talvez – concordou Roderick, respirando com dificuldade. – Vai para a delegacia?

– Vou, tenho que dar uns telefonemas. Faça-me um favor. Vá pra casa e tome alguma coisa para isso. A sua mesa fica no mesmo sentido do vento que a minha.

– Preciso fazer um relatório.

– Foda-se o relatório – disse Ben, e estremeceu ao lembrar que estava ao lado da igreja. – Mantenha os germes em casa por dois dias, Lou.

– É, talvez. Dá uma ligada se o Ed descobrir alguma coisa.

– E procure um médico – acrescentou Tess.

Ele conseguiu esboçar um leve sorriso e foi embora.

– Parece que já começou a tomar os pulmões dele – ela murmurou, mas, quando se virou de novo para Ben, viu que a mente dele estava em outro lugar. – Escute, sei que você está ansioso para dar telefonemas. Eu tomo um táxi para casa.

– Como?

– Eu disse que tomo um táxi pra casa.

– Por quê? Está cansada de mim?

– Não. – Para prová-lo, ela roçou os lábios nos dele. – Sei que você tem trabalho que precisa fazer.

– Então venha comigo. – Ele não queria deixá-la ir embora ainda, nem de abrir mão de qualquer tempo particular, descomplicado, que restasse do fim de semana. – Assim que eu terminar, podemos voltar para o seu apartamento e...

Curvou-se e mordiscou-lhe o lóbulo da orelha.

– Ben, não podemos fazer amor o tempo todo.

Com o braço em volta dela, ele se dirigiu ao carro.

– Claro que podemos. Eu vou mostrar a você.

– Não, é sério. Por motivos biológicos. Confie em mim, sou médica.

Ele parou junto à porta do carro.

– Que motivos biológicos?

– Estou morrendo de fome.

– Ah. – Ele abriu a porta para ela, contornou e ocupou o assento do motorista. – Tudo bem, a gente faz uma parada rápida no mercado no caminho. Você pode preparar o almoço.

– Eu?

– Eu preparei o café da manhã.

– Ah, preparou. – Ela recostou-se, achando atraente a ideia de uma aconchegante tarde de domingo. – Tudo bem, eu preparo o almoço. Espero que você goste de sanduíche de queijo.

Ele curvou-se para perto de Tess, de modo a roçar sua respiração nos lábios dela.

– Então vou mostrar a você o que as pessoas devem fazer nas tardes de domingo.

Ela adejou as pálpebras e semicerrou os olhos.

– E o que é?

– Tomar cerveja e ver futebol.

Ben beijou-a com força e ligou a ignição quando ela riu.

Ele os viu juntinhos no carro. Vira-a na igreja. Sua igreja. Era um sinal, claro, o fato de ela ir rezar na sua igreja. A princípio, isso o perturbara um pouco, mas depois compreendeu que fora guiada para lá.

Seria a última. A última, antes dele mesmo.

Viu o carro afastar-se, captou um vislumbre dos cabelos dela pela janela lateral. Um pássaro pousou no galho da árvore desnuda ao lado e olhou-o com brilhantes olhos negros, os da mãe. Ele foi para casa descansar.

12

— Acho que encontrei um lugar.

Ed estava sentado à sua mesa, martelando a máquina de escrever com os dedos indicadores.

– Ah, é?

Também sentado à sua mesa, Ben tinha mais uma vez à frente o mapa da cidade. Com toda paciência, traçava linhas com um lápis para ligar os locais dos assassinatos.

– Um lugar para quê?

– Para morar.

– Hum-hum.

Alguém abriu a geladeira e queixou-se em voz alta de que haviam roubado sua cerveja preta. Ninguém deu a mínima atenção. A equipe reduzira-se por causa da gripe e de um duplo homicídio perto da Universidade de Georgetown. Alguém colara um peru de cartolina numa das janelas, mas era o único sinal de alegria do feriado. Ben fez um círculo ao redor do prédio de Tess e olhou para o parceiro.

– E aí? Quando se muda?

– Depende. – O outro franziu a testa para as teclas, hesitou e reencontrou o ritmo. – Preciso ver se vai dar tudo certo com o contrato.

– Mandou matar alguém para poder alugar o apartamento?

– Contrato de venda. Merda, essa máquina de escrever está com defeito.

– Venda? – Ben largou o lápis e arregalou os olhos. – Vai comprar uma casa? *Comprar*?

– Isso mesmo. – Com toda paciência, Ed aplicou corretivo líquido no último erro, soprou-o e datilografou a correção. Mantinha uma lata de desinfetante perto do cotovelo. Se passava um colega com aparência de contagioso, borrifava a área.

– Foi você quem sugeriu.

– É, mas eu estava apenas... Comprar? – Para esconder seu pequeno delito, Ben empurrou alguns papéis na cesta de lixo, em cima da lata vazia de cerveja preta. – Que tipo de pardieiro você pode pagar com o salário de detetive?

– Algumas pessoas sabem poupar. Estou usando o meu capital.

– Capital? – Ben revirou os olhos e dobrou o mapa. Não estava chegando a lugar algum. – O cara tem capital – disse para a delegacia de forma geral. – Quando a gente menos espera, vem você e me diz que está especulando no mercado.

– Fiz alguns investimentos pequenos, conservadores. A maioria em concessionárias de serviços públicos.

– Serviços públicos. O único serviço público que você conhece é a conta de gás. – Ben examinou o parceiro com um olhar duvidoso. – Onde fica esse lugar?

– Tem alguns minutos?

– Tenho algum tempo de folga.

Ed retirou o relatório da máquina de escrever, lançou-lhe um olhar cauteloso e largou-o ao lado.

– Vamos dar um passeio de carro.

Não levou muito tempo. O bairro ficava no limite mais distante e rústico de Georgetown. Os conjuntos residenciais de casas pareciam mais cansados que distintos. As flores haviam simplesmente desistido pela falta de interesse e jaziam caídas, desbotadas, em meio a emaranhados de folhas não varridas. Alguém acorrentara uma bicicleta a um poste de luz. Fora depenada de tudo que era portátil. Ed parou junto ao meio-fio.

– Aí está.

A casa estreita tinha três andares e a porta da frente mal ficava a cinco passos da calçada. Duas das janelas haviam sido tapadas com ripas de madeira e as venezianas que não haviam caído pendiam tortas, como embriagadas. O revestimento de tijolos era antigo e desbotado, a não ser no lugar em que alguém escrevera com spray uma obscenidade. Ben saltou do carro, curvou-se sobre o capô e tentou não acreditar no que via.

– Uma beleza, não é?

– É, uma beleza. Ed, não tem calhas.

– Eu sei.

– Metade das janelas está quebrada.

– Pensei em substituir duas por vitrais.

– Não creio que tenham trocado as telhas desde a Depressão. A verdadeira.

– Estou dando uma olhada em algumas claraboias.

– Enquanto estiver fazendo isso, devia tentar uma bola de cristal. – Ben enfiou as mãos nos bolsos do paletó. – Vamos dar uma olhada lá dentro.

– Ainda não tenho a chave.

– Minha nossa! – Com um resmungo, Ben subiu três degraus de concreto quebrados, pegou a carteira e encontrou um cartão de crédito. A fechadura lamentável cedeu com facilidade. – Sinto que devia passar pela porta com você nos braços.

– Compre a sua própria casa.

O corredor era cheio de teias de aranha e excrementos de roedores variados. O papel que revestira as paredes desbotara-se e ficara cinza. Um besouro gordo de casca grossa rastejava ocioso.

– Quando Vincent Price desce a escada?

Ed olhou em volta e viu um castelo que apenas precisava de alguns reparos.

– Só precisa de uma boa limpeza.

– E de um exterminador. Tem ratos?

– No porão, acho – respondeu Ed, despreocupado, e entrou no que outrora fora um salão encantador.

Estreito e de pé-direito alto, tinha as aberturas do que seriam janelas de mais de 1,5 metro tapadas com madeira. A pedra da lareira, embora intacta, fora despojada da abóbada que a encimava. Os pisos, sob uma camada de poeira e sujeira, bem poderiam ser de carvalho.

– Ed, este lugar...

– Tem um potencial esplêndido. A cozinha possui um forno de alvenaria embutido na parede. Sabe qual é o gosto de um pão saído de um forno de alvenaria?

– Não se compra uma casa para assar pão. – Ben voltou ao corredor e atravessou-o vigiando o piso à procura de sinais de vida.

– Nossa, tem um buraco no teto aqui. A porra de um buraco de mais de 1 metro.

– Esse é o primeiro da minha lista – comentou Ed, juntando-se a ele.

Os dois ficaram um instante em silêncio, olhando o buraco.

– Você não está falando de uma lista, mas de um compromisso para toda a vida. – Enquanto olhavam, uma aranha do tamanho de um polegar grande caiu de repente aos pés dos dois com um considerável barulho. Mais que repugnado, Ben afastou-a para longe com um chute. – Não acredito que esteja falando sério sobre este lugar.

– Claro que sim. Chega uma hora em que a gente tem vontade de se assentar.

– Não me levou a sério sobre a ideia de se casar também, levou?

– Um lugar só da gente – continuou Ed, plácido. – Um escritório, talvez um jardim. Há um bom lugar para plantar ervas nos fundos. Um lugar como este me daria uma meta. Estou planejando reformar um cômodo de cada vez.

– Vai levar cinquenta anos.

– Não tenho nada melhor para fazer. Quer ver lá em cima?

Ben deu outra olhada no buraco.

– Não, quero viver. Quanto? – perguntou sem rodeios.

– Setenta e cinco.

– Setenta e cinco? Setenta e cinco *mil*? Dólares?

– Os imóveis andam muito caros em Georgetown.

– Georgetown? Puta que pariu, isto não é Georgetown. – Algo maior que a aranha rastejou apressada num canto. Ben pegou a arma. – O primeiro rato que eu vir vai levar bala.

– É só um rato-do-mato. – Ed pôs a mão tranquilizadora no ombro do companheiro. – Os ratos costumam ficar no porão ou no sótão.

– Eles têm contrato de aluguel? – Ben manteve a arma segura. – Escute, Ed, os corretores e construtores alargam os limites para poder chamar isso de Georgetown e fazer idiotas como você pagarem 75 mil dólares.

– Ofereci apenas 70 mil.

– Ah, isso muda muita coisa. Ofereceu apenas 70 mil. – Ele ia recomeçar a andar, mas topou com uma magnífica teia de aranha. Xingando, lutou para desemaranhar-se. – Ed, são aquelas sementes de girassol. Você precisa de carne malpassada.

– Você está se sentindo responsável.

Ed sorriu, incrivelmente satisfeito enquanto se dirigia à cozinha.

– Não, não estou. – Ben enfiou as mãos nos bolsos. – Sim, merda, estou.

– Esse é o jardim. O meu jardim – salientou Ed quando o amigo o seguiu. – Acho que posso cultivar manjericão, alecrim, talvez lavanda naquele lugarzinho ali logo depois das janelas.

Ben viu um pedaço de terra, coberto de mato na altura do joelho, grande o bastante para apenas duas passadas do cortador de grama elétrico.

– Você tem trabalhado demais. Esse caso está nos deixando todos lunáticos. Ed, ouça com atenção as minhas palavras, e tente se lembrar delas. Madeira podre. Carunchos. Cupim. Animais e insetos daninhos.

– Vou fazer 36 anos.

– E daí?

– Nunca tive uma casa própria.

– Porra, todo mundo faz 36 anos um dia, mas nem todo mundo tem casa própria.

– Eu nunca nem sequer morei numa. Sempre vivi em apartamento.

A cozinha cheirava a décadas de gordura, mas, dessa vez, Ben nada disse.

– Tem um sótão. Daqueles que a gente vê nos programas de tevê onde há baús, móveis antigos e chapéus engraçados. Gosto disso. Vou reformar primeiro a cozinha.

Ben fitou o lamentável amontoado de mato.

– Vapor – disse. – É a melhor maneira de soltar esse papel de parede velho.

– Vapor?

– É. – Ele pegou um cigarro e riu. – Vai precisar de muito. Namorei uma mulher que trabalhava numa loja de tintas. Marli... é, acho que se chamava Marli. É provável que ainda me dê um desconto.

– Namorou alguém que trabalhava num depósito de madeira?

– Vou verificar. Vamos, preciso dar um telefonema.

Pararam em uma cabine telefônica a poucos quilômetros dali. Ben encontrou uma moeda de 25 centavos e ligou para o consultório de Tess, enquanto Ed entrava numa loja de conveniência.

– Consultório da Dra. Court.

– Detetive Paris.

– Sim, detetive Paris, só um momento.

Ouviu-se um estalo, silêncio, e depois outro estalo.

– Ben?

– Como vai, doutora?

– Muito bem. – Enquanto falava, ela arrumava a mesa. – Saindo para a clínica.

– A que horas termina?

– Em geral, às cinco e meia, talvez seis.

Ele conferiu as horas e transferiu o resto de seu horário.

– Ótimo. Passo para pegar você.

– Não precisa...

– Preciso, sim. Quem está aí com você hoje?

– Como assim?

– Quem está fazendo a vigilância do consultório? – explicou Ben, e tentou encontrar um canto na cabine onde o vento não o alcançasse.

– Ah, o sargento Billings.

– Bom. – Ele protegeu um fósforo com as mãos ao acender um cigarro e desejou muito não ter esquecido as luvas. – Mande Billings levar você até a clínica.

Silêncio. Ben percebeu o mau humor dela e sentiu-se tentado a sorrir.

– Não vejo motivo algum para não poder ir no meu carro sozinha até a clínica, como faço toda semana nos últimos anos.

– Não estou pedindo que veja um motivo, Tess. Tenho muitos. Até as seis.

Desligou, sabendo que ela iria continuar com o telefone na mão até poder desligá-lo tranquilamente. Não iria gostar de fazer uma coisa tão infantil e típica quanto batê-lo.

Ele tinha razão. Tess contou de trás para a frente a partir de cinco, devagar, e repôs tranquilamente o receptor no aparelho. Mal o largara quando Kate a chamou de novo pelo interfone.

– Sim?

Precisou se esforçar para não ser ríspida.

– Tem outra ligação na linha 2. Ele não quis dar o nome.

– Tudo bem, eu... – Ela sentiu o estômago se contrair e soube. – Eu atendo, Kate.

Fitou o botão que piscava devagar.

– Aqui é a Dra. Court.

– Eu a vi na igreja.

– Sim. – As instruções que recebera dispararam-lhe pela mente. Tente mantê-lo na linha. – Eu tinha esperança de encontrá-lo lá, para conversarmos de novo. Como se sente?

– Você estava lá. Agora entende.

– Entendo o quê?

– Entende a grandeza. – O homem tinha a voz calma. Uma decisão alcançada, a fé confirmada. – Os sacrifícios que nos mandam fazer são muito pequenos comparados com as recompensas da obediência. Fiquei feliz que estivesse lá, para que possa entender. Eu tinha dúvidas.

– Que tipo de dúvidas?

– Sobre a missão. – Ele baixou a voz, como se até sussurrar de dúvida fosse pecado. – Porém, não tenho mais.

Tess aproveitou a oportunidade:

– Onde está Laura?

– Laura. – Ela podia ouvir as lágrimas. – Laura está esperando no purgatório, sofrendo, até eu expiar seus pecados. É responsabilidade minha. Não tem ninguém além de mim e a Virgem Maria para interceder por ela.

Então Laura estava morta. Agora Tess podia ter certeza.

– Você deve tê-la amado muito.

– Era a melhor parte de mim. Éramos unidos antes do nascimento. Agora preciso impor o castigo por ela, antes de podermos nos juntar após a morte. Você entende agora, pois foi à igreja. A sua alma vai se juntar às outras. Eu a absolverei em nome do Senhor.

– Não pode matar de novo. Laura não ia querer que matasse de novo.

Silêncio... três, quatro, cinco segundos.

– Achei que tinha entendido.

Tess reconheceu o tom, a acusação, a traição. Ia perdê-lo.

– Acho que entendo. Caso contrário, preciso que me explique. Quero entender. Por isso quero me encontrar com você.

– Não, é mentira. Você é cheia de pecados e mentiras.

Ela ouviu-o rezar o pai-nosso antes de a ligação cair.

Quando Ben retornou à sala da equipe da divisão de homicídios, encontrou Maggie Lowenstein em pé junto a sua mesa. Fez-lhe um sinal, apoiando o telefone na orelha para ficar com as mãos livres.

– Ela não consegue ficar longe de mim – disse Ben a Ed.

Começou a passar um braço em volta dela, mirando o saco de confeitos de passas cobertas por chocolate na mesa.

– Ele ligou para a Dra. Court de novo – disse Maggie.

A mão dele imobilizou-se.

– Quando?

– A ligação foi feita às 11h21.

– Localizaram a origem?

– Sim. – Ela ergueu um bloco da mesa e entregou-lhe. – Delimitaram essa área. Tem de ser entre essas quatro quadras. Goldman disse que ela se saiu muito bem.

– Deus do céu, nós estávamos bem ali. – Ele largou o bloco de volta na mesa de Maggie. – Talvez tenhamos passado de carro por ele.

– O capitão mandou Bigsby, Mullendore e alguns policiais uniformizados vasculharem a área em busca de testemunhas.

– Vamos dar uma mãozinha a eles.

– Ben. Ben, espere. – Ele parou, virando-se com impaciência. Maggie apertou o bocal do telefone no ombro. – Estão mandando uma transcrição do telefonema para o capitão. Acho que você vai querer ver.

– Ótimo, leio quando voltar.

– Acho que você vai querer ver agora, Ben.

O trabalho de algumas horas na clínica Donnerly bastou para afastar o nervosismo da mente de Tess. Os pacientes ali variavam de executivos maníaco-depressivos a drogados de rua em crise de abstinência. Uma vez por semana, duas se o seu horário permitisse, ia à clínica trabalhar com a equipe de médicos. Via alguns dos pacientes apenas uma ou duas vezes, outros semana após semana, mês após mês.

Trabalhava voluntariamente ali, quando podia, porque não era um hospital de elite aonde os ricos iam quando queriam lidar com seus problemas ou a dependência se tornava difícil demais. Tampouco era uma clínica simples e secundária dirigida por idealistas com pouco dinheiro, mas uma instituição capaz, lutando para se manter de pé, que aceitava os enfermos emocionais e os doentes mentais de todas as camadas.

Uma mulher no segundo andar, que sofria de Alzheimer, costurava bonecas para as netas e depois brincava com elas quando esquecia que tinha netas. Um homem achava que era John Kennedy e passava a maior parte dos dias redigindo discursos inofensivos. Os pacientes mais violentos eram mantidos no terceiro andar, onde havia uma segurança mais rígida. As grossas portas de vidro ficavam trancadas e as janelas tinham barras de ferro.

Tess passou quase a tarde toda ali. No fim do dia, beirava o esgotamento. Durante quase uma hora, estivera em sessão com um esquizofrênico paranoico que vociferara obscenidades e depois atirara a bandeja do almoço nela, antes de ser contido por dois enfermeiros. Ela própria lhe dera uma injeção de Torazina, mas não sem pesar. O esquizofrênico ficaria sob o efeito de medicamentos pelo resto da vida.

Quando tornou a acalmar-se, Tess deixou-o para ter alguns momentos de sossego na sala da equipe médica. Ainda tinha de ver mais uma paciente: Lydia Woods, mulher de 37 anos que cuidara de uma casa com três filhos, tivera emprego em horário integral como corretora de ações e trabalhara como presidente do Congresso Nacional de Pais e Filhos. Preparara refeições de gourmet, participara de todas as atividades escolares e fora nomeada Empresária do Ano. A nova mulher, que podia ter tudo e cuidar de tudo.

Dois meses antes, tivera um acesso violento durante uma peça teatral da escola. Sofrera convulsões e um ataque que muitos dos pais, horrorizados, tomaram por epilepsia. Quando a levaram para o hospital, descobriu-se que estava sofrendo com a abstinência de uma dependência tão séria quanto a de heroína.

Lydia Woods mantivera coeso seu mundo perfeito à base de muito Valium e álcool, até o marido ameaçar pedir o divórcio. Para provar sua força, ela suspendera de forma brusca a ingestão do remédio e da bebida e ignorara as reações físicas, numa tentativa desesperada de manter a vida estruturara.

Agora, embora a doença física estivesse sob controle, ela vinha sendo obrigada a lidar com as causas e as consequências.

Tess tomou o elevador e desceu até o primeiro andar, onde solicitou o arquivo de Lydia. Após examiná-lo, enfiou-o debaixo do braço e dirigiu-se ao quarto da paciente no fim do corredor. A mulher deixava a porta aberta, mas ela bateu antes de entrar.

As cortinas estavam fechadas e o quarto, escuro. As flores ao lado da cama exalavam um perfume leve, doce e esperançoso. Deitada enroscada, Lydia fitava a parede vazia. Não percebeu a presença da médica.

– Olá, Lydia. – Tess pôs o arquivo numa pequena mesa e olhou o quarto em volta. As roupas que a paciente usara na véspera amontoavam-se num canto. – Está escuro aqui – disse, e encaminhou-se para a cortina.

– Eu gosto que fique escuro.

Tess olhou a figura na cama. Era hora de impor-se.

– Eu, não – anunciou e abriu a cortina.

Quando a luz inundou o quarto, Lydia rolou na cama e dirigiu-lhe um olhar furioso. Não se preocupara com os cabelos e a maquiagem, e tinha uma expressão contraída de ressentimento.

– O quarto é meu.

– Sim, é. Pelo que eu soube, você tem passado tempo demais sozinha nele.

– E que diabos se espera que a gente faça aqui? Faça cestas com as frutas e nozes?

– Você poderia tentar sair para um passeio no jardim.

Tess sentou-se, mas não tocou no arquivo.

– Não tenho nada a ver com esse lugar. Não quero ficar aqui.

– É livre para ir embora quando quiser. – A doutora a observou sentar-se e acender um cigarro. – Isso não é uma prisão, Lydia.

– É fácil para você dizer isso.

– Foi você quem assinou o registro de internação. Quando sentir que está pronta, pode assinar o registro de alta.

Lydia nada disse e continuou a fumar em pensativo silêncio.

– Estou vendo que o seu marido veio visitá-la ontem.

A mulher olhou as flores e desviou o olhar.

– E daí?

– O que sentiu quando o viu?

– Ah, eu adorei – ela respondeu, irritada. – Adorei ele ter vindo aqui para me ver desse jeito. – Agarrou um punhado dos cabelos não lavados. – Eu disse a ele que devia trazer as crianças para verem que bruxa horrorosa é a mãe delas.

– Sabia que ele vinha?

– Sabia.

– Tem um chuveiro ali. Xampu, maquiagem.

– Não foi você quem disse que eu me escondia por trás das coisas?

– Usar remédios e álcool como muleta não é o mesmo que fazer um esforço para ficar bonita para o marido. Você queria que ele a visse assim, Lydia. Por quê? Para que fosse embora sentindo pena de você? Culpado?

A flecha acertou o alvo e desencadeou as chamas, como Tess esperava.

– Apenas cale a boca. Não é da sua conta.

– O seu marido trouxe essas flores? São lindas.

Lydia olhou-as mais uma vez. Davam-lhe vontade de chorar, perder a aspereza do ressentimento e de fracasso que eram agora sua defesa. Pegou o vaso e atirou as flores contra a parede.

No corredor do lado de fora, onde o haviam mandado esperar, Ben ouviu uma pancada estrondosa. Já se levantara da cadeira e dirigia-se à porta aberta quando uma enfermeira o deteve:

– Lamento, senhor, realmente não pode entrar. A Dra. Court está com uma paciente.

Barrando-lhe a passagem, ela própria foi para a porta.

– Ah, Sra. Rydel. – Ben ouviu a voz de Tess, serena e inalterada, quando se dirigiu à enfermeira. – Poderia trazer uma lata de lixo e um pano de chão para a Sra. Woods limpar isso?

– Não vou limpar! – gritou Lydia. – O quarto é meu e não vou limpar.

– Então tomaria cuidado ao andar, para não cortar os pés nos cacos de vidro.

– Eu odeio você. – Como a médica sequer se contraiu, a paciente gritou ainda mais alto: – Odeio você! Não me ouviu?

– Sim, ouvi muito bem. Mas me pergunto se está gritando comigo, Lydia, ou consigo mesma.

– Quem diabos você pensa que é? – Violenta, ela levantou e baixou a mão como um bate-estacas para apagar o cigarro. – Vem aqui semana após semana com seu ar presunçoso, hipócrita, metida nesses terninhos bonitos, elegantes, e espera que eu dispa a minha alma? A Srta. Sociedade Perfeita, que trata de neurastênicos como passatempo, depois volta para casa e se esquece deles?

– Eu não os esqueço, Lydia.

Embora a voz de Tess estivesse tranquila, num direto contraste, no corredor, Ben a ouviu.

– Você me dá nojo. – Lydia levantou-se da cama pela primeira vez naquele dia. – Não aguento ver você com os seus sapatos italianos, os brochinhos de ouro e essa perfeição de "eu nunca suo".

– Não sou perfeita, Lydia, ninguém é. Ninguém tem de ser para merecer amor e respeito.

As lágrimas afloraram, mas Tess não se levantou para reconfortá-la.

– O que você sabe sobre erros? Que diabos sabe sobre como eu vivia? Droga, eu fazia as coisas funcionarem. Eu fazia.

– É, fazia. Mas nada funciona para sempre se nos recusarmos a aceitar erros.

– Eu era tão boa quanto você. Melhor. Tinha roupas como as suas e um lar. Odeio que você venha aqui e me lembre disso. Saia. Apenas saia e me deixe em paz.

– Tudo bem. – Tess levantou-se, levando o arquivo consigo. – Voltarei na semana que vem. Antes, se você quiser que eu venha. – Foi até a porta e virou-se. – Você ainda tem um lar, Lydia. – Parada na porta, a enfermeira segurava a lata de lixo e o pano de chão. Tess pegou-os e encostou-os na parede do quarto. – Vou pedir para trazerem um vaso novo para essas flores.

Cruzou a porta e fechou os olhos um instante. Aquele tipo de ódio violento, mesmo quando vinha de uma enfermidade, e não do coração, nunca era fácil de engolir.

– Doutora?

Tess logo se recompôs e abriu os olhos. Viu Ben a poucos passos.

– Chegou cedo.

– É. – Ele se aproximou e passou a mão no braço dela. – Que diabos faz num lugar como esse?

– O meu trabalho. Você vai precisar esperar um minuto. Tenho que anotar algumas coisas neste arquivo.

Ela atravessou o corredor até o posto das enfermeiras, conferiu as horas e começou a escrever.

Ben observava-a. No momento, não parecia afetada de modo algum pela horrível cena que ele ouvira sem querer. Tinha o rosto calmo ao escrever com o que o detetive sabia ser uma letra muito profissional. Mas também vira um rápido momento de vulnerabilidade quando ela saíra no corredor. Não insensível, mas incrivelmente controlada. Ele não gostou disso, como não gostava daquele lugar de paredes brancas, limpas e rostos infelizes sem expressão.

Tess devolveu o arquivo à enfermeira, disse em voz baixa algumas coisas que ele julgou serem referentes à mulher que acabara de repreendê-la e tornou a olhar o relógio.

– Desculpe ter feito você esperar – disse quando retornou. – Tenho que pegar o meu casaco. Por que não me espera lá fora?

Quando saiu, encontrou-o à espera na margem do gramado, fumando sem parar.

– Você não me deu chance ao telefone de dizer que não queria que se incomodasse com tudo isso. Tenho feito o caminho de ida e volta até a clínica há muito tempo.

Ele largou o cigarro e esmagou-o com cuidado.

– Por que aguenta toda aquela merda dela?

Tess inspirou fundo antes de passar o braço no dele.

– Onde estacionou?

– Deve ser merda psiquiátrica responder a perguntas com perguntas.

– É. Escute, se ela não me atacasse, eu não estaria fazendo o meu trabalho. É a primeira vez que de fato chegamos a algum lugar desde que comecei a vê-la. Agora, onde estacionou? Está frio.

– Ali. – Mais que feliz por deixar a clínica para trás, Ben começou a andar com ela. – Ele ligou para você de novo.

– É, logo depois de você. – Queria desesperadamente tratar aquilo com a mesma facilidade profissional que tinha com os pacientes na clínica. – Conseguiram rastreá-lo?

– Limitamos a duas quadras. Ninguém viu nada. Continuamos trabalhando.

– A Laura dele morreu.

– Eu já tinha imaginado. – Ben pôs a mão na porta do carro e tornou a soltá-la. – Da mesma forma que imagino que você seja o próximo alvo.

Ela não empalideceu nem estremeceu. Ele não esperava que o fizesse. Apenas assentiu com a cabeça, aceitando, e pôs a mão no braço dele.

– Você me faria um favor?

– Posso tentar.

– Não vamos falar disso esta noite. Em hipótese alguma.

– Tess...

– Por favor. Tenho que ir à delegacia com você amanhã e falar com o capitão Harris. Não é cedo o suficiente para digerir tudo isso?

Ele colocou as mãos geladas no rosto dela.

– Não vou deixar nada acontecer com você. Não importa o que eu precise fazer.

Tess sorriu e colocou as mãos no pulso dele.

– Então não tenho nada com que me preocupar, não é?

– Eu gosto de você – ele disse, com todo cuidado. Era o mais próximo de uma declaração a que já chegara com uma mulher. – Quero que saiba disso.

– Então me leve pra casa, Ben. – Ela deslizou os lábios para a palma da mão dele. – E me mostre.

13

O homem da manutenção enxugava mal-humorado uma poça cor de lama no corredor diante da sala dos detetives. Sob o cheiro forte do desinfetante de pinho pairavam vestígios de odores mais humanos. A máquina que despejava um café fraco e, quando de bom humor, chocolate quente, estava encostada como um soldado ferido na companheira que liberava barras de chocolate Hershey's puro e com amendoim. Um monte de copos de isopor estava espalhado pelo piso de cerâmica. Ben conduziu Tess e contornou o pior da desordem.

– A máquina de café pifou de novo?

O homem de macacão e cabelos grisalhos empoeirados olhou por cima do cabo do esfregão.

– Vocês precisam parar de chutar as máquinas. Olhe essa mossa. Criminosos.

– É. – Ben disparou um olhar de aversão à máquina de chocolates. Tratara de acrescentar mais uma nova mossa na véspera quando perdera outros 50 centavos. – Alguém tem de investigar. Cuidado com os sapatos, doutora.

Levou-a à sala da equipe, onde às 8 horas os telefones já tocavam estridentes.

– Paris. – Maggie Lowenstein atirou um copo de papel em direção à cesta de lixo; o copo bateu na borda e deslizou para dentro. – A filha do capitão teve neném ontem à noite.

– Ontem à noite?

O detetive parou junto a sua mesa à procura de recados. O da mãe lembrou-lhe que fazia quase um mês que ele não aparecia.

– Às 22h35.

– Merda, não podia ter esperado mais dois dias? Apostei no décimo quinto dia do mês. – Ainda havia uma chance, ele imaginou, se a jovem tivesse cooperado e fosse um menino. – Qual é o sexo?

– Menina, quase 4 quilos. O Jackson acertou na mosca.

– Era de esperar.

Ela se levantou e deu uma rápida varredura profissional em Tess. Avaliou o preço da bolsa de pele de cobra em 150 paus e sentiu uma leve pontada inofensiva de inveja.

– Bom dia, Dra. Court.

– Bom dia.

– Ah, se quiser café ou alguma coisa, estamos usando a cafeteira da sala de conferência até acabar a faxina. Vamos nos reunir lá em alguns minutos.

O perfume era francês, coisa autêntica, deduziu Maggie, dando uma rápida e discreta inspirada no ar.

– Obrigada, eu espero.

– Por que não se senta até o capitão estar pronto? – sugeriu Ben, olhando em volta à procura de uma cadeira limpa. – Tenho de retornar dois telefonemas.

Ouviu-se uma enxurrada de obscenidades do corredor e, em seguida, uma pancada metálica. Tess virou-se e viu a água suja do balde escorrer pelo corredor. Então tudo fugiu ao controle.

Um negro magricela com as mãos algemadas chegou até a entrada, e um homem de casaco prendeu-o numa chave de pescoço.

– Olhe o meu chão! – Quase dançando de fúria, o responsável pela manutenção surgiu no campo visual. Girou o esfregão, espirrando tudo. – Vou me queixar ao sindicato. Ah, se vou!

O prisioneiro estrebuchou e contorceu-se como uma truta fora d' água, enquanto o policial responsável tentava manter o domínio.

– Tire esse esfregão molhado da minha cara.

Ofegando e meio ruborizado, o policial procurava evitar o dilúvio seguinte, e o prisioneiro emitiu um gemido alto, choroso.

– Merda, Mullendore, não consegue controlar os seus prisioneiros? – Sem pressa, Ben aproximou-se para ajudar, e o homem deu um jeito de cravar os dentes na mão do policial. O baixo grunhido de um xingamento veio à tona antes que o prisioneiro se soltasse e se precipitasse sobre Ben. – Deus do céu, me dê uma mão, sim? Esse cara é um animal.

Mullendore lançou-se com força à frente, espremendo o prisioneiro entre eles. Por um momento, pareciam prontos para dançar uma rumba. Então os três perderam a firmeza dos pés no piso molhado e caíram amontoados.

Ao lado de Tess, Maggie assistia com as mãos confortáveis nos quadris.

– Não devia apartá-los? – perguntou Tess em voz alta.

– O cara está algemado e talvez pese menos de 50 quilos. Vão acabar com isso num minuto.

– Não vão me pôr numa cela! – o preso rolou, debateu-se e gritou, conseguindo atingir em cheio a virilha de Ben com o joelho. Por reflexo, o detetive deu um golpe com o cotovelo e acertou-o sob o queixo. Quando o outro apagou, ele desabou em cima, com Mullendore arfando ao lado.

– Obrigado, Paris. – Mullendore ergueu a mão para examinar as marcas de dentes. – Droga, na certa vou precisar de uma injeção. O cara enlouqueceu quando entramos no prédio.

Ben conseguiu pôr-se de quatro. Aos poucos foi controlando a respiração ofegante, mas a dor nas partes baixas ainda estava forte. Tentou falar, arrastou outro arquejo sibilante e tentou mais uma vez:

– O filho da mãe enfiou meus colhões na barriga.

– Sinto muito, Ben. – Mullendore pegou um lenço e o enrolou na mordida. – Mas ele parece muito pacífico agora.

Com um grunhido, Ben arrastou-se e sentou-se no chão, apoiado na parede.

– Pelo amor de Deus, trancafie o cara antes que ele volte a si.

Ficou ali sentado, enquanto o policial erguia o prisioneiro inconsciente. A água fria da lavagem, suja de café, encharcara-lhe os joelhos e as coxas da calça jeans e borrifara a camisa.

Mesmo quando escorreu para os fundilhos, ele continuou sentado, perguntando-se por que o joelho que atingira seu orgulho tinha de ser tão ossudo.

Ao atravessar o corredor para uma nova rodada de água e sabão, o homem da manutenção agitou o esfregão no balde.

– Vou falar com o representante do sindicato. Já tinha quase terminado aquele piso.

– Folga dura.

Ben lançou-lhe um olhar quando a dor entre as pernas subiu palpitante até a cabeça.

– Não se preocupe com isso, Paris. – Maggie apoiou-se na porta, evitando com todo cuidado o riacho. – As chances são de que continue sendo um garanhão.

– Não enche o meu saco.

– Querido, você sabe que o meu marido é um homem ciumento.

Tess ajoelhou-se ao lado dele, com um solidário muxoxo. Afagou-lhe a face com delicadeza, mas tinha os olhos iluminados pelo riso.

– Tudo bem com você?

– Ah, esplêndido. Gosto de absorver café pela pele.

– Trabalho de executivo, certo?

– É, certo.

– Quer se levantar?

– Não.

Ele resistiu a levar a mão entre as pernas para certificar-se de que tudo estava no lugar.

Ela não conseguiu abafar muito a risada quando tapou a boca com a mão. O olhar demorado e estreito que Ben lhe lançou só piorou a situação. A voz saiu esganiçada:

– Você não pode ficar sentado aí o dia todo, numa poça e cheirando ao piso de um bar que não foi lavado a semana inteira.

– Fantástico o seu jeito delicado de médica, doutora. – Ele tomou-lhe o braço enquanto ela travava uma batalha perdida contra o riso. – Basta um bom puxão e ponho você aqui ao meu lado.

– Então vai ter de lidar com todas aquelas ramificações da culpa. Para não falar da conta da tinturaria.

Ed atravessou o corredor, ainda todo agasalhado. Como evitava o pior da umidade, raspou o restante do iogurte do desjejum. Lambendo a colher, parou diante do parceiro.

– Bom dia, Dra. Court.

– Belo dia.

– Mas um pouco frio.

– O homem da meteorologia disse que vai chegar a 10 graus essa tarde.

– Ah, vocês dois são uma perturbação da ordem pública – disse Ben. – Uma verdadeira perturbação.

Tess pigarreou.

– Ben sofreu um pequeno acidente.

Ed ergueu as bastas sobrancelhas ao ver o riacho que passava pelo corredor.

– Só guarde o seu humor de calouro embonecado pra si mesmo.

– Calouro embonecado. – Ed rolou a palavra em volta da boca, impressionado. Entregou a embalagem vazia a Tess, enfiou as mãos sob as axilas do colega e sem esforço içou o parceiro sobre os pés. – Sua calça está molhada.

– Tive de conter um prisioneiro.

– É? Bem, coisas assim acontecem no meio de toda essa tensão e excitação.

– Vou até o meu armário – resmungou Ben. – Veja se a doutora não se machucou de tanto rir.

Espalhou água, pisando com as pernas meio abertas no corredor.

Ed pegou a embalagem do iogurte e a colher de plástico de Tess.

– Quer um pouco de café?

– Não – ela conseguiu dizer, abafando um pouco a palavra. – Acho que já tomei demais.

– Só um minuto e eu levo você até o capitão Harris.

Reuniram-se na sala de conferências. Embora o aquecedor emitisse um esperançoso zumbido mecânico, o piso continuava gelado. Harris não conseguira que instalassem o carpete. Haviam fechado as persianas, numa tentativa infrutífera de isolar as janelas. Alguém afixara um cartaz que exortava os Estados Unidos a pouparem energia.

Tess sentou-se à mesa, com Ed refestelado ao lado. Um leve perfume de jasmim emanava do chá. Maggie Lowenstein equilibrava-se na borda de uma pequena mesa, balançando, distraída, a perna. Curvado numa cadeira, Bigsby tinha no colo uma enorme caixa de lenços de papel. De vez em quando, assoava o nariz já vermelho. A gripe de Roderick mantivera-o na cama.

Harris postou-se junto a um quadro verde, no qual estavam alinhados os nomes e outras informações pertinentes sobre as vítimas. Um mapa da cidade aberto na parede fora perfurado com quatro bandeiras azuis e havia um quadro de cortiça ao lado. Fotos brilhantes das mulheres assassinadas haviam sido presas com tachas.

– Temos as transcrições dos telefonemas que a Dra. Court recebeu.

As palavras soaram tão frias, profissionais, pensou Tess. Transcrições. Não poderiam sentir a dor nem a doença em transcrições.

– Capitão Harris. – Ela remexeu nas próprias anotações no colo. – Eu trouxe um relatório atualizado, com as minhas opiniões e o meu diagnóstico. Mas sinto que seria útil explicar esses telefonemas ao senhor e a seus policiais.

Com as mãos nas costas, Harris apenas assentiu. O prefeito, a mídia e o senador estavam nos seus calcanhares. Queria tudo concluído, bem concluído, para poder passar algum tempo babando pela neta recém-nascida. Vê-la através do vidro do berçário quase o fizera acreditar que a vida tinha seus pontos positivos.

– O homem que entrou em contato comigo ligou porque sente medo de si mesmo. Não consegue mais controlar a própria vida, mas tem sido controlado pela doença. O último... – Seu olhar foi atraído para a foto de Anne Reasoner. – O último assassinato não fazia parte do plano. – Ela umedeceu os lábios e ergueu os olhos apenas por um instante quando Ben entrou. – Ele me esperava... a mim especificamente. Não temos como saber ao certo como se concentrou nas outras vítimas. No caso de Barbara Clayton, quase podemos ter certeza de que foi coincidência. O carro dela pifou. Ele estava lá. No meu caso, é muito mais aprimorado, pois ele viu o meu nome e a minha foto no jornal.

Interrompeu-se um momento, esperando que Ben se instalasse na cadeira ao lado. Em vez disso, ele continuou nos fundos e encostou-se na porta fechada, separado dela pela mesa.

– A parte racional da mente desse homem, que o mantém funcionando no dia a dia, se esgotou. Eu represento a ajuda, alguém que não o condena totalmente. Alguém que afirma entender pelo menos parte da sua dor, que se parece o suficiente com Laura para despertar sentimentos de amor e completo desespero.

"Acho correto dizer que ele me esperou na noite do assassinato de Anne Reasoner porque queria falar comigo, explicar a razão de fazer... o que estava prestes a fazer. A julgar pelas próprias investigações de vocês, também acho correto dizer que ele não sentiu essa necessidade de explicar com nenhuma das outras. Nas transcrições, verão que, de vez em quando, ele me pede que o entenda. Sou, digamos assim, uma dobradiça. A porta dele se abre nos dois sentidos.

Juntou as palmas das mãos, movendo-as para a frente e para trás, numa demonstração.

– Ele me pede ajuda, então a doença o domina e o faz querer apenas concluir o que começou. Mais duas vítimas – disse com toda a calma. – Em sua mente, mais duas vítimas a serem salvas. Eu, depois ele próprio.

Ed fez pequenas e organizadas anotações na margem de suas transcrições.

– O que vai impedi-lo de sair e matar outra pessoa por não conseguir chegar até você?

– Precisa de mim. A essa altura, já entrou em contato comigo três vezes, me viu na igreja. Lida com sinais e símbolos. Eu estava na igreja, na igreja dele. Pareço Laura. E disse que queria ajudar. Quanto mais próximo se sente de mim, mais necessário se torna completar a missão comigo.

– Ainda acha que ele vai agir no dia 8 de dezembro?

Embora Maggie tivesse as transcrições na mão, não as olhava.

– Acho. Não creio que poderia quebrar mais uma vez o padrão. Anne Reasoner exigiu demais. A mulher errada, a noite errada.

Tess sentiu o estômago se contorcer antes de endireitar-se e controlar a emoção.

– Não é possível que pelo fato de ele estar tão fixado assim em você, procure-a mais cedo? – perguntou Ed.

– Sempre é possível. A doença mental tem poucos absolutos.

– Vamos continuar com a proteção durante 24 horas – interveio Harris. – Manteremos a escuta no telefone e os guardas até ele ser capturado. Nesse meio-tempo, queremos que continue com sua rotinas pessoal e profissional. Ele tem vigiado você, por isso sabe quais são. Se ficar acessível, talvez possamos atraí-lo.

– Por que não diz logo o principal a ela? – Da porta, Ben sugeriu sem se alterar, as mãos nos bolsos e a voz relaxada. Tess teve apenas de olhar nos olhos dele para ver o que se passava em seu íntimo. – Você quer usá-la como isca.

Harris encarou-o, mas não alterou o volume nem o tom da voz quando tornou a falar:

– A Dra. Court foi escolhida. O que eu quero não tem tanta importância quanto o que o assassino quer. Por isso é que ela terá o nosso pessoal em casa, no consultório e até no supermercado.

– Ela devia ficar protegida em casa durante as próximas duas semanas.

– Isso já foi considerado e rejeitado.

– Rejeitado? – Ben afastou-se da porta. – Por quem?

– Por mim.

Tess juntou as mãos sobre a pasta e ficou sentada imóvel.

Ben mal a olhou antes de despejar a raiva em Harris.

– Desde quando usamos civis? Enquanto ela estiver exposta, corre perigo.

– Está sendo protegida.

– É. E sabemos com que facilidade algo pode sair errado. Um passo em falso e você pregará o retrato dela ali.

– Ben.

Maggie estendeu a mão para segurar-lhe o braço, mas ele a afastou com um safanão.

– Não temos que colocá-la em risco quando sabemos que o louco vai persegui-la. Ela vai ficar protegida no esconderijo.

– Não. – Tess apertou as mãos com tanta força que os nós dos dedos se embranqueceram. – Não posso tratar meus pacientes a não ser que vá ao consultório e à clínica.

– Tampouco pode tratar deles se estiver morta. – Ele se virou para ela, batendo as duas palmas na mesa. – Então tire umas férias. Compre uma passagem para a Martinica ou Cancún. Quero você fora disso.

– Não posso, Ben. Mesmo que pudesse me afastar dos pacientes por algumas semanas, não tenho como me afastar do resto.

– Paris... Ben – corrigiu Harris, num tom mais ameno. – A Dra. Court conhece as opções. Enquanto estiver conosco, será protegida. É opinião dela própria que ele vai procurá-la. Como decidiu cooperar com o departamento, teremos condições de mantê-la sob rigorosa vigilância e imobilizá-lo quando ele fizer a investida.

– Nós a retiramos e colocamos uma policial no lugar dela.

– Não. – Dessa vez, Tess levantou-se devagar. – Não vou suportar que alguém morra mais uma vez no meu lugar. De novo, não.

– E eu não vou querer encontrar você em algum beco com uma estola amarrada no pescoço. – Ele deu-lhe as costas. – Você a está usando porque a investigação empacou, porque temos apenas uma testemunha perturbada, um representante de vendas de artigos religiosos em Boston e uma pilha de papéis de adivinhação psiquiátrica.

– Aceito a cooperação da Dra. Court porque temos quatro mulheres mortas. – Era a azia no estômago que impedia Harris de levantar a voz. – E preciso de cada um dos meus policiais de nível superior. Recomponha-se, Ben, senão será o primeiro a cair fora.

Tess juntou os papéis e saiu de mansinho. Ed chegou em menos de dez segundos atrás dela.

– Quer tomar um pouco de ar? – perguntou ao encontrá-la parada, infeliz, no corredor.

– Quero. Obrigada.

Ele conduziu-a pelo cotovelo de uma forma que em geral a teria feito sorrir. Quando abriu a porta, uma rajada do vento gelado de novembro os golpeou. O céu era de um azul intenso, frio, sem uma nuvem sequer para suavizá-lo. Os dois lembraram que fora em agosto, o quente e mormacento agosto, que tudo começara. Ed esperou-a abotoar o casaco.

– Acho que teremos um pouco de neve no Dia de Ação de Graças – disse, puxando conversa.

– Acho que sim.

Ela enfiou a mão no bolso e pegou as luvas.

– Sempre senti pena dos perus.

– Como?

– Os perus – repetiu Ed. – Você sabe, Ação de Graças. Não imagino que fiquem muito gratos por ser uma tradição.

– É. – Ela viu que conseguia sorrir, afinal. – É, acho que não.

– Ele nunca se envolveu com uma mulher antes. Não assim. Não como você.

Tess deu um longo suspiro, desejando conseguir encontrar a resposta. Sempre conseguia encontrar.

– As coisas só ficam mais complicadas.

– Conheço Ben há muito tempo. – Ed tirou um amendoim do bolso, partiu a casca e ofereceu o recheio a Tess. Quando ela fez que não com a cabeça, ele o pôs na boca. – É muito fácil lê-lo se você souber como olhar. No momento, está apavorado. Apavorado com você e por você.

Tess fitou o estacionamento. Um dos policiais não ficaria nada satisfeito quando saísse e descobrisse o pneu direito da frente arriado.

– Eu não sei o que fazer. Não posso fugir, embora parte de mim, no fundo, esteja apavorada.

– Com os telefonemas ou com Ben?

– Começo a achar que você devia estar no meu ramo de trabalho – ela murmurou.

– Quando a gente é policial há bastante tempo, aprende um pouco de tudo.

– Estou apaixonada por ele. – A declaração saiu devagar, como um teste. Assim que disse, deu um suspiro trêmulo. – Já seria difícil o suficiente em circunstâncias normais, mas agora... não posso fazer o que ele quer.

– Ele sabe. Por isso também está apavorado. É um bom policial. Enquanto estiver te protegendo, você vai ficar bem.

– Conto com isso. Ele tem algum problema com o que eu faço para ganhar a vida. – Ela ficou de frente para Ed. – Você sabe. Sabe por quê.

– Digamos que eu saiba o bastante para dizer que ele tem os motivos dele e, quando estiver pronto, vai falar sobre isso com você.

Ela examinou o rosto largo de Ed, avermelhado pelo vento.

– Ben tem muita sorte de ter você.

– Eu vivo dizendo isso a ele.

– Abaixe-se um instante. – Quando Ed se curvou, ela deu um beijo de leve no rosto dele. – Obrigada.

O rubor se intensificou um pouco.

– Não foi nada.

Ben observou-os através da porta de vidro um momento e abriu-a. Descontara toda a raiva em Harris. Só lhe restava uma dor maçante na boca do estômago. Conhecia bem o medo para reconhecê-lo.

– Você não perde tempo, hein? Já ocupou o meu lugar? – perguntou, com a voz branda.

– Se você for idiota o bastante para abrir espaço... – Ed sorriu para Tess e entregou-lhe alguns amendoins. – Se cuide.

Tess sacudiu-os na mão e não disse nada quando ele desapareceu dentro da delegacia.

Com o zíper da jaqueta aberto, Ben ficou ao lado dela, olhando, como ela, o estacionamento. O vento impelia um pequeno saco de papel pardo acima do asfalto.

– Tenho um vizinho que vai cuidar da minha gata por algum tempo. – Como ela continuou calada, ele deslocou o peso de um pé para o outro. – Quero me mudar para a sua casa.

Ela encarou de um modo intenso o pneu vazio.

– Mais proteção policial?

– É isso aí.

E mais, muito mais. Queria ficar com ela, dia e noite. Não sabia explicar, ainda não, que queria viver com ela, quando nunca vivera com outra mulher. O tipo de compromisso perigosamente próximo de uma permanência para a qual ainda não se considerava pronto.

Tess examinou os amendoins na mão e enfiou-os no bolso. Como dissera Ed, era muito fácil lê-lo quando se sabia olhar.

– Eu vou te dar uma chave, mas não vou preparar o café da manhã.

– E o jantar?

– De vez em quando.

– Parece razoável. Tess?

– O quê?

– Se eu dissesse que quis que você caísse fora porque... – Ele hesitou e pôs as mãos nos ombros dela. – Porque acho que não aguentaria se alguma coisa acontecesse com você, largaria o caso?

– Você largaria também?

– Não posso. Você sabe que tenho que... – Ele se interrompeu, lutando com a frustração quando ela ergueu os olhos e encarou-o. – Tudo bem. Eu devia ter mais juízo e não discutir com alguém que joga pingue-pongue com as células cerebrais. Mas vai fazer o que mandarem, ao pé da letra, até o fim.

– Tenho um interesse pessoal em tornar esse caso mais fácil para você, Ben. Até acabar, farei o que me mandarem.

– Isso vai ter que bastar. – Ele recuou apenas o suficiente para ela perceber que era o policial agora, muito mais que o homem, que estava a seu lado. – Dois policiais vão seguir você até o consultório. Já tomamos providências para que o guarda que fica na portaria tire férias e o substituiremos por um dos nossos. Teremos três homens se revezando na sua sala de espera. Sempre que puder, vou pegar e levar você em casa. Quando não puder, os policiais vão segui-la. Usaremos um apartamento vazio no terceiro andar como base, mas, quando você entrar, a sua porta vai permanecer trancada. Se tiver de sair por alguma razão, ligue para a delegacia e espere até tudo estar liberado.

– Parece justo.

Ele pensou nos quatro retratos brilhantes na cortiça.

– É. Se alguma coisa, e eu quero dizer *qualquer coisa*, acontecer... um cara lhe der uma cortada num sinal, alguém parar na rua e perguntar algum endereço... eu quero saber.

– Ben, não é culpa de ninguém que as coisas tenham tomado esse rumo. Nem sua, nem de Harris, nem minha. Apenas temos de encará-las.

– É o que pretendo fazer. Lá estão os policiais de que falei. É melhor você ir andando.

– Tudo bem. – Ela desceu o primeiro degrau, parou e virou-se. – Imagino que seria conduta imprópria você me beijar aqui, enquanto está de serviço.

– É verdade. – Ele curvou-se e, de uma forma que sempre deixava suas pernas bambas, tomou-lhe o rosto nas mãos. Olhos abertos e nos dela, baixou a boca. Embora gelados, encontrou lábios macios e generosos. Ela agarrou com a mão livre a frente da jaqueta dele para equilibrar-se, ou mantê-lo ali por mais um instante. Ele fitou-a fascinado com o movimento daqueles cílios sensuais e abaixou-se devagar para lhe sombrear as faces.

– Consegue lembrar exatamente onde esteve por oito horas? – murmurou Tess.

– Vou dar um jeito. – Ele se afastou, mas manteve a mão dela na sua. – Dirija com cuidado. Não vamos querer que os policiais se sintam tentados a lhe aplicar uma multa.

– Pode deixar. – Ela sorriu. – Até a noite.

Ben soltou-a.

– Gosto do meu filé ao ponto.

– E eu malpassado.

Ele ficou observando enquanto ela entrava no carro e saía com competência do estacionamento. Os policiais mantiveram-se à distância em um carro logo atrás.

TESS SABIA QUE SONHAVA, assim como sabia que havia motivos concretos e lógicos para o sonho. Mas isso não a impedia de reconhecer o medo.

Corria. Os músculos na panturrilha direita contorciam-se com o esforço. Dormindo, ela gemia baixinho de dor. Corredores surgiam em todos os lados, confundindo-a. Enquanto tivesse condições, ela se manteria em linha reta, sabendo que havia uma porta em algum lugar. Só precisava encontrá-la. No labirinto, ouvia o forte eco de sua respiração. As paredes eram espelhadas agora e projetavam dezenas de reflexos seus.

Levava uma pasta. Olhou-a, estupidamente, mas não a largou. Quando ficou pesada demais para uma mão, segurou-a com as duas e continuou correndo. Ao desequilibrar-se, esticou uma das mãos e bateu num espelho. Ofegante, ergueu os olhos. Anne Reasoner encarou-a de volta. Então, o espelho se fundiu em outro corredor.

Assim recomeçou a correr, tomando o caminho reto. O peso da pasta fazia doerem-lhe os braços, mas ela a carregava consigo. Os músculos retesavam-se e ardiam. Então viu a porta. Trancada. Procurou desesperada pela chave. Sempre havia uma chave. Mas a maçaneta girou devagar do outro lado.

– Ben.

Fraca de alívio, ele estendeu a mão para ajudá-la a transpor aquele último passo rumo à segurança. Mas o vulto era preto e branco.

A batina preta, o colarinho branco. A seda branca do amicto. Viu-o erguê-lo, cheio de nós que pareciam pérolas, e aproximar-se de seu pescoço. Então se pôs a gritar.

– Tess. Tess, vamos, querida, acorde.

Ela ofegava e levou a mão à garganta ao arrastar-se para fora do sonho.

– Relaxe. – A voz dele chegou-lhe calma e tranquilizante do escuro. – Apenas respire e relaxe.

Tess agarrou-se a ele com força, o rosto apertado no ombro de Ben. Enquanto ele afagava suas costas, ela tentava concentrar-se nisso e deixar as lembranças do sonho desaparecerem.

– Sinto muito – conseguiu dizer quando recuperou o fôlego. – Foi só um sonho. Sinto muito.

– Deve ter sido uma coisa extraordinária. – Delicadamente, ele retirou os fios de cabelo do rosto dela e sentiu sua pele fria e úmida. Puxou as cobertas para cima e envolveu-a nelas. – Quer me contar o que foi?

– Apenas excesso de trabalho.

Ela dobrou os joelhos e apoiou neles os cotovelos.

– Quer um pouco d'água?

– Quero, obrigada.

Esfregou as mãos no rosto ao ouvir a torneira aberta no banheiro. Ele deixou a luz acesa de modo que saía enviesada pela porta.

– Pronto. Sempre tem pesadelos?

– Não. – Ela tomou um gole para aliviar a garganta seca. – Tive alguns depois da morte dos meus pais. Meu avô vinha, me fazia companhia e adormecia na cadeira.

– Bem, farei companhia a você. – Após tornar a se enfiar na cama, ele passou o braço pelos ombros dela. – Está melhor assim?

– Muito. Acho que me sinto idiota.

– Você não diria, em termos psiquiátricos, que em certas condições é saudável ficar apavorada?

– Acho que sim. – Ela deixou a mão apoiada no ombro dele. – Obrigada.

– O que mais a incomoda?

Tess tomou um último gole d'água e largou o copo ao lado.

– Eu vinha me esforçando para não deixar transparecer.

– Não funcionou. O que é?

Ela suspirou e fitou a nesga de luz no piso do quarto.

– Tenho um paciente. Ou tinha, de qualquer modo. Adolescente, 14 anos, alcoólatra, grave depressão, tendências suicidas. Eu queria que os pais o internassem numa clínica na Virgínia.

– Eles não consentiram.

– Não apenas isso, mas ele faltou à sessão hoje. Liguei e a mãe atendeu. Disse que acha que o Joey fez muitos progressos. Não quis conversar sobre a clínica e disse que ia deixá-lo ter uma folga das sessões para respirar. Não posso fazer nada. Nada. – Acima de tudo, fora isso que a derrubara. – Ela não quer enfrentar o fato de que o filho não tem progredido. Embora o ame, fecha os olhos para não ver nada que não esteja no foco certo. Tenho aplicado, por assim dizer, um curativo nele toda semana, mas a ferida não sara.

– Não pode obrigá-la a levar o filho. Talvez uma folga para respirar seja melhor. Deixe a ferida tomar um pouco de ar.

– Quisera eu poder acreditar nisso.

Foi o tom da voz que o fez mudar de posição e puxá-la mais para perto. Quando acordara com aqueles gritos, sentira o sangue gelar. Agora fluía quente de novo.

– Escute, doutora, estamos os dois em profissões em que podemos perder pessoas. É o tipo de coisa que nos faz acordar às três da manhã, ficar fitando as paredes ou olhando pelas janelas. Às vezes temos apenas de desligar. Apenas apertar o interruptor.

– Eu sei. A regra número 1 é o distanciamento profissional. – Ela roçou a face nos cabelos dele quando virou o rosto para olhá-lo. – O que o faz se desligar completamente?

Na luz obscurecida, viu-o sorrir.

– Quer mesmo saber?

– Quero. – Ela deslizou a mão pelo lado dele até descansá-la confortavelmente no quadril. – No momento quero muito saber.

– Isso em geral funciona.

Num movimento descontraído, ele rolou-a para cima de si. Sentiu a maciez dos seios firmes colados no peito, a fragrância dos cabelos quando lhe cobriram o rosto como uma cortina. Segurou um punhado deles e baixou a boca de Tess até a sua.

Com que perfeição ela parecia encaixar-se, foi o pensamento que lhe ocorreu. Aquele roçar das pontas dos dedos na pele era como uma bênção. Alguma coisa na hesitação dela causava um formigamento excitante. Se ele deslizava os próprios dedos pela parte interna da coxa de Tess, ela estremecia apenas o suficiente para dizer-lhe que o queria, mas continuava insegura.

Ben não sabia por que tudo parecia ser tão novo com ela. Cada vez que se via abraçando-a no escuro, no silêncio, era como a primeira. Ela trazia-lhe alguma coisa da qual ele não soubera que sentia falta e já não tinha mais certeza de que poderia passar sem.

Ela movia de leve a boca pelo seu rosto. Ele queria ficar por cima dela e penetrá-la até os dois explodirem. Com a maioria das mulheres, sempre fora essa última fração de segundo de insanidade que eliminara tudo o mais. Com Tess, era um toque, um murmúrio, um suave roçar de lábios. Por isso ele resistiu àquela primeira volúpia de desejo e deixou que ambos flutuassem.

Às vezes ele era tão delicado, pensou Tess vagamente. Às vezes, quando faziam amor, tudo acontecia rápido, muito urgente. E então... Quando ela menos esperava, ele era terno, quase preguiçoso, até seu coração ficar pronto para romper essa doçura. Agora, ele a deixava tocar o corpo que passara a conhecer como o seu próprio.

Suspiros. Suspiros de contentamento. Murmúrios. Murmúrios de promessas. Ben enterrou as mãos nos cabelos dela quando ela provou o gosto das partes mais íntimas dele, a princípio quase tímida, depois com confiança cada vez maior. Havia músculos a serem descobertos e eles pareceram-lhe retesados; deliciou-se por saber que era ela quem causava esse enrijecimento.

Quando Tess deslizou a língua pelos ossos protuberantes e estreitos dos quadris dele, Ben curvou-se em um arco. O caminho do dedo dela pela dobra da coxa fez o corpo dele estremecer. Ela suspirou ao percorrê-lo com os lábios. Os pesadelos haviam desaparecido.

Mulheres o haviam tocado. Talvez demasiadas mulheres. Mas nenhuma fizera seu sangue pulsar assim. Ele desejou ficar ali deitado durante horas e absorver cada sensação. Queria fazê-la suar e tremer também.

Sentou-se e segurou as mãos dela pelo pulso. Por um momento, um longo momento, os dois se encararam no estreito raio de luz. A respiração dele vinha em espasmos. Seus olhos estavam escuros, vidrados de paixão. Um perfume de desejo pairava no quarto.

Ele a inclinou lentamente, até que ela estivesse deitada de costas. Com as mãos ainda segurando os pulsos dela, usou a boca para levá-la ao êxtase. Estreitas e delicadas, as mãos dela se esforçavam para se soltar. Seu corpo se contorcia, arqueava, não em protesto, mas em um delírio de prazer. A língua dele deslizou por ela, dentro dela, até que Tess pensou que seus pulmões iam inflar e explodir. Ele sentiu quando ela se enrijeceu e gemeu ao gozar. O cheiro dela se espalhou pelo quarto. Ela estava mole, relaxada quando ela a penetrou.

– Vou ver você chegar ao clímax de novo.

Ele ficou por cima dela e percebeu que cada músculo tremia com o esforço; foi devagar, extraordinariamente devagar. Ela gemeu, então abriu os olhos quando as sensações e o prazer começaram a se intensificar de novo. Seus lábios se abriram trêmulos e ela começou a dizer o nome dele. Então apertou com força os lençóis.

Ben enterrou o rosto nos cabelos dela e se deixou levar.

14

— Agradeço por ter arranjado tempo para me receber, monsenhor.

Tess ocupou uma cadeira diante da escrivaninha de Logan e teve um lampejo rápido, não inteiramente agradável, de como seus pacientes deviam sentir-se na consulta inicial.

– É um prazer. – Ele se instalara à vontade, o paletó de tweed envolvendo o encosto da cadeira, as mangas da camisa enroladas revelando braços fortes salpicados de pelos que mal começavam a embranquecer. Ela tornou a pensar que ele parecia um homem mais habituado ao campo de rúgbi e à quadra de tênis que a preces vespertinas e incenso. – Gostaria de um pouco de chá?

– Não, obrigada, monsenhor.

– Como somos colegas, por que não me chama de Tim?

– Claro. – Ela sorriu, ordenando-se a relaxar, a começar pelos polegares. – Isso tornaria as coisas mais fáceis. O meu telefonema para o senhor hoje foi por impulso, mas...

– Quando um padre se vê em apuros, procura outro padre. Quando um analista se vê em apuros...

Quando ele se interrompeu, Tess descobriu que o esforço consciente para relaxar funcionava.

– É isso mesmo. – Ela afrouxou os dedos apertados na alça da bolsa. – Imagino que o senhor se veja nessa situação nos dois sentidos.

– Também significa que tenho dois caminhos a escolher quando passo por problemas pessoais. Trata-se de uma questão com prós e contras, mas não chego a ponto de discutir Cristo *versus* Freud. Por que não me conta o que a angustia?

– A essa altura, muitas coisas. Não creio que tenha encontrado a chave da mente do... do homem que a polícia procura.

– E acha que devia ter encontrado?

– Acho que, pelo meu envolvimento atual, eu devia ter mais.

– Ela ergueu a mão num gesto que transmitia frustração e incerteza. – Falei com ele três vezes. Eu me aflijo por não conseguir superar o meu próprio medo, talvez o meu próprio interesse pessoal, para apertar os botões certos.

– Você pensa que conhece esses botões?

– É a minha tarefa conhecê-los.

– Tess, nós dois sabemos que a mente psicótica é um labirinto, e os caminhos que levam ao centro podem mudar repetidas vezes. Mesmo que o tivéssemos sob intensa terapia, em condições ideais, talvez fossem necessários anos para encontrar a resposta.

– Eu sei. Em termos lógicos e médicos, sei disso.

– Mas no âmbito emocional é outra história.

No âmbito emocional. Ela lidava com as emoções de outras pessoas todos os dias. Era diferente, e muito mais difícil, descobriu, abrir-se para outro. – Sei que não é profissional, e isso me preocupa, mas passei do ponto em que posso ser objetiva. Monsenhor Logan... Tim... essa última mulher que foi assassinada devia ser eu. Eu a vi naquele beco e não consigo esquecer.

Embora ele a fitasse com olhos bondosos, ela não viu pena neles.

– Transferir a culpa não vai mudar o que aconteceu.

– Sei disso também.

Ela se levantou e foi até a janela. Lá embaixo, um grupo de estudantes atravessava correndo o gramado para chegar a tempo da próxima aula.

– Posso lhe fazer uma pergunta?

– Claro. Estou no ramo das respostas.

– Não o perturba o fato de esse homem ser ou ter sido padre?

– Num nível pessoal, quer dizer, por eu ser padre? – Para refletir sobre a pergunta, ele recostou-se com as mãos juntas em forma de torre. Quando jovem, lutara boxe dentro e fora do ringue. Os nós dos dedos eram largos e grossos. – Não dá para negar que sinto um certo mal-estar. Sem dúvida, a ideia de o homem ser padre e não, digamos, programador de computador, torna a história toda mais sensacional. A simples verdade, porém, é que os padres não são santos, mas seres humanos, como os encanadores, os jogadores de beisebol ou os psiquiatras.

– Quando o encontrarem, vai querer tratá-lo?

– Se me pedirem – respondeu Logan devagar. – Se eu julgasse possível ser útil, talvez. Não me sentiria obrigado nem responsável, como creio que você se sente.

– Sabe, quanto mais temo, ajudá-lo se torna mais essencial para mim. – Ela tornou a virar-se para a janela. – Tive um sonho ontem à noite muito assustador. Perdida em corredores, num labirinto, eu corria. Embora soubesse que sonhava, continuei me sentindo apavorada. As paredes se tornaram espelhos e eu me via repetidas vezes. – Sem se dar conta, ela apoiou a mão no vidro da janela, como fizera no espelho do sonho. – Levava comigo a minha pasta, arrastava-a, na verdade, porque era pesada demais. Olhei num dos espelhos e não era o meu reflexo, mas sim o de Anne Reasoner. Então ela sumiu e eu mais uma vez corria. Havia uma porta. Eu precisava apenas transpô-la para o outro lado. Quando cheguei lá, estava fechada. Procurei freneticamente a chave, mas não a tinha. De repente, a porta se abriu sozinha. Achei que estava segura. Achei... então vi a batina e o amicto do padre. – Ela tornou a virar-se para Logan, mas não conseguiu forçar-se a sentar-se.

– Ah, eu poderia me sentar e escrever uma análise muito detalhada e abrangente sobre esse sonho. Sobre o medo que sinto de perder o controle da situação, o excesso de trabalho e a recusa a reduzir minha carga de trabalho. A culpa pela morte de Anne Reasoner. A frustração por não encontrar a chave desse caso, meu último e fundamental fracasso.

Não falara do medo de perder a vida. Logan considerou isso uma omissão muito interessante e reveladora. Ou não se forçara a enfrentá-lo ou associava a possibilidade ao pavor de fracassar.

– Tem tanta certeza assim de que vai fracassar?

– Tenho, e detesto a ideia. – A admissão provocou um sorriso autodepreciativo. Tess deslizou os dedos pela capa da Bíblia antiga e sentiu a profundidade e a maciez das letras em relevo. – Alguma coisa nisso tem a ver com orgulho antes da queda.

– Tendo a achar que depende do orgulho. Você deu à polícia tudo que poderia dar uma psiquiatra tarimbada como você, Tess. Não fracassou.

– Nunca fracassei, entende? Não de fato; num nível pessoal, não. Eu me saí bem na faculdade, fiz o papel correto de anfitriã para o meu avô até o trabalho reduzir o meu tempo livre. Quanto aos homens, após um desastre menor na faculdade, sempre arranjei um jeito de dar as ordens. As coisas transcorreram muito seguras e satisfatórias até... bem, até poucos meses atrás.

– Tess, no que se refere a esse caso, você foi admitida como consultora. Cabe ao Departamento de Polícia a responsabilidade por encontrar esse homem.

– Talvez eu pudesse deixar a coisa por aí. Talvez – ela murmurou, correndo a mão pelos cabelos. – Não estou totalmente segura. Mas agora, como é possível? Ele me procurou. Quando falou comigo, transmitiu desespero, uma súplica. Como eu poderia, como qualquer médico poderia não atender?

– Tratá-lo em alguma data posterior não é a mesma coisa que se sentir responsável pelos resultados da doença dele. – Uma expressão de preocupação penetrou os olhos do monsenhor quando ele entrelaçou os dedos e apoiou-os na escrivaninha. – Se eu tivesse de especular de improviso, sem uma leitura minuciosa desse relatório, diria que ele se sentiu atraído por você porque percebe compaixão e certa vulnerabilidade. Precisa ter o cuidado de não lhe dar demais da primeira, de modo a cair vítima da segunda.

– Para mim, é difícil seguir as regras nesse caso. Ben... o detetive Paris... queria que eu saísse da cidade. Quando sugeriu isso, por um instante pensei em sair. Pego um avião e vou para, não sei, Mazatlán e quando voltar tudo isso terá acabado e a minha vida voltará a ser tão organizada e satisfatória como era. – Ela se calou e recebeu o olhar tranquilo e paciente de Logan. – Na verdade, eu me detesto por ter tido essa ideia.

– Não considera isso uma reação normal ao estresse da situação?

– Para um paciente – ela respondeu e sorriu. – Para mim, não.

– A gente às vezes pode se esforçar demais para ir além do desempenho esperado, Tess.

– Eu não fumo. Bebo muito pouco. – Ela voltou e sentou-se. – Imagino que tenha direito a um vício.

– Eu não faço sexo – respondeu Logan, pensativo. – Suponho que seja por isso que me sinto no direito de fumar e beber. – Retribuiu-lhe o olhar, satisfeito por perceber que ela parecia mais à vontade. A confissão, sabia muito bem, fazia bem à alma. – Então vai ficar em Georgetown e cooperar com a polícia. Como se sente em relação a isso?

– Nervosa – ela respondeu de imediato. – É aflitiva a sensação de saber que alguém nos vigia o tempo todo. Não me refiro apenas a... – Balançando a cabeça, interrompeu-se. – Tenho passado momentos difíceis tentando saber como chamá-lo.

– A maioria das pessoas o chamaria de assassino.

– É, mas ele também é uma vítima. De qualquer modo, fico nervosa não apenas por saber que ele talvez esteja me vigiando, mas que a polícia está. Ao mesmo tempo, eu me sinto satisfeita porque é o certo. Não caí fora nem fugi. Quero ajudar esse homem. Ajudá-lo passou a ser uma coisa muito importante para mim. No sonho, quando eu me vi diante dele, me desestruturei. Por isso eu o decepcionei, a ele e a mim. Não vou deixar isso acontecer.

– É, acho que não. – Logan pegou o abridor de cartas e deslizou o cabo pela mão. Era velho e meio de mau gosto, um suvenir de uma viagem à Irlanda na juventude. Gostava do objeto, como de muitas outras coisas tolas. Embora não considerasse Tess tola, também começava a gostar dela. – Tess, espero que não se ofenda se eu sugerir que, depois que tudo isso terminar, viaje por algum tempo. Estresse e excesso de trabalho podem derrubar até o mais forte dos homens.

– Não me ofenderei, mas talvez aceite a sugestão como ordem médica.

– Boa menina. Diga-me, como vai o Ben? – Quando ela lhe lançou um olhar sem expressão, ele sorriu. – Por favor, até um padre sente cheiro de romance no ar.

– Acho que posso dizer que o Ben é outro problema.

– Supõe-se que os romances sejam um problema. – Ele largou o abridor de cartas. – É você quem tem dado as ordens dessa vez, Tess?

– Parece que nenhum dos dois tem dado. Estamos apenas sondando o terreno. Ele... acho que nós nos gostamos muito. Só não conseguimos ainda confiar um no outro.

– A confiança exige tempo para ficar sólida. Tive duas conversas profissionais com ele e um encontro um tanto embriagado num barzinho no centro da cidade.

– É mesmo? Ele não me falou nada.

– Minha cara, os homens não gostam de comentar que tomaram um porre com um padre. De qualquer modo, gostaria de saber a minha opinião sobre o detetive Paris?

– Sim, acho que gostaria.

– Eu diria que ele é um bom homem, confiável. Daqueles que na certa telefonam para a mãe uma vez por mês, mesmo quando prefeririam não fazer isso. Homens como Ben flexibilizam as regras, mas muito raramente as violam, pois apreciam a estrutura, entendem o conceito de lei. Ele mantém uma raiva bem enterrada dentro de si. Não abandonou a Igreja por preguiça, mas por ter encontrado demasiadas falhas. Abandonou a Igreja, minha cara Tess, mas é católico até os dedos dos pés. – Tim recostou-se, satisfeito consigo mesmo. – Análises rápidas é a minha especialidade.

– Acredito. – Ela retirou um arquivo da pasta. – Espero que tenha mais sorte com isso. Pedi autorização ao capitão Harris. É o meu relatório atualizado. Também encontrará as transcrições dos meus telefonemas. Eu ficaria grata por um milagre.

– Verei o que posso fazer.

– Obrigada por me ouvir.

– Sinta-se sempre à vontade. – Ele levantou-se para acompanhá-la até a porta. – Tess, se tiver outros pesadelos, me ligue. Não faz mal algum pedir uma pequena ajuda a um amigo.

– Onde foi que ouvi isso antes?

Logan observou enquanto ela atravessava a antessala e só então fechou a porta.

Ele vigiava a saída de Tess do prédio. Era perigoso segui-la, mas sabia que o tempo de cautela já chegara quase ao fim. Ela parou junto ao carro, à procura das chaves. Tinha a cabeça curvada, como em oração. A necessidade intensificou-se em ondas dentro dele até a cabeça ressoar. Tateando, encontrou a seda branca no bolso do casaco. Fria, macia. Isso o estabilizou. Tess enfiou a chave na fechadura.

Se ele fosse rápido o bastante, poderia concluir tudo em minutos. Apertava e afrouxava os dedos no amicto, o coração martelando na garganta. Algumas folhas esquecidas, secas como pó, farfalhavam ao redor dela. Ele viu o vento soprar fios de cabelo no rosto. A Dra. Court parecia aflita. Em breve, muito em breve, descansaria em paz. Os dois descansariam em paz.

Viu-a entrar no carro, ouviu a porta fechar-se e depois o barulho do motor. Uma baforada de fumaça saiu do cano de descarga. O carro fez uma volta suave em torno do estacionamento e tomou a rua.

Ele esperou até a viatura da polícia fazer a volta para entrar no seu carro. Ela ia para o consultório agora, e ele continuaria a vigília. O momento ainda não chegara. Ainda havia tempo para orar por ela. E por si mesmo.

TESS DESLIGOU O TELEFONE, recostou-se na cadeira e fechou os olhos. Vinha tendo um desempenho sofrível, o que no seu jogo não chegava nem de longe a bom o bastante.

Joey Higgins. Como poderia tratar o menino se não conseguia falar com ele? A mãe fincara pé numa opinião. Joey deixara de beber, portanto estava ótimo e não precisava passar pelo constrangimento de uma psiquiatra. Fora uma dolorosa conversa que acabara sendo infrutífera. Ela tinha mais uma tentativa a fazer e precisava ser bem-sucedida.

Curvando-se para a frente, apertou o botão do interfone da secretária.

– Kate, quanto tempo ainda tenho antes da próxima consulta?

– Dez minutos.

– Muito bem. Por favor, telefone para Donald Monroe.

– Agora mesmo.

Enquanto esperava, Tess repassou o histórico de Joey. Ainda tinha a última sessão muito clara na mente.

– Morrer não é grande coisa.

– Por que diz isso, Joey?

– Porque não é. As pessoas morrem o tempo todo. Espera-se que a gente morra.

– A morte é inevitável, mas isso não a torna uma resposta. Mesmo as pessoas muito velhas, as muito doentes, se agarram à vida, porque ela é preciosa.

– As pessoas dizem que, quando alguém morre, descansa em paz.

– É, e a maioria de nós acredita que existe alguma coisa depois da vida. Mas cada um está aqui por uma razão. A nossa vida é uma dádiva, nem sempre fácil e, sem dúvida, nem sempre perfeita. Torná-la melhor para nós e para as pessoas que nos cercam exige algum esforço. Qual é a sua comida preferida?

– Espaguete, eu acho.

– Com almôndegas ou molho à bolonhesa?

O sorriso foi rápido, mas brotou.

– Com almôndegas.

– Imagine se você jamais tivesse provado espaguete com almôndegas. O céu, na certa, continuaria sendo azul, o Natal continuaria acontecendo uma vez por ano, mas você perderia uma coisa maravilhosa. E, se você não estivesse aqui, digamos, não tivesse nascido, continuaríamos tendo o céu e o Natal, mas faltaria alguma coisa maravilhosa.

A campainha trouxe-a de volta ao presente.

– O Sr. Monroe na linha 1.

– Obrigada, Kate. Sr. Monroe.

– Dra. Court. Algum problema?

– Sim, Sr. Monroe, sinto que se trata de um grande problema. Oponho-me fortemente à interrupção do tratamento do Joey.

– Interrupção? Como assim?

– Sr. Monroe, está ciente de que Joey faltou à última sessão?

Fez-se uma pausa antes de ela captar apenas o sussurro de um suspiro cansado.

– Não. Acho que ele decidiu se desligar por si mesmo. Vou conversar com a Lois.

– Sr. Monroe, já falei com a sua esposa. Ela decidiu tirar Joey da terapia. Imagino que não tenha sido informado.

– Não, não fui. – Outra pausa, e ele deu um demorado suspiro. – Dra. Court, Lois quer que Joey retome uma vida normal, e ele de fato parece muito melhor. Contamos a ele sobre a gravidez, e a reação foi animadora. Vai me ajudar a pintar o quarto do bebê.

– Que bom saber disso, Sr. Monroe. A minha sensação, contudo, é de que ele está longe de ter condições de interromper a terapia. Na verdade, ainda acredito que algum tempo na clínica sobre a qual conversamos o ajudaria muito.

– Lois é completamente contra a clínica. Lamento, Dra. Court, e agradeço de verdade a sua preocupação, mas tenho de apoiá-la nisso.

A raiva surgiu nela, mal controlada. Será que ele não via que era o menino que precisava apoiar?

– Entendo que vocês achem que devem mostrar ao Joey que estão unidos, mas, Sr. Monroe, não tenho palavras para enfatizar como é vital para ele continuar a receber ajuda profissional constante.

– Dra. Court, também há o risco do excesso de análise. Joey deixou de beber, não anda mais por aí com a mesma turma de quando bebia. Nem sequer tocou no nome do pai durante duas semanas.

A última declaração fez soar o alarme na cabeça de Tess.

– O fato de ele não ter tocado no nome do pai significa apenas que está reprimindo os sentimentos. A essa altura, o estado emocional dele é muito frágil. Consegue entender que, quando há pouca autoestima, o suicídio se torna quase fácil? Receio... não, sinto pavor do que ele poderia fazer.

– Dra. Court, não posso deixar de achar que está reagindo de forma exagerada.

– Eu lhe dou a minha palavra, Sr. Monroe, que não estou. Não quero ver Joey se tornar uma estatística. O que quero, mais que tudo, é o término da terapia quando ele estiver pronto. E a minha opinião profissional e o meu instinto são de que ele não está.

– Verei se consigo convencer Lois a levá-lo para outra sessão.

Mesmo enquanto ele dizia isso, porém, Tess reconheceu a rejeição. Alguns outros garotos talvez cortassem os pulsos ou engolissem um frasco de pílulas, mas não Joey.

– Sr. Monroe, alguém perguntou ao Joey se ele quer continuar a me ver?

– Dra. Court, só posso prometer apurar o que aconteceu. – Demonstrava impaciência agora, com um traço de irritação. – Usarei qualquer influência que tenha para ver se o Joey volta para pelo menos mais uma sessão. Acho que verá por si mesma o quanto ele está melhor. Foi de grande ajuda, doutora, mas, se eu sentir que Joey está bem, as sessões serão interrompidas.

– Por favor, antes de fazer alguma coisa, ouviria uma segunda opinião? Talvez o senhor tenha razão em não aceitar a minha palavra. Posso recomendar vários excelentes psiquiatras.

– Vou falar com a Lois. Examinaremos a questão. Obrigado, Dra. Court, sei que ajudou muito o Joey.

Não o bastante, ela pensou quando ele desligou. Nem de longe o bastante.

– Dra. Court, o Sr. Grossman já chegou.

– Tudo bem, Kate. Mande-o entrar.

Ela pegou a pasta de Joey, mas não a guardou. Em vez disso, deixou-a sobre a mesa, bem ao alcance.

Eram quase 17 horas quando o último paciente saiu.

– Dra. Court, o Sr. Scott não marcou a próxima consulta.

– Ele não precisa mais.

– É mesmo? – Kate relaxou encostada na porta. – A senhora fez um bom trabalho, Dra. Court.

– Gosto de achar que sim. Pode tirar a pasta dele do arquivo dos pacientes atuais.

– É um prazer.

– Faça isso amanhã, Kate. Se você se apressar, pode sair daqui exatamente um minuto mais cedo.

– Já vou. Boa noite, Dra. Court.

– Boa noite, Kate. – Quando o telefone tocou, ela estendeu a mão. – Eu mesma atendo. Vá para casa, Kate. – Com a mão no bocal, inspirou fundo e demoradamente. – Dra. Court.

– Oi, doutora.

– Ben. – Uma camada de tensão dissolveu-se. Ela ouviu ruídos de telefones, vozes e máquinas de escrever ao fundo. – Ainda no trabalho?

– É. Eu queria que você soubesse que ainda vou ficar algum tempo por aqui.

– Parece cansado. Aconteceu alguma coisa?

Ele pensou no dia que tivera e no fedor que não sabia se conseguiria lavar da pele.

– Foi um dos longos. Escute, por que não compra uma pizza ou algo do gênero? As coisas devem se resolver aqui daqui a mais ou menos uma hora.

– Tudo bem. Ben, sou boa ouvinte.

– Não me esquecerei disso. Vá direto para casa e tranque a porta.

– Sim, senhor.

– Até logo, sabichona.

Somente depois de desligar o telefone, Tess percebeu como o escritório ficara silencioso. Em geral, teria apreciado uma hora sozinha ao anoitecer. Colocaria a papelada em ordem. Agora o silêncio parecia quase denso demais. Chamando-se de tola, pegou a pasta de Scott para arquivá-la. O sucesso satisfazia.

Pegou as pastas e as fitas dos pacientes do final da tarde e trancou-as no arquivo. A de Joey Higgins permaneceu na mesa. Sabendo que vinha protelando, Tess enfiou tudo na pasta a fim de levá-la para casa.

Três vezes pegou-se olhando em direção à porta com palpitação.

Ridículo. Decidida a não ser tola, conferiu os compromissos do dia seguinte. Havia dois policiais lá fora, lembrou, e um na portaria do prédio. Estava perfeitamente segura.

Toda vez que ouvia o zumbido do elevador no lado de fora, porém, sentia um sobressalto.

Se fosse para casa agora, encontraria o apartamento vazio. Não queria enfrentar a solidão lá no momento, não agora que o dividia com Ben.

Em que andava se envolvendo? Suspirando, começou a juntar o resto das coisas. A situação com Ben Paris era complicada demais para entendê-la. Como, exatamente, a famosa Dra. Court lidava com o fato de apaixonar-se? De forma muito ineficaz, concluiu ao dirigir-se até o armário para pegar o casaco.

Parou na janela. As árvores enfileiradas ao longo da rua diante dos prédios estavam sombrias e nuas. Os trechos de gramado no campo visual já se haviam amarelado e esgotado. As pessoas aconchegavam-se dentro dos sobretudos, a cabeça curvada contra o vento. Não era primavera, pensou, sentindo-se tola. E todos se apressavam para chegar em casa.

Então o viu, imóvel, de casaco preto, logo atrás de um grupo de árvores novas. Ficou sem ar e com os joelhos trêmulos.

Ele vigiava – esperava e vigiava. Instintivamente, Tess deu meia-volta para o telefone e pegou-o na escrivaninha. Ligaria para o andar de baixo, pensou, ao começar a apertar as teclas. Ligaria e diria à polícia que ele estava lá fora, vigiando-a. Então também desceria. Iria até lá porque prometera a si mesma fazer isso.

Contudo, quando se virou de novo para olhar, ele se fora.

Ela ficou parada ali por um instante, o telefone na mão, o número discado pela metade. O homem desaparecera.

Apenas alguém a caminho de casa, disse a si mesma. Um médico, advogado ou executivo indo a pé para casa a fim de manter-se em boa forma. Forçou-se a retornar à mesa e, com toda calma, recolocar o telefone no lugar. Estava se sobressaltando com sombras. Como continuava com as pernas bambas, sentou-se na borda da escrivaninha. Pouco a pouco, recuperou o controle.

Diagnóstico: paranoia aguda.

Tratamento: banho quente e noite tranquila com Ben.

Sentindo-se melhor, vestiu o casaco de cashmere, pegou a pasta e ajeitou a alça da bolsa sobre o ombro. Após trancar o consultório, virou-se e viu a maçaneta da porta da área de recepção girar.

Deixou as chaves na mão escorregarem de dedos inertes. Recuou um passo para a porta que acabara de trancar. Viu a outra porta abrir-se devagar. O grito ficou preso na garganta e borbulhou quente. Ela inspirou fundo, sabendo que estava sozinha.

– Alguém em casa?

– Ai, meu Deus, Frank. – Sentindo os joelhos como manteiga, ela escorou-se na porta do consultório. – O que está fazendo andando sorrateiramente pelos corredores?

– Eu ia para o elevador e vi a luz debaixo da sua porta. – Ele sorriu, maravilhado por encontrá-la sozinha. – Não me diga que vai levar mais uma vez trabalho para casa, Tess. – Ele entrou, fechando, como uma jogada estratégica, a porta externa atrás dele.

– Não, deixo as minhas roupas para lavar aqui. – Ela se curvou para pegar as chaves, furiosa o bastante consigo mesma para deixá-lo sentir a indignação. – Escute, Frank, tive um dia longo. Não estou a fim de aguentar as suas ridículas tentativas de sedução.

– Nossa, Tess. – Ele arregalou os olhos e alargou o sorriso. – Não fazia a mínima ideia de que você podia ser tão... tão agressiva.

– Se não sair da minha frente, vai ter uma visão em close desse tapete.

– Que tal um drinque?

– Ai, tenha a santa paciência.

Ela avançou além dele, agarrou-o pela manga recém-passada do paletó e empurrou-o para o corredor.

– Jantar no meu apartamento?

Cerrando os dentes, Tess apagou a luz, fechou a porta e trancou-a.

– Frank, por que você não pega as suas fantasias sexuais e escreve um livro? Talvez isso o mantenha longe de encrenca.

Passou como um açoite por ele e apertou o botão do elevador.

– Você poderia ser o primeiro capítulo.

Ela inspirou fundo, contou até dez e descobriu, espantada, que isso em nada contribuíra para acalmá-la. Quando as portas se abriram, entrou, virou-se e bloqueou a passagem.

– Se gosta da forma do seu nariz, Frank, não tente entrar nesse elevador comigo.

– Que tal um jantar e um banho quente de banheira? – ele perguntou quando as portas começaram a fechar-se. – Conheço um lugar fantástico cuja especialidade é frango à Kiev.

– Empanturre-se – resmungou Tess e recostou-se na parede do elevador.

Já quase chegava em casa quando desatou a rir. Era possível, se ela se concentrasse com afinco, esquecer o carro de polícia logo atrás, bloquear o fato de que no terceiro andar policiais tomavam café e assistiam ao primeiro noticiário da noite. Um acidente envolvendo dois carros na rua Vinte e Três manteve-a presa no trânsito por mais 15 minutos, mas isso não diminuiu sua disposição de ânimo, que se intensificava.

Cantava com os lábios fechados quando destrancou a porta do apartamento. Após o breve desejo de ter se lembrado de comprar flores, foi direto para o quarto e despiu-se. Escolheu mais uma vez o quimono de seda e despejou uma boa quantidade de sais de banho sob o jorro d'água dentro da banheira. Antes, porém, não deixou de pôr um disco no som. Phil Collins irrompeu feliz por estar vivo e apaixonado.

Como ela, pensou Tess, abaixando-se na água fumegante. E naquela noite ela iria desfrutar cada minuto.

Quando Ben usou sua chave para entrar, sentiu-se em casa. O mobiliário não era dele, nem ele escolhera os quadros, mas se sentia à vontade. Trazia uma caixa de papelão quente. Colocou-a na mesa da sala de jantar, em cima do descanso de pano, cujo bordado imaginava ter tomado grande parte do fim de semana de alguma freirinha francesa, e desejou poder entrar debaixo das cobertas e dormir 24 horas.

Pôs o saco de papel que trazia ao lado da pizza antes de retirar o paletó e colocá-lo no encosto de uma cadeira. Soltando o coldre de ombro, largou-o no assento.

Sentia o cheiro dela. Mesmo ali, mal avançados três passos porta adentro, sentia o cheiro dela. Suave, sutil e elegante. Inalando-o, percebeu em si a fadiga batalhar contra uma necessidade que ainda precisava encontrar uma forma de dominar.

– Tess?

– Aqui, na banheira. Saio num minuto.

Ele seguiu o perfume e o ruído de água.

– Oi.

Quando ela ergueu os olhos, ele achou que a vira corar um pouco. Mulher estranha, pensou, indo sentar-se na borda da banheira. Sabia fazer um homem ofegar na cama, mas enrubescia quando ele a pegava num banho de espuma.

– Não sabia quanto tempo você levaria para chegar.

Interrompeu-se e afundou mais sob a camada de espuma.

– Precisava só amarrar algumas pontas soltas.

A inibição desapareceu tão rápido quanto surgira.

– Dia duro, não é? Você parece exausto.

– Digamos que foi um dos menos agradáveis no trabalho.

– Quer falar sobre isso?

Ele pensou no sangue. Mesmo em sua atividade, não se via tanto assim.

– Não, agora não.

Tess sentou-se para estender o braço e tocar-lhe o rosto.

– Tem espaço aqui para dois, se você for amistoso. Por que não aceita o confiável tratamento da Dra. Court pra excesso de trabalho?

– A pizza vai esfriar.

– Adoro pizza fria. – Ela começou a desabotoar a camisa dele. – Sabe, também tive um dia estranho, que terminou com um convite pra um frango à Kiev e um banho quente de banheira.

– O quê? – Ele se levantou para abrir a calça. O sentimento que o atravessou foi horrível e irreconhecível para um homem que jamais sentira ciúme antes. – Não parece muito inteligente recusar essa oferta por pizza fria e banho de espuma?

– Mais idiotice foi recusar uma noite com o bonito, bem-sucedido e chato de matar Dr. Fuller.

– Faz mais o seu tipo – resmungou Ben, sentando-se no vaso sanitário para tirar os sapatos.

– Chato de matar faz mais o meu tipo? – Tess ergueu uma sobrancelha e recostou-se. – Muito obrigada.

– Quer dizer, o médico, os ternos de três peças, o cartão American Express ouro.

– Entendo. – Sorrindo, ela começou a ensaboar a perna. – Você não tem um cartão ouro?

– Tenho sorte de a Sears ainda me deixar parcelar a minha roupa de baixo.

– Bem, nesse caso, não sei se devia convidá-lo para entrar na minha banheira.

Ele levantou-se, nu, a não ser pela calça jeans abaixo dos quadris.

– É sério, Tess.

– Estou vendo. – Ela pegou um punhado de bolhas de sabão e examinou-as. – Acho que isso significa que você me vê como uma mulher superficial, materialista, preocupada com status, que, de vez em quando, se mistura com inferiores por um bom sexo.

– Eu não quis dizer nada disso. – Frustrado, ele se sentou de novo na borda da banheira. – Escute, tenho um trabalho que significa lidar com lama quase todo dia.

Tess tinha a mão molhada e muito delicada quando se acomodou na dele.

– Foi um dia péssimo, não?

– Uma coisa não tem nada a ver com a outra. – Ele tomou-lhe a mão por um instante, examinando-a. Era pequena e delicada no pulso. – Meu pai vendia carros usados numa concessionária que mal ficava perto do lado bom do bairro residencial na periferia. Tinha três paletós esporte e dirigia um DeSoto. Minha mãe assava biscoitos, preparava qualquer receita de biscoito. Sua ideia de uma noite na cidade era o salão do Knights of Columbus. Lutei para terminar o ensino médio, fiz dois anos apressados de faculdade antes de entrar na Academia de Polícia e passei o resto da vida vendo cadáveres.

– Está tentando me convencer de que não é bom o suficiente para mim pelas diferenças culturais, educacionais e genealógicas?

– Não comece essa merda comigo.

– Tudo bem. Vamos tentar outro método.

Ela puxou-o para a banheira.

– Que diabos! – protestou Ben, cuspindo espuma. – Ainda estou vestido.

– Quem manda ser lerdo? – Antes que ele pudesse recuperar o equilíbrio, ela o abraçou e colou a boca na dele. Muitas vezes, até uma psiquiatra sabe que é a ação, não as palavras, que chega à essência. Sentiu a tensão fluir e refluir antes de ele retribuir o abraço. – Ben?

– Hum?

– Acha relevante, no momento, o fato de que o seu pai vendia carros e o meu não?

– Não.

– Ótimo. – Ela recuou e, rindo, retirou a espuma do queixo dele. – Agora, como vamos fazer para tirar a sua calça?

A PIZZA ESFRIARA E ENDURECERA, mas os dois não deixaram uma única migalha. Ben esperou até ela jogar fora a caixa de papelão.

– Comprei um presente para você.

– Comprou? – Surpresa e tolamente satisfeita, ela olhou o saco de papel que ele lhe ofereceu. – Por quê?

– Perguntas, sempre perguntas. – Então Ben puxou-o de volta quando ela ia pegá-lo. – Quer mesmo saber?

– Quero.

Ele chegou mais perto, perto o suficiente para tomá-la pela cintura. O perfume do banho desprendia-se dos dois. Tess tinha os cabelos presos e molhados.

– Acho que estou perdendo a cabeça. É, acho que estou perdendo a cabeça por você.

Ela fechou os olhos devagar para o beijo.

– "Little Anthony" – ela murmurou, reconhecendo a letra da música e tocando a melodia na mente. – Foi em 1961, 1962?

– Imaginei que, sendo psiquiatra, você ia adorar essa técnica.

– Acertou.

– Não quer o seu presente?

– Quero. Mas acho que você precisa me soltar para eu poder abrir o saco.

– Então não demore muito.

Ele deu o presente, observando a expressão dela ao abri-lo. Não poderia ter sido melhor – o rosto perplexo, a surpresa e o sorriso.

– Um ferrolho que abre de um lado com chave e do outro com a maçaneta. Nossa, Ben, você sabe deixar uma mulher emocionada.

– É, trata-se de um verdadeiro talento.

Ela curvou os lábios ao colá-los nos dele.

– Vou guardar para sempre com carinho. Se fosse menos volumosa, eu usaria junto ao coração.

– Vai estar na sua porta em menos de uma hora. Pus minhas ferramentas no armário da cozinha outro dia.

– Útil também.

– Por que não vê se tem alguma coisa para fazer por algum tempo? Do contrário, serei obrigado a fazer você olhar.

– Encontrarei alguma coisa – ela prometeu e deixou o presente com ele.

Enquanto Ben trabalhava, Tess editou uma aula que ia dar na Universidade George Washington no mês seguinte. O zumbido da furadeira e o estrépito de metal contra a madeira não a incomodavam. Começava a perguntar-se como tolerara o silêncio total de sua vida antes dele.

Quando a aula ficou pronta e ela atualizou os arquivos que trouxera para casa, virou-se e viu-o acabar o serviço.

– Isso vai servir.

– Meu herói.

Ele fechou a porta, ergueu duas chaves e largou-as sobre a mesa.

– Basta usar. Vou guardar as ferramentas e me lavar. Você pode limpar o chão.

– Parece justo.

Quando se dirigiu à porta, ela ligou a tevê para assistir ao noticiário.

Embora parecesse haver muito mais bagunça do que a pequena fechadura justificava, Tess varreu a serragem sem se queixar. Endireitava o corpo, com a pá e a vassoura ainda nas mãos, quando começou a matéria principal:

– A polícia descobriu os corpos de três pessoas num apartamento em North West. Atendendo à preocupação de um vizinho, policiais arrombaram o apartamento no fim desta tarde. As vítimas foram esfaqueadas repetidas vezes e estavam amarradas com corda de varal. Identificados Jonas Leery, Kathleen Leery, sua mulher, e a filha adolescente do casal, Paulette Leery. Acredita-se que o motivo tenha sido roubo. Passamos a Bob Burroughs no local do crime para mais detalhes.

Um repórter enérgico, de aparência atlética, surgiu na tela com um microfone e gesticulando para o prédio de tijolos aparentes atrás dele. Tess virou-se e viu Ben passando pela porta da cozinha. Logo soube que ele estivera no interior do prédio.

– Oh, Ben, deve ter sido terrível.

– Tinham sido mortos dez, talvez doze horas antes. A garota não podia ter mais de 16 anos. – A lembrança da cena fez seu estômago arder. – Cortaram a menina como uma peça de carne.

– Sinto muito. – Ela largou tudo e foi até ele. – Vamos nos sentar.

– Você chega a um ponto – ele disse, olhando a tela –, chega a um ponto em que tudo é quase, quase rotina. Então se depara com uma coisa como essa naquele apartamento hoje. Entra lá e o estômago vira pelo avesso. Aí pensa: meu Deus, não é real. É impossível ser real, porque as pessoas não podem fazer esse tipo de coisa umas com as outras. Mas você sabe, bem no fundo, sabe que podem.

– Sente-se, Ben – ela murmurou, acomodando-se com ele no divã. – Quer que eu desligue?

– Não.

Mas ele apoiou a cabeça nas mãos um instante, correu-as pelos cabelos e endireitou-se. O repórter no local do crime falava com uma vizinha aos prantos.

– Paulette trabalhava às vezes como babá do meu filhinho. Era um amor de menina. Não consigo acreditar. Simplesmente não consigo acreditar.

– Aqueles canalhas vão ser presos – disse Ben meio para si mesmo. – Havia uma coleção de moedas. A porra de uma coleção de moedas que valia 800, talvez mil dólares. Um comprador de mercadoria roubada talvez pague apenas a metade. Massacraram aquelas pessoas por um punhado de moedas velhas.

Ela tornou a olhar a fechadura, agora firme na porta, e entendeu por que a trouxera essa noite. Puxou-o para junto de si, à maneira que as mulheres têm de oferecer conforto, e apoiou a cabeça dele junto aos seios.

– Vão empenhar as moedas, depois vocês os pegarão.

– Temos outras duas pistas. Vamos pegá-los amanhã, o mais tardar depois de amanhã. Mas essas pessoas, Tess... Deus do Céu, por mais tempo que eu esteja nisso, continuo não acreditando que um ser humano possa cometer uma atrocidade dessas.

– Não tenho como dizer para não pensar nisso, mas posso dizer que estarei sempre aqui quando você precisar.

Saber disso, saber que era tão simples, entorpecia o horror daquele dia. Ela estava ali para confortá-lo, e naquela noite, por algumas horas, podia fazer com que aquilo fosse tudo que importava.

– Eu preciso de você. – Ele mudou de posição e trouxe-a até o colo para se aninhar na garganta dela. – Isso me mata de pavor.

– Eu sei.

15

— Tess, eu não sei. Não me sinto no melhor dos meus momentos com senadores.

Ben fez uma careta furiosa para Maggie Lowenstein quando ela riu dele e virou-se de costas, apoiando o telefone entre o ombro e o queixo.

– Ele é meu avô, Ben, e um amor de pessoa, de verdade.

– Eu nunca ouvi ninguém se referir ao senador Jonathan Writemore como um amor de pessoa.

Pilomento chamou-o do outro lado da sala, e Ben acenou-lhe com a cabeça e indicou-lhe com um dedo que se mantivesse a distância.

– Isso acontece porque não sou a relações-públicas dele. De qualquer modo, é Dia de Ação de Graças e não quero decepcioná-lo. E você me disse que os seus pais moram na Flórida.

– Eles têm mais de 65 anos. Pressupõe-se que os pais se mudem para a Flórida quando chegam aos 65.

– Logo, você não tem família com quem partilhar o jantar de Ação de Graças. Sei que o vovô gostaria de conhecê-lo.

– É. – Ele puxou a gola do suéter. – Escute, eu sempre defendi uma política em relação às apresentações à família.

– Qual é?

– Não haver apresentações.

– Por quê?

– Perguntas – resmungou Ben em voz baixa. – Quando eu era mais novo, a minha mãe queria sempre que eu levasse para casa a garota com quem estava saindo na época. Então as duas começavam a ter fantasias.

– Entendo.

Ele sentiu o sorriso na voz dela.

– De qualquer modo, a minha política era não levar mulheres para minha mãe conhecer, nem ir conhecer a delas. Assim, ninguém tem a ideia de começar a escolher a prataria.

– Sei que você tem razão. Prometo que nem o meu avô nem eu discutiremos prataria se você se juntar a nós para o jantar. A Srta. Bette faz uma torta de abóbora fantástica.

– Fresca?

– Isso. – Uma mulher inteligente sabia quando recuar. – Você precisa de algum tempo para pensar. Eu não o teria incomodado agora, mas, com tudo que tem acontecido, também esqueci a coisa toda até o meu avô ligar há alguns minutos.

– É, vou pensar.

– E não se preocupe. Mesmo que decida não ir, trarei um pedaço de torta pra você. Tenho um paciente à minha espera.

– Tess...

– Hum?

– Nada. Nada – ele repetiu. – Até logo.

– Paris.

– Desculpe. – Ele desligou e virou-se. – O que tem aí?

Pilomento entregou-lhe uma folha de papel.

– Conseguimos, afinal, descobrir aquele nome que a vizinha nos deu.

– O cara que saía com a filha dos Leery?

– Correto. Amos Reeder. Não é uma descrição muito boa, porque a vizinha só o viu ir até a casa dos Leery uma vez. Aparência horripilante foi a conclusão, mas ela admitiu que só o viu ir à casa dos Leery uma vez, e não houve problema algum.

Ben já pegava o paletó.

– Sempre investigamos aparências horripilantes.

– Tenho um endereço e a folha corrida.

Antes de enfiar o maço de cigarros no bolso, Ben notou com certo desgosto que só restavam dois.

– Pelo que ele cumpriu pena?

– Aos 17 anos esfaqueou outra menina por alguns trocados. Reeder tinha um saquinho de maconha no bolso e uma fila de marcas de agulha no braço. A outra menina sobreviveu. Como era menor, foi condenado a ficar numa clínica de reabilitação para drogados. Harris disse que você e Jackson deviam ter uma conversa com ele.

– Obrigado. – Pegando os papéis, Ben foi à sala de conferências, onde Ed e Bigsby se concentravam juntos no caso do padre. – Vamos – disse e dirigiu-se à porta.

Ed alcançou o parceiro, já vestindo o paletó.

– O que houve?

– Recebi uma pista sobre o caso Leery. Jovem punk que gosta de facas e saía com a menina. Achei que podíamos conversar um pouco.

– Parece bom. – Ed refestelou-se à vontade no carro. – Que tal Tammy Wynette?

– Não enche o saco. – Ben enfiou uma fita de *Goat's Head Soup*. – Tess me ligou ainda agora.

Ed abriu um olho. Achou melhor enfrentar a alucinada escolha dos Rolling Stones, considerado por alguns o pior álbum da banda.

– Problema?

– Não. Bem, acho que sim. Ela quer que eu jante com o avô no Dia de Ação de Graças.

– Uau, peru com o senador Writemore. Acha que ele precisa de uma convenção partidária pra decidir se vai ser molho de ostra ou castanha?

– Sabia que você ia tripudiar.

Mais por irritação que por desejo, Ben pegou um cigarro.

– Tudo bem, já botei para fora. Então vai jantar com a Tess e o avô. Qual é o problema?

– Primeiro é Ação de Graças, depois, antes que a gente perceba, é o *brunch* de domingo. Depois a vinda da tia Mabel para dar uma boa olhada em tudo.

Ed enfiou a mão no bolso, decidiu deixar o iogurte com passas para depois e pegou um chiclete sem açúcar.

– Tess também tem uma tia Mabel?

– Tente acompanhar a linha de raciocínio, Ed. – Ben reduziu a marcha e parou o carro num sinal. – Você aparece duas vezes e é convidado para o casamento da prima Laurie e o tio Joe começa a cutucá-lo nas costelas com o cotovelo e perguntar se você vai se decidir finalmente.

– Tudo isso por causa de purê de batata e molho. – Ed abanou a cabeça. – Impressionante.

– Já vi acontecer. E pode crer, é assustador.

– Ben, você tem coisas muito maiores com que se preocupar do que a Tess ter uma tia Mabel. Coisas muito mais assustadoras.

– Ah, é, como o quê?

– Sabe quanta carne vermelha não digerida obstrui o seu intestino?

– Deus do Céu, que coisa nojenta!

– E eu não sei? O que quero que entenda, Ben, é que você pode se preocupar com lixo nuclear, chuva ácida e a sua própria ingestão de colesterol. Guardar tudo isso na mente e se juntar ao senador para jantar. Se o velho começar a parecer que está pronto pra recebê-lo na família, faça alguma coisa para se livrar dele.

– Tipo o quê?

– Coma o molho de amora com as mãos. É aqui o lugar.

Ben parou junto ao meio-fio e jogou o cigarro pela fresta da janela.

– Você foi de grande ajuda, Ed. Obrigado.

– Disponha. Como quer cuidar disso?

Do carro, Ben examinou o prédio. Vira dias melhores, dias muito melhores. Duas janelas quebradas com jornais tapando os buracos. Pichação espalhada generosamente na parede esquerda. Havia mais latas e garrafas quebradas que grama.

– Ele está no 303. Saída de incêndio no terceiro andar. E se fugir em disparada, não quero persegui-lo por todo o território dele.

Ed tirou uma moeda do bolso.

– Cara ou coroa pra ver quem vai e quem cobre a retaguarda.

– Falou. Cara, eu entro, coroa, subo e cubro a janela. Ah, não, aqui dentro, não. – Ben pôs a mão no braço do parceiro antes que ele virasse a moeda. – Da última vez que você tirou cara ou coroa aqui no carro, acabei comendo brotos de feijão de almoço. Viramos lá fora, onde temos algum espaço.

De acordo, saltaram e ficaram na calçada. Ed tirou as luvas e enfiou-as no bolso antes de virar a moeda.

– Cara – anunciou, mostrando-a. – Dê-me tempo para tomar posição.

– Vamos.

Ben chutou o gargalo de uma garrafa de cerveja, afastando-a do caminho, e partiu para o prédio. Do lado de dentro, cheirava a vômito de bebê e uísque velho. Abriu o zíper da jaqueta ao subir para o terceiro andar. Deu uma longa olhada de um lado a outro do corredor e bateu no 303.

Uma fresta da porta foi aberta por um adolescente de cabelos emaranhados e sem um dente na frente. Antes mesmo de sentir a primeira baforada de maconha, Ben viu pelos olhos do rapaz que ele estava doidão.

– Amos Reeder?

– Quem quer saber?

Ben mostrou o distintivo.

– O Amos não está, saiu pra procurar emprego.

– Muito bem. Falo com você.

– Cara, tem um mandado ou coisa assim?

– Podemos conversar no corredor, aí dentro ou na portaria. Você tem nome?

– Não tenho de dizer a você. Estou aqui cuidando da minha vida.

– É, e sinto cheiro suficiente de baseado saindo pela porta para deduzir que está cuidando mal. Quer que eu entre e dê uma geral? Vai ter um especial de *Miami Vice* esta semana. Por cada grama de maconha que eu entregar à polícia ganho uma camiseta de brinde.

– Kevin Danneville. – Ben viu o suor começar a formar gotas na testa do garoto. – Escute, tenho direitos. Não sou obrigado a falar com tiras.

– Parece nervoso, Kevin. – Ben apertou a mão na porta para manter a fresta aberta. – Quantos anos você tem?

– Dezoito, apesar de isso não ser da porra da sua conta.

– Dezoito? Para mim, mais parece 16, e não está na escola. Talvez eu precise levar você para o centro de detenção juvenil. Que tal me falar de uma menina cujo pai tinha uma coleção de moedas?

Foi o desvio dos olhos de Kevin que salvou a vida de Ben. Ele viu a mudança de expressão e, por instinto, rodopiou. A faca desceu, mas, em vez de cortar-lhe a jugular, abriu um longo corte no seu braço quando ele bateu na porta e desabou dentro do apartamento.

– Porra, Amos, é um tira. Você não pode matar um tira.

Na pressa de sair do caminho, Kevin chocou-se com uma mesa e derrubou um abajur, que se despedaçou ao cair no chão.

Reeder, viajando no barato da droga fenciclidina, apenas riu.

– Vou arrancar o coração do filho da puta.

Ben teve tempo suficiente para ver que seu atacante mal tinha idade de ter terminado o ensino médio antes de a faca girar mais uma vez em sua direção. Esquivou-se, lutando para soltar a arma com a mão esquerda, enquanto o sangue fluía da direita. Kevin corria baratinado pelo apartamento como um caranguejo e choramingava. Atrás deles, a janela espatifou-se.

– Polícia. – Ed posicionou-se diante da janela, pernas abertas, revólver apontado. – Largue a faca, senão eu atiro.

A saliva escorria do canto da boca de Amos quando focou os olhos em Ben. Inacreditavelmente, ele riu.

– Vou te retalhar todo. Cortar em pedacinhos, cara.

Ergueu a faca acima da cabeça e deu um salto. O cilindro perfeito da bala calibre 38 de frente plana atingiu-o no peito e atirou o corpo para trás. Por um momento, ele ficou ali em pé, de olhos arregalados, o sangue esguichando do buraco no peito. Ed manteve o dedo na guarda do gatilho. Então Reeder tombou, levando consigo uma mesa dobrável. A faca escorregou da mão com um tinido baixo. Ele morreu sem emitir um único som.

Ben cambaleou e caiu ajoelhado. Só quando Ed transpôs a janela quebrada, ele conseguiu soltar sua arma.

– Vacilo – disse por entre dentes cerrados ao apontar o revólver para Kevin. – Basta um bom vacilo para eu prender você por resistência à prisão.

– Foi o Amos. O Amos matou todos eles – disse Kevin, começando a debulhar-se em lágrimas. – Eu só olhei. Juro, só olhei, só isso.

– Basta um bom vacilo, seu filho da puta, que arranco os seus colhões fora antes que aprenda a usá-los.

Ed fez uma revista de rotina em Amos e agachou-se ao lado do parceiro.

– Qual é a gravidade do corte no braço?.

A dor era incrivelmente quente e já viajara até o estômago, onde provocava náusea.

– Eu tinha que ter escolhido cara. Da próxima vez, eu jogo a moeda.

– Ótimo. Vamos dar uma olhada.

– Basta chamar alguém para limpar essa sujeira e me levar ao hospital.

– Não atingiu nenhuma artéria, senão estaria esguichando A positivo.

– Ah, então tudo bem. – Ben prendeu a respiração quando Ed exibiu a ferida. – Que tal uma partida de golfe?

– Só segure isso nela e mantenha a pressão firme.

Ed pegou a arma do amigo e apertou a mão dele no lenço que pusera no corte profundo. O cheiro do próprio sangue subiu até ele.

Onde estava sentado, os pés estavam apenas a centímetros dos de Amos.

– Obrigado.

– Tudo bem, é um lenço velho.

– Ed. – Ben dispensou um olhar a Kevin, enroscado em posição fetal com as mãos nos ouvidos. – Ele tinha uma foto de Charles Manson acima da cama.

– Eu vi.

Sentado na ponta da mesa da emergência, Ben contava enfermeiros para afastar a mente da agulha que entrava e saía de sua pele. O médico que o costurava conversava tranquilamente sobre as chances do Redskins contra os Cowboys no domingo. Na divisória cortinada ao lado, outro médico e duas enfermeiras trabalhavam numa adolescente de 19 anos com overdose de crack. Ben ouviu o soluço dela e desejou um cigarro.

– Detesto hospitais – resmungou.

– A maioria das pessoas detesta. – O médico costurava com tanta precisão quanto uma tia solteirona. – A linha defensiva é uma parede de tijolos. Se a mantivermos coesa em campo, Dallas vai ficar chupando o dedo no terceiro semestre.

– Não é uma visão bonita. – A atenção de Ben oscilou por tempo suficiente para fazê-lo sentir o puxão e a cutucada na pele. Concentrou-a nos ruídos atrás da cortina. A adolescente respirava muito forte e rápido. Uma voz incisiva e autoritária ordenava-lhe que respirasse num saco de papel. – Vocês recebem muitas como ela aqui?

– Cada dia mais. – O médico rematou com um nó outra sutura. – A gente torna a pô-las de pé, se tiverem sorte, para que possam ir até a primeira esquina e comprar outra dose. Pronto, uma costura muito bonita, se me permite dizer. O que acha?

– Aceito a sua opinião.

Tess cruzou correndo as portas de vidro automáticas da Emergência. Após uma rápida olhada na área de espera em volta, dirigiu-se às salas de exame. Parou e fitou sem expressão um servente de hospital passar empurrando uma maca com uma figura coberta da cabeça aos pés. Sentiu o sangue esvair-se até os pés. Uma enfermeira saiu de uma área isolada por cortina e tomou-lhe o braço.

– Desculpe, senhorita, sua presença aqui não é permitida.

– Detetive Paris. Esfaqueamento.

– Estão costurando o braço dele ali. – A enfermeira mantinha firme o aperto da mão no braço de Tess. – Por que não volta para a sala de espera e...

– Sou a médica dele – ela conseguiu dizer e libertou o braço.

Não correu. Restava-lhe controle suficiente para fazê-la afastar-se e passar pisando firme por um braço quebrado, uma queimadura de segundo grau e uma contusão leve. Uma idosa deitada numa maca no corredor tentava desesperadamente dormir. Tess passou pela última área separada por cortina e encontrou-o.

– Olhe só quem está aqui! Tess. – O médico olhou-a, satisfeito e surpreso. – O que faz aqui?

– Oi, John. Como vai?

– Como vai você? Não é com frequência que recebo a visita de lindas mulheres em meu local de trabalho – ele começou e logo viu como ela olhava para o paciente. – Ah, entendo. – Seu considerável ego sofreu apenas uma leve contusão. – Estou vendo que vocês se conhecem.

Ben mexeu-se na mesa e teria se levantado se o médico não o mantivesse imóvel.

– O Ed me telefonou na clínica.

– Não devia.

Agora que as imagens dele morrendo de hemorragia desapareciam, ela sentia os joelhos enfraquecerem.

– Ele achou que eu talvez ficasse preocupada e não quis que eu soubesse a respeito pelo noticiário. John, qual é a gravidade?

– Nada muito grave – respondeu Ben.

– Dez pontos – acrescentou o médico, prendendo a atadura. – Nenhum dano muscular, alguma perda de sangue, mas nada importante. Para citar o *Duke*, apenas um arranhão.

– O cara tinha uma maldita faca de açougueiro.

– Por sorte – continuou John, virando-se para a bandeja ao lado –, a jaqueta e a agilidade dos pés do detetive impediram um ferimento mais profundo. Sem isso, estaríamos costurando os dois lados do braço. Agora vai doer um pouco.

– O quê?

Automaticamente, Ben disparou a mão e agarrou o pulso do médico.

– Só uma pequena injeção antitetânica – tranquilizou-o John. – Afinal, não sabemos por onde a faca andou. Vamos, aguente firme.

Ele ia protestar mais uma vez, porém Tess tomou-lhe a mão. A dor aguda no braço veio e logo passou.

– Prontinho. – John deixou a bandeja para a enfermeira cuidar. – Isso amarra tudo. Desculpe o trocadilho. Nada de tênis nem luta de sumô por duas semanas, detetive. Mantenha a área seca e volte para eu tirar os pontos no fim da semana que vem.

– Muito obrigado.

– Seu bom estado e saber que tem plano de saúde bastam como agradecimento. Prazer em ver você, Tess. Me dê uma ligada na próxima vez em que estiver a fim de saquê e ouriço-do-mar.

– Tchau, John.

– John, hein? – Ben desceu da mesa. – Já namorou alguém além de médicos?

– Para quê? – Uma resposta despreocupada pareceu-lhe melhor quando ela viu o pano encharcado de sangue no carrinho.

– Tome a sua camisa. Deixe-me ajudar você.

– Posso fazer isso sozinho.

Mas tinha o braço rígido e dolorido. Conseguiu enfiar apenas uma das mangas.

– Tudo bem. Você tem direito a ficar irritado depois de dez pontos.

– Irritado? – Ele fechou os olhos ao vestir a camisa. – Crianças de 4 anos ficam irritadas se não tiram um cochilo.

– É, eu sei. Pronto. Deixe que eu abotoo.

Pretendia fazê-lo. Disse a si mesma que abotoaria a camisa para manter a conversa ativa. Quase terminara dois botões quando deixou a cabeça cair no peito dele.

– Tess? – Ele levou a mão aos cabelos dela. – O que foi?

– Nada.

Ela se afastou e, cabisbaixa, terminou de abotoar a camisa.

– Tess? – Com a mão sob o queixo dela, Ben ergueu-lhe a cabeça. Lágrimas marejavam os olhos. Ele retirou uma com o polegar. – Não vai chorar, vai?

– Não vou. – Mas prendeu a respiração antes de encostar não rosto no dele. – Só um minuto, sim?

– Tudo bem. – Ele passou o braço bom em volta dela e absorveu o simples prazer de ver que se preocupava com ele. Algumas mulheres haviam se sentido atraídas e outras repelidas pelo seu trabalho, mas ele não sabia se já tivera alguém que apenas se preocupasse.

– Fiquei apavorada – ela admitiu, a voz abafada contra ele.

– Eu também.

– Depois você me conta o que houve?

– Se for necessário. Um cara detesta admitir para a mulher que foi otário.

– E você foi?

– Eu tinha certeza de que o filho da mãe estava dentro do apartamento. O Ed ficou com a janela, e eu, com a porta. Muito simples. – Quando se afastou, Ben viu-a desviar o olhar para sua camisa rasgada manchada de sangue. – Se acha isso ruim, precisa ver a minha jaqueta. Comprei há apenas dois meses.

Mais uma vez no controle, ela tomou-lhe o braço e conduziu-o pelo corredor.

– Bem, talvez Papai Noel traga uma nova no Natal. Quer que eu dirija até em casa?

– Não, obrigado. Preciso escrever um relatório. E se o outro garoto não confessou tudo a essa altura, quero estar presente no interrogatório.

– Então eram dois?

– Apenas um agora.

Ela pensou na figura toda coberta na maca. Por sentir o cheiro de sangue coagulado na camisa dele, Tess nada disse.

– Lá está o Ed.

– Oh, meu Deus, ele está lendo.

Ed ergueu os olhos, deu uma examinada rápida, mas bem abrangente, no parceiro e sorriu para Tess.

– Oi, Dra. Court. Não devo tê-la visto quando entrou. – Não disse que, ao vê-la chegar, estava doando meio litro de sangue. Tinha o mesmo tipo sanguíneo de Ben, A positivo. Largou a revista e entregou ao amigo a jaqueta e o coldre. – É uma pena o estado da jaqueta. O departamento vai levar no mínimo até abril para processar os documentos e substituí-la.

– Não é verdade?

Com a ajuda de Ed, ele conseguiu pôr o coldre e a jaqueta.

– Sabe, eu estava lendo um artigo fascinante sobre rins.

– Guarde para você – aconselhou Ben, e virou-se para Tess. – Vai voltar para a clínica?

– Vou, saí no meio de uma sessão. – Só nesse momento teve plena consciência de que o pusera antes de um paciente. – Na qualidade de médica, aconselho-o a ir para casa e descansar depois de fazer o relatório. Vou chegar lá pelas seis e meia e na certa poderia ser convencida a paparicar você.

– Defina paparicar.

Ignorando, ela se virou para Ed.

– Por que não vem jantar, Ed?

A princípio, ele pareceu perplexo com o convite, e depois satisfeito:

– Bem, eu... obrigado.

– Ed não tem o hábito de relacionar-se com mulheres. Venha, Ed. Tess vai preparar um caldo de feijão para você. – Saiu para a rua, grato pela lufada de ar frio. O braço perdera a dormência, mas começava a latejar como uma dor de dente. – Onde estacionou?

Ben já examinava a área à procura do carro preto e branco.

– Logo ali.

– Acompanhe a dama até o carro, sim, Ed? – Puxando-a pela frente do casaco, beijou-a com vontade. – Obrigado por vir.

– De nada.

Ela esperou-o dirigir-se ao Mustang antes de virar-se e afastar-se com Ed.

– Vai cuidar dele?

– Claro.

Retirando as chaves do bolso, ele assentiu com a cabeça.

– O homem que esfaqueou o Ben está morto?

– Está. – Ed tomou-lhe as chaves e, num gesto que ela achou encantador, abriu o carro. Tess olhou seu rosto e viu, com a mesma clareza como se ele tivesse dito, quem disparara o tiro. Seus valores, o código segundo o qual vivia, batalharam brevemente com uma nova consciência. Pondo a mão na gola dele, abaixou-o e beijou-o. – Obrigada por mantê-lo vivo. – Entrou no carro, sorrindo, e fechou a porta. – Até o jantar.

Ele próprio meio apaixonado por Tess, Ed voltou até onde estava o parceiro.

– Se não for ao jantar de Ação de Graças, você é um safado idiota.

Ben despertou do estupor quando ele bateu a porta do carro.

– Como?

– E não devia precisar de uma cutucada do tio Joe nas costelas – disse o parceiro, e ligou o motor com um urro.

– Ed, você comeu alguma granola estragada?

– É melhor começar a olhar o que tem na frente do seu nariz, parceiro, antes que termine tropeçando na serra.

– Serra? Que serra?

– A serra de madeira do fazendeiro – começou Ed, afastando-se do estacionamento. – O malandro da cidade o observa. Toca a sineta do jantar e o fazendeiro começa a seguir em frente, mas tropeça na serra. Apenas torna a se levantar e recomeça a cortar madeira. O malandro pergunta por que ele não vai jantar e o fazendeiro responde que, como tropeçou na serra, não adianta ir. Não terá sobrado nada.

Ben ficou calado por dez segundos.

– Isso explica tudo. Por que não dá meia-volta, retornamos ao hospital e pedimos para darem uma olhada em você?

– O que eu quero dizer é o seguinte: se você agir como um idiota quando a oportunidade estiver na sua frente, vai perdê-la. Tem uma mulher formidável, Ben.

– Acho que sei disso.

– Então é melhor tomar muito cuidado para não tropeçar na serra.

16

Mal começava a nevar quando Joey saiu pela porta dos fundos. Sabendo que a porta extra, para proteção contra o mau tempo, rangia, puxou-a com todo cuidado até fechá-la.

Lembrou-se de levar as luvas e chegara a enfiar o boné azul de esqui na cabeça. Em vez de calçar as botas, continuou com o tênis de cano alto. Eram os preferidos.

Ninguém o viu sair.

A mãe estava na sala com o pai. Sabia que discutiam sobre ele, por causa das vozes em tom baixo que transmitiam aquele leve nervosismo sempre que se desentendiam a esse respeito.

Não achavam que Joey soubesse.

A mãe assara um peru com rodos os acompanhamentos. Do início ao fim da refeição, conversara animada, animada demais, dizendo como era agradável o jantar de Ação de Graças só com a família. Donald brincara sobre as sobras de comida e gabara-se da torta de abóbora que ele mesmo assara. Havia molho de amora e manteiga caseira para os pãezinhos em forma de meia-lua que se estufaram fofos no forno.

Fora a refeição mais infeliz da vida de Joey.

A mãe não desejava que ele tivesse problemas. Queria vê-lo feliz, dar-se bem na escola e sair para jogar basquete. Normal. A palavra que Joey a ouvira dizer em tom de voz baixo e urgente ao padrasto. *Quero apenas que ele seja normal.*

Mas não era. Imaginava que o padrasto compreendia isso e, portanto, os dois discutiam. Ele não era normal. Era alcoólatra, igual ao pai.

A mãe dizia que o pai NÃO PRESTAVA PARA NADA.

Joey compreendia que o alcoolismo era uma doença. Entendia a dependência e que não existia cura, apenas um período continuado de recuperação. Também entendia que havia milhões de alcoólatras, e era possível ser um e levar a vida normal que a mãe queria tão desesperadamente para ele. Exigia aceitação, esforço e mudança. Às vezes, cansava-se de fazer o esforço. Se dissesse que se sentia cansado, ela ficaria transtornada.

Também sabia que o alcoolismo era muitas vezes hereditário. Ele o herdara do pai, da mesma maneira que herdara o NÃO PRESTAVA PARA NADA.

As ruas estavam tranquilas quando Joey se afastou do bairro agradável e arrumado. Flocos de neve esvoaçavam no feixe luminoso dos postes de luz como as fadas dançarinas dos livros de histórias que se lembrava da mãe lendo para ele anos antes. Via a iluminação nas janelas onde as pessoas comiam a refeição de Ação de Graças ou descansavam após esse esforço diante da tevê:

O pai não viera buscá-lo.

Não telefonara.

Joey achava que entendia por que ele não o amava mais. Não gostava de ser lembrado da bebida, das brigas e dos tempos difíceis.

A Dra. Court dizia que a doença do pai não era culpa do filho. Mas ele supunha que, se herdara a doença do pai, talvez, de algum modo, o pai pegara a doença dele.

Lembrou-se de que, deitado na cama um dia, sabendo que era tarde, ouvira o pai gritar com aquela horrível voz grossa depois de beber muito:

– Você só pensa nesse menino. Nunca pensa em mim. Tudo mudou depois que ele nasceu.

Então, mais tarde, ouvira-o chorar, grandes soluços molhados, de certa forma piores que o ataque de raiva.

– Perdão, Lois. Eu a amo, amo muito. É a pressão que me deixa assim. Aqueles patifes no trabalho vivem me criticando. Eu mandaria todos se foderem amanhã, mas o Joey precisa de um novo par de sapatos toda vez que eu tento tomar uma atitude.

Joey esperou passar um carro barulhento, atravessou a rua e rumou para o parque. A neve caía grossa agora, uma cortina branca esbofeteada pelo vento. O açoite do ar saudável trazia-lhe um rosa forte às bochechas.

Antes achara que, se não precisasse de sapatos novos, o pai não precisaria embriagar-se. Depois percebera que tudo seria mais fácil para todos se ele simplesmente não existisse. Então quando tinha 9 anos fugira. Fora assustador, porque se perdera, era escuro e ele ouvia barulhos. A polícia encontrara-o em poucas horas, mas para ele pareceram dias.

A mãe chorara e o pai o abraçara muito forte. Todos haviam feito promessas que pretendiam cumprir. Por algum tempo, tudo melhorara. O pai fora ao AA e a mãe passara a rir mais. Na época do Natal ele ganhara uma bicicleta, e o pai passara horas correndo ao seu lado com a mão enganchada sob o assento. Não o deixara cair, nem sequer uma vez.

Pouco antes da Páscoa, porém, o pai começara mais uma vez a chegar tarde. Os olhos da mãe ficavam vermelhos e o riso parara. Numa noite, ele fizera a curva na entrada da garagem muito aberta e não vira a bicicleta. Entrara em casa aos gritos e Joey acordara com o xingamento, as acusações. O pai quisera tirá-lo da cama, levá-lo para fora e mostrar-lhe o que causara sua negligência. A mãe bloqueara a passagem.

Fora a primeira noite em que ele ouvira o pai bater na mãe. Se tivesse guardado a bicicleta, em vez de deixá-la ao lado da entrada da garagem, o pai não a teria atropelado, nem ficado tão furioso. Não teria batido na mãe e a deixado com um hematoma que ela tentava disfarçar com maquiagem.

Fora a primeira noite em que Joey experimentara álcool.

Não apreciara o gosto. Queimara na boca e fizera o estômago arder. Mas depois de tomar três ou quatro goles da garrafa, sentira-se estranho, como se estivesse pisando num chão escorregadio. Não sentira mais vontade de chorar. Instalara-se um agradável e tranquilo zumbido na cabeça quando tornou a deitar-se. Adormecera, sem sonhos.

Daquela noite em diante, toda vez que os pais brigavam, Joey usava o álcool como um anestésico.

Então viera o divórcio, numa horrível culminação de brigas, gritaria e xingamentos. Um dia a mãe o pegara de carro na escola e o levara para um pequeno apartamento. Lá explicara a ele com a maior delicadeza possível que não iam mais morar com o pai.

Sentira-se envergonhado, uma vergonha terrível, porque se orgulhara.

Haviam começado a nova vida. A mãe voltara a trabalhar. Cortara os cabelos e deixara de usar aliança. Mas ele notava de vez em quando o fino círculo de pele branca que a aliança cobrira por mais de uma década.

Ainda lembrava a ansiedade e o apelo nos olhos dela quando lhe explicara o divórcio. A mãe sentira muito medo de que ele a culpasse, por isso justificara uma ação que a deixara crivada de culpa e incerteza dizendo-lhe o que ele já sabia. Ouvir aquelas coisas dela, porém, despedaçara as tênues defesas que lhe haviam restado.

Ainda lembrava também a intensidade do choro dela na primeira vez que chegou em casa do trabalho e encontrou o filho de 11 anos embriagado.

Fazia silêncio no parque. No chão, uma fina e bela camada de branco se formara. Dali a uma hora, ninguém notaria suas pegadas. Joey decidiu que era assim que devia ser. A neve caía agora em flocos grandes e fofos que se grudavam nos galhos de árvores e se estendiam brilhantes e novos nas folhagens. Perguntou-se, apenas brevemente, se a mãe já subira até seu quarto e descobrira que ele se fora. Embora o entristecesse saber que ela ficaria transtornada, sabia que o que fazia tornaria tudo mais fácil para todos. Sobretudo para si mesmo.

Não tinha 9 anos dessa vez. Nem sentia medo.

Fora a reuniões dos alcoólicos anônimos com a mãe. Não deixara as pessoas se aproximarem, porque não queria admitir a vergonha por ser igual ao pai.

Então aparecera Donald Monroe. Joey desejou sentir-se feliz por ver a mãe outra vez feliz, depois se sentiu culpado porque chegara muito perto de aceitar a substituição do pai. Ela estava mais uma vez feliz, e ele se alegrou porque a amava muito. O pai foi ficando cada vez mais amargurado, e ele se ressentiu da mudança porque também o amava muito.

A mãe se casou e mudou de nome. Não era mais igual ao dele. Mudaram-se para uma casa num bairro rico e tranquilo. O quarto de Joey, no andar de cima, dava para o quintal. O pai queixava-se de pagar a pensão alimentícia.

Quando passou a ver Tess, Joey vinha encontrando um jeito de embriagar-se todo dia e já começava a pensar em suicídio.

Não gostara de vê-la a princípio, mas ela não o censurava, não o pressionava nem afirmava entender. Apenas falava. Quando ele parou de beber, Tess deu-lhe um calendário, o chamado calendário perpétuo, que ele poderia usar para sempre.

– Você tem uma coisa de que se orgulhar hoje, Joey. E todo dia, quando se levantar de manhã, terá uma coisa de que se orgulhar.

Às vezes, acreditava nela.

Tess nunca lhe lançava aquele olhar intenso, rápido, quando ele entrava no consultório. Mas a mãe, sim. A Dra. Court lhe dera o calendário e acreditava nele. A mãe ainda esperava uma decepção. Por isso o tirara da escola. Por isso não o deixava mais passar o tempo com os amigos.

Vai fazer novos amigos, Joey. Eu só quero o melhor pra você.

Ela só queria que ele não fosse igual ao pai.

Mas era.

E quando crescesse, talvez tivesse um filho, e seu filho seria igual a ele. Isso nunca pararia. Era como uma maldição. Lera sobre maldições. Às vezes passavam de uma geração à outra. Às vezes podiam ser exorcizadas. Um dos livros que guardava debaixo do colchão explicava a cerimônia para exorcizar o mal. Seguira-a passo a passo uma noite em que a mãe e o padrasto foram a um jantar de trabalho. Quando terminou, não se sentiu nada diferente. Isso provou que o mal, o que não era bom dentro dele, era mais forte que o bem.

Foi quando começou a sonhar com a ponte.

A Dra. Court queria mandá-lo para um lugar onde as pessoas entendiam os sonhos com a morte. Ele descobrira os folhetos que a mãe jogara fora. Parecia um lugar legal, tranquilo. Joey guardara os folhetos, achando que talvez fosse um lugar melhor do que a escola que detestava. Quase criara coragem para conversar com Tess sobre isso, quando a mãe disse que ele não precisava mais ver a médica.

Quis ver a Dra. Court, mas a mãe deu um sorriso nervoso.

Agora discutiam em casa sobre ele. Sempre sobre ele.

A mãe teria um novo bebê. Já escolhia as cores para o quarto e falava em nomes. Joey achava que talvez fosse legal ter uma nova criança em casa. Sentira-se feliz quando Donald lhe pedira que ajudasse a pintar o quarto do neném.

Então, uma noite, sonhara que o bebê morrera.

Quis conversar com a Dra. Court sobre isso, mas a mãe disse que ele não precisava mais vê-la.

A superfície da ponte estava escorregadia com a camada de neve. As pegadas de Joey deixavam marcas compridas, indefinidas. Ele ouvia o ruído do tráfego embaixo, mas continuou andando no lado que dava para o riacho e as árvores. Era uma sensação excitante e revigorante caminhar ali no alto, sobre as copas das árvores, com o céu tão escuro acima. Apesar do vento gelado, a caminhada mantinha os músculos aquecidos.

Joey perguntou-se sobre o pai. A noite, a última noite de Ação de Graças, fora um teste. Se o pai tivesse aparecido e o levado para jantar, ele teria tentado mais uma vez. Mas não viera, porque era tarde demais para os dois.

Além disso, cansara-se de tentar, de ver aqueles olhares inseguros, intensos, no rosto da mãe, de ver a preocupação ansiosa no rosto de Donald. Não suportava mais sentir-se culpado por tudo isso. Quando acabasse com a vida, não haveria mais motivo para Donald e a mãe brigarem por sua causa. Nem para temer que Donald abandonasse a mãe e o novo bebê porque não aguentava mais Joey.

O pai não precisaria pagar a pensão alimentícia. A grade da ponte da Calvert Street estava escorregadia, mas ele conseguiu um bom ponto de apoio com as luvas.

Só queria paz. Morrer era pacífico. Ele lera sobre a reencarnação, sobre a chance de retornar para uma vida melhor, como alguém melhor. Aguardava ansiosamente por isso.

Sentia o vento atirando-lhe neve agora, neve fria, quase cortante, no rosto. Via sua respiração lançar-se devagar e constante no escuro. Abaixo, viam-se as árvores com as pontas dos galhos cobertas de branco e o gelo fluindo no Rock Creek.

Decidira-se com toda calma contra outras formas de suicídio. Se cortasse os pulsos, a visão do próprio sangue talvez o deixasse fraco demais para concluir. Lera que as pessoas que tentavam tomar doses excessivas de remédios muitas vezes vomitavam e apenas ficavam doentes.

Além disso, a ponte era o certo. Limpa. Por um momento, um longo momento, seria como voar.

Equilibrou-se um instante e rezou. Desejava que Deus entendesse. Sabia que Deus não gostava que as pessoas optassem por morrer. Deus queria que esperassem até Ele decidir.

Bem, Joey não podia esperar, e tinha esperança de que Deus e todos os demais entendessem.

Pensou na Dra. Court e lamentou que ela fosse decepcionar-se. Sabia que a mãe ficaria transtornada, mas tinha Donald e o bebê. Não levaria muito tempo para entender que fora melhor assim. E o pai. O pai iria apenas se embriagar mais uma vez.

Joey manteve os olhos abertos. Queria ver as árvores passarem a toda por ele. Inspirou fundo, prendeu o ar e mergulhou.

– A Srta. Bette se superou de novo. – Tess provou a saborosa carne assada que o avô fatiara. – Tudo espetacular, como sempre.

– Não há nada de que a mulher goste mais do que exagerar no preparo de uma refeição. – O senador acrescentou molho fumegante a uma porção de tenras batatas assadas. – Fui barrado na minha própria cozinha durante dois dias.

– Ela o pegou de novo entrando de mansinho para provar a comida?

– Chegou a ameaçar me fazer descascar as batatas. – Ele engoliu uma generosa garfada e riu: – A Srta. Bette jamais concordou com a ideia de que a casa de um homem é o seu castelo. Sirva-se de mais acompanhamento, detetive. Não é todo dia que a gente pode se empanturrar à vontade.

– Obrigado.

Como o senador segurava a tigela sobre o prato dele, Ben não teve opção senão pegá-la. Já se servira de duas porções, mas achava difícil resistir à alegre insistência do anfitrião. Após uma hora em companhia do senador Writemore, descobrira que o velho era vibrante, na aparência e na fala. Tinha opiniões duras como granito, a paciência fraca e o coração, não se podia negar, nas mãos da neta.

O que o aliviou foi que, após essa primeira hora, não se sentia nem de perto pouco à vontade quanto se preparara para sentir-se.

A princípio, a casa deixara-o nervoso. Do exterior, transmitia apenas uma elegância discreta e distinta. Dentro, era uma viagem ao redor do mundo na primeira classe. Tapetes turcos, desbotados apenas o suficiente para exibir a idade e a durabilidade, estendiam-se sobre o piso de cerâmica do saguão, semelhante a um tabuleiro de damas. Havia um armário de ébano, da altura dos ombros de um homem e magnificamente pintado com pavões, sob uma longa escada em curva.

No salão, onde um oriental silencioso servira coquetéis antes do jantar, duas cadeiras Luís XV ladeavam uma comprida mesa rococó. Uma cristaleira entalhada em água-forte guardava tesouros. Um jarro de Murano tingido era quase fino o bastante para se ler do outro lado. Um pássaro de cristal captava e refletia a luz da lareira. Guardando a lareira de mármore branco, havia um elefante de porcelana do tamanho de um cachorro *terrier.*

Um aposento que refletia a formação do senador e, percebeu Ben, de Tess. Riqueza confortável, conhecimento de arte e classe. Ela se sentava no brocado verde-escuro do sofá com um vestido cor de lavanda que fazia a pele brilhar, a gargantilha de pérolas no pescoço, a cintilante pedra no centro pulsando com a luz e o calor do seu corpo.

Para Ben, ela nunca parecera mais linda.

Também havia uma lareira na sala de jantar. Fora acesa para arder em fogo lento e crepitar durante toda a refeição. A luz vinha dos prismas de candelabros enfileirados acima da mesa. Aparelho de jantar Wedgwood, delicadamente pintado, prataria georgiana, pesada e brilhante, taças de cristal Baccarat à espera de serem enchidas de vinho branco gelado e água com gás, toalha de linho irlandês macia o bastante para se dormir nela. Tigelas e travessas repletas: ostras Rockefeller, peru assado, aspargos na manteiga, croissants frescos e mais, os aromas misturados num delicioso pot-pourri com velas e flores.

Enquanto o senador fatiava o peru, Ben lembrava as refeições de Ação de Graças que tivera na infância.

Como sempre faziam a refeição de Ação de Graças ao meio-dia, e não à noite, ele acordava e reconhecia os sedutores aromas de ave assada, salva, canela e a linguiça que a mãe refogara e triturara no recheio. A televisão ficava ligada durante toda a parada da Macy's e durante toda a transmissão do futebol americano. Um dos poucos dias no ano em que não o recrutavam, ele e o irmão, para pôr a mesa. Esse era o prazer da mãe.

Ela tirava os melhores pratos, que usava apenas quando a tia Jo de Chicago os visitava ou o patrão do pai vinha jantar. Os talheres não eram de prata de lei, mas de um aço inoxidável mais ornado.

A mãe sempre se orgulhava de arrumar os guardanapos em triângulos. Então a irmã do pai chegava com o marido e a prole de três a reboque. A casa enchia-se de barulho, de conversas e do aroma do pão de mel feito pela mãe.

Dizia-se a oração de graças, enquanto ele ignorava a prima Marcie, que se tornava mais desagradável a cada ano e que, por motivos só dela, a mãe insistia em sentar ao lado dele.

Abençoai-nos, ó Senhor, com essas Vossas dádivas que vamos receber de Vossa generosidade. Por Cristonossosenhoramém.

O final da oração sempre era dito quando a gula se tornava esmagadora. Tão logo se concluía o sinal da cruz, mãos começavam a pegar o que estivesse mais perto.

Nunca houve um oriental silencioso providenciando para que as taças se mantivessem cheias de Pouilly-Fuissé.

– Alegra-me que tenha podido juntar-se a nós essa noite, detetive. – Writemore serviu-se outra porção de aspargos. – Muitas vezes me senti culpado por manter Tess toda para mim mesmo nos feriados.

– Agradeço o convite. Do contrário na certa estaria comendo um *taco* diante da televisão.

– Uma profissão como a sua não deixa tempo para muitas refeições tranquilas, imagino. Soube que você é uma espécie rara, detetive, por sua dedicação. – Como Ben apenas ergueu uma sobrancelha, o senador deu-lhe um sorriso ameno e gesticulou com a taça de vinho. – O prefeito tem me mantido informado sobre os detalhes do seu caso, pois minha neta está envolvida.

– O que o vovô quer dizer é que fofoca com o prefeito.

– Isso também – concordou Writemore de bom humor. – Parece que você não aprovou a contratação de Tess como consultora.

Franqueza, decidiu Ben, é mais bem recebida com franqueza.

– Ainda não aprovo.

– Prove um pouco dessa compota de peras. – Alegremente, o senador passou o prato. – É a própria Srta. Bette quem as cultiva. Importa-se se eu perguntar por que desaprova a consultoria de uma psiquiatra ou de Tess?

– Vovô, não acho que o jantar de Ação de Graças seja uma ocasião adequada para interrogatório.

– Bobagem. Não estou interrogando o rapaz, apenas tentando entender qual é a posição dele.

Sem se apressar, Ben espalhou a compota no pão.

– Eu não via sentido em um perfil psiquiátrico que envolvesse mais tempo e trabalho administrativo. Prefiro o trabalho policial básico, entrevistas, coleta de dados, lógica. – Ele olhou para Tess e viu-a examinando o vinho. – No que se refere à aplicação da lei, não me importa se ele é psicótico ou apenas do mal. Essa compota é deliciosa.

– É. A Srta. Bette tem uma mão e tanto. – Como para corroborar, Writemore comeu outro bocado. – Tendo a entender a sua opinião, detetive, embora não concorde inteiramente. Trata-se do que nós na política chamamos de papo-furado.

– Também chamamos da mesma coisa na aplicação da lei.

– Então nos entendemos. Sabe, sou da opinião que é sempre sábio entender a mente do adversário.

– Na medida em que nos ajuda a ficar um passo adiante dele.

Ben voltou a atenção para Writemore. O senador sentava-se à cabeceira da mesa de terno preto e camisa branca engomada. Um único diamante simples mantinha a gravata escura no lugar. Ele tinha as mãos grandes, calejadas, vistas em contraste com o elegante cristal da taça. Ben surpreendeu-se ao notar que as mãos do seu avô, as do velho açougueiro, eram muito parecidas – trabalhadas, grossas nos nós dos dedos e nas palmas largas. Usava um simples aro de ouro na mão esquerda, sinal de um compromisso com a esposa, que morrera mais de trinta anos antes.

– Então acha que o trabalho de Tess como psiquiatra não o ajudou nesse caso específico?

Como se estivesse absolutamente despreocupada, Tess continuou a comer.

– Gostaria de dizer isso – respondeu Ben após um momento. – Porque, se dissesse, talvez fosse mais fácil convencê-la a ficar fora dele daqui em diante. Mas o fato é que ela nos ajudou a estabelecer um padrão e uma motivação.

– Pode me passar o sal? – Tess sorriu quando Ben ergueu o galheteiro de cristal. – Obrigada.

– Disponha – ele disse, mas de má vontade. – Isso não quer dizer que aprovo o envolvimento dela.

– Então deduzo que passou a perceber que minha neta é uma mulher ao mesmo tempo dedicada e obstinada.

– Já tinha percebido.

– Considero isso uma herança – disse Tess, e cobriu com a sua a mão do senador. – Do meu avô.

Ben viu-os entrelaçarem e apertarem as mãos.

– Graças a Deus que você não herdou a minha aparência – disse o avô. E depois, no mesmo tom alegre: – Eu soube que se mudou para a casa de minha neta, detetive.

– Isso mesmo.

Preparando-se para a inquisição pela qual esperara a noite toda, Ben tornou a provar a compota de pera.

– Gostaria de saber se tem cobrado da prefeitura as horas extras.

Tess riu e recostou-se na cadeira.

– O vovô está tentando ver se consegue fazer você suar. Tome, querido. – Ela passou mais um pouco de peru ao senador. – Delicie-se mais. Da próxima vez que fofocar com o prefeito, diga a ele que tenho recebido o melhor da proteção policial.

– O que mais devo dizer que você tem recebido?

– Tudo que tenho recebido a mais não é da conta do prefeito.

Writemore serviu mais uma fatia grossa de peru no prato e estendeu a mão para pegar o molho.

– Imagino que vá me dizer que também não é da minha conta.

– Não preciso. – Tess despejou uma concha de molho de amora no prato dele. – Você mesmo acabou de dizer.

Com 1,50 metro de altura e quase 65 quilos, a Srta. Bette entrou arrastando os pés na sala e lançou um olhar aprovador à escavação feita no banquete que ela preparara. Enxugou as mãos pequenas e rechonchudas no avental.

– Dra. Court, telefone para a senhorita.

– Ah, obrigada, Srta. Bette. Vou atender na biblioteca. – Após levantar-se, Tess curvou-se e deu um beijo no rosto do avô. – Não o amole, vovô. E deixe um pedaço daquela torta para mim.

Writemore esperou-a sair da sala.

– Uma linda mulher.

– É, é, sim.

– Sabe, quando a Tess era mais jovem, as pessoas sempre a subestimavam por causa da beleza, do tamanho e do sexo. Depois que a gente vive mais de meio século, não dá tanta importância à aparência. Ela não passava de uma coisinha quando se mudou para morar comigo aqui. Tínhamos apenas um ao outro. As pessoas imaginavam que eu a ajudaria a superar os momentos difíceis. Mas, na verdade, Ben, foi ela quem me ajudou. Acho que eu teria desmoronado e morrido sem a Tess.

Vou completar três quartos de século. – Writemore sorriu, como se a ideia o agradasse. – Quando a gente chega a essa idade, começa a encarar cada dia com mais nitidez. Começa a apreciar as pequenas coisas.

– Como sentir os pés firmes no chão de manhã – murmurou Ben, e então, captando o olhar do senador, mexeu-se sem graça na cadeira. – É uma coisa que o meu avô dizia.

– Obviamente um homem sábio. Sim, como sentir os pés firmes no chão de manhã. – Com a taça de vinho na mão, ele recostou-se e examinou Ben. Ficou aliviado por gostar do que via. – A natureza humana força o homem a apreciar essas coisas, mesmo depois de ter perdido a esposa e a única filha. Tess é tudo o que tenho, além desses pequenos prazeres, Ben.

Ben descobriu que não se sentia mais incomodado, nem esperava mais ser posto contra a parede.

– Não vou deixar que nada aconteça a ela. Não apenas porque sou policial e é meu dever defender e proteger, mas porque ela é importante para mim.

Quando Writemore reclinou o corpo na cadeira, o diamante na gravata cintilou com a luz refletida.

– Você acompanha futebol?

– Um pouco.

– Quando nenhum de nós tiver de preocupar-se com Tess, você vai a um jogo comigo. Ganhei ingressos para a temporada. Tomaremos algumas cervejas e você me contará coisas a seu respeito que eu não soube pelas cópias de seu registro departamental. – Ele riu, exibindo dentes brancos que eram quase todos originais. – Ela é tudo o que tenho, detetive. Sei qual foi sua contagem de pontos da semana passada no exercício de tiro ao alvo.

Sorrindo, Ben acabou de tomar o vinho.

– Como me saí?

– Muito bem – disse Writemore. – Bem pra burro.

Em surpreendente harmonia, os dois se viraram quando Tess tornou a entrar na sala. Bastou Ben ver o rosto dela para levantar-se da cadeira

– O que houve?

– Sinto muito. – Embora a voz fosse calma, sem tremor, Tess voltou com o rosto pálido. Estendeu uma das mãos ao encaminhar-se para o avô. – Preciso ir, vovô. Uma emergência no hospital. Não sei se conseguirei voltar.

Como sentiu a mão dela fria, o avô cobriu-a com as dele. Mais que qualquer um, entendia quanta emoção Tess mantinha trancada no íntimo.

– Paciente?

– É. Tentativa de suicídio. Foi levado para Georgetown, mas não parece bem – ela explicou com a voz fria e inalterada, a voz de médica. Ben examinou-a com toda atenção, mas, fora a ausência de cor, não viu emoção alguma. – Sinto muito deixar você desse jeito.

– Não se preocupe comigo. – O senador já se levantara. Passou o braço pelos ombros da neta e acompanhou-a até a porta. – Me dê um telefonema amanhã e me diga como está.

Alguma coisa dentro dela tremeu e abalou-a, mas Tess se manteve firme. Encostou não rosto no do avô, desejando extrair um pouco de sua força.

– Eu amo você.

– Eu também amo você, menina.

Quando saíram para a noite envolta em neve, Ben tomou-lhe o braço e impediu-a de escorregar na escada.

– Pode me contar o que aconteceu?

– Um menino de 14 anos decidiu que a vida era demais pra suportar. Pulou da ponte da Calvert Street.

17

O andar da cirurgia cheirava a antisséptico e tinta fresca. Com a equipe do hospital reduzida à metade por causa do feriado, os corredores estavam quase vazios. Alguém cobrira uma torta de carne moída com plástico e deixara-a no posto de enfermagem. Parecia apetitosa, mas lamentavelmente abandonada. Tess parou ali, enquanto a enfermeira de plantão preenchia um prontuário.

– Sou a Dra. Teresa Court. Joseph Higgins Jr. foi internado há pouco tempo.

– Sim, doutora. Está na sala de cirurgia.

– Qual o estado dele?

– Politraumatismo, hemorragia. Em coma quando o trouxeram aqui para cima. O Dr. Bitterman o está operando.

– Os pais dele?

– No fim do corredor à esquerda, na área de espera, doutora.

– Obrigada. – Fortalecendo-se, Tess virou-se para Ben. – Não sei quanto tempo isso vai levar, e não será agradável. Tenho certeza de que posso providenciar para que você espere na sala dos médicos. Ficará mais confortável.

– Vou com você.

– Tudo bem.

Desabotoando o casaco ao afastar-se, Tess seguiu pelo corredor. Os passos dos dois ecoavam como disparos no piso de cerâmica. Ao aproximar-se da porta da sala de espera, ela ouviu os soluços abafados.

Lois Monroe aconchegava-se bem junto ao marido. Embora a sala estivesse superaquecida, nenhum dos dois tirara o sobretudo. Ela chorava baixinho, de olhos abertos e distantes. Um especial de Ação de Graças passava na televisão instalada no alto da parede. Tess fez menção a Ben para que continuasse onde estava.

– Sr. Monroe.

Ao som da voz dela, ele desviou os olhos da parede para a porta. Por um momento, fitou-a como se não soubesse quem ela era, e então uma pontada de dor varou-o de cima a baixo, refletindo-se por um breve e comovente instante no olhar. Tess quase lia seus pensamentos.

Eu não acreditei em você. Não entendi. Não soube.

Reagindo muito mais a isso que ao choro, ela aproximou-se e sentou-se ao lado de Lois Monroe.

– Lois subiu para ver se o Joey queria mais torta – começou Monroe. – Ele... ele tinha saído. Deixou um bilhete.

Por entender a necessidade, Tess estendeu o braço e segurou a mão livre dele. Monroe agarrou-a, engoliu em seco e continuou:

– Dizia que sentia muito. Que desejava poder ser diferente. Que tudo ficaria melhor agora e que ele retornaria em outra vida. Alguém o viu... – Apertou os dedos nos dela, enquanto fechava os olhos e lutava para controlar-se. – Alguém o viu pular e chamou a polícia. Chegaram... chegaram lá em casa depois de percebermos que ele tinha ido embora. Eu não sabia o que fazer, então liguei para você.

– Joey vai ficar bom. – Com as mãos ainda entrelaçadas, Lois afastou-se mais de Tess. – Eu sempre cuidei dele. Ele vai ficar bom e depois vamos para casa juntos. – Mantendo a distância, virou a cabeça o suficiente para olhá-la. – Eu já disse que ele não precisa mais de você. Joey não precisa de você, nem de clínica, nem de mais tratamento. Ele só precisa ficar sozinho por algum tempo. Sabe que eu o amo.

– Sim, ele sabe que você o ama – murmurou Tess tomando a mão de Lois e sentindo o pulso acelerado e fraco. – Joey sabe o quanto você tem tentado tornar as coisas melhores para ele.

– Tudo que fiz foi para tentar protegê-lo, tentar tornar tudo melhor. Tudo que eu sempre quis foi que Joey fosse feliz.

– Eu sei.

– Então por quê? Por que isso aconteceu? – As lágrimas secaram. A voz passou de oscilante a venenosa. Lois lutou para afastar-se do marido e agarrar Tess pelos ombros. – Você devia curá-lo e deixá-lo bem. Então me diga por que o meu filho está sangrando naquela mesa. Diga-me por quê.

– Lois, Lois, não.

Já se lamentando, Monroe tentou puxar a mulher mais para perto de si, mas ela levantou-se de um salto e levou Tess junto. Instintivamente, Ben adiantou-se, mas Tess o deteve com uma furiosa sacudida da cabeça.

– Quero uma resposta. Ao inferno com você, quero que me dê uma resposta!

Em vez de bloquear a fúria, Tess aceitou-a.

– Ele estava sofrendo, Sra. Monroe. E o sofrimento era profundo, mais profundo do que eu podia alcançar.

– Eu fiz tudo que pude. – Embora com a voz baixa, quase nivelada, Lois enterrou os dedos no fundo da carne de Tess. Equimoses iriam aparecer no dia seguinte. – Eu fiz tudo. Ele não estava bebendo – disse, com um soluço na voz. – Não tomou uma gota de álcool em meses.

– Não, não estava bebendo. Você devia se sentar, Lois. – Tess tentou acomodá-la de volta no sofá.

– Não quero me sentar. – A fúria, que na verdade era medo, explodiu até cada palavra parecer uma bala. – Eu quero o meu filho. Quero o meu menino. Você só falou e falou, semana após semana, só falou. Por que não *fez* alguma coisa? Devia fazê-lo se sentir melhor, se sentir feliz. Por que não fez?

– Eu não consegui. – Numa onda, a dor solapou Tess. – Eu não consegui.

– Lois, sente-se. – Fortalecido pela necessidade da mulher, Monroe segurou-a pelos ombros e levou-a para o sofá. Ao tornar a envolvê-la com o braço, ele olhou para Tess. – Você nos disse que isso poderia acontecer. Não acreditamos. Não quisemos acreditar. Se não for tarde demais, podemos tentar mais uma vez. Podemos...

Então a porta se abriu e todos souberam que era tarde demais.

O Dr. Bitterman continuava com a roupa cirúrgica. Baixara a máscara, que pendia das tiras. O suor no tecido não secara. Embora o tempo que passara na sala de cirurgia tivesse sido relativamente breve, viam-se vincos de tensão e fadiga em volta dos olhos e da boca. Antes que ele falasse, antes que se aproximasse dos Monroe, Tess soube que os dois haviam perdido um paciente.

– Sra. Monroe, sinto muito. Não pudemos fazer mais nada.

– Joey?

Ela olhou sem expressão do médico para o marido. Já agarrava o ombro de Monroe com uma das mãos.

– Joey se foi, Sra. Monroe. – Como a hora que passara tentando suturar e salvar o menino o deixara nauseado e derrotado, Bitterman sentou-se ao lado dela. – Ele não recuperou a consciência. Sofreu uma grave lesão cerebral. Nada mais havia a ser feito.

– Joey? Joey está morto?

– Sinto muito.

Os soluços recomeçaram, ruídos roucos e guturais, que se espalhavam pela sala. Ela chorava de boca aberta, a cabeça para trás, numa agonia de dor que retorcia o estômago de Tess. Ninguém podia entender verdadeiramente a alegria sentida por uma mãe ao dar à luz um filho. Ninguém podia verdadeiramente entender a devastação sentida por uma mãe ao perder um filho.

Um erro de discernimento, o desejo de manter a família coesa com a própria força, custara-lhe o filho. Tess nada podia fazer por Joey agora. Com a própria dor enchendo-lhe os pulmões, virou-se e saiu da sala.

– Tess. – Ben segurou-lhe o braço quando ela seguiu pelo corredor. – Não vai ficar?

– Não. – A voz saiu forte e gélida enquanto ela continuou andando. – Ver-me agora só torna a coisa pior para ela, se é que isso é possível.

Apertou o botão do elevador e enfiou as mãos nos bolsos, onde enroscou e desenroscou os dedos.

– É só isso? – Entorpecida e concentrada em suas entranhas, ele sentiu a raiva começar a espalhar-se. – Você apenas risca um item da lista?

– Não posso fazer mais nada.

Ela entrou no elevador, lutando para respirar com calma.

Nevava forte a caminho de casa. Tess não falou. Provando ressentimento na própria garganta, Ben permaneceu em tão frio silêncio quanto ela. Embora do aquecimento do carro emanasse calor, ela teve de esforçar-se para não tremer de frio. Fracasso, sofrimento e raiva emaranhavam-se tanto uns nos outros que formaram um único nó de emoção entalado na garganta. O controle era muitas vezes conquistado a duras penas, mas nunca tão vital quanto lhe parecia naquele momento.

Quando entraram no apartamento, a pressão no peito de Tess era tão forte que foi necessário dominar cada respiração.

– Lamento que tenha sido arrastado para tudo isso – disse com todo o cuidado. Precisava afastar-se, afastar-se dele, de todos, até recompor-se de novo. O latejamento na cabeça avolumava-se para um rugido. – Sei que foi difícil.

– Você parece estar tirando a coisa de letra. – Após arrancar o paletó, ele o atirou numa cadeira. – Não precisa se desculpar comigo. Estou no ramo, lembra?

– É verdade. Escute. – Ela teve de engolir o calor borbulhante na garganta. – Vou tomar um banho.

– Claro, vá em frente. – Ele foi até o armário de bebidas e pegou a vodca que estocara. – Eu vou tomar um drinque.

Ela não se deu o trabalho de ir ao quarto trocar de roupa. Quando a porta se fechou devagar atrás de Tess, Ben ouviu o ruído de água jorrando contra porcelana da banheira.

Ele nem conhecera o garoto, disse a si mesmo ao despejar vodca num copo. Não havia motivo algum para sentir aquele medonho aperto de ressentimento. Uma coisa era sentir pesar, pena, até raiva pela inútil perda de uma vida, uma vida jovem, mas não havia motivo para aquela raiva impotente e aflitiva.

Ela ficara tão distante. De uma forma tão insuportável.

Como o médico de Josh.

O ressentimento alojado no fundo durante anos subiu serpeando até a garganta. Ben ergueu a vodca para lavar esse gosto, depois a largou, intocada, de volta no armário. Sem saber o que fazer, atravessou o corredor e abriu com um empurrão a porta do banheiro.

Ela não estava na banheira.

Como um trovão, a água batia na porcelana com toda a força e descia pelo ralo que ela não se dera ao trabalho de tampar. O vapor subia, deixando o espelho embaçado. Ainda vestida, usando a pia como apoio, Tess chorava violentamente com as mãos no rosto.

Por um momento, ele ficou ali no vão da porta aberta, estupefato demais para entrar, chocado demais para fechar a porta e deixá-la na intimidade que buscara.

Jamais a vira como vítima desprotegida das próprias emoções. Na cama, em algumas ocasiões, ela parecia guiada apenas pela emoção individual. Uma ou outra vez, vira a raiva irromper e oscilar por pouco tempo até a explosão máxima. Então ela a reprimia, sempre. Agora era sofrimento, e sofrimento total.

Ela não o ouvira abrir a porta. Devagar, balançava o corpo para a frente e para trás num ritmo de pesar. Reconforto pessoal. Ben sentiu a garganta contrair-se, impelindo de volta o ressentimento. Ia tocá-la, depois hesitou. Difícil, ele descobriu, incrivelmente difícil confortar alguém que, na verdade, era tão importante.

– Tess. – Quando ele de fato a tocou, ela sobressaltou-se. Quando a abraçou, ficou rígida como uma tábua. Sentiu-a lutando para conter as lágrimas, e ele. – Vamos, você devia se sentar.

– Não. – A humilhação minou seu organismo já enfraquecido. Fora pega no momento mais fragilizado e íntimo, sentindo-se despida e sem força para cobrir-se. Queria apenas solidão e tempo para refazer-se. – Por favor, me deixe sozinha por algum tempo.

Doeu – aquela resistência, a rejeição do conforto que ele precisava dar. Doeu tanto que Ben ia retirar-se. Então sentiu o tremor atravessá-la, um tremor mais pungente, mais lamentável até que as lágrimas. Em silêncio, aproximou-se e fechou a torneira.

Tess expôs o rosto e passou os dedos em volta da borda da pia. As costas retesadas, como se ela se escorasse para impedir um soco ou ajuda física. Recebeu com os olhos encharcados os dele. A pele já riscada e avermelhada de lágrimas. Ben não disse uma única palavra, não pensou nas quinas quando a ergueu nos braços e levou-a para fora do banheiro.

Esperava uma luta, palavras violentas e furiosas. Em vez disso, sentiu o corpo sem energia alguma quando ela virou o rosto, afundou-o na garganta dele e deixou-se chorar.

– Não passava de uma criança.

Ben sentou-se na beira da cama e acomodou-a mais para perto de si. As lágrimas eram quentes na pele, como se tivessem ardido sob os olhos dela por demasiado tempo.

– Eu sei.

– Não consegui chegar até ele. Devia ter sido capaz de chegar. Toda a minha formação, toda a experiência, a autoanálise, os livros, as aulas, e não consegui chegar até ele.

– Você tentou.

– Não fui boa o bastante. – A raiva aflorou, em explosão gigante e malévola, mas não o surpreendeu. Vinha esperando-a, desejando-a. – Espera-se que eu cure. Ajude. Não só não consegui concluir o tratamento dele, como também não consegui mantê-lo vivo.

– Os psiquiatras devem se sentir acima do bem e do mal.

Como um tapa na cara, essas palavras a chocaram e impeliram para longe dele. Num instante, ficou de pé. As lágrimas ainda secavam em seu rosto, o corpo ainda tremia, mas não parecia que ela ia desmoronar.

– Como ousa me dizer isso? Um jovem está morto. Jamais terá a chance de dirigir um carro, de se apaixonar, de começar uma família. Está morto, e o fato de eu ser responsável nada tem a ver com ego.

– Não? – Ben também se levantou e antes que ela pudesse afastar-se, segurou-a pelos ombros. – Você precisa ser perfeita, estar sempre no controle, ter as respostas, as soluções? Dessa vez não as teve e não é exatamente indestrutível. Responda: poderia ter impedido que ele pulasse daquela ponte?

– Devia ter sido capaz de impedir. – O soluço saiu seco e trêmulo quando ela apertou a base da mão entre as sobrancelhas. – Não. Não, não consegui dar a ele o bastante.

Abraçando-a mais uma vez, ele levou-a de volta para a cama. Pela primeira vez no relacionamento sentiu-se necessário, um ombro no qual se apoiar. No curso normal dos acontecimentos, essa teria sido a deixa para se mandar. Em vez disso, sentou-se ao seu lado e tomou-lhe a mão quando ela apoiou a cabeça em seu ombro. Completo. Era estranho e um pouco assustador sentir-se completo.

– Tess, é o menino de que você me falou antes, não é?

Ela lembrou a noite do sonho, a noite em que acordara e encontrara Ben afetuoso e disposto a ouvir.

– É. Venho me preocupando com o que ele poderia fazer há semanas.

– E falou com os pais dele?

– Falei, mas...

– Eles não quiseram saber.

– Isso não devia ter feito nenhuma diferença. Eu devia ter sido capaz de... – Tess interrompeu-se quando ele virou o rosto dela para o seu. – É – ela concordou num longo suspiro –, eles não quiseram saber. A mãe tirou-o da terapia.

– E cortou os cordéis.

– Isso talvez o tenha levado a fechar-se um pouco mais dentro de si, mas não creio que tenha sido o fator final que o levou ao suicídio. – A dor continuava ali, fria e dura na barriga, embora a mente começasse a desanuviar-se o suficiente para ela ver além de seu próprio envolvimento. – Acho que aconteceu mais alguma coisa essa noite.

– E acha que sabe o que foi?

– Talvez. – Ela tornou a levantar-se. – Venho tentando falar com o pai do Joey há semanas. O telefone foi desligado. Cheguei a ir ao apartamento dele alguns dias atrás, mas ele se mudou sem deixar o novo endereço. Devia passar esse fim de semana com o filho. – Tess enxugou as lágrimas do rosto com as costas das mãos. – Joey vinha contando demais com isso. Quando o pai não veio buscá-lo, foi outra tijolada nas costas. Talvez a última que ele aguentaria carregar. Era um menino lindo, um rapaz, na verdade. – Novas lágrimas começaram, mas dessa vez com a dor aliviada e liberada. – Tinha passado por momentos muito difíceis, mas a gente via o calor humano logo abaixo da superfície, a grande necessidade de ser amado. Simplesmente não acreditava que merecia ter alguém que gostasse dele de verdade.

– E você gostava.

– Gostava. Talvez demais.

Era estranho, mas o pequeno e duro bolo de ressentimento coberto por uma camada de rancor que ele trazia no íntimo desde a morte do irmão começou a desfazer-se. Olhou-a – a psiquiatra objetiva, altiva, a fuçadora e investigadora de mentes – e viu as verdadeiras e humanas escoriações da dor da perda, não apenas pelo paciente, mas pelo menino.

– Tess, o que a mãe dele disse no hospital...

– Não tem importância.

– Tem sim. Ela estava errada.

Tess deu meia-volta, e na fraca luz que vinha do corredor, viu o próprio reflexo no espelho acima da cômoda.

– Só em parte. Entenda, eu nunca saberei se, insistindo em outra direção, tentando outro ângulo, teria feito alguma diferença.

– Ela estava errada – repetiu Ben. – Alguns anos atrás, eu disse umas coisas muito parecidas. Talvez também estivesse errado.

No espelho, Tess desviou o olhar e encontrou o dele. Ben continuava sentado na cama, nas sombras. Parecia solitário. Era estranho, porque o considerara um homem sempre cercado de amigos, bons sentimentos, a própria autoconfiança. Ela se virou, mas sem saber se ele queria que lhe estendesse a mão ou permanecesse onde estava.

– Eu nunca contei a você sobre Josh, meu irmão.

– Não. Nunca me falou muita coisa sobre a sua família. Eu não sabia que você tinha um irmão.

– Ele era quase quatro anos mais velho que eu. – Não foi necessário usar o tempo passado para saber que Josh estava morto. Ela soube assim que ele disse o nome. – Era uma daquelas pessoas que transformam em ouro tudo o que tocam. Não importava o que fizesse, fazia melhor que qualquer outro. Quando éramos crianças, tínhamos uma coleção de Tinker Toys, aqueles brinquedos de montar. Eu construía um carrinho, Josh, um veículo de dezesseis rodas. Na escola, eu talvez conseguisse um B se estudasse até os olhos caírem das órbitas. Josh era o campeão de um teste sem abrir o livro. Apenas absorvia. Minha mãe dizia que ele era abençoado. Vivia com a esperança de que ele fosse padre, porque, tão logo ordenado, na certa seria capaz de realizar milagres.

Ben não dizia isso com o ressentimento que muitos irmãos talvez tivessem sentido, mas com um traço de humor, e mais que um pouco de admiração.

– Você deve tê-lo amado muito.

– Às vezes odiava. – Isso foi dito com um encolher de ombros de um homem que entendia que o ódio, muitas vezes, era o que temperava o verdadeiro amor. – Mas quase sempre, sim, eu o achava fantástico. Nunca me intimidava, não por não poder, era muito maior que eu, mas apenas não tinha esse tipo de temperamento. Não que fosse um santo, nem coisa parecida. Era bom, em essência, bom no fundo do coração.

"Dividíamos um quarto quando ficamos um pouco mais velhos. Uma vez a minha mãe encontrou minha coleção de revistas *Playboy*. Queria não apenas tirar a minha luxúria a pancada, mas me queimar vivo. Josh disse a ela que era dele, que estava fazendo uma matéria sobre pornografia e seus efeitos sociológicos nos adolescentes.

Incapaz de resistir, Tess riu.

– E ela engoliu a história?

– É, engoliu – ele respondeu. Mesmo agora, a lembrança o fazia sorrir. – Josh nunca mentia pra salvar a própria pele, só quando julgava que era o melhor a fazer. No ensino médio, era zagueiro do time de futebol americano. As meninas quase se atiravam no chão diante dele, que era saudável o bastante para sentir algum prazer com isso, mas se apaixonou perdidamente por uma. Era do feitio dele concentrar-se numa só em vez de, bem, galinhar. Mesmo assim, ela foi um grande erro que jamais imaginei que ele cometesse. Linda, inteligente e de uma das melhores famílias. E também superficial. Mas ele estava louco de amor, e no segundo ano pegou as economias e comprou um diamante para ela. Não uma lasquinha, mas uma verdadeira pedra. Ela circulava exibindo-o pra fazer as outras garotas babarem.

Brigaram por alguma coisa. Josh nunca me contou o motivo, mas a consequência foi séria mesmo. Ele tinha uma bolsa de estudos para a Notre Dame, mas no dia depois da formatura alistou-se no Exército. A garotada protestava contra o Vietnã, usava símbolos da paz, mas ele decidiu dar ao país alguns anos do seu tempo.

Pela primeira vez desde que começara, Ben pegou um cigarro e acendeu-o. A ponta brilhava vermelha na luz mortiça que caía sobre ele.

– Minha mãe chorou baldes de lágrimas, mas o meu pai inflou o peito de orgulho. O filho não era um jovem que tentava escapar do serviço militar, nem um universitário doidão, mas um verdadeiro americano. Meu pai, um homem simples, pensava dessa forma. Quanto a mim, tendia mais para a esquerda. Começaria o ensino médio no outono, por isso achava que já sabia tudo o que precisava saber. Passei uma noite inteira com Josh tentando convencê-lo a desistir. Claro, os documentos tinham sido assinados e era tarde demais, mas imaginei que devia haver uma saída. Disse que era idiotice jogar fora três anos de vida por causa de uma garota. O problema era que ele já tinha superado isso. Assim que se alistou, decidiu que seria o melhor soldado do Exército dos Estados Unidos. Já tinham conversado com ele sobre o treinamento de oficiais. Do jeito que Johnson expandia as coisas lá, precisávamos de oficiais capazes, para comandar as tropas. Era assim que o Josh se via.

Ela ouviu, então, o estilhaço de dor que se introduziu na voz dele. Deixando a luz pelas sombras, foi até ele. Ben não percebera que precisava, mas, quando sentiu a mão na dele, segurou-a.

– Então ele partiu. – Tragou fundo o cigarro e deixou a fumaça sair com um suspiro. – Entrou no ônibus, jovem, acho que se poderia dizer lindo, idealista, confiante. A julgar pelas cartas, parecia prosperar no treinamento básico, a disciplina, o desafio, a camaradagem. Fazia amigos com facilidade, e não foi diferente lá. Recebeu a convocação para o Vietnã menos de um ano depois. Eu cursava o ensino médio, enganando com álgebra e descobrindo quantas líderes de torcida podia acumular. Josh embarcou como segundo-tenente.

Caiu em silêncio. Sentada ao seu lado, com a mão dele na dela, Tess esperou que ele continuasse.

– Minha mãe ia à igreja todo dia enquanto ele ficou lá. Entrava, acendia uma vela e rezava para a Virgem Maria interceder junto ao Filho pela segurança do Josh. Toda vez que recebia uma carta, lia até decorar cada palavra. Mas não demorou muito para o teor das cartas mudar. Além de mais curtas, o tom era diferente. Ele parou de falar dos amigos. Só soubemos depois que dois dos seus melhores amigos haviam sido despedaçados na floresta. Só soubemos depois, quando ele voltou, que tinha começado a ter pesadelos. Não foi morto lá. Minha mãe deve ter acendido velas suficientes para isso não acontecer, mas ele morreu. A parte dele que o fazia ser o que era morreu... Eu preciso de uma bebida.

Antes que ele pudesse levantar-se, Tess pôs a mão em seu braço.

– Eu pego.

Deixou-o e esperando dar-lhe o tempo que ele precisava, serviu dois conhaques para se aquecerem. Quando ela voltou, Ben já acendera outro cigarro, mas não se mexera.

– Obrigado. – Ele tomou e descobriu que, embora o conhaque não tapasse o buraco deixado pela dor, não precisava mais contornar aquele bolo de ressentimento. – Ninguém dava boas-vindas de herói na época. A guerra havia se tornado amarga. Josh voltou com medalhas, comendas e uma bomba-relógio na cabeça. As coisas pareceram bem por algum tempo. Ele ficava calado, distante, mas imaginamos que ninguém passaria por aquilo sem alguma mudança. Voltou a morar em casa, arranjou um emprego. Não queria saber de voltar para a faculdade. Todos achamos que, bem, o Josh precisava de um tempo.

"Levou quase um ano para os pesadelos recomeçarem. Ele acordava aos gritos e suado. Perdeu o emprego. Disse que tinha se demitido, mas papai descobriu que se envolvera numa briga e fora despedido. Passou mais um ano até as coisas se deteriorarem mesmo. Não conseguia se manter num emprego por mais de algumas semanas. Começou a voltar para casa embriagado ou nem sequer voltar. Os pesadelos se tornaram violentos. Uma noite, tentei acordá-lo de um e ele me mandou com um soco para o outro lado do quarto. Começou a gritar sobre emboscada e franco-atiradores. Quando me levantei e tentei acalmá-lo, partiu pra cima de mim. Quando o meu pai entrou, Josh me estrangulava.

– Ah, meu Deus, Ben.

– Papai conseguiu soltá-lo, e quando ele se deu conta do que tinha feito, ou quase feito, simplesmente se sentou no chão e chorou. Eu nunca tinha visto ninguém chorar assim. Ele não conseguia parar. Nós o levamos para a Associação de Veteranos, que arrumou um psiquiatra para ele.

As cinzas no cigarro ficaram compridas. Ben esmagou-o e retornou ao conhaque.

– Eu já estava na faculdade então, por isso o levava de carro às vezes, quando tinha um horário folgado à tarde. Detestava aquele consultório; sempre me fazia pensar num túmulo. Josh entrava. Às vezes, eu o ouvia chorar. Em outras, não ouvia nada. Cinquenta minutos depois, saía. Eu não parava de desejar que um dia o meu irmão cruzasse aquela porta e fosse do jeito que eu me lembrava.

– Às vezes é tão difícil, até mais difícil para a família do que para quem está doente – disse Tess, mantendo a mão junto à dele e deixando-o aceitar ou rejeitar o contato. – A gente se sente impotente quando quer desesperadamente ajudar... confusa quando precisa tanto pensar com clareza.

– Minha mãe desmoronou um dia. Era domingo, ela preparava uma carne assada. De repente, apenas jogou tudo fora na pia. "Se fosse câncer", disse, "encontrariam uma forma de extirpá-lo. Não conseguem ver o que o está devorando por dentro? Por que não encontram um meio de extirpar isso do meu filho?".

Ben baixou os olhos para o conhaque, a imagem da mãe debruçada sobre a pia, soluçando, tão clara quanto se houvesse acontecido na véspera.

– Durante algum tempo, ele pareceu melhorar. Como estava em tratamento psiquiátrico e tinha um histórico profissional questionável, era difícil arranjar trabalho. Nosso padre fez um pouco de pressão, um pouco de culpa católica à moda antiga, e conseguiu um emprego para ele num posto de gasolina como mecânico. Josh tinha ganhado uma bolsa de estudos da Notre Dame cinco anos antes, e agora trocava velas de ignição. Mesmo assim, era alguma coisa. A frequência dos pesadelos diminuiu. Nenhum de nós sabia que ele vinha tomando barbitúricos para diminuí-los. Depois foi a heroína. Isso também passou despercebido por nós. Talvez se eu tivesse ficado mais em casa, mas estava na faculdade, e pela primeira vez na vida levando a sério para dar certo. Meus pais eram totalmente ingênuos em relação às drogas. Também passou despercebido pelo médico, um major com tempo de serviço em plantões na Coreia e no Vietnã, mas que não viu que Josh vinha se enchendo de heroína pra aguentar passar a noite. – Ele passou a mão pelos cabelos e terminou o conhaque. – Não sei, talvez o cara estivesse subjugado por excesso de trabalho, ou talvez esgotado. De qualquer modo, o resultado foi que, após dois anos de terapia, após milhares de velas e orações à Virgem Maria, Josh foi para o quarto, pôs o uniforme militar, as medalhas e, em vez de pegar a seringa, carregou a arma e acabou com tudo.

– Ben, dizer que sinto muito não basta, nem sequer ajuda, mas não sei o que mais dizer.

– Ele tinha só 24 anos.

E você 20, ela pensou, mas, em vez de dizê-lo, passou o braço em volta dele.

– Pensei em culpar todo o Exército dos Estados Unidos, melhor ainda, todo o sistema militar. Concluí que faria mais sentido me concentrar no médico que devia estar ajudando Josh. Lembro que fiquei lá sentado, quando a polícia chegou, no quarto que dividia com ele, pensando que o patife devia fazer alguma coisa. Devia tê-lo feito se sentir melhor. Cheguei até por algum tempo a pensar em matar o desgraçado, então o padre chegou e me perturbou. Não daria ao Josh os últimos sacramentos.

– Não entendo.

– Não era o nosso padre, mas um jovem novato, recém-saído do seminário, que ficou verde diante da ideia de se ver diante do corpo do Josh. Disse que ele tinha tirado a própria vida por livre vontade e conhecimento de causa, morrendo em pecado mortal. Não ia lhe dar a absolvição.

– Mas que injustiça! Pior, crueldade.

– Eu pus o cara para fora de casa. Minha mãe ficou ali, de lábios cerrados, olhos secos, depois foi até o quarto onde os miolos do filho estavam respingados na parede, e rezou ela mesma pela absolvição dele.

– Sua mãe é forte. Deve ter uma fé enorme.

– Só o que sempre fazia era cozinhar. – Ele puxou Tess mais para junto de si, precisando do seu perfume suave e feminino. – Não sei se eu conseguiria subir aquela escada uma segunda vez, mas ela subiu. Quando a vi fazer isso, percebi que, por mais que estivesse sofrendo, sentindo a dor da perda do filho, ela sempre acreditaria que o que aconteceu ao Josh foi a vontade de Deus.

– Mas você, não.

– Não. Tinha de ser culpa de alguém. Josh nunca tinha feito mal a ninguém na vida até o Vietnã. Depois fez o que julgava ser certo, porque lutava pelo país. Mas não era certo, e o meu irmão não conseguiu viver mais com isso. O psiquiatra devia ter-lhe mostrado que, independentemente do que tivesse feito lá, continuava decente, digno de ser valorizado.

Como a própria Tess devia ter mostrado a Joey Higgins que ele era digno de ser valorizado.

– Você chegou a falar com o médico do Josh depois?

– Uma vez. Acho que ainda tinha em mente a ideia de matá-lo, ali sentado atrás da escrivaninha, as mãos juntas. – Ben baixou os olhos para as próprias mãos, vendo-as enroscar-se. – Ele não sentiu nada. Disse que lamentava muito, explicou como às vezes era extremo o Distúrbio do Estresse Pós-traumático. Então me explicou, ainda com as mãos juntas na mesa e a voz apenas dois tons distantes de envolvimento, que Josh não tinha conseguido superar o que acontecera no Vietnã, que a volta ao lar e a tentativa de viver à altura do que tinha sido foram criando cada vez mais pressão, até o controle ir afinal por água abaixo.

– Sinto muito, Ben. Na certa, grande parte do que ele disse era verdade, mas poderia ter feito de outra forma.

– Podia ter significado muito para o Josh.

– Ben, não estou defendendo o major, mas muitos médicos, clínicos ou psiquiatras, se contêm e não se deixam envolver numa participação próxima demais, porque, quando a gente perde alguém, quando não consegue salvá-lo, dói demais.

– Como a perda do Joey a fez sofrer.

– Esse tipo de dor e culpa nos dilacera, e quando nos dilacera com demasiada frequência, não sobra nada, nem para nós, nem para o paciente seguinte.

Talvez ele entendesse, ou começasse a entender. Mas não via o psiquiatra do Exército fechando-se no banheiro e soluçando.

– Por que faz isso?

– Acho que tenho de procurar as respostas, da mesma maneira que você. – Virando-se, ela tocou o rosto dele. – Dói de verdade quando é muito pouco ou tarde demais. – Lembrou a expressão de sofrimento naquele rosto quando ele lhe contou sobre três estranhos que haviam sido assassinados por um punhado de moedas. – Não somos tão diferentes quanto eu achava a princípio.

Ele virou os lábios para a palma da mão dela, confortado pelo toque.

– Talvez não. Quando vi você essa noite, senti a mesma coisa de quando a vi olhando Anne Reasoner naquele beco. Parecia tão distante da tragédia diante de você, em tão completo controle. Igual ao major quando o procurei, com as mãos juntas na mesa, dizendo por que o meu irmão tinha morrido.

– Estar no controle não é o mesmo que distante. Você é policial, tem que reconhecer a diferença.

– Eu precisava saber se você sentia alguma coisa. – Deslizando a mão para a cintura dela, ele segurou-a firme enquanto a encarava. – Acho que o que queria na verdade era que você precisasse de mim. – E essa talvez fosse uma das mais difíceis confissões que fazia na vida. – Então, quando entrei no banheiro e vi você chorando, soube que precisava, e isso me deixou assustado como o diabo.

– Eu não queria que me visse assim.

– Por quê?

– Porque eu não confiava muito em você.

Ele baixou o olhar por tempo suficiente para examinar a própria mão sobre a cintura fina e incrivelmente delicada de Tess.

– Nunca contei a ninguém, além do Ed, sobre o Josh. Até agora, era a única pessoa em que eu confiava o bastante. – Levou aos lábios os dedos dela, roçando-os de leve. – Então o que acontece agora?

– Você quer que aconteça?

Uma risada, mesmo quando baixa e relutante, pode ser purificadora.

– Escapada psiquiátrica. – Pensativo, ele manuseou as pérolas no pescoço dela. Abriu a gargantilha. O pescoço era perfumado e sedoso. – Tess, quando isso terminar, se eu a convidasse para fugir por alguns dias, uma semana, e viajar pra algum lugar comigo, você iria?

– Iria.

Sorrindo e muito surpreso, ele a encarou.

– Assim, sem mais?

– Talvez eu perguntasse para que lugar quando chegasse a hora, para saber se levo um casaco de pele ou um biquíni.

Pegou as pérolas e largou-as na mesinha de cabeceira.

– Deviam ficar num cofre.

– Eu durmo com um policial. – Embora respondesse com um tom de voz leve, ela viu-o remoendo absorto e achou que sabia aonde os pensamentos o haviam levado. – Ben, vai terminar muito em breve.

– É.

Quando a trouxe mais para perto, porém, quando começou a satisfazer-se com a proximidade dela, ele sentiu medo.

Era dia 28 de novembro.

18

— Não ponha o pé fora do apartamento até eu dizer que está tudo bem.

– Nem um pezinho – concordou Tess, enquanto Ben olhava-a prender os cabelos. – Tenho trabalho suficiente em casa para me manter acorrentada à escrivaninha o dia todo.

– Nem para pôr o lixo fora.

– Nem se os vizinhos assinarem uma petição.

– Tess, quero que leve isso a sério.

– Estou levando a sério. – Ela escolheu triângulos de ouro com nervuras e prendeu-os nas orelhas. – Não vou ficar sozinha durante um minuto hoje. O policial Pilomento vai chegar às oito.

Ben olhou a calça folgada cinza-clara e o suéter macio de capuz que ela pusera.

– É para ele que se produziu toda assim?

– Claro. – Quando ele se aproximou, Tess sorriu para o reflexo dos dois. – Recentemente, passei a ter uma queda por policiais. Tenho todos os sinais que identificam uma obsessão.

– Verdade?

Ele curvou-se e roçou os lábios na nuca de Tess.

– Receio que sim.

Ben baixou as mãos para os ombros dela, querendo continuar próximo, tocando-a.

– Preocupada com isso?

– Não. – Ainda sorrindo, ela se virou para os braços dele. – Nem um pouco. Nem com isso nem com qualquer outra coisa. – Como viu um vinco de receio entre as sobrancelhas dele, Tess ergueu o dedo e alisou-o. – Eu gostaria que você não ficasse preocupado.

– É a minha função me preocupar. – Por um instante, ele apenas a abraçou, sabendo como seria difícil sair pela porta naquela manhã e confiá-la aos cuidados de outra pessoa. – Pilomento é um bom homem – disse, tanto para tranquilizá-la quanto para acalmar a si mesmo. – Jovem, mas age como manda o figurino. Ninguém vai passar por aquela porra enquanto ele estiver aqui.

– Eu sei. Venha, vamos tomar café. Você só tem mais alguns minutos.

– Maggie Lowenstein vai trocar de posto com ele às quatro. – Ao encaminhar-se para a cozinha, ele consultou o horário, embora os dois soubessem cada ação. – Ela é a melhor.

Talvez pareça uma simpática esposa suburbana, mas não há ninguém em quem eu confie mais para me apoiar numa situação perigosa.

– Não vou ficar sozinha hora nenhuma. – Tess pegou duas canecas. – Os policiais vão se revezar no terceiro andar, o telefone está grampeado, uma unidade ficará estacionada do outro lado da rua o dia todo.

– Não será a preta e branca. Se ele fizer algum movimento, não queremos que se afaste assustado. Bigsby, Roderick e Mullendore vão se revezar comigo e Ed na vigilância.

– Ben, não estou mesmo preocupada. Acredite em mim, já pensei em tudo nos mínimos detalhes. Nada pode me acontecer desde que eu fique dentro de casa e inacessível.

– Ele não sabe que você está protegida. Quando eu voltar à meia-noite, entrarei pelos fundos e subirei a escada.

– Ele vai fazer o movimento essa noite, disso eu tenho certeza. Quando fizer, você estará lá.

– Agradeço a confiança, mas saiba que eu ficaria menos nervoso se você estivesse um pouco mais. Escute, nada de fazer alguma coisa para impressionar. – Ele tomou-lhe o braço para dar ênfase, antes que ela pudesse erguer o café. – Quando o pegarmos, e o levarmos de volta à delegacia para o interrogatório, você não vai.

– Ben, sabe como é importante para mim conversar com ele, tentar me comunicar.

– Não.

– Você só pode me impedir por algum tempo.

– O tempo que for necessário.

Tess recuou e tentou outra direção, a que a despertara no amanhecer e a mantivera acordada.

– Ben, eu acho que você entende esse homem melhor do que pensa. Sabe o que é perder alguém que é parte importante da sua vida. Você perdeu o Josh, ele perdeu Laura. Não sabemos quem era ela, mas sabemos que importava muito pra ele.

Você me disse que, quando perdeu o Josh, pensou em matar o médico que tratava dele. Espere – pediu, antes que ele pudesse falar. – Queria culpar alguém, ferir alguém. Se não fosse um homem forte em termos emocionais, poderia muito bem ter feito isso. Mesmo assim, o ressentimento e a dor permaneceram.

As palavras, e a verdade por trás, deixaram-no angustiado.

– Talvez tenham permanecido, mas não comecei a sair por aí assassinando pessoas.

– Não, você se tornou policial. Talvez parte do motivo que o levou a isso tenha sido o Josh, porque você precisava encontrar as respostas, fazer as coisas certas. Como é saudável e confiante, conseguiu transformar o que talvez tenha sido a maior tragédia da sua vida numa coisa construtiva. Mas se não fosse saudável, Ben, se não tivesse uma forte imagem de si mesmo, um forte senso de certo e errado, alguma coisa poderia ter-se rebentado dentro de você. Quando Josh morreu, você perdeu a fé. Acho que esse homem a perdeu por causa de Laura. Não sabemos quanto tempo levou isso... um ano, cinco, vinte... mas ele pegou as peças da fé e juntou mais uma vez. Só que as peças não se encaixam direito; as pontas estão denteadas. Ele mata, sacrifica, para salvar Laura. A alma de Laura. O que você me disse ontem à noite me fez pensar. Talvez ela tenha morrido no que a Igreja considera pecado mortal e lhe negaram a absolvição. Ensinaram a ele a vida toda a acreditar que sem absolvição uma alma está perdida. Na psicose, ele mata e sacrifica mulheres que lembram Laura, mas, ainda assim, salva a alma delas.

– Tudo o que você diz talvez seja verdade. Nada disso muda o fato de que ele matou quatro mulheres e tem a intenção de matar você.

– Preto e branco, Ben?

– Às vezes é só o que há. – Frustrava-se mais porque começava a entender, até a sentir o que ela dizia. Queria continuar a olhar o problema de frente, sem qualquer ângulo. – Não acredita que algumas pessoas apenas nascem más? Um homem diz à mulher que vai sair para caçar seres humanos, depois pega o carro, vai ao McDonald's local e atira em crianças porque a mãe o espancava quando ele tinha 6 anos? Usa um campus universitário como tiro ao alvo porque o pai traía a mãe?

– Não, mas o nosso homem não é o tipo de serial killer de que você está falando. – Em seu próprio terreno, ela conhecia os passos. – Ele não mata aleatoriamente e sem motivação. Uma criança maltratada tem tanta chance de se tornar um presidente de banco quanto um psicótico. Tampouco acredito na semente do mal. Falamos de uma doença complexa, Ben, algo que um número cada vez maior de médicos passa a acreditar que seja causada por uma reação química no cérebro que destrói a racionalidade. Percorremos um longo caminho desde os dias da possessão pelo demônio, mas há apenas sessenta anos a esquizofrenia ainda era tratada com extração de dente. Depois vieram injeções de soro de cavalo, lavagens intestinais. E até hoje ainda procuramos às cegas. Seja o que for que tenha desencadeado a psicose, ele precisa de ajuda. Como Josh precisava. Como Joey precisava.

– Não durante as primeiras 24 horas – ele disse, sem rodeios. – E só depois que a papelada for esclarecida. Ele talvez nem queira ver você.

– Pensei nisso, mas acho que vai querer.

Quando veio a batida à porta, Ben levou a mão devagar à arma. O braço continuava enrijecido, mas pronto para agir. Não teve a menor dificuldade para empunhá-la. Avançou até a porta e postou-se ao lado.

– Pergunte você quem é. – Quando ela começou a adiantar-se, ele ergueu a mão. – Não, pergunte daí. Não fique na frente da porta.

Embora duvidasse que a arma passasse do amicto para a bala, não correria riscos.

– Quem é?

– Detetive Pilomento, senhora.

Reconhecendo a voz, Ben virou-se e abriu a porta.

– Paris. – Pilomento bateu a neve dos sapatos antes de entrar. – As ruas estão uma bagunça. Chegamos a uns 15 centímetros de altura. Bom dia, Dra. Court.

– Bom dia. Deixe-me guardar o seu casaco.

– Obrigado. Congelando lá fora – ele disse a Ben. – Mullendore já está a postos em frente. Espero que tenha posto a camiseta de aquecimento por baixo da roupa.

– Não fique muito relaxado assistindo a programas de televisão. – Ben pegou o próprio casaco e deu uma última olhada na sala. Uma entrada apenas, e Pilomento em momento algum ficaria a mais de 7 metros dela. Mesmo assim, quando colocou o casaco, não se sentiu aquecido. – Manterei contato com as equipes de vigilância. Agora, por que não vai até a cozinha e se serve de um pouco de café?

– Obrigado. Acabei de tomar um no carro a caminho daqui.

– Tome outro.

– Ah. – Ele olhou de Ben para Tess. – Sim, claro.

Assobiando entre os dentes, afastou-se.

– Foi uma grosseria, mas não me importo. – Com uma risada baixa, Tess passou os braços pela cintura de Ben. – Tome cuidado.

– É um hábito. Trate de tomar cuidado também. – Ele puxou-a para perto, e o beijo foi demorado e prolongado. – Vai me esperar, doutora?

– Conte com isso. Vai me ligar se... bem, se alguma coisa acontecer?

– Conte com isso. – Tomando-lhe o rosto nas mãos, ele segurou-o por um instante e deu-lhe um beijo na testa. – Você é tão linda. – Foi a surpresa nos olhos dela que o fez perceber que não empregara todos os elogios espertos e lisonjeiros, como fazia com outras mulheres. A percepção pegou-o desprevenido. Para disfarçar, enfiou os cabelos dela atrás das orelhas e recuou. – Tranque a porta.

Ele fechou-a atrás de si e desejou poder livrar-se da inquietante sensação de que as coisas não iriam transcorrer de forma tão perfeita quanto o planejado.

HORAS DEPOIS, ACONCHEGADO dentro do Mustang, Ben vigiava o prédio de Tess. Duas meninas faziam os retoques finais num rebuscado boneco de neve. Ele gostaria de saber se o pai delas sabia que haviam afanado o chapéu de feltro dele.

– Os dias estão ficando mais curtos – comentou Ed.

Refestelado no banco do carona, sentia-se aquecido como um urso, de ceroula e camiseta combinando, calça de veludo cotelê, camisa de flanela, suéter e parca. O frio já atravessara havia muito as botas de Ben e deixara os dedos dos pés dormentes.

– Lá está o Pilomento.

O detetive saiu do prédio, parou apenas por uma fração de segundo na calçada e levantou a gola do sobretudo. Era o sinal de que Maggie entrara e as coisas continuavam firmes. Ben sentiu os músculos relaxarem-se um pouco.

– Ela está bem, você sabe. – Ed esticou-se e começou a fazer exercícios isométricos para impedir a cãibra nas pernas. – A Maggie é durona o bastante pra repelir um exército.

– Ele não vai se mexer antes de escurecer.

Por saber que ficaria com o rosto congelado se abrisse uma fresta na janela por muito tempo, Ben substituiu o cigarro que queria por uma barra de chocolate.

– Sabe o que o açúcar faz com o esmalte dos seus dentes? – Jamais inclinado a desistir de uma batalha, Ed pegou um pequeno recipiente de plástico com um lanche feito em casa, de passas, tâmaras, nozes sem sal e germe de trigo. Fizera o suficiente para dois. – Você precisa começar a reeducar os seus hábitos alimentares.

Ben deu uma grande e deliberada mordida na barra de chocolate.

– Quando o Roderick nos render, vamos dar uma parada no Burger King a caminho da delegacia. Vou pedir um duplo Whooper.

– Por favor, enquanto eu estiver comendo, não. Se Roderick, Bigsby e metade da delegacia seguissem uma dieta correta, não teriam ficado gripados.

– Eu não adoeci – rebateu Ben, a boca cheia de chocolate.

– A sorte é cega. Quando você chegar aos 40, o seu organismo vai se revoltar. Não vai ser nada bonito. O que é isso?

Ed sentou-se ereto no banco ao ver o homem atravessar a rua com o longo casaco preto abotoado até em cima. Caminhava devagar. Devagar e cauteloso demais.

Os dois detetives levaram uma das mãos à arma e a outra à maçaneta da porta quando o homem de repente rompeu numa corrida. Ben já abrira a porta quando o estranho tomou nos braços uma das meninas que brincavam na neve a atirou-a para cima. Ela soltou uma risada ressonante e gritou:

– Papai!

Depois de exalar todo o ar dos pulmões, Ben tornou a sentar-se. Sentindo-se tolo, virou-se para Ed.

– Você ficou tão nervoso quanto eu.

– Eu gosto da Tess. Fiquei feliz de saber que você se arriscou a comer peru com o avô dela.

– Falei do Josh para ela.

Ed ergueu as sobrancelhas, que desapareceram no gorro de marinheiro que enfiara na cabeça. Isso, sabia, passava de uma concessão que até ele mesmo julgara que o amigo fosse incapaz de fazer.

– E?

– E acho que fiquei feliz por ter falado. Ela é a melhor coisa que aconteceu na minha vida. Deus do céu, que frase piegas!

– É. – Satisfeito, Ed começou a mastigar uma tâmara. – As pessoas apaixonadas tendem a ser piegas.

– Eu não disse que estava apaixonado. – Saiu rápido, a reação automática de alguém pego com a boca na botija. – Quis dizer apenas que ela é especial.

– Algumas pessoas têm dificuldade para admitir o envolvimento emocional, porque temem fracassar no decorrer de um longo período de tempo. A palavra *amor* se torna um obstáculo tão grande que, tão logo é proferida, passa a ser uma fechadura, bloqueando a intimidade, a individualidade e obrigando as pessoas a se verem como metade de um casal.

Ben jogou o papel do chocolate no chão do carro.

– Revista feminina *Redbook*?

– Não. Criação minha. Talvez eu devesse escrever um artigo.

– Escute, se eu estivesse apaixonado pela Tess, por qualquer pessoa, não teria o menor problema em dizer.

– Então? Está?

– Eu gosto dela. Muito.

– Eufemismo.

– Ela é importante para mim.

– Evasivas.

– Falou, sou louco por ela.

– Não é bem por aí, Paris.

Dessa vez, ele abriu uma fresta na janela e pegou um cigarro.

– Tudo bem, então estou apaixonado por ela. Satisfeito agora?

– Marque a data. Vai se sentir melhor.

Ben praguejou e logo se ouviu rindo. Jogou fora o cigarro e deu uma mordida na tâmara de Ed.

– Você é pior que a minha mãe.

– É para isso que servem os parceiros.

DENTRO DO APARTAMENTO DE TESS, o tempo passava com a mesma lentidão. Às 19 horas, ela e Maggie dividiram um jantar de sopa enlatada e sanduíches de rosbife. Apesar de toda a conversa sobre não estar preocupada, Tess conseguiu fazer pouco mais que misturar os pedaços de carne e legumes na panela. Era uma noite fria, miserável. Ninguém que não tivesse uma obrigação a cumprir ia querer sair. Mas o fato de não poder mover-se além da porta deixava-a com a sensação de estar enjaulada.

– Você joga canastra? – perguntou Maggie.

– Desculpe, como?

– Canastra.

A detetive olhou o relógio e concluiu que o marido devia estar dando um banho no caçula. Roderick a postos em frente ao prédio, Ben e Ed vasculhando a área antes de retornarem à delegacia, e a filha mais velha queixando-se por ter de lavar os pratos.

– Estou sendo uma péssima companhia.

Maggie pôs metade do sanduíche no prato de vidro verde-claro que admirara.

– Não tem de fazer sala para mim, Dra. Court.

Contudo, Tess empurrou o prato para o lado e fez o esforço.

– Você tem família, não tem?

– Uma turba, na verdade.

– Não é fácil, é, dar conta de uma carreira exigente e cuidar de uma família?

– Eu sempre fui boa com as complicações.

– Admiro isso. Eu sempre as evitei. Posso fazer uma pergunta pessoal?

– Tudo bem, se eu puder fazer outra a você depois.

– Muito justo. – Com os cotovelos na mesa, Tess curvou-se para a frente. – Seu marido acha difícil ser casado com alguém cujo trabalho não apenas é exigente, mas potencialmente perigoso?

– Acho que não é fácil. Sei que não é – corrigiu Maggie. Tomou um gole da Pepsi diet que Tess servira em copos finos e espiralados, que ela poria em exibição. – Precisamos dar duro para funcionar. Há dois anos tivemos uma separação experimental. Durou 34 horas e meia. O fator preponderante é que somos loucos um pelo outro. Isso em geral supera todo o resto.

– Você tem sorte.

– Eu sei. Mesmo quando me dá vontade de enfiar a cabeça dele no vaso sanitário, eu sei. Minha vez.

– Tudo bem.

Maggie deu-lhe uma examinada demorada, avaliadora.

– Onde você compra as suas roupas?

Tess ficou apenas surpresa demais e riu por alguns segundos. Pela primeira vez no dia todo, relaxou.

NO LADO DE FORA, Roderick e um atarracado detetive chamado Pudge dividiam uma garrafa térmica de café. Meio irritado com uma congestão nasal, Pudge mudava de posição de poucos em poucos minutos e queixava-se.

– Acho que não vamos ver nenhum sinal desse cara. Mullendore ficou com o último turno. Se alguém vai pegar o assassino, vai ser ele. Vamos simplesmente ficar aqui congelando a bunda.

– Tem de ser esta noite.

Roderick serviu a Pudge outra xícara de café e voltou a examinar as janelas de Tess.

– Por quê?

Pudge deu um longo bocejo e amaldiçoou o anti-histamínico que o deixava com o nariz e a mente entupidos.

– Porque tem de ser esta noite.

– Nossa, Roderick, não importa qual plantão de escavar bosta pegue, você nunca se queixa. – Com outro bocejo, Pudge desabou contra a porta. – Valha-me Deus, mal consigo ficar de olhos abertos. Essa maldita medicação acaba com a gente.

Roderick fez outra inspeção na rua de cima a baixo. Ninguém se mexeu.

– Por que não dorme um pouco? Eu fico de olho.

– Obrigado. – Já meio sonolento, Pudge fechou os olhos. – Me dê apenas dez minutos, Lou. De qualquer modo, Mullendore vai assumir daqui a uma hora.

Com o parceiro roncando de leve, Roderick ficou de sentinela.

Tess aprendia os detalhes da canastra com Maggie Lowenstein quando o telefone tocou. A relaxada conversa de meninas terminou de súbito.

– Tudo bem, você atende. Se for ele, fique calma. Protele a conversa, combine um encontro, se precisar. Veja se consegue que ele determine um local específico.

– Está bem. – Embora a garganta estivesse seca, Tess pegou o telefone e falou com naturalidade.

– Doutora, aqui é o detetive Roderick.

Os músculos dela relaxaram quando se virou e balançou a cabeça para Maggie.

– Sim? Alguma novidade?

– Nós o pegamos, Dra. Court. Ben o agarrou a menos de duas quadras do seu prédio.

– Ben? Está tudo bem com ele?

– Sim, não se preocupe. Não é nada sério. Ele sofreu uma forte torção no ombro durante a prisão. Pediu que eu ligasse para a senhora e dissesse que pode relaxar. Ed está levando-o ao hospital.

– Hospital. – Ela lembrou a bandeja com as ataduras empapadas de sangue. – Qual? Eu quero ir.

– Está sendo levado para Georgetown, doutora, mas ele não quer que a senhora se incomode.

– Não é incômodo. Vou sair agora mesmo. – Lembrando-se da mulher que respirava em sua nuca, Tess virou-se para

Maggie. – Vou passar para a detetive Lowenstein. Obrigada pelo telefonema.

– Ficamos todos muito felizes porque tudo terminou.

– Sim. – Ela fechou com força os olhos um instante e passou o aparelho para Maggie. – Pegaram ele.

Então correu até o quarto para pegar a bolsa e as chaves do carro. Quando retornou correndo à sala para pegar o casaco, Maggie ainda arrancava detalhes de Roderick. Impaciente, Tess jogou o casaco sobre o braço e esperou.

– Parece que é um padre mesmo – disse a detetive quando desligou. – Ben e Ed decidiram dar mais uma vasculhada na área, quando viram o cara sair de um beco e se dirigir ao seu prédio. Tinha o casaco aberto. Os dois viram que usava uma batina. Ele não protestou quando o detiveram, mas, quando Ben encontrou o amicto no bolso dele, parece que o cara se soltou, começou a lutar e chamar por você.

– Ah, meu Deus!

Tess queria vê-lo, falar com ele. Mas Ben estava a caminho do hospital e vinha em primeiro lugar.

– Lou disse que o Ben ficou meio machucado, não parece nada sério.

– Vou me sentir melhor quando vir com os meus próprios olhos.

– Sei o que quer dizer. Quer que eu a leve ao hospital?

– Não, sei que precisa voltar para a delegacia e amarrar as pontas soltas. Parece que não preciso mais de proteção policial.

– Não, mas de qualquer modo vou acompanhá-la até o seu carro. Dê parabéns ao Ben pelo bom trabalho.

Quando Ben atravessou o estacionamento da delegacia, Logan parou atrás e saltou apressado do carro.

– Ben. – Sem chapéu, luvas, vestido como raras vezes Ben o vira, de batina, ele os alcançou nos degraus da entrada.

– Não é uma boa noite para padres saírem andando por aí, Tim. Temos um monte de policiais nervosos nas ruas essa noite. Você poderia se ver algemado.

– Eu estava rezando a última missa para as irmãs e não tive tempo de me trocar. Acho que descobri uma coisa.

– Entre – disse Ed, abrindo a porta. – Seus dedos vão cair.

– Eu estava com tanta pressa. – Sem pensar, Logan começou a esfregar os dedos uns nos outros em busca de calor. – Há dias tenho repassado tudo. Sabia que vocês estavam concentrados no uso do nome do reverendo Francis Moore e vinham investigando, mas não consegui tirar da mente o Frank Moore que conheci no seminário.

– Continuamos pesquisando lá. – Impaciente, Ben olhou o relógio.

– Eu sei, mas eu convivi com ele, entenda, sabia que oscilava entre o santo e o fanático. Então me lembrei de um seminarista que tinha estudado com ele e abandonou o curso depois de uma célebre briga com o Moore. Lembrei-me dele porque o rapaz seguiu em frente e se tornou um famoso escritor, Stephen Mathias.

– Já ouvi falar. – Quando a excitação começou a martelar, Ben avançou mais para perto. – Acha que Mathias...

– Não, não. – Frustrado pela incapacidade de falar com suficiente rapidez ou coerência, Logan inspirou fundo. – Eu nem cheguei a conhecer Mathias pessoalmente, pois já estava na universidade quando tudo isso aconteceu. Mas me lembrei do boato de que não havia nada nem ninguém sobre o que Mathias não soubesse no seminário. Na verdade, ele usou muito desse material para os primeiros dois livros. Quanto mais eu pensava nisso, mais as coisas se encaixavam. E lembrei de ter lido um romance específico que falava num jovem estudante que tinha sofrido um colapso nervoso e abandonado o seminário depois que a irmã... irmã gêmea... morreu em consequência de um aborto ilegal. Parece que foi um tremendo escândalo.

Descobriu-se que a mãe do rapaz estava confinada numa instituição para doentes mentais e ele próprio se submetia a um tratamento para esquizofrenia.

– Vamos localizar Mathias.

Ben já se dirigia ao corredor quando Logan o deteve.

– Eu já fiz isso. Só precisei dar uns telefonemas para localizá-lo. Mora em Connecticut e se lembra perfeitamente do incidente. O seminarista era devoto ao extremo, tão devoto a Moore quanto à Igreja. Na verdade, trabalhou como secretário dele. Mathias disse que se chamava Louis Roderick.

Era possível o sangue congelar, o coração parar de bater e o corpo continuar vivo.

– Tem certeza?

– Tenho. Embora Mathias fosse categórico, quando perguntei, ele consultou as anotações e conferiu. Ofereceu-se de bom grado para vir aqui e dar a vocês uma descrição. Com isso e o nome, conseguirão encontrá-lo.

– Sei onde ele está.

Ben deu uma rápida meia-volta, entrou na sala da equipe e agarrou o primeiro telefone que encontrou.

– Você o conhece? – Logan grudou-se em Ed antes de também o perder.

– É policial. Um dos nossos, e agora mesmo está chefiando a vigilância diante do prédio da Tess.

– Santo Deus!

Quando a sala em frente irrompeu em atividade, Logan começou a rezar.

Unidades foram despachadas para o endereço de Roderick, outras de reforço ao apartamento de Tess. Logan se aproximou de Ben quando rumaram para a porta.

– Quero ir com vocês.

– Isso é assunto da polícia.

– Ver um padre talvez o acalme.

– Não atrapalhe.

Empurraram a porta de vidro e quase se chocaram com Maggie.

– Que diabos está acontecendo aqui?

Meio enlouquecido de medo, Ben puxou-a pela gola do casaco.

– Por que não está com ela? Por que a deixou sozinha?

– O que é que há com você? Assim que o Lou ligou pra confirmar que ele foi preso, não tinha mais por que eu continuar lá.

– Quando ele ligou?

– Há vinte minutos. Ele disse que você estava a caminho...

Embora sua mente rejeitasse, a expressão de Ben disse-lhe tudo. – Oh, meu Deus, o Lou? Não pode ser, ele é... – Um policial. Um amigo. Maggie recuou e reagiu de repente. – Ele ligou há vinte minutos, me dizendo que tinha havido uma prisão e mandando desfazer a guarda e vir para a delegacia. Eu não questionei, Ben, nem pensei em confirmar com o departamento. Era o Lou.

– Precisamos encontrá-la.

Maggie agarrou o braço de Ben antes que ele pudesse passar a toda por ela.

– Hospital de Georgetown. Ele disse a ela que você foi levado para a emergência.

Não era necessário mais nada para fazê-lo descer como um raio os degraus até o carro.

TESS PAROU NO ESTACIONAMENTO após um frustrado percurso de vinte minutos. As ruas estavam quase vazias, mas isso não impedira os pequenos acidentes de trânsito. Disse a si mesma que o bom era que àquela altura Ben já fora tratado e a esperava. E tudo tinha acabado.

Bateu a porta e largou as chaves no bolso. A caminho de casa, comprariam uma garrafa de champanhe. Duas garrafas, corrigiu-se. Então passariam o resto do fim de semana na cama tomando-as.

A ideia foi tão agradável que ela não notou o vulto deslizar das sombras e surgir na luz.

– Dra. Court.

Com o susto, ela levou a mão à garganta. Então, com uma risada, baixou-a e adiantou-se.

– Detetive Roderick, eu não sabia que...

A luz cintilou no colarinho clerical branco no pescoço dele. Era como o sonho, ela pensou, num momento de puro pânico, quando se encontrava apenas a um passo da segurança só para ver os seus piores medos confirmados. Sabia que podia virar-se e correr, mas, apenas à distância de um braço, ele a alcançaria. Sabia que podia gritar, mas não tinha a menor dúvida de que ele a silenciaria. Por completo. Só havia uma opção. Enfrentá-lo.

– Você queria falar comigo. – Não, não ia funcionar, pensou, desesperada. Não com a voz trêmula e a cabeça cheia do impetuoso eco de seu próprio medo. – Eu também queria falar com você. Queria ajudá-lo.

– Antes eu achava que poderia. Você tinha olhos bondosos. Quando li os seus relatórios, soube que entendia. Eu não era um assassino. Então compreendi que havia sido enviada a mim. Seria a última, a mais importante. Foi a única que a Voz chamou pelo nome.

– Me fale da Voz, Lou. – Ela quis recuar, recuar devagar apenas um passo, mas viu, pelos olhos dele, que mesmo esse pequeno movimento desencadearia a violência. – Quando a ouviu pela primeira vez?

– Quando era menino. Disseram que eu era louco, como a minha mãe. Senti medo, por isso a bloqueei. Mais tarde, compreendi que era um chamado de Deus, convocando-me para o sacerdócio. Fiquei feliz por ser escolhido. O padre Moore dizia que apenas uns poucos são escolhidos para realizar o trabalho do Senhor, ministrar os sacramentos. Mas mesmo os escolhidos são tentados, portanto oferecemos sacrifícios, pagamos penitência. Ele me ensinou a treinar o corpo para afugentar a tentação. Flagelação, jejum.

E mais uma peça do quebra-cabeça encaixou-se. Um menino emocionalmente perturbado entra no seminário, para ser treinado por um homem emocionalmente perturbado. Iria matá-la. Seguindo o caminho que via a sua frente, iria matá-la. O estacionamento estava quase vazio, as portas da sala de emergência a 200 metros de distância.

– Como se sentiu ao tornar-se padre, Lou?

– Era tudo. Toda a minha vida tinha sido formada, entende? Para esse fim.

– Mas você a abandonou.

– Não. – Ele ergueu a mão, como se farejasse o ar, como se escutasse alguma coisa apenas para seus ouvidos. – Foi como um ponto inexistente na minha vida. Eu na verdade não existia então. Ninguém pode existir sem fé. Um padre não pode existir sem propósito.

Ela o viu enfiar a mão no bolso e vislumbrou um fragmento branco na mão. Ficou com os olhos quase tão desvairados quanto os dele.

– Me fale de Laura.

Ele avançou um passo mais para perto, porém o nome o deteve.

– Laura. Você conheceu Laura?

– Não, não conheci. – Ele segurava o amicto nas duas mãos agora, mas parecia tê-lo esquecido. Pense, ela disse a si mesma para conter um grito. Pense, converse, escute. – Me fale dela.

– Era linda. Linda daquele jeito frágil que faz a gente se perguntar se coisas assim podem durar. Minha mãe se preocupava porque Laura gostava de se olhar no espelho, escovar os cabelos, usar roupas bonitas. Ela sentia o demônio atraindo, sempre atraindo Laura para o pecado e os maus pensamentos. Mas Laura apenas ria e dizia que não ligava para vestimentas de luto e cinzas. Ria muito.

– Você a amava muito.

– Éramos gêmeos. Partilhamos a vida antes da vida. Era o que a minha mãe dizia. Fomos unidos por Deus. Cabia a mim impedi-la de rejeitar a Igreja e tudo que nos haviam ensinado. Cabia a mim, mas falhei com Laura.

– Falhou como?

– Laura tinha apenas 18 anos. Linda, delicada, mas sem nenhuma risada. – As lágrimas começaram, sem soluços, a brilhar nas faces dele. – Ela ficou debilitada. Eu não estava lá quando precisou de mim, e ela ficou debilitada. Aborto clandestino. O juízo de Deus. Mas por que o juízo de Deus foi tão duro? – A respiração acelerou-se e tornou-se dolorosamente alta quando ele apertou com a mão a testa. – Vida por vida. Imparcial e justo. Vida por vida. Ela me implorou para que não a deixasse morrer, não a deixasse morrer em tanto pecado que iria direto para o inferno. Eu não tive poder para absolvê-la. Enquanto a via agonizar em meus braços, não tive poder algum. O poder veio depois, após o desespero, as trevas, o tempo vazio. Eu posso mostrar a você. Tenho de mostrar.

Avançou e, quando os instintos de Tess a impeliram para trás, deslizou a estola ao redor dela.

– Lou, você é um agente da polícia. Sua tarefa, sua função é proteger.

– Proteger. – Os dedos dele tremiam na estola. Um policial. Tivera de pôr entorpecente no café de Pudge. Teria sido errado fazer mais, ferir outro policial. Proteger. O pastor protege o rebanho. – Eu não protegi Laura.

– Não, foi uma perda terrível, uma tragédia. Mas agora você tem tentado compensar isso, não é? Não foi por isso que se tornou policial? Para compensar? Proteger os outros?

– Eu tive de mentir, mas depois da Laura isso não parecia mais ter importância. Talvez na polícia pudesse encontrar o que vinha buscando no seminário. Esse senso de propósito. Vocação. A lei do homem, não a lei de Deus.

– Você jurou defender a lei.

– A Voz retornou depois de muitos anos. Era real.

– Para você era real.

– Não fica sempre na minha cabeça. Às vezes é um sussurro no outro quarto, ou vem como um trovão do teto acima da cama. Ela me disse como salvar Laura, e a mim mesmo. Nós fomos unidos. Sempre fomos unidos.

Tess cerrou as mãos sobre as chaves no bolso. Sabia que, se Roderick apertasse a estola, ela as usaria para arrancar os olhos dele. Pela sobrevivência. A necessidade de viver tomou conta dela.

– Eu a absolverei do pecado – ele murmurou. – E você verá Deus.

– Tirar uma vida é pecado.

Ele hesitou.

– Vida por vida. Um sacrifício sagrado.

A dor atravessou-lhe a voz.

– Tirar uma vida é pecado – ela repetiu quando o sangue martelou em seus ouvidos. – Matar viola a lei de Deus e a do homem. Você entende as duas leis como policial e como padre. – Quando ouviu a sirene, o primeiro pensamento foi que uma ambulância chegava à emergência. Não estava sozinha. Não desgrudou os olhos dos dele. – Eu posso ajudar você.

– Me ajude.

Foi apenas um suspiro, parte pergunta, parte súplica.

– Ajudo.

Embora a sua mão tremesse, ela a ergueu e colocou-a na dele. Roçou os dedos na seda.

Portas bateram atrás, mas nenhum dos dois se mexeu.

– Tire as mãos dela, Roderick. Tire as mãos e saia da frente dela.

Mantendo os dedos em volta dos de Roderick, Tess virou-se e viu Ben poucos metros atrás, pernas abertas, segurando a arma com as duas mãos. Ao lado e à esquerda, Ed espelhava a posição do parceiro. Sirenes ainda berravam, luzes piscavam e carros afluíam ao estacionamento.

– Ben, eu não estou ferida.

Mas ele não a olhou. Não despregava os olhos de Roderick, e nos dele ela viu o cerne da violência que ele reprimia. Soube que, se saísse da frente agora, ele a desencadearia.

– Ben, eu não estou ferida. Ele precisa de ajuda.

– Saia da frente.

Se Ben tivesse certeza de que Roderick não estava armado, ele teria se precipitado para a frente, mas Tess virou o corpo e usou-o como um escudo.

– Acabou, Ben.

Após um rápido sinal com a mão, Ed adiantou-se.

– Tenho de revistá-lo, Lou. E depois algemá-lo e prendê-lo.

– Sim. – Desnorteado e dócil, ele ergueu as mãos para tornar tudo mais simples. – Essa é a lei. Doutora?

– Sim. Ninguém vai fazer mal a você.

– Tem o direito de permanecer calado – começou Ed, retirando o revólver que Roderick trazia debaixo do paletó.

– Está tudo bem, eu entendo. – Quando Ed prendeu as algemas, Roderick concentrou a atenção em Logan. – Padre, o senhor veio ouvir a minha confissão?

– Sim. Gostaria que eu fosse com você?

Falando, Logan pôs a mão sobre a de Tess e apertou-a.

– Sim, estou muito cansado.

– Logo vai poder descansar. Venha conosco agora e eu ficarei com você.

Com a cabeça curvada, ele saiu andando entre Ed e Logan.

– Abençoe-me, padre, pois eu pequei.

Ben esperou até passarem por ele. Tess permanecia no mesmo lugar, observando-o, sem saber se suas pernas a levariam caso avançasse. Viu-o guardar a arma no coldre antes de atravessar o estacionamento ao seu encontro em três grandes passadas.

– Eu estou bem, eu estou bem – ela repetiu sem parar quando ele a esmagou contra si. – Ele não ia chegar ao fim. Não tinha condições.

Ben apenas a afastou para arrancar-lhe a estola do pescoço e jogá-la num monte de neve. Deslizou as mãos pela garganta dela para certificar-se de que não tinha marcas.

– Eu podia ter perdido você.

– Não. – Ela tornou a encostar-se nele. – Ele sabia. Acho que sabia o tempo todo que eu podia detê-lo. – Quando lágrimas de alívio começaram a escorrer, ela apertou os braços em volta de Ben. – O problema foi que não fiz isso, Ben, eu nunca me senti tão aterrorizada.

– Você ficou entre nós e me bloqueou.

Fungando, ela se afastou apenas o suficiente para encontrar com os lábios os dele.

– Protegendo um paciente.

– Ele não é seu paciente.

Ela teve de correr o risco de que as pernas não a suportassem por mais alguns minutos. Recuando, encarou-o.

– É sim. E assim que liberarem a papelada, eu começarei os exames.

Ben agarrou-a pela frente do casaco, mas, quando ela colocou a mão em seu rosto, ele só conseguiu encostar a testa na dela.

– Diabos, estou tremendo.

– Eu também.

– Vamos para casa.

– Por favor.

Com os braços enganchados nas cinturas um do outro, saíram andando para o carro. Ela notou, mas não comentou, que ele parara em cima do meio-fio. Dentro do carro, aconchegou-se mais uma vez em Ben. Ninguém jamais fora tão sólido nem tão quente.

– Ele era policial.

– Está doente.

Tess entrelaçou os dedos nos dele.

– Estava um passo à nossa frente o tempo todo.

– Estava sofrendo. – Ela fechou os olhos um instante. Estava viva. Dessa vez, não falhara. – Eu vou conseguir ajudá-lo.

Por um momento, ele nada disse. Teria de conviver com isso, a necessidade de Tess de se dar às pessoas. Talvez um dia passasse a acreditar que tanto a espada quanto as palavras podiam viabilizar a justiça.

– Ei, doutora?

– Hum?

– Lembra a conversa sobre sairmos por alguns dias?

– Lembro. – Suspirando, ela imaginou uma ilha com palmeiras e gordas flores de laranjeira. – Ah, se lembro.

– Terei algum tempo livre em breve.

– Em quanto tempo preciso estar com as malas prontas?

Ele riu, mas continuou a fazer tinir nervosamente as chaves na mão.

– Eu andei pensando que podíamos passar um tempo na Flórida. Quero que você conheça a minha mãe.

Devagar, querendo dar um passo de cada vez, ela ergueu a cabeça do ombro dele para olhá-lo. Então Ben sorriu, e esse sorriso disse-lhe tudo que ela precisava saber.

– Eu adoraria conhecer a sua mãe.

fim

EDIÇÕES BESTBOLSO

Doce vingança

Nora Roberts nasceu em Maryland, nos Estados Unidos, em 1950. O talento para criar histórias apaixonantes e irresistíveis fez com que Nora se tornasse a autora número 1 de diversas listas de best-sellers em todo o mundo. Escritora incansável, publicou quase 200 romances e seus livros já foram traduzidos para 25 idiomas. Sua grande popularidade é resultado do enorme talento para mesclar suspense, amor e paixão em suas tramas. Em 1995, a autora criou a série Mortal, sob o pseudônimo de J. D. Robb.

Nora Roberts

Doce Vingança

LIVRO VIRA-VIRA 2

Tradução de
A. B. Pinheiro de Lemos

EDIÇÕES
BestBolso

RIO DE JANEIRO – 2010

CIP-BRASIL. CATALOGAÇÃO-NA-FONTE
SINDICATO NACIONAL DOS EDITORES DE LIVROS, RJ

Roberts, Nora, 1950-
R549d Doce vingança – Livro vira-vira 2 / Nora Roberts; tradução de A. B. Pinheiro de Lemos. – Rio de Janeiro: BestBolso, 2010.

Tradução de: Sweet Revenge
Obras publicadas juntas em sentido contrário
Com: Pecados sagrados / Nora Roberts; tradução de Alda Porto. – Rio de Janeiro: BestBolso, 2010
ISBN 978-85-7799-324-6

1. Romance norte-americano. I. Lemos, A. B. Pinheiro de Lemos (Alfredo Barcellos Pinheiro de), 1938 – 2008. II. Porto, Alda. III. Título. IV. Título: Pecados sagrados.

10-5645 CDD: 813
CDU: 821.111(73)-3

Doce vingança, de autoria de Nora Roberts.
Título número 211 das Edições BestBolso.
Primeira edição vira-vira impressa em dezembro de 2010.
Texto revisado conforme o Acordo Ortográfico da Língua Portuguesa.

Título original norte-americano:
SWEET REVENGE

www.edicoesbestbolso.com.br

Design de capa: Simone Villas-Boas sobre foto de David MacFarlane intitulada "Calla Lilies 2" (Fotolia).

Impresso no Brasil

ISBN 978-85-7799-324-6

Para Carolyn Nichols,
pelo apoio e pela amizade

Parte I
O Amargo

As mulheres são seus campos.
Pois vá para seus campos e faça o que bem quiser.

O Alcorão

Ele era seu homem, mas errou com ela.

"Frankie and Johnny"

1

Nova York, 1989

Stuart Spencer detestava aquele quarto de hotel. A única vantagem de estar em Nova York era o fato de sua esposa estar em Londres e não poder persegui-lo por causa da dieta. Ele pedira um sanduíche, que levava peru, bacon, maionese, alface e tomate, espalhados entre três fatias de pão, e estava saboreando cada mordida.

Era um homem corpulento e calvo, com a disposição jovial esperada de alguém com sua aparência. Uma bolha no calcanhar o atormentava, assim como um resfriado persistente. Depois de tomar meia xícara de chá, ele concluiu, com o excêntrico humor britânico, que os americanos não sabiam fazer um chá aceitável, por mais que tentassem.

Queria um banho quente, uma xícara de um bom Earl Grey e uma hora de sossego, mas desconfiava que o homem irrequieto, em pé junto da janela, o obrigaria a adiar tudo isso... talvez indefinidamente.

– Bem, estou aqui, droga.

De cara amarrada, ele observou Philip Chamberlain puxar a cortina.

– Uma vista adorável. – Philip olhava para a parede de outro prédio. – Proporciona a este quarto uma sensação de aconchego.

– Philip, sinto-me compelido a lembrá-lo que detesto voar através do Atlântico no inverno. Além disso, tenho muito trabalho acumulado para fazer em Londres... e a maior parte é por sua causa e por causa de seus procedimentos irregulares. Portanto, se tiver alguma informação para mim, transmita logo de uma vez, por favor. Imediatamente, se não for pedir demais.

Philip continuou a olhar pela janela. Estava apreensivo com o resultado da reunião informal que solicitara, mas nada em sua atitude calma insinuava a tensão que sentia.

– Preciso levá-lo a algum espetáculo enquanto está aqui, Stuart. Um musical. Você ficou azedo na velhice.

– Fale logo o que quer.

Philip largou a cortina e virou-se para o homem a quem estivera subordinado durante os últimos anos. Seu trabalho exigia uma graça confiante e atlética. Tinha 35 anos, mas já contava com um quarto de século de experiência profissional. Nascera em um bairro pobre de Londres. Ainda jovem, já era capaz de conseguir convites para as melhores festas da sociedade. O que não era pouca coisa, nos tempos antes de a rígida consciência de classe dos britânicos sucumbir diante da investida de artistas e roqueiros. Sabia o que era passar fome, mas também sabia o que era ter sua porção de beluga. Porque preferia caviar, tratara de levar uma vida que o incluísse. Era bom no que fazia, muito bom mesmo, mas o sucesso não viera com facilidade.

– Tenho uma proposta hipotética para lhe fazer, Stuart. – Philip sentou-se e serviu-se de chá. – Mas quero perguntar antes se, durante os últimos anos, tenho sido útil para você.

Spencer deu uma mordida no sanduíche, torcendo para que a conversa de Philip não lhe provocasse uma indigestão.

– Está querendo um aumento de salário?

– É uma possibilidade, mas não exatamente o que pretendo. – Philip era capaz de exibir um sorriso encantador, que podia usar com grande efeito quando assim decidia. E foi o que decidiu naquele momento. – A questão é a seguinte: tem valido a pena contar com um ladrão na folha de pagamento da Interpol?

Spencer fungou, tirou um lenço do bolso e assoou o nariz.

– De vez em quando.

Philip notou, ao mesmo tempo em que especulava se Stuart também percebera, que dessa vez não usara o qualificativo "aposentado" depois de "ladrão". Também notou que Stuart não corrigira a omissão.

– Você se tornou absolutamente avarento com seus elogios.

– Não estou aqui para elogiá-lo, Philip, mas apenas para saber por que achou que o assunto era tão importante a ponto de insistir que eu viesse até Nova York em pleno inverno.

– Você se importaria de ter dois?

– Dois o quê?

– Ladrões. – Philip pegou um triângulo do sanduíche. – Deveria experimentar com o pão de trigo integral.

– Onde está querendo chegar?

Havia muita coisa em jogo nos próximos momentos, mas Philip levara a maior parte da vida com seu futuro em jogo, até seu pescoço, tudo na dependência de uns poucos minutos. Fora um ladrão – e dos melhores –, a ponto de levar o capitão Stuart Spencer e outros homens como ele a procurá-lo por becos sem saída de Londres a Paris, de Paris ao Marrocos, do Marrocos a qualquer lugar em que o próximo grande prêmio esperasse. Depois, dera meia-volta e passara a trabalhar para Spencer e a Interpol, em vez de contra eles.

Fora uma decisão profissional, lembrou Philip a si mesmo. Apenas uma questão de calcular os custos e os benefícios. Mas o que estava prestes a propor era pessoal.

– Digamos, em termos hipotéticos, que eu conheço um ladrão muito hábil, que há dez anos vem conseguindo se esquivar da Interpol. Agora, essa pessoa decidiu deixar o crime e oferece seus conhecimentos profissionais em troca de clemência.

– Está falando do Sombra.

Meticuloso, Philip removeu as migalhas das pontas dos dedos. Sempre fora um homem meticuloso, por hábito e necessidade.

– Em termos hipotéticos.

O Sombra... Spencer esqueceu o calcanhar dolorido e o cansaço da viagem. Milhões de dólares em joias haviam sido roubados pelo ladrão conhecido apenas como O Sombra. Havia dez anos que Spencer o perseguia, procurava e nada. Nos últimos 18 meses, a Interpol intensificara as investigações, chegando a ponto de contratar um ladrão para pegar um ladrão: Philip Chamberlain, o único homem que Spencer conhecia cujos feitos superavam os do Sombra. O homem em quem confiara, pensou Spencer, em um súbito acesso de fúria.

– Você sabe quem ele é. Isso mesmo, sabe quem ele é e onde podemos encontrá-lo. – Stuart pôs as mãos em cima da mesa. – Dez anos! Há dez anos que estamos atrás desse homem. E há muitos meses que você é pago para descobri-lo, mas nos deixou na ignorância! E sabia sua identidade e seu paradeiro durante todo esse tempo!

– Talvez eu soubesse. – Philip abriu os dedos longos de artista. – Talvez não.

– Tenho vontade de trancá-lo numa cela e jogar a chave no Tâmisa.

– Mas não vai fazer isso, porque sou como o filho que você nunca teve.

– Não se esqueça de que tenho um filho!

– Não como eu. – Philip inclinou a cadeira para trás. – Estou propondo o mesmo negócio que fizemos há cinco anos. Você teve a visão necessária na ocasião para compreender que contratar o melhor tinha nítidas vantagens sobre perseguir o melhor.

– Você foi incumbido de pegar esse homem, não de negociar por ele. Se tem um nome, quero esse nome. Se tem uma descrição, quero ouvi-la. Fatos, Philip, não propostas hipotéticas.

– Você não tem nada – declarou Philip abruptamente. – Absolutamente nada, depois de dez anos. Se eu sair deste quarto, continuará a não ter nada.

– Terei você. – A voz de Spencer era bastante incisiva para fazer com que Philip contraísse os olhos. – Um homem com seus gostos acharia a prisão muito desagradável.

– Ameaças?

Um calafrio breve, mas muito real, percorreu a pele de Philip. Ele cruzou as mãos. Manteve os olhos sob controle, apegando-se à certeza de que Stuart apenas blefava. O que não acontecia com Philip.

– Já esqueceu que recebi clemência? Foi esse o acordo.

– Mas é você quem está mudando as regras agora. Dê-me o nome, Philip, e deixe-me fazer meu trabalho.

– Você pensa pequeno, Stuart. Foi por isso que recuperou apenas alguns diamantes, enquanto eu consegui muito mais. Se puser O Sombra na cadeia, terá apenas prendido mais uma pessoa. Acha mesmo que poderá recuperar uma fração do que foi roubado nos últimos dez anos?

– É uma questão de justiça.

– Concordo.

O tom de Philip mudara, percebeu Spencer; e pela primeira vez na conversa, ele baixara os olhos. Mas não por vergonha. Spencer conhecia-o muito bem para acreditar que Philip pudesse se sentir envergonhado por um momento que fosse.

– É uma questão de justiça, e logo chegaremos a esse ponto. – Philip levantou-se, irrequieto demais para permanecer sentado. – Quando você me designou para o caso, aceitei porque esse ladrão em particular me interessava. Isso não mudou. Na verdade, pode-se até dizer que meu interesse aumentou de forma considerável.

Não daria certo pressionar Spencer demais. Era verdade que haviam desenvolvido uma relutante admiração um pelo outro ao longo dos anos, mas Spencer continuava a se apegar – e sempre seria assim – à letra da lei.

– Digamos, ainda em termos hipotéticos, é claro, que eu conheço a identidade do Sombra. Digamos que tivemos algumas conversas que me levaram a acreditar que você poderia usar os talentos dessa pessoa, que seriam oferecidos pela pequena recompensa de uma ficha limpa.

– *Pequena* recompensa? O desgraçado roubou muito mais do que você!

Philip arqueou as sobrancelhas. O rosto franzido, removeu uma migalha da manga do paletó.

– Não creio que seja necessário me insultar. Ninguém jamais roubou joias com um valor total maior do que o meu ao longo da minha carreira.

– Orgulha-se dos seus feitos, não é mesmo? – Uma mancha vermelha espalhava-se de uma maneira alarmante pelo rosto de Spencer. – Levar uma vida de ladrão não é algo de que eu me gabaria.

– É essa a diferença entre nós.

– Infiltrar-se por janelas, fazer negócios em becos escuros...

– Por favor, não me deixe sentimental. Calma, Stuart. É melhor contar até dez. Não quero ser responsável por uma subida alarmante da sua pressão. – Philip tornou a pegar o bule de chá. – Talvez esta seja uma boa ocasião para lhe dizer que, enquanto eu arrombava cofres, desenvolvi o maior respeito por você. Imagino que ainda estaria em minha antiga profissão se não fosse pelo fato de você chegar mais perto a cada vez. Mas não me arrependo da maneira como vivia, assim como não me arrependo de ter mudado de lado.

Stuart acalmou-se o suficiente para tomar o chá que Philip servira.

– Isso não vem ao caso. – Mas ele tinha de reconhecer que a admissão de Philip o deixara satisfeito. – O fato é que você agora trabalha para mim.

– Não esqueci. – Philip tornou a olhar para a janela. Era um dia claro e gelado, que o fazia ansiar pela primavera. Ele tornou a fitar Stuart. – Para continuar, eu me sinto na obrigação, como um leal servidor, de tentar recrutar uma pessoa que acho que poderá ser muito útil.

– Um ladrão.

– Isso mesmo, mas excelente. – O sorriso envolvente surgiu de novo. – Além do mais, estou disposto a apostar que nem a sua organização policial nem qualquer outra jamais conseguirá descobrir a identidade dessa pessoa.

Philip voltou a ficar sério. Inclinou-se para a frente.

– Não agora nem nunca, Stuart, posso garantir.

– Ele vai agir de novo.

– Não vai haver mais nenhum roubo.

– Como pode ter certeza?

Philip cruzou as mãos. A aliança de casamento destacava-se em seu dedo.

– Providenciarei para que assim seja, pessoalmente.

– O que ele representa para você?

– É difícil explicar. Quero que me escute, Stuart. Há cinco anos trabalho para você. Com você. Sei que alguns serviços foram sórdidos, outros mais sórdidos ainda e perigosos. Nunca lhe pedi nada. Mas agora peço: clemência para essa pessoa hipotética.

– Não posso garantir...

– Para mim sua palavra é garantia suficiente – interrompeu Philip. – Em troca, recuperarei o Rubens para você. E, melhor ainda, creio que posso lhe assegurar um prêmio que proporcionará a força política necessária para controlar uma situação crítica.

Spencer não teve dificuldade para somar dois e dois.

– No Oriente Médio?

Philip tornou a encher sua xícara. Deu de ombros.

– Hipoteticamente falando.

Não importava qual fosse a resposta, ele tencionava levar Stuart ao Rubens e a Abdu. Apesar disso, nunca fora de mostrar as cartas que tinha na mão antes do momento final.

– Pode-se dizer que minhas informações servirão para que a Inglaterra possa pressionar onde é mais necessário.

Spencer olhou firme para Philip. Inesperadamente, haviam passado além da discussão sobre diamantes e rubis, crime e castigo.

– Está jogando muito alto, Philip.

– Agradeço a preocupação. – Ele se recostou, por sentir que a maré começava a mudar. – Mas posso lhe assegurar de que sei exatamente o que estou fazendo.

– Está se metendo num jogo delicado.

O mais delicado possível, pensou Philip. E também o mais importante.

– Um jogo que nós dois podemos vencer, Stuart.

Um pouco ofegante, Spencer levantou-se para abrir uma garrafa de uísque. Serviu uma dose generosa num copo pequeno, hesitou por um instante e depois despejou mais uísque num segundo copo.

– Agora, Philip, conte-me o que você sabe. Farei tudo o que estiver ao meu alcance.

Philip deixou passar um momento, avaliando as palavras.

– Porei em suas mãos a única coisa que tem importância para mim. Lembre-se disso, Stuart. – Ele largou a xícara de chá e aceitou o copo oferecido. – Vi o Rubens quando entrei na sala do tesouro do rei Abdu, de Jaquir.

Os olhos normalmente controlados de Spencer arregalaram-se de repente.

– E o que você estava fazendo na caixa-forte do rei?

– É uma longa história. – Philip ergueu seu copo, num brinde a Stuart, depois tomou um grande gole. – É melhor começar pelo início, com Phoebe Spring.

2

Jaquir, 1968

Enroscada de lado, sem conseguir dormir de tanta excitação, Adrianne observou o relógio marcar meia-noite. Seu aniversário. Cinco anos. Ela virou de costas, guardando a satisfação para si mesma. A seu redor, no palácio, todos dormiam, mas dentro de poucas horas o sol nasceria e o muezim subiria os degraus da mesquita para chamar os fiéis à oração. E o dia, o mais maravilhoso de sua vida, começaria de verdade.

Lá pela tarde, haveria música, presentes e bandejas de chocolates. Todas as mulheres vestiriam as roupas mais lindas. Haveria danças. Todas viriam: vovó para contar suas histórias; tia Latifa, que sempre sorria e nunca repreendia, traria Duja; Favel, com seu riso alegre, estaria à frente de sua prole. Adrianne sorriu. Os aposentos das mulheres ressoariam com as risadas e todas diriam que ela era muito bonita.

Mamãe prometera que seria um dia muito especial. Seu dia especial. Com permissão do pai, haveria um passeio até a praia, à tarde. Ela tinha um vestido novo, lindo, de seda listrada de todas as cores do arco-íris. Mordendo o lábio, Adrianne virou a cabeça para contemplar a mãe.

Phoebe dormia, o rosto como mármore ao luar. Por uma vez, a expressão era serena. Adrianne adorava as ocasiões em que a mãe lhe permitia dormir em sua cama enorme e macia. Era um prazer muito especial. Ela se aconchegava nos braços de Phoebe. Fascinada, ouvia as histórias que a mãe contava sobre lugares como Nova York e Paris. Às vezes as duas riam juntas.

Com todo cuidado, pois não queria acordá-la, Adrianne estendeu a mão para afagar-lhe os cabelos. Fascinavam-na. Pareciam de fogo contra o travesseiro, um fogo ardente, deslumbrante. Os seus eram volumosos e pretos, como os das outras mulheres em Jaquir. Só Phoebe tinha cabelos vermelhos e pele branca. Só Phoebe era americana. Adrianne era meio americana, mas a mãe só a lembrava disso quando estavam a sós.

Porque essas coisas deixavam seu pai furioso.

Adrianne era especialista em evitar assuntos que podiam enfurecer o pai, embora não pudesse compreender por que lembrar que Phoebe era americana a deixava com os olhos frios e os lábios comprimidos. Ela fora estrela de cinema. A descrição confundia Adrianne, mas ela gostava da sonoridade: *estrela de cinema*. As palavras faziam-na pensar em luzes bonitas num céu escuro.

A mãe fora uma estrela, e agora era uma rainha, a primeira esposa de Abdu ibn Faisal Rahman al-Jaquir, soberano de Jaquir, o xeique dos xeiques. A mãe era a mais linda das mulheres, com seus enormes olhos azuis, os lábios cheios e macios. Pairava acima das outras no harém, fazendo com que parecessem passarinhos irrequietos. Adrianne só gostaria que a mãe fosse feliz. Agora que tinha 5 anos, esperava compreender por que a mãe parecia triste com tanta frequência, por que chorava quando pensava que estava sozinha.

As mulheres eram protegidas em Jaquir; e as mulheres da Casa de Jaquir não deveriam trabalhar nem se preocupar. Tinham tudo o que precisavam: bons aposentos, os perfumes mais deliciosos. Sua mãe tinha as mais lindas roupas e joias. Tinha O Sol e a Lua.

Adrianne fechou os olhos para lembrar melhor a imagem fascinante do colar no pescoço da mãe. Como faiscava o enorme diamante, o Sol, e como reluzia a pérola de valor inestimável, a Lua. Algum dia, prometera Phoebe, Adrianne usaria aquele colar.

Quando estivesse crescida. Confortável, contente com o som da respiração regular da mãe, com os pensamentos sobre o dia seguinte, Adrianne deixou a imaginação vagar. Quando fosse adulta, uma mulher em vez de uma menina, poria o véu. Um dia seria escolhido um marido para ela, e se casaria. Usaria O Sol e a Lua no dia de seu casamento. E seria uma esposa dedicada e fértil.

Ofereceria festas para as outras mulheres, nas quais serviria bolos com cobertura enquanto as criadas circulariam com bandejas de chocolates. O marido seria bonito e poderoso, como seu pai. Talvez fosse um rei também, e a estimaria acima de todas as coisas.

Enquanto pegava no sono, Adrianne enrolou a extremidade de uma mecha dos cabelos compridos no dedo indicador. O marido a amaria, como queria que o pai a amasse. Haveria de lhe dar bons filhos, filhos maravilhosos, para que as outras mulheres a vissem com inveja e respeito. Não com compaixão. Não com o tipo de compaixão que demonstravam por sua mãe.

Uma luz no corredor acordou-a. Projetou-se enviesada pelo quarto quando a porta foi aberta, depois em linha reta pelo chão. Através do véu que cercava a cama como um casulo, ela viu a sombra.

O amor aflorou primeiro, num ímpeto frustrado, que ela reconheceu, mas era jovem demais para compreender. Depois veio o medo, o medo que sempre acompanhava de perto o amor que sentia quando via o pai.

Ele ficaria furioso ao encontrá-la ali, na cama da mãe. Adrianne sabia, porque a conversa no harém era franca, que o pai quase nunca visitava aqueles aposentos desde que os médicos tinham dito que Phoebe não teria mais filhos. Adrianne pensou que talvez ele quisesse apenas olhar para Phoebe, porque era uma mulher bonita, mas quando o pai se adiantou, o medo subiu por sua garganta. Depressa, sem fazer barulho, ela saiu da cama e agachou-se nas sombras ao lado.

Abdu, olhando para Phoebe, puxou o véu. Não se dera ao trabalho de fechar a porta. Ninguém ousaria incomodá-lo.

O luar iluminava os cabelos dela, realçava-lhe o rosto. Parecia uma deusa, como na primeira vez em que Abdu a vira. O rosto ocupara a tela, em sua beleza deslumbrante, irradiando sexualidade. Phoebe Spring, a atriz americana, a mulher que os homens ao mesmo tempo desejavam e temiam, por seu corpo exuberante e seus olhos inocentes. Abdu era um homem acostumado a ter o melhor, o maior, o mais caro. Desejara-a naquele momento como jamais desejara outra mulher. Procurara-a e cortejara-a no estilo que a mulher ocidental preferia. E fizera dela sua rainha.

Phoebe fascinara-o. Por sua causa, traíra a herança, desafiara a tradição. Tomara como esposa uma ocidental, uma atriz, uma cristã. Fora punido. Phoebe lhe dera apenas uma criança... uma menina.

Ainda assim, ela fazia com que Abdu a desejasse. Seu ventre era estéril, mas sua beleza o provocava. Mesmo quando o fascínio se transformara em repulsa, ele ainda a desejava. Phoebe envergonhava-o, profanava seu *sharaf*, sua honra, com sua ignorância a respeito do Islã. Mas seu corpo nunca deixara de ansiar por aquela mulher.

Quando cravava sua virilidade em outra mulher, era com Phoebe que fazia amor, era a fragrância da pele de Phoebe que sentia, eram os gritos de Phoebe que ouvia. Era sua vergonha secreta. Poderia odiá-la apenas por isso. Mas era a vergonha pública, a filha única que ela lhe dera, que o fazia desprezá-la.

Queria que Phoebe sofresse, que pagasse caro, assim como ele sofrera, assim como ele pagara. Abdu estendeu a mão, pegou o lençol e o puxou para o lado.

Phoebe acordou, confusa, o coração batendo forte. Viu-o parado ao lado da cama, na claridade difusa. A princípio, pensou que era um sonho, em que ele voltava para amá-la, como outrora a amara. Depois, viu seus olhos e compreendeu que não era um sonho... e não havia amor

– Abdu...

Ela se lembrou da criança e se apressou a olhar a seu redor. A cama estava vazia. Adrianne fora embora. Ela agradeceu a Deus por isso.

– Já é tarde...

Phoebe sentia a garganta tão ressecada que as palavras mal podiam ser ouvidas. Numa reação de defesa, já começava a recuar, os lençóis de cetim sussurrando em seu corpo enquanto se enroscava no canto. Ele não disse nada, apenas tirou o *throbe* branco.

– Por favor... – Embora soubesse que era inútil, ela começou a chorar. – Não faça isso!

– Uma mulher não tem o direito de recusar o que o marido deseja.

Só de contemplá-la, o corpo maduro tremendo contra os travesseiros, Abdu sentia-se poderoso, outra vez no comando de seu destino. Independentemente de qualquer outra coisa que ela pudesse ser, Phoebe era sua propriedade... tanto quanto os anéis em seus dedos, os cavalos em seus estábulos. Ele agarrou-a pelo corpete da camisola e a puxou.

Nas sombras, no outro lado da cama, Adrianne começou a tremer.

A mãe chorava. Os dois brigavam, gritando palavras que ela não conseguia entender. O pai estava nu ao luar, a pele escura brilhando com um suor que vinha do desejo, não do calor sufocante. Adrianne nunca vira um corpo de homem antes, mas não ficou transtornada com a cena. Sabia alguma coisa sobre sexo, que a virilidade do pai, que parecia tão dura e ameaçadora, podia ser usada para penetrar a mãe e fazer uma criança. Sabia que havia prazer nisso, que uma mulher desejava aquele ato acima de todo o resto. Na verdade, já ouvira isso mil vezes em sua jovem vida, porque as conversas sobre sexo no harém eram incessantes.

Mas a mãe não podia mais ter filhos; e se havia tanto prazer no ato, por que ela chorava e suplicava ao marido que a deixasse em paz?

Uma mulher deveria sempre acolher o marido no leito conjugal, pensou Adrianne enquanto seus olhos se enchiam de lágrimas. Devia oferecer qualquer coisa que ele desejasse. Devia se regozijar por ser desejada, por ser o instrumento para gerar filhos.

Ela ouviu a palavra *prostituta*. Não a conhecia, mas soou horrível nos lábios do pai, e Adrianne nunca mais a esqueceria.

– Como pode me chamar assim? – A voz de Phoebe tremia com os soluços enquanto tentava se desvencilhar. Houvera um tempo em que encontrava uma profunda satisfação na sensação daqueles braços em torno de seu corpo, em que se deliciava com a maneira como a pele brilhava ao luar. Agora, sentia apenas medo. – Nunca estive com outro homem. Apenas com você. E foi você quem tomou outra esposa, mesmo depois que tivemos uma filha.

– Você não me deu nada. – Abdu enrolou os cabelos da mulher em torno da mão, fascinado, mas ao mesmo tempo detestando seu fogo. – Uma menina. Menos do que nada. Basta vê-la para sentir a minha desgraça!

Phoebe golpeou-o nesse momento, com força suficiente para fazer a cabeça do marido recuar. Só que não teria para onde fugir, mesmo que fosse mais rápida. O dorso da mão do marido acertou seu rosto, deixando-a atordoada. Impelido pelo desejo e pela fúria, Abdu rasgou a camisola dela.

Ela era como uma deusa, a fantasia de todo homem. Os seios opulentos vibravam com o terror que fazia seu coração disparar. Ao luar, a pele alva brilhava, já exibindo as sombras das equimoses causadas por suas mãos. Os quadris eram arredondados. Quando a paixão a dominava, podiam se movimentar com a rapidez de um raio, acompanhando cada arremetida do homem. Uma falta de vergonha. O desejo era como uma dor que o afligia, como as garras de um demônio que o dilaceravam. Um lampião caiu da mesa enquanto lutavam, os cacos de vidro espalhando-se pelo chão.

Paralisada pelo horror, Adrianne observou quando ele comprimiu com os dedos os seios brancos e cheios de Phoebe. A mãe ainda suplicava, ainda se debatia. Um homem tinha o direito de bater na esposa. Ela não podia recusá-lo no leito conjugal. Era assim que tinha de ser. E, no entanto... Adrianne comprimiu as mãos contra os ouvidos, a fim de bloquear os gritos da mãe, enquanto Abdu projetava-se por cima dela e mergulhava em seu corpo com extrema violência, várias vezes.

O rosto molhado pelas lágrimas, Adrianne rastejou para baixo da cama. As mãos continuaram a apertar os ouvidos até doerem, mas mesmo assim podia ouvir os grunhidos do pai, o choro desesperado da mãe. Por cima dela, a cama tremia. Adrianne enroscou-se numa bola, tentando se tornar pequena, tão pequena que nem ouviria, que nem existiria.

Nunca ouvira a palavra estupro, mas depois daquela noite nunca mais precisaria que alguém definisse o que era.

– Está muito quieta, Addy.

Phoebe escovava os cabelos da filha, que desciam até a cintura, em movimentos longos e lentos. Addy... Abdu desdenhava o apelido e só tolerava o Adrianne mais formal porque a primogênita era uma mulher de sangue misto. Mesmo assim, por orgulho muçulmano, determinara que a filha recebesse um nome árabe apropriado. Por isso, nos documentos oficiais, "Adrianne" aparecia como Ad Riyahd An, seguido por um punhado de nomes de família de Abdu. Phoebe repetiu o apelido e indagou:

– Não gosta dos seus presentes?

– Gosto muito.

Adrianne usava o vestido novo, só que não a agradava mais. No espelho, podia ver o rosto da mãe por trás do seu. Phoebe tivera o maior cuidado em encobrir as equimoses com maquiagem, mas Adrianne ainda podia perceber a pele mais escura.

– Você está linda.

Phoebe virou-a para abraçá-la. Em qualquer outro dia, Adrianne poderia não perceber a força com que a mãe a apertava, poderia não reconhecer o tom de desespero em sua voz.

– Minha pequena princesa... – acrescentou Phoebe. – Eu a amo demais, Addy. Mais do que qualquer outra coisa no mundo.

Ela recendia a flores, como as que havia no jardim lá fora. Adrianne aspirou o perfume da mãe enquanto comprimia o rosto contra seus seios. Beijou-os, lembrando como o pai os tratara brutalmente na noite anterior.

– Você não vai embora? Não vai me deixar?

– De onde tirou essa ideia?

Com uma meia risada, Phoebe afastou um pouco a filha para fitá-la. Quando viu as lágrimas, o riso cessou.

– O que houve, querida?

– Sonhei que ele tinha mandado você embora. E que eu nunca mais a veria.

A mão de Phoebe hesitou por um instante, depois continuou a afagar a filha.

– Foi apenas um sonho, meu bem. Nunca a deixarei.

Adrianne foi para o colo da mãe, contente em ser embalada e acalmada. Através da treliça nas janelas, raios de sol atravessavam o quarto, fazendo desenhos no tapete.

– Se eu fosse um menino, ele nos amaria.

A raiva dominou Phoebe com tanta intensidade que ela pôde sentir o gosto na língua. Quase no mesmo instante, a raiva transformou-se em desespero. Mas ainda era uma atriz. Se não podia usar seu talento para mais nada, podia pelo menos aproveitá-lo para proteger o que era seu.

– Mas que conversa boba... e logo no dia do seu aniversário! Que diversão pode haver num menino? Eles não usam vestidos bonitos.

Adrianne riu e aconchegou-se ainda mais.

– Se eu pusesse um vestido em Fahid, ele pareceria uma boneca.

Phoebe comprimiu os lábios, tentando ignorar a pontada de angústia. Fahid, o filho que a segunda esposa de Abdu gerara depois que ela fracassara. Não, não fracassara, disse a si mesma. Começava a pensar como uma muçulmana. Como podia ter fracassado quando tinha uma linda criança nos braços?

Você não me deu nada. Uma menina. Menos do que nada.

Tudo, pensou Phoebe, furiosa. Eu lhe dei tudo.

– Mamãe?

– Eu estava pensando. – Phoebe sorriu, enquanto tirava a filha do colo. – Acho que você precisa de mais um presente... um presente secreto.

– Um presente secreto?

Adrianne bateu palmas, as lágrimas foram esquecidas.

– Sente-se e feche os olhos.

Na maior alegria, Adrianne obedeceu, contorcendo-se na cadeira enquanto tentava ser paciente. Phoebe escondera a pequena bola de vidro entre camadas de roupas. Não fora fácil contrabandeá-la para o país, mas estava aprendendo a ser inventiva. Também fora difícil conseguir as pílulas, as pequenas pílulas rosa que lhe tornavam possível chegar ao fim de cada dia. Abrandavam a angústia, aliviavam o coração. As melhores amigas de uma mulher. E Deus sabia que, naquele país, uma mulher precisava de qualquer amigo que pudesse obter. Se as pílulas fossem descobertas, ela corria o risco de enfrentar uma execução pública. Mas, se não as tivesse, não sabia se seria capaz de sobreviver.

Um círculo vicioso. Adrianne era a única coisa que a segurava.

– Aqui está.

Phoebe ajoelhou-se ao lado da cadeira. A filha usava um colar de safiras e brincos de brilhantes. Phoebe torceu para que o pequeno presente significasse muito mais para a filha.

– Pode abrir os olhos.

Era algo simples, de uma simplicidade quase ridícula. Podia-se comprar por uns poucos dólares em milhares de lojas nos Estados Unidos. Adrianne arregalou os olhos, como se tivesse um objeto mágico nas mãos.

– É neve. – Phoebe virou a bola, fazendo os flocos flutuarem. – Nos Estados Unidos, neva no inverno. Quer dizer, na maioria dos lugares. Na época do Natal, enfeitamos as árvores com luzes e bolas coloridas. Pinheiros, como os que você vê aqui. Eu andava com o meu avô num trenó como esse.

A cabeça encostada na filha, ela olhou para o cavalo e o trenó em miniatura dentro da bola de vidro.

– Um dia, Addy, vou levar você até lá.

– Isso dói?

– A neve?

Phoebe soltou uma risada. Sacudiu a bola. A neve tornou a se agitar, girando em torno do pinheiro ornamentado e do homenzinho no trenó vermelho por trás do cavalo castanho. Era uma ilusão. Só lhe restavam suas ilusões e uma menina pequena para proteger.

– Não, querida. É fria e úmida. E você pode construir coisas com a neve. Bonecos, bolas, fortes. Fica linda nas árvores. Está vendo? Como aqui.

A própria Adrianne inclinou a bola.

– É mais bonita do que o meu vestido novo. Quero mostrar a Duja.

– Não. – Phoebe sabia o que aconteceria se Abdu descobrisse. A bola era um símbolo de um dia sagrado cristão. Desde o nascimento de Adrianne que ele se tornara um fanático em relação à religião e à tradição. – É o nosso segredo, lembra? Quando estivermos sozinhas, você pode olhar à vontade. Mas nunca quando houver outra pessoa presente.

Ela pegou a bola e escondeu-a na gaveta.

– Agora está na hora de nos aprontarmos para a festa.

Fazia calor no harém, embora os ventiladores girassem e as treliças estivessem fechadas para aplacar a força do sol. A claridade emanada pelos lampiões de copas filigranadas era suave e lisonjeira. As mulheres haviam vestido suas melhores roupas. Deixavam os véus e *abaayas* pretos na porta, passando de corvos a pavões num piscar de olhos.

Junto com os véus; as mulheres também descartavam seu silêncio. Passavam a conversar sobre crianças, sexo, moda e fertilidade. Em poucos minutos, o harém, com os lampiões suaves e as almofadas macias, era preenchido pelo incenso e o perfume forte das mulheres.

Por causa de sua posição, Adrianne recebia as convidadas com um beijo em cada face. O chá verde e o café temperado eram servidos em xícaras pequenas e frágeis, sem alça. Havia tias e primas, uma vintena de princesas menores, que exibiam com igual orgulho, como as outras mulheres, suas joias e suas crianças, os dois grandes símbolos do sucesso em seu mundo.

Adrianne achava-as lindas em seus vestidos compridos, farfalhando a todo instante, cor competindo com cor. Por trás dela, Phoebe pensou que era um desfile de moda apropriado ao século XVIII. Aceitou os olhares compadecidos lançados em sua direção com a mesma expressão estoica com que recebia os olhares presunçosos. Sabia muito bem que era a intrusa ali, a mulher do Ocidente que não fora capaz de dar um herdeiro ao rei. Não tinha importância, disse a si mesma, se a aceitavam ou não. Desde que fossem gentis com Adrianne.

Nesse ponto, é verdade, não podia encontrar qualquer senão. Adrianne era uma delas, como a mãe nunca poderia ser.

Todas se lançaram famintas sobre o bufê, provando de tudo. Usavam os dedos com a mesma frequência que as colheres de prata. Se ficavam gordas demais para seus vestidos, compravam outros. Era fazer compras, pensou Phoebe, que fazia as mulheres árabes aguentarem o dia, assim como era a pílula rosa que a ajudava a suportar aquela vida. Nenhum homem que não fosse marido, pai ou irmão podia vê-las naquelas roupas ridículas. Quando deixavam o harém, tornavam a vestir o manto preto, cobriam o rosto com o véu, escondiam os cabelos. Fora daquelas paredes eram aurat, coisas que não podem ser mostradas.

E que jogos elas faziam!, pensou Phoebe, cansada. Com sua hena, seus perfumes e anéis nos dedos. Podiam pensar que eram felizes, mas até mesmo ela, que não se importava mais, percebia o tédio em seus rostos. Pediu a Deus que Adrianne nunca exibisse aquela expressão.

Mesmo aos 5 anos de idade, Adrianne já tinha equilíbrio suficiente para cuidar que as convidadas se divertissem. Falava em árabe agora, a voz suave e musical. Adrianne nunca fora capaz de dizer à mãe que falava o árabe com mais facilidade do que o inglês.

Pensava em árabe, até mesmo sentia em árabe. Muitas vezes, pensamentos e emoções tinham de ser traduzidos para o inglês antes que pudesse comunicá-los à mãe.

Sentia-se feliz ali, naquela sala, povoada por vozes femininas, por perfumes de mulher. O mundo de que sua mãe falava de vez em quando não passava de um conto de fadas para ela. A neve era apenas algo que flutuava dentro de uma bola de vidro.

– Duja!

Adrianne correu pela sala para beijar as faces da prima predileta. Duja tinha quase 10 anos. Para inveja e admiração de Adrianne, já era quase uma mulher. Duja retribuiu o abraço.

– Seu vestido é bonito.

– Eu sei.

Adrianne não conseguiu resistir à tentação de passar a mão pela manga do vestido da prima.

– É de veludo – declarou Duja, com ar de importância.

O fato de o tecido grosso ser insuportavelmente quente não era nada em comparação com a imagem que ela via no espelho.

– O meu pai comprou para mim em Paris. – Ela deu uma volta completa; era uma menina esguia, morena, com o rosto fino e olhos grandes. – Ele prometeu que vai me levar na próxima viagem.

– É mesmo? – Adrianne tratou de reprimir a inveja que a dominou. Não era segredo para ninguém que Duja era a predileta do pai, o irmão do rei. – A minha mãe já esteve lá.

Porque tinha um coração generoso e sentia-se feliz com o vestido de veludo, Duja afagou os cabelos de Adrianne.

– Você também irá um dia. Talvez possamos viajar juntas quando crescermos.

Adrianne sentiu um puxão na saia. Baixou os olhos e viu o meio-irmão, Fahid. Pegou-o no colo para beijar todo seu rosto, o que o fez cair na gargalhada.

– Você é o menino mais bonito de Jaquir!

Ele era pesado, embora fosse dois anos mais novo. Adrianne teve de fazer força para aguentar o peso. Cambaleou um pouco enquanto o levava até a mesa para pegar um doce.

Outros meninos também eram beijados e acariciados. Meninas da idade de Adrianne e até menores sempre mimavam os meninos. Desde o nascimento, as mulheres eram ensinadas a devotar todo seu tempo e toda sua energia para agradar os homens. Adrianne sabia apenas que adorava o irmão menor e queria sempre fazê-lo sorrir.

O que Phoebe não conseguia suportar. Ficou observando enquanto Adrianne servia o filho da mulher que tomara seu lugar na cama e no coração do marido. Que diferença fazia se a lei dizia que um homem podia ter quatro esposas? Não era sua lei, não era seu mundo. Vivia em Jaquir havia seis anos e poderia continuar a viver por mais 60, mas nunca seria seu mundo. Detestava os cheiros dali, densos, enjoativos, que tinham de ser tolerados enquanto um dia apático sucedia outro. Phoebe passou a mão pela têmpora, onde uma dor começava a latejar. O incenso, as flores, as camadas de perfume sobre perfume.

Detestava o calor, o calor sufocante e implacável.

Queria um drinque, não o café e o chá que sempre eram servidos, mas um vinho. Apenas um copo de vinho gelado. Contudo, nenhum vinho era permitido em Jaquir, ao passo que o estupro sim, pensou ela ao encostar um dedo no rosto dolorido. Surras e véus, chamadas para a oração e poligamia, mas não uma gota de Chablis ou um cálice de Sancerre.

Como pudera achar o país lindo quando o vira pela primeira vez, quando noiva? Contemplara o deserto, o mar, os muros altos e brancos do palácio e achara que era o lugar mais misterioso e exótico do mundo.

Estava apaixonada naquela época. E que Deus a ajudasse, pois continuava apaixonada.

Naqueles primeiros dias, Abdu fizera-a perceber a beleza do país e a riqueza de sua cultura. Phoebe renunciara a seu país, aos costumes segundo os quais fora criada, para tentar ser o que ele queria. E o que ele queria, logo ficou claro, era a mulher que vira na tela, o símbolo de sexo e inocência que ela aprendera a representar. Só que Phoebe era humana.

Abdu desejara um filho. Ela lhe dera uma filha. Queria que a esposa se tornasse uma filha de Alá, mas ela era e sempre seria o produto de sua criação.

Phoebe não queria pensar em nada disso, no marido, em sua vida, em seu sofrimento. Precisava escapar por algum tempo. Tomaria apenas mais uma pílula, disse a si mesma, para ajudá-la a aguentar o resto do dia.

3

Quando estava prestes a completar 13 anos, Philip Chamberlain já era um ladrão consumado. Aos 10 anos, já se graduara em esvaziar os bolsos recheados de prósperos executivos, corretores e advogados e em bater as carteiras de turistas descuidados nos quais esbarrava na Trafalgar Square. Era um arrombador de casas e apartamentos, embora quem o visse não pudesse imaginar que fosse algo além de um menino bonito, bem-arrumado, um pouco magro.

Tinha mãos hábeis, olhos perceptivos e o instinto nato de um ladrão. Com astúcia, trapaça e punhos fortes, evitou ser atraído para uma das gangues de rua que vagueavam por Londres durante os últimos dias dos anos 1960. Aos 14 anos, Philip não era moderninho nem roqueiro. Trabalhava sozinho, e não via o menor sentido em usar um emblema de fidelidade. Era um ladrão, não um arruaceiro. Sentia apenas desprezo pelos delinquentes que aterrorizavam as velhinhas e roubavam seu dinheiro para as compras no mercado. Era um homem de negócios e achava graça das pessoas de sua geração que falavam em vida comunitária ou tocavam guitarras de segunda mão enquanto povoavam a cabeça com sonhos de grandeza.

Tinha outros planos para si mesmo... grandes planos.

E a mãe estava no centro desses planos. Tencionava abandonar a existência pobre. Sonhava com uma casa grande no campo, um carro de luxo, roupas elegantes e festas. Ao longo do último ano, começara a fantasiar também sobre mulheres elegantes. Por enquanto, porém, a única mulher em sua vida era Mary Chamberlain, a mulher que o gerara e criara sozinha. Mais do que qualquer outra coisa, queria proporcionar à mãe o melhor que a vida tinha a oferecer, trocar as bijuterias reluzentes que ela usava por joias verdadeiras, tirá-la do pequeno apartamento à beira do que estava se tornando rapidamente o elegante distrito de Chelsea.

Fazia frio em Londres. O vento soprava a neve úmida no rosto de Philip enquanto ele seguia apressado para o Faraday's Cinema, onde Mary trabalhava. Philip vestia-se bem. Um guarda na esquina quase nunca olhava duas vezes para um garoto bem-vestido, com a gola limpa. De qualquer forma, detestava calças remendadas e punhos puídos. Ambicioso, autossuficiente e sempre com um olho no futuro, Philip descobrira uma maneira de ter o que queria.

Nascera pobre e órfão de pai. Aos 14 anos, não era bastante maduro para pensar nisso como uma vantagem, uma determinação que fortalecia a disposição. Ressentia-se da pobreza... mas se ressentia ainda mais do homem que entrara e saíra da vida da mãe depois de gerá-lo. Para ele, Mary merecia o melhor. E, por Deus, ele também! Desde cedo, começara a usar os dedos ágeis e a inteligência para providenciar uma vida melhor para ambos.

Tinha no bolso uma pulseira de pérolas e diamantes, com brincos combinando. Ficara um pouco desapontado ao examiná-los com a lupa. Os diamantes não eram de primeira categoria, e o maior deles tinha menos de meio quilate. Mas as pérolas tinham um brilho ótimo e ele achava que seu receptador na Broad Street lhe daria um bom dinheiro pelas joias. Philip era tão eficiente nas negociações quanto era na arte de abrir fechaduras. Sabia exatamente quanto queria pelas joias em seu bolso. O suficiente para comprar um casaco novo para a mãe, com uma gola de pele, como presente de Natal, e ainda dispor de uma quantia razoável para guardar no que chamava de seu fundo do futuro.

Havia uma fila sinuosa na frente da bilheteria do Faraday's. O letreiro anunciava o programa especial de feriado, *Cinderela*, de Walt Disney. Por isso, havia muitas crianças na maior animação, as vozes estridentes, acompanhadas por babás e mães exaustas. Philip sorriu ao passar pela porta. Podia apostar que a mãe já assistira ao filme pelo menos uma dúzia de vezes. Nada a deixava mais satisfeita do que um final no estilo "felizes para sempre".

– Oi, mãe.

Ele entrou pela porta de trás da bilheteria para beijá-la no rosto. Ali dentro não estava muito mais quente do que lá fora, onde batia um vento frio. Philip pensou no casaco vermelho de lã que vira na vitrine da Harrods. A mãe ficaria linda de vermelho.

– Oi, Phil.

Como sempre, o prazer iluminou os olhos de Mary ao vê-lo. Um menino muito bonito, com o rosto estreito, expressão estudiosa, os cabelos dourados. Ela não sentiu uma pontada de angústia como poderia acontecer com muitas mulheres ao ver o homem que amaram com tanta intensidade – e por tão pouco tempo – refletido no rosto do filho. Philip era seu. Todo seu. Nunca lhe dera muito trabalho, nem mesmo quando era bebê. Nem uma única vez ela se arrependera de sua decisão de tê-lo, embora sozinha, sem marido, sem o apoio da família. Na verdade, nunca ocorrera a Mary procurar uma dessas salas pequenas, clandestinas, onde uma mulher podia se livrar de um problema antes mesmo que surgisse.

Philip fora uma alegria para ela desde o momento da concepção. Se tinha um arrependimento, era saber que ele se ressentia do pai que jamais conhecera e que o procurava no rosto de cada homem que via.

– Suas mãos estão geladas, mamãe. Deveria usar luvas.

– Não consigo dar o troco direito com luvas.

Mary sorriu para a jovem que levava um menino no cangote. Nunca tivera de carregar seu Phil dessa maneira.

– Aqui está o troco, minha querida. Divirta-se.

A mãe trabalhava demais, pensou Philip. Por muito tempo, por pouco dinheiro. Embora fosse reservada em relação à idade, ele sabia que Mary mal completara 30 anos. E era muito bonita. A aparência suave e jovem da mãe era uma fonte de orgulho para Philip. Ela podia não ter condições de se vestir com as roupas de Mary Quant, mas escolhia o pouco que tinha com cuidado, prestando atenção às cores ousadas. Adorava revistas de moda e de cinema, apreciava os novos penteados. Podia cerzir suas meias, mas Mary Chamberlain não era desmazelada e gostava de andar na moda.

Philip sempre esperava que outro homem entrasse na vida da mãe e a mudasse por completo. Correu os olhos pela pequena bilheteria, que tinha um cheiro permanente dos vapores da descarga dos carros na rua. Trataria de mudar tudo primeiro.

– Devia dizer a Faraday para pôr algo melhor do que aquele velho aquecedor aqui, mamãe.

– Não se preocupe com essas coisas, Phil.

Mary contou o troco para duas adolescentes risonhas, que tentavam desesperadamente flertar com seu filho. Empurrou as moedas pelo buraco no vidro enquanto reprimia uma risada. Não podia culpá-las pela atitude. Afinal, já surpreendera até a sobrinha da vizinha – que tinha 25 anos – tentando seduzir Phil. Sempre lhe oferecia um chá. Pedia-lhe para consertar a porta que rangia. Pois sim. Mary bateu com o troco no vidro com força suficiente para arrancar um grunhido de uma babá de rosto redondo.

Pois acabaria com aquilo imediatamente. Sabia que Phil a deixaria um dia, e seria por causa de outra mulher, mas não por uma vaca de seios enormes, dez anos mais velha. Não enquanto Mary Chamberlain fosse viva.

– Algum problema, mamãe?

– Como? – Ela recuperou o controle, quase corando. – Não, querido, nenhum problema. Não gostaria de entrar para assistir o filme? O Sr. Faraday não se importaria.

Desde que ele não me veja, pensou Philip, com um sorriso. Agradecia a Deus por ter eliminado Faraday de sua lista de possíveis pais havia muito tempo.

– Não, obrigado. Só passei para avisar que tenho alguns serviços para fazer. Quer que eu compre alguma coisa no mercado?

– Um frango seria ótimo.

Mary soprou as mãos, distraída, enquanto se recostava. Fazia frio na bilheteria e ficaria ainda pior à medida que o inverno avançasse. No verão, era como um daqueles banhos turcos sobre os quais lera. Mas era um emprego. Quando uma mulher tinha um filho para criar e não possuía muita instrução, tinha de aceitar o que aparecia. Ela fez menção de estender a mão para a de bolsa de couro falso. Nunca lhe passaria pela cabeça pegar uma ou duas notas de libra do caixa.

– Ainda tenho algum dinheiro.

– Está bem. Não deixe de verificar se o frango está fresco.

Ela estendeu quatro ingressos para uma mulher aflita, acompanhada por dois garotos brigando e uma menina com lágrimas nos enormes olhos.

A sessão começaria dentro de cinco minutos. Mary teria de permanecer na bilheteria por mais vinte, para o caso de aparecer algum retardatário.

– E não deixe de pegar o dinheiro do frango na lata da despesa quando chegar em casa.

Ela já sabia que o filho não faria isso. Ao contrário, Philip sempre colocava dinheiro na lata em vez de tirar.

– Mas você não deveria estar na escola?

– Hoje é sábado, mãe.

– Sábado? Ah, é, hoje é sábado... – Com um esforço para não suspirar, Mary esticou as costas. Pegou uma revista lustrosa, já muito folheada. – O Sr. Faraday vai apresentar um festival de Cary Grant no próximo mês. Até me pediu para ajudá-lo a escolher os filmes.

– Isso é ótimo.

O pequeno saco de couro começava a pesar no bolso de Philip, que ansiava por sair dali.

– Vamos começar pelo meu filme predileto, *Ladrão de casaca*. Tenho certeza de que você vai adorar.

– Talvez.

Philip estudou atentamente os olhos inocentes da mãe. Costumava especular sobre quanto ela sabia. A mãe nunca perguntava, jamais questionava os pequenos extras que ele levava para casa. Mary não era idiota, mas apenas otimista. Ele tornou a beijá-la no rosto e acrescentou:

– Por que não a levo para assistir ao filme em sua noite de folga? – Seria maravilhoso. – Mary resistiu ao impulso de acariciar os cabelos do filho, sabendo que isso o deixaria embaraçado. – Grace Kelly trabalha no filme. Imagine, uma princesa da vida real. Pensei sobre isso hoje de manhã quando abri uma revista e deparei com uma reportagem sobre Phoebe Spring.

– Quem?

– Oh, Philip... – Mary estalou a língua e abriu a revista na página da reportagem. – Phoebe Spring, a mulher mais linda do mundo.

– A minha mãe é a mulher mais linda do mundo.

Philip fez a declaração porque sabia que isso a faria rir e corar.

– Você é mesmo especial! – Mary riu, uma risada vigorosa, como ele adorava ouvir. – Mas olhe só para ela. Era uma atriz, uma atriz maravilhosa. Casou com um rei. Agora, vive com o homem de seus sonhos num palácio fabuloso em Jaquir. Parece um filme. E essa é a filha deles. A princesa. Não tem 5 anos, mas já possui uma beleza extraordinária... não acha?

Philip lançou um olhar desinteressado para a foto.

– É só uma criança.

– Mas tem alguma coisa estranha nela. A pobre menina tem os olhos mais tristes que já vi.

– Está inventando histórias de novo, mamãe.

Philip enfiou a mão no bolso, apertando o pequeno saco de couro. Deixaria a mãe com suas fantasias, os sonhos de Hollywood, realeza e limusines brancas. Mas ainda daria um jeito para que ela andasse num carro assim. Mais do que isso, compraria uma limusine para a mãe. Agora, ela só podia ler sobre rainhas, mas algum dia viveria como uma rainha.

– Tenho que ir agora.

– Divirta-se, querido.

Mary já estava absorta de novo lendo a revista. Uma linda menina, pensou ela de novo, sentindo um anseio maternal.

4

Adrianne adorava os suques, os mercados árabes. Quando tinha 8 anos, já aprendera a avaliar a diferença entre diamantes e vidro cintilante, entre rubis birmaneses e pedras de cor e qualidade inferiores. Com Jiddah, sua avó, aprendera a julgar, com a mesma eficiência de um mestre joalheiro, a lapidação, a pureza e a cor. Vagueava por horas, acompanhando Jiddah, admirando as melhores pedras que os suques tinham a oferecer.

As joias que uma mulher podia usar eram sua segurança, comentava Jiddah. De que serviam para uma mulher barras de ouro e dinheiro guardados num banco? Diamantes, esmeraldas, safiras podiam ser pregados nas lapelas, pendurados no pescoço ou nas orelhas para que uma mulher mostrasse ao mundo quanto valia.

Nada agradava mais a Adrianne do que observar a avó barganhar nos mercados, enquanto o calor subia em ondas, tornando o ar mais tremeluzente. Com frequência, bandos de mulheres, vestidas de preto como corvos, iam até lá para apalpar cordões de ouro e prata, enfiar nos dedos anéis de pedras polidas ou apenas estudar o brilho das joias através do vidro empoeirado, enquanto os cheiros de animais e condimentos pairavam no ar e os *matawain* vagueavam com suas barbas desgrenhadas, as pontas pintadas de hena, prontos para punir qualquer violação da lei religiosa. Adrianne nunca temia os *matawain* quando estava com Jiddah. A antiga rainha era reverenciada em Jaquir. Tivera 12 filhos. Quando faziam compras, o ar ressoava com os sons, os gritos das negociações, o zurro de um jumento, o barulho de sandálias no chão duro.

Quando o chamado para a oração soava, os suques fechavam. As mulheres esperavam enquanto os homens baixavam o rosto para o chão. Adrianne escutava os estalidos das contas de oração com a cabeça inclinada, como as outras mulheres. Ainda não usava véu, mas já não era uma criança. Naqueles últimos dias do verão mediterrâneo, esperava, suspensa à beira da mudança.

O mesmo acontecia com Jaquir. Embora o país lutasse contra a pobreza, a Casa de Jaquir era rica. Como a primeira filha do rei, Adrianne tinha direito aos símbolos e sinais de sua posição, mas o coração de Abdu nunca se abrira para ela.

A segunda esposa lhe dera duas filhas depois de Fahid. Circulara no harém o rumor de que Abdu tivera um acesso de raiva depois da segunda menina e quase se divorciara de Leiha. O príncipe herdeiro, porém, era forte e bonito. E especulava-se que Leiha estaria grávida de novo. Para garantir sua linhagem, Abdu tomou uma terceira esposa, que logo engravidou.

Phoebe passou a tomar uma pílula a cada manhã. Escapava agora para seus sonhos durante todo o tempo, dormindo ou acordada.

No harém, com a cabeça aninhada confortavelmente no colo da mãe, os olhos contraídos contra a fumaça do incenso, Adrianne observava as primas dançarem. A tarde longa e quente estendia-se diante dela. Pensara em sair para fazer compras, talvez adquirir uma seda nova ou uma pulseira de ouro, como a que Duja lhe mostrara no dia anterior, mas a mãe parecia apática demais pela manhã.

Fariam compras no dia seguinte. Naquele dia, os ventiladores agitavam o ar impregnado de incenso enquanto os tambores ressoavam num ritmo lento. Latifa levara para o harém, às escondidas, um catálogo da Frederick's, de Hollywood. As mulheres examinavam as ofertas e riam. Como sempre, a conversa era sobre sexo. Adrianne estava acostumada demais às palavras francas e às descrições excitadas para se interessar por aquilo. Gostava de observar a dança, os movimentos longos e sinuosos, o fluxo dos cabelos escuros, as voltas dos corpos.

Adrianne olhou para Meri, a terceira esposa do pai, com a barriga estufada, contente e presunçosa, sentada ali perto, conversando sobre o parto. Leiha, o rosto contraído enquanto amamentava a filha mais nova, lançava olhares furtivos para Meri. Fahid, um menino corpulento, de 5 anos, aproximou-se da mãe, pedindo atenção. Sem a menor hesitação, Leiha largou a filha. Seu sorriso era de triunfo quando levou o menino ao seio.

– É de admirar que eles cresçam para abusar de nós? – murmurou Phoebe.

– O que disse, mamãe?

– Não foi nada.

Distraída, ela acariciou os cabelos da filha. A batida dos tambores vibrava em sua cabeça, monótona, inexorável, como os dias passados no harém.

– Nos Estados Unidos, todos os bebês são amados, meninos e meninas. E não se espera que as mulheres passem a vida tendo filhos.

– Como uma tribo permanece forte?

Phoebe suspirou. Havia dias em que não pensava mais com clareza. Tinha de culpar as pílulas por isso... e também agradecer. O último suprimento lhe custara um anel de esmeralda, mas ganhara como bonificação uma garrafa de meio litro de vodca russa. Consumia a bebida da maneira mais comedida, tomando apenas um copo pequeno depois de cada vez que Abdu aparecia em seu quarto. Não lutava mais contra ele, não se importava mais; suportava-o ao pensar no conforto que sentiria ao tomar a vodca assim que ele se retirasse.

Podia ir embora. Se ao menos tivesse coragem, podia pegar Adrianne e fugir, de volta ao mundo real, onde as mulheres não eram obrigadas a cobrir o corpo em vergonha e se submeter aos caprichos mais cruéis dos homens. Podia voltar para os Estados Unidos, onde era amada, onde as pessoas lotavam os cinemas para assisti-la. Ainda sabia atuar. Não era o que fazia todos os dias? Nos Estados Unidos, poderia proporcionar uma boa vida a Adrianne.

Só que não podia partir. Phoebe fechou os olhos, tentando bloquear o som dos tambores. Para deixar Jaquir, uma mulher precisava de autorização por escrito de um homem da família. Abdu nunca lhe daria permissão, pois continuava a desejá-la, por mais que a odiasse.

Phoebe já lhe suplicara que ele a deixasse ir embora, mas Abdu recusara. A fuga exigiria milhares de dólares, e um risco que ela estava quase disposta a assumir, mas nunca deixaria Jaquir sem Adrianne. E não havia suborno grande o bastante para tentar alguém a fornecer uma passagem ilegal para a filha do rei.

Phoebe também tinha medo. Medo do que ele poderia fazer com Adrianne. Ele a tomaria da mãe, pensou Phoebe. Não haveria nada que pudesse impedi-lo, nenhum tribunal para o qual apelar senão seu próprio tribunal, nenhuma polícia à qual recorrer senão sua própria polícia. Ela nunca arriscaria Adrianne.

Mais de uma vez, pensara em suicídio. A suprema fuga. Pensava nisso como antes pensava no ato de amor, uma coisa a ser desejada, apreciada, prolongada. Às vezes, nas tardes quentes e intermináveis, olhava para o vidro de pílulas e especulava qual seria a sensação de tomar tudo de uma só vez, resvalando depois por completo para o nebuloso mundo dos sonhos. Algo glorioso. Chegara a ponto de despejar todas as pílulas na mão, contando-as e acariciando-as.

Mas havia Adrianne. Sempre Adrianne.

Por isso, ficaria. Drogava-se e continuaria drogando-se até que a realidade se tornasse suportável. E daria alguma coisa sua para a filha.

– Quero o sol – disse Phoebe, abruptamente. – Vamos sair para o jardim.

Adrianne queria ficar onde estava, embalada pelas fragrâncias e pelos sons, mas levantou-se, obediente, e saiu com a mãe.

O calor seco envolveu-as. Como sempre, doía nos olhos de Phoebe, fazendo-a ansiar por uma brisa do Pacífico. Já tivera uma casa em Malibu, onde adorava se sentar na varanda grande e espaçosa e contemplar as ondas no mar azul.

Ali havia flores, viçosas, exóticas, exalando um perfume intenso. Os muros eram altos, para evitar que uma mulher que ali entrasse tentasse qualquer homem que porventura estivesse passando do lado de fora. O Islã era assim. Uma mulher era uma criatura sexual fraca, sem força ou inteligência para guardar sua virtude. Os homens guardavam-na por ela.

O ar no oásis do jardim vibrava com o canto dos passarinhos. Na primeira vez em que vira aquele jardim, com sua exuberância de flores e perfumes inebriantes, Phoebe pensara que tinha saído direto de um filme. Ao redor, as areias do deserto se movimentavam, mas ali havia jasmins, oleandros, hibiscos. Laranjeiras e limoeiros em miniatura vicejavam. Ela sabia que os frutos, como os olhos do marido, eram amargos.

De uma maneira irresistível, foi atraída para o chafariz. Fora o presente que Abdu lhe dera quando a trouxera para o país como sua rainha. Um símbolo do fluxo constante de seu amor. O amor havia muito secara, mas o chafariz continuava jorrando.

Phoebe ainda era sua esposa, a primeira das quatro que a lei lhe permitia ter. Em Jaquir, porém, o casamento se tornara sua prisão. Ela girou o anel de diamante no dedo, enquanto observava a água murmurar no chafariz. Adrianne começou a jogar pedrinhas na água, para fazer a carpa brilhante nadar.

– Não gosto de Meri – disse Adrianne. Num mundo tão restrito como o de um harém havia pouco do que falar, exceto das outras mulheres e crianças. – Ela estufa aquela barriga e sorri assim.

Adrianne fez uma careta e Phoebe não pôde deixar de soltar uma risada.

– Ah, como você é boa para mim... – Phoebe beijou o topo da cabeça da filha. – Minha pequena atriz!

Ela tinha os olhos do pai, pensou Phoebe, enquanto afastava os cabelos do rosto da menina. Ajudavam-na a lembrar-se do tempo em que Abdu a contemplava com amor e afeto.

– Nos Estados Unidos, as pessoas enfrentariam filas quilométricas só para ver você.

Satisfeita com a ideia, Adrianne sorriu.

– Como acontecia com você?

– Isso mesmo. – Phoebe olhou para a água. Às vezes era difícil lembrar a outra pessoa que ela fora. – Era o que faziam para me ver. Eu sempre quis deixar as pessoas felizes, Addy.

– Quando a repórter veio, disse que sentiam saudades de você.

– Repórter?

Fora dois ou três anos antes. Não, havia mais tempo. Talvez quatro anos. Era estranho como o tempo se tornava indistinto. Abdu concordara com a entrevista para silenciar qualquer rumor sobre o casamento. Ela não esperava que a menina lembrasse. Afinal, Addy não devia ter mais do que 4 ou 5 anos na ocasião. – O que você achou dela?

– Falava de um jeito esquisito, às vezes muito depressa. Os cabelos eram muito curtos, como os de um menino, da cor da palha. Ela ficou zangada porque só a deixaram bater algumas fotos e depois tiraram a câmera.

Phoebe sentou-se num banco de mármore. Adrianne continuou a jogar pedrinhas na água.

– Ela disse também que você era a mulher mais linda e mais invejada do mundo. Perguntou se usava um véu.

– Você não esquece nada, não é?

Phoebe também lembrava. Inventara uma história sobre o calor e a poeira, o uso do véu para proteger a pele.

– Gostei muito quando ela falou sobre você. – Adrianne também lembrava que a mãe chorara muito depois que a repórter fora embora. – Ela vai voltar?

– Talvez algum dia.

Mas Phoebe sabia que as pessoas esqueciam. Havia novos rostos, novos nomes em Hollywood. Até mesmo ela conhecia uns poucos, pois Abdu permitia que algumas cartas lhe fossem entregues. Faye Dunaway, Jane Fonda, Ann-Margret. Atrizes jovens e lindas, deixando sua marca, ocupando o lugar que outrora lhe pertencera.

Ela tocou no próprio rosto, sabendo que agora havia rugas no canto dos olhos. Um rosto que outrora aparecera na capa de todas as revistas. As mulheres pintavam os cabelos para ficarem iguais aos seus. Fora comparada a Monroe, Gardner, Loren. Depois, não fora mais comparada a ninguém; iniciara um padrão.

– Houve uma ocasião em que quase ganhei um Oscar. É o maior prêmio para uma atriz. Não ganhei, mas mesmo assim houve uma festa maravilhosa. Todos riam, conversavam, faziam planos. Era muito diferente de Nebraska, o lugar onde eu morava na idade que você tem agora, querida.

– Havia neve lá?

– Havia. – Phoebe sorriu e estendeu os braços. – E muita neve. Eu morava com os meus avós, porque o meu pai e a minha mãe tinham morrido. Era muito feliz, mas nem sempre soube disso. Queria ser atriz, usar roupas lindas e ter muitas pessoas me amando.

– E se tornou uma estrela do cinema.

– Isso mesmo. – Phoebe roçou o rosto nos cabelos da filha. – Parece que foi há centenas de anos. Não nevava na Califórnia, mas eu tinha o mar. Para mim era como um conto de fadas. E eu era a princesa sobre quem tinha lido em todos os livros. Era um trabalho muito árduo, mas eu adorava participar. Tinha uma casa na praia só para mim.

– Devia se sentir solitária.

– Não, não me sentia. Tinha amigos, pessoas com quem podia conversar. E viajei para lugares que nunca imaginei que conheceria... Paris, Nova York, Londres... Conheci seu pai em Londres.

– Onde fica Londres?

– Na Inglaterra, na Europa. Está esquecendo as lições.

– Não gosto de lições. Gosto de histórias. – Mas Adrianne pensou um pouco, porque sabia que as lições eram importantes para a mãe, outro segredo entre as duas. – Uma rainha mora em Londres, com um marido que é apenas um príncipe.

Adrianne esperou, certa de que a mãe a corrigiria dessa vez. Era uma ideia absurda: uma mulher reinando sobre um país. Contudo, Phoebe limitou-se a sorrir e acenar com a cabeça em confirmação.

– Faz frio em Londres – acrescentou Adrianne. – E chove muito. Em Jaquir, o sol sempre brilha.

– Londres é uma cidade linda. – Uma das maiores habilidades de Phoebe sempre fora a facilidade que tinha de se situar num lugar, real ou imaginário, e vê-lo com absoluta nitidez. – Pensei que era o lugar mais lindo que já tinha conhecido. Filmávamos lá, e as pessoas ficavam atrás das barreiras para assistir. Gritavam o meu nome. Às vezes eu dava autógrafos e também posava para fotos. Foi nessa ocasião que conheci o seu pai. Ele era muito bonito. E elegante

– Elegante?

Um sorriso sonhador no rosto, Phoebe fechou os olhos.

– Não importa. Fiquei muito nervosa, porque ele era um rei. Havia um protocolo para lembrar e fotógrafos por toda parte. Mas depois que conversamos, nada mais tinha importância. Ele me levou para jantar e depois para dançar.

– Dançou para ele?

– Com ele. – Phoebe pôs Adrianne no banco, a seu lado. Ali perto, uma abelha zumbia, absorvendo néctar. O som era agradável a seus ouvidos, tornado musical pela droga. – Na Europa e na América, homens e mulheres dançam juntos.

Os olhos de Adrianne contraíram-se.

– Isso é permitido?

– É. Uma mulher pode dançar com um homem, conversar, passear, ir ao teatro. Muitas coisas são permitidas. As pessoas saem juntas em um encontro romântico.

– Saem? – Adrianne ainda tinha dificuldades com o inglês.

Phoebe riu de novo. Sentia-se sonolenta ao sol. Podia lembrar como era dançar nos braços de Abdu. Como seu rosto era forte. E como as mãos eram gentis.

– É um encontro, acontece quando um homem convida uma mulher para sair. Vai buscá-la em casa. Às vezes, leva flores. – Rosas, lembrou Phoebe, sonhadora. Abdu lhe enviara dúzias e mais dúzias de rosas brancas. – Podem jantar fora, ir ao teatro e cear depois. Ou podem ir dançar em alguma casa noturna superlotada.

– Dançou com o meu pai porque eram casados?

– Não. Dançamos, nos apaixonamos e depois casamos. É diferente, Adrianne, muito difícil de explicar. A maior parte do mundo não é como Jaquir.

O medo insidioso, com que Adrianne convivia desde que testemunhara o estupro da mãe, aflorou.

– Você quer voltar.

Phoebe não percebeu o medo. Estava absorvida em seu pesar.

– É muito longe, Addy. Longe demais. Quando casei com Abdu, deixei tudo para trás. Mais do que imaginei na ocasião. Eu o amava e ele me queria. O dia do casamento foi o mais feliz da minha vida. Ele me deu O Sol e a Lua.

Ela levou a mão ao corpete, quase sentindo o peso e o poder do colar.

– Quando o usei, senti-me como uma rainha. Parecia que todos aqueles sonhos que eu tinha quando menina, em Nebraska, estavam se tornando realidade. Ele me deu parte de si mesmo na ocasião, parte do seu país. Significou tudo para mim quando ele prendeu o colar no meu pescoço.

– É o tesouro mais precioso de Jaquir. Mostrava que ele a prezava acima de qualquer outra coisa.

– Tem razão. Era o que realmente acontecia. Só que ele não me ama mais, Addy.

Adrianne sabia disso, sabia já havia algum tempo, mas não queria aceitar.

– Você é esposa dele.

Phoebe baixou os olhos para o anel de casamento, que outrora significava tanto.

– Uma de três esposas.

– Ele só tomou as outras porque precisa de filhos. Um homem deve ter filhos.

Phoebe pegou o rosto da filha entre as mãos. Viu as lágrimas e a angústia. Talvez tivesse falado demais, mas já era tarde para retirar as palavras.

– Sei que ele a ignora, e que isso a deixa magoada. Tente compreender que o problema não é com você, mas comigo.

– Ele me odeia.

– Não.

Mas era verdade. Abdu odiava a filha, pensou Phoebe enquanto puxava Adrianne. E a assustava o ódio frio que percebia nos olhos do marido sempre que fitava a menina.

– Não, ele não a odeia – continuou Phoebe. – Tem um ressentimento de mim, pelo que sou e pelo que não sou. E só percebe isso quando olha para você. Não vê a parte de si mesmo, talvez a melhor parte de si mesmo, que existe em você.

– Eu o odeio.

O medo tornou-se mais intenso. Ela olhou ao redor. Estavam a sós no jardim, mas as vozes se projetavam para longe, e sempre havia ouvidos para escutá-las.

– Não deve dizer isso, querida. Não deve nem pensar. Não pode compreender o que há entre mim e Abdu, Addy. Nem deve.

– Ele bate em você. – Adrianne recuou. Tinha os olhos secos agora, parecendo subitamente envelhecidos. – Por isso, eu o odeio. Ele olha para mim e não me vê. Por isso o odeio também.

– Não diga isso...

Sem saber o que fazer, Phoebe tornou a puxar a filha para seus braços e balançou-a.

Adrianne não disse mais nada. Nunca tivera a intenção de deixar a mãe transtornada. Até as palavras saírem, nem mesmo tinha noção de que as guardava no coração. Agora que as expressara, tinha de aceitá-las. O ódio já se enraizara antes mesmo da noite em que vira o pai abusar da mãe. Crescera desde então, alimentado pela negligência e pelo desinteresse de Abdu, os insultos sutis que a distinguiam das outras crianças.

Ela odiava, mas o ódio a envergonhava. Uma criança devia reverenciar os pais. Por isso, não falou mais a respeito.

Ao longo das semanas seguintes, Adrianne passou mais tempo do que nunca com a mãe, passeando pelo jardim, ouvindo histórias de outros mundos. Continuavam a parecer irreais para ela, mas as apreciava, da mesma maneira como gostava das histórias de piratas e dragões da avó.

Quando Meri deu à luz uma menina e foi punida com um divórcio sumário, Adrianne ficou contente.

– Estou feliz porque ela foi embora.

Adrianne jogava uma partida de três-marias com Duja. O jogo fora permitido no harém depois de muito debate e discussão.

– Para onde vão mandá-la?

Embora Duja fosse mais velha, era um fato aceito que Adrianne tinha mais habilidade para obter informações.

– Ela vai ter uma casa na cidade. Pequena.

Adrianne riu e pegou as três pedras com dedos ágeis. Poderia ter compaixão pelo destino de Meri, mas a ex-esposa do rei fizera tudo para ser detestada pelas outras mulheres.

– Fico contente porque ela não vai mais viver aqui. – Duja jogou os cabelos para trás, enquanto esperava sua vez. – Agora não teremos mais que ouvir enquanto ela se gaba da frequência com que o rei a visita e de quantas maneiras ele planta sua semente.

Adrianne errou a jogada. Olhou ao redor, à procura da mãe, mas como falavam em árabe, concluiu que ela não entenderia.

– Você quer fazer sexo?

– Claro! – Duja jogou as pedras e estudou o resultado. – Quando me casar, o meu marido vai me visitar todas as noites. E eu vou lhe dar tanto prazer que ele nunca vai precisar de outra esposa. Vou manter a minha pele macia, os seios firmes. E as pernas abertas.

Adrianne notou que uma das pedras tremeu, mas deixou a infração passar. Suas mãos eram mais rápidas e mais ágeis do que as de Duja, e era a vez de a prima ganhar.

– Pois eu não quero fazer sexo.

– Não diga bobagem! Todas as mulheres querem fazer sexo. A lei nos mantém separadas dos homens porque somos fracas demais para resistir. Só paramos quando ficamos velhas como a vovó.

– Então sou tão velha quanto a vovó.

As duas riram e voltaram ao jogo.

Duja não entenderia, pensou Adrianne enquanto continuavam a jogar. Sua mãe não queria fazer sexo e era jovem e bonita. Leiha tinha medo porque dera ao marido duas filhas. Adrianne não queria porque já vira que era cruel e feio.

Apesar disso, não havia outro jeito de ter bebês, e ela gostava muito de bebês. Talvez encontrasse um marido gentil, que já tivesse esposas e filhos. Nesse caso, ele não ia querer fazer sexo com ela, que poderia cuidar das crianças da casa.

Quando se cansaram do jogo, Adrianne encontrou a avó e subiu em seu colo. Jiddah era viúva e fora uma rainha. O amor por doces estava lhe custando os dentes, mas os olhos continuavam penetrantes.

– Aqui está a minha linda Adrianne.

Jiddah abriu a mão e ofereceu-lhe um chocolate embrulhado em papel laminado. Com uma risada, Adrianne pegou-o. Porque gostava do lindo papel, tanto quanto do chocolate, ela o abriu devagar, com todo cuidado. Um hábito que nunca deixava de acalmá-la. Jiddah pegou uma escova e começou a passá-la nos cabelos da neta.

– Vai visitar o novo bebê, vovó?

– Claro. Amo todos os meus netos. Até aqueles que roubam os meus chocolates. Por que Adrianne parece tão triste?

– Acha que o rei vai se divorciar da minha mãe?

Jiddah já notara e se preocupava com o fato de Adrianne não chamar mais Abdu de pai.

– Não sei. Mas ele não fez isso em nove anos.

– Se ele se divorciasse, nós iríamos embora e eu sentiria muita saudade sua.

– Eu também teria saudade. – A criança já não era criança sob muitos aspectos, pensou Jiddah, largando a escova. – Não deve se preocupar com isso, Adrianne. Você está crescendo. Um dia, muito em breve, vai se casar. E eu terei bisnetos.

– E dará chocolates e contará histórias.

– Isso mesmo. *Inshallah.* – Ela deu um beijo nos cabelos de Adrianne. Eram um pouco perfumados e escuros como a noite. – E amarei meus bisnetos como amo você.

Adrianne virou-se e passou os braços pelo pescoço de Jiddah. A fragrância de papoulas e condimentos em sua pele era tão confortadora quanto a pressão do corpo franzino.

– E eu sempre vou amar você, vovó.

– Adrianne. *Yellah.*

Fahid puxava sua saia. Tinha a boca já suja de chocolate de uma visita anterior à avó. O *throbe* de seda que a mãe lhe fizera estava sujo.

– Venha comigo – disse ele, em árabe, dando outro puxão na sala.

– Ir aonde?

Como já estava disposta a brincar com o irmão, Adrianne deixou o colo da avó e fez cócegas nas costelas do menino.

– Quero o pião. – Ele gritou e se contorceu, antes de dar um beijo estalado em Adrianne. – Quero ver o pião!

Ela embolsou outro punhado de chocolates antes de deixar que Fahid a levasse embora. Riam em disparada pelos corredores, Adrianne soltando gemidos e ofegos exagerados enquanto Fahid a puxava pela mão. Tinha um quarto menor do que o da maioria das outras crianças, um dos insultos sutis do pai. A única janela dava para a beira do jardim. Ainda assim, era bonito, decorado de tons de rosa e branco que ela mesma escolhera. Num canto havia prateleiras com brinquedos, muitos dos quais enviados dos Estados Unidos por uma mulher chamada Celeste, a melhor amiga da mãe.

O pião chegara anos antes. Era um brinquedo simples, mas muito colorido. Quando a alça era puxada, girava depressa, emitindo um zumbido agradável e misturando o vermelho, o azul e o verde. Logo se tornara o brinquedo predileto de Fahid... a tal ponto que recentemente Adrianne o tirara das prateleiras e o escondera.

– Quero o piao.

– Sei disso. Na última vez em que quis, bateu com a cabeça no chão ao tentar subir para pegá-la quando eu não estava aqui.

– E quando o rei soubera, Adrianne passara uma semana de castigo em seu quarto. – Feche os olhos.

Ele sorriu e sacudiu a cabeça em negativa.

Também sorrindo, Adrianne abaixou-se, até que ficaram com os narizes quase encostados.

– Feche os olhos, meu irmão, ou não terá o pião.

O menino fechou os olhos.

– Se for bonzinho, deixarei que fique com o pião durante o dia inteiro.

Ela recuou enquanto falava e enfiou-se embaixo da cama, onde guardava seus maiores tesouros. No momento mesmo em que estendia a mão para o pião, Fahid rastejou a seu lado.

– Fahid! – Com a exasperação que as mães demonstram com os filhos prediletos, ela beliscou de leve o rosto do menino. – Você é muito mau.

– Eu amo Adrianne.

Como sempre, o coração de Adrianne se derreteu. Afastou do rosto do irmão os cabelos desgrenhados.

– Eu amo Fahid. Mesmo quando ele é mau.

Ela pegou o pião e começou a sair de baixo da cama. Mas os olhos penetrantes de Fahid já haviam focalizado a bola de Natal.

– Que linda! – Com uma intensa satisfação, ele pegou a bola com as mãos sujas de chocolate. – É minha!

– Não, não é sua! – Adrianne segurou-o pelos calcanhares para puxá-lo. – E é um segredo.

Os dois se acomodaram no tapete. Adrianne pôs as mãos em cima das mãos do irmão e as sacudiu. O pião foi esquecido, enquanto observavam a neve cair dentro da bola.

– É o meu tesouro mais precioso. – Ela suspendeu as mãos para que a luz passasse através do vidro. – Uma bola mágica.

– Mágica! – Fahid ficou com a boca entreaberta, enquanto a irmã tornava a inclinar a bola. – Dá para mim!

Ele tirou a bola de Adrianne e levantou-se de um pulo.

– Mágica! Quero mostrar para mamãe!

– Não, Fahid, não!

Adrianne também levantou-se enquanto o irmão corria para a porta. Encantado com o novo brinquedo, o menino acionou as pernas curtas e roliças. Sua risada ressoava pelas paredes enquanto corria, brandindo a bola de vidro como se fosse um troféu. Para animar a brincadeira, entrou no túnel que ligava a ala das mulheres aos aposentos do rei.

Adrianne sentiu nesse instante uma pontada de preocupação que a fez hesitar. Como uma filha da casa, o túnel era proibido para ela. Então se adiantou, pensando em atrair Fahid de volta com a promessa de uma nova e fascinante brincadeira. Porém, quando o riso do irmão cessou abruptamente, ela entrou no túnel. Ele estava esparramado no chão, os lábios tremendo, aos pés de Abdu.

O rei parecia muito alto e poderoso, parado ali, as pernas entreabertas, olhando para o filho. Seu *throbe* branco roçava no chão no lugar onde Fahid caíra. Não havia muita luz no túnel, mas Adrianne podia ver o brilho de raiva nos olhos de Abdu.

– Onde está a sua mãe?

– Por favor, senhor. – Adrianne adiantou-se, apressada. Manteve a cabeça baixa, em submissão, enquanto o coração batia fone. – Eu estava cuidando do meu irmão.

Abdu fitou-a. Viu os cabelos desgrenhados, a poeira no vestido, as mãos úmidas e nervosas. Poderia empurrá-la para o lado com um simples movimento do braço, mas seu orgulho lhe dizia que ela não valia nem mesmo isso.

– Faz um péssimo trabalho ao cuidar do príncipe.

Ela não disse nada, pois sabia que nenhuma resposta era esperada. Manteve a cabeça baixa, para que o pai não pudesse perceber o brilho de fúria em seus olhos.

– Lágrimas não são para os homens, muito menos para os reis. – E abaixou-se com alguma gentileza para levantar Fahid. Foi então que notou a bola que o filho ainda segurava.

– Onde conseguiu isso? – A raiva estava de volta, cortante como uma espada. – É uma coisa proibida!

Abdu arrancou a bola do filho, fazendo-o choramingar.

– Vai me envergonhar? E envergonhar a nossa casa?

Porque sabia que a mão do pai podia golpear depressa e com força, Adrianne interpôs-se entre o pai e o irmão.

– A bola é minha. Eu a dei para ele.

Ela se preparou para o golpe, que não veio. Em vez de fúria, deparou-se com gelo. Adrianne descobriu que a indiferença fria podia ser mais dolorosa do que as punições. As lágrimas afloraram aos olhos, mas ela fez um esforço para contê-las enquanto fitava o pai. Tinha certeza de que Abdu queria que ela chorasse. E se olhos secos eram sua única defesa, então não permitiria que as lágrimas rolassem.

– Então quer corromper o meu filho? Oferecer símbolos cristãos sob o disfarce de um brinquedo? Eu já deveria esperar a traição de alguém como você!

Ele jogou a bola contra a parede, espatifando-a. Apavorado, Fahid agarrou-se nas pernas da irmã.

– Volte para as mulheres, que é o seu lugar! E daqui por diante está proibida de tomar conta de Fahid!

Abdu pegou o filho e virou-se. Fahid, o rosto inchado e molhado de lágrimas, estendeu os braços, gritando o nome da irmã.

5

A desgraça a tornou forte. E calada. E orgulhosa. Ao longo dos meses seguintes, Phoebe preocupou-se com a filha. Havia anos que convivia com a própria infelicidade, usando-a como uma muleta, porque não via opção. Seu modo de vida americano terminara quando pisara no país do marido. Desde o início, as leis e as tradições de Jaquir tinham estado contra ela. Era uma mulher, e, como tal, apesar de suas convicções, apesar de seus desejos, era obrigada a se conformar.

Ao longo dos anos, Phoebe encontrara apenas um conforto para aliviar seu encarceramento. A seus olhos, Adrianne era uma menina contente, até mesmo apropriada para a vida em Jaquir. Tinha uma herança, um título, uma posição que nem mesmo o desfavor do rei podia lhe tirar. Tinha família, companheiras. Tinha segurança.

Phoebe sabia que os ocidentais começavam a vir em levas para Jaquir e outros países do Oriente Médio, atraídos pelo petróleo. E por causa dessa nova situação, tornava a se encontrar com repórteres, desempenhando o papel de rainha do deserto dos contos de fadas. Com os ocidentais em Jaquir, haveria progresso. Com o tempo, poderia até haver uma liberação. Ela se apegava a essa possibilidade... não mais por si mesma, mas por Adrianne. À medida que os meses foram passando, no entanto, começou a compreender que se novas liberdades viessem para Jaquir, chegariam tarde demais para beneficiar a filha.

Adrianne era quieta e obediente, mas não se mostrava muito feliz. Brincava com as outras meninas e escutava as histórias da avó, mas não era mais uma criança. Phoebe passou a ansiar por sua terra com mais intensidade do que antes. Sonhava em voltar, levando Adrianne, e mostrar à filha um mundo além das leis e limitações de Jaquir.

Contudo, apesar de sonhar, ela não acreditava que fosse possível. Por isso, recorria aos tranquilizantes e às bebidas alcoólicas proibidas como o único refúgio que conseguia encontrar.

Não era uma mulher sofisticada. Apesar de sua ascensão no mundo do entretenimento, permanecera a moça ingênua da pequena fazenda em Nebraska. Em seus dias no cinema, testemunhara o consumo excessivo de bebidas e drogas, mas, de uma maneira que lhe era natural, passava por cima do que era desagradável e acreditava em ilusões.

Em Jaquir, tornou-se uma viciada, embora ignorasse o fato. As drogas tornavam-lhe os dias suportáveis e as noites indistintas. Vivia no Oriente Médio havia quase tanto tempo quanto vivera na Califórnia, mas com as drogas perdera a noção do tempo. Tornara-se ali uma ilusão, tal como as mulheres que representara no cinema.

Ser chamada aos aposentos de Abdu deixou-a com muito medo. Nunca se falavam em particular agora. Em público, quando ele desejava, apresentavam-se como um casal de romance. A deslumbrante estrela de cinema e o rei elegante. Embora detestasse câmeras, Abdu permitia que a imprensa os fotografasse juntos. Ele trilhava um caminho delicado entre o líder tradicional de sua cultura e o símbolo do progresso. Entretanto, os dólares, marcos alemães e ienes entravam em jorros no país, enquanto o petróleo saía.

Era um homem que estudara no Ocidente. Podia jantar com presidentes e primeiros-ministros, deixando-os com a impressão de uma mente brilhante e aberta, mas fora criado em Jaquir, educado no Islã. Na juventude, acreditara que poderia haver uma fusão. Agora, via o Ocidente apenas como uma ameaça, até mesmo uma abominação para Alá. Essas convicções haviam se consolidado por causa de Phoebe. Ela era seu símbolo de corrupção e desonra.

Fitou-a, parada à sua frente, num traje preto que a cobria do pescoço aos tornozelos. Tinha os cabelos cobertos por um lenço, de tal maneira que nenhuma insinuação do brilho de fogo aparecia. A pele era pálida, não tão sedosa quanto antes, e os olhos continuavam opacos.

Drogas, pensou Abdu, repugnado. Sabia tudo a respeito, mas optara por ignorar. Bateu com um dedo na escrivaninha de ébano, sabendo que o medo de Phoebe aumentava a cada momento que a deixava esperando.

– Você foi convidada a ir a Paris, para um baile de caridade.

– Paris?

– Parece que houve um festival com os seus filmes. Talvez as pessoas achem divertido ver a esposa do rei de Jaquir se expor.

Phoebe levantou a cabeça num movimento abrupto. Ele sorriu, esperando que ela protestasse, a fim de que pudesse esmagar até mesmo aquele pequeno desafio, mas Phoebe falou em voz suave:

– Houve um tempo em que o rei de Jaquir também ficava satisfeito em assistir Phoebe Spring no cinema.

O sorriso desapareceu. Abdu lembrou as horas de repulsa por si mesmo que passara vendo os filmes dela e desejando-a.

– Consideram que sua presença seria de interesse para as pessoas que costumam comparecer a essas festas de caridade.

Phoebe fez um esforço para manter a voz calma, sob controle.

– Vai permitir a minha viagem a Paris?

– Tenho negócios para tratar lá. Seria conveniente que a minha esposa americana me acompanhasse, para mostrar a ligação de Jaquir com o Ocidente. E tenho certeza de que compreende o que espero de você.

– Claro que compreendo. – Phoebe sabia que não devia se mostrar muito satisfeita, mas não pôde evitar um sorriso. – Um baile... em Paris?

– Já mandei fazer um vestido. Você vai usar o Sol e a Lua e vai se comportar como se espera que a esposa do rei de Jaquir se comporte. Se me causar algum constrangimento, terá uma "indisposição" e será mandada de volta no mesmo instante.

– Compreendo perfeitamente. – A perspectiva de voltar a Paris, a simples perspectiva, já a deixava mais forte. – Adrianne...

– Já foram tomadas as providências para ela – interrompeu Abdu.

– Providências? – Phoebe sentiu o bafo gelado do medo na nuca. Deveria ter se lembrado de que Abdu sempre que dava com uma das mãos tirava com a outra. – Que tipo de providências?

– Não lhe interessam.

– Por favor... – Sabia que tinha de ser muito cuidadosa. – Só quero prepará-la, para ter certeza de que ela será uma glória para a Casa de Jaquir. – Phoebe baixou a cabeça, mas não pôde evitar que os dedos se retorcessem e entrelaçassem. – Sou apenas uma mulher e ela é minha única filha.

Abdu puxou na cadeira atrás da mesa, mas não gesticulou para Phoebe sentar.

– Ela vai para uma escola na Alemanha. Achamos que é um bom arranjo para as mulheres de sua posição antes do casamento.

– Oh, não! Pelo amor de Deus, Abdu, não a mande para uma escola tão longe! – O orgulho esquecido, a cautela esquecida, Phoebe contornou a mesa para se jogar aos pés dele. – Não pode levá-la! Adrianne é tudo o que tenho! E você não se importa com o que possa acontecer a ela. Não vai fazer diferença para você se ela ficar comigo.

Ele a agarrou pelos pulsos, afastando as mãos dela de seu *throbe*.

– Ela faz parte da Casa de Jaquir. O fato de que seu sangue corre pelas veias da menina é mais uma razão para que ela seja separada de você e educada de uma maneira apropriada antes do noivado com Kadeem al-Misha.

– Noivado? – Tremendo de medo, Phoebe tornou a segurá-lo. – Ela é apenas uma criança! Nem mesmo em Jaquir casam as crianças.

– Ela vai se casar quando completar 15 anos. Os acertos já estão quase concluídos. Terá finalmente algum proveito para mim, como esposa de um aliado.

Abdu tornou a agarrá-la pelos pulsos, mas dessa vez puxou-a ao encontro de seu corpo.

– Devia ficar agradecida por eu não entregá-la a um inimigo.

A respiração de Phoebe era forte, o rosto quase encontrando o de Abdu. Por um instante, atordoada, teve vontade de matá-lo com as próprias mãos, cravando as unhas em seu rosto e vendo o sangue correr. Se servisse para salvar Adrianne, ela o teria feito, mas a força de nada adiantaria. Nem a razão. Só restava a astúcia.

– Perdoe-me. – Ela murchou, deixando os olhos brilharem com lágrimas. – Sou fraca e egoísta. Pensei apenas em perder a minha filha, não na sua generosidade em providenciar um bom casamento para ela.

Phoebe tornou a se ajoelhar, tomando cuidado para manter a pose subserviente ao máximo. Enxugou os olhos, como se recuperasse o bom-senso.

– Sou uma mulher tola, Abdu, mas não tão tola que não possa me sentir agradecida. Ela aprenderá a ser uma boa esposa na Alemanha. Espero que se orgulhe da sua filha.

– Cumprirei o meu dever para com ela.

Impaciente, ele gesticulou para que Phoebe se levantasse.

– Talvez permita que ela nos acompanhe na viagem a Paris. – O coração batendo forte, ela cruzou as mãos. – Muitos homens preferem uma esposa que já viajou, que possa acompanhá-lo nas viagens de negócios ou de turismo, para que seja uma ajuda em vez de um estorvo. Por causa da sua posição, muito vai se esperar da Adrianne. A educação que você teve na Europa e as suas experiências lá serviram com certeza para proporcionar uma melhor compreensão do mundo e do papel de Jaquir.

O primeiro pensamento de Abdu foi o de descartar a ideia no mesmo instante. Mas as últimas palavras de Phoebe acertaram o alvo. Ele estava absolutamente convencido de que o tempo que passara em cidades como Paris, Londres e Nova York haviam-no transformado num rei melhor, num filho mais puro de Alá.

– Pensarei a respeito.

Phoebe resistiu ao impulso de suplicar. Baixou a cabeça.

– Obrigada.

O coração ainda batia forte quando ela voltou a seus aposentos. Queria beber, tomar uma pílula, esquecer sua situação. Em vez disso, deitou na cama e forçou-se a pensar.

Todos aqueles anos desperdiçados, esperando que Abdu voltasse a ser o homem que era antes, esperando que sua vida voltasse a ser como antes. Permanecera em Jaquir porque ele exigira; e porque, mesmo que conseguisse fugir, Abdu ficaria com Adrianne.

Porque fora fraca, confusa, medrosa, vivera quase dez anos de sua vida como escrava. Mas isso não aconteceria com Adrianne. Nunca! Não importava o que ela precisasse fazer, não permitiria que Adrianne lhe fosse tirada, entregue a algum estranho, para levar uma vida de prisioneira.

O primeiro passo era Paris, disse ela a si mesma, enquanto enxugava o suor da testa. Levaria Adrianne para Paris e nunca mais voltariam.

– QUANDO EU FOR A PARIS, comprarei uma porção de roupas bonitas. – Duja observou Adrianne ajeitar no braço uma pulseira de ouro e tentou não sentir inveja. – O meu pai diz que vai comer num lugar chamado Maxim's, e que eu vou ter qualquer coisa que quiser.

Adrianne virou-se. Tinha as palmas sempre úmidas de nervosismo, mas sentia medo de limpá-las no vestido.

– Trarei um presente para você.

A inveja esquecida, Duja sorriu.

– Só um?

– Um presente especial. Vamos subir na Torre Eiffel e ir a um lugar em que há milhares de quadros. E depois... – Ela comprimiu a mão contra a barriga. – Estou me sentindo mal.

– Se estiver doente, não vai poder viajar. Então é melhor não ficar. Leiha está zangada.

Ela falou apenas na esperança de fazer Adrianne se sentir melhor. As criadas já haviam levado as malas. Duja passou o braço pelos ombros de Adrianne para acompanhá-la.

– Ela quer ir, mas o rei só vai levar você e a sua mãe. Leiha tem de se contentar com a nova gravidez.

– Se eu comprar presentes para o Fahid e para as minhas irmãs, você pode entregar?

– Claro. – Ela beijou o rosto de Adrianne. – Sentirei saudade.

– Voltaremos logo.

– Mas você nunca viajou.

O harém estava cheio de mulheres, todas dominadas pela agitação da viagem que só duas delas fariam. Havia abraços para serem trocados, risos partilhados. Phoebe estava de véu e *abaaya*, as mãos cruzadas na cintura, o rosto impassível. As fragrâncias, os cheiros intensos do harém sufocavam-na quase a ponto de poder vê-los. Se houvesse um Deus, ela nunca mais veria aquelas pessoas nem aquele lugar! Por uma vez, sentiu-se grata por ter o rosto quase todo coberto. Significava que só precisava controlar os olhos.

A onda de pesar surpreendeu-a enquanto beijava as cunhadas, a sogra, as primas pelo casamento. Todas as mulheres com quem convivera por quase dez anos.

– Adrianne deve sentar-se à janela – disse Jiddah a Phoebe, enquanto beijava e abraçava as duas. – Assim ela poderá ver Jaquir enquanto o avião sobe.

Ela sorriu, satisfeita, porque o filho finalmente demonstrava algum interesse pela criança, que era, secretamente, sua predileta.

– Não coma muito creme francês, minha doce menina.

Adrianne sorriu e, erguendo-se na ponta dos pés, beijou Jiddah pela última vez.

– Comerei tanto que ficarei gorda. Não vai me reconhecer quando eu voltar.

Jiddah riu. Afagou o rosto de Adrianne com a mão ornamentada com hena.

– Sempre a reconhecerei. Vá agora. E volte sã e salva. *Inshallah.*

Elas deixaram o harém, atravessaram o jardim e passaram por um portão no muro. O carro as esperava ali. Os nervos de Adrianne estavam tensos demais para perceber o silêncio da mãe. Falou sobre a viagem de avião, Paris, o que veriam, o que comprariam. Fez uma pergunta e depois continuou a falar, sem esperar pela resposta.

Ao chegarem ao aeroporto, Adrianne sentia-se mal de tanta ansiedade, enquanto Phoebe passava mal de medo.

Até então, a vinda dos executivos ocidentais apenas complicara o procedimento no aeroporto. Os aviões pousavam e partiam com mais frequência e o transporte em terra limitava-se a alguns táxis cujos motoristas falavam em inglês. O pequeno terminal estava lotado, as mulheres de um lado e os homens do outro.

Americanos e europeus, confusos, esforçavam-se em proteger suas bagagens de carregadores com algum excesso de entusiasmo, enquanto esperavam desesperados por voos de conexão que às vezes demoravam dias. Esses czares do capitalismo eram quase sempre obrigados a esperar, vítimas de um hiato cultural que se alargara para um abismo ao longo dos séculos.

O ar vibrava com o barulho dos aviões, a cacofonia de vozes em línguas diferentes, que subiam e desciam, muitas vezes sem que o interlocutor entendesse. Adrianne avistou uma mulher sentada ao lado de uma pilha de bagagem, o rosto molhado de lágrimas, pálida de exaustão. Outra conduzia três crianças pequenas, que olhavam e apontavam para as mulheres árabes vestindo mantos pretos e véus.

– Há muitos estrangeiros aqui – murmurou Adrianne enquanto eram conduzidas através da multidão pelos seguranças. – Por que eles vêm?

– Pelo dinheiro. – Phoebe olhou para a esquerda e para a direita. Fazia tanto calor que tinha medo de desmaiar, mas as mãos estavam geladas. – Vamos depressa.

Ela pegou a filha pela mão e levou-a para fora do terminal. O novo avião particular de Abdu, comprado com dinheiro do petróleo, as esperava na pista.

Adrianne sentiu a boca ressequida ao ver o avião.

– É muito pequeno.

– Não se preocupe. Estarei com você.

Lá dentro, a cabine era luxuosa apesar do tamanho. As poltronas eram estofadas com um tecido cinza-escuro. O tapete era vermelho tinto. Havia pequenas lâmpadas junto de cada poltrona. Maravilhosamente fresco, o ar recendia a sândalo, a fragrância preferida do rei. Os criados, esperando para servir as comidas e bebidas, fizeram uma reverência, em silêncio.

Abdu já embarcara. Examinava uma pilha de documentos com seu secretário. Trocara o *throbe* por um terno feito em Londres, mas o usava com turbante do Oriente Médio. Não olhou quando as duas embarcaram e se sentaram. Limitou-se a fazer um sinal indiferente para um de seus homens. O motor começou a funcionar momentos depois. Adrianne sentiu um frio no estômago quando o avião começou a subir.

– Mamãe!

– Estaremos acima das nuvens num instante. – Phoebe manteve a voz baixa, agradecida por Abdu ignorá-las. – Assim como as aves, Addy. Fique olhando.

Ela encostou o rosto na cabeça de Adrianne enquanto acrescentava:

– Jaquir está ficando para trás.

Adrianne tinha vontade de vomitar, mas sentia medo por causa da presença do pai. Com determinação, cerrou os dentes, engoliu em seco e observou o mundo diminuir lá embaixo. Depois de algum tempo, o embrulho no estômago diminuiu. Foi a vez de Phoebe falar. E ela falou em voz tão baixa que embalou Adrianne para o sono. Phoebe ficou olhando para as águas azuis do Mediterrâneo enquanto rezava.

Paris era uma festa para os sentidos. Adrianne segurava a mão da mãe e olhava aturdida para tudo enquanto atravessavam o aeroporto apressadas. Sempre pensara que as histórias da mãe sobre outros lugares não passavam de contos de fadas. Agora ela passava por uma porta e entrava num mundo que só existira em sua imaginação.

Até mesmo a mãe estava diferente. Tirara a *abaaya* e o véu. Por baixo, usava um elegante tailleur ocidental da mesma tonalidade de seus olhos. Os cabelos estavam soltos, gloriosamente ruivos, espalhando-se pelos ombros. Ela até falara com um homem, um estranho, ao passarem pela alfândega. Adrianne olhara para o pai, amedrontada, esperando pela punição, mas ele nada fez.

Mulheres passavam a todo o momento, às vezes sozinhas, às vezes de braço dado com um homem. Usavam saias e calças compridas justas, mostrando os contornos das pernas. Andavam de cabeça erguida, os quadris balançando, mas ninguém olhava aturdido para elas. Espantada, Adrianne viu até um casal se beijar e se abraçar enquanto outras pessoas passavam ao redor. Não havia *matawain* com o chicote de pelo de camelo e a ponta da barba pintada de hena para prendê-los.

O sol se punha quando deixaram o terminal. Adrianne esperou para ouvir o chamado para a oração, mas não houve nada. Também havia confusão ali, mas era mais rápida e um pouco mais organizada do que a confusão no aeroporto de Jaquir. As pessoas espremiam-se em táxis, homens e mulheres juntos, sem inibição, sem segredo. Phoebe teve de puxá-la para a limusine enquanto ela se empenhava em descobrir mais coisas.

Ver Paris pela primeira vez ao pôr do sol... Sempre que Adrianne pensasse de novo na cidade, haveria de se lembrar da magia daquele primeiro momento, quando a luz pairava entre o dia e a noite. Os prédios antigos projetavam-se, fascinantes, de certa forma femininos, com um brilho rosa, dourado e branco suave ao sol poente. O carro enorme desceu rápido pelo bulevar para o coração da cidade, mas não foi a velocidade que deixou Adrianne atordoada e sem fôlego.

Ela imaginou que devia haver música. Num lugar assim, não podia deixar de haver música, mas não se arriscou a pedir permissão para baixar a janela. Em vez disso, deixou que a música tocasse em sua cabeça, grandiosa, gloriosa, enquanto seguiam ao longo do Sena.

Havia casais andando na rua de mãos dadas, os cabelos e as saias curtas das mulheres à brisa que recendia a água e flores. Que recendia a Paris. Ela viu cafés em que as pessoas se agrupavam em torno de mesinhas redondas, bebendo de copos que faiscavam vermelhos e dourados, como a luz do sol.

Se fosse informada de que o avião os levara para outro planeta e para outra época, Adrianne teria acreditado. Quando o carro parou no hotel, ela esperou que o pai saltasse, antes de perguntar à mãe:

– Podemos ver mais?

– Amanhã. – Phoebe apertou a mão da filha com tanta força que ela estremeceu. – Amanhã.

A menina teve de fazer um esforço para não tremer no ar fragrante do anoitecer. O hotel parecia um palácio, e ela estava cansada de palácios.

Com a comitiva de criadas, seguranças e secretários, eles ocuparam um andar inteiro no Crillon. Para desapontamento de Adrianne, ela e a mãe foram levadas para sua suíte e deixadas sozinhas.

– Podemos sair para jantar no lugar chamado Maxim's?

– Não essa noite, querida.

Phoebe espiou pelo olho mágico. Já havia um guarda postado do lado de fora da porta. Seria como um harém, mesmo em Paris.

O rosto estava pálido quando se virou, mas sorriu e fez um esforço para manter a voz jovial.

– Teremos de pedir alguma coisa para comer aqui. O que você quiser.

– Estar aqui não é muito diferente de Jaquir.

Adrianne correu os olhos pela elegante suíte. Como os aposentos das mulheres, era luxuosa e isolada. Ao contrário do harém, no entanto, havia janelas abertas para a noite. Ela atravessou a sala e contemplou Paris. As luzes faiscavam, dando à cidade uma aparência festiva, de conto de fadas. Estava em Paris, mas não tinha permissão para participar da vida na cidade. Era como se tivesse recebido a joia mais gloriosa do mundo e só pudesse admirá-la por uns poucos momentos, antes de lhe ser arrebatada e trancada de novo no cofre.

– Addy, querida, você deve ser paciente.

Como a filha, Phoebe foi atraída para a janela. Contemplou as luzes, a vida nas ruas. Seu anseio era ainda mais forte porque outrora fora livre.

– Amanhã... amanhã vai ser o dia mais emocionante da sua vida. – Ela abraçou e beijou a filha. – Confia em mim, não é?

– Claro que confio, mamãe.

– Vou fazer o que é melhor para você. Juro. – Phoebe apertou a menina. Abruptamente, soltou-a e riu. – Agora, fique apreciando a vista. Voltarei num instante.

– Aonde vai?

– Apenas até o quarto ao lado. – Ela sorriu, para tranquilizar as duas. – Olhe pela janela, meu bem. Paris é linda a essa hora.

Phoebe fechou a porta entre a sala e o quarto. Era arriscado usar o telefone. Passara dias tentando encontrar uma maneira melhor e mais segura. Embora precisasse de alívio, não tomava um tranquilizante ou uma bebida desde que Abdu anunciara a viagem. Tinha a mente lúcida, como não acontecia havia anos. Tão lúcida que até doía. Mesmo assim, não fora capaz de imaginar outro meio que não o telefone. Sua única esperança era de que Abdu não esperasse a traição de uma mulher que tolerara seus abusos por tanto tempo.

Ela pegou o fone. Parecia estranho em sua mão, como uma coisa de outro século. Quase riu. Era uma mulher adulta, vivendo no século XX, mas fazia quase dez anos que não tocava num telefone. Os dedos tremiam quando ligou. Foi atendida por uma voz falando num francês rápido.

– Você fala inglês?

– Falo, madame. Em que posso ajudá-la?

Havia um Deus, pensou Phoebe enquanto se sentava na beira da cama.

– Quero mandar um telegrama. Urgente. Para os Estados Unidos. Nova York.

Adrianne continuava na janela, as mãos comprimidas contra o vidro, como se pudesse dissolvê-lo pela força da vontade e se tornar parte do mundo que passava apressado lá fora. Havia alguma coisa errada com a mãe. Seu medo mais profundo era de que Phoebe estivesse doente, o que faria com que as duas fossem mandadas de volta para Jaquir. Sabia que, se partissem agora, nunca mais veria um lugar como Paris. Não veria mulheres com as pernas à mostra e os rostos pintados, nem os edifícios com centenas de luzes. Imaginou que o pai ficaria contente por ela ter visto, mas não tocado, ter sentido o cheiro, mas não saboreado. Seria outra maneira de puni-la por ser mulher e ter sangue misto.

Como se seus pensamentos o conjurassem, Abdu passou pela porta, entrando na suíte. Adrianne virou-se. Era pequena para sua idade, tão delicada quanto uma boneca. Já havia insinuações da beleza morena e sedutora de seu sangue beduíno. Abdu viu apenas uma garota magricela, de olhos grandes e queixo erguido numa atitude obstinada. Como sempre, seus olhos se tornaram gelados ao contemplá-la.

– Onde está a sua mãe?

– Está ali.

Quando o pai se encaminhou para o quarto, Adrianne deu um passo rápido à frente.

– Podemos sair essa noite?

Abdu lançou-lhe apenas um olhar rápido e desinteressado.

– Vocês vão ficar aqui.

Porque era jovem, Adrianne insistiu quando outras teriam recuado.

– Não é muito tarde. O sol acabou de se pôr. A vovó disse que havia muito para fazer em Paris à noite.

Ele parou de repente. Era raro que a filha tivesse coragem de lhe falar, mais raro ainda que ele se desse ao trabalho de escutar.

– Você vai ficar no hotel. Só está aqui porque eu permiti.

– E por que permitiu?

A temeridade da filha ao fazer a pergunta fez com que Abdu contraísse os olhos.

– As minhas razões não são da sua conta. E devo adverti-la de que, se me lembrar da sua presença com muita frequência, tratarei de me livrar de você.

Os olhos de Adrianne faiscavam com uma mistura de pesar e raiva que ela não podia compreender.

– Sou sangue de seu sangue – murmurou ela. – Que motivo tem para me odiar?

– Você é sangue do sangue dela.

Abdu virou-se para abrir a porta. Phoebe apressou-se em sair. Tinha o rosto corado, os olhos arregalados, como uma corça quando fareja o caçador.

– Queria me ver, Abdu? Eu precisava ir ao banheiro depois da viagem.

Ele percebeu o nervosismo dela. Sentiu o cheiro do medo. Agradou-o que ela não se considerasse segura nem mesmo fora das paredes do harém.

– Já foi marcada uma entrevista. Tomaremos o café da manhã aqui, às nove horas, com a repórter. Você vai se vestir de acordo e providenciar para que ela esteja preparada.

Phoebe olhou para Adrianne.

– Claro. Depois da entrevista, eu gostaria de fazer compras, talvez levar a Adrianne a um museu.

– Pode fazer o que desejar entre dez da manhã e quatro da tarde. Depois, quero você comigo.

– Obrigada. Somos gratas pela oportunidade de visitar Paris.

– Cuide para que a menina controle a língua, ou ela só verá Paris através daquela janela.

Depois que ele se retirou, Phoebe deixou que as pernas trêmulas se dobrassem um pouco.

– Por favor, Addy, não o irrite.

– Só preciso *existir* para irritá-lo.

Quando viu as primeiras lágrimas, Phoebe abriu os braços.

– Você é muito pequena – murmurou ela enquanto embalava Adrianne em seu colo. – Pequena demais para tudo isso. Mas eu prometo que vou compensá-la. – Por cima da cabeça da filha, os olhos focalizados e decididos, Phoebe acrescentou: – Juro que vou compensar tudo.

Adrianne nunca fizera uma refeição com o pai. Porque tinha a flexibilidade de uma menina de 8 anos, descobriu que era fácil esquecer as palavras ditas na noite anterior e aguardar ansiosa para seu primeiro dia em Paris.

Se ficou desapontada porque fariam a refeição na suíte, não disse nada. Gostara demais de seu vestido azul novo com um casaco combinando para se queixar de qualquer coisa. Dentro de uma hora, começaria de verdade sua semana em Paris.

– Não tenho palavras para dizer o quanto me sinto grata pela entrevista, alteza.

A repórter, já encantada com Abdu, sentou-se à mesa. Adrianne manteve as mãos cruzadas no colo, fazendo um esforço para não fitá-la fixamente. A jovem tinha cabelos muito compridos, da cor de pêssegos maduros. As unhas eram pintadas de vermelho, assim como a boca. O vestido era justo, da mesma tonalidade. A saia subiu-lhe pelas coxas quando cruzou as pernas. Falava inglês com um suave sotaque francês. Para Adrianne, era tão exótica quanto uma ave da selva e igualmente fascinante.

– O prazer é nosso, *mademoiselle* Grandeau.

Abdu fez um sinal para o café. Um criado apressou-se em obedecer.

– Espero que aprecie a sua estada em Paris.

– Sempre aprecio Paris.

Abdu sorriu de uma maneira que Adrianne nunca vira. Depois, seus olhos passaram por ela como se a cadeira estivesse vazia enquanto ele acrescentava:

– Minha esposa e eu estamos ansiosos para ir ao baile essa noite.

– A sociedade parisiense também espera ansiosa para cumprimentá-lo e à sua linda esposa. – *Mademoiselle* Grandeau virou-se para Phoebe. – Seus fãs estão emocionados, alteza. Acham que os abandonou por amor.

O café queimou amargo na garganta de Phoebe quando ela sorriu. Seria capaz de trocar todas suas joias por uma dose de uísque.

– Quem já esteve apaixonado pode compreender que nenhum sacrifício e nenhum risco são grandes demais.

– Posso perguntar se tem algum arrependimento por renunciar à sua brilhante carreira no cinema?

Phoebe olhou para Adrianne e seus olhos se tornaram mais suaves.

– Como posso me arrepender quando tenho tudo?

– É como um conto de fadas, não é mesmo? A linda mulher levada pelo xeique do deserto para uma terra misteriosa e exótica... Uma terra que se torna cada dia mais rica por causa do petróleo. – *Mademoiselle* Grandeau tornou a olhar para Abdu. – O que acha da crescente presença dos ocidentais em seu país?

– Jaquir é um pequeno país que acolhe com satisfação os avanços que o petróleo proporciona, mas, como rei, tenho a responsabilidade de preservar a nossa cultura ao mesmo tempo em que abro as portas para o progresso.

– Obviamente, sente atração pelo Ocidente, porque se apaixonou e se casou com uma americana, mas é verdade, alteza, que tem outra esposa?

Abdu levantou um copo de cristal com suco de fruta. A expressão era afável, um pouco divertida, mas os dedos apertavam o copo com força. Abominava ser interrogado por uma mulher.

– Na minha religião, um homem tem permissão para tomar quatro esposas, desde que possa tratar todas igualmente.

– Com o movimento feminista tornando-se mais forte nos Estados Unidos e na Europa, acha que esse choque de culturas vai causar problemas para os países que vão realizar obras no Oriente Médio?

– Somos diferentes, *mademoiselle*, na maneira de vestir, nas convicções. As pessoas em Jaquir ficariam igualmente chocadas pelo fato de que, em seu país, uma mulher pode ter intimidades com um homem antes do casamento. Contudo, essas diferenças não vão prejudicar os interesses financeiros dos dois lados.

– Concordo.

Mademoiselle Grandeau não estava ali para falar sobre política. Os leitores queriam saber se Phoebe Spring ainda era linda. Se seu casamento ainda era romântico. Ela cortou o crepe e sorriu para Adrianne. A menina era impressionante, com os olhos pretos e ardentes do rei, mas com os lábios cheios e impecáveis de Phoebe. Embora a cor da pele indicasse os ancestrais beduínos, tinha a estampa da mãe. As feições eram menores e mais delicadas do que as da mulher que fora outrora chamada de "rainha das amazonas" do cinema. A pureza da estrutura óssea, o perfil espetacular, a vulnerabilidade dos olhos penetrantes também podiam ser vistos na filha.

– Princesa Adrianne, o que acha de saber que sua mãe foi considerada a mulher mais linda do cinema?

Ela ficou atordoada. O olhar breve e duro do pai fez com que se empertigasse.

– Sinto muito orgulho. A minha mãe é mesmo a mulher mais bonita do mundo.

Mademoiselle Grandeau riu. Comeu outro pedaço de crepe.

– Seria difícil encontrar alguém que discordasse de você. Talvez um dia possa seguir os passos da sua mãe em Hollywood. Há alguma possibilidade de fazer outro filme, alteza?

Phoebe tomou mais café, torcendo para que permanecesse no estômago.

– A minha prioridade é a família. – Ela tocou a mão de Adrianne por baixo da mesa. – Claro que fiquei encantada por ser convidada a vir a Paris, pela oportunidade de rever velhos amigos, mas a opção que fiz, como você disse, foi por amor. – Por cima da mesa, seus olhos se encontraram com os de Abdu. E não se desviaram. – Quando há amor, há poucas coisas que uma mulher não faria.

– A perda de Hollywood é um ganho óbvio para Jaquir. Há muita especulação, todos querem saber se vai usar O Sol e a Lua essa noite. O colar é considerado um dos maiores tesouros do mundo. E como todas as grandes joias do mundo, O Sol e a Lua é um colar envolto em lendas, mistério e romance. As pessoas estão ansiosas para ver essa fabulosa joia. Vai usá-la?

– O Sol e a Lua foi um presente do meu marido no nosso casamento. Em Jaquir, é considerado o preço da noiva, uma espécie de dote ao contrário. Perde apenas para Adrianne, o presente mais precioso que Abdu já me deu. – Ela tornou a fitá-lo, com uma insinuação de desafio. – Sinto orgulho em usar o colar.

– Não haverá uma mulher no mundo que não a inveje essa noite, alteza.

Ainda segurando a mão da filha, Phoebe sorriu.

– Só posso dizer que aguardo ansiosa por essa noite, mais do que qualquer outra em anos. Será gloriosa. – Seus olhos tornaram a se encontrar com os de Abdu. – *Inshallah.*

Como phoebe já esperava, elas foram acompanhadas por dois guardas e um motorista quando deixaram o hotel. Sentia-se extasiada por sua primeira vitória. Passara pela recepção e pedira seu passaporte, no qual Adrianne fora incluída como criança. Os guardas estavam conversando, aparentemente pensando que ela perguntava por algum serviço trivial. Não notaram quando o recepcionista voltou do escritório, no outro lado do balcão, e lhe entregou o documento encadernado em couro. Phoebe podia ter chorado de alegria... e pelo primeiro ímpeto de orgulho que experimentava em anos. Mas disciplinara-se a não deixar transparecer sentimentos. Agora, não tinha nenhum plano definido, apenas uma determinação profunda e nervosa. A seu lado, na limusine, Adrianne não parara quieta de tanta animação. Estavam mesmo em Paris, com horas de folga antes de ter que voltar ao hotel. Ela queria subir na Torre Eiffel, sentar-se num café, andar e andar e andar, ouvir a música da cidade, que apenas imaginara.

– Vamos fazer umas compras. – Phoebe tinha a boca tão seca que teve de fazer um esforço para desgrudar a língua do palato. – Podemos ir à Chanel, à Dior. Espere só até ver todas as lindas roupas, Addy. As cores, os tecidos. Mas você vai ter de ficar bem perto de mim. Não quero perdê-la. Não se afaste. Prometa.

– Prometo.

Adrianne sentiu que seu próprio nervosismo começava a aumentar. Às vezes, quando a mãe falava assim – muito depressa, com as palavras juntas, quase se atropelando –, costumava cair em depressão logo em seguida. Ficava muito quieta, distante, fechada em si mesma, indiferente às outras pessoas, num estado que sempre deixava Adrianne apavorada. Apreensiva com o que tinha certeza que estava prestes a acontecer, Adrianne não parava de falar, sempre grudada na mãe, enquanto visitavam as lojas mais exclusivas da Europa.

Era como outro sonho, diferente da visão de Paris ao crepúsculo. Os salões brilhavam, com mesas douradas e cadeiras de veludo. Em cada uma, foram tratadas com uma deferência que Adrianne nunca recebera em seu próprio país. Era cortejada por mulheres de rosto maquiado, que serviam limonada ou chá e ofereciam biscoitos, enquanto modelos de aparência frágil deslizavam de um lado para o outro, mostrando a última moda.

Phoebe encomendou, despreocupada, dezenas de vestidos de coquetel, com alças mínimas e camadas de contas, tailleurs de seda e linho. Se o plano desse certo, não usaria um único daqueles vestidos que comprava de maneira tão negligente. Parecia-lhe uma espécie de justiça, a menor e mais doce das vinganças. Ela foi de salão em salão, acompanhada de guardas silenciosos carregando caixas e bolsas.

– Visitaremos o Louvre antes do almoço – disse ela a Adrianne, ao se acomodarem de novo na limusine.

Phoebe olhou para o relógio. Recostou-se e fechou os olhos.

– Podemos comer num café?

– Veremos. – Ela pegou a mão de Adrianne. – Quero que você seja feliz, querida. Feliz e segura. Isso é tudo que importa.

– Gosto de estar aqui com você. – Apesar de todos os biscoitos, do chá e da limonada nas casas de *haute couture*, ela estava faminta, mas não queria dizê-lo. – Há muita coisa para ver. Quando você me falava sobre lugares assim, pensei que inventava histórias. É melhor do que uma história.

Phoebe abriu os olhos para olhar pela janela. Seguiam ao longo do rio, na cidade mais romântica do mundo. Ela baixou o vidro e respirou fundo.

– Pode sentir o cheiro, Addy?

Com uma risada, Adrianne inclinou o rosto para a janela, como um cachorrinho, para deixar a brisa envolver seu rosto.

– Da água?

– Da liberdade – murmurou Phoebe. – Quero que se lembre desse momento.

Quando o carro parou, Phoebe desembarcou devagar, imponente, sem dirigir um único olhar aos guardas. Com a mão de Adrianne na sua, entrou no Louvre. Havia uma multidão ali... estudantes, turistas, namorados. Adrianne achou as pessoas tão fascinantes quanto as obras de arte que sua mãe mostrava enquanto passavam pelas galerias. As vozes ressoavam nos tetos altos, uma ampla variedade de tons e sotaques. Ela viu um homem com os cabelos tão compridos quanto os de uma mulher, usando um jeans rasgado no joelho e carregando uma mochila velha. Quando percebeu que Adrianne o observava, ele sorriu e piscou, depois levantou dois dedos em V. Embaraçada, Adrianne baixou os olhos para os sapatos.

– Muita coisa mudou – disse Phoebe. – Parece um mundo diferente. A maneira como as pessoas se vestem, a maneira como falam. Eu me sinto como Rip Van Winkle.

– Quem?

Com um som próximo de um soluço, Phoebe abaixou-se para abraçá-la.

– É apenas uma história.

Ao se erguer, ela olhou para os guardas. Estavam uns poucos passos atrás, entediados.

– Quero que faça exatamente o que eu disser – sussurrou Phoebe. – Sem perguntas. Segure firme a minha mão.

Antes que Adrianne pudesse concordar, Phoebe puxou-a para um grupo de estudantes. Andou depressa, empurrando as pessoas quando necessário, saiu pelo outro lado do grupo e correu por um longo corredor.

Soaram gritos por trás. Sem alterar o ritmo, ela pegou Adrianne no colo e desceu um lance de escadas. Precisava de uma porta, qualquer porta que a levasse para fora dali. Se pudesse alcançar a rua e pegar um táxi, teria uma chance. Sempre que um corredor aparecia à frente, ela seguia, passando por visitantes e funcionários. Não importava se ia para uma saída do prédio ou se se embrenhava mais fundo. Precisava despistar os guardas. Ouvia passos em seu encalço e corria às cegas, como uma lebre tentando desesperadamente escapar de uma raposa.

Os quadros pareciam faiscar enquanto corria. A respiração ofegante foi se tornando mais alta à medida que passava sem ver pelas obras de arte mais valiosas do mundo. As pessoas as olhavam, aturdidas. Os cabelos haviam se soltado do coque meticuloso e esvoaçavam em torno de seus ombros, como uma nuvem vermelha. Ela viu a porta. Quase tropeçou. Apertou Adrianne ainda mais, o coração prestes a explodir, e saiu do prédio, mas não parou de correr.

Podia outra vez sentir o cheiro do rio, o cheiro da liberdade. Parou, com dificuldade para respirar – uma linda mulher, apavorada, apertando uma criança no colo. Bastou levantar a mão para que um táxi parasse.

– Aeroporto de Orly – balbuciou Phoebe, enquanto entrava com Adrianne, olhando para os dois lados. – Depressa, por favor!

– *Oui*, madame.

O motorista levantou o quepe e pisou no acelerador.

– O que aconteceu, mamãe? Por que fugimos? Para onde vamos?

Phoebe cobriu o rosto com as mãos. Não havia como voltar agora.

– Confie em mim, Addy. Ainda não posso explicar.

Quando a mãe começou a tremer, Adrianne abraçou-a. Ficaram enlaçadas, enquanto o táxi deixava Paris. Os lábios da menina tremeram quando ouviu o barulho dos aviões.

– Vamos voltar para Jaquir?

Phoebe abriu a carteira. Deu ao motorista o dobro do preço da corrida. O medo ainda a dominava, um gosto metálico e horrível na língua. Abdu a mataria se a pegasse agora. E depois descarregaria o resto de sua vingança em Adrianne.

– Não. – Ela agachou-se na calçada, o rosto no mesmo nível do de Adrianne. – Nunca mais voltaremos para Jaquir.

Ela olhou para trás, por cima do ombro, certa de que Abdu saltaria do carro seguinte e faria suas palavras se tornarem uma mentira.

– Vou levar você para os Estados Unidos, Addy. Para Nova York. E acredite em mim: faço isso porque amo você. Agora, vamos andar depressa.

Phoebe entrou com a filha no terminal. Por um instante, o barulho e a agitação a confundiram. Havia anos que não ia a nenhum lugar sozinha. Antes do casamento, sempre viajava com uma comitiva de divulgadores, secretárias, costureiras. O pânico quase a dominou, até que sentiu os dedos pequenos e tensos de Adrianne se ligarem aos seus.

Pan American. Pedira a Celeste para providenciar que as passagens estivessem à espera no balcão da Pan American. Enquanto avançava apressada pelo terminal, Phoebe rezou para que a amiga tivesse resolvido tudo. No balcão, tirou o passaporte da bolsa e ofereceu seu sorriso mais encantador ao atendente.

– Tenho duas passagens reservadas, já pagas, para Nova York.

O sorriso deixou-o tão atordoado que ele piscou.

– *Oui*, madame. – Deslumbrado, o homem mexeu nos papéis. – Assisti a todos os seus filmes. É uma atriz magnífica.

– Obrigada. – Phoebe sentiu que um pouco de sua coragem voltava. Não fora esquecida. – As passagens estão em ordem?

– *Pardon*? Ah, sim... Claro, claro... – Ele carimbou e escreveu. Apontou. – Esse é o número do seu voo. O portão. Tem 45 minutos.

Ela tinha as palmas pegajosas de suor quando pegou as passagens e pôs na bolsa.

– Obrigada.

– Espere, por favor.

Phoebe ficou imóvel, apertando a mão de Adrianne, pronta para sair correndo.

– Pode me dar um autógrafo?

Ela comprimiu os dedos contra os olhos, o gesto acompanhado por uma pequena risada.

– Claro. Terei o maior prazer. Qual é o seu nome?

– Henri, madame. – Ele estendeu um papel. – Nunca a esquecerei.

Phoebe deu o autógrafo, as letras largas e generosas, como sempre.

– Pode ter certeza, Henri, de que também nunca o esquecerei. – Ela devolveu o papel, com um sorriso. – Vamos embora, Adrianne. Não queremos perder o avião.

Enquanto andavam, ela murmurou:

– Deus abençoe Celeste. Ela vai estar nos esperando em Nova York, Addy. É a minha melhor amiga.

– Como Duja?

– Isso mesmo. – Com um esforço para manter a calma, Phoebe olhou para baixo e deu outro sorriso. – Isso mesmo, como Duja é para você. Ela vai nos ajudar.

O terminal não mais interessava a Adrianne. Tinha medo, porque a mãe tinha o rosto pálido e a mão trêmula.

– Ele vai ficar zangado.

– Ele não vai magoá-la de novo. – Phoebe parou de novo e segurou Adrianne pelos ombros. – Prometo a você. Não importa o que eu tenha de fazer, ele não a magoará outra vez.

Foi nesse instante que transbordou a tensão de tantos dias e noites de espera. Uma das mãos comprimidas contra o estômago embrulhado, Phoebe correu com Adrianne para o banheiro, onde teve um violento acesso de vômito.

– Por favor, mamãe! – Apavorada, Adrianne segurava a cintura da mãe, que se inclinava para o vaso. – Devemos voltar antes que ele descubra. Diremos que nos perdemos e por isso nos separamos dos guardas. Ele vai ficar só um pouco zangado. A culpa é minha. Direi que a culpa foi toda minha.

– Não posso. – Phoebe encostou-se na parede do reservado e esperou que a náusea passasse. – Não podemos voltar. Nunca mais. Ele ia mandar você embora, querida.

– Mandar embora?

– Para a Alemanha. – Com a mão trêmula, Phoebe pegou um lenço de papel e enxugou o rosto úmido. – Eu não podia deixar que seu pai mandasse você embora e depois a casasse com um homem igual a ele.

Mais firme, Phoebe abaixou-se e passou os braços em torno da filha.

– Não podia admitir que você levasse a vida que eu tive. Isso me mataria!

Lentamente, o medo nos olhos de Adrianne se desvaneceu. No reservado estreito, ainda recendendo a vômito, as duas cruzaram um novo limiar em suas vidas. Gentilmente, Adrianne ajudou Phoebe a levantar-se.

– Sente-se melhor, mamãe? Apoie-se em mim.

Phoebe estava ainda mais pálida quando embarcaram, sentaram-se em suas poltronas, afivelaram os cintos de segurança e escutaram o zumbido dos motores. O coração deixou de disparar. Agora era apenas um tamborilar em sua cabeça, lembrando-a do harém e do calor opressivo. O gosto de vômito ainda persistia na boca quando fechou os olhos.

– Com licença, madame. A senhora e a menina desejam beber alguma coisa depois que decolarmos?

– Por favor. – Phoebe não se deu ao trabalho de abrir os olhos. – Traga alguma coisa gelada e doce para a minha filha.

– E para a senhora?

– Um uísque – respondeu ela, cansada. – Duplo.

6

Celeste Michaels adorava um bom drama. Quando criança, decidira que queria ser atriz... e não apenas atriz, mas uma estrela. Suplicara, argumentara, brigara e conseguira fazer com que os pais pagassem um curso de arte dramática. Indulgentes, eles achavam que era apenas uma fase. Continuaram a pensar assim mesmo enquanto levavam Celeste a testes, ensaios e apresentações em teatros comunitários. Andrew Michaels era um contador que preferia encarar a vida como um balanço de lucros e perdas. Nancy Michaels era uma linda dona de casa que adorava fazer sobremesas extravagantes para os eventos sociais da igreja. Ambos acreditavam, mesmo depois que o teatro começou a dominar suas vidas, que a pequena Celeste superaria sua paixão pela maquiagem e a chamada dos atores para receber os aplausos da plateia.

Aos 15 anos, Celeste decidiu que nascera para ser loura. Pintou os cabelos castanhos de um louro dourado que se tornaria sua marca registrada. A mãe protestara, o pai fizera um sermão. Os cabelos de Celeste continuaram louros. E ela obteve o papel de Marion na produção da escola de *The Music Man*.

Uma ocasião, Nancy queixou-se a Andrew que saberia melhor como agir se Celeste estivesse envolvida com rapazes e bebidas alcoólicas em vez de Shakespeare e Tennessee Williams.

Um dia depois de receber o diploma do ensino médio, Celeste deixou a aconchegante comunidade suburbana de Nova Jersey, onde passara a infância e boa parte da adolescência, e mudou-se para Manhattan. Os pais acompanharam-na até o trem com uma mistura de alívio e perplexidade.

Ela não perdia um teste. Ganhava o suficiente para pagar as aulas de teatro e o aluguel do apartamento no quarto andar, sem elevador, virando hambúrgueres e fritando ovos numa lanchonete. Casou-se aos 20 anos, um relacionamento que começou com uma profunda emoção e terminou em lágrimas um ano depois. A essa altura, Celeste já deixara de olhar para trás.

Pouco mais de dez anos depois, era a rainha do teatro, com uma trilha de sucessos, três prêmios Tony e um apartamento de cobertura no Central Park West. Mandara para os pais um Lincoln de presente em seu último aniversário de casamento. Eles ainda acreditavam que Celeste voltaria para Nova Jersey quando se cansasse de ser atriz e assentaria no casamento com um bom rapaz metodista.

Naquele momento, andando de um lado para outro do terminal do aeroporto, ela se sentia satisfeita com o relativo anonimato de atriz de teatro. Se as pessoas a notavam, viam uma loura atraente, um tanto robusta, estatura mediana. Não viam a sensual Maggie the Cat, nem a ambiciosa Lady Macbeth. A não ser que Celeste quisesse que vissem.

Olhou para o relógio e especulou mais uma vez se Phoebe estaria no avião.

Quase dez anos, pensou ela, enquanto se sentava e revistava a bolsa à procura de um cigarro. Haviam se tornado grandes amigas quando Phoebe fora a Nova York para filmas as externas de seu primeiro filme. Celeste acabara de terminar o casamento e sentia-se um pouco amargurada. Phoebe fora como um sopro de ar fresco, divertida e meiga. Uma se tornara a irmã que a outra nunca tivera. Visitavam-se sempre que podiam e acumulavam enormes contas de ligações interurbanas quando não dava para viajar.

Ninguém ficara mais contente do que Celeste quando Phoebe fora indicada para o Oscar. Ninguém aplaudira com mais entusiasmo do que Phoebe quando Celeste ganhara seu primeiro Tony.

Eram diferentes em muitos aspectos. Celeste era firme e determinada. Phoebe era maleável e confiante. Sem perceber, uma havia proporcionado equilíbrio à outra, com uma amizade que sempre haveriam de acalentar.

Depois, Phoebe se casara e fora para seu reino no deserto. A correspondência tornara-se esporádica depois do primeiro ano, até se tornar quase inexistente. E doera muito. Celeste nunca admitiria para ninguém, mas o encerramento gradativo da amizade, por parte de Phoebe, deixara-a bastante magoada. Superficialmente, ainda encarava o problema em termos filosóficos. Sua vida era plena e rica, progredindo pelo caminho que delineara quando era menina em Nova Jersey, mas havia um lugar em seu coração que se angustiava. Ao longo dos anos, Celeste continuara a mandar presentes para a menina, que considerava sua afilhada. Achava engraçado os bilhetes de agradecimento que Adrianne enviava, sempre formais e solenes.

Estava pronta para amá-la. Em parte porque era casada com o teatro, e essa paixão nunca geraria filhos. Em parte porque Adrianne era filha de Phoebe.

Celeste apagou o cigarro antes de enfiar a mão numa sacola de compras e pegar uma boneca de porcelana com os cabelos vermelhos. Tinha um vestido de veludo azul com debruns brancos. Celeste a escolhera porque imaginara que a menina gostaria de ter uma boneca com a mesma cor dos cabelos da mãe. Não tinha a menor ideia do que dizer para a menina ou para Phoebe.

Quando ouviu o aviso sobre a chegada do voo, levantou-se e recomeçou a andar de um lado para outro. Não demoraria muito agora. O desembarque, a passagem pela alfândega. Não havia razão para a preocupação insistente na base de seu crânio.

Exceto pelo telegrama, que dissera muito pouco.

Celeste lembrava cada palavra. Como uma boa atriz, acrescentara sua própria inflexão ao texto.

> CELESTE. PRECISO DE SUA AJUDA. POR FAVOR PROVIDENCIE DUAS PASSAGENS PARA NOVA YORK A SEREM ENTREGUES NO BALCÃO DA PAN AMERICAN EM PARIS. VOO ÀS DUAS HORAS DA TARDE DE AMANHÃ. ESPERE POR MIM EM NOVA YORK SE PUDER. NÃO TENHO MAIS NINGUÉM. PHOEBE.

Ela viu quando as duas passaram pelas portas, a ruiva alta e deslumbrante, a menina que parecia uma boneca. As duas estavam juntas, de mãos dadas, os corpos se roçando. Celeste estranhou o fato de, por um momento, não conseguir determinar quem tranquilizava quem.

Depois, Phoebe levantou os olhos. Uma ampla gama de emoções passou por seu rosto, o alívio predominante. Antes do alívio, porém, Celeste reconheceu o terror. E adiantou-se apressada ao encontro da amiga.

– Phoebe! – Celeste pôs tudo o que sentia, sua imensa amizade, no abraço. – É um prazer ver você de novo!

– Graças a Deus, Celeste! Graças a Deus que você está aqui!

O desespero deixou Celeste muito mais preocupada do que a percepção de que as palavras estavam engroladas pela bebida. Com o cuidado de manter o sorriso, ela olhou para Adrianne.

– Então essa é a sua Addy. – Celeste encostou a mão de leve nos cabelos da menina, notando as olheiras e os sinais de exaustão. Lembrou-a das fotos de sobreviventes de desastres, a mesma expressão de choque, apática, vulnerável. – Fizeram uma longa viagem, mas agora acabou. Tenho um carro à espera lá fora.

– Nunca vou poder lhe pagar pelo que fez – balbuciou Phoebe.

– Não diga bobagem. – Ela deu um último abraço apertado na amiga e depois entregou a sacola de compras a Adrianne. – Trouxe um presente para celebrar sua visita aos Estados Unidos.

Adrianne olhou para a boneca. Invocou energia suficiente para passar um dedo pela manga do vestido. O veludo fez com que se lembrasse de Duja, mas estava cansada demais para chorar.

– É muito bonita. Obrigada.

Celeste ergueu uma sobrancelha, surpresa. A criança falava de uma maneira tão exótica e estranha quanto sua aparência.

– Vamos pegar a bagagem e ir para o meu apartamento, onde poderão descansar.

– Não temos bagagem. – Phoebe quase cambaleou, mas firmou-se a tempo, com a mão no ombro de Celeste. – Não temos nada.

– Tudo bem.

As perguntas podiam esperar, decidiu Celeste, enquanto passava o braço pela cintura de Phoebe. Com um olhar constatou que a criança podia andar sozinha.

– Vamos para casa.

Ao contrário de sua experiência em Paris, Adrianne pouco notou na viagem entre o aeroporto e Manhattan. A limusine era silenciosa e aquecida, mas ela não conseguia relaxar. Como fizera durante o longo voo através do Atlântico, observava atentamente a mãe. Pôs a boneca que ganhara de Celeste debaixo do braço e manteve a mão de Phoebe na sua. Sentia-se cansada demais para fazer perguntas, mas estava preparada para fugir.

– Já faz muito tempo... – Phoebe olhou ao redor, como se saísse de um transe. Sentia uma pulsação ao lado da boca, enquanto os olhos deslocavam-se de uma janela para outra. – Mudou, mas ao mesmo tempo não mudou.

– Sempre se pode contar com Nova York. – Celeste soprou uma nuvem de fumaça. Viu que Adrianne observava seu cigarro com os olhos escuros e fascinados. – Talvez amanhã a Addy queira dar um passeio pelo parque ou fazer compras. Alguma vez andou num carrossel, Adrianne?

– O que é isso?

– São cavalos de madeira em que se pode andar num círculo, ao som de música. Há um no parque em frente ao meu prédio.

Ela sorriu para Adrianne. Já havia notado que Phoebe tinha um sobressalto cada vez que o carro parava. Se a mãe era uma massa de nervos à flor da pele, a criança parecia uma torre de controle. Mas, em nome de Deus, o que se podia dizer para uma criança que não sabia o que era um carrossel?

– Não poderia escolher melhor ocasião para visitar Nova York – acrescentou ela. – Todas as lojas estão enfeitadas para o Natal.

Adrianne pensou na bola de vidro e no irmão. Subitamente, queria apenas encostar a cabeça no colo da mãe e chorar. Queria ir para casa, ver a avó, as tias, sentir os cheiros do harém, mas não havia como voltar.

– Vai nevar? – perguntou ela.

– Mais cedo ou mais tarde. – O impulso de pegar a criança no colo e confortá-la surpreendeu Celeste. Nunca se considerara maternal. Havia alguma coisa muito triste, mas ao mesmo tempo forte, na maneira como Adrianne afagava a mão de Phoebe. – Estamos passando por um período de calor. Duvido que dure muito mais tempo.

Por Deus, ela estava falando sobre o tempo! Com algum alívio, inclinou-se para a frente quando o carro diminuiu a velocidade.

– Chegamos – anunciou Celeste, quando o carro parou. – Mudei para cá há cinco anos, Phoebe, e gosto tanto que só saio se for expulsa à força.

Passaram pelo segurança e entraram no saguão do prédio, elegante e antigo, no Central Park West. Celeste levou Phoebe e Adrianne para o elevador. Para Adrianne, foi como uma lenta viagem para o nada, pois a fadiga a dominava cada vez mais. No avião, resistira ao sono, fazendo muito esforço para acordar de cochilos irrequietos, a fim de se certificar de que ninguém a estava separando de Phoebe. Agora, nervosa, entrou entre as duas mulheres na cobertura de Celeste.

– Mostrarei todo o apartamento depois que estiverem descansadas. – Celeste largou seu casaco no encosto de uma cadeira, pensando no que fazer em seguida. – Devem estar famintas. Posso mandar fazer um omelete?

– Eu não consigo comer. – Com extremo cuidado, Phoebe sentou-se num sofá. Tinha a sensação de que todos os ossos de seu corpo quebrariam se fizesse movimentos bruscos. – Está com fome, Addy?

– Não.

O simples pensamento de comida já deixava seu estômago embrulhado.

– A pobre coitada está dormindo em pé. – Celeste adiantou-se e passou o braço pelos ombros de Adrianne. – Não quer dormir um pouco?

– Pode ir com a Celeste – disse Phoebe, antes que Adrianne tivesse tempo de protestar. – Ela cuidará de você.

– Mas você não vai embora, não é, mamãe?

– Não. Vou estar aqui quando você acordar. – Phoebe beijou as faces da filha. – Prometo.

– Venha comigo, querida.

Celeste quase carregou a criança exausta pela escada. Murmurando palavras gentis, tirou o casaco e os sapatos de Adrianne e ajeitou-a na cama.

– Teve um dia longo e cansativo.

– Se ele vier, vai me acordar para que eu possa tomar conta da mamãe?

A mão de Celeste hesitou quando quis afagar os cabelos da menina. A pele por baixo dos olhos estava contraída de cansaço, com olheiras, mas os olhos se mantinham alertas e exigentes.

– Não se preocupe. – Meio embaraçada, beijou a testa de Adrianne. – Eu também a amo, querida. Nós duas vamos cuidar dela.

Satisfeita com isso, Adrianne fechou os olhos.

Celeste fechou as cortinas e deixou a porta entreaberta. Ao sair do quarto, Adrianne já mergulhara num sono profundo. E, quando desceu, descobriu que Phoebe também dormia.

O PESADELO ACORDOU ADRIANNE. Tinha o mesmo sonho esporadicamente, desde que completara 5 anos: o pai entrando no quarto da mãe, o choro, os gritos, vidro espatifado. Ela própria rastejando para baixo da cama, as mãos nos ouvidos.

Despertou com o rosto molhado de lágrimas, reprimindo um grito, porque tinha medo de incomodar as mulheres no harém. Mas não estava no harém. Seu senso de tempo e lugar havia se tornado tão confuso que teve de se sentar na cama, imóvel, por alguns minutos, antes que os acontecimentos se ajustassem numa progressão ordenada em sua mente.

Viajaram para Paris no avião pequeno, e ela sentira medo. A cidade parecia ter saído de um livro de histórias, com pessoas vestidas de uma maneira estranha, flores por toda parte. As lojas, todas as cores, as sedas, os cetins. A mãe lhe comprara um vestido rosa com a gola branca. Não haviam subido na Torre Eiffel. Mas foram ao Louvre. E fugiram. A mãe ficara apavorada. Vomitara.

Agora, estavam em Nova York, com a mulher loura que tinha a voz bonita.

Só que ela não queria estar em Nova York. Queria ficar em Jaquir, com Jiddah, tia Latifa e as primas. Adrianne esfregou os olhos, fungando, enquanto saia da cama. Queria voltar para casa, onde os cheiros eram cheiros que reconhecia, onde as vozes falavam numa língua que entendia. Ela pegou a boneca que Celeste lhe dera, como conforto, e foi procurar a mãe.

Ouviu as vozes quando chegou no topo da escada curva. Desceu até o meio da escada. Dali, podia ver a mãe e Celeste sentadas numa enorme sala branca com as janelas pretas. Ela se sentou num degrau, abraçando a boneca, e escutou.

– Nunca vou poder retribuir o que fez por mim.

– Não diga bobagem. – Com um gesto teatral, Celeste descartou tudo. – Somos amigas.

– Não pode imaginar o quanto precisei de uma amiga durante esses últimos anos.

Tensa demais para permanecer sentada, Phoebe levantou-se, com um copo na mão, para dar uma volta pela sala.

– Não, não posso. – Celeste falou devagar, preocupada com o nervosismo que percebia em cada movimento brusco. – Mas gostaria de saber.

– Não sei por onde começar.

– Parecia radiante na última vez em que a vi, em quilômetros de tule e seda branca, usando um colar que saiu direto das Mil e uma Noites.

– O Sol e a Lua. – Phoebe fechou os olhos. Tomou um gole prolongado. – Era a coisa mais linda que eu já tinha visto.

Pensei que era uma dádiva... o mais extraordinário símbolo de amor com que uma mulher poderia sonhar. O que eu não sabia era que ele me tinha me comprado com isso.

– Do que está falando?

– Nunca consegui fazer com que você entendesse a vida em Jaquir.

Phoebe virou-se. Tinha os olhos azuis injetados. Embora estivesse bebendo desde que acordara de seu sono irrequieto, a bebida não a relaxara.

– Tente.

– No início, foi adorável. Ou pelo menos eu queria acreditar que era assim. Abdu era gentil, atencioso. E lá estava eu, a menina de Nebraska, uma rainha. Porque parecia importante para Abdu, tentei viver de acordo com os costumes locais... as roupas, as atitudes, essas coisas. Na primeira vez em que pus um véu, senti-me muito sensual e exótica.

– Como em *Jeannie é um gênio*? – indagou Celeste, com um sorriso. Ao olhar impassível de Phoebe, ela se apressou em acrescentar: – Não importa. Foi uma piada de mau gosto.

– Não me importei com o véu. Parecia uma coisa insignificante, e Abdu só insistia que eu o usasse quando estávamos em Jaquir. Viajamos muito naquele primeiro ano, e tudo parecia uma aventura. Durante a gravidez, fui tratada como uma espécie de joia muito preciosa. Houve complicações, e Abdu não poderia ter sido mais afetuoso e preocupado. Então Adrianne nasceu. – Phoebe baixou os olhos para seu copo. – Preciso de outra dose.

– Pode se servir.

Phoebe foi até o bar. Encheu o copo curto até quase a borda.

– Fiquei surpresa quando Abdu se mostrou transtornado. Era uma criança linda e saudável. Parecia um milagre, porque eu quase abortara duas vezes. Sei que ele falava incessantemente em ter um menino, mas não esperava que ele ficasse furioso quando nasceu uma menina. Fiquei magoada. Tinha sido um parto longo e difícil, e a reação dele diante de Adrianne me deixou perturbada. Tivemos uma briga terrível ainda no hospital. Depois, a situação piorou... e ainda mais quando os médicos disseram que eu não poderia mais ter filhos.

Phoebe tomou outro gole, estremecendo quando a bebida alcançou o estômago.

– Ele mudou, Celeste, e me culpava não apenas por lhe dar uma filha que ele não queria, mas também por seduzi-lo, afastando-o do seu dever e da sua tradição.

– Seduzi-lo? Mas que absurdo! – Celeste tirou os sapatos. – O homem nunca deu a menor chance a você, cortejando-a com centenas de rosas brancas, alugando restaurantes inteiros para que pudessem ter jantares íntimos. Ele queria você e fez tudo para alcançar esse objetivo.

– Nada disso importava mais. Ele me via como um teste, uma espécie de teste em que fracassara, e por isso me odiava. Via Adrianne como uma punição em vez de uma dádiva, uma punição por ter se casado com uma mulher ocidental, uma cristã, uma atriz. Não queria ter contato com a filha, e o mínimo possível comigo. Fui relegada para o harém, e deveria ficar feliz por não ter havido um divórcio.

– Harém? Está mesmo se referindo ao lugar em que só há mulheres? Véus e romãs?

Phoebe tornou a sentar-se, envolvendo o copo com as mãos.

– Não há nada de romântico nisso. Os aposentos das mulheres. Você fica sentada ali, num dia a dia interminável, enquanto elas falam sobre sexo, parto e moda. A sua posição depende da quantidade de filhos homens que gerou. Uma mulher que não pode ter filhos é posta de lado, digna de compaixão.

– Obviamente, nenhuma delas leu Gloria Steinem – comentou Celeste.

– As mulheres do harém não leem. Não trabalham, não dirigem. Não há nada para fazer além de sentar-se, tomar chá e esperar que o dia termine. Ou então sair em grupos para fazer compras, cobertas de preto da cabeça aos pés, para não tentar os homens.

– Está brincando comigo, Phoebe...

– É a pura verdade. A polícia religiosa está em toda parte. Você pode ser açoitada por dizer a coisa errada, fazer a coisa errada, vestir a coisa errada. Não pode nem sequer falar com um homem que não seja membro da sua família.

– Estamos em 1971, Phoebe!

– Não em Jaquir. – Com uma meia risada, ela comprimiu a mão contra os olhos. – O tempo não existe em Jaquir, Celeste. Perdi quase dez anos da minha vida. Às vezes parece que foram cem anos, outras apenas alguns meses. A vida é assim em Jaquir. Como eu não podia mais ter filhos, Abdu tomou uma segunda esposa. A lei permite. O homem é a lei.

Celeste tirou um cigarro da caixa de porcelana na mesinha baixa. Examinou-o enquanto tentava compreender o que Phoebe descrevia.

– Li algumas reportagens. Saíram várias, nos últimos anos, sobre você e Abdu. Nunca falou nada disso.

– Nem podia. Eu só tinha permissão para falar com a imprensa porque ele queria publicidade para o petróleo do Oriente Médio.

– Entendo – murmurou Celeste secamente.

– Teria de estar lá para compreender. Nem mesmo a imprensa tem permissão para contar toda a história. Se tentassem, a ligação seria rompida. Há bilhões de dólares em jogo. Abdu é um homem ambicioso, além de inteligente. Enquanto eu tivesse algum proveito, seria mantida.

Celeste acendeu o cigarro. Soprou a fumaça lentamente. Tinha a impressão de que metade do que Phoebe dizia era um produto da abundante imaginação da amiga. Se fosse verdade, mesmo que apenas em parte, havia uma questão que não podia ser resolvida.

– Por que ficou? Se era tratada assim, se era tão infeliz, por que não fez as malas e foi embora?

– Ameacei ir embora. Nessa ocasião, logo depois que a Addy nasceu, ainda acreditava que poderia salvar alguma coisa se assumisse uma posição firme. Ele me deu uma surra.

– Oh, Deus, Phoebe!

Celeste foi para junto da amiga.

– Em todos os meus pesadelos, nada foi tão horrível. Gritei e gritei, mas ninguém me ajudou. – Ela sacudiu a cabeça, secando as lágrimas à medida que escorriam. – Ninguém ousava ajudar. Ele me bateu e bateu, até que eu não conseguia sentir mais nada. E depois me estuprou.

– Mas isso é uma insanidade! – Com os braços em torno de Phoebe, Celeste levou-a para o sofá. – Devia haver alguma coisa que você pudesse fazer para se proteger. Foi à polícia?

Com uma risada sem humor, Phoebe tomou mais um gole do drinque.

– É legal um homem bater na esposa em Jaquir. Quando tem um motivo. As mulheres cuidaram de mim. Foram muito gentis.

– Por que não me escreveu para contar o que estava acontecendo, Phoebe? Eu poderia ajudar. Teria ajudado.

– Mesmo que eu conseguisse enviar uma carta às escondidas, não haveria nada que você pudesse fazer. Abdu é o poder absoluto em Jaquir, em termos religiosos, políticos e legais. Você nunca experimentou nada parecido. Sei que deve ser quase impossível para alguém como você imaginar como eu vivia lá. Comecei a sonhar em fugir. Legalmente, precisaria da permissão de Abdu para ir embora, mas fantasiava uma fuga, por causa de Adrianne. Não poderia partir sem levá-la. Ela é a coisa mais preciosa da minha vida, Celeste. Acho que teria acabado com tudo uma dúzia de vezes se não fosse por ela.

– Quanto ela sabe?

– Muito pouco, eu espero. Não tenho certeza. Percebe os sentimentos do pai por ela, mas tentei explicar que são apenas o reflexo de seus sentimentos por mim. As mulheres a adoravam, e acho que ela era feliz com a vida no harém. Afinal, nunca conheceu outra coisa. Abdu ia mandá-la embora.

– Para onde?

– Para uma escola na Alemanha. Foi quando compreendi que tinha de fazer alguma coisa. Então ele começou os acertos para casá-la assim que completasse 15 anos.

– Pobre criança...

– Não pude suportar a perspectiva de Adrianne enfrentar tudo pelo que eu estava passando. A viagem a Paris foi como um aviso. Era agora ou nunca. E sem você eu não teria conseguido.

– Eu só gostaria de poder fazer mais. Por exemplo, pegar o desgraçado e castrá-lo com uma faca de manteiga.

– Nunca mais posso voltar, Celeste.

A amiga levantou os olhos, surpresa.

– Claro que não.

– Nunca mesmo. – Phoebe serviu-se de mais bebida, deixando escorrer um pouco pela borda. – Se ele vier me buscar, prefiro me matar a voltar.

– Não fale assim. Você está segura em Nova York.

– Mas tem a Addy.

– Ela também está segura. – Celeste lembrou os olhos escuros e intensos, com as olheiras de cansaço. – Ele teria de passar por cima de mim. A primeira coisa que temos de fazer agora é procurar a imprensa, talvez o Departamento de Estado.

– Não quero publicidade. Não ouso me arriscar por causa da Addy. Ela já sabe mais do que deveria.

Celeste abriu a boca para protestar, mas logo tornou a fechá-la.

– Tem razão nesse ponto.

– Preciso deixar tudo isso para trás. Quero voltar a trabalhar, recomeçar a viver.

– Por que não começa a viver primeiro? Quando estiver um pouco mais segura, poderá pensar em voltar ao trabalho.

– Tenho que arrumar um lugar para a Addy morar, pensar na escola, comprar roupas.

– Vai haver tempo para tudo isso. Por enquanto, você pode ficar aqui, recuperar o fôlego, dar a vocês duas algum tempo para se acertarem.

Phoebe balançou a cabeça enquanto as lágrimas voltavam a escorrer.

– Quer saber do pior, Celeste? Eu ainda o amo

Em silêncio, Adrianne subiu a escada.

7

O sol entrava pelas brechas das cortinas quando Adrianne acordou de novo. Sentia os olhos pesados de chorar, a cabeça atordoada. Ainda assim, tinha apenas 8 anos, e comida foi a primeira coisa em que pensou. Pôs o vestido que usara em Paris e resolveu descer.

O apartamento era muito maior do que imaginara na noite anterior. Havia várias portas no corredor. Como sentia muita fome para explorações, desceu direto, na esperança de encontrar frutas e pão.

Ouviu pessoas falando. Um homem e uma mulher. Havia risos, muitos risos. As pessoas voltaram a falar, discutindo, a mulher em uma voz estridente, chata, o homem num estranho tipo de inglês. Quanto mais eles falavam, mais risos Adrianne ouvia. Cautelosa, seguiu na direção dos sons. Descobriu-se na cozinha de Celeste.

Estava vazia, mas as vozes continuavam a soar. Adrianne descobriu que saíam de uma caixa pequena, onde havia pessoas pequenas. Encantada, adiantou-se para tocá-la. As pessoas nem notaram sua presença e continuaram a discutir.

Não eram pessoas, compreendeu Adrianne, sorrindo. Eram imagens de pessoas. Imagens se movimentando e falando. Isso significava que as pessoas na caixa eram artistas de cinema, como sua mãe.

Esqueceu a vontade de comer, apoiou os cotovelos no balcão e ficou olhando.

– Ponha tudo ali. Ei, Adrianne, então já se levantou!

A menina empertigou-se no mesmo instante, à espera de uma repreensão.

– Isso é ótimo.

Celeste esperou até que o entregador pusesse as sacolas no balcão, antes de acrescentar:

– Agora terei mais companhia do que *I Love Lucy*. – Ela entregou algumas notas ao garoto. – Obrigada.

– Eu é que agradeço, Srta. Michaels.

O garoto deu uma piscadela para Adrianne e saiu.

– A sua mãe ainda está dormindo, mas eu pensei que o estômago faria você acordar. Como não tinha ideia do que meninas na sua idade costumam comer, pedi ao dono da mercearia para escolher. – Ela tirou uma caixa de sucrilhos de uma sacola. – Parece um bom começo.

Adrianne ficou admirada com a confusão de cores e som do comercial de alvejante que passava na tevê.

– Incrível, não é mesmo? – Celeste colocou a mão no ombro de Adrianne. – Não tem televisão em Jaquir?

Impressionada demais para falar, Adrianne limitou-se a sacudir a cabeça em negativa.

– Pode assistir todo o tempo que quiser durante os próximos dias. Tenho uma televisão maior na sala. Mantenho essa aqui para deixar a empregada feliz. Quer comer alguma coisa?

– Seria ótimo.

– Sucrilhos?

Adrianne olhou para a caixa. Tinha desenhos de pessoas pequenas e engraçadas usando chapéus brancos.

– Acho que sim.

A um gesto de Celeste, Adrianne sentou-se. Da mesa, podia ao mesmo tempo olhar para a televisão e para Celeste.

– Primeiro, você despeja um pouco numa tigela. Depois... – Num gesto teatral, divertindo-se com a cena, Celeste acrescentou o leite. – Agora escute. – Ela mexeu os dedos para Adrianne. – Ponha o ouvido mais perto.

– Parece assobiar.

– Estala, crepita e estoura – corrigiu Celeste, enquanto punha um pouco de açúcar. – Cereal assobiando não seria gostoso. Experimente.

Hesitante. Adrianne enfiou a colher. Não conseguia entender por que alguém gostaria de comer uma coisa que fazia barulho, mas era bem-educada demais para ser grosseira. Pôs a colher com o cereal na boca, depois outra, e recompensou Celeste com seu primeiro sorriso genuíno.

– É muito bom. Obrigada. Gostei.

– Acho que também vou comer um pouco – disse Celeste passando a mão pelos cabelos da menina.

Entre todas as suas recordações dos primeiros dias nos Estados Unidos, aquela hora que passou com Celeste permaneceu como uma das prediletas. Não foi muito diferente do harém. Celeste era mulher, e conversaram sobre coisas de mulher. Fazer compras, a comida que ela ajudou Celeste a guardar. Havia coisas estranhas, como manteiga feita de amendoim e sopa de letras. Para alívio de Adrianne, havia também chocolate.

Celeste era diferente: tinha os cabelos dourados bem curtos e usava calça comprida. Adrianne gostou do som da sua graciosa voz, o jeito com que usava as mãos e os braços, até mesmo o corpo, para enfatizar as palavras.

Quando Phoebe desceu, Adrianne sentava empertigada no sofá de Celeste, assistindo à sua primeira novela na televisão.

– Puxa, há muito tempo que eu não dormia tanto! Olá, querida.

– Mamãe!

Adrianne levantou-se de um pulo para abraçar Phoebe. Apesar da cabeça latejante da ressaca, ela apertou a filha contra si.

– A melhor maneira de começar o dia. – Com um sorriso, recuou. – Como começou o seu, querida?

– Comi cereais e assisti televisão.

Celeste entrou, à frente de uma nuvem de fumaça de cigarro.

– Como pode perceber, a Addy já está ficando americanizada. Como vai a cabeça?

– Pior.

– Você, mais do que qualquer outra pessoa, tinha o direito de tomar um porre.

Celeste olhou para a tevê, especulando se o programa era apropriado para uma menina de 8 anos, mas, pelo que Phoebe lhe contara, Adrianne ficaria mais chocada com *Vila Sésamo* do que com as paixões de *Hospital Geral*.

– Agora que você se levantou, sugiro que tome um café e coma alguma coisa antes de sairmos – acrescentou Celeste.

A claridade que passava pelas janelas doía nos olhos de Phoebe, por isso, ela virou as costas.

– Vamos sair?

– Querida, sabe que partilharia qualquer coisa do meu guarda-roupa com você, mas nenhuma das minhas roupas cabe direito em você, nem na Adrianne. Sei que tem muito com que se preocupar, mas achei que devíamos cuidar de uma coisa de cada vez.

Phoebe pressionou os dedos contra os olhos. Resistiu ao impulso de voltar correndo para a cama e puxar as cobertas por cima da cabeça.

– Tem razão. Addy, por que não sobe, penteia os cabelos e se arruma? Depois vamos sair para conhecer Nova York.

– Você quer?

– Claro. – Phoebe deu um beijo na ponta do nariz da filha. – Vá logo se arrumar. Eu a chamarei assim que estivermos prontas.

Celeste esperou que Adrianne subisse para comentar:

– Ela adora você.

– Sei disso. – Phoebe sentou-se, cedendo à cabeça que latejava. – Às vezes acho que ela foi a recompensa por tudo que passei.

– Meu bem, se não está com vontade de sair...

– Não. – Phoebe interrompeu a amiga, balançando a cabeça. – Você tem razão. Devemos começar pelo básico. Além do mais, não quero manter a Addy presa aqui em cima. Ela já passou a vida inteira presa. O problema é dinheiro.

– Se isso é tudo...

– Já me aproveitei demais de você, Celeste. Não me restou muito orgulho, e por isso tenho de me apegar ao que tenho.

– Está certo. Farei um empréstimo.

– Quando fui embora, nossa situação era igual. – Com um suspiro, Phoebe correu os olhos pelo apartamento de cobertura. – Você subiu, e eu não fui a parte alguma.

Celeste se sentou no braço do sofá.

– Phoebe, você seguiu pelo caminho errado. Pode acontecer com qualquer um.

– Tem razão. – Ela queria desesperadamente tomar um drinque. Para resistir, pensou em Adrianne e na vida que queria proporcionar a ela. – Tenho algumas joias. Fui obrigada a deixar a maior parte, mas trouxe algumas. Vou vender tudo. Com o divórcio, o acordo com Abdu vai nos dar o suficiente para vivermos bem. E como logo voltarei a trabalhar, então o dinheiro não vai ser problema por muito tempo.

Phoebe virou-se e olhou pela janela.

– Darei tudo à Addy... o melhor de tudo. Tenho que fazer isso.

– Vamos nos preocupar com isso mais tarde. No momento, acho que a Addy pode aproveitar alguns jeans e tênis.

ADRIANNE PAROU NA ESQUINA da Quinta Avenida com a rua 52, segurando a mão de Phoebe, enquanto a outra mão, irrequieta, mexia nos botões do casaco novo, de gola de pele. Se o breve vislumbre de Paris fizera com que a cidade parecesse de outro mundo, Nova York era outro universo. E ela era parte dele.

Havia pessoas por todo lado, milhões de pessoas, pela impressão que ela tinha, e nenhuma parecia com a outra. Não havia uniformidade na maneira de vestir, como acontecia em Jaquir. À primeira vista, muitas vezes era difícil distinguir homens de mulheres. Ambos tendiam a usar cabelos compridos. E algumas mulheres vestiam calça comprida. Em Nova York não havia lei contra isso, nem contra as outras roupas que as mulheres usavam... como as saias pequenas, que subiam acima dos joelhos. Ela viu homens com colares de contas e turbante, homens de terno e sobretudo. Havia mulheres envoltas em casacos de pele, enquanto outras usavam roupas de brim bem justas.

Independentemente do que vestissem, as pessoas andavam depressa. Adrianne atravessou a rua entre a mãe e Celeste, tentando ver tudo ao mesmo tempo. As pessoas ocupavam toda a cidade, cada palmo, cada esquina, e o barulho de sua existência elevava-se do chão como uma celebração. Andavam em bandos ou andavam sozinhas. Vestiam-se como mendigos e como reis. Milhares de palavras, em milhares de vozes, ressoavam em seus ouvidos.

E havia também os prédios. Projetavam-se para o céu, mais altos do que qualquer mesquita, mais grandiosos do que qualquer palácio. Adrianne especulou se teriam sido construídos para homenagear Alá. Só que ainda não ouvira qualquer oração. As pessoas entravam e saíam apressadas dos prédios, mas ela ainda não vira nenhum em que fosse proibido às mulheres entrar.

Alguns comerciantes espalhavam suas mercadorias pela calçada, mas quando Adrianne parava e olhava, a mãe a puxava.

Ela entrava nas lojas, paciente, mas pela primeira vez na vida não queria comprar. Queria ficar do lado de fora, absorvendo tudo. Havia cheiros para lembrar. O fedor do cano de descarga de centenas de carros, caminhões e ônibus que se arrastavam pelas ruas, tocando a buzina. Havia uma fumaça de aroma penetrante, que ela soube ser de castanhas assando. E havia a fragrância forte da carne de tanta humanidade.

Era uma cidade suja, muitas vezes implacável, mas Adrianne não viu as camadas de fuligem, nem os contornos agressivos. Viu apenas a vida, numa variedade e com uma animação que nunca imaginara que existisse. E queria mais.

– Tênis...

Com uma exaustão agradável, Celeste jogou-se numa cadeira no departamento de calçados da Lord & Taylor. Sorriu para Adrianne. O rosto da menina, pensou ela, contava mil histórias. Todas de espanto e admiração. Estava contente por terem dispensado o motorista e optado por andar, embora os pés a estivessem matando.

– O que achou até agora da nossa cidade grande e má, Addy?

– Podemos ver mais?

– Claro. – Já apaixonada, Celeste empurrou os cabelos de Adrianne para trás das orelhas. – Podemos ver tudo o que você quiser. Como se sente, Phoebe?

– Muito bem.

Phoebe forçou um sorriso e desabotoou o casaco. Tinha os nervos à flor da pele. O barulho, as pessoas, depois de tantos anos de silêncio e solidão. As decisões. Parecia haver centenas de decisões a tomar depois que passara tanto tempo sem tomar nenhuma. Queria um drinque. Oh, Deus, seria capaz de matar por um drinque! Ou por uma pílula.

– Phoebe?

– O que foi? – Com um suspiro profundo, ela recuperou o controle e sorriu calmamente para Celeste. – Desculpe. Minha mente estava em outro lugar.

– Estava dizendo que você parecia cansada. Quer voltar para casa?

Ela começou a acenar com a cabeça em concordância, mas depois percebeu a expressão de desapontamento da filha.

– Não. Só preciso recuperar o fôlego. – Inclinou-se para beijar o rosto da menina. – Está se divertindo?

– É melhor do que uma festa.

Celeste soltou uma risada e flexionou os dedos dos pés.

– Meu bem, Nova York é a maior festa deste país. – Ela cruzou as pernas e deu um sorriso provocante para o vendedor. – Queremos ver alguns tênis apropriados para uma menina. Pode trazer aquele par rosa, com flores, que está ali? E talvez outro par todo branco

– Pois não.

O homem abaixou-se e sorriu para Adrianne. Recendia ao creme de hortelã que Jiddah às vezes comia e tinha apenas uma orla de cabelos grisalhos na cabeça.

– Que tamanho calça, minha jovem?

O homem falava com ela. Diretamente com ela. Adrianne fitou-o, aturdida, sem ter a menor ideia de como agir. Não era um membro de sua família. Ela olhou para a mãe, desamparada, mas Phoebe tinha o olhar perdido no espaço.

– Por que não mede? – sugeriu Celeste.

Ela apertou a mão de Adrianne. Percebeu, com uma combinação de divertimento e aflição, como os olhos da menina ficaram arregalados quando o homem pegou seu pé para tirar o sapato.

– Ele vai medir o seu pé para saber qual é o tamanho.

– Isso mesmo. – Com uma expressão jovial, o vendedor ajeitou o pé de Adrianne na placa de medição. – Levante-se, meu bem.

Adrianne engoliu em seco. Levantou-se, olhando direto por cima da cabeça do homem enquanto seu rosto ficava vermelho. Perguntou-se se o vendedor de sapatos seria como um médico.

– Hum... Vamos ver o que temos em estoque.

– Por que não tira o outro sapato também, Addy? Assim, poderá experimentar os novos, para saber se são confortáveis.

Adrianne abaixou-se para abrir a fivela.

– O homem dos sapatos tem permissão para tocar na gente?

Celeste teve de morder o lábio para reprimir um sorriso.

– Tem. O trabalho dele é vender sapatos que caibam nos seus pés. Para ter certeza, ele precisa medir. E, como parte do serviço, tira os sapatos velhos e calça os novos.

– Um ritual?

Sem saber o que responder, Celeste recostou-se.

– De certa forma, é isso mesmo.

Satisfeita, Adrianne cruzou as mãos e ficou esperando, imóvel, até que o vendedor voltou com as caixas. Observou com uma expressão solene enquanto ele calçava os tênis rosa e floridos em seus pés, puxava os cadarços e os prendia num laço.

– Pronto, querida. – O vendedor bateu de leve no pé da menina. – Pode experimentar.

Ao gesto de Celeste, Adrianne levantou-se e deu alguns passos.

– São diferentes.

– Diferentes bons ou diferentes ruins? – indagou Celeste.

– Diferentes bons.

Ela sorriu à ideia de usar flores nos pés. Não se importou quando o vendedor fez sinal.

– Coube direitinho.

Adrianne respirou fundo e sorriu para o homem.

– Gosto muito deles. Obrigada.

Ela deixou o ar escapar numa risadinha. Pela primeira vez na vida, falara com um homem que não era de sua família.

As três semanas que Adrianne passou em Nova York se destacaram entre os dias mais felizes e mais tristes de sua vida. Havia muita coisa para aprender, muita coisa para ver. Parte dela, a parte que fora criada com as normas estritas e inflexíveis de comportamento, desaprovava a impudência da cidade grande. Outra parte, a que começava a se abrir, ficou encantada. Nova York era os Estados Unidos para Adrianne. Permaneceria nos Estados Unidos para sempre, no que tinha de melhor e pior.

As regras haviam mudado. Ela também tinha um quarto só seu, mas era maior e mais claro do que o quarto que ocupava no palácio do pai. Não era uma princesa ali, mas era estimada. Continuava a se esgueirar para o quarto da mãe à noite, a fim de confortá-la se ela chorava, e ficar acordada se ela dormia. Compreendia que havia demônios dentro da mãe, e isso a assustava. Havia dias em que Phoebe parecia transbordar de energia, alegria e otimismo. Falava sobre as glórias do passado e as glórias do futuro. Planos e promessas eram feitos, num turbilhão de palavras risonhas. No entanto, um ou dois dias depois a animação desaparecia. Phoebe queixava-se de dores de cabeça e cansaço e passava horas sozinha no quarto.

Nesses dias, Celeste saía para passear no parque com Adrianne ou a levava ao teatro.

Até mesmo a comida era diferente, e a menina tinha permissão para comer o que quisesse e quando quisesse. Logo ficou viciada no gosto forte e borbulhante de Pepsi, que tomava direto da garrafa gelada. Comeu seu primeiro cachorro-quente sem fazer a menor ideia de que era feito de carne de porco, proibida para os muçulmanos.

A televisão tornou-se sua mestra e diversão. Sentia-se ao mesmo tempo envergonhada e fascinada quando via mulheres abraçando homens... de uma maneira ostensiva, até agressiva. As histórias muitas vezes tinham finais de contos de fadas, com as pessoas se apaixonando ou se desiludindo. Nas histórias, as mulheres escolhiam o homem com quem queriam casar, e às vezes nem casavam. Ela assistia, em silêncio, aturdida. Bette Davis em *Jezebel*, Katharine Hepburn em *Núpcias de escândalo* e Phoebe Spring em *Noites de paixão*. Passou a sentir a maior admiração por mulheres fortes, capazes de vencer no mundo dos homens.

Contudo, eram os comerciais, nos quais as pessoas se vestiam de maneira estranha e resolviam seus problemas em segundos, que a fascinavam, mais do que as comédias e os dramas. E foi por intermédio dos comerciais que Adrianne refinou seu inglês ao estilo americano.

Naquelas três semanas, aprendeu mais do que poderia aprender em três anos de escola. Sua mente era como uma esponja, ansiosa por absorver tudo.

Era seu espírito, tão em sintonia com o de Phoebe, que sofria os altos e baixos.

E, então, a carta chegou. Adrianne sabia do divórcio. Ainda tinha o hábito de descer pela escada à noite, sem fazer barulho, e ouvir a mãe e Celeste conversarem sobre coisas que nunca lhe contavam. Por isso, sabia que a mãe ia se divorciar de Abdu.

O que a deixava contente. Se houvesse o divórcio, não haveria mais surras, não haveria mais estupros.

Quando a carta chegou – a carta de Jaquir –, Phoebe foi para o quarto. Passou o dia inteiro lá. Não saiu para comer, e quando Celeste batia na porta, pedia que a deixasse em sozinha.

Perto da meia-noite, Adrianne foi despertada de um sono irrequieto pelo riso da mãe. Saiu da cama e foi até a porta do quarto de Phoebe.

– Fiquei muito preocupada com você.

Celeste andava de um lado para outro do quarto, o pijama de seda sussurrando.

– Desculpe, querida, mas eu precisava de algum tempo sozinha.

Adrianne encostou o rosto na fresta da porta. Viu Phoebe esparramada numa poltrona, os cabelos soltos, os olhos brilhando, os dedos tamborilando numa melodia interior acelerada.

– Receber uma notícia de Abdu me deixou abalada – continuou Phoebe. – Eu sabia que ia acontecer, mas não estava preparada. Pode me dar os parabéns, Celeste. Sou uma mulher livre!

– Do que está falando?

Com movimentos bruscos, Phoebe levantou-se para encher seu copo de uma garrafa de cristal. Sorriu, levantou o copo num brinde e tomou um enorme gole.

– Abdu me concedeu o divórcio.

– Em três semanas?

– Poderia fazê-lo em três segundos, e foi o que aconteceu. Ainda tenho que cuidar das formalidades aqui, mas o divórcio está consumado.

Celeste notou o nível de uísque na garrafa de cristal.

– Por que não desce e toma um café?

– Isso é uma comemoração. – Ela comprimiu o copo contra a testa e começou a chorar. – O desgraçado nem sequer me deu a chance de terminar à minha maneira. Nem uma única vez, durante todos esses anos, tive uma opção... nem mesmo nisso

– Vamos nos sentar.

Celeste estendeu a mão para puxá-la, mas Phoebe sacudiu a cabeça e tornou a pegar a garrafa.

– Não se preocupe. Estou bem. Apenas precisava me embriagar. O caminho dos covardes.

– Ninguém que fez o que você fez, Phoebe, poderia ser chamado de covarde. – Celeste tirou o copo da mão da amiga, depois a levou para se sentar na cama. – Sei que é difícil. O divórcio faz com que você sinta que reassumiu o controle, que sabe para onde está indo, apenas para descobrir que não há nada lá. Mais cedo ou mais tarde, porém, pode ter certeza de que vai encontrar um solo firme de novo.

– Não há mais ninguém para mim.

– Não diga bobagem. Você é jovem e bonita. O divórcio é um começo para você, não um fim.

– Ele tirou alguma coisa de mim, Celeste. E parece que não consigo recuperar. – Phoebe cobriu o rosto com as mãos. – Mas não importa. Só a Addy é importante agora.

– Ela está bem.

– Addy precisa de conforto. Merece conforto. – Phoebe pegou um lenço de papel. – Preciso ter certeza de que ela vai ser bem cuidada.

– Claro que vai ser.

Phoebe enxugou os olhos. Respirou fundo.

– Não vai haver acordo.

– Como assim?

– Ele não quer fazer nenhum acerto financeiro para a Addy. Nada. Nem um fundo de investimentos, nem o dinheiro para o seu sustento, absolutamente nada. Ela tem apenas um título que não vale nada, mas que nem mesmo Abdu pode lhe tirar. Ele vai ficar com tudo o que eu tinha quando casei e o que me deu depois. Não vou poder ter nem mesmo O Sol e a Lua, o colar com o qual ele me comprou.

– Não é possível, Phoebe. Arrume um bom advogado. Pode levar algum tempo e esforço, mas Abdu tem uma responsabilidade com você e Adrianne.

– Não. As condições dele foram bastante claras. Se eu tentar lutar contra isso, ele vai tirar a Adrianne de mim. – O uísque deixara a língua engrolada. Ela bebeu mais, para tentar soltá-la. – E pode ter certeza, Celeste, de que ele é capaz de conseguir. Não a quer em sua casa, e só Deus sabe a que a submeteria lá, mas não hesitaria em tirá-la de mim se tivesse de brigar. E nada vale isso, Celeste, nem O Sol e a Lua, nem nenhuma outra coisa.

Pela segunda vez, Celeste tirou o copo da mão de Phoebe. Pousou-o na mesinha de cabeceira.

– Muito bem, concordo com você que o bem-estar da Addy vem em primeiro lugar. O que vai fazer?

– Já fiz. – Phoebe levantou-se. Pôs-se a andar de um lado para outro, a camisola branca esvoaçando. – Tomei um porre. Vomitei. E depois telefonei para Larry Curtis.

– O seu agente?

– Isso mesmo. – Phoebe virou-se. Tinha o rosto vivo de novo, ainda pálido, mas fascinante. – Ele está vindo para cá.

Esplêndido, pensou Celeste... como o fogo quando se torna brilhante demais.

– Tem certeza de que está preparada, querida?

– Tenho que estar.

– Está certo. – Celeste levantou a mão. – Mas Larry Curtis? Falam muito sobre ele... e os comentários não são nada lisonjeiros.

– Sempre se fala dos outros em Hollywood.

– Sei disso, mas... Larry é um desgraçado atraente, mas muito escorregadio. Lembro-me de que você pensou em trocar de agente antes de parar de atuar.

– Isso ficou para trás. – Phoebe tornou a pegar o copo. Sentia-se no topo do mundo. E com um enjoo monumental. –

Larry foi bom para mim no passado, e vai ser de novo. Eu vou voltar, Celeste. Vou ser alguém outra vez.

Adrianne não soube explicar por que seu primeiro vislumbre de Larry Curtis a deixou apreensiva; tampouco pôde determinar por que ele lembrava seu pai. Não havia, com toda certeza, semelhança física. Curtis era atarracado e um pouco mais baixo que o 1,78 metro de Phoebe. Tinha uma massa de cabelos louros encrespados, que emolduravam um rosto liso e bronzeado, quase quadrado. E sorria sem parar, exibindo dentes brancos e grandes, retos e uniformes.

Adrianne gostou de seu traje. A camisa era cor de lavanda, com mangas largas, aberta no pescoço para deixar à mostra uma grossa corrente de ouro. A calça, em quadrados bem pequenos, abria-se nos tornozelos, mas era apertada na cintura por um cinto preto bem largo.

A mãe pareceu contente ao vê-lo. Abraçou-o quando ele entrou. Adrianne ficou constrangida e desviou os olhos quando Larry bateu de leve na bunda de Phoebe.

– Seja bem-vinda de volta, querida.

– Não imagina como fico contente de ver você, Larry.

Ela riu e manteve o tom jovial, mas Larry era bastante esperto para perceber o desespero por trás daquele rosto. E tratou de se aproveitar.

– Também fico satisfeito em ver você, meu bem. Vamos dar uma olhada. – Ele afastou um pouco Phoebe, examinando-a de alto a baixo, de uma maneira que deixou Adrianne com as faces ardendo. – Parece muito bem. Emagreceu um pouco, mas isso agora está na moda.

Larry lamentou as rugas nos cantos dos olhos e da boca, mas concluiu que uma pequena cirurgia resolveria o problema. Phoebe Spring era uma mina de ouro quando deixara Hollywood. Com um pouco de esforço e alguma habilidade, voltaria a ser como antes. Ainda com o braço em torno dos ombros dela, ele comentou:

– Belo apartamento, Celeste.

– Obrigada. – Celeste teve de lembrar a si mesma que Phoebe o queria, talvez precisasse dele. Larry tinha a reputação de fazer as manobras certas. E os rumores, em especial os insidiosos e desfavoráveis, muitas vezes não passavam de rumores. – Como foi o seu voo?

– Suave como seda. – Ele sorriu, os dedos subindo e descendo pelo braço de Phoebe. – Mas preciso de um drinque.

– Vou buscar. – Phoebe levantou-se de um pulo, de uma maneira que fez Celeste estremecer. – Gosta de uísque, não é, Larry?

– Isso mesmo, querida. – Ele se acomodou, à vontade, no sofá branco de Celeste. – E quem é essa coisinha bonita?

Ele deu um sorriso para Adrianne, sentada numa cadeira junto da janela, rígida.

– É a minha filha. – Phoebe entregou o copo e sentou-se ao lado do agente. – Adrianne, venha cumprimentar o Sr. Curtis. É um antigo amigo meu e muito querido.

Relutante, mas com uma atitude imponente, da qual não tinha consciência, Adrianne levantou-se e atravessou a sala.

– Prazer em conhecê-lo, Sr. Curtis.

Ele riu e pegou a mão de Adrianne antes que ela pudesse evitar.

– Nada de Sr. Curtis, meu bem. Somos praticamente uma família. Pode me chamar de tio Larry.

Os olhos de Adrianne se contraíram. Não gostava do contato. Era quente e ávido, diferente do toque do homem dos sapatos.

– Você é irmão da minha mãe?

Larry recostou-se e caiu na gargalhada, como se tivesse acabado de ouvir uma piada muito engraçada.

– Ela é demais!

– Addy leva as coisas ao pé da letra – explicou Phoebe, dando um sorriso nervoso para a filha.

– Vamos nos dar muito bem.

Larry tomou um gole, avaliando Adrianne por cima do copo, como se fosse um carro novo ou um terno caro. Havia potencial, concluiu ele. Mais alguns anos, mais algumas curvas, e poderia ser muito interessante.

– Adrianne e eu pensamos em terminar as nossas compras de Natal. – Celeste estendeu a mão e Adrianne pegou-a, agradecida. – Deixaremos vocês dois conversando sobre negócios.

– Obrigada, Celeste. Divirta-se, querida.

– Trate de se agasalhar, menina. – Larry piscou para Adrianne. – Está frio lá fora.

Ele esperou que a porta fosse fechada e tornou a se recostar nas almofadas.

– Como eu disse, querida, é bom ter você de volta, mas está na costa errada.

– Eu precisava de algum tempo. – Phoebe entrelaçou os dedos. – Celeste tem sido maravilhosa conosco. Não sei o que eu faria sem ela.

– É para isso que servem os amigos.

Ele afagou a coxa de Phoebe. Ficou satisfeito por ela não protestar quando sua mão permaneceu ali. De modo geral, preferia o tipo menos voluptuoso, mas não havia nada como sexo para pôr um homem no comando.

– Quanto tempo pretende ficar, meu bem?

– Voltei de vez.

Quando ele tomou o último gole do uísque, Phoebe levantou-se para tornar a encher o copo. Dessa vez serviu-se também de uma dose. Larry levantou uma sobrancelha. A Phoebe da qual se lembrava nunca tomava qualquer coisa mais forte do que vinho.

– E o tal xeique?

– Entrei com o pedido de divórcio. – Phoebe passou a língua pelos lábios. Olhou ao redor, como se alguém pudesse agredi-la pela declaração. – Não posso mais viver com ele. – Tomou um gole. Tinha medo de também não ser capaz de viver sem Abdu. – Ele mudou, Larry. Não dá nem para começar a descrever o quanto. Se vier atrás de mim...

– Você está nos Estados Unidos da América agora, meu bem. – Larry puxou-a, mais uma vez avaliando seu corpo. Calculou que ela já avançara um pouco pela casa dos 30 anos. Mais velha do que sua escolha habitual. Mas ela estava vulnerável. E ele preferia suas mulheres... e clientes... vulneráveis.

– Não cuidei sempre de você?

– Cuidou.

Phoebe fez um esforço para se controlar, pronta para chorar de alívio. Sabia que sua aparência começara a se deteriorar. Não tinha importância, disse a si mesma, enquanto Larry acariciava suas costas. Ele cuidaria dela.

– Quero um papel, Larry. Qualquer coisa para começar. Tenho que pensar na Adrianne. Ela precisa de conforto... e merece o melhor.

– Deixe comigo. Vamos começar com uma entrevista antes do seu retorno à Costa Oeste. "A rainha está de volta"... alguma coisa nessa linha. – Ele apertou o seio de Phoebe de maneira rápida e casual antes de tornar a pegar seu copo. – Vamos tirar uma foto sua com a princesinha. Crianças sempre despertam interesse. E começarei logo a abrir caminhos, a conversar, negociar. Confie em mim. Todos vão estar em nossas mãos dentro de seis semanas.

– Espero que sim. – Phoebe fechou os olhos, apertando-os com toda força. – Passei muito tempo longe... e tanta coisa mudou...

– Faça as malas e viaje para Los Angeles no final da semana. Cuidarei de tudo lá.

O mero nome de Phoebe seria suficiente para fechar alguns contratos, concluiu Larry. E mesmo que ela fracassasse no retorno, ainda o ajudaria a ganhar um bom dinheiro. E havia também a menina. Ele tinha o pressentimento de que a criança ainda seria muito útil.

– Não tenho muito dinheiro. – Ela ergueu o queixo, determinada a enfrentar a vergonha. – Vendi algumas joias, e é o suficiente para me sustentar durante algum tempo, mas preciso de mais dinheiro para pagar uma boa escola para Adrianne. E sei como a vida é cara em Los Angeles.

Era verdade, a criança seria muito conveniente. Enquanto ela estivesse em cena, Phoebe se disporia a fazer qualquer coisa.

– Não disse que ia cuidar de você?

Ele baixou o zíper nas costas do vestido.

– Larry...

– Vamos, querida, demonstre que confia em mim. Vou arrumar um papel para você, uma casa, uma escola para a menina. A melhor. Não é o que você quer?

– É. Quero que a Addy tenha o melhor.

– E você também. Vou fazer todos os holofotes se direcionarem para você de novo. Desde que coopere.

Que diferença fazia?, perguntou a si mesma enquanto Larry a despia. Abdu possuíra seu corpo sempre que quisera e nada dera em troca, nem para ela nem para Adrianne. Com Larry, havia uma promessa de proteção, talvez até um pouco de afeição.

– Você ainda tem seios maravilhosos, meu bem.

Phoebe fechou os olhos e o deixou fazer o que queria.

8

Philip Chamberlain escutava o zunido e as batidas secas das bolas de tênis enquanto tomava seu gim com tônica. Parecia ainda melhor no traje branco de tênis depois de ter se bronzeado nas três semanas que passara na Califórnia. Ele cruzou os tornozelos, olhando para as quadras através dos óculos escuros espelhados.

Fazer amizade com Eddie Treewalter III não fora nem um pouco agradável para Philip, mas compensara pelos convites para ir ao country club. Philip fora a Beverly Hills a trabalho, mas nunca fazia mal aproveitar um pouco o sol. Porque deixara Eddie vencê-lo nos dois últimos games da partida, o jovem americano mostrava-se agora expansivo.

– Tem certeza de que não quer almoçar, meu velho?

Para crédito de Philip, ele não estremeceu ao ouvir o "meu velho", que Eddie pensava ser o máximo da camaradagem entre os ingleses.

– Eu bem que gostaria, mas tenho de sair às pressas daqui a pouco se quiser chegar ao meu compromisso na hora marcada.

– Um belo dia para tratar de negócios.

Eddie levantou os óculos escuros, as lentes cor de âmbar; um relógio de ouro faiscava em seu pulso. Os dentes, que haviam sido corrigidos por um aparelho apenas dois anos antes, também faiscaram. Tinha um saquinho com a melhor maconha colombiana em sua bolsa de tênis de couro com monograma.

Como o filho de um dos mais bem-sucedidos cirurgiões plásticos da Califórnia, não precisara trabalhar um único dia na vida. Treewalter II cortava e esculpia as estrelas, enquanto o filho passava indiferente pelo curso superior, vendia drogas como passatempo e se divertia no country club.

– Vai à festa na casa de Stoneway essa noite?

– Não perderia por nada nesse mundo.

Eddie terminou de tomar sua vodca com gelo e fez sinal para que o garçom trouxesse outra.

– O homem faz os piores filmes, mas sabe como oferecer uma festa. Vai ter pó e erva em quantidade suficiente para abastecer um exército. – Ele sorriu. – Esqueci. Você não gosta dessas coisas, não é mesmo?

– Prefiro apreciar outras coisas.

– Como quiser, mas Stoneway serve coca em bandejas de prata. Muito chique. – Eddie olhou para uma loura magricela vestindo um short de tênis bem apertado. – Sempre pode aproveitar aquilo. Dê um pouco de pó para a pequena Marci cheirar e ela trepa com qualquer um!

– Ela é uma adolescente.

Philip usou o gim para tirar da boca o gosto ruim causado pela estupidez e pela arrogância juvenil de Eddie.

– Ninguém nessa cidade é adolescente. E por falar em trepada fácil... – Eddie acenou com a cabeça para uma ruiva exuberante com um vestido leve de verão. – A velha e infalível Phoebe.

E soltou uma risada, antes de acrescentar:

– Está sempre pronta para saltar em cima de qualquer homem. Acho que até o meu velho já a comeu. Um pouco passada, mas ainda tem seios maravilhosos.

Talvez aturar a companhia de Eddie não valesse a recompensa que teria depois, pensou Philip.

– É melhor eu ir agora.

– Claro. Ei, ela veio com a filha! – Eddie passou a língua pelos lábios. – Aí está uma garota que vai ser muito gostosa. Doce e pura. Vai estar pronta para ser comida muito em breve. A mamãe não vai levá-la para a festa essa noite, mas não pode mantê-la trancafiada para sempre.

Philip olhou, disfarçando a irritação. E sentiu o impacto. Teve apenas um vislumbre de um rosto jovem e delicado. Uma massa de cabelos pretos, lisos e gloriosos. E pernas. Mesmo contra a vontade, Philip não pôde deixar de admirá-las. Pernas realmente deslumbrantes. Soltou um grunhido de autorrepulsa. A garota era tão jovem que fazia Marci parecer de meia-idade. Ele se levantou abruptamente e virou as costas.

– Um pouco jovem para o meu gosto... meu velho. Até de noite.

Filho da puta!, pensou Philip sobre Eddie, enquanto se afastava da mesa. Dentro de um ou dois dias não precisaria mais de seu "companheiro" e poderia voltar para casa. Voltar para Londres. Encontraria o verde e o frescor em Londres, e poderia remover dos olhos a poluição de Los Angeles. Precisava providenciar alguns suvenires para a mãe. Sabia que Mary adoraria ter um mapa das casas dos artistas de cinema.

Que ela continuasse a romancear Hollywood. Não havia necessidade de contar que por trás do brilho havia uma sórdida camada de sujeira. Drogas, sexo e traição. Nem tudo era assim, é claro, mas havia o suficiente para que ficasse contente por ela não ter insistido no sonho de virar atriz. Apesar de tudo, porém, teria que trazê-la a Hollywood um dia. Levá-la para almoçar no Grauman's Chinese Theater, deixar que pusesse os pés sobre as pegadas de Marilyn Monroe. Poderia apreciar um pouco a cidade se a mãe estivesse ao lado para se mostrar impressionada e emocionada.

Uma bola de tênis rolou à sua frente. Ele se abaixou para pegá-la. A garota de pernas sensacionais pusera enormes óculos escuros. Sorriu, fazendo Philip sentir de novo o mesmo impacto enquanto lhe devolvia a bola.

– Obrigada.

– De nada.

Philip enfiou as mãos nos bolsos e relegou para o fundo da mente a filha muito jovem de Phoebe Spring. Tinha um trabalho a fazer.

Vinte minutos depois, seguia para Bel Air numa van branca fechada. O letreiro no lado anunciava KARPETS KLEANED. A mãe de Eddie ficaria muito infeliz quando descobrisse que suas joias também seriam limpas. De graça.

Com uma peruca castanha cobrindo os cabelos agora clareados pelo sol, um elegante bigode por cima dos lábios finos, Philip saltou da van. Ainda estava vestido de branco, mas agora era um macacão, com enchimento para dar a ilusão de corpulência. Precisara de duas semanas para fazer um levantamento da casa dos Treewalters e descobrir a rotina da família e dos criados. Dispunha de 25 minutos para entrar e sair antes que a governanta voltasse de sua ida semanal ao supermercado.

Era quase fácil demais. Uma semana antes, tirara os moldes das chaves de Eddie. Na ocasião, Eddie estava drogado demais para passar sozinho pela porta da frente. Depois que entrou, Philip desligou o alarme. Quebrou um vidro na porta que dava para o pátio, a fim de causar a impressão de arrombamento.

Em movimentos rápidos, subiu até o quarto principal. Ficou satisfeito ao descobrir que o modelo do cofre era o mesmo dos Mezzeni, em Veneza. Levara apenas 12 minutos para arrombar o cofre e aliviar a amorosa matrona italiana de um dos mais valiosos colares de esmeraldas da Europa. Mas isso acontecera seis meses antes. E Philip não era um homem de descansar sobre os louros conquistados.

A concentração era tudo. Embora fosse quase tímido, aos 21 anos Philip sabia como concentrar-se de forma absoluta, num cofre, num alarme ou numa mulher. Era fascinante descobrir os segredos de cada um.

Ouviu as primeiras linguetas se soltando.

Era tão eficiente ali quanto durante os coquetéis ou entre os lençóis de uma cama. Aprendera muito bem. Como se vestir, como falar, como seduzir uma mulher. Seus talentos abriram-lhe as portas da sociedade e dos cofres. Conseguira instalar a mãe num apartamento espaçoso. Ela agora passava as tardes fazendo compras ou jogando bridge em vez de tremer de frio ou suar de calor na bilheteria do Faraday's. Cuidaria para que continuasse a viver assim. Havia outras mulheres em sua vida, mas Mary ainda era seu primeiro amor.

Ouviu os mecanismos se movimentarem através do estetoscópio.

Saíra-se bem em seu trabalho e tencionava conseguir ainda mais. Tinha uma casa pequena e elegante em Londres. Em breve, muito em breve, começaria a fazer um reconhecimento da região ao redor, à procura de uma casa de campo. Com um jardim. Tinha uma fraqueza por coisas pequenas e bonitas que precisavam ser bem cuidadas.

Philip estava parado, a mão deslocando o botão de segredo com toda delicadeza, os olhos meio fechados, como um homem ouvindo música ou apreciando as carícias de uma mulher afetuosa.

Abriu o cofre, sem qualquer ruído.

Desenrolou a bolsa de veludo que estava lá dentro e encontrou tempo para examinar as pedras com uma lupa. Nem tudo o que reluzia, ele sabia, era ouro. Ou diamantes, mas aquelas pedras eram genuínas. Grau D, indubitavelmente russas. Estudou a safira maior. A gota central era defeituosa, como era de se esperar numa pedra daquele tamanho. Era linda e valiosa, com um azul na tonalidade da centáurea. Como um médico meticuloso fazendo um exame, verificou cada pulseira, cada anel e cada uma das outras joias. Achou que os brincos de rubi eram feios demais... e, como um homem que se considerava um artista, concluiu que era um crime produzir uma coisa tão desagradável, em termos estéticos, com uma pedra tão ardente, mas levou os brincos assim mesmo, calculando que deveriam valer em torno de 35 mil dólares. Artista ou não, era acima de tudo um homem de negócios.

Satisfeito, ajeitou tudo no meio do tapete Aubusson, que enrolou em seguida.

Vinte minutos depois de entrar na casa, Philip encaminhou-se para a van com o tapete no ombro. Sentou ao volante e partiu. Passou pela governanta dos Treewalters no momento em que ela virava a esquina.

Eddie tinha razão, pensou Phil enquanto ligava o rádio: era um belo dia para tratar de negócios.

Nada era exatamente como parecia em Hollywood. A primeira impressão de Adrianne foi de admiração. Aquela parte dos Estados Unidos era muito diferente dos Estados Unidos de Nova York. As pessoas eram mais atraentes, tinham menos pressa, e todo mundo parecia conhecer todo mundo. Adrianne refletiu que era como uma pequena aldeia. Só que os nativos não eram tão cordiais quanto fingiam ser.

Ao completar 14 anos, já aprendera que as atitudes eram muitas vezes tão falsas quanto os cenários num estúdio de cinema. E também sabia que o retorno de Phoebe fora um fracasso.

Tinham uma casa, ela estudava numa boa escola, mas a carreira da mãe entrara em decadência. Mais do que apenas a beleza começara a se desvanecer em Jaquir; o talento fora erodido tão depressa quanto a autoestima.

– Ainda não está pronta?

Phoebe entrou apressada no quarto de Adrianne. Os olhos muito brilhantes e a voz agitada indiacavam que a mãe obtivera um novo suprimento de anfetaminas. Ela fez um esforço para reprimir o sentimento de desamparo e conseguiu sorrir. Não suportaria outra briga naquela noite, nem as lágrimas e promessas inúteis da mãe.

– Quase.

Adrianne prendeu a faixa na cintura do terninho estilo smoking. Queria dizer que a mãe estava linda, mas o vestido de Phoebe a deixava arrepiada. O decote era profundo demais, quase constrangedor, e o vestido era tão apertado quanto uma segunda pele de lantejoulas douradas. Uma ideia de Larry, pensou Adrianne. Larry Curtis ainda era o agente da mãe, amante ocasional e manipulador constante.

– Ainda temos bastante tempo – acrescentou ela.

– Eu sei. – Phoebe circulou pelo quarto, esfuziante, estimulada pela energia das pílulas e por suas imprevisíveis oscilações de ânimo. – Mas as estreias são sempre emocionantes. As pessoas, as câmeras... – Ela parou diante do espelho de Adrianne e viu-se como outrora fora, sem as marcas da doença e dos desapontamentos. – Todos vão estar presentes. Vai ser como nos velhos tempos.

Confrontada por seu reflexo, Phoebe pôs-se a sonhar, como fazia com muita frequência. Viu-se no centro dos refletores, cercada por fãs e colegas que demonstravam toda sua admiração. As pessoas a amavam, queriam estar perto dela, falar com ela, escutar, tocar...

– Mamãe...

Apreensiva com o silêncio abrupto de Phoebe, Adrianne colocou a mão em seu ombro. Havia dias em que a mãe perdia o contato com a realidade daquele jeito e não voltava durante horas. – Mamãe... – repetiu ela, apertando o ombro de Phoebe, com medo de que a mãe tivesse se aprofundado pelo comprido túnel de suas fantasias.

– Hein? – Phoebe voltou-se espantada, piscando. Sorriu ao focalizar o rosto de Adrianne. – Minha princesinha... Está tão crescida!

– Eu amo você, mamãe.

Com um esforço para reprimir as lágrimas, Adrianne abraçou a mãe. No último ano, as oscilações de ânimo de Phoebe haviam se tornado mais e mais como a montanha-russa em que haviam andado uma vez na Disneylândia. Uma confusão de altos vertiginosos e baixos depressivos. Nunca conseguia ter certeza se encontraria Phoebe cheia de risos e promessas delirantes, ou dominada pelas lágrimas e pelos arrependimentos.

– Também amo você, Addy. – Ela acariciou os cabelos da filha, desejando que sua cor e textura não a fizessem lembrar tanto de Abdu. – Estamos progredindo, não é mesmo? – Phoebe desvencilhou-se do abraço e passou a andar pelo quarto. – Em poucos meses vamos ter a minha estreia. Sei que não é um filme tão importante quanto esse, mas também não podemos nos esquecer de que esses filmes de baixo orçamento são muito populares. E, como diz Larry, tenho que me manter disponível. Com a publicidade que ele está planejando...

Ela pensou no ensaio nu para o qual posara na semana anterior. Ainda não era o momento de falar com Adrianne a respeito. Era trabalho, lembrou a si mesma, torcendo os dedos. Apenas trabalho.

– Tenho certeza de que vai ser um filme maravilhoso.

Mas os outros não tinham sido, refletiu Adrianne. As críticas haviam sido insultuosas. Ela detestara ver a mãe se envergonhando na tela, usando o corpo em vez do talento. Mesmo agora, depois de cinco anos na Califórnia, Adrianne tinha plena consciência de que Phoebe apenas trocara um tipo de servidão por outro.

– Quando o filme se tornar um sucesso, um grande sucesso, vamos ter aquela casa na praia que prometi.

– Já temos uma boa casa.

– É tão pequena...

Phoebe olhou pela janela para o jardim modesto que separava a casa da rua. Não havia muro imponente, nem portão de ferro batido, nem um gramado extenso. Estavam na margem de Beverly Hills, na margem do sucesso. O nome de Phoebe caíra para a lista B das anfitriãs importantes de Hollywood. Os grandes produtores não lhe enviavam mais seus roteiros.

Ela pensou no palácio de onde tirara Adrianne, com todos os seus luxos. Era mais fácil, à medida que o tempo passava, esquecer as restrições de Jaquir e lembrar apenas da opulência.

– Não é o que eu quero para você, nem de longe é o que você merece, mas reconstruir uma carreira leva tempo.

– Eu sei disso. – Já haviam conversado antes a respeito muitas vezes. – As aulas acabam daqui a duas semanas. Pensei que poderíamos ir para Nova York visitar Celeste. Você precisa relaxar.

– Hum... Vamos ter de esperar um pouco, Larry está negociando um novo papel para mim.

Adrianne sentiu um profundo desânimo. Não precisava que ninguém lhe dissesse que o papel seria medíocre, ou que a mãe passaria horas fora de casa, manipulada por homens que só queriam explorar seu corpo. Quanto mais tentava provar que podia voltar ao topo, mais Phoebe resvalava para o abismo.

Queria uma casa na beira da praia e seu nome na luz dos refletores. Adrianne poderia se ressentir da ambição de Phoebe, talvez até lutasse contra ela, se os motivos fossem egoístas. Mas o que a mãe fazia era por amor, pela necessidade de ser generosa. Não havia como Adrianne fazê-la compreender que estava construindo uma prisão tão forte quanto a outra da qual escapara.

– Mamãe, você não tira uma folga de verdade há meses. Podemos assistir à nova peça de Celeste, visitar alguns museus. Seria bom para você.

– Vai me fazer mais bem ainda ver todo mundo cortejar a princesa Adrianne essa noite. Está linda, querida. – Ela passou o braço pelos ombros de Adrianne. As duas se encaminharam para a porta. – Aposto que os garotos vão ficar de coração partido por você.

Adrianne deu de ombros. Não estava interessada em garotos nem em seus corações.

– Essa é a nossa noite. É uma pena que o Larry tenha viajado. Seria ótimo se tivéssemos um homem bonito para nos acompanhar.

– Não precisamos de ninguém, apenas uma da outra.

Adrianne estava acostumada às multidões, luzes fortes e câmeras. Phoebe preocupava-se de vez em quando, achando que a filha era séria demais, mas não precisava se preocupar com o equilíbrio de Adrianne. Embora fosse jovem, a menina tratava a imprensa como a realeza, sorrindo quando devia, respondendo a perguntas sem revelar muita coisa e se mantendo em segundo plano quando alcançava o limite de sua tolerância. Em consequência, a imprensa a adorava. Era do conhecimento geral que as colunas se mostravam mais gentis do que o necessário com Phoebe Spring porque eram apaixonadas por sua filha. Adrianne sabia disso e tratava de aproveitar com a habilidade de alguém com o dobro de sua idade.

Deixou Phoebe sair primeiro do carro que haviam contratado. As duas ficaram paradas, de braços dados, enquanto as câmeras focalizavam-nas. Todas as fotos publicadas seriam das duas.

Phoebe adquiriu vida subitamente. Adrianne já vira isso acontecer antes. E, sempre que ocorria, diminuía o fervor do seu desejo de que a mãe abandonasse a carreira no cinema. Havia felicidade no rosto de Phoebe, o tipo de alegria simples que Adrianne quase nunca via. Phoebe não precisava de pílulas agora, nem de bebida, nem de seus devaneios.

A multidão agitou-se ao seu redor, as luzes aumentaram, a música tornou-se mais alta. Por um instante, ela era de novo uma estrela.

Os espectadores, espremidos contra as grades, esperavam por um vislumbre das celebridades prediletas e contentavam-se com atrações menores. Bem-humorados, aclamavam todos, enquanto algumas carteiras eram roubadas e inúmeros pacotes de drogas trocavam de mãos.

Phoebe, vendo apenas os sorrisos, parou para acenar. Exultou com os aplausos enquanto se encaminhava para o cinema. Com a devida discrição, Adrianne conduziu-a para o saguão, já lotado de homens e mulheres do mundo da sétima arte. Havia muita cintilação, muitos decotes, muitas fofocas.

– Querida, que prazer em revê-la! – Althea Gray, uma atriz esguia, que deixara sua marca numa série de televisão, aproximou-se para dar um beijo no ar, a alguns centímetros do rosto de Phoebe. Deu um sorriso neutro para Adrianne, acompanhado por um irritante tapinha em sua cabeça. – Continua tão linda como sempre, não é mesmo? Um smoking... mas que ideia fascinante!

Ela especulou depressa quanto tempo levaria para fazer um igual. Phoebe ficou surpresa com a recepção efusiva. Althea esnobara-a ostensivamente na última vez em que haviam se encontrado.

– Você está maravilhosa, Althea.

– Obrigada, querida.

Ela esperou até um cinegrafista focalizar as duas antes de bater de leve no rosto de Phoebe, num gesto de intimidade.

– Fico contente por encontrar rostos amigos no circo. – Ela acendeu o isqueiro na extremidade do cigarro comprido, dando um jeito para que a esmeralda em seu dedo faiscasse. – Não pretendia vir essa noite, mas o meu divulgador teria um ataque! O que tem feito ultimamente, querida? Não a vejo há séculos!

– Acabo de rodar um filme. – Agradecida pelo interesse, Phoebe sorriu e ignorou a fumaça ardendo em seus olhos. Tratou de elevar o filme de horror barato ao acrescentar: – Um thriller. Deve ser lançado no inverno.

– Maravilhoso. Também estou prestes a fazer um filme, agora que me livrei do atoleiro da televisão. O roteiro é de Dan Bitterman. Não ouviu falar a respeito de... *Tormento*? – Ela fez uma pausa, lançando um olhar insinuante para Phoebe. – Acabei de assinar o contrato para o papel de Melanie. – Com outra pausa, apenas o suficiente para ter certeza de que a farpa atingira o alvo, Althea tornou a sorrir. – Tenho que voltar para junto do meu acompanhante antes que ele fique inquieto. Foi maravilhoso vê-la, querida. Precisamos nos encontrar para almoçar um dia desses.

– Mamãe, qual é o problema? – perguntou Adrianne.

– Não foi nada.

Phoebe fixou um sorriso no rosto enquanto alguém chamava seu nome. *Melanie*... Larry lhe prometera o papel. Era apenas uma questão de acertar alguns detalhes nas negociações, garantira ele, prometendo que o filme a levaria de volta ao lugar de destaque que já ocupara.

– Quer voltar para casa?

– Voltar? – Phoebe aumentou a voltagem do sorriso, até parecer crepitar. – Claro que não, mas adoraria tomar um drinque antes de entrar. Ei, lá está Michael!

Ela acenou e atraiu a atenção do ator que fora seu primeiro par num papel principal. Michael Adams. Havia alguns fios brancos em suas têmporas, que ele não se dava ao trabalho de pintar. Também havia umas poucas rugas no rosto, que ele não se preocupava em esconder. Ainda representava o papel masculino principal em muitos filmes, embora já se aproximasse dos 50 anos e a cintura tivesse se avolumado.

– Phoebe... – Com afeição e um pouco de compaixão, ele se inclinou para beijá-la. – E quem é essa linda jovem?

Ele sorriu para Adrianne, aparentemente sem reconhecê-la.

– Olá, Michael.

Adrianne ergueu-se na ponta dos pés para beijá-lo no rosto, um gesto que em geral fazia com uma relutância evidente.

Com Michael, no entanto, fazia-o com prazer. Era o único homem, entre todos os que conhecia, com quem Adrianne sentia-se à vontade.

– Não pode ser a nossa pequena Addy! Você ofusca por completo todas as nossas estrelas. – Michael riu e beliscou o queixo de Adrianne, fazendo-a sorrir. – Aqui está a sua melhor obra, Phoebe.

– Sei disso.

Ela apertou o lábio entre os dentes antes que tremesse. Conseguiu exibir outro sorriso. Problemas, pensou Michael, bastante perceptivo para interpretar o excesso de brilho nos olhos de Phoebe. Mas sempre havia problemas com Phoebe.

– Não me diga que veio desacompanhada.

– Larry teve que viajar.

– Ahn... – Não era o momento de fazer outra preleção para Phoebe sobre Larry Curtis. – Será que eu poderia persuadi-la a fazer companhia a um homem solitário?

– Você nunca está solitário – interveio Adrianne. – Li na semana passada que teve um romance em Aspen com Ginger Frye.

– Uma menina precoce. Na verdade, passei o fim de semana esquiando e tive sorte de escapar sem ossos quebrados. Ginger estava presente para o caso de eu precisar de cuidados médicos.

Adrianne sorriu.

– E precisou?

– Tome aqui. – Michael tirou uma nota de seu clipe com dinheiro. – Vá comprar um refrigerante, como uma boa menina.

Ela se afastou, rindo.

Michael observou-a, admirando a maneira como ela se esgueirava pela multidão. Dentro de um ou dois anos Adrianne teria a seus pés os homens daquela cidade... de qualquer cidade.

– Ela é um tesouro, Phoebe. A minha filha Marjorie tem 17 anos. Há três anos que não a vejo vestir outra coisa a não ser jeans rasgados. E ela sempre faz tudo que pode para infernizar a minha vida. Eu invejo você.

– Addy nunca me deu problema. Com toda a sinceridade, não sei o que eu faria sem ela.

– Ela é muito dedicada a você. – Michael baixou a voz. – Já pensou em procurar o médico que sugeri?

– Não tive tempo. – Phoebe queria que ele a deixasse em paz para poder ir ao banheiro e tomar outra pílula. – E, para dizer a verdade, tenho me sentido muito melhor. Superestimam demais a psicoterapia, Michael. Às vezes acho que a indústria do cinema foi criada para sustentar os psiquiatras e os cirurgiões plásticos.

Ele reprimiu um suspiro. Era evidente que ela estava sob o efeito de alguma coisa que tomara, mas que agora passava depressa.

– Nunca faz mal conversar com alguém.

– Vou pensar a respeito.

Adrianne não se apressou em voltar. Sabia que Michael, se tivesse a oportunidade, falaria com a mãe sobre terapia. Já conversara com Adrianne a respeito, quando a encontrara quase histérica por não conseguir fazer com que Phoebe reagisse numa tarde depois das aulas. Phoebe ficara sentada em seu quarto, muda, olhando fixamente pela janela.

Dera muitas desculpas quando se recuperara. Fadiga, excesso de trabalho, tranquilizantes. Michael conversara com as duas sobre procurar ajuda, mas Phoebe relutava. Era por esse motivo que Adrianne queria desesperadamente levar a mãe para Nova York, longe de Larry Curtis e de seu abundante estoque de drogas.

Ela não precisava ser adulta para saber que "nevava" no sul da Califórnia. A cocaína se tornara a droga da moda na indústria do cinema. Com bastante frequência, era servida nos sets de filmes de maneira tão natural quanto um almoço. Até agora, Phoebe recusara, preferindo o inferno de suas pílulas ao inferno do pó. Mas Adrianne sabia que mais cedo ou mais tarde o dia chegaria. Tinha de afastar a mãe antes que essa última fronteira fosse cruzada.

Adrianne tomou um gole da Pepsi. Deu uma volta lenta pela sala. Não podia dizer que detestava todas as pessoas no mundo que sua mãe escolhera. Muitas eram como Michael Adams, tinham um talento genuíno, eram leais com os amigos, dedicados a um ofício que muitas vezes exigia horários extenuantes, sem o menor glamour.

E ela gostava do glamour, das refeições em restaurantes elegantes, das roupas maravilhosas. Compreendia-se bastante bem para saber que teria dificuldades para se satisfazer com o ordinário, mas não queria o extraordinário à custa da sanidade da mãe.

– Viu só aquele vestido? – Althea Gray deu uma tragada no cigarro e acenou com a cabeça na direção de Phoebe, enquanto Adrianne estava parada logo atrás dela. – Parece até que ela quer mostrar a todo mundo que ainda tem aqueles seios.

– Depois dos seus últimos filmes, ninguém pode ter mais qualquer dúvida a respeito – comentou seu companheiro. – Eles deviam ter cobrado dois ingressos.

Althea riu.

– Parece uma amazona que já passou do ponto. Ela acreditava de verdade que ia ficar com o papel de Melanie. Todo mundo sabe que a Phoebe nunca mais vai ter outro papel decente. Se não fosse tão patético, poderia até ser engraçado.

– Ela tinha alguma coisa no passado – comentou o homem ao lado de Althea. – Nunca houve ninguém igual a ela.

– Pare com isso, querido. – Althea apagou o cigarro. – As excursões pela estrada do passado são muito chatas.

– Não tão chatas quanto ouvir o lamento de uma atriz de segunda classe.

Adrianne falou em tom incisivo e não se intimidou quando as cabeças se viraram em sua direção.

– Essa não! – Althea bateu no lábio inferior com a ponta do dedo. – Jarros pequenos têm orelhas grandes.

Adrianne fitou-a, de mulher para mulher.

– E talentos pequenos têm egos enormes.

Quando seu companheiro riu, Althea lançou-lhe um olhar fulminante. Depois, sacudiu os cabelos.

– Dá o fora, querida. Essa é uma conversa de adultos.

– É mesmo? – Adrianne controlou o impulso de jogar o refrigerante na cara de Althea. Em vez disso, tomou um gole. – Pois me parecia bastante imatura.

– Pirralha mal-educada... – Althea desvencilhou-se do braço do companheiro, que tentava contê-la, e deu um passo à frente. – Alguém deveria lhe ensinar boas maneiras.

– Não preciso de aulas de boas maneiras de uma mulher como você. – Adrianne avaliou Althea de alto a baixo, depois olhou para o grupo ao redor. Foi um olhar longo e firme, bastante frio e adulto para deixar todos contrafeitos. – Não estou vendo ninguém aqui que possa me ensinar qualquer coisa além de hipocrisia.

– Que desclassificadazinha! – murmurou Althea quando Adrianne virou-se e afastou-se.

– Cale a boca, Althea – aconselhou seu companheiro. – Ela demonstrou mais classe do que você.

– Meu bem, eu gostaria que me dissesse se há alguma coisa errada.

Adrianne empurrou a porta lateral que dava para o pequeno jardim. Havia bem pouco que a cativava na Califórnia, mas aprendera a apreciar o sol.

– Não há nada errado. Tenho muitos deveres de casa, só isso.

Era a melhor maneira de ficar sozinha e pensar nas coisas que ouvira desde a noite da première. Já lidara com o rumor de que Phoebe posara nua para uma revista masculina. Duzentos mil dólares fora o preço pelo autorrespeito da mãe.

Era difícil, muito difícil justificar a vergonha por meio do amor. Adrianne passara anos se esforçando para aprender um novo modo de vida. Adotara com todo entusiasmo a igualdade da mulher, sua liberdade de escolha, o direito de ser ela própria, em vez de um mero símbolo de fragilidade ou desejo. Queria acreditar, precisava acreditar, mas a mãe se despira, vendera seu corpo para que qualquer homem pudesse abrir as páginas de uma revista e possuí-la.

A escola era cara demais. Adrianne observou a rosa enorme largar suas pétalas e pensou nas mensalidades que a mãe pagava para mantê-la na escola particular. Phoebe vendia seu orgulho pela educação da filha.

Havia também as roupas... as roupas que a mãe insistia que Adrianne precisava. E o motorista... a combinação de motorista e segurança que Phoebe achava necessário para manter a filha a salvo do terrorismo... e de Abdu. O Oriente Médio estava agora permanentemente atormentado por uma terrível violência. Quer Abdu a reconhecesse ou não, Adrianne ainda era a filha do rei de Jaquir.

– Mamãe, eu estava pensando em ir para uma escola pública no ano que vem.

– Escola pública? – Phoebe verificou a bolsa para ter certeza de que incluíra o cartão de crédito. Até Larry voltar, estava com pouco dinheiro. – Não seja ridícula, Addy. Quero que você tenha a melhor educação.

Ela fez uma pausa, desorientada por um momento. O que procurava na bolsa? Phoebe olhou para o cartão de crédito de plástico, balançou a cabeça e tornou a guardá-lo na carteira.

– Não está feliz na sua escola? As professoras sempre me dizem que você é brilhante, mas se as outras meninas são um problema, podemos procurar outra escola.

– Não, as outras garotas não são um problema. – Em particular, Adrianne achava que a maioria era arrogante e egocêntrica, mas inofensiva. – Apenas parece um desperdício de dinheiro quando eu poderia aprender as mesmas coisas em outra escola.

– É esse o problema? – Phoebe atravessou a sala para beijar a filha, rindo. – O dinheiro é a última coisa com que você deve se preocupar. É importante para mim, Addy, muito importante, que você tenha o melhor. Sem isso... ora, não importa. – E deu outro beijo na filha antes de acrescentar: – Você vai ter sempre o melhor... e no próximo ano vai estar vendo o mar ao olhar pela janela.

– Já tenho o melhor – murmurou Adrianne. – Tenho você.

– Você é muito boa para mim. Tem certeza de que não quer ir comigo fazer as unhas?

– Tenho uma prova de espanhol na segunda-feira. Preciso estudar.

– Você dá duro demais.

Dessa vez, Adrianne sorriu.

– A minha mãe também.

– Então ambas merecemos um presente. – Phoebe abriu a bolsa outra vez. Estava com o cartão de crédito. – Vamos àquele restaurante italiano de que você gosta tanto e vamos comer espaguete até nos mandarem embora.

– Com alho extra?

– O suficiente para que ninguém chegue perto de nós. E depois vamos ao cinema. Para assistir o tal *Guerra nas Estrelas* de que todo mundo fala. Vou estar de volta lá pelas cinco.

– Estarei pronta.

Tudo vai acabar dando certo, decidiu Adrianne quando ficou sozinha. Phoebe estava bem... as duas estavam bem enquanto tivessem uma à outra. Ligou o rádio. Foi mudando a sintonia até encontrar uma emissora de rock. Música americana. Adrianne sorriu e cantou alguns versos com Linda Ronstadt.

Gostava de música americana, carros americanos, roupas americanas. Phoebe providenciara para que a filha tivesse a cidadania, mas Adrianne não conseguia se ver como uma adolescente americana.

Era cautelosa com os meninos, enquanto as garotas de sua idade os perseguiam por todos os meios. Riam e falavam em beijo de língua, em carícias. Duvidava que qualquer uma daquelas garotas já tivesse testemunhado o estupro da mãe. Até mesmo suas melhores amigas pareciam fazer da rebelião sua maior prioridade. Como Adrianne podia se rebelar contra a mulher que arriscara a vida para mantê-la sã e salva?

Algumas levavam maconha para a escola e fumavam no banheiro. Aceitavam as drogas com a maior tranquilidade, enquanto ela sentia pavor.

Havia o título, que a separava das colegas. Mais do que uma palavra, estava em seu sangue; um vínculo com o mundo em que vivera durante os oito primeiros anos de sua vida. Um mundo que nenhuma daquelas privilegiadas garotas americanas poderia compreender.

Adrianne partilhava sua cultura, grata por muitas coisas que elas consideravam corriqueiras. Mas ainda havia momentos, momentos só dela, em que sentia saudade do harém e do conforto da família.

Pensou em Duja, que se casara com um milionário americano do petróleo, mas que vivia tão distante de sua vida quanto Jiddah ou Fahid... ou o irmão e a irmã que haviam nascido depois que ela deixara Jaquir.

Adrianne tratou de remover o passado para o fundo da mente e abriu os livros, sentada a uma mesa perto da janela do jardim.

Passou uma tarde agradável, com a música mais alta do que Phoebe gostava, e um saco de batatas fritas como almoço. Estudar era uma alegria para ela, outra coisa que deixava as amigas espantadas. Elas, no caso, pensavam na educação como um direito, até mesmo como uma necessidade chata, não como um privilégio. Nove anos da vida de Adrianne haviam se passado antes que ela aprendesse a ler, mas compensara o tempo perdido, agradando e surpreendendo Phoebe ao se tornar uma aluna destacada. Aprender exercia tanto fascínio sobre Adrianne quanto o rock agitado que saía do rádio. Tinha sonhos. Aos 14 anos, queria se tornar engenheira. A matemática era como uma linguagem para ela, que já era fluente em álgebra. Com a ajuda de uma professora interessada, estava estudando cálculo. Também se sentia atraída por computadores e eletrônica.

Adrianne tentava resolver uma equação difícil quando ouviu a porta se abrir.

– Voltou cedo, hein?

O sorriso de saudação se desvaneceu quando ela levantou os olhos e deparou com Larry Curtis.

– Sentiu saudade de mim, querida?

Ele jogou a valise no sofá e sorriu para Adrianne. Aspirara uma carreira de cocaína no banheiro do avião antes do pouso e sentia-se muito bem.

– Que tal um beijo no Larry?

– A minha mãe não está.

Adrianne parou de balançar as pernas e empertigou-se na cadeira. Ele avaliou o short curto e os seios pequenos por baixo da camiseta. Com Larry, ela queria ter a proteção da *abaaya* e do véu.

– Deixou você sozinha?

Era raro encontrar Adrianne sozinha em casa. Larry foi pegar uma garrafa de uísque, sentindo-se à vontade. Ela o observava num silêncio desaprovador.

– Mamãe não esperava que você voltasse tão cedo.

– Resolvi tudo mais depressa do que imaginava. – Larry tomou um gole do uísque. Virou-se para admirar as pernas morenas por baixo da mesa. Há meses que vinha querendo enfiar a mão entre aquelas coxas lindas. – Dê-me os parabéns, querida. Acabo de fechar um negócio que vai me manter no topo pelos próximos cinco anos.

– Meus parabéns.

Adrianne começou a empilhar os livros. Iria para o quarto e trancaria a porta.

– É isso que você costuma fazer numa linda tarde de sábado? – Larry pôs a mão sobre a dela, em cima do livro de espanhol.

Adrianne ficou imóvel, esperando que a pulsação na nuca diminuísse. Sabia quando um homem desejava uma mulher. Sentiu um frio no estômago ao fitá-lo.

Ele mudara pouco desde a primeira vez que o vira. Os cabelos estavam um pouco mais curtos, e as correntes e camisas em tons pastel haviam sido trocadas por trajes esportes e tênis. Por baixo de tudo aquilo, no entanto, continuava exatamente o que sempre fora. Celeste o chamara de untuoso. Adrianne pensou agora em outra palavra: seboso.

– Vou guardar os meus livros.

Ela manteve os olhos firmes, mas o nervosismo aflorou em sua voz. Ao perceber, Larry sorriu.

– Você fica muito atraente com todos os seus livros empilhados... estudiosa.

Ele terminou de tomar o uísque enquanto mantinha a mão sobre a dela. Adrianne estava excitada, pensou ele, enquanto sentia o pulso bater forte sob seus dedos. Era assim que gostava das garotas.

– Você cresceu um bocado, meu bem.

Quanto a isso, não resta a menor dúvida, pensou Larry. Os cabelos desciam até a cintura, pretos e lisos. A pele era viçosa, parecendo coberta de orvalho, da cor do pó de ouro. Os olhos, tão escuros quanto os cabelos, arregalavam-se de medo. A garota sabia o que ele estava pensando. O que o deixava excitado, tanto quanto aquele corpo firme que ainda não amadurecera de todo.

– Há anos que estou de olho em você, meu bem. Podemos formar uma dupla e tanto. – Larry passou a língua pelos lábios. – Depois, num gesto deliberado, esfregou a mão livre em sua própria virilha. – Posso ensinar a você muito mais do que vai aprender nesses livros.

– Você faz sexo com a minha mãe.

Os dentes de Larry faiscaram. Gostava da maneira como ela falava abertamente.

– Isso mesmo. Vamos manter isso em família.

– Você é nojento! – Adrianne desvencilhou a mão e levantou os livros, como um escudo. – Quando eu contar à minha mãe...

– Não vai contar nada. – Ele continuou a sorrir. A droga fazia com que se sentisse alto, forte, sensual; o álcool o deixava confiante, duro e determinado. – Não se esqueça de que sou eu quem paga a comida aqui.

– Você trabalha para a minha mãe. Não é ela quem trabalha para você.

– Caia na real. Sem a minha ajuda, Phoebe Spring não conseguiria um trabalho de vender sacos de lixo num comercial de trinta segundos. Sou eu quem põe um teto sobre a sua cabeça, meu bem. Arrumo um trabalho para ela de vez em quando e escondo da imprensa que a sua mãe é uma viciada em drogas e ainda por cima uma alcoólatra. Você devia demonstrar um pouco de gratidão.

Ele avançou tão depressa que o grito de Adrianne ficou preso na garganta. Os livros caíram no chão quando ele a puxou através da mesa. Ela resistiu, chutando, golpeando-o com as mãos, mas só conseguiu fazer um arranhão em seu rosto antes que Larry lhe imobilizasse os braços.

– Ainda vai me agradecer por isso – disse ele antes de comprimir a boca contra os lábios de Adrianne.

Ela sentiu a náusea subir pela garganta, quente e amarga. Deixou-a sufocada e ela teve de ofegar para respirar. Larry estendeu-a em cima da mesa. Quando Adrianne manteve os lábios fechados, ele deslocou a boca, passando a sugar-lhe um seio através da camiseta. Houve dor, uma dor intensa, mas a vergonha foi ainda mais profunda.

Adrianne desatou a gritar, várias vezes, contorcendo-se, tentando desesperadamente se desvencilhar. O copo que Larry deixara em cima da mesa caiu no chão, espatifando-se. O barulho levou-a de volta a Jaquir, ao quarto da mãe.

Através de olhos aterrorizados, Adrianne viu o pai assomando por cima dela, sentiu que suas mãos a violavam, rasgando a camiseta. Seus gritos transformaram-se em soluços quando a mão de Larry subiu por sua perna e enfiou-se por baixo do short, para sondar e penetrar.

A maneira como Adrianne se debatia, angustiada, levava-o a um frenesi sexual. Para ele, a garota era como um fruto novo, firme, saboroso, úmido. Seu corpo era tão esguio quanto o de um menino, mas macio como manteiga. Larry sentia-se duro e pesado como uma pedra. Não havia nada igual a uma virgem, pensou ele, enquanto a arrastava para o chão. Nada igual a uma virgem. Ofegante, ele apertou-lhe os pequenos seios e observou as lágrimas escorrerem por suas faces. Ela estava perdendo a disposição para lutar. Larry puxou-a para baixo de seu corpo com alguma facilidade quando ela tentou se afastar.

Adrianne mal podia senti-lo agora. Corpo e mente haviam se separado. Ouvia o choro, mas tinha a sensação de que vinha de outra pessoa. Havia dor, mas era vaga, embotada pelo choque.

Uma mulher era mais fraca do que um homem, submissa a um homem, feita para ser guiada por um homem.

De repente, Larry não estava mais em cima dela. Adrianne ouviu gritos, um estrépito. Não a envolviam. Ela rolou de lado, enroscando-se como uma bola.

– Seu filho da puta!

Phoebe agarrara Larry pela garganta. Os olhos desvairados, os dentes à mostra, ela deixou-o sem fôlego. Surpreso, ele cambaleou para trás. Conseguiu remover os dedos de Phoebe de sua garganta, sorvendo o máximo de ar possível, um instante antes de as unhas bem-cuidadas cortarem seu rosto.

– Sua puta maluca! – Com um uivo de dor, Larry empurrou-a para trás. – Ela pediu por isso! Estava querendo!

Phoebe tornou a atacá-lo, como uma tigresa, aos socos, cravando unhas e dentes nele. Rasgou roupas e carne. Eram mais ou menos iguais em peso e altura, mas Phoebe estava impulsionada por uma raiva tão intensa, tão profunda, que só o assassinato poderia saciá-la.

– Você vai morrer! Vou matar você por tocar na minha filha com as suas mãos imundas!

Ela deu uma mordida profunda no ombro dele, sentindo o gosto de sangue. Larry desferiu um soco e, mais por sorte do que por habilidade, acertou-a no queixo, deixando-a atordoada.

– Sua vagabunda!

Larry também chorava, soluços profundos, espantado por descobrir que uma mulher podia machucá-lo. O rosto sangrava, o peito e os braços estavam doloridos. Uma dor intensa lhe subiu pela perna quando fez um esforço para se levantar.

– Ficou com ciúme porque eu queria experimentar a garota. – Ele passou a mão por baixo do nariz e procurou um lenço para estancar o sangue. – Você quebrou o meu nariz!

Ofegante. Phoebe também se levantou. Viu a garrafa de uísque aberta no balcão do bar. Pegou-a, quebrou-a e levantou-a com os fragmentos afiados. O rosto glorioso estava contorcido em fúria. Havia sangue em seus lábios... o sangue de Larry.

– Saia... saia daqui antes que eu o retalhe em pedacinhos!

– Já vou sair!

Capengando, ele encaminhou-se para a porta, o lenço ensanguentado comprimindo o rosto.

– Acabou, meu bem. E se pensa que outro agente vai aceitá-la, vai ter uma surpresa. Está acabada, querida. Não passa de uma piada nessa cidade. – Larry se apressou em abrir a porta quando Phoebe avançou. – E não me ligue quando ficar sem pílulas e sem dinheiro!

Quando a porta foi batida, ela jogou a garrafa em sua direção. Tinha vontade de gritar... parar no meio da sala, erguer o rosto e gritar. Mas havia Adrianne. Phoebe ajoelhou-se ao lado da filha e gentilmente a enlaçou.

– Calma, querida, calma. Não precisa ter medo. A mamãe está aqui.

Adrianne, estremecendo, aconchegou-se à mãe.

– Estou aqui, Addy, com você. Ele já foi embora, e nunca mais vai voltar. Ninguém mais vai ousar machucar você.

A camiseta toda rasgada, Phoebe apertou a filha com força e embalou-a. Não havia sangue. Larry não chegara a estuprá-la. Só Deus sabia o que o desgraçado fizera com Adrianne antes de ela os encontrar, mas não estuprara sua filha.

Quando Adrianne começou a chorar, a mãe fechou os olhos e continuou a embalá-la. As lágrimas ajudaram. Só ela sabia disso tão bem, ninguém mais.

– Tudo vai ficar bem, Addy. Prometo. Vou fazer o que for melhor para você.

9

Adrianne tinha 18 anos. Estava no tranquilo consultório em tons pastel do Dr. Horace Schroeder, uma das maiores autoridades em distúrbios de comportamento no país. Era seu aniversário, mas ela não sentia alegria, não sentia ânimo.

Além da janela, estendia-se um vasto gramado, cruzado por caminhos de lajotas, pelos quais pessoas andavam ou eram empurradas em cadeiras de rodas por serventes e enfermeiras de uniforme branco. Havia uma cerejeira em flor e uma sebe ornamental de azaleias. Ela podia ver abelhas pairando sobre as flores e depois se afastando, cheias de néctar. O sol refletia-se na água da banheira de passarinho feita de mármore, mas os tordos e pardais que faziam ninho no bosque de carvalhos próximo não se sentiam tentados naquele dia.

Através da janela, além do gramado e das árvores, ela podia avistar as sombras das Montanhas Catskills, ao norte. Ofereciam uma vista de abertura, de liberdade. Adrianne especulou se a sensação seria a mesma quando a janela fosse gradeada.

– Ah, mamãe... – Ela encostou a testa no vidro por um momento, deixando os olhos se fecharem e os ombros baixarem. – Como chegamos a esse ponto?

Ela se empertigou no instante em que ouviu a porta se abrir. O Dr. Schroeder entrou e deparou com uma jovem calma, um pouco magra, usando um tailleur azul-claro. Tinha os cabelos presos no alto da cabeça, para aumentar a altura e a impressão de maturidade.

– Princesa Adrianne... – Ele atravessou a sala, apertando a mão estendida. – Perdoe-me por deixá-la esperando.

– Não foi muito tempo. – Para Adrianne, cinco minutos naquele lugar já eram demais. – Queria falar comigo antes de eu levar mamãe para casa.

– Isso mesmo. Sente-se, por favor.

Ele indicou uma das bergères que faziam com que o consultório parecesse uma sala de estar aconchegante. Havia uma mesinha redonda ao lado, antiga, toda esculpida, com uma caixa de lenços de papel em cima. Adrianne lembrou que usara os lenços de papel em sua primeira visita, dois anos antes. Agora, cruzou as mãos no colo e ofereceu um pequeno sorriso ao Dr.

Schroeder. Com o rosto de queixo comprido e olhos castanhos empapuçados, ele a fazia pensar num cachorro enorme e triste.

– Deseja um café ou um chá?

– Não, obrigada. Quero que saiba como fico agradecida por tudo o que fez pela minha mãe... e por mim. – Quando o médico fez menção de descartar o assunto, como se não tivesse importância, ela ergueu a mão. – Falo sério. Ela se sente bem na sua presença, e isso significa muito para mim. Também sei que fez mais do que devia para evitar que a imprensa tomasse conhecimento dos detalhes da doença.

– Todos os meus pacientes têm direito à privacidade. – O Dr. Schroeder sentou-se, escolhendo a poltrona ao lado de Adrianne, em vez de ir para trás de sua mesa. – Minha cara, sei o quanto sua mãe significa para você e o quanto se preocupa com o bem-estar dela. Eu gostaria que reconsiderasse a decisão de levá-la para casa.

Adrianne preparou-se para um golpe. Embora os olhos não se alterassem, os dedos se contraíram em seu colo.

– Está querendo dizer que ela teve uma recaída?

– Não, não foi isso. O progresso de Phoebe é satisfatório. A medicação e o tratamento fizeram muito para estabilizar sua condição. – Ele fez uma pausa, deixando escapar um longo suspiro. – Não quero encher a conversa de termos técnicos. Já ouviu todos antes. Também não quero subestimar a doença ou o prognóstico.

– Eu compreendo. – Adrianne resistiu ao impulso de se levantar e de andar de um lado para o outro. – Dr. Schroeder, sei qual é o problema da minha mãe. Sei também por que acontece e o que é preciso fazer para ajudá-la.

– Minha cara, a depressão é uma doença muito difícil e angustiante... para o paciente e para a família do paciente. Você já sabe muito bem, a essa altura, que as depressões e a hiperatividade podem ter inícios abruptos e recuperações repentinas.

A reação de Phoebe, ao longo dos dois últimos meses, tem sido boa, mas são apenas dois meses.

– Dessa vez – lembrou Adrianne. – Nos últimos dois anos ela tem passado tanto tempo nessa clínica quanto em casa. Não havia nada que eu pudesse fazer até agora para mudar isso. Mas fiz 18 anos hoje, doutor. Para a lei, agora sou adulta. Posso assumir a responsabilidade pela minha mãe, e é o que quero fazer.

– Nós dois sabemos que você assumiu a responsabilidade pela sua mãe há muito tempo. Admiro-a por isso mais do que posso dizer.

– Não há nada para admirar. – Dessa vez Adrianne levantou-se. Precisava ver o sol, as montanhas. A liberdade. – Ela é a minha mãe. Nada nem ninguém significa mais para mim. Ninguém sabe tanto quanto o senhor sobre a vida dela e a minha. No meu lugar, Dr. Schroeder, poderia fazer menos?

Ele a estudou quando Adrianne virou-se para fitá-lo. Tinha os olhos muito escuros, muito adultos, muito determinados.

– Eu esperaria que não. Você ainda é muito jovem, princesa Adrianne. E a sua mãe pode precisar de cuidado constante e intensivo pelo resto da vida.

– Ela vai ter. Contratei uma enfermeira da lista de candidatas que me forneceu. Arrumei os meus horários para que mamãe nunca fique sozinha. O nosso apartamento é num bairro sossegado, perto da residência da maior e mais antiga amiga dela.

– Amor e amizade, com toda certeza, desempenharão um papel importante na saúde emocional e mental da sua mãe.

Adrianne sorriu.

– Essa é a parte fácil.

– Ela vai ter que ser trazida até aqui para a terapia todas as semanas, pelo menos por enquanto.

– Darei um jeito.

– Não posso insistir para que deixe Phoebe conosco por mais um ou dois meses, mas tenho de recomendar com veemência, para o seu próprio bem, tanto quanto pelo bem dela.

– Não é possível. – Porque respeitava o médico, Adrianne queria que ele compreendesse. – Prometi a ela. Quando a trouxe dessa vez, jurei que a levaria de volta para casa na primavera.

– Não preciso lembrá-la que Phoebe estava comatosa quando chegou. Não vai se lembrar dessa promessa.

– Mas eu me lembro. – Adrianne tornou a se adiantar, estendendo a mão. – Obrigada por tudo que fez e por tudo que tenho certeza que continuará a fazer. Vou levar mamãe para casa agora.

O Dr. Schroeder sabia que desperdiçava seu tempo em insistir. Segurou a mão de Adrianne um pouco mais.

– Telefone, mesmo que precise apenas conversar.

– Pode deixar. – Adrianne teve medo de chorar de novo, como acontecera na primeira vez em que o encontrara. – Pode estar certo de que vou cuidar muito bem dela.

Mas quem vai cuidar de você?, especulou o médico enquanto saíam para o corredor.

Ela foi andando ao lado dele em silêncio. Era muito fácil lembrar outras visitas, outras caminhadas pelos largos corredores. Nem sempre fora tranquilo. Às vezes, houvera choro. Ou pior, muito pior, risadas. Na primeira vez em que fora hospitalizada, a mãe parecia uma boneca quebrada, os olhos arregalados e fixos, o corpo inerte. Adrianne tinha 16 anos, mas conseguira alugar um quarto num motel a 30 quilômetros de distância para poder visitar a mãe todos os dias. Três semanas haviam transcorrido antes que Phoebe pronunciasse qualquer palavra.

Pânico. Adrianne sentiu uma pequena bolha de pânico percorrer seu corpo. Era o mesmo tipo de pânico que experimentara na primeira vez. Tinha certeza de que Phoebe morreria na cama estreita e branca para pacientes de cuidados crônicos, cercada por estranhos. E então Phoebe falara. Apenas uma palavra. Adrianne

Daquele momento em diante, a vida das duas entrara em uma nova fase. Adrianne fizera tudo o que podia para que Phoebe recebesse o melhor tratamento. Tudo mesmo, inclusive escrever para Abdu e suplicar ajuda. Quando o pai recusara, ela encontrara outro jeito. Respirou fundo ao virarem uma esquina no corredor. E continuava a encontrar outro jeito.

No Instituto Richardson, os pacientes não violentos tinham quartos espaçosos, mobiliados com a mesma elegância de uma suíte num hotel cinco estrelas. A segurança era discreta, ao contrário da ala leste, com as grades de ferro, os cadeados e o vidro reforçado, onde Phoebe passara duas semanas angustiantes no ano anterior.

Adrianne encontrou-a sentada junto à janela de seu quarto, os cabelos ruivos lavados e penteados para trás. Usava um vestido azul brilhante com uma borboleta de ouro presa na gola.

– Olá, mamãe.

Phoebe virou a cabeça rapidamente. O rosto, que controlara com todo cuidado para o caso de uma enfermeira olhar, animou-se no mesmo instante. Ela conseguiu, com a habilidade de atriz que ainda lhe restava, esconder o desespero que sentia, enquanto se levantava e abria os braços.

– Addy!

– Você está maravilhosa. – Adrianne apertou-a com força, aspirando o perfume que a mãe usava. Por um momento, teve vontade de se aconchegar nos braços dela, ser criança de novo, mas recuou, com um sorriso, para disfarçar a cuidadosa avaliação do rosto da mãe. – Relaxada – murmurou ela, com algum alívio.

– Eu me sinto muito bem, ainda mais agora que você está aqui. Já arrumei as minhas coisas. – Era difícil evitar que o nervosismo transparecesse em sua voz. – Vamos para casa, não é?

– Claro que vamos. – Era a decisão certa, pensou Adrianne, enquanto acariciava o rosto da mãe. Tinha de ser. – Quer falar com alguém antes de irmos?

– Não. Já me despedi de todo mundo.

Phoebe estendeu a mão. Queria sair dali o mais depressa possível, mas sabia que uma boa atriz fazia com que sua saída fosse em grande estilo, tanto quanto a entrada.

– Foi muita gentileza sua ter vindo, Dr. Schroeder. Quero lhe agradecer por tudo.

– Cuide-se bem, e esse será todo o agradecimento de que preciso. – Ele pegou a mão de Phoebe entre as suas. – Você é uma mulher muito especial, Phoebe. E tem uma filha muito especial. Nos vemos na próxima semana.

– Na próxima semana?

Phoebe contraiu o braço que envolvia a filha.

– Virá para a terapia – explicou Adrianne, tranquilizadora. – Como paciente externa.

– Mas vou morar em casa, com você.

– Isso mesmo. Eu a trarei de carro para as sessões. Poderá conversar com o Dr. Schroeder sobre qualquer coisa que quiser.

– Está bem. – Ela relaxou o suficiente para sorrir. – Estamos prontas para ir embora?

– Só vou pegar a sua mala.

Adrianne pegou a pequena mala. Depois, porque sabia que Phoebe precisava, tornou a segurar sua mão.

– Obrigada de novo, doutor – disse ela enquanto saíam pelo corredor. – Está um lindo dia. Foi maravilhoso ver todas as árvores cobertas de botões no caminho... sem falar das flores. – Saíram para o sol. Uma fragrância delicada pairava no ar. – Cada vez que venho de carro até aqui, fico pensando como deve ser agradável ter uma casa no campo. Obrigada, Robert. – O agradecimento foi para o motorista, que pegou a mala. Adrianne entrou com a mãe no banco traseiro da limusine. – Mas depois volto para Nova York e não sei como as pessoas podem viver em qualquer outro lugar.

– Você é feliz lá.

Phoebe engoliu em seco quando a limusine partiu, afastando-se do instituto. Fuga. Estavam escapando de novo.

– Sempre gostei de Nova York, desde a primeira vez. Lembra-se daquela primeira tarde, quando você, Celeste e eu passeamos pelo centro? Achei que era o lugar mais fabuloso do mundo.

– Celeste vai estar esperando?

Celeste tinha comprado as passagens. Fora esperá-las no aeroporto.

– Ela disse que só vai aparecer mais tarde hoje. Está prestes a estrear uma nova peça.

Phoebe piscou, enquanto focalizava o rosto de Adrianne. Sua menina estava crescida. E estavam apenas indo para casa em vez de fugirem de Abdu. Ninguém jamais magoaria Adrianne de novo.

– Fico contente que você tenha ficado com ela por algum tempo... enquanto eu não estava bem. –Phoebe olhou pela janela. Adrianne tinha razão. Estava mesmo um lindo dia. Talvez o dia mais lindo que ela já vira. – Mas estou melhor agora. – Ela deu um beijo rápido e risonho na filha. – Na verdade, nunca me senti melhor em toda a minha vida. Mal posso esperar para voltar ao trabalho.

– Mamãe...

Ela sentia a adrenalina subir como as borbulhas de champanhe, rápidas e espumantes.

– Não comece a me dizer que preciso descansar. Já descansei o suficiente. Só preciso de um bom roteiro. – Phoebe cruzou as mãos, convencida de que havia um à espera. – Está na hora de eu voltar a tomar conta da minha filha. Assim que se espalhar a notícia de que estou disponível, as ofertas vão começar a aparecer. Não se preocupe.

Phoebe parecia incapaz de conter o fluxo de palavras otimistas sobre os papéis que a aguardavam, os produtores que a convidariam para almoçar, as viagens que Adrianne e ela fariam juntas. Adrianne pouco falou. Conhecia aquela euforia. O planejamento totalmente irrealista era tão sintomático da doença da mãe quanto as depressões profundas. Depois de testemunhar o sofrimento de Phoebe, contudo, era impossível sequer tentar destruir suas ilusões.

– Detestei pensar em você morando aqui sozinha – disse Phoebe quando entraram no apartamento.

– Quase não tenho ficado sozinha. – Depois de largar a mala. Adrianne tirou o casaco de seu tailleur. – Celeste passa mais tempo aqui do que em sua própria casa. Leva muito a sério o fato de você tê-la escolhido para minha guardiã.

A preocupação ressurgiu nos olhos de Phoebe. Sem o casaco, Adrianne parecia de novo uma criança. Vulnerável.

– Eu sabia que ela ia agir assim. Contava com isso.

–Não temos mais com que nos preocupar. Celeste pode voltar a ser apenas minha amiga. Ah, mamãe... – Adrianne abraçou-a, balançando um pouco. – É tão bom ter você em casa!

– Meu bebê... – Phoebe pegou o rosto da filha entre as mãos, dando um passo para trás. – Só que você não é mais um bebê. Faz 18 anos hoje. Não esqueci. Ainda não pude comprar um presente, mas...

– Já ganhei o presente, e adorei. Gostaria de vê-lo?

Satisfeita com o riso nos olhos de Adrianne, Phoebe disse, jovial:

– Oh, querida, espero que seja de bom gosto!

– O melhor!

Ela levou Phoebe para a sala. Havia um retrato em cima da lareira. Phoebe tinha 22 anos quando fora tirada a foto em que o pintor se baseara. Estava no auge da beleza, com um rosto que fazia os homens estremecerem, olhos que os faziam acreditar. Era uma deusa usando as joias de uma rainha. Em seu pescoço, O Sol e a Lua reluzia.

– Oh, Addy...

– Foi Lieberitz quem pintou. É o melhor. Um pouco excêntrico e, sem dúvida, um tanto dramático, mas um mestre. Não queria entregar o quadro depois que ficou pronto.

– Obrigada.

– É meu presente – lembrou Adrianne, jovial. – A única coisa que eu mais queria era ter o original.

– O colar... – Phoebe passou a mão pelo pescoço e desceu-a para os seios. – Ainda me lembro da sensação de usá-lo, a noção do seu peso. Era mágico, Addy.

– Ainda pertence a você. – Adrianne olhou para o retrato e lembrou. De tudo. – Um dia você o terá de volta.

– Um dia... – Phoebe sorriu, apreciando o momento. – Vou ser melhor dessa vez. Prometo. Sem bebida, sem pílulas, sem cometer os erros do passado.

– Era isso que eu queria ouvir.

Ela foi atender o interfone.

– Alô? Está bem. Pode mandar subir.

Adrianne desligou. Fitou a mãe, ainda sorrindo.

– É a enfermeira. Já expliquei que o Dr. Schroeder recomendou que mantivéssemos uma enfermeira, pelo menos temporariamente.

– Sei...

Phoebe virou as costas para o retrato e sentou-se.

– Por favor, mamãe, não fique assim.

– Não ficar como? – Phoebe deixou os ombros penderem. – Não quero que ela use um daqueles horríveis uniformes brancos.

– Vou falar com ela.

– E não quero que fique me olhando enquanto durmo.

– Ninguém vai vigiá-la durante o sono, mamãe.

– Seria a mesma coisa que voltar para o sanatório.

– Não, não seria. – Adrianne estendeu a mão, mas Phoebe esquivou-se. – Esse é um passo para a frente, não para trás. A enfermeira é muito simpática, e acho que você vai gostar dela. Por favor, não... não resista ao tratamento.

– Vou tentar.

E ELA BEM QUE TENTOU. Durante os dois anos e meio seguintes, Phoebe lutou contra uma doença que parecia dominá-la a todo instante. Queria ser forte e saudável, mas era mais fácil, muito mais fácil, fechar os olhos e resvalar para a maneira como as coisas haviam sido ou, melhor, para a ilusão da maneira como as coisas poderiam ter sido.

Quando renunciava ao controle, imaginava que estava entre trabalhos, um filme sendo editado, um novo roteiro sendo avaliado. Podia flutuar por dias na euforia da fantasia que criava em sua mente. Gostava de pensar em Adrianne como uma jovem socialite feliz, sem a menor preocupação no mundo, passando pela vida com a riqueza e o prestígio com que nascera.

Até que de repente o mundo virava pelo avesso, agitava-se irrequieto por um terreno intermediário, deixando-a mergulhada numa depressão tão profunda, tão desesperada, que perdia a noção dos dias. Imaginava-se de volta no harém, com os mesmos cheiros, uma claridade mínima, as horas intermináveis de calor e frustração. Acuada, ouvia Adrianne chamar, suplicar, mas não conseguia encontrar energia para responder.

Vezes sem conta lutava para voltar; e a cada vez era mais difícil, mais doloroso.

– Feliz Natal!

Celeste entrou, com um casaco de lince russo nos ombros, os braços cheios de caixas embrulhadas em papel prateado.

Adrianne levantou-se de um pulo para pegar as caixas. Olhou para o casaco com uma mistura de inveja e divertimento.

– Papai Noel chegou mais cedo esse ano?

– É apenas um presentinho para mim por uma temporada de oito meses de sucesso em *Windows*. – Ela tocou na gola antes de tirar o casaco e largá-lo em cima de uma cadeira. – Phoebe, você está maravilhosa.

Era uma mentira, mas gentil. Ainda assim, Celeste achou que a amiga parecia melhor do que em qualquer outra ocasião das últimas semanas. A palidez era menos acentuada. Adrianne contratara uma cabeleireira para pintar e arrumar os cabelos de Phoebe naquela tarde. Pareciam quase tão cheios e brilhantes quanto no passado.

– É doce da sua parte ter vindo. Sei que deve ter sido convidada para uma dúzia de festas.

– Variando das detestáveis às chatas. – Com um suspiro, Celeste jogou-se no sofá. Esticou as pernas ainda firmes e bem torneadas. – Sabe muito bem que não há ninguém com quem eu prefira passar o Natal do que você e a Addy.

– Nem mesmo Kenneth Twee? – indagou Phoebe conseguindo exibir um sorriso.

– Isso já é notícia velha, querida. – Também sorrindo, ela esticou os braços por cima do encosto do sofá. – Cheguei à conclusão de que Kenneth era sério demais.

Celeste sentiu Adrianne às suas costas e ergueu a mão.

– Você se superou com a árvore esse ano.

– Queria uma coisa especial.

Adrianne pegou a mão estendida. Celeste sentiu a vibração dos nervos.

– E deu certo. – Celeste examinou o pinheiro. Em cada galho havia ornamentos pintados à mão diferentes. Elfos dançavam, renas voavam, anjos cintilavam. – São os enfeites que você encomendou para a campanha das crianças vítimas de maus-tratos?

– Isso mesmo. Acho que ficaram muito bons.

– E parece que você mesma comprou todos.

– Nem todos. – Rindo, Adrianne foi endireitar um enfeite que tinha o formato de uma lágrima. – Mas o projeto superou os objetivos. O sucesso foi tão grande que estou pensando em transformá-lo num evento anual.

Satisfeita, ela se virou. Atrás, as luzes da árvore piscavam.

– Que tal um *eggnog*?

Adrianne sabia que Celeste gostava muito do drinque típico do Natal.

– Leu os meus pensamentos, minha querida. – Celeste tirou os sapatos. – Será que a Sra. Grange ainda tem aqueles biscoitos especiais das festas?

– Ela preparou uma fornada essa manhã.

– Pode trazê-los também. – Celeste passou a mão pela barriga. – Renovei a minha matrícula na academia.

– Volto num instante.

Adrianne lançou um olhar preocupado para a mãe antes de deixar a sala apressada.

– Adrianne está esperando a neve. – Phoebe olhou pela janela, deixando que as lâmpadas coloridas que Adrianne pendurara na moldura ofuscassem sua visão. – Lembra-se daquele primeiro Natal, antes da nossa partida para Hollywood? Jamais vou esquecer a expressão de Adrianne quando acendemos a árvore.

– Nem eu.

– Há muito tempo eu dei para ela uma dessas pequenas bolas de vidro que criam uma nevasca quando são sacudidas. Gostaria de saber o que aconteceu com o presente. – Distraída. Phoebe esfregou as têmporas, preocupada e com dor de cabeça. Parecia tê-las constantemente. – Seria ótimo se a Adrianne saísse essa noite na companhia de jovens.

– O Natal é melhor quando se passa com a família.

– Tem razão. – Phoebe sacudiu os cabelos, determinada a ser alegre. – Ela anda muito ocupada com as obras de caridade e as festas. E também passa horas no computador. Não tenho a menor ideia do que ela faz, mas isso a deixa feliz.

– Seria ótimo se pudéssemos juntar as nossas cabeças e promover o casamento dela com um homem maravilhoso e de uma beleza fantástica.

Com uma risada, Phoebe abriu os braços.

– Seria sensacional, não é mesmo? Não demoraria muito para nos tornarmos avós.

– Fale por você. – Celeste levantou uma sobrancelha enquanto batia com o dorso da mão sob o queixo. – Sou jovem demais para me tornar avó.

– A alegria do Natal? – Adrianne voltou à sala com uma bandeja grande. – Do que vocês duas estão dando risadinhas?

– Risadinha é pouco indigno – ressaltou Celeste. – Sua mãe e eu estamos partilhando um riso sofisticado. Oh, Deus, esses biscoitos doces?

– O biscoito certo para o paladar sofisticado. – Adrianne ofereceu o biscoito, depois serviu o *eggnog*, temperado apenas com noz-moscada.

– A outro Natal com as minhas duas pessoas prediletas.

– E a dezenas de outros – acrescentou Celeste enquanto tomava um gole.

Dezenas de outros. As palavras ressoaram na mente de Phoebe, zombeteiras. Ela forçou um sorriso e levou o copo aos lábios. Como podia celebrar o pensamento de anos, quando cada dia era um tormento para viver? Mas Adrianne não devia saber. Phoebe desviou os olhos e percebeu que a filha a observava com um princípio de preocupação no rosto. Conseguiu exibir seu sorriso mais exuberante, embora a mão tremesse um pouco quando largou o copo.

– Devíamos ouvir alguma música.

Phoebe entrelaçou os dedos trêmulos. Nem mesmo quando Adrianne levantou para ligar o som ela relaxou. Tinha a sensação de que centenas de olhos a observavam, esperando que cometesse um erro. Se tomasse um drinque, apenas um, então o latejamento na cabeça cessaria e poderia pensar com clareza.

– Phoebe?

– O que é?

Ela teve um sobressalto, apavorada. Celeste lera seus pensamentos. Celeste sempre via demais, queria demais. Por que todos queriam tanto?

– Perguntei o que achava dos planos de Adrianne para a festa de caridade no réveillon. – Preocupada, Celeste inclinou-se para apertar a mão da amiga. – Não acha que é maravilhosa a reputação que Addy está adquirindo como organizadora?

– É.

"Silent Night"... Não era "Silent Night" que estava tocando no rádio? Phoebe lembrou que ensinara a canção a Adrianne muito tempo antes, nos aposentos quentes e silenciosos em Jaquir. Era um segredo entre as duas. Tinham muitos segredos. E continuavam a ter segredos agora.

Tudo é calmo, tudo é alegre... Ela tinha de se manter calma, por que todos a observavam.

– Tenho certeza de que será um sucesso estrondoso.

Celeste olhou para Adrianne, e as duas trocaram uma mensagem silenciosa.

– Estou contando com isso.

Num hábito antigo, ela se sentou junto de Phoebe e pegou sua mão. Num dia bom, esse pequeno contato era tudo de que a mãe precisava.

– Esperamos levantar cerca de 200 mil dólares para os desabrigados, mas tenho me preocupado com a ideia de que um baile de gala, com um jantar, champanhe e trufas não seja o mais apropriado para ajudar os desabrigados de Nova York.

– Qualquer coisa que levante dinheiro para uma boa causa é apropriada – argumentou Celeste.

Adrianne deu um sorriso rápido para Celeste, sem humor, antes de olhar para Phoebe.

– Acredito nisso. E acredito com toda a sinceridade. Quando o fim é bastante importante, mais do que justifica os meios.

– Estou cansada. – Se a voz parecia petulante, Phoebe não se importava. Queria escapar dos olhos vigilantes, das expectativas veladas. – Acho que vou me deitar.

– Eu subo com você.

– Não precisa.

A reação de Phoebe foi de irritação, que se desvaneceu no instante seguinte, quando viu o rosto da filha.

– Fique aqui com a Celeste e admirem a árvore de Natal. – Ela abraçou Adrianne, apertando-a com força. – Até amanhã, querida. Vamos levantar cedo e abrir os presentes, como fazíamos quando você era pequena.

– Está bem. – Adrianne virou o rosto para um beijo, tentando ignorar o fato de que o corpo outrora vigoroso de Phoebe parecia agora muito frágil. – Eu amo você, mamãe.

– Eu também amo você, Addy. Feliz Natal. – Ela se virou, estendendo as mãos para Celeste. – Feliz Natal, Celeste.

– Feliz Natal, Phoebe. – Celeste roçou os lábios nas faces de Phoebe. Depois, num súbito impulso, abraçou-a. – Durma bem.

Phoebe encaminhou-se para a escada. Parou, antes de subir, e olhou para trás. Adrianne estava abaixo do retrato, o retrato de Phoebe Spring no auge da beleza e da juventude, sob o poder e a glória de O Sol e a Lua. Com um último sorriso, Phoebe virou-se e subiu os degraus.

– Que tal mais um *eggnog*?

Celeste pegou a mão de Adrianne antes que alcançasse a tigela de ponche.

– Sente-se, meu bem. Não precisa ser forte para mim.

Era angustiante observar. Camada por camada, grau a grau, o controle de Adrianne desmoronou. A princípio foi apenas um tremor nos lábios, uma turvação dos olhos. A força desmanchou-se em desespero, até que ela se sentou, baixou o rosto para as mãos e chorou.

Sem dizer nada, Celeste sentou-se a seu lado. A criança não chorava o suficiente, refletiu ela. Havia ocasiões em que as lágrimas ajudavam mais do que palavras de estímulo ou braços confortadores.

– Não sei por que estou fazendo isso.

– Porque é melhor do que gritar. – Não havia uma única gota de bebida alcoólica na casa, nem mesmo um pouco de conhaque medicinal. – Vou fazer um chá.

Adrianne esfregou os olhos.

– Não precisa. Estou bem. – Ela recostou-se, fazendo um esforço deliberado para relaxar. Ensinara-se a aliviar a tensão dos braços e das pernas, da mente, do coração. Era uma questão de sobrevivência. – Acho que não estou me sentindo muito festiva.

– Gostaria de conversar com uma amiga?

Com os olhos fechados, Adrianne pegou a mão de Celeste.

– O que faríamos sem você?

– Não tenho sido de muita ajuda ultimamente. Nos últimos meses, a peça absorveu a maior parte do meu tempo e da minha energia. Mas estou aqui agora.

– É muito difícil observar. – Adrianne manteve a cabeça baixa. As lágrimas haviam sido uma indulgência que ela não compreendera que precisava, mas era bom sentir-se vazia. – Conheço os sinais. Ela está devaneando de novo. Ela tenta. E é quase pior saber o quanto se esforça. Há semanas que vem lutando contra a depressão... e está perdendo a batalha.

– Phoebe ainda procura o Dr. Schroeder?

– Ele quer interná-la de novo. – Impaciente, Adrianne levantou-se. Não queria mais saber de autocompaixão. – Concordamos em esperar até o início do ano, porque as festas sempre foram muito importantes para mamãe. Mas dessa vez... – A voz definhou. Adrianne olhou para o retrato antes de acrescentar: – Vou levá-la depois de amanhã.

– Sinto muito, Addy.

– Ela tem falado sobre ele. – Havia tensão na voz de Adrianne, o que fez Celeste compreender que ela se referia ao pai.

– Por duas vezes, na semana passada, encontrei-a chorando. Por ele. A enfermeira do dia me contou que mamãe perguntou quando ele viria. Queria arrumar os cabelos para ficar bonita para ele.

Celeste reprimiu uma imprecação.

– Ela está confusa.

Com uma risada, Adrianne olhou para trás.

– Confusa? Isso mesmo, ela está confusa. Há anos que vem tomando drogas para evitar que as emoções caiam muito fundo ou se projetem alto demais. Já foi amarrada e alimentada por tubos. Passou por estágios em que não podia sequer se vestir, enquanto em outros momentos era capaz de dançar pelo teto. Por quê? Por que ela está confusa, Celeste? Por causa dele. Tudo por causa dele. E juro que um dia ele ainda vai pagar pelo que fez com ela.

O ódio frio nos olhos de Adrianne deixou Celeste preocupada.

– Sei como ela se sente. – Como Adrianne sacudisse a cabeça, Celeste insistiu: – Claro que sei. Também a amo, e me angustia pensar no quanto ela sofreu. Mas se concentrar em Abdu, em algum tipo de vingança, não é bom para você. E não vai ajudá-la.

– Quando o fim é muito importante, mais do que justifica os meios – repetiu Adrianne.

– Você me preocupa quando fala assim. – Embora detestasse tomar o partido de Abdu, Celeste achou que era o mais acertado no momento. – Sei que ele causou a maior parte dos problemas da Phoebe, mas compensou um pouco nos últimos anos, cuidando para que houvesse dinheiro suficiente para seu tratamento e sua subsistência.

Em silêncio, Adrianne virou-se para o retrato. Ainda não era o momento de contar a Celeste que tudo aquilo era mentira. Sua mentira. Nunca houvera sequer um centavo de Abdu. Mais cedo ou mais tarde teria de contar, mas, por enquanto, não tinha certeza se Celeste seria capaz de aceitar a verdade sobre a origem do dinheiro.

– Há apenas um pagamento que ele pode fazer para me deixar satisfeita. – Adrianne cruzou os braços para se proteger de um súbito calafrio. – Prometi a ela que um dia teria seu colar de volta. Quando eu tiver O Sol e a Lua, quando ele souber o quanto o detesto, aí eu posso considerar que estamos quites.

Parte II
O Sombra

Ele próprio uma sombra, caçando sombras.

Homero

Sempre mande um ladrão para pegar outro ladrão.

Thomas Fuller

10

Nova York, outubro de 1988

Luvas pretas aderiam à corda cheia de nós, uma das mãos subindo sobre a outra, os punhos firmes e flexíveis. A corda era fina, mas tão forte quanto aço. Tinha de ser assim. As ruas de Manhattan estavam cinquenta andares abaixo, cintilando com a chuva da madrugada.

Era tudo uma questão do momento oportuno. O sistema de segurança era bom, muito bom, mas não impenetrável. Nada era impenetrável. O trabalho preliminar já fora realizado no computador com um conjunto de cálculos. O alarme fora desligado, o que era sem dúvida a parte mais elementar do trabalho. As câmeras que filmavam os corredores haviam determinado o método de acesso. A entrada por dentro seria inconveniente, na melhor das hipóteses. Mas havia outros meios. Sempre havia outros meios.

Caía apenas um chuvisco agora, acompanhado pelo frio, mas o vento cessara. Se ainda soprasse com força, a figura pendurada na corda seria jogada contra a parede do prédio. Os lampiões criavam arco-íris oleosos nas poças lá embaixo; as nuvens encobriam as estrelas em cima. A figura de preto, porém, não olhava nem para cima nem para baixo. Havia uma tênue camada de suor na testa, por baixo do gorro de tricô; não de medo, mas de concentração. A figura desceu mais um metro, concentrando-se na corda, enquanto pernas fortes dobravam e se comprimiam contra a parede, para apoio e equilíbrio. Até mesmo os tornozelos precisavam estar bem sintonizados, flexíveis como os de um corredor ou dançarino.

O corpo e a mente de um ladrão eram tão importantes – muitas vezes até mais – quanto a bolsa com as ferramentas necessárias para abrir uma tranca ou desativar um alarme.

Havia pouca atividade nas ruas, com um radiotáxi ocasional à procura de um passageiro, ou um bêbado solitário que vagueara de um bairro menos próspero. Até mesmo Nova York podia ser sutil às 4 horas da madrugada. Se houvesse um desfile, com bandas marciais e carros alegóricos, não faria nenhuma diferença. Para a figura de preto havia apenas a realidade da corda. A mão no ponto errado, um instante de descuido, muita coisa podia significar uma morte súbita.

Mas o sucesso significaria... tudo.

Palmo a palmo, a estreita varanda repleta de vasos de plantas e a grade resistente foram ficando mais perto. Os poros e as rachaduras nos tijolos, os pequenos defeitos na argamassa, tudo podia ser visto com clareza. Se o bêbado olhasse para cima e fosse capaz de focalizar, a figura de preto pareceria um inseto rastejando pela parede do edifício.

Ninguém acreditaria nele. E, na manhã seguinte, de ressaca, o próprio bêbado não acreditaria em si mesmo.

Era tentador se apressar, ceder aos ombros e braços doloridos e cobrir a pouca distância restante com um pulo, mas a figura continuou a pairar no ar, firme, paciente, deixando que o instinto guiasse a descida final.

Os tênis pretos roçaram a grade, balançaram ao se afastarem, voltaram para encontrar aderência, mantiveram-se firmes no lugar. Ninguém ouviu a risada rápida e satisfeita.

Teria um tempo, agora que os pés pousavam firmes no chão da varanda, para contemplar a cidade de Nova York e refletir sobre as dificuldades superadas. Era uma grande cidade, uma cidade muito apreciada, quase um lar para quem nunca encontrara seu verdadeiro lar. Tinha agitação e esplendor; e o que faltava em compaixão compensava em possibilidades.

O Central Park era uma colcha de retalhos de cores, de uma imponência rural daquela altura e naquela época do ano. As árvores eram douradas, bronzeadas e escarlates, triunfantes em sua explosão final de cores, antes que o frio e o vento se projetassem do Canadá para arrancar-lhes as folhas.

Aquele trecho do Central Park West era sossegado. Era uma rua para porteiros e pessoas que passeavam com cachorros, para médicos e dinheiro antigo. Embora fosse parte da cidade, o verdadeiro frenesi, o ímpeto turbilhonante ficava a uma viagem de táxi de distância, em outro mundo.

Além das árvores, além do reservatório, os edifícios se projetavam para o céu, mais altos e mais estreitos do que aquele velho prédio de apartamentos. Talvez representassem o futuro. E, com certeza, já eram o presente. No escuro, eram como sombras assomando ou talvez prometendo. Qualquer coisa que pudesse ser comprada, vendida, trocada ou desejada podia ser encontrada naqueles edifícios. E os itens mais sórdidos podiam ser encontrados nas ruas. Havia um preço para qualquer objeto de luxo ou desejo. Nova York compreendia isso, e não sentia o menor constrangimento por esse fato.

A cidade dormia, descansando para o dia que começaria dentro de poucas horas. Mas sua energia continuava no ar, pulsando. Podia haver a vitória ali, ou o fracasso infame, ou todas as sensações intermediárias. Algumas pessoas, como a figura de preto, empenhada num roubo, haviam experimentado todas.

Afastou-se da grade, atravessou a varanda sem fazer barulho e ajoelhou-se junto da fechadura. Só precisava lidar agora com a fechadura, que no máximo proporcionava uma ilusão de segurança. Um pequeno kit de ferramentas saiu de uma bolsa escura.

Era uma boa fechadura, que qualquer ladrão aprovaria, mas a figura só precisou de dois minutos para abri-la. Havia quem conseguisse abri-la em menos tempo, mas eram bem poucos.

Quando ouviu o estalido da fechadura, a figura guardou as ferramentas com todo o cuidado. Organização, controle e cautela eram os elementos que mantinham os ladrões longe da prisão. E aquela figura não tinha a menor intenção de ir para trás das grades. Ainda precisava fazer muitas coisas.

Naquela noite, porém, o futuro teria de esperar. Era uma noite para diamantes frios como gelo e rubis vermelhos e quentes. Joias eram o único butim que valia a pena levar. Possuíam vida, magia e história. Também possuíam, e talvez isso fosse ainda mais importante, uma espécie de honra. Mesmo no escuro, uma pedra preciosa flertava e ardia, como um amante. Um quadro, por mais lindo que fosse, só podia ser contemplado e admirado a distância. O dinheiro era frio, sem vida, pragmático. Joias eram pessoais.

E, para aquela figura de preto, cada roubo era pessoal. Os tênis pisavam silenciosos no assoalho encerado. Havia um ligeiro cheiro de cera, que perdurava da encerada daquela manhã e competia com a fragrância do buquê de flores de outono. Porque era agradável, a figura sorriu, parando por um instante para aspirar. Apenas por um instante. Na bolsa grande pendurada no ombro havia uma potente lanterna, mas não era necessária ali. Cada palmo da sala fora memorizado. Três passos, depois uma volta para a direita. Sete passos para a esquerda. Uma escada que subia para o segundo andar, com uma balaustrada antiquada, com querubins e folhas douradas. No espaço sob a escada havia um pedestal de mármore com uma escultura em cima, pré-colombiana, de valor inestimável. A figura de preto ignorou a peça e se encaminhou silenciosamente para a biblioteca.

O cofre estava por trás das obras completas de Shakespeare. A figura estendeu um dedo para *Otelo*, puxando o livro. Virou-se no instante seguinte, quando as luzes se acenderam.

– Como costumam dizer, você está presa – murmurou uma voz calma e muito bem modulada.

A mulher na porta vestia um negligê rosa faiscante, o rosto pálido e anguloso coberto pelos cremes noturnos, os cabelos louros prateados penteados para trás. À primeira vista, era uma jovem de 40 anos. Tinha 45, mas sua aparência desmentia isso.

Era do tipo pequeno e estava desarmada, a menos que se pudesse considerar a banana em sua mão uma arma. Com a cabeça inclinada para trás, numa atitude dramática, ela apontou a banana para a figura de preto.

– Bam!

A figura de preto soltou um grunhido de repulsa e se jogou numa poltrona de couro.

– Mas que droga, Celeste! O que está fazendo acordada?

– Comendo. – Para confirmar a informação, ela deu uma mordida na banana. – E o que você está fazendo aqui, entrando às escondidas na biblioteca?

– Praticando. – A voz era rouca, baixa, mas inconfundivelmente feminina. Ela começou a tirar as luvas. – Quase a roubei sem que percebesse nada.

– Ainda bem que ataquei a geladeira antes.

Celeste avançou pela sala tal como entrara em muitos palcos.

Fragmentos de seus papéis permaneciam com ela – de Lady Macbeth a Blanche DuBois. Era a firmeza de seu caráter, a antiga nativa de Nova Jersey que conquistara a Broadway, que permitia a Celeste Michaels dominar a soma de seus papéis mais fortes.

– Adrianne, minha cara, não gosto de criticar, mas não está praticando um assalto quando tem uma chave.

– Não usei a chave. – Com uma expressão contrariada, Adrianne tirou o gorro. Os cabelos, quase tão pretos quanto o gorro, caíram pelos ombros. – Desci pelo telhado.

– Você... – Celeste respirou fundo, sabendo que não adiantaria gritar. Em vez disso, sentou-se na poltrona na frente de Adrianne. – Você... ficou louca?

Ela se limitou a dar de ombros. Afinal, era uma pergunta que já ouvira antes.

– Quase deu certo. Se você tivesse alguma força de vontade, teria dado certo.

– Então a culpa é minha.

– Não importa agora, Celeste.

Adrianne inclinou-se para a frente. Pegou as mãos de Celeste, que tinha um anel de safira no dedo anular esquerdo e um de diamante no anular direito. Adrianne não usava nada. Todos os anéis que possuía haviam sido vendidos muito antes de iniciar sua carreira.

– Não pode imaginar a sensação de pairar sobre a cidade dessa maneira. É tão quieto, tão solitário...

– Você é desmiolada!

– Ora, querida, sabe que sei cuidar de mim mesma. – Adrianne tocou com a língua no lábio superior. A boca era larga e generosa, como fora a da mãe. – Não está se perguntando por que o seu alarme não tocou?

Celeste ajustou a bainha do negligê.

– Tenho certeza de que não quero saber.

– Celeste...

– Está bem. Por quê?

– Desliguei-o essa tarde, quando almoçamos.

– Muito obrigada. Deixou-me desprotegida contra o submundo do crime.

– Eu sabia que voltaria.

Como a energia ainda fluía, Adrianne ergueu-se para andar de um lado para outro da sala. Era uma mulher pequena, de corpo delicado, que se movimentava como uma dançarina... ou como uma ladra. Os cabelos caíam pelas costas, retos como uma flecha, ondulando quando ela se mexia.

– Foi fácil depois que pensei a respeito. Interferi no sistema. Assim, quando você o ligou, houve um curto-circuito na porta da varanda. Entrei no prédio há umas duas horas e conversei com o guarda. A artrite da mulher dele está causando problemas de novo.

– Lamento saber disso.

– Disse a ele que você não estava se sentindo muito bem e deixei flores para que entregassem mais tarde. Enquanto ele atendia a ligação de outro morador, subi pela escada, escondida.

Celeste ergueu uma sobrancelha louro-clara, um pequeno gesto que cultivava havia décadas.

– Eu estava me sentindo muito bem até alguns minutos atrás.

– Peguei o elevador do quinto andar até o telhado – continuou Adrianne. – Trouxe a corda na bolsa. Eu a prendi lá em cima, desci e entrei pela varanda.

– Cinquenta andares, Adrianne. – Não era fácil conter o medo, mas Celeste usou a raiva para sufocá-lo. – Como eu poderia explicar que a princesa Adrianne estava apenas treinando quando caiu do telhado do meu prédio e se esborrachou no Central Park West?

– Não caí – lembrou Adrianne. – E se você não tivesse feito uma incursão à cozinha, eu teria limpado o cofre, subido de volta para o telhado e escapado sem dificuldade.

– Uma desconsideração da minha parte.

– Não tem importância. – Adrianne afagou a mão de Celeste antes de sentar-se no braço da poltrona. – Embora eu quisesse ver sua cara quando largasse o colar de rubis no seu colo. Vou ter de me contentar com isso.

Adrianne pegou uma bolsa de camurça, abriu-a e despejou os diamantes.

– Oh, Deus!

– Deslumbrantes, não é mesmo?

Adrianne suspendeu o colar contra a luz. Era uma única fileira de diamantes, terminando em uma pedra enorme, que se aninharia entre os seios de uma mulher. As pedras pareciam irradiar uma vida fria e arrogante. Adrianne virou o colar, avaliando-o.

– Mais ou menos 60 quilates, no total, com um mínimo de rosa na cor. Um trabalho excelente, bem equilibrado. Até conseguiu tornar interessante o pescoço da velha megera.

Celeste disse a si mesma que deveria estar acostumada àquela altura, mas mesmo assim experimentou o súbito desejo de tomar um drinque. Levantou-se, foi até um armário francês rococó e pegou uma garrafa de cristal com conhaque.

– Quem era a velha megera, Addy?

– Dorothea Barnsworth. – Adrianne tirou da bolsa os brincos do conjunto. – Não acha que os brincos também são lindos?

Celeste apenas lançou um rápido olhar para os brincos, que deviam valer vários milhares de dólares.

– É verdade... Dorothea. Bem que achei que o colar me parecia familiar. – Celeste ofereceu um copo de conhaque. – Ela mora numa fortaleza em Long Island.

– O sistema de segurança tem alguns defeitos elementares. – Adrianne tomou um gole. Depois da descida pelo telhado, o conhaque entrou em seu organismo como um abraço caloroso. – Gostaria de ver a pulseira?

– Já a vi, na semana passada, no baile de outono.

– Foi uma noite bastante agradável.

Adrianne sacudiu os brincos na mão livre. Calculou que cada um devia ter 10 quilates. Havia também uma lupa de joalheiro em sua bolsa, que usara no escritório dos Barnsworth em Long Island. Só para ter certeza de que não sairia de lá com meras imitações.

– Essas pedras devem valer uns 200 mil dólares para o receptador.

– Ela tem cães – murmurou Celeste, olhando para seu conhaque. – Dobermans. Cinco.

– Três – corrigiu Adrianne antes de olhar para o relógio. – Eles já devem ter acordado a essa altura. Celeste, minha cara, estou morrendo de fome. Tem outra banana?

– Precisamos conversar.

– Você fala e eu como.

Celeste soltou um grunhido de frustração quando Adrianne seguiu da biblioteca para a cozinha.

– Deve ser por causa de todo o ar fresco que respirei essa noite. Estava fazendo frio em Long Island. O vento penetrava até os ossos. Ah, por falar nisso, não me deixe esquecer que larguei meu casaco de pele no telhado do prédio.

Celeste sentou-se na banqueta junto da janela da cozinha, cobrindo o rosto com as mãos, enquanto Adrianne vasculhava a geladeira.

– Por quanto tempo mais isso vai continuar, Addy?

– O que é isso? Ah, patê! Deve estar uma delícia! – Ela ouviu o suspiro profundo por trás e fez um esforço para reprimir o sorriso. – Eu amo você, Celeste.

– Também amo você, querida. Mas estou mais velha. Pense no meu coração.

Adrianne arrumou um prato com o patê, uvas verdes e pequenas bolachas salgadas.

– Você tem um coração maior e mais forte do que o de todas as pessoas que conheço. – Ela deu um beijo no rosto de Celeste e sentiu a fragrância confortadora do creme noturno. – Não se preocupe comigo, Celeste. Sou muito boa no que faço.

– Sei disso.

Quem teria acreditado? Celeste respirou fundo, enquanto estudava a mulher sentada à sua frente. Aos 25 anos, a princesa Adrianne de Jaquir – filha do rei Abdu ibn Faisal Rahman al-Jaquir e de Phoebe Spring, estrela de cinema – era uma socialite, benfeitora de numerosas obras de caridade, a predileta de colunistas sociais... e uma ladra de joias.

Quem poderia desconfiar? Celeste confortara-se com esse pensamento ao longo dos anos, embora houvesse alguma coisa de cigana na aparência de Adrianne. A menina fascinante transformara-se numa mulher fascinante. Tinha a pele dourada e os olhos escuros. Os cabelos tinham sido herdados do pai. Possuía a forte estrutura óssea da mãe, embora adaptada para sua pequena estatura. Era uma combinação de delicadeza e exotismo, com o corpo esguio, quase de criança, e as feições marcantes. A boca era de Phoebe, e sempre provocava uma pontada de saudade em Celeste quando a observava. Os olhos, os olhos... por mais que Adrianne desejasse não ter nada do pai, os olhos eram de Abdu. Pretos, amendoados e sagazes.

Da mãe, herdara o coração, o afeto, o espírito generoso. Do pai, a sede de poder e o gosto pela vingança.

– Adrianne, não precisa continuar a fazer isso.

– Preciso muito.

Adrianne pôs uma bolacha na boca.

– Phoebe morreu, querida. Não podemos trazê-la de volta.

Por um momento, apenas um momento, a expressão de Adrianne pareceu jovem e muito vulnerável, a um ponto angustiante. Depois, os olhos endureceram. Com movimentos decididos, ela passou patê em outra bolacha.

– Sei disso, Celeste. Ninguém sabe melhor do que eu.

– Meu amor... – Celeste pôs a mão sobre a de Adrianne, gentilmente. – Ela era a minha maior amiga, a mais querida, como você é agora. Sei que sofreu por ela, que tentou ajudá-la por todos os meios que podia, mas não há necessidade de correr esses riscos agora. Não havia necessidade antes. Eu sempre estive à disposição.

– É verdade. – Adrianne virou a mão para que as palmas se encontrassem. – Sempre esteve. E também sei que, se eu permitisse, teria assumido tudo... as contas, os médicos, os remédios.

Nunca vou esquecer o que fez pela minha mãe... e por mim. Sem você, ela não teria resistido por tanto tempo.

– Ela resistiu por você.

– Tem razão. E o que eu fiz, o que eu faço e o que pretendo fazer é por ela.

– Addy... – O medo não vinha das palavras, mas da maneira fria e indiferente com que eram enunciadas. – Você deixou Jaquir há mais de 16 anos. E já se passaram cinco anos desde que Phoebe morreu.

– E a dívida aumenta a cada dia que passa. Não fique assim, Celeste. – Adrianne sorriu para atenuar o clima. – O que eu seria sem isso... sem esse meu hobby? Exatamente o que a imprensa descreve, uma borboleta social, rica, com um título de nobreza, que se envolve em obras de caridade e vaga de uma festa para outra. – Adrianne fez uma careta ao terminar, voltando a se concentrar no patê. – Segundo as colunas sociais, sou apenas outra *jet-setter* entediada, com pouco para fazer e dinheiro demais. Pois deixe que eles pensem isso, aqui e em Jaquir. Que ele pense assim. – Celeste precisava apenas olhar nos olhos de Adrianne para saber que ela se referia ao pai. – Isso tudo só torna mais fácil aliviar os frívolos de suas pedras.

– Você não precisa do dinheiro agora, Addy.

– Não, não preciso. – Ela olhou para o conhaque. – Investi bem e poderia levar uma vida confortável com o que tenho, mas não é pelo dinheiro, Celeste. Talvez nunca tenha sido. – Adrianne tornou a se levantar. Estava ali, o calor gelado e quase assustador, como os diamantes que ela roubava. – Eu tinha 8 anos quando desembarquei nos Estados Unidos. E sabia já naquela época que um dia ia voltar para tomar o que era da minha mãe. O que era meu.

– Ele pode estar arrependido. A essa altura, talvez se arrependa.

– Compareceu ao funeral? – A indagação ressoou pela cozinha enquanto Adrianne levantava-se de um pulo, passando a andar de um lado para outro. – Reconheceu que ela havia morrido? Durante todos aqueles anos, aqueles anos terríveis, ele nem sequer admitiu que mamãe estava viva. – Com um esforço para se controlar. Adrianne encostou-se no balcão. Quando tornou a falar, a voz saiu calma e decidida. – Num sentido muito real, ela não estava mesmo viva. Ele a matou. Celeste, há muitos anos, quando eu era pequena demais para impedir. Em breve, muito em breve, ele vai pagar por isso.

Celeste sentiu um calafrio percorrer seu corpo. Recordou Adrianne aos 8 anos. Os olhos já possuíam aquele brilho sombrio, atormentado, de alguém com muito mais idade.

– Acha que a Phoebe gostaria disso?

– Acho que ela apreciaria a ironia. Vou me apoderar do colar, O Sol e a Lua, Celeste. Como eu prometi a mamãe e prometi a mim mesma. E ele vai pagar caro para ter o colar de volta. – Adrianne se virou, sorriu e levantou o copo de conhaque numa saudação à amiga. – Enquanto espero o momento, não posso ficar enferrujada. Sabia que Lady Fume vai oferecer um baile de gala em Londres no mês que vem?

– Addy...

– Lorde Fume, o bode velho, pagou mais de 250 mil por suas esmeraldas. Lady Fume não deveria usar esmeraldas. Deixam-na muito pálida. – Com uma risada, Adrianne inclinou-se e deu um beijo no rosto de Celeste. – Trate de concluir o seu sono de beleza, querida. Vou embora agora.

– Pela porta da frente?

– Claro. Não se esqueça de que temos um *brunch* no Palm Court no domingo. Eu estou convidando.

Adrianne se retirou, lembrando a si mesma de dar uma passada pelo telhado para pegar o casaco de pele.

FORA AOS JOELHOS DA MÃE que Adrianne aprendera a arte da maquiagem. Phoebe sempre fora fascinada pela maneira como uns poucos retoques de pó e alguns traços com lápis podiam acrescentar beleza ou anos... ou retirar as duas coisas.

Celeste, por ser do teatro, ensinara ainda mais. Mesmo depois de um quarto de século nos palcos, ela ainda fazia a própria maquiagem e conhecia todos os segredos. Adrianne combinava as artes de suas duas mestras ao se transformar em Rose Sparrow, a namorada do Sombra.

O processo demorava 45 minutos, mas Adrianne sempre ficava satisfeita com os resultados. As lentes de contato davam a seus olhos uma cor castanho desbotada, e ela acrescentava olheiras de falta de sono. O nariz aumentava um centímetro e meio, as faces ficavam estufadas. A pele dourada se tornava pálida. A peruca ruiva era feita à mão, com os cabelos empilhados no alto da cabeça. Bolas de vidro ordinárias pendiam das orelhas. Ela pôs na boca uma barra de chiclete sabor morango enquanto dava um passo para trás e se contemplava no espelho de corpo inteiro, à procura de defeitos.

Bem espalhafatosa, pensou ela, com um sorriso rápido. Não podia estar melhor. Uma cinta moldava os quadris, e os saltos finos dos sapatos acrescentavam 7 centímetros a sua altura. Tinha nos ombros uma imitação ordinária de casaco de pele. Satisfeita. Adrianne pôs os óculos escuros com as pedras brilhantes na armação, para sair em seguida.

Pegou o elevador de serviço. Uma pequena precaução. Ninguém que a visse agora reconheceria a princesa Adrianne. Assim como ninguém que olhasse para a princesa Adrianne poderia ver o Sombra. Ainda assim, não queria que Rose fosse vista deixando o apartamento de cobertura da princesa Adrianne.

Na rua, ignorou os táxis, que teria preferido, e se encaminhou para a estação do metrô. Levava um punhado de diamantes na bolsa de imitação de couro. Cheirava como se tivesse tomado um banho de perfume barato. O que de fato acontecera.

Gostava daquelas viagens como Rose. Ninguém que a conhecesse andaria de metrô. Ali, era apenas um corpo entre outros corpos. Anônima, como nunca fora desde o dia em que nascera. Os saltos ressoavam nos degraus de concreto quando desceu as escadas. Lembrou a primeira vez que deixara as ruas para andar de metrô. Tinha 16 anos e estava desesperada – com um medo desesperado e um excitamento desesperado.

Naquela ocasião, tinha certeza de que uma mão pesada a seguraria pelo ombro a qualquer momento, e a voz fria e profunda de um policial exigiria que abrisse a bolsa. Levava um colar de pérolas leitosas, japonesas. Os 5 mil dólares pelos quais trocara o colar pagaram os remédios e um mês de terapia de Phoebe no Instituto Richardson.

Agora, passou pela roleta com a tranquilidade da longa experiência. Ninguém a observou. Adrianne passara a compreender que quase nunca as pessoas se olhavam ali embaixo. Em Nova York, as pessoas cuidavam de suas próprias vidas enquanto mantinham a obstinada esperança – ou defesa – de que todos os outros fariam a mesma coisa.

Houve um fluxo de ruído e vento de um trem se aproximando. Dava para sentir um cheiro vago, mas um tanto confortador, de bebida antiga e umidade. Adrianne evitou um pedaço de goma de mascar grudado no chão e juntou-se às outras pessoas, esperando o trem que as levaria ao centro.

A seu lado, duas mulheres, encolhidas pelo frio, queixavam-se de seus maridos.

– Eu disse a ele: você tem uma esposa, Harry, não uma empregada. Prometi amar, honrar e respeitar, mas não falei nada sobre limpar a sua sujeira. E acrescentei que, na próxima vez que encontrasse as meias fedorentas dele largadas no tapete, ia metê-las em sua boca.

– Fez muito bem, Lorraine.

Adrianne teve vontade de manifestar seu apoio. Fez muito bem, Lorraine. O desgraçado tem de pegar as meias. Era isso o que ela adorava nas mulheres americanas. Não se intimidavam e nem se encolhiam quando o homem todo-poderoso passava pela porta. Entregavam-lhe um saco de lixo e mandavam que o jogasse fora.

O trem barulhento parou. Pessoas saíram, pessoas entraram. Ela embarcou atrás das duas mulheres. Um olhar rápido fez Adrianne atravessar o vagão para se sentar ao lado de um homem que usava correntes na jaqueta de couro. Sempre achava mais sensato se sentar ao lado de alguém que dava a impressão de estar levando uma arma escondida.

O trem partiu, balançando. A velocidade foi aumentando. Adrianne correu os olhos pelos grafites e anúncios, depois pelas pessoas. Um homem de terno e gravata, com uma pasta debaixo do braço, lia o último romance de Ludlum. Uma moça vestindo saia de camurça olhava sonhadora pelas janelas escuras, enquanto escutava música através dos fones de ouvido. Na ponta do vagão, um homem estava deitado num banco, ocupando pelo menos três lugares, o casaco por cima do rosto, dormindo como um morto. As duas mulheres ainda conversavam sobre Harry. A seu lado, o homem mudou de posição, as correntes chacoalharam.

Na estação seguinte, o terno-e-gravata saltou. Embarcaram três garotas, que deveriam estar na escola, rindo sem parar. Adrianne ouviu enquanto elas discutiam sobre o filme a que tinham assistido. Não pôde deixar de invejá-las. Nunca fora tão jovem assim. Nem tão livre.

Em sua estação, ela se levantou, segurou a bolsa com mais firmeza e saltou. Era insensato lamentar pelo que nunca fora.

Lá fora, o vento era forte, e passava pela roupa com a maior facilidade, transformando a imitação de pele numa piada. Mas aquele era o distrito dos diamantes. Havia calor suficiente irradiando-se dos balcões de vidro para aquecer o sangue mais frio.

A princesa Adrianne podia passear por ali de vez em quando, olhando vitrines, fazendo os corações de joalheiros dispararem na esperança de que pudesse tirar algumas pedras de suas mãos. Mas Rose ali estava para tratar de negócios.

E muitos negócios eram realizados nas ruas da 48 à 46, entre a Quinta e a Sexta avenidas. Os espertalhões, tentando parecer despreocupados, ofereciam o butim da noite anterior. Pedras bastante quentes para queimarem seus bolsos esperavam para serem vendidas. Logo eram retiradas dos engastes e vendidas de novo. Grupos de judeus hassídicos, de chapéu e casaco preto comprido, circulavam de loja em loja, com pastas cheias de pedras preciosas. Fortunas eram carregadas pelas calçadas estreitas por homens que tomavam cuidado até com um esbarrão casual de outro pedestre.

Adrianne tinha o mesmo cuidado; nunca, nem mesmo aos 16 anos, negociara na rua. Preferia efetuar a transação entre quatro paredes.

Cada vitrine atraía sua atenção. A Tiffany's ou a Cartier poderiam exibir as mercadorias com mais sutileza e classe, mas sem o clima de carnaval que fascinava todo mundo. Pedras reluzentes contra veludo preto, exércitos de anéis, legiões de colares. Brincos, broches, pulseiras aos montes, tudo polido e disposto de maneira a refletir o sol e chamar a atenção. Vinte e cinco por cento de desconto. Uma pechincha.

Ela seguiu pela rua 48 e entrou numa loja.

As luzes ali eram sempre fracas, o ambiente um pouco desleixado. À primeira vista, dava a impressão de ser uma loja à beira da falência. À segunda vista, a impressão continuava a ser a mesma. Jack Cohen sempre acreditara que era um desperdício gastar dinheiro com aparência. Se o cliente não quisesse poeira, podia ir à Tiffany's, mas a Tiffany's não aceitava 20 por cento de entrada e mais cinco prestações mensais. Um vendedor olhou para Adrianne quando ela entrou, mas continuou a fazer seu discurso persuasivo para o cliente de ombros encurvados e uma sugestão de acne no queixo.

– Um anel como esse vai deixá-la encantada e vai valer um enorme crédito para você durante os próximos dez anos. É de muito bom gosto, mas também bastante vistoso para que ela queira mostrar às amigas.

Enquanto falava, ele a indicou com os olhos a porta no fundo do estabelecimento. Com um aceno de cabeça quase imperceptível, Adrianne atravessou a loja. O zumbido baixo informava que o vendedor abrira a tranca. No outro lado da porta havia o que passava por um escritório. Pastas de arquivo estavam empilhadas numa mesa de metal, que era um excedente do Exército. Engradados e caixas subiam pelas paredes. O cheiro de alho e pastrami pairava no ar.

Jack Cohen era baixo, de peito estufado, um homem que usava um enorme bigode como defesa contra os cabelos cada vez mais ralos no alto da cabeça. Entrara no ramo de joalheria pela porta da frente de uma empresa que o pai criara. O pai também lhe ensinara a cuidar das transações por baixo do balcão. Cohen orgulhava-se de ser capaz de reconhecer um policial apresentando-se como cliente com a mesma facilidade com que distinguia um zircônio apresentado como diamante. Sabia que negócios estavam sob pressão, que operadores estariam interessados num negócio rápido e como esfriar um punhado de pedras quentes.

Quando Adrianne entrou, ele segurava um papel dobrado onde se guardam pedras soltas. Acenou com a cabeça para ela, depois despejou na mesa talvez uma dúzia de diamantes pequenos. Com uma pinça, começou a separá-los e examiná-los.

– Russos. Boa qualidade, de D a F. – Ele pegou uma lupa e examinou cada pedra. – Lindas... muito mesmo. Imperfeições mínimas. Quanta cintilação...

Cohen estalou a língua e separou duas pedras.

– Um pacote interessante, em tudo e por tudo.

Satisfeito, tornou a guardar as joias no papel, que meteu no bolso em seguida, com a mesma descontração com que uma mulher da Avon guardaria suas amostras.

– O que posso fazer por você hoje, Rose?

Como resposta, ela abriu a bolsa e tirou um saco grande de camurça. Virou-o e esvaziou o conteúdo cintilante sobre a mesa. Os olhos azuis de Jack Cohen iluminaram-se como safiras.

– Rose, Rose, Rose, o dia sempre se torna mais brilhante quando você aparece.

Ela sorriu, tirou os óculos escuros e acomodou o quadril na beira da mesa.

– Uma beleza, não é? – O sotaque do Bronx soava natural agora. – Quase morri quando as vi. E disse: "Meu bem, essas são as coisas mais lindas que já vi!" – Os lábios cheios de Adrianne contraíram-se numa expressão de insatisfação. – Eu bem que gostaria que ele tivesse me deixado ficar com essas pedras.

– Imagino que são bastante quentes para queimar a sua pele, Rose.

Cohen pegou novamente a lupa e começou a examinar o colar, pedra por pedra.

– Há quanto tempo ele está com isso?

– Sabe que ele não me conta essas coisas, mas não é muito tempo. São verdadeiras, não é, Sr. Cohen? Juro que essas pedras são tão grandes que nem parecem verdadeiras.

– São verdadeiras, Rose. – Ele poderia tentar enganá-la, mas sabia que era melhor não se meter com o homem que a encarregava de vender as mercadorias. – Quase sem imperfeições, com um ligeiro toque de rosa. Um excelente trabalho de arte. – Gentilmente, Cohen largou o colar e pegou a pulseira. – É claro que isso não vem ao caso. Só estamos interessados nos diamantes.

Ela espetou o colar com a ponta de uma unha pintada de rosa.

– Gosto de coisas bonitas.

– Todos nós gostamos, não é mesmo? É isso que nos mantém em atividade. – Cohen estudou os brincos, respirando através dos dentes. – Um conjunto magnífico.

Ele empurrou um pequeno arquivo para o lado e pegou uma máquina de calcular. Foi apertando os botões enquanto murmurava cifras para si mesmo.

– Dá 125, Rose.

Ela esticou o queixo para a frente.

– Ele disse que eu deveria conseguir 250.

– Rose... – Cohen cruzou as mãos sobre o peito. Com os olhos azuis serenos e os cabelos ralos, parecia um tio paciente. Havia uma automática .38 sob o paletó amarrotado. – Ambos sabemos que tenho de sentar sobre essas pedras, guardá-las por algum tempo antes de poder passá-las adiante.

– Ele disse 250. – A voz agora era esganiçada. – Se eu voltar para casa só com a metade, ele vai ficar muito infeliz.

Cohen voltou para a calculadora. Podia pagar 200 e ainda dar a comissão habitual, mas gostava de brincar com Rose. Se não fosse pela reputação do homem que ela representava, Cohen teria gostado de tornar a brincadeira mais pessoal.

– Perco dinheiro cada vez que você entra aqui. Não sei o que há em você, Rose, mas gosto da sua pessoa.

Adrianne se animou no mesmo instante. Era um jogo antigo.

– Devo dizer que também gosto do senhor.

– Que tal 175 e mais duas daquelas pedras que eu examinava quando você entrou? Seria o nosso segredo.

Ela se permitiu dar a impressão de que se sentia tentada, mas logo se mostrou arrependida.

– Ele descobriria. Sempre descobre, e não gosta quando eu aceito presentes de outros homens.

– Está bem, Rose. É como se cortasse a minha própria garganta, mas darei 200. Diga a ele que um conjunto como esse tem um calor extra, o que acarreta custos extras. Vou ter o dinheiro dentro de duas horas.

– Certo. – Ela se levantou e puxou o casaco. – Vou tratar de acalmá-lo se ele ficar furioso. Não vai ficar com raiva por muito tempo. Posso deixar as pedras aqui, Sr. Cohen? Não gosto de andar pelas ruas com essas coisas.

– Claro que pode.

Ambos sabiam que ele não teria o mau gosto de roubar seu melhor fornecedor. Com sua letra meticulosa, Cohen escreveu um memorando e entregou a ela. Serviria como recibo em qualquer transação, legal ou não.

– Vá fazer algumas compras, Rose, enquanto eu cuido de tudo.

Três horas depois, Adrianne largou a bolsa, o casaco e a peruca na enorme cama em seu quarto. As lentes de contato foram retiradas primeiro. Ela as limpou e guardou antes de remover as unhas postiças. Em seguida, levantou a mão para soltar os cabelos. Pegou o telefone.

– Kendal e Kendal.

– George Júnior, por favor. Aqui é a princesa Adrianne.

– Pois não, alteza. Espere só um instante.

Com um suspiro de alívio. Adrianne tirou os sapatos de Rose antes de se sentar na cama.

– É um prazer ouvir a sua voz de novo, Addy.

– Não vou ocupá-lo por muito tempo, George. Sei como os advogados sempre têm trabalho demais.

– Nunca estou ocupado demais para você.

– É muita gentileza sua.

– É a pura verdade. Para ser franco, esperava que pudéssemos almoçar essa semana. Um encontro social, para variar.

– Verei o que posso fazer.

Como ele era simpático e apaixonado por ela, Adrianne falava sério.

– Li em algum lugar que você vai ficar noiva de um barão alemão... Von Weisburg.

– É mesmo? Acho que tivemos apenas uma conversa de cinco minutos num evento político de levantamento de fundos no mês passado. Não me lembro de alguém ter falado em casamento.

Ela abriu a bolsa. Pegou um maço de notas de 100 dólares. Não eram novas e tampouco tinham números de série consecutivos. As notas eram macias e tinham o cheiro suado de dinheiro muito usado.

– George, quero fazer uma pequena contribuição para o Mulheres em Necessidade.

– O abrigo feminino?

– Isso mesmo. Quero que a contribuição seja anônima, por meio do seu escritório. Vou transferir 175 mil dólares para a minha conta especial hoje. Pode cuidar disso?

– Claro, Addy. Você é muito generosa.

Adrianne passou um dedo pela beira do maço de notas. Lembrava-se de outras mulheres em necessidade.

– É o mínimo que posso fazer.

11

Por trás dele um leão rugia, mais por tédio do que por ferocidade. Philip mastigou um amendoim sem olhar para trás. Sempre ficava um pouco deprimido ao ver felinos no cativeiro. Tinha simpatia por eles; mais do que isso, por qualquer animal que encontrasse enjaulado. Ainda assim, gostava de passear pelo zoológico de Londres. Talvez fizesse bem a ele ver as grades e gaiolas, para se lembrar de que sempre conseguira evitar, ao longo de sua carreira, a perspectiva de vê-las do lado de dentro.

Não sentia saudades de roubar. Pelo menos não muita. Fora uma profissão boa e regular enquanto durara, e sem dúvida lhe proporcionara meios para viver bem. E essa sempre fora sua principal ambição. O conforto era sempre preferível ao desconforto, mas era o luxo que consolava a alma de um homem.

De vez em quando, pensava em escrever um livro sobre seus roubos mais audaciosos. Talvez as safiras Trafalgi. Tinha lembranças agradáveis desse trabalho em particular. Seria considerada uma obra de ficção, é claro. A verdade era, com frequência, mais estranha e mais angustiante do que a ficção. Era uma pena que seu empregador atual não percebesse o humor ou a ironia da situação. Era um projeto que ele poderia guardar para a aposentadoria, quando estivesse confortavelmente instalado em Oxfordshire, criando cães de caça e caçando faisões.

Podia se imaginar como um aristocrata rural, com botas enlameadas e empregados fiéis... desde que fosse dali a vinte anos, no mínimo.

Foi olhar as panteras, pondo outro amendoim na boca. Irrequietas, furiosas, elas andavam de um lado para outro por toda a extensão de seu cercado, sempre incapazes de encarar o cativeiro com a mesma atitude filosófica de outros felinos. Philip sentia compaixão. Apreciava os contornos esguios e os olhos perigosos. Já fora comparado a uma pantera, por colegas, policiais, mulheres. No corpo e nos movimentos apenas, porque era branco na cor.

Continuou a comer amendoins enquanto dizia a si mesmo que um homem à beira dos 35 anos tinha de pensar em sua saúde. O cigarro era um péssimo hábito, e fizera muito bem em deixar de fumar. Tinha uma certeza positiva a respeito. Era uma pena que gostasse tanto de tabaco.

Sentou num banco. Ficou observando as pessoas que passavam. Como fazia um calor excepcional para outubro, havia incontáveis babás e carrinhos de bebê. Atraiu a atenção de uma morena jovem e bonita, que lhe ofereceu uma piscadela provocante e se mostrou mais do que desapontada quando Philip não correspondeu.

Bem que poderia ter feito, pensou Philip, se não tivesse um encontro marcado. As mulheres sempre haviam despertado seu interesse, não apenas porque usavam e possuíam a maior parte das joias, mas também porque eram... mulheres. Eram mais um dos prazeres da vida, com a pele macia e os cabelos cheirosos. Philip olhou para o relógio no instante em que o ponteiro dos segundos alcançava o 12. Eram exatamente 13 horas. Ele não se surpreendeu quando um homem calvo e corpulento sentou-se ao seu lado no banco.

– Não sei por que não podemos nos encontrar no Whites.

Philip ofereceu o saco de amendoins.

– Muito abafado. E você precisa de ar fresco, meu caro. Está muito pálido.

O capitão Stuart Spencer soltou um grunhido, mas pegou um amendoim. A dieta que a esposa lhe impunha era criminosa. A verdade pura e simples era que ele adoraria ficar longe do escritório, da papelada, do telefone. Havia dias em que sentia saudade dos trabalhos de campo, embora felizmente fossem poucos e bem distanciados. Era mais do que verdade, embora ele nunca fosse admitir, que tinha certa afeição pelo homem esguio ao seu lado. Apesar do fato – ou talvez por causa disso – de Spencer haver tentado por quase dez anos pôr Philip atrás das grades. Havia alguma coisa irritante, mas satisfatória ao mesmo tempo, em trabalhar com um homem que conseguira se esquivar da justiça com a maior habilidade.

Quando Philip tomara a decisão de trabalhar *com* a lei, em vez de contra a lei, Spencer não se enganara com a crença de que o ladrão subitamente se arrependera de seus crimes. Com Philip, era um negócio, em primeiro e último lugar. Era difícil não admirar um homem que tomava suas decisões com tamanho oportunismo, sempre com o progresso pessoal como objetivo predominante.

Apesar do calor do sol da tarde, Spencer encolhia-se dentro de seu sobretudo. Tinha uma bolha no calcanhar esquerdo e um princípio de resfriado e se aproximava de seu aniversário de 56 anos. Era difícil não invejar Philip Chamberlain por sua juventude, saúde e boa aparência.

– Um lugar absurdo para um encontro – resmungou Spencer, apenas porque a queixa fazia com que se sentisse melhor.

– Coma outro amendoim, capitão. – Philip já estava acostumado com o mau humor de Spencer para se incomodar. – Pode olhar ao redor e pensar em todos os criminosos calejados que pôs atrás das grades.

– Temos coisas mais importantes para fazer do que comer amendoim e olhar para os macacos.

Mesmo assim, ele pegou outro amendoim, cujo gosto, associado ao cheiro dos animais, lembrava-o das visitas dominicais ao zoológico quando era pequeno. Tratou de limpar a garganta para se livrar do sentimentalismo.

– Houve outro roubo na semana passada.

Curioso, Philip recostou-se, imaginando que saboreava um cigarro.

– Nosso mesmo amigo?

– Ao que tudo indica. Uma propriedade em Long Island, Nova York. Barnsworth... ricos, a elite do dinheiro. Proprietários de lojas de departamentos, ou algo parecido.

– Se está falando de Frederick e Dorothea Barnsworth, eles possuem uma rede de lojas de departamentos de alta classe nos Estados Unidos. O que levaram?

– Diamantes.

– Sempre a minha primeira opção – comentou Philip, reminiscente.

– Colar, pulseira. Tudo segurado por meio milhão.

Philip cruzou os tornozelos.

– Bom trabalho.

– É uma situação irritante. – Spencer pôs outro amendoim na boca. Bateu com as luvas de couro velhas na palma da mão. – Se eu não soubesse com certeza onde você esteve na semana passada, exigiria que respondesse a algumas perguntas.

– Não precisa recorrer à lisonja depois de tantos anos Stuart.

Spencer tirou um cachimbo do bolso, mais porque sabia que Philip deixara o vício do que realmente pelo desejo de fumar. Sem pressa, arrumou tudo e acendeu-o. Recostou-se, soprando nuvens de fumaça.

– O sujeito é esperto. Entrou e saiu sem deixar vestígio. Drogou os cachorros. *Dobermans*... animais ferozes e traiçoeiros. Meu irmão já teve um... Eu o detestava. Mesmo com um sistema de segurança de alto nível, ele conseguiu passar sem acionar o alarme. Levou apenas o conjunto de diamantes. Deixou diversos títulos, um broche de rubis e um colar de rubis particularmente feio.

– O homem não é ganancioso ... – murmurou Philip.

Ele sabia como era tentador – e uma insensatez – ser um ladrão ganancioso. Ao longo dos últimos meses, Philip desenvolvera uma admiração profunda e muito pessoal por aquele ladrão em particular. O homem tinha classe, pensou ele. Classe, estilo e inteligência. Philip sorriu. Os dois tinham muita coisa em comum.

– Ele não me interessaria tanto se fosse ganancioso. Há quanto tempo a Interpol o procura?

– Quase dez anos. – Spencer não gostava de admitir. Embora fosse verdade que nem sempre pegava seu homem, sua folha de serviço era excelente. – O homem não tem qualquer padrão. Cinco roubos em um mês, depois nada durante meio ano. Mas vamos pegá-lo. Basta um erro, um único erro que ele cometa, e será preso.

Philip removeu um fiapo da lapela do paletó.

– Era o que costumava dizer a meu respeito?

Spencer soprou a fumaça na direção de Philip, num gesto deliberado.

– Você cometeu um erro... nós dois sabemos.

– Talvez. – Fora precisamente por isso que ele deixara o antigo ofício enquanto ainda levava vantagem. – Acha então que ele está nos Estados Unidos?

Philip refletiu que uma viagem aos Estados Unidos naquele momento seria bastante agradável.

– Acho que não. Sinto-me inclinado a pensar que ele vai querer se distanciar da pressão policial à sua procura. De qualquer forma, temos um homem em Nova York.

Uma pena.

– O que quer de mim?

– Ele parece preferir os muito ricos, e não se importando de roubar joias famosas. Na verdade, seu padrão, se tiver um, é sua preferência por joias famosas. As pérolas Scradford, a safira Lady Caroline.

– A Lady Caroline... – murmurou Philip, suspirando. – Invejo-o por isso.

– Estamos vigiando as festas mais elegantes da Europa. Ter um agente que é aceito como parte do círculo interno sempre ajuda.

Philip limitou-se a sorrir, examinando as unhas bem-cuidadas.

– Parece que Lady Fume está planejando um baile de gala.

– É verdade. Fui convidado.

– E aceitou?

– Ainda não. Não sei se vou estar na cidade na ocasião.

– Claro que vai estar. – Spencer tornou a sugar o cachimbo. – Haverá muitas joias na festa. Queremos você lá dentro, de olho nas pedras, mas com as mãos a distância.

– Sabe que pode confiar em mim, capitão. – Philip sorriu. Era um sorriso cativante, que despertava pensamentos maliciosos nas mulheres. – Como vai sua doce filha?

– É outra coisa da qual você deve manter as mãos a distância.

– Posso lhe garantir que é um interesse puramente platônico.

– Você nunca teve um pensamento platônico sobre uma mulher em toda sua vida.

– *Touché*! – Philip amassou o saco vazio numa bola e o jogou na lata de lixo. – Gostaria que me enviasse o relatório sobre o último incidente.

Um enganador, pensou Spencer, pondo o cachimbo na boca para esconder um sorriso.

– Vai recebê-lo amanhã.

– Ótimo. Começo a compreender como você deve ter se sentido há alguns anos. É como uma coceira... – Seus olhos cinza-claro desviaram-se para as grades. – Descubro-me pensando nele nos momentos mais inesperados, seu próximo movimento, onde mora, o que come, quando faz amor. Já fiz o que ele está fazendo agora, mas... – Philip levantou-se, balançando a cabeça. – Aguardo ansioso pelo dia em que nos encontraremos.

– Pode não ser um encontro cordial, Philip. – Spencer também se levantou, tomando o maior cuidado com o calcanhar. – Talvez ele seja um homem perigoso.

– Todo mundo pode ser perigoso, dependendo das circunstâncias. Boa tarde, capitão.

Adrianne hospedou-se no Ritz, em Londres, vários dias antes do baile de gala de Lady Fume. Preferia o Ritz porque era ostensivamente grandioso... e porque fora a escolha da mãe na única viagem feliz que haviam feito à cidade. O Connaught era mais distinto, o Savoy mais imponente, mas havia certa extravagância maravilhosa em anjos dourados subindo pelas paredes.

Os funcionários conheciam-na muito bem; e como dava gorjetas generosas e sempre se mostrava simpática, não precisavam fingir que era um prazer servi-la. Adrianne ficou numa suíte com vista para o Green Park. Comentou com o recepcionista, em tom casual, que pretendia passar alguns dias fazendo compras e se distraindo.

No instante em que ficou sozinha na suíte, não se refestelou num banho de banheira com sais e espuma. Tampouco mudou de roupa para ver e ser vista no chá. A única coisa que tirou da bagagem foi um vestido prateado Valentino com um decote profundo. Dobradas, junto com o papel de seda que protegia o vestido, várias plantas da casa e as especificações do sistema de segurança. Haviam custado mais do que o vestido. Adrianne levou tudo para a sala, abriu sobre a mesa e preparou-se para verificar se gastara seu dinheiro tão bem quanto pensava.

A casa dos Fume em Londres, em Grosvenor Square, era elegante e eduardiana, com uma linda vista do parque. Adrianne refletiu que era uma pena que os Fume não estivessem oferecendo a festa em sua casa de campo, em Kent. Mas mendigos e ladrões não podiam ser exigentes. Ela passara um fim de semana chatíssimo com os Fume em Kent e poderia ter preparado as plantas sem a ajuda de ninguém. A casa em Londres era relativamente desconhecida, por isso, teria de depender das informações que comprara e de suas observações na noite da festa.

As esmeraldas de Lady Fume dariam um bom dinheiro, tinha certeza. Os avarentos e esnobes Fume haveriam de contribuir, indiretamente, para fundos de ajuda a viúvas e órfãos em várias cidades. E as esmeraldas eram, sem dúvida, um tremendo desperdício sobre a pele pálida de Lady Fume.

O melhor de tudo era o fato de os Fume serem tão sovinas que só haviam gastado o mínimo em segurança. Não tinham mais do que um sistema comum de fios nas portas e janelas. Ao examinar as especificações, Adrianne concluiu que até mesmo um ladrão médio entraria na casa sem acionar o alarme. E ela estava muito acima da média.

A primeira necessidade agora era verificar o bairro, a proximidade de outras casas e os hábitos dos moradores. Adrianne tornou a guardar tudo dentro do papel de seda, depois pegou uma capa preta e saiu para dar uma primeira olhada no local.

Conhecia Londres muito bem; as ruas, o tráfego, os clubes. Se decidisse visitar o Annabel's ou a clandestina La Cage, seria reconhecida e bem recebida. Em outra ocasião até teria apreciado, pela música, pelas conversas, mas aquela viagem a Londres era de trabalho. Seria necessário comparecer a alguns lugares antes de deixar a cidade. Era o que se esperava da princesa Adrianne. Assim como também se esperava que ela causasse bastante alvoroço para ser comentada. Aquela noite, porém, era de trabalho.

Primeiro passou de carro, observando o movimento tanto de veículos quanto de pedestres, a proximidade das outras casas, os detalhes da rua, como os lampiões acesos. Como o vestíbulo era o único lugar com uma lâmpada acesa na casa, Adrianne imaginou que os Fume haviam saído... provavelmente para o teatro. Foi preciso contornar a casa apenas uma vez para saber que o melhor acesso seria através do gramado. Depois de estacionar o carro na Bond Street, seguiu a pé.

A temporada de calor que Londres vinha aproveitando já se aproximava do fim. O tempo se tornara frio e úmido, como Adrianne preferia. A maioria dos londrinos permanecera em casa ou lotava os clubes. As calçadas estavam vazias. Podia-se ouvir o murmúrio das folhas deslizando pelo chão, o sussurro da brisa noturna soprando entre as árvores, que ficavam mais e mais desfolhadas.

Havia dedos de nevoeiro em torno de seus pés, tênues e cinzentos. Se tivesse sorte, o nevoeiro estaria mais denso no dia decisivo. Agora, dava para divisar os portões e jardins das casas, e as janelas que ela poderia escalar. O passeio sem pressa demorou três minutos e meio. Com pressa, poderia percorrer a distância em menos de dois minutos. Ao chegar mais perto, Adrianne manteve-se atenta a elementos incômodos, como cachorros ou vizinhos bisbilhoteiros. Foi nesse instante que percebeu o homem que caminhava devagar pela rua, observando-a.

Foram um súbito impulso e o instinto que levaram Philip até ali. Não havia garantias de que a casa dos Fume seria um alvo, mas, se fosse, se ele próprio estivesse planejando o roubo, trataria de circular pela vizinhança para conhecer os hábitos das pessoas dali antes de dar o golpe.

De qualquer forma, sentia-se inquieto, relutante em sair para procurar uma companhia... e insatisfeito com a própria companhia. Havia ocasiões, como aquela, em que sentia falta do excitamento, da expectativa de planejar um trabalho. A operação propriamente dita era tensa, exigindo concentração total, não deixando qualquer margem para um prazer nervoso. Antes e depois, no entanto, eram momentos emocionantes. E Philip invejava o homem que estava experimentando essas emoções.

No entanto, tomara a decisão de se aposentar de suas aventuras de cabeça fria. Não podia se arrepender. Exceto numa noite fria e úmida, quando quase podia sentir o calor das joias aninhadas em caixas de veludo dentro de cofres abafados.

E, de repente, avistou a mulher. Era pequena, envolta por um manto preto, que não lhe permitia ver seu rosto ou corpo. Ainda assim. Philip sentiu juventude nos movimentos descontraídos, confiança na maneira casual como as mãos desapareciam nas dobras da capa. Era uma imagem fascinante, com o nevoeiro circulando em torno de seus pés, as folhas voando para a sarjeta. Os sentidos de Philip, porém, ficaram mais aguçados quando percebeu que a mulher virava a cabeça para a casa na Grosvenor Square. A mesma casa que ele estivera observando.

Ao vê-lo, a hesitação da mulher foi breve, tão breve que ele não teria percebido se não estivesse esperando por isso. Philip ficou parado, os polegares enganchados na jaqueta de couro de aviador, curioso para ver o que ela faria. A mulher continuou a avançar em sua direção, nem mais depressa nem mais devagar. Ao chegar perto, levantou o rosto para ele.

Suas feições eram exóticas, ligeiramente familiares. Não eram britânicas, pensou Philip.

– Boa noite – disse ele, querendo ouvir a voz da mulher em resposta a seu cumprimento.

Os olhos, tão escuros quanto o manto, fitaram-no calmamente. Olhos deslumbrantes, refletiu Philip, amendoados, com pestanas espessas, escurecidas pela noite. Ela apenas acenou com a cabeça e continuou andando.

Adrianne não olhou para trás, embora a preocupasse o fato de querer fazê-lo. O homem podia estar parado ali por uma dúzia de razões plausíveis, mas ela não podia descartar a tensão em sua nuca. Os olhos do homem eram quase como o nevoeiro, cinzentos e misteriosos. A postura, embora descontraída, parecera-lhe muito alerta, muito preparada para entrar em ação.

Isso é absurdo, disse Adrianne a si mesma, enquanto puxava o manto sobre a garganta. Era apenas um homem fazendo um passeio noturno, ou esperando por uma mulher. Britânico, pelo sotaque, muito atraente, olhos cinzentos e cabelos louros. Não havia razão para que o encontro a deixasse nervosa. Exceto... exceto porque justamente a deixara nervosa.

Ela atribuiu isso ao cansaço da viagem e decidiu encerrar a noite mais cedo.

TALVEZ TIVESSE SIDO UM ERRO ir para a cama com apenas um copo de vinho no estômago. Poderia ter sido melhor se tivesse ido ao Annabel's e jantado socialmente antes de ir dormir.

Poderia assim preencher a mente com outras lembranças, com rostos antigos e novos, com uma conversa ociosa, flerte, riso. Talvez assim não tivesse sonhado; mas, depois que o sonho começara, já era tarde demais.

As fragrâncias permanecem conosco por mais tempo, um aroma insinuante, trazendo de volta lembranças havia muito sepultadas, sentimentos havia muito esquecidos. O cheiro era de café temperado com cardamomo, concorrendo com as fragrâncias intensas e opulentas dos perfumes. O aroma, até mesmo no sonho, sempre a levava de volta àquela noite na véspera de seu quinto aniversário.

Seus próprios soluços despertaram-na. Adrianne sentou-se na cama, comprimiu as bases das mãos contra os olhos e tentou sair do sonho. Quando era muito forte, como naquela noite, tendia a perdurar. A respiração superficial, o suor se acumulando na base da coluna... ela fez um esforço para recuperar a consciência de quem era agora.

Não era mais uma criança, toda encolhida debaixo da cama, rezando para que o pai parasse e deixasse a mãe em paz. Isso acontecera uma vida inteira atrás.

Levantou-se, tateando para acender a luz e pegar a camisola. Nunca era capaz de suportar o escuro depois de um sonho assim. No banheiro, molhou o rosto com água fria, sabendo que o tremor tinha de continuar por todo seu curso. Era uma bênção que dessa vez não fosse acompanhado pela náusea.

Estivera pendurada em uma corda 50 andares acima de Manhattan, correra pelas vielas mais sinistras de Paris e vadeara por um pântano na Louisiana, mas nada a assustava mais do que as lembranças que afloravam em seus sonhos.

Enquanto as mãos continuavam a tremer, apoiou-se na pia. Depois que ficaram firmes, levantou a cabeça para estudar o rosto. Ainda estava pálida, mas já não havia medo nos olhos. Era a primeira coisa que tinha de controlar.

As ruas de Londres estavam quietas. Na sala, encostou a

testa no vidro da janela, grata porque estava frio. O momento se aproximava, pensou Adrianne, e isso tanto a emocionava quanto a apavorava. A data fora escolhida, embora ela não tivesse confidenciado nem sequer a Celeste. Voltaria para Jaquir muito em breve, a fim de se vingar do homem que maltratara e humilhara sua mãe. E tomaria o que lhe pertencia. O Sol e a Lua.

12

– Querida... – Adrianne roçou seu rosto no rosto macio como o de um bebê de Lady Fume. – Lamento muito ter me atrasado.

– Não diga bobagem. Você nunca chega atrasada. – Lady Fume usava um vestido verde de seda, com um decote baixo para exibir não apenas as esmeraldas, mas também a silhueta 5 quilos mais magra que adquirira no mês anterior num spa na Suíça. – Mas tenho uma queixa a fazer.

– É mesmo? – indagou Adrianne enquanto abria o fecho do casaco.

– Soube que está em Londres há dias, mas não me telefonou.

– Estava me escondendo. – Adrianne sorriu enquanto tirava o casaco e o entregava a uma criada à espera. – Não seria uma boa companhia.

– Teve uma briga com Roger?

– Roger? – Adrianne deu o braço à anfitriã e começou a andar pelo vestíbulo de quadrados de mármore preto e branco. Como a maioria das mulheres, Helen presumia que o ânimo de uma mulher dependia de um homem. – Está atrasada, Helen. Esse é um assunto encerrado há semanas. Sou uma agente livre agora.

– Temos que dar um jeito nisso. Tony Fitzwalter acaba de se separar da esposa.

– Pode me poupar. Não há nada pior do que um homem que acaba de se livrar do sagrado matrimônio.

O salão de baile, com o assoalho envernizado e o papel de parede cor de marfim, já estava repleto de pessoas e música. Havia o brilho do vinho em copos de cristal, as fragrâncias de perfumes masculinos e femininos e a cintilação das joias. Milhões de libras em pedras e metais, pensou Adrianne. Ela só levaria uma mínima porcentagem.

A maioria dos rostos era familiar. Esse era um dos problemas daquelas festas. As mesmas pessoas, as mesmas conversas, o mesmo tédio latente.

Avistou um conde, de quem roubara um anel de diamantes e rubi seis meses antes. Também viu Madeline Moreau, a ex-esposa francesa de um artista de cinema, que esperava roubar na próxima primavera. Com um sorriso para os dois, pegou uma taça de champanhe na bandeja de um garçom que passava.

– Tudo parece adorável, Helen, como sempre.

– Foi trabalho demais em pouco tempo – queixou-se Lady Fume, embora não tivesse feito nenhum esforço mais vigoroso do que experimentar o vestido que estava usando. – Mas adoro receber.

– Uma pessoa deve gostar do que faz bem – comentou Adrianne antes de tomar um gole de champanhe. – Por falar nisso, você está deslumbrante. O que andou fazendo?

– Uma pequena viagem à Suíça. – Helen passou a mão pelo quadril reduzido. – Há um spa maravilhoso lá se você precisar algum dia. Deixam você morrer de fome e esgotam-na com exercícios até você se sentir agradecida pelas poucas folhas e sementes que jogam no seu prato. Depois, quando está prestes a desistir, passam a mimá-la com tratamentos faciais e massagens, com o mais refinado banho romano. Uma experiência que jamais esquecerei, minha cara. E pode ter certeza de que me mataria se algum dia precisasse voltar lá.

Adrianne não pôde deixar de rir. A conversa superficial e despropositada de Helen era sempre fascinante. Era uma pena que o marido idolatrasse a libra britânica acima de qualquer coisa.

– Farei o melhor possível para evitar seu spa.

– Já que está aqui, deve dar uma olhada na pulseira da condessa Tegari. Era da coleção da duquesa de Windsor. Ele deu um lance maior do que o meu.

O brilho de cobiça nos olhos de Helen ajudou a aliviar a pontada de culpa que Adrianne sentira.

– É mesmo?

– Ela é velha demais para aquela pulseira, mas isso não vem ao caso. Você conhece quase todo mundo, querida. Divirta-se, enquanto eu banco a anfitriã.

– Claro.

Ela só precisaria de 15 minutos para fazer um reconhecimento do cofre no quarto principal. Aproximou-se de Madeline Moreau, pensando no futuro. Não faria mal nenhum descobrir se a francesa tinha planos para uma viagem na primavera.

Philip a viu no momento em que ela entrou. Era o tipo de mulher que um homem se sentia compelido a notar. O tipo de mulher que, numa sala povoada com as mais belas e glamourosas, destacava-se entre todas. Contudo, para um homem treinado pela necessidade e pelo desejo de observar, ela parecia um pouco afastada e distante.

Usava uma túnica preta, com gola alta, que se abria nos quadris numa saia que deixava as pernas à mostra. Só belas pernas podiam correr esse risco. E Philip concluiu, enquanto tomava um gole de sua bebida, que as pernas daquela mulher podiam enfrentar qualquer desafio.

Os cabelos estavam penteados para trás, presos em grampos com diamantes que combinavam com os brincos. Ele a reconheceu mesmo enquanto a admirava. E não pôde deixar de especular. Por que uma mulher tão bonita andava sozinha pela noite úmida de Londres, longe dos clubes, dos restaurantes e das casas noturnas? E onde vira seu rosto antes?

Pelo menos um enigma podia ser resolvido com facilidade. Philip bateu no braço do homem a seu lado. Acenou com a cabeça na direção de Adrianne.

– Quem é aquela mulher pequena, de pernas espetaculares?

O homem, cuja maior reivindicação para a fama era ser primo em segundo grau da princesa de Gales, deu uma olhada.

– É a princesa Adrianne de Jaquir. Deslumbrante da cabeça aos pés e destruidora de corações. Não dá para um homem mais do que algumas horas do dia enquanto ele não rasteja por vários anos.

Era isso. As colunas sensacionalistas que a mãe de Philip lia religiosamente sempre publicavam alguma história picante a respeito de Adrianne de Jaquir. Era a filha de um tirano árabe com uma atriz do cinema americano de alguma reputação. A mãe cometera suicídio? Havia um escândalo no caso, mas Philip não conseguia lembrar. Agora que sabia quem era, achou ainda mais estranho que ela andasse pela noite nas proximidades da casa da anfitriã.

O informante de Philip pegou um brochete na mesa do bufê, que já fora devastada.

– Quer que o apresente?

Ele fez o oferecimento sem nenhum entusiasmo. Passara uma cantada na esquiva Adrianne, apenas para ser repelido como um mosquito.

– Não precisa. Eu mesmo me apresentarei.

Philip observou-a por mais algum tempo, aumentando sua suspeita de que ela não era de fato uma personagem daquele cenário. Como ele, parecia mais uma observadora. Intrigado, atravessou o salão até aproximar-se dela.

– Olá outra vez.

Adrianne virou-se. O reconhecimento foi instantâneo. Aquele homem tinha olhos que ela não esqueceria. Em poucos segundos fez uma avaliação e depois sorriu. Era melhor reconhecer, o instinto lhe dizia, do que rejeitar com um olhar vazio.

– Olá.

Ela tomou o restante do champanhe. Entregou-lhe a taça vazia com altivez suficiente no gesto para mantê-lo a distância.

– Costuma passear à noite pelas ruas com frequência?

– Só de vez em quando, e foi por acaso que a vi. – Philip fez sinal para um garçom. Pôs a taça vazia na bandeja e pegou duas cheias. – Veio fazer uma visita?

Adrianne considerou a possibilidade de uma mentira, mas a rejeitou no mesmo instante. Se ele quisesse, embora só Deus soubesse por que o faria, poderia descobrir.

– Não. Estava apenas dando uma volta. Não estava procurando por companhia naquela noite.

Philip também não procurava, mas a encontrara.

– Foi uma linda imagem que permaneceu nos meus pensamentos... toda envolta em preto, com o nevoeiro a seus pés. Muito misteriosa e romântica.

Adrianne deveria estar se divertindo, mas não era o que acontecia. Estava intrigada pela maneira como aquele homem a fitava, como se ela tivesse todos os segredos do mundo, que ele acabaria por descobrir, um a um.

– Não há nada de romântico no cansaço de uma viagem de avião. Costumo ficar irrequieta na primeira noite depois de um longo voo.

– De onde?

Ela o analisou por cima do copo.

– Nova York.

– Quanto tempo ficará em Londres?

Era apenas uma conversa social, nada de mais, mas Adrianne desejou saber por que ele a deixava apreensiva.

– Mais alguns dias.

– Ótimo. Então posso começar com uma dança e progredir até um jantar.

Quando ele tirou a taça de sua mão. Adrianne não protestou. Sabia como controlar os homens. Com um sorriso neutro, empurrou os cabelos para trás.

– Podemos dançar.

Ela permitiu que Philip a levasse através da multidão até a frente da orquestra. Surpreendeu-se com sua mão. Parecia um homem afeito a trajes formais e festas de gala, mas a palma da mão era dura, com linhas de calos por baixo dos dedos e nas pontas.

As mãos de um trabalhador, com um rosto aristocrático e uma atitude gentil. O que somava para virar uma combinação perigosa. Adrianne forçou-se para não se contrair quando ele a puxou para seus braços. Alguma coisa aconteceu quando os corpos roçaram, algo que ela não queria sentir nem admitir. A sexualidade era parte de sua imagem, mas ficava apenas na superfície. Nenhum homem jamais a possuíra, e ela decidira alguns anos antes que isso nunca aconteceria.

Contudo, podia sentir a mão firme de Philip em suas costas, a elevação do músculo em seu ombro quando pôs a mão ali. Já sentira músculos antes, a firmeza de um homem, mas isso não a perturbara. Até agora. A orquestra tocava uma melodia suave e intensa. Apesar do champanhe, Adrianne sentia a boca ressequida. Levantou o rosto para encará-lo.

– É muito amigo de Lorde e Lady Fume?

– Conhecido.

A princesa tinha uma fragrância exclusiva. Alguma coisa que despertava imagens de quartos pouco iluminados, silenciosos, recendendo a incenso, impregnados de segredos femininos.

– Fomos apresentados por uma amiga comum. Carlotta Bundy – acrescentou Philip.

– Ah, Carlotta... – Adrianne acompanhava os passos dele. O homem dançava como falava, suave, sem qualquer movimento brusco. Em outra ocasião, outro lugar, ela teria gostado, mas, como tudo nele, sua maneira de dançar a deixava apreensiva. – Creio que não a vi aqui essa noite.

– Nem poderia. Se não me engano, ela está no Caribe. Em sua mais recente lua de mel. – Apenas para testá-la, Philip aproximou-se um ou dois centímetros. Adrianne não recuou, mas ele percebeu a cautela em seus olhos. – Está livre amanhã?

– Tenho o hábito de ser livre.

– Jante comigo.

– Por quê?

Não era uma pergunta tímida, mas direta. Philip descobriu-se aumentando a aproximação, dessa vez sem qualquer outro motivo a não ser apreciar sua fragrância.

– Porque prefiro jantar com uma linda mulher, ainda mais uma mulher que aprecia longos passeios solitários.

Adrianne sentiu que os dedos de Philip se entrelaçavam nas pontas de seus cabelos. Poderia encerrar aquele flerte sutil com um olhar, mas deixou passar.

– Você é romântico?

O rosto dele denotava isso: poético, esguio, com olhos que podiam ser serenos ou ardentes.

– Acho que sim. E você?

– Não. E não janto com homens que não conheço.

– Chamberlain... Philip Chamberlain. Devo pedir a Helen para fazer uma apresentação mais formal?

O nome significava alguma coisa. Despertou uma lembrança indefinida no fundo da mente de Adrianne, mas logo se desvaneceu. Ela decidiu pesquisar a respeito mais tarde. Por enquanto, poderia ser mais interessante entrar no jogo. A canção lenta foi sucedida por outra mais acelerada. Philip ignorou-a e continuou a se movimentar no mesmo ritmo lento. Adrianne não entendeu por que isso fazia com que sua pulsação acelerasse. Curiosa, continuou a dançar no mesmo ritmo lento.

– O que ela me diria a seu respeito?

– Que sou solteiro e discreto em minhas ligações amorosas, negócios e outras atividades. Que viajo muito e tenho um passado misterioso. Que passo a maior parte do ano em Londres e tenho uma casa de campo em Oxfordshire. Gosto de jogar, e prefiro ganhar a perder. E ao me sentir atraído por uma mulher, gosto que ela saiba imediatamente.

Ele levantou as mãos unidas nas dela e roçou os lábios pelas articulações dos dedos de Adrianne. Não foi fácil para ela ignorar o calor que se irradiou por seu braço.

– Faz isso porque é honesto ou porque tem pressa?

Ele sorriu e quase persuadiu-a a contrair os lábios em resposta.

– Eu diria que isso depende da mulher.

Era um desafio. E sempre fora difícil para Adrianne recusar o desafio de um homem. Ela tomou a decisão num súbito impulso, sabendo que se arrependeria.

– Estou no Ritz – disse ela, enquanto recuava. – Estarei pronta às oito.

Philip descobriu-se estendendo a mão para um cigarro inexistente, observando-a se afastar. Se ela deixara seus nervos à flor da pele depois de uma dança, seria mais do que interessante saber o que faria durante uma noite inteira. Ele fez sinal para o garçom, pedindo outra taça de champanhe.

ADRIANNE LEVOU UMA HORA para escapulir. Só estivera uma vez antes na casa dos Fume em Londres, mas possuía uma excelente memória, que fora reavivada pelas plantas que comprara. O primeiro problema era evitar Lady Fume, a anfitriã sempre ansiosa, e seu bando de criados eficientes. Ao final, optou pela ousadia. A experiência lhe ensinara que muitas vezes o subterfúgio era eficaz, sob uma máscara de ação impudente. Subiu pela escada principal, como se tivesse todo o direito de zanzar pelo segundo andar da casa.

A música soava abafada no andar de cima e os corredores recendiam mais a óleo de limão do que aos crisântemos e às rosas de estufa que ornamentavam as mesas nas salas lá embaixo. Todas as portas eram pintadas de azul Wedgwood contra paredes brancas; e todas estavam fechadas. Adrianne contou quatro, do lado direito. Bateu na porta, como precaução. Se alguém respondesse, tinha a desculpa pronta, uma dor de cabeça terrível, que a levara a procurar uma aspirina. Como ninguém respondeu, lançou um olhar rápido para a direita e a esquerda antes de abrir a porta. Depois que entrou e tornou a fechá-la, tirou uma lanterna fina da bolsa e examinou o quarto pelo estreito facho de luz.

Queria saber a posição de cada móvel. Se entrasse no quarto enquanto os anfitriões estivessem dormindo, seria um desastre esbarrar numa mesa Luís XV ou numa cadeira Queen Anne.

Com todo cuidado, fez um registro mental da disposição, enquanto decidia em particular que Lady Fume precisava de um decorador mais criativo. Por sorte, a segurança também não era imaginativa. O cofre ficava escondido por trás de uma paisagem marinha suave, na parede em frente à cama. O cofre em si era de combinação simples, e ela calculou que não levaria mais do que vinte minutos para abri-lo.

Em movimentos silenciosos, verificou as janelas. Eram do mesmo estilo das janelas do térreo e poderiam ser arrombadas com um pé de cabra, sem qualquer dificuldade, se fosse necessário. Havia poeira no peitoril. Adrianne estalou a língua. A governanta de Lady Fume deveria ser mais meticulosa.

Satisfeita, deu um passo para trás, mas nesse instante ouviu a maçaneta ser girada. Com uma imprecação muda, Adrianne entrou no closet. Descobriu-se cercada pelos elegantes ternos de par do reino de Lorde Fume.

Prendeu a respiração. Os olhos, acostumados ao escuro, divisaram o movimento da porta através das fasquias da porta do closet. Quando esta se abriu, um pouco da claridade difusa do corredor derramou-se pelo quarto. Foi o suficiente para que ela pudesse ver Philip com toda nitidez.

Adrianne apertou os dentes com força, xingando-o enquanto vasculhava o cérebro à procura de uma explicação para a presença dele ali. Philip apenas parou na porta, enquanto o olhar examinava o quarto. Alerta, pensou Adrianne de novo. Alerta e preparado para qualquer coisa. E parecia perigoso. Devia ser pela maneira como a luz por trás criava um halo em torno de sua cabeça ao mesmo tempo em que mantinha o rosto nas sombras.

Um homem perigoso, com toda certeza, pensou Adrianne, enquanto espiava pelas fasquias. Por mais sofisticado que fosse seu comportamento ou refinada sua fala, era alguém que sabia se defender nas ruas.

Adrianne mandou-o para o inferno e de volta quando ele olhou para a porta do closet. O fato de que não tinha o que fazer naquele quarto, da mesma forma que ela, não contrabalançaria sua descoberta no closet de Lorde Fume. Prendeu a respiração. Um encontro por acaso numa rua deserta, uma coincidência em um milhão, e ele arruinava um trabalho planejado por semanas.

Foi então que ele sorriu, e o sorriso deixou Adrianne ainda mais preocupada. Era como se Philip sorrisse direto para ela, pessoalmente, através do painel de madeira que os separava. Quase esperou que ele falasse e sentiu que procurava por uma resposta plausível, quando o homem se virou e saiu do quarto, fechando a porta.

Ela esperou dois minutos inteiros antes de sair do closet. Sempre cautelosa, ajeitou a saia e alisou os cabelos. Talvez tivesse acertado ao concordar em jantar com ele. Alguma coisa lhe dizia que era melhor ficar de olho em Philip em vez de tentar evitá-lo.

Philip Chamberlain a obrigaria a mudar os planos. Ela lançou um último olhar para o quarto escuro. Lady Fume conservaria suas esmeraldas, pelo menos por mais algum tempo, mas ela não perderia a viagem, não desperdiçaria seu tempo. Lançou um olhar pesaroso para a paisagem marinha.

Manteria Philip Chamberlain ocupado por algumas horas no jantar, voltaria à suíte e vestiria as roupas de trabalho. Madeline Moreau perderia suas esmeraldas um pouco antes do tempo previsto.

13

Preparar os planos para Madeline Moreau manteve Adrianne acordada até tarde. Também se levantou cedo para trabalhar. Refletiu que o fator chamado Philip Chamberlain afetara suas possibilidades em relação aos Fume, mas isso não significava que o Sombra devia deixar Londres de mãos vazias.

Como ladra, Adrianne era muito bem-sucedida. Parte da razão para isso era a cautela. Outra parte, talvez maior, era a flexibilidade. As plantas e especificações que trouxera de Nova York poderiam esperar. O Fundo das Viúvas e Órfãos não.

Às 8h45 da manhã, Lucile, a empregada de Madeline, que não dormia em casa, abriu a porta para um jovem barbudo, de macacão cinza.

– O que deseja?

– Sou do controle de pragas. – Adrianne sorriu através da barba loura. Deu uma piscadela insinuante para Lucille. Sob o boné velho, usava uma peruca loura despenteada, um pouco suja, que cobria as orelhas. – Tenho seis apartamentos para dedetizar essa manhã, meu bem, e o seu é o primeiro.

– Pragas? – Lucille hesitou, corando quando o exterminador presenteou-a com uma análise longa e interessada. – *Mademoiselle* não me falou nada sobre pragas.

– Foi o superintendente quem mandou. – Adrianne estendeu um papel rosa. Usava luvas de operário, esfiapadas, cobrindo os pulsos. – Recebemos algumas queixas. Camundongos.

– Camundongos? – Com um grito estridente e abafado, Lucille retirou a mão. – Mas a minha patroa está dormindo!

– Não é problema para mim. Se não quer que o Jimmy mate os bichinhos, vou para o próximo apartamento na minha lista. Adrianne tornou a estender o papel. – Quer assinar isso? Diz apenas que não quis o serviço. Livra a cara do superintendente se os camundongos resolverem subir pela sua perna.

– Não... – Lucille levou a mão à boca, roendo as unhas. Camundongos. Estremecia só de pensar. – Vai ter que esperar aqui. Vou acordar a patroa.

– Pode demorar o tempo que quiser, querida. Eu ganho por hora.

Adrianne observou Lucille se afastar, apressada. Largou o dedetizador no chão e circulou rapidamente pela sala, levantando quadros, mudando livros de posição. Sorriu quando ouviu a voz de Madeline se elevar em um quarto no fundo do corredor. Ela parecia infeliz pela interrupção de seu sono de beleza. Quando Lucille voltou, Adrianne estava encostada na porta, assobiando baixinho.

– Por favor, comece pela cozinha. *Mademoiselle* deseja sair antes que chegue aos quartos.

– Como quiser, querida. – Adrianne levantou o dedetizador. – Não quer me fazer companhia?

Lucille piscou. Era pequena e magricela, mas tinha um rosto bonito.

– Talvez... depois que *mademoiselle* sair.

– Estarei por aí.

Outra vez assobiando, Adrianne seguiu a orientação de Lucille para chegar à cozinha. Foi para a área de serviço. O sistema de alarme era pouco mais do que um brinquedo, levando-a a suspirar pela falta de desafio. Depressa, o ouvido sintonizado para qualquer ruído, ela desatarraxou a placa. Tirou dos bolsos do macacão um computador de bolso do tamanho de um cartão de crédito e dois grampos de mola. Com um esforço para não se apressar, prendeu os grampos nos fios, interrompendo a transmissão de energia.

Ouviu o barulho de passos e voltou à cozinha, bombeando para o ar uma nuvem de poeira de rosa orgânica.

– É melhor me dar mais um minuto, querida – disse Adrianne quando Lucille enfiou a cabeça para dentro da cozinha. – Essa coisa precisa assentar. Não vai querer deixar vermelhos esses lindos olhos.

Lucille acenou com a mão diante do rosto, tossindo.

– *Mademoiselle* quer saber quanto tempo vai demorar.

– Uma hora, no máximo.

Adrianne bombeou mais um pouco, apressando a retirada de Lucille. Depois de contar até cinco, voltou à área de serviço. Pegou um alicate. Levou dois minutos para ligar os fios no computador de bolso e mudar o código de segurança. A entrada não seria mais um problema, pensou ela, enquanto recolocava a placa. Agora, só precisava descobrir onde ficava o cofre. Com o dedetizador nos ombros, Adrianne procurou Lucille.

– E agora?

– O quarto de hóspedes.

Lucille indicou onde ficava. Foi interrompida por um fluxo de imprecações em francês.

– Lucille, sua desmiolada! Onde você pôs a droga da minha bolsa vermelha? Tenho de fazer tudo sozinha?

– Ela parece muito simpática – comentou Adrianne.

Lucille revirou os olhos antes de se afastar, apressada. Se tinha um ataque por causa de uma bolsa, Adrianne imaginou que Madeline teria uma apoplexia quando ficasse sem a safira. Nunca compensa ser gananciosa, pensou ela, enquanto seguia para o quarto de hóspedes.

Vinte minutos depois, ouviu a porta da frente bater. Precisou de menos de dez minutos para localizar o cofre no quarto espalhafatoso de Madeline, decorado em vermelho e preto. Ficava por trás do espelho na mesa de maquiagem, coberta de vidros e potes.

Um cofre de combinação simples. Adrianne estalou a língua. Era de se pensar que Madeline gastaria tanto com a segurança quanto gastava com o guarda-roupa. Adrianne tornou a levantar o dedetizador para colocá-lo nas costas e saiu para encontrar Lucille à sua espera.

A criada borrifara-se com seu melhor perfume.

– Já acabou?

– Qualquer camundongo que tentar entrar aqui vai virar carne morta. – Adrianne refletiu que precisaria ter muito jogo de cintura, enquanto Lucille sorria para ela. – *Mademoiselle* saiu?

– Não vai voltar por pelo menos uma hora.

O convite era óbvio. Lucille deu um passo à frente. Adrianne sentiu uma risadinha subir pela garganta, mas teve de lembrar a si mesma que aquilo não era momento para rir.

– Eu bem que gostaria de ter um tempo livre agora... mas vou ter mais tarde. A que horas você sai?

– Ela tem as suas manias. – Lucille mexeu na gola do macacão de Adrianne. Nunca fora beijada por um homem de barba. – Às vezes me obriga a ficar durante a noite toda.

– Mas ela tem de dormir em algum momento. – Como Adrianne tinha planos para Madeline naquela noite, achou que era melhor também arrumar uma ocupação para Lucille.

– Pode sair à meia-noite? Para se encontrar comigo no Bester's, que fica no Soho? Tomaremos um drinque.

– Apenas um drinque?

– Depende. – Adrianne sorriu. – Moro logo depois da esquina do clube. Você pode ir até lá e me dar... uma aula de francês. À meia-noite.

Ela passou um dedo pelo rosto de Lucille antes de se encaminhar para a porta do apartamento.

– Talvez.

Adrianne virou-se e piscou.

Uma hora depois, de peruca loura e suéter rosa, pagou em dinheiro por duas dúzias de rosas vermelhas e um elegante jantar com champanhe para duas pessoas numa sala de jantar privada de uma estalagem rural, a uma hora de carro de Londres.

– Meu chefe quer apenas o melhor – explicou Adrianne com um sotaque britânico firme, enquanto entregava um punhado de notas de 5 libras ao gerente. – E também discrição, está certo?

– Claro. – O gerente fez uma reverência, tomando cuidado para não deixar transparecer muito entusiasmo. – E o nome?

Adrianne ergueu uma sobrancelha, ao estilo de Celeste.

– Sr. Smythe. Providencie para que o champanhe esteja devidamente gelado por volta da meia-noite.

Enquanto falava, ela acrescentou uma nota de 20 libras.

– Vou provindenciar pessoalmente.

As costas empertigadas, a cabeça erguida, Adrianne foi para o carro, que alugara para aquela viagem. Não pôde evitar um breve sorriso. Àquela altura, Madeline já teria recebido a primeira entrega de rosas, acompanhada pelo convite romântico e misterioso para um jantar à meia-noite, no campo, com um admirador secreto.

A natureza humana era um instrumento tão importante quanto dedos ágeis. E Madeline Moreau era muito francesa... e muito vaidosa. Adrianne não duvidou por um momento sequer que ela deixaria o apartamento e entraria na limusine a sua espera. O apartamento ficaria vazio. Madeline teria um profundo desapontamento, é claro, quando o admirador secreto não aparecesse, mas o champanhe Dom Pérignon e sua curiosidade a manteriam ocupada por um bom tempo. Duvidava de que Madeline voltasse para Londres antes das 2 horas da madrugada. A essa altura, ela já teria apanhado a safira e Madeline teria um acesso de raiva ao melhor estilo francês.

Precisou de bem pouco tempo, quando voltou à suíte no hotel, para repassar suas anotações e conferir os horários. A segunda entrega de rosas, com um poema tolo e apaixonado, junto com outra súplica para um jantar íntimo, chegaria no apartamento de Madeline dentro de uma hora.

Ela não resistiria. Adrianne riscou um fósforo para queimar as anotações. Ficou observando as chamas. Seu instinto estava certo, assegurou a si mesma. A intromissão de Philip Chamberlain poderia ter sido mera coincidência, mas o Sombra preferia cálculos meticulosos. Sorriu para si mesma. Agora, Philip lhe proporcionaria a melhor cobertura possível. Jantaria com ele e depois voltaria para o hotel. E cuidaria para que ninguém a visse deixando a suíte à meia-noite.

Adrianne sentia-se no melhor dos ânimos quando se vestiu para o jantar. O preto básico que escolheu era justo, o interesse aumentado por uma explosão de contas coloridas em mosaico ao longo de um ombro. Pôs os brincos de vidro azul-real, que seriam tomados como safiras por qualquer um que não fosse um expert. Roubava as melhores e mais preciosas joias, mas quase nunca as comprava para si mesma. A única joia que a interessava era O Sol e a Lua.

Finalmente, deu um passo para trás, a fim de se contemplar no espelho. Aquela imagem, como a de Rose Sparrow, era importante para ela. Concluiu que estava satisfeita por ter cedido ao impulso de ondular os cabelos. No entanto, mudou de ideia sobre o batom e aplicou uma tonalidade mais escura. Isso mesmo, pensou ela, acrescentava apenas uma insinuação de poder. Philip Chamberlain podia ser perigoso, mas descobriria que ela não era uma presa fácil.

Quando o recepcionista telefonou, ela já estava pronta, até mesmo ansiosa para o jantar. E insistiu em descer para se encontrar com Philip no saguão.

Ele não se vestia tão formalmente naquela noite. O terno cinza era italiano, apenas um pouco mais claro do que os olhos. Em vez de camisa de colarinho e gravata, usava uma camisa preta de gola rulê, que combinava muito bem com os cabelos. Bem demais, pensou Adrianne, oferecendo-lhe um sorriso frio.

– Você é pontual.

– E você é adorável.

Philip ofereceu-lhe uma única rosa vermelha. Ela conhecia os homens muito bem para não se deixar seduzir por uma flor, mas não pôde evitar que o sorriso abrandasse.

Adrianne tinha um casaco de pele no braço. Ele o pegou. Enquanto a ajudava a vestir, lentamente, deixou que os dedos perdurassem na nuca, para soltar os cabelos da gola. Eram tão sedosos e macios quanto a pele.

O calor espalhou-se inesperadamente. Determinada a ignorá-lo, Adrianne olhou para trás. Seu rosto estava muito próximo, a um ponto provocante. Ela contraiu os lábios quando os olhos se encontraram.

Sabia como enervar um homem com um olhar, um movimento, compreendeu Philip. E se perguntou como aquela mulher podia ter adquirido, com aqueles olhos, a reputação de ser inacessível.

– Há uma estalagem a cerca de 40 quilômetros a leste de Londres. É sossegada, tem um clima agradável e uma comida deliciosa.

Adrianne esperava um restaurante elegante e sofisticado no centro da cidade. Seria possível que fossem jantar no lugar em que Madeline esperaria por seu apaixonado misterioso à meia-noite? Philip percebeu o súbito brilho divertido nos olhos de Adrianne e especulou sobre o motivo.

– Você é mesmo romântico. – Com todo cuidado, ela se afastou dos braços de Philip. – Mas acho que o passeio de carro será ótimo. No caminho, você pode me falar sobre Philip Chamberlain.

Com um sorriso, ele a pegou pelo braço.

– Precisaríamos de mais de 40 quilômetros para isso.

Ao se sentar no Rolls, Adrianne deixou que o casaco escorregasse dos ombros. O ar fresco do outono não podia competir com o calor. No momento em que o motorista deu a partida, Philip tirou uma garrafa de Dom Pérignon do balde de gelo.

Era perfeito demais, pensou Adrianne, batalhando contra outro sorriso. Uma rosa vermelha, champanhe, o carro de luxo, uma estalagem no campo. Pobre Madeline, pensou ela, divertindo-se, enquanto estudava o perfil de Philip.

– Tem se divertido em Londres?

A rolha saiu com um estalo abafado. No interior silencioso do carro, Adrianne podia ouvir o chiado das borbulhas subindo pelo gargalo.

– Muito. Sempre gostei dessa cidade.

– E o que tem feito?

– O que tenho feito? – Ela aceitou a taça oferecida. – Compras. Visitas a amigos. Passeios.

Adrianne permitiu que ele passasse caviar numa bolacha para ela.

– O que você faz?

Ele a observou enquanto ela pôs a pequena bolacha na boca, antes de tomar um gole.

– Em que área?

Ela cruzou as pernas, acomodando-se confortavelmente no canto. Era a imagem que queria projetar, peles elegantes, pernas envoltas em seda, joias reluzentes.

– Trabalho, prazer, qualquer coisa.

– O que mais me atrai no momento.

Adrianne achou estranho que ele não discorresse a respeito. A maioria dos homens que ela conhecia só precisava de uma brechinha para falar de seus negócios.

Ele a observava, daquela maneira firme e desconcertante que demonstrara antes. Como se soubesse que o Rolls era um palco e estivessem apenas representando papéis.

– Que tipo de jogo prefere?

Philip sorriu. Era o mesmo sorriso que ela vira atrás das fasquias da porta do closet na casa dos Fume.

– Gosto de apostar nos azarões. Mais caviar?

– Obrigada.

Era um jogo, pensou Adrianne. Não sabia quais eram as regras, ou que forma assumiria o prêmio no final, mas não tinha a menor dúvida de que entrara num jogo. Aceitou o caviar, beluga, o melhor, assim como o champanhe e o carro, que percorria suavemente as ruas de Londres. Passou um dedo pelo encosto de braço que os separava.

– As suas apostas devem pagar bem.

– De modo geral. – Com Adrianne, ele contava com isso. – E o que você faz quando não está passeando por Londres?

– Passeio em outro lugar, faço compras em outro lugar. Quando uma cidade começa a se tornar chata, há sempre outra.

Philip poderia acreditar se não fosse pelos lampejos de paixão nos olhos de Adrianne. Aquela não era uma ex-debutante entediada, com dinheiro e tempo de sobra.

– Pretende voltar para Nova York quando se cansar de Londres?

– Ainda não decidi. – Como a vida seria monótona, refletiu Adrianne, se vivesse como simulava. – Pensei em aproveitar os feriados em algum outro lugar quente.

Havia uma piada ali, pensou Philip. Estava logo atrás dos olhos de Adrianne, insinuando-se em seu tom de voz. Ele especulou se acharia divertido quando ouvisse a conclusão.

– Jaquir é quente.

Não foi uma piada o que viu agora nos olhos de Adrianne, mas paixão, rápida, vital e logo reprimida.

– É verdade. – A voz era desinteressada. – Mas prefiro os trópicos ao deserto.

Ele sabia que podia sondar mais fundo. Decidira fazer isso quando o telefone o interrompeu.

– Desculpe. – Ele pegou o fone. – Chamberlain.

Houve apenas um breve suspiro.

– Olá, mamãe.

Adrianne levantou uma sobrancelha. Se não fosse pela expressão um pouco encabulada, ela não acreditaria que Philip tinha uma mãe, muito menos uma mãe que ligasse no telefone do carro. Entretida, ela serviu mais champanhe nas duas taças.

– Não, não esqueci. É para amanhã. Absolutamente qualquer coisa. Tenho certeza de que vai ficar maravilhosa. Claro que não estou aborrecido. Estou a caminho de um jantar. – Ele olhou para Adrianne. – Está certo. Não, mamãe, não fez mal... – Uma pausa, acompanhada por outro suspiro. – Acho que não... Está bem. – Ele baixou o fone para o joelho. – A minha mãe. Ela quer falar com você.

– O quê?

Perplexa, Adrianne olhou para o fone.

– Ela é inofensiva.

Mesmo sentindo-se tola, ela pegou o fone.

– Olá.

– Olá, querida. Não acha que é um carro adorável?

A voz não tinha a mesma suavidade da de Philip. O sotaque beirava o *cockney*. Numa reação automática, Adrianne correu os olhos pelo carro e sorriu.

– É, sim.

– Sempre me faz sentir uma rainha. Qual é o seu nome, querida?

– Adrianne... Adrianne Spring.

Ela não notou que abandonara o título e usara o nome de solteira da mãe, o que só acontecia com as pessoas com quem se sentia à vontade, mas Philip notou.

– Um lindo nome. Espero que se divirta. O meu Phil é um bom menino. E bonito também, não acha?

Os olhos faiscando de humor, Adrianne sorriu para Philip. Era a primeira vez que ela oferecia toda sua simpatia.

– É. Muito.

– Não deixe que ele a encante muito depressa, querida. Phil pode ser terrível.

– É mesmo? – Adrianne fitou-o por cima de sua taça. – Não me esquecerei. Foi um prazer falar com a senhora, Sra. Chamberlain.

– Pode me chamar de Mary. É assim que todo mundo me chama. Diga ao Phil para trazê-la até aqui um dia desses. Tomaremos um chá e teremos uma boa conversa.

– Obrigada. Boa noite.

Ainda sorrindo, ela devolveu o fone para Philip.

– Eu vejo você amanhã, mamãe. Não, ela não é bonita. É vesga, tem lábio leporino e é cheia de verrugas. Volte para a televisão, mamãe. Eu também amo você.

Ele desligou e tomou um longo gole de champanhe.

– Desculpe.

– Não precisa pedir desculpas. – O telefonema mudara os sentimentos de Adrianne por ele. Seria difícil manter-se fria com um homem que tinha tanto amor e afeto pela mãe. – Ela parece encantadora.

– E é mesmo. O grande amor da minha vida.

Ela fez uma pausa, examinando-o.

– Acho que fala sério.

– Pode ter certeza.

– E o seu pai? Também é encantador?

– Não sei.

Se Adrianne compreendia uma coisa, era a necessidade de fechar a cortina sobre as questões de família.

– Por que disse que eu era vesga?

Com uma risada, ele pegou a mão de Adrianne e levou-a aos lábios.

– Para o seu próprio bem, Adrianne. – Os lábios perduraram, enquanto Philip fitava-a nos olhos. – Ela está ansiosa por uma nora.

– Ahn...

– E por netos.

– Ahn...

Adrianne retirou a mão.

A ESTALAGEM ERA TUDO o que ele prometera, mas ela também a escolhera para Madeline porque era sossegada, longe dos lugares mais badalados e ostensivamente romântica. O gerente, que ela encontrara naquela tarde, cumprimentou-a com uma reverência, sem o menor lampejo de reconhecimento.

Havia uma lareira imensa, bastante grande para assar um boi, na qual ardiam achas do tamanho do tronco de um homem por trás de uma tela de beiradas douradas. As chamas irradiavam calor e um rugido constante. As janelas continham o vento do outono, que soprava do mar. Os enormes móveis vitorianos, com aparadores rangendo ao peso de prata e cristal, pareciam aconchegantes na vasta sala.

Comeram a especialidade da casa, o bife à Wellington, à luz de velas em castiçais, ao som de um velho e seu violino brilhante.

Ela nunca imaginara que poderia se sentir relaxada com Philip. Não daquele jeito, não a ponto de rir, escutar, prolongar o conhaque final. Ele conhecia os filmes antigos, que ainda eram a paixão de Adrianne, embora por enquanto evitasse falar de Phoebe e de sua tragédia. Falaram de outra geração: Hepburn, Bacall, Gable e Tracy.

Adrianne surpreendeu-se por ele se lembrar dos diálogos e imitar os artistas espantosamente bem. O inglês e o talento para sotaques vinham da tela, a grande e a pequena. Como herdara de Phoebe um amor pela fantasia, não podia deixar de sentir afinidade com Philip.

Descobriu também que ele tinha interesse por jardinagem, dedicando-se ao hobby em sua casa de campo e na estufa da casa em Londres.

– É difícil imaginá-lo cavando a terra e arrancando mato, mas isso explica os calos.

– Calos?

– Nas suas mãos. – Ela se arrependeu no mesmo instante do deslize. O que deveria ser uma observação casual pareceu-lhe uma observação muito pessoal, muito íntima, com a luz das velas e o violino. – Não combinam com o restante de você.

– Combinam melhor do que pensa. Todos temos as nossas imagens e ilusões, não é mesmo?

Ela teve a impressão de que havia um duplo sentido nas palavras e quase se esquivou com um comentário sobre os jardins do Palácio de Buckhingham.

Haviam viajado para muitos dos mesmos lugares. Enquanto tomavam o conhaque, descobriram que ambos haviam se hospedado no Excelsior, em Roma, durante a mesma semana, cinco anos antes. Adrianne não mencionou que estivera ali para aliviar uma condessa de um conjunto de diamantes e rubis. Philip também estivera lá em um dos seus últimos trabalhos, aliviando um magnata do cinema de uma bolsa de pedras soltas. Ambos sorriram, cada um de sua própria lembrança.

– Passei um tempo adorável em Roma naquele verão – comentou Adrianne ao se encaminharem para o carro.

Isso mesmo, haviam sido dias espetaculares, equivalentes a 350 milhões de liras.

– E eu também. – O lucro de Philip fora quase a metade quando negociara as pedras em Zurique. – É uma pena que não tenhamos nos encontrado na ocasião.

Adrianne acomodou-se no banco confortável.

– É verdade.

Ela teria gostado de tomar um vinho tinto encorpado e passear pelas ruas quentes e úmidas de Roma em companhia de Philip. Ele a teria distraído... como fazia agora, infelizmente. A perna de Philip roçou casualmente a sua quando o carro começou a andar. Ainda bem que o trabalho no apartamento de Madeline seria bem simples.

– Há um café em Roma que serve um sorvete extraordinário.

– San Filippo – disse Adrianne, soltando uma risada. – Engordo dois quilos sempre que vou lá.

– Talvez um dia possamos nos sentar juntos no San Filippo. – O dedo de Philip roçou o rosto de Adrianne, apenas o suficiente para lembrá-la de que tudo não passava de um jogo. Não compensaria apreciá-lo demais. Com algum pesar, ela recuou.

– Quem sabe?

Adrianne movera-se apenas ligeiramente, mas ele sentira a distância crescer. Uma mulher estranha, pensou. A aparência exótica, a boca sensual e tentadora, os rápidos lampejos de paixão que se podia perceber de vez em quando em seus olhos. Não era o tipo de mulher para se acomodar nos braços de um homem, confortável e dócil, mas sim do tipo que podia congelar um homem com uma palavra ou um olhar. Philip sempre preferira uma mulher que apreciava o lado físico, um relacionamento sexual fácil. E, no entanto, descobria-se não apenas intrigado, mas também atraído, pelos contrastes em Adrianne.

Conhecia tão bem quanto ela o valor do momento oportuno. Esperou até entrarem em Londres.

– O que você estava fazendo no quarto dos Fume ontem à noite?

Adrianne quase teve um sobressalto, quase soltou um grito. A noite, a companhia, o calor do conhaque, tudo a deixara bastante relaxada para baixar a guarda. Só os anos de treinamento permitiram que ela o fitasse com uma vaga curiosidade.

– O que disse?

– Perguntei o que fazia no quarto dos Fume durante a festa. – Lentamente, ele enrolou as pontas dos cabelos de Adrianne em seu dedo indicador. Um homem podia se perder em cabelos assim, pensou ele. Afogar-se para sempre.

– O que o faz pensar que era eu?

– Não pensar, saber. A sua fragrância é muito individual, Adrianne. Inconfundível. Eu a senti no instante em que abri a porta.

– É mesmo? – Ela ajeitou o casaco de pele nos ombros enquanto procurava pela resposta certa. – Eu também poderia perguntar o que você fazia lá em cima.

– Pode.

Enquanto o silêncio se aprofundava, Adrianne decidiu que só faria aumentar o mistério se não respondesse.

– Subi para consertar uma bainha solta. Devo me sentir lisonjeada por tê-lo impressionado tanto que foi capaz de reconhecer o meu perfume?

– Deve se sentir lisonjeada por eu não chamá-la de mentirosa – disse ele, jovial. – Mas as mulheres mais lindas são propensas a mentir sobre a maioria das coisas.

Ele tornou a estender a mão para o rosto de Adrianne, não provocante, não em flerte, como acontecera antes, mas possessivo. A palma curvou-se em torno do queixo, os dedos espalharam-se pelas faces, a boca emoldurada entre o polegar e os outros dedos. Uma maciez incrível, desejável ao extremo, foi o primeiro pensamento de Philip. E foi então que ele viu o que o surpreendeu. Não era raiva o que havia nos olhos de Adrianne, nem humor ou indiferença. Era medo, apenas um relance, apenas um instante, mas bastante nítido.

– Escolho as minhas mentiras de uma maneira mais discriminada, Philip.

Oh, Deus, um mero contato não deveria fazer com que ela se sentisse daquela forma, trêmula, insegura, necessitada. As costas ficaram rígidas contra o encosto. Não podia controlar aquilo. Mal conseguiu forçar os lábios a se contraírem num sorriso frio.

– Parece que chegamos.

– Por que deveria ter medo de que eu a beijasse, Adrianne?

Por que Philip podia ver tão claramente o que ela conseguira esconder de dezenas de outros?

– Está enganado – murmurou ela, a voz controlada. – Apenas não quero.

– Agora sim eu vou chamá-la de mentirosa.

Ela deixou escapar um suspiro, lento, cuidadoso. Ninguém sabia melhor do que ela como seu temperamento podia ser destrutivo.

– Como quiser. Foi um jantar adorável, Philip. Boa noite.

– Eu a acompanharei até a suíte.

– Não precisa se incomodar.

O motorista já abria a porta para ela. Sem olhar para trás, Adrianne saltou. Entrou apressada no hotel, o casaco de pele esvoaçando a seu redor.

ADRIANNE ESPEROU ATÉ MEIA-NOITE antes de se esgueirar pela entrada de serviço do hotel. Ainda estava vestida de preto, mas agora era uma blusa de lã de gola rulê, um collant e um blusão de couro. O gorro fora bem puxado para baixo, cobrindo os cabelos. Calçava botas de couro de sola flexíveis e levava uma bolsa grande pendurada no braço.

A quase 1 quilômetro do hotel, ela fez sinal para um táxi. Usou três táxis, por caminhos sinuosos, para chegar a 1,5 quilômetro do apartamento de Madeline. Ficou grata pelo nevoeiro, agora na altura dos joelhos. Era como vadear por um rio raso, a névoa se abrindo e se agitando com seus passos, umedecendo as botas. Os passos na calçada eram silenciosos.

Ao se aproximar do prédio, pôde ver os lampiões por um instante antes de serem tragados pela neblina.

A rua estava silenciosa; as casas, escuras.

Com um rápido olhar ao redor, Adrianne escalou o muro baixo nos fundos do prédio. Atravessou o gramado mínimo para a fachada oeste. Havia hera ali, escura, recendendo a umidade. Comprimida contra a parede, olhou para a esquerda, depois para direita.

Poderia ser vista se um vizinho com insônia por acaso olhasse em sua direção, mas estaria escondida de qualquer carro que passasse pela rua. Com uma habilidade incrível, quase mecânica, desenrolou a corda.

Levou poucos minutos para escalar o muro até o segundo andar – a janela do quarto de Madeline. Havia uma luz fraca acesa na cômoda, o que permitiu que Adrianne visse o quarto com nitidez. Pela desarrumação, parecia que Madeline tivera dificuldade para decidir sobre o vestido apropriado para aquela noite.

Pobre Lucille, pensou ela, enquanto pegava o cortador de vidro. Não havia a menor dúvida de que a empregada arcaria com toda a fúria da patroa pela manhã.

Só precisava de uma pequena abertura. Tinha a mão estreita. Usou o adesivo para retirar o círculo de vidro. Com as luvas como proteção, estendeu a mão por dentro para alcançar a tranca. Oito minutos depois de ter chegado ao prédio, entrou no apartamento pela janela.

Esperou, escutando atentamente. Ao seu redor, o prédio assentava, murmurando e rangendo, como os prédios antigos costumam fazer à noite. Os pés não fizeram qualquer barulho sobre o antigo tapete persa ao pé da cama.

Foi até a mesa de maquiagem. Acionou a mola que controlava a fachada falsa. Procurou uma posição confortável. Pegou o estetoscópio e começou a trabalhar.

Podia ser um trabalho tedioso e, como quase todos os aspectos de sua atividade, não podia se precipitar. Na primeira vez em que entrara numa casa e descobrira que estava ocupada, as palmas ficaram suadas e as mãos tremiam tanto que levara o dobro do tempo de que precisaria para abrir o cofre. Agora, tinha as mãos secas e firmes.

A primeira trava recuou com um estalido.

Ela parou, paciente, cautelosa, quando um carro passou na rua lá embaixo. Deixou escapar a respiração, devagar. Olhou para o relógio. Cinco segundos, dez. Voltou a se concentrar no cofre.

Pensou na safira principal do colar. Em seu atual engaste, ficava um pouco espalhafatosa. Uma pedra daquela qualidade era desperdiçada num extravagante trabalho filigranado. Assim como também era um desperdício numa pessoa tão egoísta e interesseira quanto Madeline Moreau. Tirada do engaste, seria outra história. Adrianne já calculara que a pedra principal, junto com as outras, valia pelo menos 200 mil libras, talvez 250 mil. Ficaria satisfeita em receber a metade dessa quantia na entrega.

A segunda tranca também soltou, com outro estalido.

Adrianne não olhou para o relógio, mas pensou, sentiu, que estava dentro do prazo... e a comichão nos dedos indicava que estava prestes a terminar. Sentia muito calor com o casaco, mas ignorou o desconforto. Afinal, dentro de poucos momentos estaria com 250 mil libras em safiras nas mãos.

A terceira e última tranca fez um estalido.

Ela era eficiente demais para se apressar, mesmo agora. Guardou o estetoscópio antes de abrir a porta do cofre. Com a lanterna, examinou o que havia dentro. Ignorou os documentos e envelopes de papel pardo, assim como as três primeiras caixas de joias que abriu. As ametistas eram fascinantes, e os brincos de pérolas e diamantes elegantes, mas era pela safira que estava ali. Cintilou para ela do manto de veludo amarelado, de um azul intenso, como as melhores pedras siamesas. A pedra principal devia ter 20 quilates, cercada por estrelas menores, diamantes e safiras.

Não era o momento ou o lugar para usar a lupa. Teria de esperar até voltar para seu quarto. A paciência de Lucille podia ter se esgotado àquela altura. E Adrianne preferia deixar o apartamento antes que a criada voltasse. Se as pedras fossem falsas, teria desperdiçado seu tempo. Tornou a levantar o colar contra a luz. Tinha quase certeza de que não eram.

Depois de guardar a caixa na bolsa, fechou o cofre e girou o botão de segredo. Não queria que Madeline tivesse um choque antes de tomar o café da manhã.

Atravessou o apartamento no escuro, até a área de serviço. Com todo cuidado, retirou os fios do computador, deixando-os soltos. E saiu do apartamento, tão silenciosamente quanto entrara.

Lá fora, respirou fundo o ar frio e úmido. Fez um esforço para não rir. Era bom, muito agradável. O ato, a ação, tudo. Nunca seria capaz de explicar para Celeste a emoção, em parte sexual, em parte intelectual, que a tomava no momento em que um serviço era concluído com êxito. Só então os músculos tensos podiam relaxar, só então o coração podia bater descompassado. Durante aqueles poucos segundos, um minuto no máximo, sentia-se invulnerável. Nenhuma outra coisa em sua vida jamais se comparara.

Adrianne permitiu-se trinta segundos de autoindulgência; depois atravessou o gramado, escalou o muro e se afastou pelo nevoeiro.

PHILIP NÃO SABIA por que saíra. Um pressentimento, uma ansiedade. Sem conseguir dormir, vagueara para o lugar em que vira Adrianne pela primeira vez. Não por causa dela, assegurou a si mesmo, mas porque tinha um palpite sobre os Fume. E era uma boa noite para roubar.

Isso era verdade, mas não era tudo. Também fora até lá por causa de Adrianne. Sozinho em sua casa, inquieto, insatisfeito, não conseguira parar de pensar nela. Um passeio pela noite fria, através das ruas que conhecia tão bem, serviria para desanuviar a mente. Foi o que ele pensou.

Philip estava o que sua mãe chamaria de "enamorado". Não era tão excepcional assim. Adrianne era esquiva, exótica, misteriosa. Era também uma mentirosa. Era difícil resistir a essas qualidades numa mulher, pensou ele, com um desejo desesperado por um cigarro.

Talvez fosse por isso que se descobriu caminhando na direção de seu hotel. Avistou-a quando dobrou a esquina. Atravessava a rua deserta. Estava vestida de preto outra vez, só que agora sem a aura romântica. Usava um collant e um blusão de couro, com os cabelos cobertos por um gorro. Ainda assim, ele só precisava observar seus movimentos para saber que era Adrianne. Quase a chamou, mas algum instinto o conteve. Ela entrou pela porta de serviço do hotel e sumiu de vista.

Philip olhou para as janelas de sua suíte. Era ridículo, pensou ele. Um absurdo. Mas permaneceu parado ali por um longo tempo, balançando-se sobre os calcanhares, imerso em especulações.

14

Adrianne pediu o café da manhã na suíte. Enquanto lia as notícias, comia um ovo pochê e tomava uma segunda xícara de café. O único problema de Adrianne com sua vida dupla era o fato de que não era possível partilhar o melhor com ninguém. Não tinha com quem conversar, trocar ideias ao planejar um roubo complicado, ninguém que pudesse compreender a emoção, o fluxo de adrenalina ao descer por um edifício de rapel ou a satisfação por ser mais hábil do que um sofisticado sistema de alarme. Ninguém em seu círculo de amizades sentiria a intensa concentração de pensar depressa quando um guarda mudava de repente seu padrão. Não havia ninguém com quem comemorar, ninguém para partilhar a sensação inebriante de ter uma fortuna em suas mãos e saber que tivera êxito.

Em vez disso, o que havia eram refeições solitárias, em intermináveis quartos de hotel.

Adrianne podia perceber a ironia da situação, até o humor. Afinal, não podia anunciar no almoço, enquanto suas companheiras falavam de novos hobbies ou amantes, que passara um agradável fim de semana em Londres, roubando uma safira do tamanho de um ovo de tordo.

Era como ser Clark Kent, dissera ela uma ocasião para Celeste. Adrianne imaginava que o repórter obstinado experimentava mais do que um pouco de frustração por se sentir contido atrás de óculos e de um comportamento sereno.

Vinha dormindo pouco, decidiu Adrianne. Quando começava a se comparar com heróis de histórias em quadrinhos, era tempo de recuperar o controle. Podia ser solitária, mas se sentia realizada.

De qualquer forma, estava na hora de se vestir. Especulou se Madeline já acordara, ou se alguém notara a janela avariada. Adrianne pusera o círculo de vidro no lugar, com todo cuidado, para evitar uma corrente de ar. Se Lucille era negligente em tirar a poeira do peitoril das janelas, era bem possível que o buraco no vidro passasse semanas sem ser percebido.

De qualquer forma, não importava. Rose Sparrow tinha um trabalho para fazer naquela manhã, e a princesa Adrianne tinha um avião para pegar às 18 horas.

Quando Adrianne deixou o Ritz de peruca ruiva, minissaia de couro e collant rosa, Philip entrava. Cruzaram-se na porta dupla. Philip até murmurou um pedido de desculpas por ter nela esbarrado de leve quando Adrianne abriu a boca para protestar. Se ele a encarasse, olhasse bem, ela nunca teria escapado. Adrianne apenas murmurou, com um sotaque *cockney*, reprimindo uma risada:

– Não foi nada.

O porteiro ofereceu-lhe um olhar de desaprovação. Com toda certeza, pensava que era uma jovem trabalhadora que passara a noite divertindo algum empresário rico e totalmente desprovido de bom gosto. Satisfeita, Adrianne tratou de rebolar enquanto seguia para a estação do metrô. Pegaria um trem para o West End, onde um homem chamado Freddie mantinha um entreposto para as pedras mais quentes.

Por volta das 14 horas ela estava de volta à suíte com um maço enorme de notas de 20 libras. Freddie fora generoso, o que sugerira a Adrianne que ele devia ter um cliente vidrado em safiras. Restava apenas depositar o dinheiro em sua conta na Suíça, depois mandar que seus advogados em Londres providenciassem uma doação anônima para o Fundo das Viúvas e Órfãos.

Menos sua comissão, pensou Adrianne, enquanto guardava na mala a peruca de Rose. Dez mil libras parecia ser uma quantia justa. Estava em trajes íntimos, removendo os últimos vestígios de Rose do rosto, quando a campainha tocou. Vestiu o robe antes de abrir a porta.

– Philip!

Adrianne estava aturdida.

– Eu esperava encontrá-la aqui. – Ele passou pela porta, porque não queria que Adrianne tivesse a oportunidade de fechá-la em sua cara. – Passei antes, mas você tinha saído.

– Tive que resolver alguns negócios. O que você queria?

Ele a fitou atentamente. Era uma pergunta ridícula para uma mulher fazer a um homem quando vestia apenas um robe fino de seda cor de marfim.

– Pensei que poderia estar livre para almoçar comigo.

– É muita gentileza sua, mas vou embora dentro de poucas horas.

– De volta a Nova York?

– Só por alguns dias. Estou organizando um baile de caridade e tenho dezenas de detalhes para acertar.

– Ahn... – Ela não usava maquiagem, o que a fazia parecer mais jovem, mas não menos atraente. – E depois?

– Depois?

– Disse que seria apenas por alguns dias.

– Tenho que ir para Cozumel, no México. Um desfile de moda beneficente para o Natal. – Adrianne arrependeu-se no instante mesmo em que falou. Não gostava de revelar seus planos para ninguém. – Desculpe, Philip, mas você me pegou no meio da arrumação das malas.

– Pode continuar. Importa-se se eu tomar um drinque?

– À vontade.

Ela virou-se e foi para o quarto. A peruca já estava escondida numa bolsa no fundo da mala. O dinheiro fora guardado em sua bolsa grande, a de pendurar no ombro. Quando um rápido olhar mostrou que não havia nada incriminador, Adrianne continuou a fazer as malas.

– É uma pena que você tenha de partir tão cedo – comentou Philip, da porta. – Vai perder toda a animação.

– É mesmo?

Ela dobrou a suéter, em movimentos rápidos e eficientes, que indicavam a Philip que estava acostumada a fazer essas coisas pessoalmente, com frequência.

– Talvez você ainda não saiba que houve um roubo ontem à noite.

Adrianne pegou outro suéter, sem qualquer hesitação.

– Um roubo? Onde?

– Madeline Moreau.

– Oh, Deus!

Com a expressão apropriada de choque, Adrianne virou-se. Ele estava encostado no umbral da porta. Tinha um copo na mão, que ela presumiu ser de uísque. E a observava com uma atenção um pouco exagerada.

– Pobre Madeline... O que roubaram?

– O colar de safiras... apenas o colar.

– Apenas? – Como se os joelhos estivessem fracos, Adrianne se deixou cair na cama. – Mas isso é terrível! E pensar que estivemos todos juntos na casa dos Fume há apenas dois dias! Ela estava usando o colar na ocasião, não estava?

– Estava. – Philip tomou outro gole. Adrianne era boa, pensou ele. Muito boa. – Ela estava usando o colar.

– Deve estar arrasada. Fico pensando se deveria telefonar. Talvez não. É bem possível que ela não queira falar com ninguém.

– É muita gentileza sua ficar preocupada.

– Precisamos nos manter unidos nessas ocasiões. Tenho certeza de que estavam seguradas, mas as joias de uma mulher fazem parte da sua intimidade. Acho que também vou tomar um drinque enquanto você me conta tudo o que aconteceu.

Quando ela foi para a sala, Philip sentou-se na cama. Torceu o nariz ao tomar um gole. A camareira devia ter um péssimo gosto para água-de-colônia, pensou ele, enquanto sentia o cheiro de Rose. Notou a minissaia de couro esperando para ser guardada na mala. Não era exatamente o estilo de Adrianne, refletiu ele, perguntando-se por que tinha a impressão de que já vira aquela minissaia antes.

– A polícia tem alguma pista? – perguntou Adrianne, voltando ao quarto com um copo de vermute gelado.

– Não sei. Ao que parece, alguém entrou pela janela do apartamento, no segundo andar, e abriu o cofre no quarto principal. Parece que Madeline havia saído para um jantar. E, por coincidência, esteve na mesma estalagem em que jantamos ontem à noite.

– Está brincando? É estranho que não a tenhamos visto.

– Ela chegou mais tarde. À procura de uma miragem, pode-se dizer assim. Parece que o ladrão foi bastante esperto para fazê-la sair de casa, com a promessa de um jantar romântico à meia-noite com um admirador secreto.

– Agora tenho certeza de que está brincando. – Adrianne sorriu, mas logo seu olhar voltou a ficar sério quando ele não respondeu. – Que coisa terrível para ela.

– E para o seu ego.

– Isso também. – Adrianne estremeceu, com toda a delicadeza. – Pelo menos ela não estava presente quando o ladrão entrou na casa. Poderia ter sido assassinada!

Philip tomou um gole do uísque. Era suave. Tão suave quanto o Sombra. Não podia deixar de admirar os dois.

– Não creio que isso pudesse acontecer.

Adrianne não gostou da maneira como ele falou. Ou como a fitou ao falar. Largou o copo para continuar arrumando a mala.

– Disse que ele só levou um colar? Não acha isso estranho? Devia haver muitas coisas valiosas no cofre da Madeline.

– Devemos presumir que o colar era a única coisa que despertava o interesse do ladrão.

– Um ladrão excêntrico? – Ela sorriu e foi até o armário. – Lamento muito por Madeline, mas tenho certeza de que a polícia vai prender o criminoso numa questão de dias.

– Mais cedo ou mais tarde, pode acreditar. – Philip tomou o resto do uísque. – Estão à procura de um jovem com barba. Parece que ele entrou no apartamento com uma história de exterminar camundongos. A Scotland Yard acha que o homem preparou o apartamento por dentro, provavelmente interferiu no sistema de alarme, para que ele ou seu cúmplice pudesse entrar lá mais tarde.

– Complicado. – Adrianne inclinou a cabeça para o lado. – Parece saber muita coisa a respeito.

– Tenho contatos. – Ele passou o copo vazio para a outra mão. – Não se pode deixar de admirá-lo.

– Um ladrão? Por quê?

– Habilidade. Classe. O esquema para tirar Madeline de Londres demonstrou criatividade. Talento. O que não posso deixar de admirar. – Ele largou o copo. – Dormiu bem ontem à noite, Adrianne?

Ela olhou para trás. Havia alguma coisa na pergunta... ou melhor, por trás da pergunta.

– Não deveria ter dormido?

Philip levantou a minissaia, examinando-a com o rosto franzido.

– Eu não dormi direito. Por mais estranho que possa parecer, resolvi sair para uma caminhada. Acabei passando perto daqui. Devia ser 1 hora da manhã... 1h15.

Adrianne sentiu necessidade de tomar outro vermute.

– É mesmo? Talvez tenha sido porque bebeu muito champanhe. Pessoalmente, o champanhe me faz dormir o sono dos mortos.

Os olhos se encontraram e mantiveram o contato.

– Estranhei um pouco. Não é seu estilo habitual, não é mesmo?

Ela tirou a minissaia de couro das mãos dele e guardou-a na mala.

– Um capricho. Foi muita gentileza sua me trazer a notícia.

– É apenas parte do serviço.

– Detesto apressá-lo, Philip, mas tenho que me organizar. O avião parte às 18 horas.

– Nos veremos de novo.

Ela levantou uma sobrancelha, um gesto que aprendera com Celeste.

– É difícil prever essas coisas.

– Vamos nos ver de novo – repetiu Philip, enquanto se levantava.

Ele sabia como se mover depressa e sem aviso. Adrianne teve tempo de erguer o queixo quando ele estendeu as mãos em torno de seu pescoço, mas não teve tempo de se preparar para o momento em que ele a beijou na boca.

Poderia ter feito uma diferença. Ela precisava acreditar que faria uma diferença. Se tivesse pelo menos um instante para se preparar, não teria reagido. Mesmo assim, não poderia prever que a boca de Philip era tão quente e hábil.

Os dedos comprimiram sua nuca. Deveria ser o suficiente para que ela se desvencilhasse. Em vez disso, inclinou-se para Philip. Era apenas uma sugestão de aceitação, embora fosse mais do que jamais oferecera a qualquer outro.

Fora um impulso, sem qualquer planejamento, de consequências incalculáveis. Philip quisera apenas experimentá-la, deixá-la com alguma coisa sua. Outras mulheres teriam reagido com mais facilidade, ou recuado em recusa. Adrianne apenas ficou parada, como se atordoada pelo contato mais básico entre homem e mulher. A hesitação que Philip sentiu nela e a confusão profunda contrastavam com o calor de sua boca. Os lábios eram macios. Entreabriram-se quando um gemido baixo e relutante de paixão passou por eles. E Philip ficou mais atordoado do que por qualquer experiência sexual pela qual passara.

Adrianne empalidecera e ele viu outra vez o brilho de medo em seus olhos quando ela recuou. O impulso para tomá-la naquele momento e rolar em paixão vertiginosa sobre as roupas dobradas na cama foi contido. Os segredos de Adrianne ainda eram segredos, e o desejo que ele sentia de decifrá-los era mais forte do que nunca.

– Quero que você saia.

– Está bem. – Para se certificar, pegou a mão dela. Tremia um pouco. Não era encenação. Não era jogo ou fingimento. – Mas ainda não acabamos. – Embora ela estivesse com os dedos rígidos, Philip levou-os aos lábios. – Não, ainda não acabamos. E ambos sabemos disso. Boa viagem, Adrianne.

Ela esperou até ficar sozinha antes de se sentar de novo. Não queria se sentir assim. Não queria experimentar aquela necessidade intensa. Nem agora nem nunca.

– Não está me contando tudo, Adrianne. posso sentir.

– Tudo sobre o quê?

Adrianne correu os olhos pelo salão de baile do Plaza. A orquestra era afinada, as flores frescas e abundantes. Os criados estavam alinhados ao longo de uma parede, os uniformes impecáveis, ombros empertigados, como fuzileiros, passado por uma inspeção final do gerente.

As portas seriam abertas dentro de poucos instantes para a nata da sociedade. Viriam para dançar, beber, posar para fotos. O que era ótimo para Adrianne. Os mil dólares que cada um pagava pelo privilégio ajudariam a construir uma ala pediátrica num hospital no norte do estado.

– Talvez eu devesse ter optado pelas poinsétias – murmurou ela. – São mais festivas, e faltam poucas semanas para o Natal.

– Adrianne...

A impaciência na voz de Celeste fê-la sorrir ao se virar.

– O que foi?

– O que exatamente aconteceu em Londres?

– Já contei.

A jovem circulou por entre as mesas. Claro que acertara ao escolher os ásteres. A tonalidade de lavanda ficava muito bem contra o verde-pastel das toalhas. E, festivas ou não, as poinsétias podiam ser encontradas por toda parte naquela época do ano.

– O que deixou em Londres, Addy?

– Não posso me distrair, Celeste, tenho pouco tempo.

– Tudo está perfeito, como sempre.

Celeste resolveu esclarecer logo a questão. Pegou o braço de Adrianne e afastou-a da banda, os músicos vestidos de smoking.

– Fez alguma coisa errada?

– Não.

– Tem se mostrado nervosa desde que voltou.

– Tenho me mantido ocupada desde que voltei. – Adrianne deu um beijo de leve rosto de Celeste. – Sabe como esse baile é importante para mim.

– Claro que sei. – Apaziguada, Celeste pegou a mão de Adrianne. – Ninguém organiza essas coisas melhor do que você, e sou capaz de jurar que ninguém mais se importa tanto. Se você se concentrasse nesse tipo de trabalho, Addy, se dedicasse toda a energia e o talento que dispensa ao outro, não haveria necessidade...

– Não essa noite. – A maneira mais fácil de encerrar a conversa era fazer sinal para que as portas fossem abertas. – A cortina está se abrindo, querida.

– Addy, você me contaria se estivesse metida em alguma encrenca?

– Você seria a primeira pessoa a saber.

Com um sorriso radiante, Adrianne adiantou-se para cumprimentar os convidados.

Não era difícil manter os convidados felizes. Era preciso apenas providenciar para que a comida fosse de primeira classe, a música alta e o vinho abundante. À medida que a noite avançava, Adrianne circulou de mesa em mesa, de grupo em grupo. Circulava entre sedas, tafetás e veludos, os YSL, os Dior e os De La Renta.

Embora nunca permanecesse no mesmo lugar por tempo suficiente para comer, dançava quando alguém insistia, flertava e adulava. Notou que Lauren St. John, a deplorável segunda esposa de um magnata da hotelaria, usava um conjunto novo de diamantes e rubis. Adrianne esperou uma oportunidade, e quando Lauren foi para o banheiro tratou de segui-la.

Lá dentro, duas atrizes discutiam em voz baixa, furiosas. Por causa de um homem, compreendeu Adrianne, ao se instalar num reservado. Típico. Tinham sorte de a revista *People* ter enviado um homem para fazer a cobertura da festa, ou seja, a imprensa não podia entrar no banheiro das mulheres para saber das fofocas. É claro que a atendente tinha uma boa memória, e não hesitaria em contar a história se pudesse ganhar 50 dólares extras. Adrianne ouviu Lauren soltar um grunhido no reservado ao lado e concluiu que ela estava com dificuldade para passar a saia justa pelos quadris. Como se fosse um sinal, Adrianne foi para as pias, a fim de esperar ali. Quando Lauren veio se postar a seu lado, as atrizes saíram, batendo a porta, uma depois da outra.

– Elas estavam discutindo pelo homem que estou pensando? – perguntou Lauren enquanto lavava as mãos.

– Era o que parecia.

– Ele é um filho da puta sensual. Acha que vai se divorciar dela?

Lauren pegou um vidro de perfume, cheirou e depois pulverizou em excesso.

– Tudo indica que sim. – Adrianne foi até o balcão de maquiagem e tirou da bolsa o estojo compacto. – A questão é só uma: por que ela quer mantê-lo?

– Porque ele é a melhor trepada da cidade... pelo que ouvi dizer. – Lauren sentou-se em um dos bancos de almofada branca e pegou seu batom. – Tivemos uma boa visão de seu... talento... no último filme que ele fez. Eu mesma não me importaria de experimentar.

Ela pegou uma escova com cabo de prata e monograma para alisar os cabelos louros.

– Uma mulher pode fazer sexo sem se humilhar.

Adrianne falou com uma convicção casual, embora fosse uma coisa da qual não podia ter certeza.

– É verdade, mas também vale a pena com um pouco de humilhação. – Lauren inclinou-se para a frente, a fim de examinar os olhos, e se convenceu de que ainda tinha alguns anos antes que fosse necessário fazer uma plástica. – De quem é o coração que você está partindo essa semana, querida?

– Resolvi dar um descanso. – Adrianne usou os dedos para afofar os cabelos em torno do rosto antes de tirar um vidro de perfume da bolsa. – Esse colar é deslumbrante, Lauren. É novo?

Ela já sabia quando fora comprado e quanto custara; e quase já calculara o tempo pelo qual Lauren continuaria a possuí-lo.

– É. – Ela se virou para a esquerda e para a direita, fazendo as pedras cintilarem ao refletirem a luz. – Charlie me deu de presente pelo nosso aniversário de casamento. Um ano na semana passada.

– E disseram que o casamento não duraria – murmurou Adrianne, mudando de posição para admirar melhor o colar.

– Setenta quilates em diamantes, 58 em rubis. Birmaneses.

– Claro.

Era assim que a mente de Lauren funcionava. Adrianne ao mesmo tempo desdenhava e apreciava.

– Sem contar os brincos. – Lauren virou a cabeça para ter certeza de que se destacavam. – Por sorte sou bastante alta para usá-los. Nada mais cafona do que ver essas mulheres pequenas tão carregadas de joias que mal conseguem andar. E quanto mais velhas ficam, mais joias usam... para que as pessoas não notem a papada. Já você...

Lauren olhou para o colar de Adrianne, com safiras e diamantes, antes de acrescentar:

– Sempre sabe exatamente o que usar e como usar. O seu colar é lindo.

Adrianne limitou-se a sorrir. Se as pedras fossem verdadeiras, valeriam pelo menos 100 mil dólares. Na verdade, as lindas pedras coloridas deviam valer menos de um por cento dessa quantia.

– Obrigada. – Adrianne levantou-se e alisou a saia. Era prateada e larga, o contraste apropriado com o bustiê justo de veludo azul-real. – Tenho que sair agora e cumprir o meu dever. Precisamos almoçar um dia desses, Lauren, para conversar sobre o desfile de moda.

– Vou adorar!

Lauren olhou para o dólar que Adrianne deixara para a atendente. Era o suficiente pelas duas, decidiu ela; e, antes de sair, pôs na bolsa o vidro de perfume deixado ali para as convidadas.

Charles e Lauren St. John, pensou Adrianne. O desfile de moda, com a presença de celebridades, seria realizado em seu novo hotel, em Cozumel. Não era conveniente? Todas as pessoas que importavam compareceriam. Ainda mais conveniente. Era sempre uma vantagem roubar no meio de uma multidão. Adrianne sorriu, pensando no presente que Lauren ganhara no aniversário de casamento. Teria de marcar aquele almoço para breve.

– Esse sorriso é para mim?

Quando Adrianne descobriu-se envolvida pelos braços de Philip, o sorriso não apenas desapareceu, mas também a boca se entreabriu. Antes que ela pudesse reagir, Philip beijou-a com um pouco de pressão e por tempo demais para que fosse apenas um cumprimento casual. Depois recuou, mas continuou a segurar-lhe as mãos.

– Sentiu saudade?

– Não.

– Ainda bem que eu sei que é uma mentirosa contumaz. – Ele deixou seu olhar desviar-se para os ombros à mostra, as pedras azuis na garganta, antes de voltar ao rosto. – Está deslumbrante.

Adrianne precisava fazer alguma coisa, e depressa. Já era terrível que várias pessoas os observassem, mas era pior, muito pior, que seu coração estivesse tão disparado.

– Desculpe, Philip, mas essa não é uma festa aberta. E tenho certeza de que você não comprou um convite.

– Mas sou um penetra que traz um presente. – Ele tirou um cheque do bolso do smoking. – Para a sua causa tão meritória, Adrianne.

Era o dobro do preço de um convite. Mesmo que o odiasse por atrapalhar sua rotina, ela não podia deixar de admirar a generosidade.

– Obrigada.

Adrianne dobrou o cheque e o guardou na bolsa. Philip ficou contente por ela ter deixado os cabelos soltos, o que lhe permitia passar os dedos por eles.

– Dance comigo.

– Não.

– Tem medo de que eu a agarre de novo?

Ela contraiu os olhos, irradiando toda a sua raiva. Philip ria dela. Era uma coisa que não admitia de ninguém.

– De novo?

A voz dela, porém, não saiu tão gelada quanto esperava. Dessa vez, Philip soltou uma risada mais alta.

– Você é incrível, Adrianne. Sabia que não consegui parar de pensar em você?

– É evidente que não tem tarefas suficientes para ocupar o seu tempo. Agora, se me dá licença, eu tenho.

– Addy... – Com o oportunismo instintivo de uma veterana, Celeste surgiu a seu lado. – Não me apresentou ao seu amigo.

– Philip Chamberlain – murmurou ela entre os dentes. – Celeste Michaels.

– Já vi Celeste Michaels dezenas de vezes. – Philip pegou a mão de Celeste e a beijou. – Há anos que ela parte o meu coração.

– Uma pena que eu não soubesse disso antes. – Numa rápida análise, Celeste avaliou Philip e a situação. Se havia um homem que podia deixar uma mulher nervosa, era aquele. – Conheceu a Addy em Londres?

– Isso mesmo. Infelizmente, ela não pôde ficar. – Num movimento suave, ele passou a mão pelo ombro e pela nuca de Adrianne. – E também se recusa a dançar comigo. Talvez você aceite o convite.

– Claro que aceito.

Celeste pegou o braço de Philip. Enquanto se afastavam, ela olhou para trás com um sorriso malicioso.

– Deixou-a enfurecida.

– Era o que eu esperava.

Celeste pôs a mão no ombro dele.

– Addy não se abala com facilidade.

– Foi o que percebi. E você gosta dela.

– Eu a amo mais do que qualquer outra pessoa. E é por isso que pretendo ficar de olho no senhor, Sr. Chamberlain.

– Philip. – Ele virou Celeste, para poder observar Adrianne, que se inclinava para uma grande dama, o rosto todo enrugado como uma ameixa seca. – É uma mulher fascinante, ao mesmo tempo menos e mais do que parece.

Celeste ouviu o tilintar de sinos de advertência enquanto observava o rosto de Philip.

– Você é muito perspicaz. Adrianne é uma mulher muito sensível, muito vulnerável. Se eu descobrisse que alguém a magoou, ficaria muito chateada. E não sou nem um pouco sensível, Philip. Sou apenas má e implacável.

Ele sorriu.

– Já pensou alguma vez em ter um caso com um homem mais jovem?

Ela riu, aceitando o elogio.

– Você é um sedutor. Como me diverte, vou lhe dar um pequeno conselho. O charme não funciona com a Addy. A paciência, sim, pode dar certo.

– Agradeço o conselho.

Philip observava Adrianne quando a viu levar a mão à garganta e descobrir que não havia nada ali. Percebeu seu instante de surpresa e confusão, depois sua raiva controlada quando o fitou. Com um sorriso, ele acenou com a cabeça em confirmação. O colar de falsos diamantes e safiras estava em seu bolso.

DESGRAÇADO, SÓRDIDO E NOJENTO. Ele a roubara. Tirara o colar de seu pescoço sem que ela sentisse qualquer coisa a não ser a pulsação mais acelerada. E depois ainda a provocara, encarando-a e sorrindo.

Pagaria por isso, pensou Adrianne enquanto guardava as luvas na bolsa. E pagaria naquela noite.

Ela sabia que seria uma temeridade. Não haveria tempo para elaborar um plano de cabeça fria. Tudo o que ela sabia era que Philip lhe tirara uma coisa, escarnecera dela e a desafiara. Celeste, na maior inocência, passara a informação de que ele estava hospedado no Carlyle. E isso era tudo o que Adrianne precisava.

Tinha uma hora para tirar o vestido e pôr as roupas de trabalho. Rejeitara a ideia de subornar o recepcionista da noite. Os empregados do Carlyle eram conhecidos por sua honestidade. Simplesmente entraria no quarto sorrateiramente.

Adrianne entrou no saguão. Havia apenas um recepcionista atrás do balcão. Homem e jovem. Adrianne abençoou sua sorte e foi até lá, cambaleando.

– Por favor... – Ela optou por um trêmulo sotaque francês. – Dois homens, lá fora. Eles tentaram...

Adrianne levou a mão à cabeça, estremeceu, balançou de um lado para outro.

– Preciso tomar um táxi. Foi uma tolice pensar que poderia fazer um passeio sozinha. Água, *s'il vous plaît*. Poderia arrumar um pouco de água, por favor?

O recepcionista já estava contornando o balcão para levá-la até uma poltrona.

– Está machucada?

Ela levantou o rosto, dando um jeito de exibir olhos úmidos, com uma expressão desamparada.

– Não. Apenas assustada. Tentaram me obrigar a entrar num carro, e não havia ninguém, ninguém para...

– Não se preocupe. Está segura agora.

Ele era muito jovem, pensou Adrianne enquanto se inclinava para o recepcionista. E despertar sua compaixão era muito fácil.

– Obrigada. É muito gentil. Eu agradeceria se me chamasse um táxi. Mas, primeiro, a água... ou talvez um conhaque.

– Claro. Tente relaxar. Volto num minuto.

E um minuto era tudo de que ela precisava. Assim que o recepcionista se retirou, Adrianne levantou-se de um pulo, voltou ao balcão e olhou no computador. Philip estava no vigésimo andar, constatou ela com um sorriso sombrio. Num sono satisfeito, ela tinha certeza, à espera de seu próximo movimento. Duvidava de que ele esperasse que ela pudesse agir tão cedo.

Quando o recepcionista voltou com o conhaque, ela já retornara à poltrona, os olhos fechados, uma das mãos no coração.

– Muito obrigada. – Cuidou para que a mão tremesse um pouco ao beber. – Tenho de voltar para casa.

Adrianne removeu uma lágrima antes de acrescentar:

– Vou me sentir muito melhor com a minha porta trancada.

– Devo chamar a polícia?

– Não – murmurou ela com um breve sorriso. – Não os vi direito. Estava muito escuro. Graças a Deus consegui escapar e entrar aqui.

Depois de devolver o copo, ela simulou um esforço para se levantar.

– Nunca esquecerei como foi gentil.

– Não foi nada.

Satisfeito, ele estufou o peito, com orgulho masculino.

– Foi tudo para mim.

Adrianne apoiou-se nele ao passarem pela entrada do hotel. O táxi que ela já pagara, com ordem para esperar a meia quadra de distância, aproximou-se e parou na frente do hotel.

– *Merci bien.*

Adrianne deu um beijo no rosto do recepcionista antes de entrar no táxi. No momento em que ficaram fora de vista, ela se empertigou no banco.

– Pode me deixar logo depois da esquina.

– Quer que eu a espere de novo?

– Não. – Ela deu uma nota de 20 dólares ao motorista. – Obrigada.

– Quando quiser, dona, pode me chamar.

Quinze minutos depois, Adrianne estava parada na porta do quarto de Philip. A entrada e a subida pelo elevador de serviço haviam sido bem simples. Agora, precisava apenas abrir a fechadura e a corrente de segurança. Ela atribuiu à impaciência e à raiva o tempo que demorou.

O silêncio na suíte era total. Como ele não fechara as cortinas da sala, havia claridade suficiente para orientá-la. Adrianne levou menos de cinco minutos para constatar que ele não deixara nada de valor ali.

O quarto estava escuro. Optou pela lanterna pequena, do tamanho de uma caneta. Teve o cuidado de manter o facho longe da cama, embora lhe viesse a ideia de iluminar o rosto dele, para deixá-lo apavorado. Haveria satisfação suficiente em recuperar seu colar e pegar as abotoaduras de diamantes que ele usara naquela noite.

Adrianne começou a revistar o quarto, de maneira meticulosa e em silêncio. Seria muito azar se ele tivesse guardado tudo no cofre do hotel, mas ela achava que isso não acontecera. Já era tarde, quase 3 horas, quando ele voltara ao hotel.

E devia estar exausto da viagem. Era mais do que provável, concluíra Adrianne, que tivesse largado tudo numa gaveta e depois se jogado na cama.

Por baixo das camisas da Turnbull, dobradas com todo cuidado, ela descobriu que acertara em sua previsão. O facho da lanterna iluminou seu colar. Ao lado, havia uma caixa de joias de homem, de couro de crocodilo, com monograma. Havia mais do que as abotoaduras de diamantes lá dentro. Ela encontrou outras abotoaduras, de ouro, um alfinete de gravata com um topázio de primeira qualidade e outras peças sortidas da vaidade masculina, todas de bom gosto e alto valor.

Na maior satisfação, Adrianne pôs a caixa e o colar na bolsa. Pensou que seria uma pena não poder ver o rosto de Philip pela manhã, mas, quando se virou, colidiu com ele.

Mal teve tempo de respirar antes de ser arremessada por cima do ombro de Philip. Mesmo enquanto desferia um chute, sentiu que voava. O ar foi expelido de seus pulmões quando bateu no colchão. Só pôde soltar um grunhido quando seus braços foram imobilizados nos lados do corpo e o corpo de Philip estendeu-se por cima do seu.

– Bom dia, querida!

E ele a beijou na boca. Sentiu os braços de Adrianne se contraindo, o corpo se arqueando, embora a boca se entreabrisse, quente e ansiosa. Excitado pelo contraste, Philip tornou o beijo mais profundo do que tencionara.

Então tratou de se controlar, segurou os pulsos de Adrianne com uma das mãos e estendeu a outra para o abajur. No instante em que a luz acendeu, ele concluiu que gostava da aparência de Adrianne na cama.

Ela tinha plena consciência de sua situação. A culpa era sua, pensou Adrianne com desgosto, oscilando entre a raiva e a amargura. Durante quase dez anos roubara o melhor, sempre de cabeça fria, usando a lógica. Agora, por causa de um colar sem valor – e de seu orgulho –, tinha sido apanhada. A única solução era usar a impudência para se livrar.

– Me largue!

– Não há a menor possibilidade. – Philip manteve os braços de Adrianne esticados por cima da cabeça e usou a mão livre para afastar os cabelos de seu rosto. – Deve admitir que foi uma maneira hábil de trazê-la para a cama.

– Vim pelo colar, não para ficar na cama com você!

– Pode fazer as duas coisas.

Ele sorriu. E, por estar despreparado para a súbita violência da luta de Adrianne, perdeu o controle. Os trinta segundos seguintes foram uma disputa encarniçada e silenciosa pela supremacia dos sexos. Adrianne era ágil e muito mais forte do que parecia. Foi o que Philip descobriu quando levou um soco no estômago. Dessa vez ele imobilizou-lhe as mãos entre seus corpos, os rostos separados por poucos centímetros.

– Está bem. Conversaremos a respeito mais tarde.

Não foi a fria princesa Adrianne quem o fitou em fúria total, mas a mulher que ele desconfiara que havia por trás, ardente, volátil... e confusa.

– Armou tudo para me pegar, seu desgraçado!

– Confesso que sou culpado, mas estou surpreso por você ter arriscado tanto para recuperar esse colar. Vale apenas umas poucas centenas de libras. Valor sentimental, Addy?

Ofegante, ela fez um esforço para ordenar os pensamentos. Ou ele tinha uma vista excelente ou uma lupa de joalheiro.

– Por que o tirou?

– Curiosidade. Por que a princesa Adrianne usa joias de fantasia?

– Tenho coisas melhores nas quais gastar o meu dinheiro. – Philip não usava camisa, e ela podia sentir cada batida do coração em seus dedos. – Se me soltar, eu levo o colar e poderemos esquecer que isso aconteceu. Não vou entregar você à polícia.

– Arrume um argumento melhor.

Ela conseguira recuperar o fôlego e – assim esperava – o controle também.

– O que você quer?

Philip levantou as sobrancelhas. Analisou o rosto de Adrianne por um longo momento, sem pressa.

– Não vou levar essa pergunta em consideração. A resposta é fácil demais.

– Não vou pedir desculpas por entrar no seu quarto para recuperar o que me pertence.

– E a minha caixa de joias?

– Foi por vingança. – O brilho da paixão, rápido e intenso, aflorou nos olhos de Adrianne. – Acredito na vingança.

– Nada mais justo. Aceita um drinque?

– Aceito.

Ele tornou a sorrir.

– Quero a sua palavra de que vai continuar onde está. – Philip quase podia ver os pensamentos de Adrianne se alterando e tomando forma. – Pode fugir, Adrianne e, como não estou vestido para persegui-la, conseguiria escapar, mas apenas por enquanto. Ainda haveria o amanhã.

– Tem a minha palavra. Preciso mesmo de um drinque.

Ele se levantou, dando a Adrianne a oportunidade de sair da cama e ir para uma cadeira. Philip não usava camisa e a calça do pijama pendia dos quadris, num equilíbrio precário. Ela tirou as luvas, fazendo um esforço para se controlar enquanto ouvia o som da bebida caindo no copo.

– Serve um uísque?

– Está ótimo.

Adrianne pegou o copo e tomou um gole, muito calma, enquanto ele se sentava na beira da cama.

– Espero uma explicação.

– Então vai ficar desapontado. Não lhe devo explicação.

– Atiçou a minha curiosidade. – Ele pegou um maço de cigarros na mesinha de cabeceira. – Eu tinha parado de fumar, até conhecer você.

– Sinto muito. – Ela sorriu. – Mas, no final das contas, é apenas uma questão de força de vontade.

– E eu tenho muita. – Philip contemplou-a de alto a baixo. – Mas estou usando em outras coisas. Agora, a minha pergunta é simples. Por que uma mulher como você rouba?

– Recuperar o que me pertence não é roubar.

– O colar de Madeline Moreau não lhe pertencia.

Se seu controle não fosse tão firme, Adrianne teria engasgado com o uísque.

– O que uma coisa tem a ver com a outra?

Ele soprou a fumaça, pensativo, enquanto a observava. Ela não era uma amadora, refletiu Philip, e estava longe de ser inexperiente.

– Foi você mesma quem pegou o colar, Addy. Ou sabe quem foi. O nome Rose Sparrow significa alguma coisa para você?

Ela continuou a beber, muito calma, embora as mãos estivessem suando.

– Deveria significar?

– Foi a minissaia – explicou Philip. – Levei algum tempo para entender, mas quando visitei o Freddie, o nosso amigo comum, ele mencionou Rose... e até a descreveu. E me lembrei da minissaia azul de couro que você guardou na mala. A que era tão diferente do seu estilo habitual.

– Se vai continuar com rodeios, prefiro ir embora. Ainda não dormi.

– Sente-se.

Adrianne não tinha a menor disposição de obedecer, mas o tom ríspido advertiu-a de que seria menos complicado se tornasse a se sentar.

– Se entendi direito, você meteu na cabeça que tive algum envolvimento com o roubo do colar da Madeline. – Ela largou o copo e ordenou que os ombros relaxassem. – Só me ocorre uma pergunta. Por que eu faria isso? Não preciso do dinheiro.

– Não é uma questão de necessidade, mas de motivação.

A pulsação na garganta de Adrianne era forte e desconfortável. Ela ignorou e continuou a fitá-lo com firmeza.

– O que você é? Um investigador da Scotland Yard?

Com uma risada, Philip apagou o cigarro.

– Não exatamente. Conhece o ditado de que é preciso um ladrão para pegar outro ladrão?

Quando a campainha tocou, o som foi alto e claro. Adrianne já ouvira falar do lendário ladrão conhecido apenas como P.C. Ele tinha a reputação de ser charmoso, implacável e o mestre dos roubos a residências. Especialista em joias. Alguns diziam que roubara o diamante Wellingford, uma pedra de 75 quilates. Depois, ele se aposentara. Adrianne sempre imaginara um homem mais velho, um veterano astuto. Tornou a pegar o copo com uísque.

Era irônico estar finalmente na companhia de um colega de trabalho, mas não poder conversar a respeito.

– É a sua maneira de me dizer que é um ladrão?

– Fui.

– Fascinante. Suponho então que tenha pegado o colar de Madeline.

– Há alguns anos, eu não hesitaria em pegá-lo. Seja como for, Addy; você teve uma participação no roubo, e quero saber por quê.

Ela se levantou, balançando o copo.

– Se, por alguma razão insana, eu tivesse uma participação, Philip, isso não seria da sua conta.

– O seu título não significa nada aqui, entre nós dois, nem o seu prestígio social. Ou você conta para mim, ou conta para os meus superiores.

– E quem são eles?

– Trabalho para a Interpol. – Ele a observou levar o uísque aos lábios e tomar um gole. – Eles ligaram vários roubos, ao longo de quase dez anos, a um único homem, um homem muito esquivo. A safira Moreau é apenas a última joia de uma longa lista.

– Interessante. Mas o que isso tem a ver comigo?

– Podemos marcar um encontro. Talvez eu consiga fazer um acordo para mantê-la em liberdade.

– É muito galante. – Adrianne tornou a largar o copo. – Ou seria se você estivesse certo.

Embora soubesse como a situação era crítica, ela sorriu confiante.

– Pode imaginar como os meus amigos achariam divertido se eu contasse que fui acusada de estar envolvida com um ladrão? Seria convidada para jantares semanalmente.

– Será que não percebe que estou tentando ajudá-la? – Philip levantou-se, segurou-a pelos braços, sacudiu-a. – Não há razão para representar comigo. Não há mais ninguém aqui. Não precisa dessa farsa. Eu a vi na rua, perto do hotel, toda vestida de preto, na noite do roubo. Entrou pela porta de serviço. E sei que teve participação na venda ao receptador. Está envolvida nisso, Addy. Lembre-se de que essa já foi a minha especialidade. Sei como funciona.

– Não tem nada de concreto para levar aos seus superiores.

– Ainda não. Mas é apenas uma questão de tempo. Ninguém sabe melhor do que eu como as chances aumentam depois de alguns anos. Se você está em dificuldades, se precisa vender algumas pedras para salvar as aparências, não tenho razões para embaraçá-la tornando isso público, mas tem de falar comigo, Addy. Quero ajudar.

Era absurdo, mas ele dava a impressão de que falava sério. Uma parte de Adrianne, reprimida por anos, queria acreditar nele.

– Por quê?

– Não seja idiota!

Philip tornou a beijá-la. A luta inicial de Adrianne terminou num gemido. A paixão que saboreava não era menos volátil do que a paixão que sentia. As mãos dele subiram-lhe para os cabelos, rudes, possessivas, puxando a cabeça para trás, em busca de mais liberdade. Pela primeira vez, ela deixou que suas mãos vagueassem, procurassem, persistissem na pele de um homem. A necessidade começou como uma quentura no estômago, para depois se espalhar, como um calor mais forte, uma ânsia, um incêndio total.

Ele sabia que era uma loucura desejá-la daquele jeito, esquecer suas prioridades, afundar-se naquela mulher, mas Adrianne era toda maciez e força, toda tremor e procura. A fragrância que emanava da pele de seu pescoço deixou-o atordoado enquanto tropeçavam e caíam na cama.

Philip esqueceu a sutileza e a classe na explosão e no desejo. Quem quer que ela fosse, quaisquer que fossem seus segredos, ele a desejava agora mais do que em qualquer outro momento anterior. Cobiçara diamantes pelo fogo interior, rubis pela chama arrogante, safiras pelo brilho de calor azul. Em Adrianne encontrava todas as qualidades que antes só descobria nas pedras preciosas que roubava.

Ela era pequena e ágil. Seus cabelos o envolviam, com seu perfume e sua textura, enquanto rolavam pela cama. O gosto de uísque perdurava em sua língua, inebriante. Havia um desespero em sua reação que o despojava do controle camada por camada.

Quando enfiou a mão por baixo do suéter, para encontrar-lhe os seios, cheios e macios, Philip sentiu o coração de Adrianne disparado.

Nunca fora assim. Ano após ano, por vezes incontáveis, Adrianne convencera-se de que nunca poderia ser assim. Não para ela. Agora, pela primeira vez, queria totalmente, como uma mulher. Usar e ser usada. Enquanto seu corpo reagia, em busca do prazer, empenhado pela liberação, ela sentiu uma pontada de medo.

Podia ver o rosto da mãe, molhado de lágrimas. E podia ouvir o som abafado através das mãos infantis, os gemidos de satisfação do pai.

– Não! – A palavra explodiu no instante em que ela empurrou Philip. – Não me toque! Não!

Em reflexo, ele segurou as mãos de Adrianne quando ela tentou golpeá-lo.

– Mas que droga, Adrianne!

A fúria levou Philip a puxá-la, já com acusações amargas na ponta da língua. Mas morreram antes que pudessem ser pronunciadas. As lágrimas tremendo nos olhos de Adrianne eram reais, assim como o terror que havia por trás.

– Calma, calma...

Ele atenuou a pressão, fazendo um esforço para manter a voz baixa. Adrianne era como uma montanha-russa, e ele ainda não tinha certeza se queria embarcar. Como ela continuava tentando agredi-lo, Philip acrescentou:

– Pare com isso. Não vou machucar você.

– Então me largue. – Ela sentia a garganta tão apertada que até o menor sussurro era doloroso. – Fique com as mãos longe de mim.

A raiva tornou a prevalecer e Philip teve de fazer um esforço para reprimi-la.

– Não ataco mulheres. Pediria desculpas se a tivesse entendido errado, mas ambos sabemos que não foi isso o que aconteceu.

– Já disse que não vim aqui para dormir com você. – Adrianne desvencilhou uma das mãos, depois a outra. – Se espera que eu caia de costas só porque você deseja se divertir, vai ficar desapontado.

Ele recuou, lentamente. Era uma medida de seu controle.

– Alguém a fez passar por maus momentos.

– O fato puro e simples é que não estou interessada.

Antes que Philip pudesse tocá-la de novo, ela saiu da cama e pegou sua bolsa.

– O fato puro e simples é que você tem medo. – Ele também se levantou. Só mais tarde saberia que os lençóis conservariam a fragrância de Adrianne, o que o atormentaria pelo resto da noite. – De mim, talvez, ou de si mesma.

As mãos não eram firmes quando Adrianne levantou a alça da bolsa.

– O ego de um homem é de um fascínio interminável. Adeus, Philip.

– Só mais uma pergunta, Adrianne.

Ela já estava na porta, mas parou, inclinando a cabeça.

– Estamos a sós aqui, sem gravadores – acrescentou Philip. – Eu gostaria de saber a verdade, para variar. Só para mim. Está envolvida em tudo isso por causa de um homem?

Adrianne deveria tê-lo ignorado. Deveria oferecer o sorriso mais frio e sair, deixando a pergunta sem resposta. No entanto, haveria de se perguntar uma dúzia de vezes por que não fez isso.

– Isso mesmo. – Ela viu o pai atravessando os corredores largos e ensolarados, ignorando as lágrimas de Phoebe, ignorando os gritos silenciosos da filha. – Isso mesmo, é por causa de um homem.

O desapontamento foi profundo e tão intenso quanto a raiva.

– Ele a está ameaçando? Fazendo chantagem?

– É um total de três perguntas. – Adrianne encontrou forças para sorrir. – Mas uma coisa eu vou lhe dizer, e é nada menos do que a verdade. Fiz o que fiz por opção.

E se lembrou de uma coisa. Enfiou a mão na bolsa e tirou a caixa de joias. Num súbito impulso, jogou-a para ele.

– Honra entre ladrões, Philip. Pelo menos por hoje.

15

– Não é glorioso, querida? – Lauren St. John avançou pela beira da piscina para beijar o rosto de Adrianne. Cuidou para que *o cameraman* só filmasse seu melhor lado e usou o corpo de Adrianne para bloquear o fato de que engordara 3 quilos desde o Dia de Ação de Graças. – Tudo está correndo bem, não é?

Adrianne levantou sua marguerita gelada.

– Absolutamente dentro do prazo.

Havia uma centena de pessoas, apenas convidados, confraternizando no terraço da piscina. Dentro do salão de baile, estavam umas cinquenta pessoas que preferiam o ar condicionado à brisa marinha. Adrianne permitiu-se um olhar rápido e ansioso para a praia antes de tornar a sorrir para Lauren.

– É um hotel adorável, Lauren, e tenho certeza de que o desfile de moda vai ser um tremendo sucesso.

– Já é. Só a presença da imprensa vale pelo menos 1 milhão. A *People* veio, é claro. Teremos uma reportagem de três páginas. Tenho certeza de que você já sabe que apareci no *Good Morning America* na semana passada.

– Estava maravilhosa.

– Você é a simpatia em pessoa. – Lauren virou-se para outra equipe de filmagem. – Tem certeza de que não prefere champanhe, querida? Estamos servindo marguerítas pelo clima.

Adrianne imaginou que o traje de camponesa mexicana de 5 mil dólares que Lauren usava também era pelo clima.

– Esse drinque está ótimo.

Ela correu os olhos pela multidão. Havia dezenas de pessoas que conhecia, além de outras dezenas que reconhecia. Os ricos, os poderosos, os famosos. Os representantes da imprensa circulavam, documentando cada par de óculos escuros de grife. As mulheres exibiam seus melhores trajes de férias de verão, de biquínis sumários com as cangas mais deslumbrantes a saias de seda rodadas. Ninguém deixara suas joias em casa. Diamantes cintilavam, o ouro faiscava ao sol tropical. Por dois dias, a pequena ilha de Cozumel tornara-se um paraíso dos ladrões. Se estivesse à procura do grande golpe, Adrianne poderia circular entre os convidados recolhendo joias.

Não chegava a ser a mesma coisa que colher flores silvestres numa campina, pensou ela, mas era próximo, muito próximo, quando a pessoa era aceita como sócia daquele clube exclusivo. A Interpol, com toda certeza, tinha agentes na ilha, mas ela não avistara Philip. Graças a Deus.

– Ouvi dizer que as roupas estão deslumbrantes.

Adrianne, assumindo seu papel, inclinou a cabeça e sorriu para um fotógrafo.

– Não deveria ter ouvido nada. As roupas foram guardadas sob uma segurança mais rigorosa do que as joias da Coroa. Quanto maior o segredo, maior a expectativa. O que acha da ideia de fazer a passarela por cima da piscina?

– Maravilhosa.

– Espere só até ver o *grand finale*. – Lauren inclinou-se para sussurrar: – As modelos de maiô vão mergulhar.

– Mal posso esperar para ver.

– Eu queria encher a piscina com champanhe, mas o Charlie não permitiu. Mas fiz uma fonte de champanhe no salão de baile. E você tem que experimentar a *piñata* mais tarde. É um exótico costume. Ei, você! – Lauren virou-se para uma garçonete. O sorriso encantador transformou-se numa expressão dura. – Você deve servir os drinques, não passear com a bandeja. – Lauren tornou a se virar, as feições se desanuviando em outro sorriso. – Onde era mesmo que eu estava? Ah, sim, a *piñata*. Quando Charlie e eu estivemos aqui no ano passado, fomos a uma fiesta. Todos aqueles pivetes de dedos melequentos tentavam bater com uma vara num burro de papier mâché. Depois que quebra...

– Conheço a brincadeira, Lauren.

– Pois pensei em adaptar o costume mais para o nosso gosto. Mandei fazer um lindo papagaio. Está cheio das mais fascinantes joias de mentira. Deve ser notícia no *Entertainment Tonight*.

Adrianne teve de morder o lábio ao projetar a imagem de celebridades se jogando no chão para recolher contas e pedras falsas.

– Parece que vai ser divertido.

– É para isso que estamos aqui. Quero que todos se lembrem dessa festa beneficente. Posso recomendar o bufê, embora os criados tenham me dado muito trabalho. – Ela acenou jovial para um grupo do outro lado da piscina. – Mas também não podemos esquecer que são mexicanos.

Adrianne bebeu devagar, para esfriar a raiva.

– Estamos no México.

– Tem razão. Não consigo entender por que eles não fazem um esforço para aprender a nossa língua. Vivem murmurando entre si. E ainda por cima são preguiçosos. Não tem ideia de como é difícil mantê-los na linha, mas trabalham quase de graça. Avise-me se tiver algum problema com o serviço. Christie, querida, você está divina!

Depois que a loura de pernas compridas se afastou, Lauren acrescentou para Adrianne:

– Ah, o que eu poderia lhe contar sobre *ela*...

– Tenho certeza de que você tem muitas coisas em que pensar nesse momento.

E se eu não escapar de sua companhia, pensou Adrianne, começarei a gritar.

– Você não tem ideia, nenhuma ideia. Como invejo a sua vida tranquila. Apesar de tudo, tenho certeza de que essa vai ser a maior e mais espetacular inauguração de hotel do ano.

Adrianne quase sorriu, sabendo que Lauren não seria capaz de compreender a própria ironia.

– Espero não ter cometido nenhum erro ao planejar o desfile para a tarde, em vez de realizá-lo à noite. As tardes são bem mais... informais.

– A vida na ilha é informal.

– Hum... – Lauren observou um jovem artista de cinema passar, usando uma pequena sunga, com um brilho de óleo de bronzear no corpo. – Há também aspectos bem favoráveis nos trajes informais. Ouvi dizer que eles têm uma tremenda resistência.

– Como vai Charlie?

– Como? – Lauren continuava a admirar o jovem garanhão. – Vai bem, muito bem. Confesso que estou nervosa como uma gata. É muito importante que esse evento seja um sucesso.

– E vai ser. Você vai levantar milhares de dólares para a leucemia.

– Hein? Ah, isso também. – Lauren ergueu um ombro delgado. – Mas é claro que as pessoas não estão aqui para pensar em uma doença desagradável. Seria deprimente demais. O importante é simplesmente *estar* aqui. Já comentei que a duquesa de York mandou uma mensagem pessoal lamentando não poder comparecer?

– Não.

– É uma pena que ela não possa vir, mas temos você como realeza. – Ela deu um aperto íntimo no braço de Adrianne. – Ah, estou vendo Elizabeth. Preciso cumprimentá-la. Divirta-se, querida.

– Vou me divertir – murmurou Adrianne. – Mais do que você imagina.

As pessoas como os St. John não mudavam. Adrianne foi para trás de um jasmim da virgínia, a fim de sentar-se ao sol e apreciar a música. Um hotel como El Grande sem dúvida proporcionava empregos à combalida economia mexicana, assim como o desfile repleto de celebridades levantaria recursos para uma obra de caridade. Para Lauren e outras pessoas iguais a ela, no entanto, esses benefícios eram acidentais. Ou pior, um trampolim para suas próprias ambições.

Os St. John estavam preocupados em primeiro lugar com os St. John, ou seja, dinheiro, posição, fama. Adrianne tomou um gole de seu drinque e observou Lauren esvoaçar à beira da piscina.

Ela teria a atenção da imprensa, com toda certeza. Mais do que pretendia. Adrianne calculava que o roubo das joias de diamantes e rubis de Lauren seria uma grande notícia.

– Está bancando a Greta Garbo ou pode suportar uma companhia?

– Marjorie!

Com um prazer genuíno, Adrianne levantou-se de um pulo. Filha do ator Michael Adams, que fora um grande amigo de Phoebe e dela em Hollywood, Marjorie tornara-se sua amiga depois que as duas haviam se afastado do mundo do cinema.

– Não sabia que você viria.

– Foi um súbito impulso.

A loura esguia, ao estilo da Califórnia, retribuiu o abraço de Adrianne.

– Michael veio com você? Não o vejo há mais de um ano.

– Papai não pôde vir. Está filmando em locação. – Ela olhou a seu redor e sorriu. – Prefiro palmeiras em qualquer dia do ano.

– Ele nunca para, não é? Diga a ele que mandei um beijo quando se encontrarem.

– Depois de amanhã. Vamos passar o Natal juntos. – Marjorie sacudiu os cabelos enquanto se acomodava numa *chaise longue*. Chamou um garçom que passava. – Quero um suco de fruta. Duplo.

Ela soltou um longo suspiro.

– Um zoológico e tanto, não é?

– Não comece. – Mas Adrianne também sorriu. – O que veio fazer aqui? Nunca se interessou pela *haute couture.*

– Um desejo ardente pelos trópicos... e por Keith Dixon.

– Keith Dixon?

– Sei que ele é ator. – Marjorie levantou a mão. – É por isso que tenho relutado, mas...

– É sério?

Ela virou a mão para revelar um diamante.

– Pode-se dizer que sim.

– Noiva? – Quando Marjorie levou um dedo aos lábios, Adrianne elevou uma sobrancelha, mas baixou a voz. – Um segredo? Michael sabe?

– Sabe e aprova. Os dois se dão tão bem que quase não precisam de mim. É estranho.

– Estranho que eles se deem bem?

– Estranho que eu tenha passado a maior parte de minha vida à procura de amigos e namorados que papai não aprovaria.

Adrianne recostou-se.

– Devia ser cansativo.

– E era mesmo. Com Keith, tem sido a coisa mais fácil que já fiz.

– Então, por que o segredo?

– Para evitar as colunas sociais por mais algum tempo. De qualquer forma, só vai ser segredo por mais alguns dias. Vamos nos casar no Natal. Eu adoraria se você pudesse ir. Mas sei como se sente em relação às festas de fim de ano. Pode jantar conosco essa noite?

– Claro que sim. Ele deve fazê-la muito feliz, Marjorie. Você está maravilhosa.

– Sinto-me muito melhor. – Ela tirou um cigarro do bolso da saia de linho. Era o único vício que ainda se permitia. – Às vezes, ao olhar para trás, não posso acreditar no quanto fiz papai sofrer... e eu também. Estou pesando 55 quilos agora.

– Fico feliz por você.

– Guardei uma foto que saiu num jornal quando deixei o hospital há três anos. Estava pesando 37 quilos. Parecia um cadáver ambulante. – Ela cruzou as pernas compridas e bem torneadas. Faz com que eu me lembre que tenho sorte por estar viva.

– Sei que Michael se orgulha de você. Na última vez em que nos encontramos, ele não falou em outra coisa.

– Eu não conseguiria sem ele... depois que entrou na minha cabeça que papai não era o inimigo... – Ela pegou o copo de suco e deu ao garçom uma nota de 5 dólares. – Você também ajudou. À segunda geração das crianças de Hollywood. – Ela bateu o copo no de Adrianne. – Não esqueço a sua visita ao hospital naquela ocasião, como falou comigo, embora eu não quisesse escutar, contando como foi difícil ver sua mãe se perder. Nunca vou poder expressar, Addy, o que isso representou para mim...

– Não precisa. Michael foi uma das poucas pessoas que realmente gostaram da minha mãe. Não conseguiu ajudá-la, mas tentou.

– Sempre achei que ele era um pouco apaixonado pela Phoebe. Por vocês duas. Juro que eu a odiava quando éramos pequenas. – Marjorie riu e apagou o cigarro. – Papai não parava de falar de você, como era uma aluna exemplar, uma menina gentil e bem-educada.

– Que coisa revoltante! – comentou Adrianne, provocando outra risada de Marjorie.

– Por isso eu fumava, bebia, tomava qualquer droga que pudesse encontrar, casei com um canalha que eu sabia que ia me bater, criava um escândalo público sempre que possível. De um modo geral, fazia tudo o que podia para tornar a vida de papai miserável... e isso quase me matou. A anorexia foi o último problema.

– A palavra-chave é último.

– É verdade. – Marjorie sorriu, o mesmo sorriso de autoironia que tornara o pai famoso. – Mas já chega de falar sobre isso. Sabia que a Althea está aqui?

– Althea Gray? Não, não sabia.

– Pois está. – Marjorie correu os olhos pelos convidados. – Ali.

Num gesto deliberado, Adrianne levantou os óculos escuros antes de olhar. Era ela mesmo, a atriz, usando uma blusa justa e uma minissaia rosa.

– Aquela roupa estaria mais apropriada na filha adolescente, se ela tivesse uma.

– Althea sempre gostou de exibir o seu talento – comentou Adrianne.

– Os seus dois últimos filmes foram bombas... nucleares.

– Foi o que ouvi dizer.

Adrianne não estava interessada. Vingara-se de Althea anos antes. Um conjunto de opalas e diamantes em baguetes transformara-se numa doação anônima para o Fundo dos Atores Aposentados.

– Ela fez uma lipo nas coxas há poucos meses.

– Você não perde uma, hein, Marjorie.

Mas ela não pôde deixar de avaliar melhor as pernas de Althea.

– Renunciei à bebida, às drogas e aos garanhões, Addy. Tinha de me ocupar com outras coisas. Tenho outra novidade da cidade das ilusões... falando sobre o antigo agente da sua mãe, Larry Curtis. – O sorriso de Adrianne congelou. – Parece que os rumores sobre a preferência dele por garotinhas eram verdadeiros. Foi apanhado na semana passada fazendo uma audição com uma nova cliente. Ela tinha 15 anos.

A náusea embrulhou o estômago de Adrianne. Com extremo cuidado, ela largou o copo. Ouviu a própria voz, fria, distante:

– Disse que ele foi apanhado?

– Em flagrante, pelo pai da garota. O desgraçado teve o maxilar fraturado. Uma pena que ninguém tenha cortado aqueles sacos de que ele tanto se orgulha e pendurado em seu pescoço, mas parece que ele não vai funcionar de novo. Ei! – Alarmada, Marjorie sentou-se na *chaise longue*. – Você está branca que nem um lençol.

Ela não queria lembrar e engoliu em seco, fazendo um esforço para aliviar a pressão no estômago.

– Sol demais.

– Vamos para a sombra antes que o desfile comece. Consegue ficar em pé? Detesto usar clichês, mas parece que você viu um fantasma.

– Não se preocupe. Estou bem.

Tinha de estar. Larry Curtis pertencia ao passado. Tudo aquilo pertencia ao passado. Adrianne levantou-se e foi com Marjorie para as cadeiras sob um toldo vermelho.

– Eu não perderia isso por nada nesse mundo, Marjorie.

– Parece que vai ser um espetáculo e tanto.

E foi mesmo. Ela observou Lauren subir em um pódio ornamentado com flores tropicais. No dia seguinte, Adrianne teria sua própria produção.

A suíte de Adrianne no El Grande era toda em tons pastéis. Portas de vidro davam para uma varanda cheia de flores. Tinha uma geladeira bem abastecida, um banheiro espelhado com banheira de hidromassagem e um cofre com uma chave pessoal. Tinha suas vantagens, mas ela preferia a suíte que reservara no El Presidente, sob o nome de Lara O'Conner.

Com algum pesar, aposentara Rose Sparrow.

Na segunda suíte, guardava suas ferramentas. Poucas horas depois do desfile, estava sentada a uma mesinha perto da janela, comendo um kiwi, enquanto estudava as plantas do El Grande. Ainda não decidira qual de dois métodos de acesso usaria. Perfeccionista, desenvolveu os detalhes de ambos. O telefone a seu lado tocou.

– *Hola. Sí.*

Adrianne inclinou-se para trás em sua cadeira. O contato estava ansioso. Em sua experiência, os mensageiros tentavam parecer duros quando ficavam nervosos.

– Estarei lá, como o combinado. Se não confia em mim, amigo, é o momento de cair fora. Há sempre outro comprador.

Ela esperou, tomando um gole de Perrier no copo.

– Conhece a reputação dele. Quando o Sombra faz um acordo, ele entrega. Não gostaria que eu dissesse a ele que você duvida da sua capacidade de consumar a transação, não é mesmo? Eu sabia que não. *Mañana.*

Adrianne desligou e levantou-se. Massageou os músculos doloridos nas costas e no pescoço. Nervos. Contrariada, fechou os olhos. Balançou a cabeça de um lado para o outro, lentamente. Não se lembrava de ficar tão nervosa em anos.

O trabalho era rotineiro... quase simples demais. No entanto...

Philip, pensou ela. Philip lançara-a em confusão e ainda não parara. Preocupava-se porque ele não estava na ilha. E teria se enfurecido se ele estivesse.

Philip não podia provar coisa alguma, assegurou a si mesma enquanto abria as portas da varanda. E em breve, muito em breve, ela acabaria o que se propusera a fazer.

O sol, de um dourado brilhante, pairava no céu a oeste, pouco acima do mar. Dentro de poucas horas a lua surgiria, fria e branca.

O Sol e a Lua. Adrianne pôs as palmas das mãos na grade da varanda e inclinou-se para fora. Símbolos da noite e do dia, de continuidade, de eternidade. Pegarei o colar muito em breve, mamãe, prometeu ela, silenciosamente. Depois, talvez nós duas possamos ter alguma paz.

A brisa soprou em seu rosto, dedos quentes que a acariciaram. Havia uma fragrância quente, floral, que se elevava por toda parte, inevitável. Podia ouvir as ondas correndo pela areia, para depois refluírem. Mais alto do que esse murmúrio, as pessoas riam, gritavam enquanto passeavam pela praia ou mergulhavam com *snorkel* junto dos corais.

Solidão. Adrianne apertou os olhos com força, mas não pôde evitar. A época... Podia atribuir o sentimento ao período de festas e às recordações que trazia. Podia até atribuir a culpa ao encontro com Marjorie, pela inveja por seu controle sobre a vida depois de tantos anos de naufrágio. Mas era mais do que isso, muito mais. Ela não era apenas uma mulher sozinha numa varanda. Por mais pessoas que conhecesse, por mais que se empenhasse em viver ocupada, estava sempre sozinha.

Ninguém a conhecia. Nem mesmo Celeste compreendia plenamente os conflitos e as dúvidas que a dominavam. Era princesa de uma terra que não era mais a sua. Era visitante num país que continuava a lhe ser estranho. Era uma mulher que tinha medo de ser uma mulher. Uma ladra que queria justiça.

Naquele momento, com a brisa da tarde soprando em seu rosto, com a fragrância da maresia e das flores que a cercavam, queria alguém para abraçá-la.

Adrianne virou-se e tornou a entrar na suíte. Podia não ter alguém, mas tinha alguma coisa. Vingança.

16

O trabalho não constava de sua agenda naquela manhã. Adrianne queria se esquentar ao sol tropical, nadar de *snorkel* pelos recifes, nas águas puras como cristal. Queria dormir sob uma palmeira e pensar o mínimo possível.

Era a véspera de Natal. Alguns convidados já haviam voltado para casa – Chicago, Los Angeles, Paris, Nova York, Londres. A maioria permanecia no El Grande, para celebrar as festas com *piña colada* em vez de ponche quente de rum, com palmeiras em vez de pinheiros.

Adrianne nunca passava as festas em Nova York. Não conseguia suportar a visão da neve ou das vitrines na Macy's ou na Saks. O Natal era um grande acontecimento em Nova York, que a encantara quando era criança.

Ainda podia se lembrar da primeira vez em que vira as elegantes bonecas vitorianas girando na vitrine da Lord & Taylor enquanto o vento frio e penetrante soprava em torno do casaco de gola de pele e o cheiro de castanhas assadas a envolvia. Em Nova York, haveria sinos tocando em cada esquina, música saindo de cada loja.

A Cartier estaria envolta por um enorme laço colorido. Ao longo da Quinta Avenida, o mar de pessoas seria tão denso que alguém podia ser apanhado pela correnteza humana e arrastado por quarteirões.

Um clima inebriante. Não havia outro lugar no mundo que fosse mais inebriante do que Nova York no Natal. E, para Adrianne, não havia lugar mais depressivo.

O Natal era proibido em Jaquir, até mesmo as comemorações públicas de turistas e trabalhadores ocidentais. Não podia haver ornamentos, cantigas de Natal, nem sequer um galho de pinheiro. Nada de bolas de vidro com neve dançando dentro. A lei proibia.

Havia lembranças de Natal, algumas alegres, algumas tristes. Adrianne sabia que tinham de ser confrontadas, mas não em Nova York, onde decorara sua última árvore, com um esforço desesperado para envolver a mãe nas festividades. Fora em Nova York que ela embrulhara seus últimos presentes em papéis coloridos... e Phoebe nunca abrira os pacotes.

Fora em Nova York, cinco anos antes, que ela encontrara a mãe morta no chão do banheiro, na madrugada que antecedia a manhã de Natal. Aquele último Natal, em que se sentara com Phoebe e Celeste, bebendo *eggnog* e ouvindo cantigas natalinas no som. E a mãe fora deitar-se mais cedo.

Adrianne nunca descobrira onde Phoebe conseguira o uísque as pílulas azuis. De onde quer que tivessem vindo, haviam feito o serviço.

Por isso, ela fugia no Natal, embora soubesse que era uma fraqueza. Monte Carlo, Aruba, Maui... qualquer lugar em que o sol fosse quente. Às vezes trabalhava quando fugia, às vezes não fazia nada. Naquela viagem, faria as duas coisas; e na manhã seguinte, quando os sinos tocassem pelo Natal, já teria realizado o trabalho.

Não foi o nervosismo que a levou a tomar a decisão de passar o dia longe do hotel dos St. John. Queria apenas ficar sozinha, anônima. Depois de dois dias, já não aguentava coquetéis e conversas irrelevantes à beira da piscina. Escolheu a praia junto de El Presidente, não como princesa Adrianne ou Lara O'Conner, mas como Adrianne Spring.

Com sede, as pernas começando a doer, voltou à praia. Com a máscara e as nadadeiras nas mãos, atravessou a areia até a cabana de teto de colmo em que deixara o restante de suas coisas. Sem qualquer dificuldade, ignorou dois homens deitados ao sol ali perto, tomando cerveja, à espera de uma conquista.

– Adrianne!

Ainda esfregando os cabelos, ela se virou para uma mulher que se aproximava. O corpo era exuberante e dourado, realçado por duas tiras estreitas, que faziam com que o biquíni de Adrianne parecesse uma armadura. Os cabelos eram escuros, curtos, e balançavam na altura do queixo. Por um momento houve apenas irritação por ser incomodada. Depois veio o reconhecimento.

– Duja? – Com uma risada, Adrianne largou a toalha e abriu os braços para a prima. – É mesmo você!

Trocaram beijos nas faces e recuaram, uma analisando a outra.

– Isso é maravilhoso! – A voz baixa e musical de Duja trazia recordações ao mesmo tempo doces e tristes. Tardes longas e quentes no harém, um caramanchão no jardim, onde duas meninas escutavam histórias contadas por uma velha. – Quanto tempo faz?

– Muitos e muitos anos. O que está fazendo aqui?

– Nada, até agora. Estivemos em Cancún, mas depois J.T. decidiu navegar até aqui, porque acha que o mar é melhor para o mergulho. Não posso acreditar que quase fiquei na piscina do hotel. Está sozinha?

– Estou.

– Pois então vou lhe pagar um drinque e vamos pôr a conversa em dia. – Ela passou o braço pelo de Adrianne e se encaminharam para o bar. – Leio a seu respeito o tempo todo: a princesa Adrianne comparece à estreia do balé, a princesa Adrianne participa do baile da primavera. Imagino que ande ocupada demais para me visitar em Houston.

– Ainda não pude ir. Enquanto mamãe estava viva, não era fácil viajar. Depois... – Ela observou Duja acender uma cigarrilha. – Pensei que não suportaria ver você ou qualquer outra pessoa de Jaquir.

– Lamentei por você. – Duja abordou o assunto da morte de Phoebe tão ligeiramente quanto tocou na mão de Adrianne. – A sua mãe sempre foi gentil comigo. Tenho lembranças afetuosas. *Dos margaritas, por favor.*

Depois de fazer o pedido ao *bartender*, ela olhou para Adrianne.

– Está tudo bem com você?

– Claro. Obrigada. Já passou muito tempo. Não parece real.

Duja soprou uma nuvem de fumaça.

– E estamos muito longe do harém.

Mas não o suficiente, pensou Adrianne.

– Está feliz?

– Muito.

Duja cruzou as pernas compridas e morenas. Numa reação automática, flertou com o homem do outro lado do bar circular. Tinha 30 anos, um corpo espetacular, era segura de seu poder.

– J.T. é um homem maravilhoso, muito gentil, muito americano. Tenho os meus próprios cartões de crédito.

– E isso é tudo de que precisa?

– Ajuda. Além disso, ele me ama e eu o amo. Sei que fiquei apavorada quando o meu pai concordou em me entregar a ele. Depois de tudo o que nos ensinaram e ouvimos falar sobre os americanos. – Ela se virou no banco para poder observar as pessoas na beira da piscina. – Quando penso que poderia estar sentada no harém, grávida da sexta ou sétima criança e especulando se meu marido ficaria satisfeito ou insatisfeito comigo... – Ela lambeu o sal da borda do copo. – Claro que estou feliz. O mundo é diferente daquele que conhecíamos quando éramos crianças. Os homens americanos não esperam que suas mulheres fiquem sentadas quietas no canto e tenham um filho depois do outro. Amo o meu filho, mas também fico contente por ter apenas um.

– Onde ele está?

– Com o pai. Johnny é tão fanático por mergulho quanto o J.T. E também é muito americano. Beisebol, pizza, jogos eletrônicos. Às vezes olho para trás e me pergunto como seria a minha vida se o petróleo não tivesse levado J.T. a Jaquir... – Duja deu de ombros enquanto soprava a fumaça fragrante, que lembrou Adrianne das tardes no harém e do som dos tambores. – Mas não olho para trás com frequência.

– Fico feliz. Quando éramos crianças, eu sentia a maior admiração por você. Sempre foi equilibrada e bem-comportada, e muito bonita. Pensava que era por você ser alguns anos mais velha. Queria ser igual a você quando crescesse.

– As coisas eram muito mais difíceis para você. Queria agradar o seu pai, mas sempre manteve a lealdade à sua mãe. Compreendo agora como ela deve ter ficado desesperada quando o rei tomou uma segunda esposa.

– Foi o princípio do fim para ela. – A amargura voltou. Adrianne tomou um gole para tentar dissipá-la. – Voltou a Jaquir alguma vez?

– Visito a minha mãe uma vez por ano. E levo para ela, às escondidas, filmes em vídeo e lingerie vermelha. – Numa resposta à pergunta tácita de Adrianne, ela acrescentou: – Nada mudou. Quando volto, sou uma filha decorosa e obediente, os cabelos presos e o rosto coberto. Uso a minha *abaaya* e sento-me no harém para tomar chá. E o mais estranho é que, ao fazer isso, não fica parecendo esquisito, mas sim a coisa certa.

– Como?

– É difícil explicar. Quando vou a Jaquir, quando ponho o véu, começo a pensar como uma mulher de Jaquir, a sentir como uma mulher de Jaquir. O que parece certo nos Estados Unidos, até mesmo natural, torna-se totalmente estranho. Quando vou embora, quando tiro o véu, também me desfaço de todos esses sentimentos, volto a ignorar todas as restrições.

– Não consigo entender. É como se fossem duas pessoas.

– E não é o que acontece? A maneira como fomos criadas e a maneira como vivemos. Você nunca voltou?

– Não, mas estou pensando nisso.

– Não vamos este ano. J.T. está preocupado com os problemas no Golfo Pérsico. Jaquir teve êxito até hoje em evitar um confronto, mas não vai durar para sempre.

– Abdu sabe como escolher as suas brigas e os seus amigos.

Duja elevou uma sobrancelha. Mesmo depois de tantos anos, nunca chamaria o rei pelo primeiro nome.

– J.T. disse a mesma coisa há pouco tempo. – Insegura naquele terreno, Duja mudou de assunto. – Sabia que o seu pai se divorciou de Risa? Ela é estéril.

– Eu soube.

Adrianne sentiu uma pontada de compaixão pela última esposa do pai.

– Ele tomou outra esposa há poucos meses.

– Tão depressa? – Adrianne bebeu de novo, um gole maior. – Eu não sabia. Leiha deu a ele sete filhos saudáveis.

– Cinco eram meninas. – Duja deu de ombros de novo. Parecia que Adrianne não se importava de falar de seus meios-irmãos. – As duas mais velhas já casaram.

– Sei disso. Ouvi a notícia.

– O rei as negociou com a maior habilidade, mandando uma para o Irã e a outra para o Iraque. A terceira tem apenas 14 anos. Dizem que ela vai para o Egito ou talvez para a Arábia Saudita.

– Ele demonstra mais afeição pelos cavalos do que pelas filhas.

– Em Jaquir, os cavalos são mais úteis.

Duja fez um sinal para que o *bartender* servisse outra rodada.

De sua janela, no quinto andar, Philip tinha uma excelente vista da piscina, dos jardins e do mar. Observava Adrianne desde que ela saíra da água. Através do binóculo, vira até as gotas de água brilhando, escorrendo por sua pele.

Só podia especular sobre a mulher com quem conversava. Não era um contato; disso ele tinha certeza. O rosto de Adrianne exibira muita surpresa e depois prazer quando haviam se encontrado.

Uma amiga antiga, ou talvez parente. Adrianne não fora à praia para encontrá-la. A menos que Philip estivesse completamente equivocado em seu palpite, ela fora sozinha, como já fizera uma ou duas vezes antes. Ele a seguira desde El Grande.

Achava que era uma pena ter perdido as festas nos últimos dois dias, mas fora mais sensato manter a discrição.

Ele soprou a fumaça, lentamente, enquanto esperava que Spencer atendesse.

– Spencer falando.

– Olá, capitão.

– O que está acontecendo, Chamberlain?

– Recebeu o relatório que entreguei ao contato em Nova York?

– Não me disse muita coisa.

– Essas coisas levam tempo. – Philip observou a maneira como os cabelos molhados de Adrianne caíam pelas costas. – Às vezes mais do que gostaríamos.

– Não preciso da droga da sua filosofia. Preciso de informações.

– Claro.

Philip levantou o binóculo e focalizou o rosto de Adrianne. Ela estava rindo. Não havia nada de frio ou indiferente na maneira como seus lábios se contraíam agora. Com relutância, desviou o binóculo para a outra mulher. Uma parente, concluiu. Um pouco mais velha, muito americanizada. Philip percebeu a cintilação do diamante em seu dedo. Era casada.

– E então?

A impaciência na voz de Spencer era tão clara quanto o som do cachimbo de Philip sendo sugado.

– Não há muito para acrescentar ao meu relatório anterior.

Para seu próprio prazer, tornou a desviar o binóculo para Adrianne. Ela tinha a pele mais extraordinária... como a cor de ouro num quadro antigo. Era uma insensatez, mas agora Philip tomaria algumas providências para salvá-la.

– Se o nosso homem esteve em Nova York, escapuliu de novo. A única pista que encontrei lá apontava para Paris. Talvez queira pôr os seus homens na cidade em alerta.

Desculpe, companheiro, acrescentou Philip, mentalmente, mas preciso ganhar tempo.

– Por que Paris?

– A condessa Tegari. Ela vai passar as festas lá com a filha. E arrematou algumas peças valiosas da coleção da duquesa de Windsor. Se eu ainda estivesse no ofício, acharia a perspectiva muito interessante.

– É o melhor que pode fazer?

– No momento, é.

– Onde você está e quando vai voltar?

– Estou tirando alguns dias de férias, Stuart. Pode me esperar no início do ano. Lembranças para a sua família. – À primeira menção de protesto, acrescentou: – Feliz Natal.

Adrianne tinha mesmo uma pele excepcional, pensou Philip de novo. Em toda parte que um homem tinha a sorte de contemplar.

Como não pôde encontrar uma maneira gentil de recusar o convite da prima para jantar no iate, Adrianne teve de alterar seus planos. Aguardava a noite com alguma ansiedade. Seria uma oportunidade de se recostar e observar, verificar se a mistura de cultura e tradição podia mesmo dar certo. Também seria um álibi sólido, se algum dia precisasse.

Adrianne usou seus aposentos em El Presidente para trocar de roupa. Era uma pequena precaução, mas que concluíra que valia a pena. O momento preciso era tudo agora. Uma olhada para o relógio indicou que os St. John deveriam estar ocupados naquele momento na Fiesta Room, recebendo a imprensa com os primeiros coquetéis. Isso lhe daria mais de uma hora antes que Lauren subisse para a suíte presidencial a fim de trocar de roupa para a festa a rigor na véspera do Natal.

Adrianne iria até lá mais tarde, depois do jantar com a prima. Se Lauren optasse por usar os rubis naquela noite, seria uma interessante diversão.

Era uma curta viagem de carro para o norte. O final de tarde estava fragrante, faltando ainda uma ou duas horas para o pôr do sol. Quando parou o carro no estacionamento do El Grande, Adrianne usava enormes óculos escuros e um chapéu mole, com um vestido havaiano de mangas compridas. Seria confundida, como pretendia, por uma turista americana de gosto duvidoso.

Com a bolsa de palha pendurada no ombro balançando, ela se encaminhou para a entrada principal. Sem olhar para a direita ou para a esquerda, foi para os elevadores. Parou o elevador entre um andar e outro. Tirou o vestido e meteu-o na bolsa, junto com o chapéu e os óculos. Tudo foi comprimido dentro de um saco de roupa suja, que ela dobrara e escondera por baixo do corpete do uniforme de criada que usava.

Demorou menos de trinta segundos para que o elevador recomeçasse a subir para o último andar. Ela usava uma peruca preta, com fios brancos, presa por baixo de uma rede. Acrescentara uma cicatriz longa e fina ao rosto. Se fosse vista e alguém fizesse perguntas, as pessoas se lembrariam de uma criada de meia-idade com uma cicatriz.

As roupas de cama e banho ficavam num closet na extremidade de cada corredor. Poderia abrir a fechadura com um grampo de cabelo, se fosse necessário; em vez disso, porém, usou uma ferramenta que tirou da liga na coxa. Pôs o saco de roupa suja num carrinho vazio, depois pegou algumas toalhas. Estava saindo com o carrinho do closet quando ouviu o barulho do elevador.

De cabeça baixa, começou a empurrar o carrinho pelo corredor, lentamente.

– *Buenas tardes* – murmurou ela, quando um casal passou, recendendo a cloro e óleo de bronzear.

Adrianne partilhara o café da manhã com eles naquela manhã. Não se deram ao trabalho de responder ao cumprimento e continuaram a discutir o lugar em que esquiariam na semana seguinte.

Adrianne bateu na porta da suíte presidencial para depois dizer, num inglês estropiado:

– Camareira. Toalhas limpas.

Ela esperou, contando até dez, devagar. Com a mesma ferramenta, abriu a porta. Era lamentável, pensou ela, quanta fé a pessoa comum depositava numa chave. Talvez um dia, depois que se aposentasse, escrevesse uma série de artigos sobre o assunto. Entrou na suíte com o carrinho de arrumadeira, que usou para bloquear a porta.

Se alguma coisa desse errado, o obstáculo lhe proporcionaria alguns segundos preciosos.

Suntuosa, pensou ela enquanto corria os olhos pela suíte. Os St. John não poupavam despesas para o conforto. Haviam escolhido tons de pêssego e creme, contrabalançados por um preto lustroso, com carpete grosso e um enorme sofá. As flores eram frescas, o que mostrava a Adrianne que a criada já arrumara a suíte, embora as roupas dos St. John estivessem espalhadas por cadeiras e mesas.

Adrianne preferia o laranja brilhante e o dourado da decoração do El Presidente. Alguém deveria dizer a Charlie que as pessoas visitavam a ilha não apenas para relaxar, mas também para sentir que se divertiam ao máximo.

Aprendera o necessário sobre o novo hotel por meio das plantas e de sua estada de dois dias. Um almoço com Lauren na Sala de Chá Russa preenchera as poucas lacunas que faltavam. Adrianne pagara a conta, refletindo que era o mínimo que podia fazer.

Como precaução, deu uma volta rápida pelos aposentos. O banheiro era idêntico ao seu, como indicava sua informação. Várias toalhas úmidas no chão e a fragrância persistente de Norell diziam que Lauren tomara um banho antes do encontro com a imprensa.

Certa de que estava sozinha, ela seguiu sem hesitar para o closet no quarto de vestir. O cofre, o conforto extra que Charlie oferecia em todos os seus hotéis, ficava ali.

Em vez de uma combinação, funcionava com uma chave que o hóspede deveria guardar consigo. Não apenas não havia alarme, mas até uma criança, com determinação e uma chave de fenda, poderia abrir o cofre em menos de meia hora. Adrianne levantou a saia e tirou da liga na coxa uma chave pequena. Era a chave do cofre de seu próprio quarto, um andar abaixo.

A chave entrou na fenda, mas não girou. Depois de escolher uma lima, ela começou a fazer os ajustes. Era preciso paciência. Podia limar apenas uma fração de cada vez, inserir a chave e tentar de novo. Agachada como um receptor pronto para pegar as bolas que passassem pelo batedor em um jogo de beisebol, ela trabalhava segundo a segundo, minuto a minuto. De vez em quando, ouvia uma porta se fechar ou o barulho do elevador. Esperava, prendendo a respiração, até que os passos se afastassem da suíte.

Como sempre, sentiu uma onda de satisfação quando a fechadura cedeu. Pôs a chave em cima do cofre e tirou uma caixa de joias. Pérolas, muito bonitas, uma longa fieira. Repôs a caixa no cofre e pegou outra. Diamantes, relativamente pequenos, mas perfeitos, engastados num colar. Calculou que Lauren devia considerar que era uma joia para um traje informal. Também tornou a pôr essa caixa no cofre. E, finalmente, encontrou o conjunto de diamantes e rubis.

Com a lupa, examinou três das pedras no colar. Birmanesas, como revelara Lauren, pedras masculinas, de uma cor intensa, com uma profunda textura acetinada, o mínimo de defeitos. Os diamantes também eram excelentes, com pouquíssimos defeitos, apenas um traço de amarelo. Eram pedras da segunda água, mas bem cortadas. Pôs no bolso o colar, a pulseira e os brincos do conjunto, guardou a caixa no cofre e o fechou. Um olhar para o relógio indicou que havia tempo suficiente para voltar a seu hotel e trocar de roupa para o jantar com a prima.

E foi nesse instante que ela ouviu uma chave girar na fechadura.

– Mas que droga! Tire essa coisa do caminho!

Adrianne levantou-se de um pulo para obedecer.

– Desculpe, *señora*. Eu trouxe toalhas limpas.

– Pois então me dê uma! Que merda! – Lauren pegou uma toalha na pilha do carrinho e começou a esfregar uma mancha do tamanho de um prato de comida na saia. – O filho da puta desajeitado derramou ponche em cima de mim!

Adrianne teve de fazer um esforço para reprimir uma risada.

– *Señora*, quer... ahn... água... água fria?

– Isto é seda, sua idiota! – Lauren lançou um olhar furioso para Adrianne, balançando a cabeça. Viu apenas uma criada, velha e, obviamente, estúpida. – O que você sabe sobre seda? Oh, Deus, não há ninguém nessa droga de ilha para fazer uma lavagem a seco decente! Não sei por que o Charlie não construiu o hotel em Cancún!

E levantou a saia De la Renta.

– Dois mil dólares e posso muito bem jogar pela janela! – Lauren puxou o zíper com um grunhido de raiva. – Não tem mais nada para fazer? Pagamos por hora. Saia daqui e faça jus aos seus pesos.

– *Sí, Señora* St. John. *Gracias. Buenas tardes.*

– E fale em inglês!

Lauren deu um empurrão em Adrianne, fazendo-a sair para o corredor, e depois bateu a porta.

COMO ADRIANNE, PHILIP tinha muita paciência. Entrou no estacionamento do El Grande e procurou uma vaga de onde podia não apenas observar o jipe de Adrianne, mas também a entrada do hotel. Fazia calor. O suor escorria pelas costas da camisa de algodão, deixando o banco úmido. Tomou um gole de uma garrafa de Pepsi e prometeu a si mesmo que não fumaria outro cigarro até que Adrianne saísse. Continuaria a se manter a distância por mais algum tempo. Mais cedo ou mais tarde, ela o levaria ao homem que admirava por sua competência e invejava pela lealdade de Adrianne.

Ele só podia ser bom, muito bom, pensou Philip, se pretendia roubar alguma coisa no hotel em plena luz do dia. Mas Philip já sabia que o Sombra era excepcional. O trabalho Moreau fora o último de uma longa série de roubos perfeitos.

Contudo, ele ainda não entendia o papel que Adrianne desempenhava. Uma diversão? Uma informante? Pela posição que ocupava, seria perfeita como fornecedora de informações valiosas. Mas por quê?

Ela ria quando saiu do hotel. Contida, como se fosse de uma piada particular. Ele descobriria o motivo, prometeu a si mesmo, e todo o resto que havia para saber sobre Adrianne. Por enquanto, limitou-se a segui-la a alguma distância.

No El Presidente, Philip esperou que ela saísse de novo. Calculou que Adrianne teria de se apressar se quisesse chegar a tempo para a festa dos St. John. Assumiu uma posição no saguão de onde poderia observá-la se descesse pelo elevador ou pela rampa. O sol já se punha quando Adrianne desceu, parecendo calma e descontraída, usando um vestido preto largo e decotado nas costas. Não seguiu para o estacionamento; em vez disso, foi para a praia. Philip observou a distância enquanto ela percorria um píer e entrava num iate branco chamado *O Álamo*.

Foi recebida pela mulher com quem tomara um drinque antes, junto com um homem calvo, de rosto avermelhado, e um garoto magricela. Observou Adrianne estender a mão para o garoto, depois rir e abraçá-lo, enquanto os raios do sol poente pareciam atear fogo em seus cabelos.

Se era uma reunião de trabalho, refletiu Philip, então ele não sabia distinguir um sensor de calor de um infravermelho. Reformulou seus planos e subiu para o quarto de Adrianne.

Fazia alguns anos que não abria uma fechadura com uma gazua, mas era uma coisa que nunca se esquecia, como andar de bicicleta e fazer amor... e, depois de feita, proporcionava uma imensa satisfação.

Ela era meticulosa, pensou Philip enquanto circulava pela suíte. Especulara a respeito, como Adrianne vivia quando estava sozinha. Não havia roupas largadas numa cadeira de maneira descuidada, nem sapatos deixados no meio do quarto. Na penteadeira, os vidros, potes e tubos estavam tampados e enfileirados. No closet, as roupas haviam sido penduradas com todo cuidado. Adrianne escolhera o informal e largo, constatou ele, como convinha aos dias quentes e às noites abafadas. Sua fragrância ainda perdurava no quarto.

Quando percebeu que devaneava, Philip tratou de sacudir a cabeça para recuperar o controle.

Por que uma segunda suíte? Por que um nome falso? Ele não podia deixar de especular. E agora que estava ali, não sairia enquanto não encontrasse as respostas.

O estojo de maquiagem não deveria interessá-lo, mas nunca vira Adrianne usar mais do que um pouco de sombra nos olhos e batom. Nos três dias no México, ela só se dera o trabalho de um mínimo de maquiagem para a noite. Então por que uma mulher que era confiante em sua aparência, que quase nunca se preocupava em realçá-la, precisava de um estojo de maquiagem?

Havia o suficiente em lápis de maquiagem e bases para atender a todas as coristas de um show na Broadway. Intrigado, ele levantou a camada de cima. Encontrou cílios postiços, com um adesivo por baixo. Parecia que Adrianne gostava de usar disfarces. Por baixo dessa camada estavam as joias de Lauren St. John.

Bom? Ele pensara que o Sombra era bom? O homem era um gênio. De alguma forma, num período mínimo, entrara na suíte dos St. John, roubara as joias e as transferira para Adrianne, sem mostrar a cara.

Ela as escondera no fundo do estojo de maquiagem, no lugar destinado às sombras para os olhos. Agora, segurando-as, Philip sentiu uma antiga tentação, o canto da sereia nas pedras. Guerras haviam sido travadas por pedras assim, vidas perdidas, corações partidos. Haviam sido tiradas do fundo da terra, separadas da rocha, cortadas, polidas e vendidas para adornar pescoços, pulsos, dedos.

Havia culturas que ainda acreditavam que pedras assim podiam afugentar os espíritos do mal e evitar a morte.

Philip podia compreender tudo isso enquanto os rubis e diamantes cintilavam em suas mãos, sussurrando para ele.

Poderia meter as joias no bolso e deixar a suíte. Ainda tinha contatos que as trocariam por dinheiro, permitindo que ele escapasse impune, livre. Seria gratificante, muito gratificante. E ele ficou tentado, não tanto pelo dinheiro, mas por causa das pedras. Pareciam queimar em suas mãos, femininas, provocantes.

Com um suspiro, tornou a guardá-las no estojo. Era lamentável que tivesse desenvolvido certa lealdade a Spencer. Mesmo assim, sua decisão era mais por causa de Adrianne. Esperaria e observaria, para descobrir o que ela fazia com as joias e com quem.

Fechou o estojo, guardando-o na prateleira no alto do closet. Depois de decidir que era melhor renunciar ao jantar, Philip pegou uma almofada na sala, levou-a para o fundo do segundo closet, vazio, e acomodou-se para esperar.

COCHILOU, MAS TINHA UM SONO LEVE, uma característica de ladrões e heróis. Por isso, acordou quando ouviu a chave girar na fechadura. Levantou-se para observá-la através da fresta entre as portas do closet.

Adrianne parecia relaxada. Era outro fator que ele passara a observar, a oscilação de seus ânimos. A luz acesa incidia em suas costas quando se encaminhou para o quarto. Philip ouviu o barulho das roupas e imaginou-a tirando-as, embora isso lhe fizesse mais mal do que bem. Os cabides deslizaram pelo suporte, com um som metálico, quando ela pendurou tudo. Ao passar pela porta entre os dois cômodos, que deixara aberta, Adrianne usava uma camisola curta, aberta na frente. Philip pôde divisar a linha estreita de sua pele, do vale dos seios para baixo.

Ela se movimentava apressada, mas não como uma mulher que se preparava para dormir. Philip lamentou a parede que os separava quando ouviu o barulho de vidros na penteadeira.

Havia longos silêncios, o som de algum recipiente sendo aberto ou fechado, o ruído de água correndo. Depois, ouviu a porta da suíte ser aberta, devagar, e passos rápidos no corredor.

Philip esperou, cinco segundos, dez, antes de sair do closet. Na rampa, teve de fazer um esforço para se controlar, sem correr no encalço de Adrianne. Ao chegar lá embaixo, teve certeza de que a perdera. A única mulher que podia avistar ali tinha ombros largos, quadris saltados, cabelos louros frisados. Continuou a olhar ao redor, à procura de Adrianne. Subitamente, seus olhos voltaram para a loura. Tudo era a maneira como ela se movimentava, pensou Philip, e quase sorriu enquanto a mulher atravessava o estacionamento.

Era mesmo Adrianne, mas ele duvidava de que estivesse a caminho de um baile à fantasia.

Enquanto ela seguia em seu carro para San Miguel, Philip manteve-se pouco mais de meio quilômetro atrás. Havia pouco tráfego, um ou outro táxi vindo da cidade para o distrito dos hotéis. À esquerda, o mar era escuro e calmo, as luzes coloridas de um navio de passageiros ornamentando a noite como pedras preciosas. Muito em breve a meia-noite traria o Natal.

As crianças já dormiam, sonhando com a manhã seguinte. Os turistas prolongavam suas festas. Embora as lojas estivessem fechadas, ainda havia música nos bares e restaurantes.

Adrianne estacionou no outro lado da praça. A negociação deveria ser rápida. Queria acabar logo. Naquela noite, sentada no iate da prima, observando Duja com sua família, partilhando recordações da vida em Jaquir, ela decidira que os rubis seriam seu último trabalho. Depois que transferisse o dinheiro e assentasse a poeira, partiria para o leste, ao encontro do lar de sua infância. E do colar: O Sol e a Lua.

Havia uma festa na praça. Os embrulhos em papel colorido ainda não haviam sido arrebatados, assim como os brinquedos de plástico que caíram de uma *piñata* e se espalharam pelo chão. A cidade cheirava ao mar que a cercava. A lua era clara e branca, as estrelas tinham bastante fogo para faiscarem vermelhas ao redor. Por cima dela, as palmeiras sussurravam no ar quente e úmido, típico das ilhas.

Adrianne passou por uma viela. A música na praça tornou-se abafada. Outra volta e ele estava entre os estandes em que, durante o dia, os comerciantes ofereciam suas mercadorias, tentando, a qualquer custo, vendê-las aos turistas. Quando os estandes estavam abertos, havia por toda parte objetos de couro elegantes, cintos, bolsas, sandálias. Caixas de joias, com passarinhos esculpidos como alças, podiam ser vendidas por uns poucos milhares de pesos ou alguns dólares americanos. O coral negro, pelo qual a ilha era famosa, poderia ser visto em incontáveis mostruários. Haveria peças de prata e conchas, vestidos de algodão cheios de bordados.

Agora, o local estava vazio, as mercadorias retiradas dos corredores estreitos e guardadas por trás de portas de garagem trancadas. Não haveria transações no Natal. Pelo menos não para os turistas.

Adrianne parou e esperou.

– Chegou na hora, *señorita*.

O homem saiu das sombras, baixo e magro, com marcas profundas no rosto, de acne ou catapora. Seu isqueiro, com incrustações de turquesa, brilhou quando ele acendeu um cigarro, mostrando o franzido de uma cicatriz antiga no dorso da mão.

– Sempre chego na hora para tratar de negócios. – A voz tinha agora um sotaque do Texas. – Trouxe a quantia que combinamos?

– E você trouxe a mercadoria?

Adrianne sabia com que tipo de homem estava lidando.

– Quero ver o dinheiro primeiro.

– Sem problema.

Ele tirou uma chave do bolso e levantou a porta de um estande, que subiu aos solavancos, com bastante barulho. Do lado de dentro havia uma porção de joias de prata ordinárias, penduradas nas paredes e em balcões de vidro empoeirados. Recendia a fruta madura demais e tabaco antigo. O homem pegou uma mochila.

– Aqui tem 150 mil dólares americanos. O meu patrocinador só queria pagar 100 mil, mas consegui persuadi-lo.

– Sorte dos dois. – Adrianne pôs uma luva cirúrgica, depois pegou uma bolsa na sacola pendurada no ombro. – Vai querer examinar as pedras, embora eu possa assegurar que são genuínas.

– Claro que quero verificar. E você vai querer contar o dinheiro, embora eu possa lhe assegurar que está tudo aí.

– Tem toda razão.

Com a maior cautela, olhando-se nos olhos, eles trocaram a mochila e o saco. Adrianne folheou as notas. Pegou um pequeno aparelho e passou por cima de uma nota de 50.

– As notas também são genuínas. Foi um prazer fechar negócio com você.

– O prazer foi todo meu. – O homem guardou a lupa e a bolsa com as joias no bolso. De repente uma faca surgiu em sua mão e faiscou no escuro. – Quero o dinheiro de volta, *señorita*.

Adrianne olhou a faca. Depois, fitou o homem. Era sempre melhor observar seus olhos.

– É assim que o seu patrocinador faz negócios?

– É assim que eu faço. Ele fica com o colar, eu fico com o dinheiro, e você, minha linda dama, fica com a sua vida.

– E se eu não quiser entregar o dinheiro?

– Nesse caso, você perde a sua vida, e eu ainda fico com o dinheiro. – Ele deu um passo à frente, a faca entre os dois. – Seria uma pena morrer sozinha no escuro, na véspera de Natal.

Talvez fosse simples reflexo, seu instinto de sobrevivência. Ou talvez fossem as palavras do homem, trazendo de volta o horror da morte da mãe, mas quando ele estendeu a mão para a mochila com o dinheiro, Adrianne ignorou a faca e levantou o pé, acertando um golpe entre suas pernas com toda força. A faca caiu no chão, com o maior estardalhaço, segundos antes de o homem tombar.

– Desgraçado... – murmurou ela, enquanto chutava a faca para longe. – Agora o seu orgulho é tão pequeno quanto o seu cérebro, e igualmente inútil.

– Muito bem dito – comentou Philip, aproximando-se por trás.

Ele levantou uma das mãos quando Adrianne se virou. A outra mão empunhava um .38 de cano curto. Duvidava que fosse precisar, pois no momento o mensageiro se contorcia no concreto.

– Lembre-me de usar uma cueca reforçada quando me encontrar de novo com você, querida. Agora, pegue a bolsa com as joias e vamos embora.

– O que está fazendo aqui?

– Eu pretendia salvar a sua vida, mas você mesma cuidou disso. As joias, Addy. Prefiro não passar o Natal numa cadeia mexicana. Ela pegou a bolsa e passou por ele.

– E eu prefiro que você vá para o inferno!

Philip puxou a trava de segurança antes de guardar o revólver no bolso.

– Nesse ritmo, tenho certeza de que nos encontraremos lá, mais cedo ou mais tarde. Pessoalmente, gostaria de adiar esse momento. – Ele se adiantou, segurou-a pelo braço e fez com que se virasse. – Perdeu o juízo ao vir até aqui sozinha se encontrar com um homem assim?

– Sei exatamente o que faço, e como faço. Pode tentar me prender aqui e agora, mas farei com que pareça um idiota.

Ele a avaliou por um momento. Mesmo por baixo da maquiagem, podia ver a mulher que conhecia.

– Creio que poderia mesmo. Vamos no meu carro.

– Prefiro ir no meu.

– Não pressione além da medida.

– Para onde vamos?

– Primeiro, voltaremos para o hotel, para que você possa se livrar dessa peruca ridícula. Faz com que pareça uma vagabunda.

– Muito obrigada.

– Depois, levaremos essas lindas pedras de volta ao lugar de onde saíram.

Já atravessavam o meio da praça quando Adrianne parou, desvencilhou o braço com um movimento brusco e fitou-o, aturdida.

– Agora é você quem perdeu o juízo!

– Discutiremos isso mais tarde. Se não se incomoda, eu gostaria de estar a vários quilômetros de distância daqui antes de o seu amigo se recuperar.

No instante em que ele a empurrou na direção de seu carro, o relógio na praça bateu meia-noite.

17

A viagem de volta a El Presidente não conseguiu acalmá-la. Se era possível, Adrianne estava ainda mais furiosa quando entrou em seu quarto. Perder o controle era um fato excepcional para uma mulher acostumada a conter qualquer sinal de seus verdadeiros sentimentos. Mas havia ocasiões – e havia pessoas – que exigiam exceções.

– Você é insuportável, Philip. Só me criou problemas desde a primeira vez em que o vi. Bisbilhotando, interferindo e me seguindo.

Ela arrancou a peruca e jogou-a na direção do sofá. Caiu no carpete, espalhafatosa como a tanga de uma dançarina de strip-tease.

– E esse é o agradecimento que recebo?

– Se está tentando, à sua maneira limitada, bancar o herói, devo dizer que detesto heróis.

– Levarei isso em consideração.

Ele fechou a porta da suíte, gentilmente. Sempre achara que havia poucas coisas mais fascinantes para observar do que uma mulher num acesso de raiva.

Depois de tirar das orelhas as argolas de ouro ordinárias, ela jogou-as contra a parede.

– Eu odeio os homens!

– Está certo.

Ainda fervendo de raiva, Adrianne começou a tirar as unhas postiças, largando-as no chão, em seu esplendor de loja de miudezas.

– E você em particular!

– Sempre prefiro ser distinguido pelas mulheres bonitas.

– Não pode encontrar alguma coisa mais interessante para fazer do que se meter no meu trabalho?

– Não no momento. – Ele a observou soltar os cabelos. A pinta que ela pintara no canto da boca não combinava com seu rosto, muito menos a sombra lavanda nos olhos. – Adrianne, querida, o que fez com o seu rosto?

Com um grunhido de frustração, ela foi para o quarto.

– Quer fazer o favor de ir embora? – pediu quando Philip foi atrás. – Tive um longo dia.

– Foi o que notei.

Farejou-a. O perfume de Rose – ou, agora, de Lara – tinha de desaparecer. Limitou-se a sorrir quando ela o empurrou como se fosse uma mosca incômoda.

– Era a sua prima a mulher com quem tomou drinques essa tarde?

Com os dentes rangendo, Adrianne começou a lavar a maquilagem do rosto.

– Esteve me espionando. Não posso imaginar nada mais baixo.

– Então a sua imaginação precisa de algum estímulo. Prefiro o biquíni vermelho, mas não se pode deixar de reconhecer que o azul, com aquelas pequenas estrelas, fica muito bem em você.

– Você é mesmo nojento. – Ela encostou os dedos no creme e começou a remover os vestígios de massa e cola de maquiagem. – Mas isso não me surpreende. O que você fez? Ficou sentado junto da janela com um binóculo? – Quando ele se limitou a sorrir, Adrianne passou a tirar lenços de papel de uma caixa, um a um. – Você deve adorar o seu trabalho.

– Teve seus momentos ultimamente. Você é muito eficiente nisso.

O comentário foi feito quando ela removia os últimos vestígios de maquiagem do rosto.

– Fico contente que pense assim.

Com extrema habilidade, removeu as lentes de contato azuis. Philip surpreendeu-se pelo fato de não terem derretido com a fúria nos olhos.

– Agora, se me dá licença, eu gostaria de trocar de roupa.

– Querida, enquanto as joias dos St. John estiverem em jogo, você não vai sair da minha vista. – Ele se acomodou no braço de uma poltrona. – Sugiro uma roupa preta. Pôr as joias de volta no lugar exige as mesmas precauções tomadas para tirá-las.

– Não vou pôr joia nenhuma de volta no lugar.

– Não, não vai. Eu farei isso, mas você vai ter que me acompanhar.

Adrianne se deixou cair numa cadeira. Estava próxima do mau humor, um luxo que raramente se permitia.

– Por que deveria concordar?

– Por dois motivos. – Havia um buquê de flores laranja e vermelhas, já um pouco murchas, em cima de uma mesa. Philip pegou uma e aproximou-a do nariz. Preferia aquele cheiro à água de colônia ordinária com que ela se encharcara. – O primeiro é que posso tornar as coisas muito desagradáveis para você se se recusar a cooperar.

Com um grunhido desdenhoso, ela afundou ainda mais na cadeira.

– Estou morrendo de medo.

Philip lançou-lhe um olhar frio, que a fez ter vontade de se empertigar. Em desafio, estendeu as pernas.

– O segundo – acrescentou ele – é que se houver um grande roubo desse tipo aqui, não apenas não poderei protegê-la das consequências, mas também arruinaria a pista que inventei para afastar as investigações de você.

– Sobre o que está falando?

– Essa tarde, avisei aos meus superiores que deveriam se preparar para um trabalho do Sombra em Paris.

Agora ela se inclinou para a frente.

– Por quê?

Philip cansara de ouvi-la fazer essa pergunta, assim como também cansara de fazê-la a si mesmo.

– Eu queria dar a você uma oportunidade de explicar... para mim.

Ela fitou-o em silêncio por mais tempo do que era confortável para qualquer um dos dois. Depois, baixou os olhos para suas mãos.

– Não consigo entender você.

Não era de admirar. Ele próprio não se entendia. Impaciente, Philip jogou a flor para o lado.

– Haverá tempo para isso mais tarde. Agora, eu agradeceria se você se apressasse. Quero resolver logo esse problema.

Adrianne continuou sentada por mais um momento. Teria sido mais fácil se ele gritasse, fizesse insultos e acusações. Em vez disso, calmamente, com lógica, Philip indicava o que precisava ser feito. E, de alguma forma, conseguira fazer com que ela sentisse que tinha uma obrigação.

– Não sabia que você estava na ilha.

– Não me conhece muito bem. Por enquanto. Mas eu a conheço melhor do que pode imaginar. Esse hotel é sua escolha habitual quando vem para cá. – Ele ignorou o brilho súbito nos olhos de Adrianne. – As pessoas no nosso ofício são muito boas em pesquisa, Addy.

Sem deixar de observá-la, ele pegou outra flor e bateu-a na palma da mão.

– Achei que era melhor, nas atuais circunstâncias, não participar das festas dos St. John, mas apenas me manter de olho em você, a distância. Imagine a minha satisfação quando descobri que você também estava ocupando uma suíte aqui.

Philip descobrira muito mais. Ela podia aprender logo a detestá-lo por isso.

– Sempre considerei os espiões uma forma de vida inferior. Como cobras e vermes.

– Que jeito de falar... depois da minha tentativa de bancar Sir Galahad.

– Não pedi que me prestasse nenhum favor.

– É verdade, não pediu.

– E tenho certeza de que não vou lhe agradecer por isso.

– Estou arrasado.

Deliberadamente, ela cruzou as pernas.

– É você quem fica metendo o nariz onde não é chamado, nem necessário ou apreciado. Tenho me saído muito bem sem você.

– Quando está certa, alteza, está mesmo certa. O plebeu não merece mais do que a poeira soprada em seu rosto.

– Isso não tem nada a ver com posição social, e você não vai fazer com que eu me sinta culpada.

Mas isso já acontecia, pensou Philip... e limitou-se a sorrir. Ela tamborilou com os dedos no braço da cadeira.

– Imagino que se eu não devolver as joias, a sua situação pode se complicar.

– Por que pensa assim? É só porque fui ladrão durante quase 15 anos, depois mandei a Interpol voar para Paris enquanto meio milhão de dólares em pedras eram roubados aqui durante a minha permanência?

– Entendi o seu argumento.

Adrianne levantou-se e foi pegar uma blusa e uma calça comprida pretas na cômoda. Philip tirou um cigarro do maço.

– Se é tímida, pode trocar de roupa no closet.

– Um cavalheiro até o fim – murmurou ela, enquanto se encaminhava para o closet.

– Enquanto troca de roupa, você pode me dar as coordenadas.

Cabides faziam barulho enquanto ela se livrara das roupas de Lara.

– Não tenho que lhe dar coisa nenhuma.

– Talvez eu devesse entrar e lhe dar uma ajuda enquanto conversamos a respeito.

Adrianne partiu ao meio um cabide de plástico.

– Eles têm uma suíte no último andar. Quatro cômodos, dois banheiros. Há um cofre no closet do quarto de vestir. Abre com uma chave.

– Que você tem.

– Claro.

– Muito conveniente. E a entrada?

No closet, Adrianne tirou os cabelos da gola da blusa. Não eram as joias que importavam, ela lembrou a si mesma. Era o dinheiro. E como já tinha o dinheiro, podia cooperar.

– Usei o plano B essa tarde porque queria jantar com a minha prima e a família dela. Uniforme de camareira, carrinho com roupa de cama e banho. Os St. John estavam recebendo a imprensa num coquetel.

Ela mesma roubara as joias. Intrigado, Philip largou a flor e começou a andar de um lado para outro.

– Algum problema?

– Nada que eu não pudesse controlar. Lauren apareceu no momento em que eu estava terminando, mas ela nunca olha duas vezes para uma criada.

– Você é mesmo incrível.

– Isso é um elogio?

Adrianne saiu do closet.

– Uma observação. Como as criadas não arrumam os quartos a essa hora da noite, seu plano B seria um pouco difícil. Qual é o plano A?

Com alguns movimentos rápidos das mãos, ela prendeu os cabelos numa faixa.

– Através dos tubos de ventilação. São estreitos, mas adequados. Há aberturas no teto dos banheiros. – Ela fez um estudo rápido e desinteressado do corpo de Philip. – Um pouco apertado para você.

– Sempre preferi assim.

Ele tirou o revólver do bolso

– O que está fazendo?

Philip notou que não havia medo na voz de Adrianne, embora considerasse que um .38 de cano curto era, sem dúvida, uma visão desagradável. Também não havia a repulsa que muitas mulheres demonstravam ao verem uma arma fabricada basicamente para matar.

– Não vou armado para um trabalho.

Philip abriu a gaveta de uma mesa e largou a arma lá dentro.

– Muito esperto. – Adrianne deu de ombros. – A pena para assalto à mão armada é mais rigorosa.

– Mais rigorosa? Nunca me passou pela cabeça a possibilidade de ir para a prisão. Apenas não queria sangue nas minhas pedras.

Adrianne tornou a analisá-lo, com mais interesse. Não era arrogância, concluiu ela. Philip falava sério.

– Se vamos fazer isso, eu gostaria que fosse o mais depressa possível.

Philip sabia exatamente como ela se sentia. Pegou o colar, deixando as pedras cintilarem em suas mãos.

– Não são lindas? Sempre dei preferência a diamantes, mas não se pode negar que há certa elegância nas pedras coloridas. Imagino que as tenha examinado.

– Claro. – Adrianne hesitou por um instante, mas depois acrescentou, porque sabia como era ter fortunas e sonhos nas mãos: – Gostaria de dar uma olhada? Pode usar a minha lupa.

Era tentador. Tentador demais.

– Não vale a pena nesse caso. – Com algum pesar, Philip tornou a guardar as joias na bolsa, passando a tratar dos aspectos práticos da operação. – Precisaremos de uma lanterna, luvas extras... e a chave, é claro.

Adrianne pegou os equipamentos.

– Não era assim que eu pretendia passar a noite.

– Pense como um presente de Natal para os St. John.

– Eles não merecem. O homem é um idiota e a mulher, uma oportunista mercenária.

Philip guardou a chave no bolso fundo da calça.

– Pessoas com telhado de vidro.

Ele pegou o braço de Adrianne e os dois deixaram a suíte.

Havia uma entrada lateral no El Grande. Era mais uma entrada de serviço, descendo-se por alguns degraus de concreto. Dessa maneira, os empregados e técnicos de manutenção podiam entrar no hotel sem passar pelo elegante saguão.

A caçamba de metal para o lixo ficava a poucos passos de distância. Era fechada, o que não continha o mau cheiro, que, agravado pelo calor, era espalhado pela brisa com bastante intensidade para deixar os olhos lacrimejando.

– Quase tão sedutor quanto o perfume da Rose – comentou Philip. – Você tem um quarto aqui. Por que não entrar na tubulação por lá?

– Escolhi esse caminho porque há muitas oportunidades no El Grande nesse momento. É bem possível que ocorram outros roubos. Se e quando houver uma investigação, prefiro que comecem daqui, não lá de dentro.

– Uma medida preventiva? – Ele examinou os instrumentos que Adrianne lhe entregou. – Muito bom. Aço cirúrgico?

– Claro.

– Com licença.

Ele escolheu uma gazua e pôs-se a trabalhar na fechadura. Adrianne olhava por cima de seu ombro. Ele quase que sentiu a fechadura abrir, o ouvido inclinado, os dedos se movimentando com a delicadeza de um virtuose no violino. Ela sempre se considerara uma excelente serralheira, mas tinha de admitir, pelo menos para si mesma, que Philip era melhor.

– Há quanto tempo você está fora de atividade?

– Cinco anos. Quase isso.

Ele devolveu a gazua antes de empurrar a porta aberta.

– Não perdeu o toque.

– Obrigado.

Juntos, entraram nas profundezas do hotel. O lugar era úmido e fedia, mas ainda assim era um alívio depois do lixo lá fora. Adrianne iluminou com a lanterna o chão e as paredes de concreto. Alguém pusera numa parede um cartaz que ela presumiu ser de uma artista popular mexicana. Havia umas poucas cadeiras espalhadas aqui e ali, mas davam a impressão de que não proporcionavam muito conforto. As lâmpadas por cima não tinham proteção.

– Era de se pensar que ele poderia canalizar um pouco dos lucros para levar as condições de trabalho ao século XX – comentou Adrianne enquanto observava um lagarto correndo por uma parede.

– Conversaremos mais tarde sobre a dívida dos St. John com a sociedade. Qual é o caminho?

Quando ela apontou, Philip atravessou a sala. Percorreu um pequeno corredor para uma vasta área de serviço. Ali, os boilers zumbiam sem parar, esquentando a água. O imenso sistema de ar-condicionado central fez com que Philip pensasse em geada nas janelas de sua casa em Oxfordshire, onde o Natal proporcionava toda a sensação de Natal. O rosto franzido, analisou os dutos.

Adrianne acertara ao dizer que eram apertados.

– Você me dá um apoio. Eu vou na frente.

Ele estendeu a mão para a lanterna. Adrianne pensava nas precárias condições de trabalho na sala ao lado. A economia mexicana estava em desordem, e seu povo lutava com dificuldades. Ela podia revender as joias dos St. John e distribuir o lucro por meio das obras de caridade católicas.

– Seria ótimo se você reconsiderasse. Eu poderia encontrar usos muito melhores para as pedras do que adornar o pescoço de Lauren. Dividiríamos sessenta-quarenta.

– Sessenta-quarenta?

– Fiz todo o trabalho, Philip. É uma divisão mais do que justa.

Ele gostaria que Adrianne não tivesse feito a sugestão... gostaria muito. Tornava a situação ainda mais difícil para um homem que nascera para tomar, não para devolver. Não era tanto pelo dinheiro, mas sim por uma questão de princípio. Infelizmente, desenvolvera outros princípios ao longo dos últimos anos. Um reconhecimento que serviu para esfriá-lo. Pensou em Spencer, sentado atrás de sua escrivaninha, fumando o cachimbo.

– A lanterna – repetiu Philip.

Ela a entregou, dando de ombros.

– A minha proposta é muito melhor, mas vamos fazer como você quer.

– Disse que a suíte é no último andar. E a posição do quarto?

– O último no lado oeste. No canto do prédio.

– Tem uma bússola?

– Não. – Adrianne sorriu. – Não sabe para que lado fica o oeste?

Era preciso dizer alguma coisa para salvar a dignidade britânica.

– Sempre usei uma bússola.

Ainda sorrindo, Adrianne juntou as mãos, entrelaçando os dedos.

– Vamos embora, querido. Eu o levo até lá.

Ele ignorou a zombaria e pôs o pé nas mãos entrelaçadas. Quase antes mesmo que ela pudesse sentir o peso, Philip já estava no ar, entrando no duto com a maior agilidade. Depois de algumas imprecações, conseguiu se virar e estendeu as mãos para Adrianne. Ela as pegou. Os dedos se entrelaçaram, firmes. Por um momento, os olhos se encontraram. Depois, ela foi suspensa para o duto.

De quatro, Philip deslocou o facho da lanterna de um lado para outro. Era como estar dentro de um caixão de metal.

– A julgar pela aparência, é uma sorte eu não ter feito a ceia de Natal.

– É bem estreito nas curvas – comentou Adrianne com alguma satisfação. – Talvez devêssemos ter trazido um pouco de sebo para ajudar na sua passagem.

Não havia espaço para girar e olhá-la de cara amarrada.

– Com um pouco de tempo, eu poderia bolar um plano muito mais sofisticado.

– Tenho todo o tempo do mundo.

Philip limitou-se a respirar fundo.

– Fique perto de mim. Temos um longo caminho a percorrer.

Foi uma viagem longa e desconfortável. Mais de uma vez, o túnel de folhas de metal estreitou-se tanto que Philip teve de se espremer e se contorcer como uma cobra se entocando sob uma pedra. Metro a metro, foram deslizando, de barriga para baixo, distribuindo o peso. A jornada tinha de ser realizada em silêncio quase total. Quando passavam por aberturas, ouviam vozes, risos, de vez em quando o barulho de água correndo, numa torneira ou chuveiro.

Houve um momento em que Adrianne teve de ficar deitada de bruços em total imobilidade, quando um hóspede do quarto andar entrou no banheiro para gargarejar. Se o hóspede do 442 abrisse os olhos ao inclinar a cabeça para trás, gargarejando com o desinfetante bucal sabor menta, teria uma surpresa e tanto.

Ela teve de reprimir o riso quando subiram para o andar seguinte. Sempre que os dutos se bifurcavam, ela puxava um pé de Philip para orientá-lo. Em sua mente, realizara aquela viagem uma dúzia de vezes. Trinta extenuantes minutos mais tarde, eles olhavam para o banheiro cor-de-rosa dos St. John.

– Tem certeza? – sussurrou Philip.

– Claro que tenho.

– Seria antiprofissional pôr as joias no cofre de outra pessoa.

– Já disse que tenho certeza – insistiu Adrianne. – Está vendo aquele roupão horrível, com desenhos de pavão, pendurado atrás da porta?

Ele teve de dobrar os joelhos contra o peito para dar uma olhada.

– E daí?

– Dei à Lauren como presente de aniversário.

Philip observou o roupão.

– Não gosta nem um pouco dela, não é?

– Ela intimida os criados, manda embora por qualquer capricho e nos três anos em que a conheço nunca deixou uma gorjeta num restaurante. – Adrianne entregou-lhe uma pequena chave de fenda. – Quer fazer isso?

Por um momento, ele apenas se sentou. Depois, como se fosse uma súbita ideia, limpou um pouco da poeira que se acumulara no rosto de Adrianne.

– Por que você não vai na frente?

Ela deu de ombros. Desatarraxou os parafusos num instante, sem fazer ruído. Depois que os parafusos e a chave de fenda estavam guardados em seu bolso, Philip removeu a grade. Ainda remoía o que ela dissera. Que diferença podia fazer para Adrianne o modo como Lauren St. John tratava os criados? Mas aquele não era o momento para pensar sobre isso, decidiu enquanto punha a grade de lado.

– Espere aqui – murmurou Philip.

– Vou com você.

– Não há necessidade.

Adrianne pôs a mão no braço dele.

– Como poderei ter certeza de que você devolveu as joias?

– Ora, pelo amor de Deus!

Irritado, ele passou pela abertura. Adrianne seguiu-o segundos depois, também sem fazer barulho. Ele ergueu os braços, num gesto automático, para segurá-la pela cintura a fim de amortecer a descida final. Quando suas mãos a seguraram, Philip teve um momento para pensar que havia outras maneiras preferíveis para passar a noite.

Os dois deram um passo à frente... quando um som inesperado fez com que recuassem. Levaram apenas um instante para registrar o que era. Adrianne teve de cobrir o rosto com as mãos e rezar para não desatar a rir.

Ao que parecia, os St. John aproveitavam as primeiras horas da manhã de Natal para se entregar à paixão. As molas da cama rangiam. Lauren gemia. Charlie ofegava.

– Não vamos incomodá-los – sussurrou Philip, enquanto se fundia no corredor como uma sombra.

Os sons no quarto adjacente subiam e desciam quando eles se ajoelharam ao lado do cofre. Pela intensidade, Philip imaginou que poderiam invadir a suíte como fuzileiros, explodir o cofre e sair correndo sem interromper o ritmo do casal. Era difícil não admirar o vigor de Charlie ao ouvir algumas das exigências estridentes de Lauren.

Dentro das luvas cirúrgicas finas, as palmas de Philip começaram a suar, não por nervosismo, mas por inveja, enquanto Lauren gritava e gemia, os movimentos arrebatados sempre intensos. Ele pegou a lanterna quando o facho começou a balançar por causa da risada silenciosa de Adrianne que sacudia todo o seu corpo.

– Trate de se controlar – sussurrou ele, irritado.

– Desculpe. Mas não pude deixar de imaginar o Charlie nu.

– Por favor, não de barriga vazia.

Ele encontrou a caixa das joias que Adrianne deixara no cofre. Ajeitou os rubis e diamantes cintilantes lá dentro. Devolver as joias doía mais do que apenas um pouco, pensou ele. No instante seguinte, teve de fazer o maior esforço para não suspirar quando o gemido de Lauren elevou-se para um ganido, e Adrianne comprimiu a coxa contra a sua. Philip ergueu-se, empurrando-a para o corredor e o banheiro.

– Vamos subir.

O tom era bastante brusco para fazê-la erguer o queixo.

– Você sabe como acabar com a diversão.

Ela subiu no assento do vaso e passou pelo buraco. Philip estava com metade do corpo na abertura quando soaram passos no corredor. Com um novo impulso, ele se projetou para o duto no instante em que a porta foi aberta.

– Santo Deus!

Era a voz de Charlie, exausto, enquanto se apoiava na pia e afastava os cabelos ralos do rosto. Lá em cima, Adrianne e Philip ficaram imóveis, como estátuas de pedra. Ele serviu-se de água e bebeu como um homem agonizante. Philip apenas observou enquanto ele apoiava uma das mãos na parede e esvaziava a bexiga. Os cheiros de sexo e urina subiram para o duto. A voz de Lauren veio do quarto, queixosa:

– Volte para a cama, Charlie. Tenho outro presente para você.

Nu, barrigudo, muito além da mocidade, ele balançou a cabeça.

– Em nome de Deus, mulher, não sou um coelho!

Mas falou baixinho, antes de apagar a luz e voltar para o quarto a fim de fazer o melhor que pudesse.

Com os braços apertando a própria cintura. Adrianne balançava para a frente e para trás. Valia a pena a perda das joias... ou quase.

– Tente manter a dignidade, alteza – murmurou Philip enquanto ajeitava a grade no lugar. – Vamos sair daqui.

NÃO ERA A MESMA EXULTAÇÃO que derivava de tirar alguma coisa de um cofre, mas era próxima disso. Pela primeira vez, Adrianne usara os movimentos, os pensamentos e as habilidades com um parceiro. O riso que fora obrigada a reprimir durante a longa viagem de volta através dos dutos aflorou durante o percurso para El Presidente. Não parou nem mesmo quando Philip seguiu-a até a suíte.

– Incrível, simplesmente incrível... – Ela se jogou numa cadeira, esparramada, relaxada, o rosto radiante. Era um lado seu que Philip ainda não vira. Depois de tirar os sapatos, ela sorriu. – Foi tão incrível que quase não estou mais furiosa com você.

– Nesse caso, posso dormir aqui essa noite.

– Você fica sempre maluco depois de um trabalho?

Ele estava mesmo excitado. Fora um erro deixar que ela seguisse na frente na saída dos dutos. Rastejara atrás, fascinado pela visão de uma bunda espetacular, ressaltada pela calça justa. Incapaz de se sentar. Philip foi até a janela e voltou.

– Perdi o jantar esperando para ver o que você estava fazendo.

– Ahn... – Não havia muita simpatia no murmúrio. – Não há serviço de quarto a essa hora. Só tenho uma barra de chocolate.

– Pode me dar.

Por se sentir muito bem para ser descortês, Adrianne pegou a barra de chocolate em uma de suas malas e jogou-a para ele.

– Ainda tenho um pouco de vinho.

Philip rasgou o invólucro da barra de chocolate Hershey, muito fina.

– Não tem nozes.

– Não gosto de nozes.

– Provou isso quando acertou o pé nas nozes do seu amigo essa noite.

– Que piada de mau gosto. – Ela serviu o vinho em dois copos e levou um para Philip. – No fundo, não preciso ficar com tanta raiva. Ainda estou com o dinheiro.

Philip segurou-a pelo pulso antes que ela pudesse se sentar de novo.

– O dinheiro é tão importante?

Adrianne pensou no centro para vítimas de abuso que escolhera para sua doação.

– É.

Ele a largou e recomeçou a andar de um lado para o outro.

– O que você ganha com isso, Addy? Ele lhe dá alguns milhares de dólares de vez em quando? Tem alguma dívida com ele? Está apaixonada? A dívida ou o amor devem ser imensos, porque até onde eu sei ele não corre nenhum risco, já você se expõe ao perigo em cada trabalho.

Ela tomou um gole do vinho enquanto observava Philip andar pelo quarto. Como uma pantera, comparou. Sempre andando de um lado para outro de sua jaula, irrequieto.

– Quem é "ele"?

– Você é que tem que dizer.

Philip virou-se para ela num movimento brusco. Nenhum dos dois percebera como a paciência e o controle dele estavam na iminência de se esgotar. Era fácil demais reconhecer o ciúme que Philip sentia, profundo e assustador. E não tinha condições de esperar mais uma hora para descobrir de quem tinha ciúme.

– Quero saber quem é ele, por que você se apaixonou por ele e por que o ajuda a roubar.

Ela o observou pegar um cigarro e jogar o maço em cima de uma mesa antes de dizer:

– Não ajudo ninguém a roubar.

– Já cansei de jogos por uma noite.

– Já disse antes que faço isso por opção.

– Também disse que faz por causa de um homem.

– E é verdade, mas não da maneira como você está pensando. Não há nenhum homem me chantageando, me pagando ou dormindo comigo. – Adrianne tornou a se sentar. Recostou-se. – Trabalho sozinha, por mim mesma. Não tenho parceiro e não tenho nenhuma dívida para pagar.

Ele soprou a fumaça lentamente. Deu de ombros, como se a impaciência fosse uma mão incômoda em seu ombro da qual precisava se livrar. Em seu lugar, afloraram o interesse e a curiosidade.

– Está tentando me fazer acreditar que você, você sozinha, é a única responsável pelo roubo de milhões de libras em pedras preciosas ao longo dos últimos nove ou dez anos?

– Não estou tentando fazer você acreditar em coisa alguma. Pediu a verdade e decidi dá-la a você. – Ela franziu o rosto, contemplando o vinho, pensativa. – No fundo, não importa, porque você não tem provas. Além do mais, os seus superiores pensariam que ficou louco. De qualquer forma, eu já havia decidido que esse trabalho seria o último nessa fase da minha carreira.

– Isso é um absurdo. Você teria de ser uma criança quando começou.

– Tinha 16 anos quando comecei. – Quando Philip olhou para ela, aturdido, ela acrescentou: – Era muito inexperiente, mas aprendi depressa.

– Por que começou?

O sorriso de Adrianne desapareceu. Ela largou o copo com vinho, o vidro retinindo na mesa.

– Isso não é da sua conta.

– Já passamos desse ponto, Adrianne.

– Essa é a minha vida particular.

– Não tem mais uma vida particular que não me inclua.

– Uma suposição muito grande, Philip. – Adrianne levantou-se, fitando-o. Quando havia necessidade, podia ser tão altiva e real quanto seu título. – Não que não tenha sido uma noite divertida, mas preciso dizer boa-noite. Estou exausta.

– Durma até tarde amanhã. Ainda não acabamos. – Ele olhou para o relógio. – Preciso dar um telefonema antes de continuarmos. Tenho um amigo em Paris que pode criar o espetáculo necessário para manter a Interpol ocupada por um ou dois dias.

Sem pedir permissão, Philip passou pela porta para usar o telefone no quarto. Quando voltou, Adrianne estava dormindo.

Ele a contemplou, enroscada no sofá, uma das mãos sob a cabeça, como travesseiro, a outra aberta a seu lado. Os cabelos cobriam seu rosto. Quando Philip os empurrou para trás, a respiração de Adrianne permaneceu lenta e regular. Ela não parecia fria ou altiva agora, mas sim jovem e vulnerável. Ele sabia que deveria acordá-la, sabia que deveria interrogá-la agora, enquanto suas defesas estavam baixas, mas em vez disso, apagou a luz e deixou-a dormir.

O DIA ESTAVA QUASE AMANHECENDO quando ele a ouviu. A claridade era suave, e o cinza que antecedia o amanhecer seria transformado em breve, pela força do sol, em um branco brilhante. Philip estava estendido na cama, os sapatos e a camisa largados no chão. Despertou no mesmo instante, orientado, mas se sentou na cama antes de compreender que não fora a claridade que o despertara, mas os soluços.

Foi para a sala e viu-a no sofá, toda encolhida, como se fosse uma defesa contra um ataque ou em dor intensa. Foi só quando se agachou a seu lado, erguendo a mão para o rosto molhado, que ele percebeu que Adrianne ainda dormia.

– Addy... – Ele a sacudiu, gentilmente a princípio, depois com mais vigor quando ela tentou repeli-lo. – Acorde, Addy.

Ela estremeceu violentamente, como se tivesse levado um tapa, comprimindo-se contra a almofada, os olhos arregalados e apavorados. Philip continuou a murmurar, embora algum instinto o advertisse que era melhor não abraçá-la. Pouco a pouco, o olhar vidrado foi se desvanecendo e ele viu a angústia.

– Um pesadelo... – murmurou ele ao pegar-lhe a mão. – A mão dela tremeu, e só por um momento, apenas por um momento, Adrianne apertou seus dedos. – Vou buscar água.

Havia uma garrafa de água ainda fechada na bancada do banheiro. Ele a observou enquanto abria a garrafa e a despejava num copo. Sem fazer barulho, ela levantou os joelhos para o peito e encostou a testa neles. A náusea agitou seu estômago, enquanto respirava fundo, várias vezes, lutando para manter o equilíbrio.

– Obrigada.

Adrianne pegou o copo, firmando-o com as duas mãos. A humilhação se tornou mais intensa à medida que a angústia arrefecia. Ela não disse nada, apenas desejou que ele fosse embora e a deixasse recolher os farrapos de seu orgulho.

Quando Philip se sentou a seu lado, porém, teve de fazer um esforço para reprimir o impulso de virar-se para ele, encostar a cabeça em seu ombro e se deixar confortar.

– Fale comigo.

– Foi apenas um pesadelo, como você disse.

– Está sofrendo. – Philip tocou seu rosto. Dessa vez ela não se afastou, apenas fechou os olhos. – Você fala, eu escuto.

– Não preciso de ninguém.

– Não vou embora enquanto não falar comigo.

Adrianne olhou para a água em seu copo. Não era gelada, não tinha gosto, não proporcionava conforto ao estômago embrulhado.

– A minha mãe morreu no dia de Natal. Agora, por favor, me deixe sozinha.

Sem dizer nada, Philip tirou o copo da mão dela e pôs na mesinha. Abraçou-a. Adrianne se contraiu, tentou se desvencilhar, mas ele ignorou sua reação. Em vez de oferecer palavras de compaixão, que ela teria odiado, Philip apenas afagou seus cabelos. A respiração saiu em meio soluço, meio suspiro, enquanto o corpo relaxava contra ele.

– Por que está fazendo isso?

– É a minha boa ação do dia. Conte-me tudo.

Adrianne nunca falara a respeito. Era difícil demais. Agora, contudo, com os olhos fechados e o ombro de Philip acomodando sua cabeça, as palavras saíram.

– Encontrei-a pouco antes do amanhecer. Não havia caído. Era como se estivesse fraca demais para ficar em pé e simplesmente tivesse se deitado no chão. A impressão era a de que podia ter rastejado em busca de ajuda. Talvez tenha me chamado, mas não ouvi.

Inconscientemente, ela pusera a mão no ombro de Philip. Os dedos abriam e fechavam, abriam e fechavam...

– Talvez você tenha ouvido as histórias. Suicídio. – Havia certa vibração na palavra, como se pronunciá-la fizesse sua boca doer. – Mas eu sei que não foi. Ela estava doente fazia bastante tempo. Sentia muita dor. Só queria um pouco de paz, uma noite tranquila. Nunca teria se matado daquela maneira, sabendo que eu... sabendo que eu a encontraria.

Philip continuou a afagar seus cabelos. Conhecia a história, o escândalo. Ainda aflorava de vez em quando, assumindo qualidades misteriosas.

– Você a conhecia melhor do que ninguém.

Adrianne recuou para contemplá-lo nesse momento, para examinar seu rosto, antes de deixar a cabeça pender de novo para o ombro dele. Nunca alguém fizera um comentário que a acalmasse tanto.

– É verdade, eu a conhecia. Ela era gentil e afetuosa. E simples. Ninguém realmente compreendia que o glamour afazia parte da atriz, mas não da mulher. E confiava nas pessoas... nas pessoas erradas. Foi o que a matou, no final.

– O seu pai?

Ele ia fundo, com um corte tão cirúrgico que Adrianne só sentiu a dor depois que sangrou.

– Ele a destruiu. – Adrianne levantou-se, passou os braços em torno do corpo, começou a andar de um lado para outro. – Pouco a pouco, dia a dia. E gostava.

Não havia fraqueza agora. A voz soava tão firme quanto os sinos na praça anunciando o Natal, mas sem a alegria natalina.

– Ele se casou com a mulher que era considerada a mais linda do mundo na época. Uma ocidental. Uma atriz que os homens consideravam uma deusa. Mamãe apaixonou-se por ele. Renunciou à sua carreira, ao seu país, à sua cultura. E o meu pai tratou de destruí-la, porque ela era tudo o que ele queria e tudo o que ele desprezava.

Adrianne foi até a janela. O sol firmava-se cada vez mais, projetando diamantes sobre as águas claras. Não havia ninguém na praia.

– Ela não compreendia a crueldade. Não tinha nenhuma. Houve muitas coisas que só entendi anos depois, quando ela começou a falar, em desespero e confusão. Em Jaquir, ela falava sempre comigo, porque não havia mais ninguém com quem pudesse conversar.

– Por que ela não o deixou mais cedo?

– Você teria de compreender Jaquir e a minha mãe. Ela o amava. Mesmo depois que ele tomou outra esposa porque mamãe o desagradara ao dar à luz uma menina, ela continuou amando-o. Meu pai a insultou e humilhou, mas mesmo assim ela continuou a amá-lo. Passava os dias enclausurada no harém, enquanto a segunda esposa estufava com um menino. Ainda assim, ela o amava. O meu pai a espancava, e ela aceitava. Não podia ter mais filhos e se culpava por isso. Durante quase dez anos, permaneceu ali, de véu, maltratada, enquanto o meu pai destruía a confiança, o ego, o autorrespeito. Os danos eram profundos, mas ela resistia. Por mim. Poderia ir embora, fugir, mas pensava primeiro em mim. – Adrianne respirou fundo. Olhou sem ver para a areia banhada pelo sol. – Tudo o que ela fez e tudo o que não fez foi pelo meu bem-estar.

– Ela amava você.

– Talvez mais do que deveria, mais do que era bom para ela. Permaneceu com ele ano após ano porque não queria me deixar. E o meu pai a espancava. Humilhava. Estuprava. Só Deus sabe quantas vezes ele a estuprou. Em uma ocasião eu estava presente, encolhida debaixo da cama, com as mãos nos ouvidos, tentando bloquear os sons. E odiando-o.

Os olhos de Philip faiscaram ao ouvir isso. A compaixão sentida até aquele momento transformou-se numa raiva intensa. Adrianne era apenas uma criança. Ele fez menção de falar, mas depois se conteve. Não havia nada que pudesse dizer para atenuar aquela dor.

– Não sei se ela conseguiria reunir coragem para ir embora. Até o dia em que, quando eu tinha 8 anos, Abdu anunciou que ia me mandar para uma escola na Alemanha. E que eu ia ficar noiva do filho de um aliado.

– Aos 8 anos?

– O casamento só ia acontecer quando eu fizesse 15 anos, mas o noivado era uma boa manobra política, ainda poderia obter alguma coisa da atriz. Mamãe aceitou a decisão, até parecia satisfeita. E persuadiu-o a deixar que eu os acompanhasse numa viagem a Paris, para me mostrar um pouco do mundo. Para eu ser uma boa esposa, precisava saber como as pessoas se comportavam fora de Jaquir. Ela o convenceu de que estava muito satisfeita com o interesse dele pelo meu bem-estar, que aprovava o casamento arranjado. Não é incomum para uma mulher do meu país casar aos 15 anos.

– Quer queiram quer não?

Adrianne não pôde deixar de sorrir. Ele falava como um britânico.

– Os casamentos ainda são arranjados em Jaquir, da filha do camponês à filha do rei. O propósito é fortalecer a tribo e legitimar o sexo. Amor e escolha não têm nada a ver com isso. – A luz começava a mudar. Ela viu um rapaz, coberto de areia, cambalear pela beira da praia. – Quando estávamos em Paris, mamãe conseguiu fazer contato com Celeste. E Celeste providenciou as passagens para Nova York. Abdu cultivava uma imagem de progressista fora de Jaquir, por isso, tivemos permissão para fazer compras e ir a museus. Mamãe podia sair na rua com os cabelos soltos, sem usar o véu. Despistamos os seguranças no Louvre e fugimos. – Adrianne comprimiu as palmas das mãos contra os olhos. Estavam inchados e doloridos. A intensa claridade do sol fazia com que doessem ainda mais. – Ela nunca mais voltou a ficar bem... e nunca deixou de amá-lo. – Ela baixou as mãos para os lados do corpo, antes de se virar. – Ensinou-me que uma mulher sempre perde quando se permite amar. Ensinou-me que, para sobreviver, a pessoa tem de contar com ela própria, em primeiro e último lugar.

– Deveria ter ensinado também que às vezes o amor não tem limite.

Adrianne sentiu um súbito calafrio subir pelos braços. Os olhos de Philip eram calmos, firmes. Havia alguma coisa naqueles olhos que ela não queria ver, assim como não queria pensar em por que contara a Philip mais do que jamais revelara a qualquer outra pessoa.

– Preciso tomar um banho – declarou ela, em tom brusco. Levantou-se e passou por ele. Alguma coisa a fez hesitar antes de fechar a porta do quarto.

18

Ela pensou que Philip havia ido embora. Demorou no chuveiro, deixando que a água quente escorresse por seu corpo. A dor de cabeça lancinante que sentira antes diminuiu para uma pulsação, que ela sabia que poderia ser eliminada com duas aspirinas. Porque a acalmava, passou um creme perfumado no corpo. Vestiu um roupão largo, com a intenção de deitar numa *chaise longue* na varanda e deixar os cabelos secarem ao sol.

A praia esperaria. Naquela manhã seria melhor ficar sozinha, sem os garçons solícitos para cuidar de sua sede e sem os turistas mergulhando, gritando ou tostando nas proximidades. Sempre passava a manhã de Natal sozinha, evitando os amigos bem-intencionados e as obrigações sociais. As lembranças do último Natal da mãe já não eram tão angustiantes, mas ela ainda não podia suportar a visão de azevinho e bolas coloridas.

Todos os anos, desde o primeiro Natal nos Estados Unidos, Phoebe sempre punha um anjo branco no alto da árvore, com exceção do último, quando se descobrira no fundo do túnel escuro para o qual fora sugada.

Adrianne considerava a doença da mãe dessa maneira: um túnel, escuro e profundo, com centenas de esquinas falsas e becos sem saída. Era melhor ter essa visão tangível do que o frio conforto de todos os termos técnicos nas dezenas de livros sobre comportamento anormal que lera. Melhor ainda do que todos os diagnósticos e prognósticos que recebera, em salas recendendo a couro, de médicos proeminentes.

Fora o túnel que atraíra a mãe mais para o fundo, à medida que o tempo passava. Ao longo dos anos, Phoebe sempre fora capaz de encontrar a saída. Até que se sentira cansada demais, ou até que a escuridão parecera mais fácil do que a luz.

Talvez o tempo a curasse, mas não a fazia esquecer.

Adrianne sentia-se melhor por ter traduzido seus sentimentos em palavras, embora já lamentasse ter revelado tanta coisa a Philip. Disse a si mesma que não importava, que em breve seguiriam por caminhos separados. Tudo o que ela dissera, tudo o que partilhara, significaria bem pouco à medida que o tempo passasse. Se ele tinha sido gentil quando não esperava gentileza, não podia ter importância. Se ela desejava quando o desejo não podia existir, daria um jeito de superar. Cuidara de si mesma por muito tempo, guardara suas emoções com todo cuidado, para permitir que Philip fizesse diferença agora.

Dali por diante, cada pensamento, cada sentimento, tudo tinha de se concentrar em Jaquir... e na sua vingança.

Quando ela abriu a porta para a sala, porém, descobriu que Philip continuava lá, sem camisa, descalço, falando num espanhol surpreendentemente fluente com um garçom de uniforme branco e rosto liso. Observou enquanto ele entregava algumas notas... o suficiente, ao que parecia, para deixar o jovem contente por estar trabalhando, mesmo sendo um feriado.

– *Buenos dias, señora*. Feliz Natal.

Adrianne não se deu ao trabalho de corrigir a suposição sobre seu relacionamento com Philip ou o fato de que o Natal não era feliz para ela havia muito tempo. Em vez disso, sorriu, o que agradou o garçom quase tanto quanto os pesos que ele já tinha no bolso.

– *Buenos dias. Feliz Navidad.*

Adrianne cruzou as mãos, esperando pelo barulho da porta batendo, e perguntou assim que ficaram a sós:

– Por que você ainda está aqui?

– Porque estou com fome.

Philip saiu para a varanda e sentou-se. Obviamente à vontade, serviu-se de café. Havia meios e meios de se conquistar a confiança, pensou ele. Com uma ave com a asa quebrada era preciso paciência, cuidado e um toque gentil. Com um cavalo arisco, chicoteado por alguém, era preciso diligência e o risco de levar um coice. Já com uma mulher, era preciso um certo grau de charme. Ele estava disposto a combinar as três estratégias. Adrianne saiu para a varanda de rosto franzido.

– Talvez eu não quisesse café da manhã.

– Não tem problema. Posso comer o seu também.

– Nem quisesse companhia.

– Sempre pode descer para a praia. Quer creme?

Ela poderia ter resistido ao aroma do café ou à luz dourada do sol. Disse a si mesma que também poderia resistir a Philip, com toda certeza. Mas não podia e não resistiria ao cheiro de comida quente.

– Quero.

Ela se sentou como se estivesse concedendo uma audiência. A boca de Philip se contraiu.

– Açúcar... alteza?

Os olhos de Adrianne estreitaram-se em fúria. Uma tempestade se aproximando. E depois, também depressa, se desanuviaram com um sorriso.

– Uso o meu título apenas em ocasiões formais, ou com idiotas.

– Fico lisonjeado.

– Não fique. Ainda estou decidindo se você é ou não um idiota.

– Eu gostaria de lhe proporcionar um grande dia para ajudá-la a tomar sua decisão.

Philip cortou seu omelete. O aroma dos temperos se elevou. Ele tinha a impressão de que Adrianne era assim, suave e elegante por fora, mas cheia de calor e surpresas depois que se abria.

– Como fiquei ocupado em vigiá-la, não me sobrou tempo para aproveitar o mar e o sol.

– Uma pena.

– Exatamente. O mínimo que você pode fazer agora é aproveitar comigo. – Ele passou geleia de morango numa torrada e a estendeu para Adrianne. – A menos que tenha medo de passar o dia comigo.

– Por que eu deveria ter?

– Porque sabe que quero fazer amor com você e se preocupa com a possibilidade de gostar.

Ela mordeu a torrada, fazendo um esforço para manter os olhos firmes.

– Já disse que não tenho a menor intenção de ir para a cama com você.

– Nesse caso, umas poucas horas ao sol não vão fazer diferença. – Como se o assunto estivesse resolvido, Philip continuou a comer. – Era sério o que disse ontem à noite?

O omelete começava a deixá-la mais descontraída enquanto o sol removia as últimas dores do corpo.

– Sobre o quê?

– Sobre esse ser o seu último trabalho.

Adrianne espetou um pedaço do omelete com o garfo. Quase nunca tinha problema para mentir, e não gostou de descobrir que isso era difícil com Philip.

– Eu disse que era o último trabalho nessa fase da minha carreira.

– E o que isso significa?

– Apenas isso.

– Adrianne... – Aquele era um momento para paciência e mão firme, pensou Philip. – Tenho uma obrigação com os meus superiores. Também tenho uma necessidade de ajudá-la.

Ele percebeu a cautela nos olhos dela, mas ela não se esquivou quando ele pegou sua mão.

– Se for sincera comigo, posso encontrar uma maneira de conseguir as duas coisas. Se não for, posso estar me metendo numa encrenca tão grande quanto a sua.

– Não estará numa encrenca se me deixar. Posso garantir que é um problema particular, Philip. Não tem nada a ver com a Interpol nem com você.

– Tem muito a ver comigo.

– Por quê?

– Porque eu me importo com você. – E apertou com mais força a mão dela, que se mexeu sob a sua, irrequieta. – E muito.

Ela teria preferido se Philip usasse uma daquelas frases-padrão que os homens costumam oferecer quando se sentem atraídos por uma mulher. Aquela era muito simples, muito direta e muito sincera.

– Eu gostaria que não se importasse.

– Eu também, mas estamos ambos com esse problema. – Ele largou a mão de Adrianne. Recomeçou a comer, tão calmamente quanto podia. – Vou tornar as coisas mais fáceis para você. Comece contando por que começou a roubar joias.

– Não vai me dar sossego enquanto eu não contar, não é?

– Não. Mais café?

Adrianne aceitou com um aceno de cabeça. Não tinha muita importância agora, decidiu. Além do mais, tinham aquilo em comum, conheciam as mesmas sensações, as mesmas emoções, os mesmos triunfos.

– Já disse que a minha mãe passou algum tempo doente.

– Não esqueci.

– Havia médicos, remédios e tratamentos. Muitas vezes ela tinha de ser hospitalizada por longos períodos.

Philip já sabia disso, é claro. Qualquer pessoa que lera uma das revistas ou algum jornal da década anterior conhecia a tragédia de Phoebe Spring. Ainda assim, ele refletiu que era melhor ouvi-la nas palavras de Adrianne, com seus próprios sentimentos.

– O que havia de errado com ela?

Essa era a parte mais difícil, Adrianne sabia. Se falasse depressa, acabaria logo.

– Ela foi diagnosticada como maníaco-depressiva. Havia ocasiões em que falava sem parar, formulava os planos mais absurdos. Não conseguia ficar sentada, dormir ou comer de tanta excitação. Era quase como um veneno queimando em seu organismo. Depois, oscilava tão para baixo que não falava nada. Passava o tempo todo sentada, com o olhar fixo. Não reconhecia ninguém, nem mesmo a mim.

Adrianne limpou a garganta. Tomou um gole de café. Essa era a mais terrível de todas as lembranças, a da sensação de segurar a mão de Phoebe, falar com ela, até mesmo suplicar, e no final receber apenas um olhar vazio em resposta. Nessas ocasiões, a mãe estava perdida no túnel, tentada pelo escuro e pelo silêncio.

– Deve ter sido um inferno para você.

Ela não o encarou. Não podia. Em vez disso, olhou para o mar, sereno, de um azul extraordinário, sob um céu claro.

– Foi um inferno para ela. Ao longo dos anos, desenvolveu um problema com álcool e drogas. Começou em Jaquir... embora só Deus saiba como ela conseguia obter... e escapou do controle quando tentou voltar para Hollywood. Com toda a sinceridade, não sei se a doença mental alimentou o alcoolismo, ou se o alcoolismo alimentou a doença. Sei apenas que ela lutou contra as duas coisas por tanto tempo quanto pôde. Mas quando chegamos à Califórnia não havia os roteiros com os papéis que ela estava acostumada a representar. E não conseguiu suportar o fracasso. Recebeu maus conselhos, que engoliu como uma mulher faminta. O agente dela era um canalha.

A voz ficou tensa, um pouco estridente, embora não tremesse.

Contudo, houve uma variação suficiente, apesar de sutil, para fazê-lo contrair os olhos e analisá-la atentamente.

– O que ele fez... com você? – Adrianne levantou a cabeça num movimento brusco. Por um instante, seus olhos ficaram tão claros quanto vidro. No instante seguinte, porém, a cortina fechou. – Quantos anos você tinha? – perguntou Philip, cauteloso, os dedos apertando o garfo com toda força.

– Quatorze. Não foi tão terrível quanto você está pensando. Mamãe chegou antes que ele pudesse... enquanto eu ainda estava lutando. Nunca a vi daquele jeito. Foi incrível, como o clichê da tigresa defendendo o filhote. – Porque a deixava angustiada, ela tratou de pôr de lado o assunto e a lembrança. – O que importa é como ele a levou para o fundo do poço, usando-a, explorando-a. Ela estava abalada demais pelos anos em Jaquir para reagir.

Ele deixou passar, apenas porque não se podia pressionar muito quando se estava tentando conquistar a confiança.

– Não continuaram na Califórnia?

– Voltamos para Nova York logo depois do incidente com o agente. Ela parecia melhor, muito melhor. Falou em tentar o teatro de novo. O palco. Emocionada, não parava de falar sobre as ofertas que recebia. Só que não havia nenhuma, ou pelo menos nenhuma importante, mas eu não sabia disso na ocasião, porque acreditava, queria acreditar, que estava tudo bem. Um dia, logo depois que completei 16 anos, cheguei da escola e a encontrei sentada no escuro. Ela não respondeu quando falei. Eu a sacudi e gritei. Nada. Não dá para descrever como era... parecia que ela estava morta por dentro. – Philip não disse nada, apenas entrelaçou os dedos nos dela. Adrianne olhou para as mãos unidas. Uma coisa tão simples, pensou ela, uma das formas mais básicas de contato humano. Nunca imaginara que o gesto pudesse ser tão confortador. – Tive de interná-la num sanatório. Essa foi a primeira vez. Um mês e não havia mais dinheiro. Mas ela melhorou por algum tempo. Larguei a escola e arrumei um emprego. Mamãe nunca soube.

– Não havia ninguém a quem pudesse recorrer? E a família?

– Os pais dela estavam mortos. Tinha sido criada pelos avós, que também haviam morrido, quando eu ainda era um bebê. Havia algum dinheiro do seguro, mas fora remetido para Jaquir, e não saiu mais de lá. – Adrianne sacudiu a mão para descartar esse assunto, como se não tivesse a menor importância. – Não me importava de trabalhar. Na verdade, gostava muito mais do que da escola, mas o pouco que eu conseguia ganhar não era suficiente para o aluguel e a comida, muito menos para os remédios e os cuidados de uma enfermeira. Por isso, comecei a roubar. E era boa nisso.

– Ela nunca perguntou de onde vinha o dinheiro?

– Não. Nos últimos anos, passava a metade do tempo sonhando. Pensava com frequência que ainda estava fazendo filmes. – Um sorriso começou a se formar. Ela observou uma gaivota mergulhar no estreito, para sair do mar um instante depois, gritando. – Acabei contando à Celeste. Ela ficou furiosa. Teria pagado tudo, mas eu não podia permitir. Mamãe era responsabilidade minha. De qualquer forma, nunca roubei de ninguém que não merecesse.

– Como assim?

– Sempre fui seletiva com os meus alvos. Roubava apenas dos muito ricos.

– O que é sempre mais sensato – comentou Philip, irônico.

– E dos mais avarentos. Como Lady Caroline.

– Ah, sim, o diamante... – Philip inclinou a cadeira para trás, pegando um cigarro. – Vinte e dois quilates, quase sem defeitos. Sempre a invejei por esse roubo.

– Foi um trabalho fabuloso. – Ela apoiou os cotovelos na mesa e escorou o queixo nas mãos abertas. – Ela o guardava num cofre, com segurança máxima. Sensores de calor. Detectores de movimentos. Raios infravermelhos. Levei seis meses para planejar.

– Como conseguiu?

– Fui convidada para o fim de semana. Assim, não precisava me preocupar com a segurança externa. Usei ímãs e um minicomputador. Havia raios sensores no primeiro andar, mas foi muito simples rastejar por baixo. O cofre-forte tinha uma tranca de tempo, mas enganei o computador para que pensasse que eram seis horas depois. Dentro do cofre-forte, precisei contornar dois alarmes secundários e interromper o funcionamento das câmeras antes de pegar o diamante. De volta ao meu quarto, tornei a ligar os alarmes com um controle remoto.

– Religou os alarmes quando ainda estava na casa?

– Que melhor maneira podia haver? – O apetite voltou e Adrianne passou geleia numa torrada. – Escondi o diamante no meio de meu creme facial, mas nunca revistaram as minhas coisas, é claro.

– Era de se esperar.

– Fui acordada às quatro da madrugada pelos alarmes, com os gritos horrorizados de Lady Caroline.

Philip observou-a dar uma mordida na torrada com geleia.

– Pode-se dizer que teve muita frieza.

– Ela não merecia a minha simpatia. Tem 40 milhões de libras em investimentos e dá menos de meio por cento para obras de caridade.

Philip inclinou a cabeça para examiná-la.

– É a sua medida para um alvo?

– É. Sei o que é ser pobre, passar necessidade e detestar precisar. Prometi a mim mesma que nunca esqueceria. – Ela flexionou os ombros, como se aliviasse uma dor antiga. – Depois que mamãe morreu, continuei a roubar.

– Por quê?

– Dois motivos. O primeiro é que me proporcionava a oportunidade de distribuir a riqueza de pessoas que a manteriam em suas mãos fechadas ou no fundo dos cofres. A safira de Madeline Moreau transformou-se numa generosa contribuição para o Fundo das Viúvas e Órfãos.

Philip jogou o cigarro por cima da grade da varanda. Tomou um gole do café já esfriando.

– Está tentando me dizer que vem bancando a Robin Hood?

Adrianne pensou a respeito por um instante. Era uma comparação interessante e atraente.

– De certa forma, é isso. Mas é mais honesto dizer que é um negócio. Sempre tiro uma comissão. Não apenas roubar é dispendioso, quando se considera as despesas de equipamento e tempo, mas também sai caro manter as aparências. Além do mais, não gosto de ser pobre.

– Também jamais gostei. – Ele tirou uma flor do arranjo no centro da mesa. – Qual é a comissão?

– Varia, mas em geral fica entre 15 e 20 por cento, dependendo do desembolso inicial para o trabalho. Por exemplo, as joias dos St. John. – Adrianne passou a contar nas pontas dos dedos. Tive a passagem de avião, a conta do hotel... Eu não incluiria a conta no El Grande.

– Era de esperar.

– Tem também a comida, o uniforme de camareira e algumas ligações internacionais. Os passeios e compras são por minha conta.

– É claro.

Ela o olhou nos olhos, muito calma.

– Você está numa posição difícil para julgar, Philip, já que passou a maior parte do tempo roubando também.

– Não estou julgando. Estou só espantado. Primeiro, você me diz que fez todos esses trabalhos, durante tantos anos, sozinha.

– Isso mesmo. Não era assim também que você trabalhava?

– Era, mas... – Philip levantou a mão. – Está certo. Agora, você me diz que durante os últimos anos doou todo o dinheiro, ficando apenas com uma comissão de 15 a 20 por cento. É isso?

– Mais ou menos.

– Ou seja, uma contribuição de 80 por cento para obras de caridade.

– Eu me vejo como uma filantropa. – Adrianne sorriu. – E gosto do meu trabalho. Você sabe qual é a sensação de ter milhões nas mãos. Ver diamantes faiscando em suas mãos e saber que são seus porque é mais esperta.

– É verdade. – Ele compreendia muito bem. – Sei qual é a sensação.

– E sabe como é o frio da noite e o vento em seu rosto quando escala um prédio. Tem as mãos firmes como rocha e a mente tão aguçada quanto uma navalha. A expectativa é intensa... assim como o instante antes de abrir uma garrafa de Dom Pérignon, aquele momento que antecede a saída da rolha, quando toda a excitação sai em forma de borbulhas.

Philip tirou outro cigarro do maço. Era mais do que isso, pensou ele. Era um pouco como o instante antes de o sêmen e a paixão saírem de um homem para uma mulher.

– Sei como pode se tornar um vício. Também sei que chega o momento de largar tudo, quando você ainda está por cima.

– Como você fez?

– Exatamente. Um jogador competente sabe quando as chances contrárias são muito altas e é chegado o momento de mudar de jogo. – Ele soprou a fumaça. – Você me deu uma razão, Addy. Qual é a outra?

Ela não respondeu de imediato. Levantou-se e foi até a grade da varanda. Ficou olhando para o mar. Não podia dizer que confiava em Philip. Na verdade, por que deveria confiar? Mas os iguais se reconheciam. Ele fora um ladrão, e talvez ainda restasse um pouco de seu espírito anterior para apreciar o que ela planejava fazer, mesmo sem compreender sua profunda necessidade de fazê-lo.

– Vou precisar de uma garantia primeiro.

Adrianne virou-se. A brisa quente soprou para longe do rosto seus cabelos pretos, sedosos e abundantes.

– De que tipo?

No mesmo instante em que perguntava, Philip viu alguma coisa nos olhos dela, alguma coisa na maneira como se postava, que o fez compreender que lhe prometeria qualquer coisa. Uma compreensão que deixava um homem atordoado.

– De que vai ficar entre nós o que eu disser. De que não vai contar aos seus superiores.

Os olhos de Philip estavam quase fechados contra o sol.

– Já não passamos desse ponto?

– Não sei.

Adrianne hesitou por mais um momento, tentando avaliá-lo. Poderia oferecer uma mentira, ou pelo menos tentar, mas especulou se a verdade não seria mais segura. Enquanto Philip estivesse em seus calcanhares, ela nunca chegaria a Jaquir para recuperar o que lhe pertencia.

– Sei o que você foi, Philip, e não pedi as suas razões.

– Gostaria de conhecê-las?

A surpresa aflorou antes que ela virasse a cabeça. Não esperava encontrá-lo tão disposto a falar.

– Talvez algum dia. Já lhe contei mais essa manhã do que a qualquer outra pessoa que conheço. Até mesmo a Celeste ouviu apenas fragmentos. Não gosto de ninguém envolvido na minha vida particular.

– É tarde demais para retirar o que foi dito, e uma perda de tempo se arrepender.

– Tem razão. – Ela tornou a se virar. – Gosto disso em você. Romântico ou não, é um homem prático. Os melhores ladrões são uma combinação de prático e visionário. Quanta visão você tem?

Philip também se levantou. Embora tivesse se encostado na grade, continuaram separados pela largura da mesa.

– O suficiente para ver os nossos caminhos se cruzando muitas e muitas vezes... por mais constrangedor que possa ser para os dois.

Adrianne sentiu um calafrio, mesmo sob o sol forte. O destino era a única coisa que ela sabia que não se podia roubar.

– É possível, mas não é esse o problema. Você perguntou por que eu continuei trabalhando e vou explicar. Foi pela prática, pelo treinamento, pode-se dizer assim. Para realizar o maior trabalho da minha vida. Talvez da vida de qualquer um.

Philip sentiu os músculos do estômago se contraírem. Por medo, compreendeu, por medo profundo e intenso. Por ela.

– Que trabalho?

– Já ouviu falar de um colar chamado O Sol e a Lua?

O medo subiu agora pela garganta, com um gosto horrível.

– Você deve ter perdido o juízo.

Adrianne limitou-se a sorrir.

– Então já ouviu falar.

– Não há ninguém no ramo que não tenha ouvido falar desse colar. Ou do que aconteceu em 1935, quando alguém teve a péssima ideia de tentar roubá-lo. A garganta do ladrão foi cortada depois que deceparam as mãos.

– E o sangue foi espalhado sobre O Sol e a Lua. – Ela deu de ombros. – É assim que nascem os mitos.

– Não é um jogo. – Philip adiantou-se. Segurou-a pelos ombros e puxou-a, de uma forma tão brusca que ela quase perdeu o equilíbrio. – Os ladrões não vão para a prisão naquele país. Pelo amor de Deus, Adrianne, você deve saber melhor do que ninguém como a justiça do seu pai pode ser brutal!

– É justiça que eu quero, e a terei de qualquer maneira. – Ela se desvencilhou das mãos de Philip. – Desde a primeira vez em que roubei, para manter mamãe fora de uma enfermaria para indigentes, jurei que teria justiça. O colar pertencia a ela. Foi dado como presente de casamento. O preço da noiva.

Pelas leis de Jaquir, o que uma mulher recebe no casamento, mantém depois da morte ou do divórcio. O que uma mulher possui passa a ser do marido, para ele fazer o que quiser. Mas o preço da noiva pertence à mulher. Portanto, O Sol e a Lua era da minha mãe. Ele se recusou a entregar o que pertencia a ela. Por isso, vou pegar o colar.

– De que isso adiantaria para ela agora? – Philip sabia que estava sendo rude, muito rude, mas não podia dizer outra coisa. – Por mais que doa, o fato é que ela morreu.

– Acha que eu não sei que ela morreu? – Não foi a dor que aflorou agora nos olhos de Adrianne, mas a raiva impulsionada pela paixão. – Só uma fração do valor do colar a teria sustentado por anos, com os melhores médicos, o melhor tratamento. Ele sabia como a nossa situação era desesperadora. Sabia porque engoli o meu orgulho e escrevi uma carta suplicando ajuda. Ele respondeu dizendo que o casamento acabara e com isso cessara sua responsabilidade. Porque ela estava doente, e eu era uma criança, não havia como voltar a Jaquir e exigir, por meio da lei, que o colar fosse devolvido.

– Independentemente do que ele tenha feito com você, com a sua mãe, já acabou. É tarde demais para que o colar faça qualquer diferença agora.

– Está enganado, Philip. – A voz de Adrianne mudou. A paixão não desaparecera, mas agora era muito fria e ainda mais perigosa. – Para a vingança, nunca é tarde demais. Quando eu pegar o colar, o orgulho de Jaquir, o meu pai vai sofrer. E quando ele souber quem roubou o colar, a vingança vai ser ainda mais doce.

Philip não compreendia o verdadeiro ódio. Nunca roubara por qualquer outro propósito que não o de sobreviver, ou sobreviver com mais conforto, mas reconhecia o verdadeiro ódio e achava que era o mais inflamável dos combustíveis humanos.

– Tem alguma ideia do que vai acontecer a você se for apanhada?

Os olhos de Adrianne estavam firmes e escuros quando se encontraram com os dele.

– Melhor do que você. Sei que o meu título e a minha cidadania americana não vão me proteger. Se eu tiver de pagar, então pagarei. Alguns jogos valem o risco.

Ele a encarou, fascinado pela maneira como sua pele tinha um brilho dourado à luz do sol.

– Tem razão. Alguns valem.

– E sei como fazer, Philip. Venho planejando há dez anos.

E ele tinha semanas, talvez apenas dias, para fazê-la mudar de ideia.

– Eu gostaria de ouvi-la.

– Talvez em outra ocasião.

Numa súbita mudança de ânimo, Philip sorriu.

– Que seja em breve, mas já chega de falar de trabalho. Que tal um mergulho no mar?

Adrianne pensou de novo que não confiava nele. Aquele sorriso era encantador demais. Seria melhor se enquanto Philip a vigiava, ela também o vigiasse.

– Grande ideia. Encontro você na praia em 15 minutos.

Adrianne viajara sozinha por tanto tempo que esquecera como era ter alguém para partilhar os pequenos prazeres. A água estava fresca e clara, dava para nadar devagar e observar a vida ao redor. Como uma floresta no outono, os corais faiscavam dourados, laranja, escarlate, com púrpuras rendadas balançando na correnteza. Peixes disparavam de um lado para outro, as cores gloriosas se destacando enquanto mordiscavam esponjas.

Os dois nadavam juntos, de um recife para outro, com uma visibilidade que chegava a 15 metros de profundidade. Os sinais entre os dois eram um toque da mão no braço ou outros gestos. Parecia suficiente que pudessem se compreender e a tarde lhes pertencesse.

Adrianne não queria questionar por que se sentia tão à vontade com ele, relaxada como na noite que haviam passado numa estalagem rural nos arredores de Londres. Não era uma mulher que tivesse legiões de amigos; em vez disso, tinha conhecidos, pessoas que entravam e saíam de sua vida. Quando oferecia amizade, entregava-se por completo; por isso, tinha o maior cuidado. Embora a confiança não fosse total, ela sentia amizade por Philip, e apesar de suas restrições, sentia-se feliz na sua companhia.

Não era uma princesa agora, nem uma ladra magistral, mas uma mulher desfrutando o sol e a magia do mar.

Aflorou à superfície, rindo, e apoiou uma nadadeira num coto de coral. A água escorria dos cabelos e da pele, faiscando como pedras preciosas. Ela empurrou a máscara para trás, enquanto Philip subia a seu lado.

– O que é tão engraçado?

Ele sacudiu os cabelos para trás antes de também levantar a máscara.

– Aquele peixe com os olhos esbugalhados. Não pude deixar de pensar em lorde Fume.

Philip levantou uma sobrancelha enquanto se firmava.

– Sempre ri das suas vítimas?

– Só quando é apropriado. Ah, o sol está maravilhoso... – Com os olhos fechados, ela ergueu o rosto para o sol, fazendo-o pensar em sereias. – Mas você não deveria ficar tanto tempo no sol com essa pele britânica tão clara.

– Preocupada comigo?

Quando ela abriu os olhos, o brilho era divertido, em vez de cauteloso. Era um progresso, pensou Philip. Por menor que fosse.

– Detestaria ser responsável pelas suas queimaduras.

– Imagino que esteja nevando em Londres nesse momento, e as famílias sentando-se em torno da mesa para comer o ganso do Natal.

– E em Nova York o ganso ainda não foi assado. – Adrianne pegou um pouco de água na mão em concha e depois deixou que escorresse entre os dedos. – Sempre comíamos peru. Mamãe adorava o cheiro do peru assando no forno. – Ela controlou o sentimento e conseguiu dar um sorriso. – Um ano ela decidiu cozinhar o peru pessoalmente, como a avó fazia em Nebraska. Pôs tanto recheio que a ave estourou quando se expandiu com o calor. O pobre peru se desfez em pedaços. – Adrianne protegeu os olhos e contemplou o horizonte. – Olhe ali. Um navio está chegando.

Ela mudou de posição para se firmar melhor e escorregou do recife para os braços de Philip. A água escorreu por seus ombros, depois pelos seios, quando ele a ergueu e puxou contra seu peito. Adrianne tentou recuar, mas ele a segurou firme. Ela não tinha como se esquivar, com os pés incapazes de alcançar a areia no fundo e as mãos apoiadas nos ombros dele.

Viu os olhos de Philip escurecerem, como a lua se escondendo por trás de uma nuvem. A respiração dele soprava em seus lábios enquanto as mãos deslizavam por seu corpo. Quando ele se inclinou, Adrianne virou o rosto. Os lábios apenas roçaram seu rosto, num movimento gentil, paciente. A necessidade fervilhava dentro dela, com uma intensidade que vinha tanto do medo quanto do desejo.

– Você tem o gosto do mar... serena e inconquistada.

Ele deslizou os lábios para a orelha de Adrianne, enquanto ela tamborilava com os dedos em seus músculos. Philip ouviu-a prender a respiração, sentiu o corpo dela estremecer.

– Adrianne...

Ela obrigou-se a fitá-lo. Confrontar o que não podia evitar sempre fora seu estilo. O sol brilhava nos cabelos de Philip, quase a ofuscava ao se refletir na água. Em algum lugar, por trás deles, uma mulher repreendia uma criança, mas o som era abafado pelas batidas fortes do coração ressoando nos ouvidos dela. E ele sorria.

– Relaxe... – murmurou Philip, subindo os dedos pela coluna de Adrianne. – Não vou deixar você afundar.

Mas deixou. Quando os lábios se encontraram mais fundo e mais depressa do que a segurança aconselhava, embora a cabeça permanecesse acima da superfície, ao sol, ela tinha a sensação de que caíra a metros de profundidade, o coração disparado, a respiração difícil. Podia sentir o gosto de sol e sal quando os lábios de Philip persuadiram os seus. Isso mesmo, persuadiram. Devia haver um conforto nesse fato, na ausência de demanda, na falta de pressão. Em vez disso, ela tremeu com as necessidades de seu próprio corpo.

Philip tratou de controlar suas necessidades. Se havia correntes em torno de suas paixões naquele momento, prometeu a si mesmo que haveria de chegar o momento em que as removeria. Precisava de algo mais do que o desejo. Precisava dar algo mais. Como um teste, deu-lhe uma mordida de leve no lábio inferior e ouviu-a gemer em resposta. Por saber que só podia se controlar até esse ponto, ele recuou. Adrianne tinha os olhos turvos. Os lábios entreabertos. E os nervos à flor da pele.

– Que tal um drinque?

Ela piscou, aturdida.

– Como?

Philip beijou-a na ponta do nariz, com um esforço para manter as mãos leves.

– Sugeri um drinque, para que eu possa tirar do sol a minha pele britânica tão branca.

– Ahn... – Era como ser libertada do efeito de uma droga, pensou Adrianne. Uma droga viciante. – Claro.

– Ótimo. O último a chegar no bar paga a conta.

Dizendo isso, largou-a. Despreparada, Adrianne afundou. Quando voltou à tona, Philip já estava na metade do caminho para a praia. Ela começou a rir enquanto ajeitava a máscara para nadar em seu encalço.

Beberam marguerites geladas enquanto escutavam o trio de tocadores de marimba apresentar cantigas de Natal. Com o apetite aumentado pelo sol e pelo mar, comeram *enchiladas* com queijo e molho picante. Depois, com o sol da tarde descendo indolente pelo céu, circularam de carro pela ilha. Pegaram uma estreita estrada de terra num súbito impulso. Passaram por pequenos monumentos de pedra, que fizeram Adrianne pensar em cultos antigos e deuses ainda mais antigos.

Ele estava determinado a preencher o dia, a fazê-la esquecer a angústia que surgira ao amanhecer. Não questionava mais a necessidade de proteger e confortar. Quando um homem passava a maior parte da vida com mulheres, sabia reconhecer a certa.

Num gesto deliberado, passou com o jipe por um buraco de tal maneira que houve um enorme solavanco. Adrianne apenas riu e apontou outro buraco. A estrada os levou até um farol na ponta norte da ilha. Uma família vivia ali, com cercados nos quais havia galinhas raquíticas. Um gato magricela estendia-se na terra, ao lado de um isopor com gelo, que a família enchera de bebidas para vender aos turistas pelo dobro do preço que pagariam na aldeia. Com duas garrafas, ele se sentaram numa elevação de relva seca para contemplar as ondas. O mar era agitado ali; as ondas quebravam na praia e se elevavam em espuma onde o tempo e a maré haviam aberto canais.

– Fale-me sobre a sua casa.

– Em Londres?

– Não. – Adrianne tirou as sandálias. – A casa de campo.

– Você diria que é muito britânica. – Outra indicação do progresso entre os dois foi o fato de Adrianne não se esquivar quando ele tocou seus cabelos. – A casa é edwardiana, de alvenaria, com três andares. Há uma galeria de retratos. Como não tenho muito conhecimento dos meus ancestrais, tomei alguns emprestados.

– De onde?

– Lojas de antiguidades. Como o tio Sylvester... um vitoriano sisudo, com sua esposa, a tia Agatha, com cara de pudim.

– Cara de pudim... – Adrianne inclinou-se para trás, rindo. – Isso é britânico.

– Somos o que somos. Há vários primos, alguns solenes e altivos, outros pendendo mais para o sinistro. E há também a minha bisavó, uma prostituta que entrou para a família por meio do casamento, apesar de objeções vigorosas, e que depois tratou de controlar todo mundo com mão de ferro.

– Você sente falta de ter uma família grande.

– Talvez eu sinta. Seja como for, eles ocupam o espaço da galeria muito bem. A sala dá para o jardim. Como convinha à casa, mantive um jardim formal, com rosas, rododendros, lilazes, lírios. Há sebes de teixos e um bosque de freixos a oeste, por onde passa um pequeno córrego. Pode-se encontrar tomilho silvestre aqui e ali, assim como violetas do tamanho do meu polegar.

Adrianne quase podia sentir a fragrância.

– Por que comprou a casa? Não parece ser o tipo de homem que aprecia noites sossegadas junto da lareira ou passeios pelo bosque.

– Há tempo para tudo. Comprei a casa para estar preparado quando decidisse me fixar e me tornar um pilar da comunidade.

– É esse o seu objetivo?

– O meu objetivo sempre foi o conforto. – Ele deu de ombros e esvaziou a garrafa. – Aprendi muito cedo que para encontrar conforto nas ruas de Londres você precisa pegar o que puder... e pegar mais rápido do que o vizinho. – Philip largou a garrafa na areia do seu lado. – Sempre fui mais rápido.

– Você foi lendário. Não, não sorria para mim. Foi mesmo. Cada vez que alguma coisa espetacular era roubada, começavam os rumores de que tinha sido um trabalho de P.C. O que aconteceu, por exemplo, com a coleção De Marco?

Ele sorriu, observando as ondas subirem por trás dela.

– Está sondando?

– Pegou a coleção? – Ela empertigou-se quando Philip, ainda sorrindo, estendeu a mão para pegar um cigarro. – Foi você?

– A coleção De Marco... uma das melhores coleções de diamantes e outras pedras preciosas de Milão... do mundo inteiro, diga-se de passagem.

– Sei o que era! Foi você quem a roubou?

Philip recostou-se, como um contador de histórias faria ao lado de uma fogueira.

– O museu tinha a melhor segurança disponível naquela exposição. Sensores de luz, sensores de calor, um alarme sensível ao peso. Havia alarmes no chão por 6 ou 7 metros ao redor do mostruário da coleção. A redoma de vidro era considerada virtualmente impenetrável.

– Sei de tudo isso. – Os borrifos das ondas molhavam os cabelos de Adrianne. – Como conseguiu? Ouvi dezenas de relatos contraditórios.

– Já assistiu ao filme *Casamento real*, em que Fred Astaire dança no teto?

– Assisti, mas aquilo era a magia do cinema, por meio de um truque da câmera. Admito que você é esperto, mas não é tanto assim.

– O acesso era apenas uma questão de ter o uniforme certo e falsificar o documento de identidade certo. Depois que entrei, tinha duas horas para agir antes da ronda do guarda. Levei meia hora só para rastejar pela parede e pelo teto.

– Se não quer me contar como foi, basta dizer.

– Estou contando. Já acabou? – Ele pegou a garrafa de Adrianne e bebeu. – Usei dispositivos de sucção. Claro que não do tipo de desentupidor de pia que se encontra em lojas de ferragens, mas o conceito é o mesmo. Oferece uma noção de como uma mosca se sente.

– Ficou grudado no teto?

– Mais ou menos. Os dispositivos não aguentariam o meu peso durante todo o trabalho. Por isso, prendi um trapézio no teto com pinos articulados. Fiquei pendurado por cima daquelas pedras incríveis, com os joelhos dobrados. Não podia sequer suar. Tinha uma perfuradora de carbureto, envolta por isopor para abafar o barulho. Depois que abri um buraco no vidro foi que começou o trabalho de verdade. Tinha pedras no bolso com o peso exato das várias peças da coleção. Troquei peça por peça. Era preciso ser rápido, as mãos muito firmes. Mais de uma fração de segundo sem o peso certo e o alarme dispararia. Levei quase uma hora, com o sangue fluindo para a cabeça, os dedos ficando dormentes. Depois, balancei o trapézio e saltei, caindo além da área do alarme. Lembro que tive a sensação de que alguém disparava flechas em minhas pernas quando caí. Mal podia rastejar. Essa foi a pior parte... a parte que eu não havia previsto. – Ele podia rir agora, ao recordar o que acontecera. – Sentei e comecei a bater nas pernas para restabelecer a circulação. Fiquei me imaginando sendo preso, não porque não fosse competente, mas porque as minhas pernas estavam dormentes.

Com a cabeça na relva, Adrianne riu também.

– O que você fez?

– Quando me imaginei numa cela, tratei de fazer uma saída rápida, sem qualquer elegância, engatinhando na maior parte do tempo. Quando soou o alarme, eu já estava refestelado numa banheira com água quente no hotel.

Quando ele virou o rosto para fitá-la, descobriu que Adrianne sorria.

– Você sente saudade.

– Só em alguns momentos. – Ele jogou o cigarro no mar. – Sou um homem de negócios em primeiro lugar, Addy. Estava na hora de mudar de ramo. O Spencer, que é meu superior agora, já tinha chegado bem perto em diversas ocasiões.

– Sabiam quem você era, mas mesmo assim o aceitaram.

– Devem ter pensado que era melhor ter o lobo no cercado do que à solta. Mais cedo ou mais tarde, você fica relaxado. E basta cometer um erro.

Adrianne tornou a olhar para o mar turbulento.

– Só preciso realizar mais um trabalho, e não tenho a menor intenção de ser relaxada.

Philip não disse nada. Com um pouco de tempo e bastante cuidado, tinha certeza de que poderia persuadi-la a desistir. Se a conversa não desse resultado, sempre havia obstáculos que poderia erguer.

– O que me diz de uma *siesta* antes do jantar de Natal?

– Combinado. – Ela se levantou, segurando as sandálias pelas alças. – Mas eu dirijo na volta.

Talvez fosse uma tolice ser tão exagerada, mas ela não conseguia resistir. Era agradável permanecer num banho com sais perfumados e depois passar bastante talco. Eram hábitos femininos peculiares, cujas sementes haviam sido semeadas no harém. Gostava de se preparar por um longo tempo, sem pressa, embora sua noite com Philip não pudesse ser considerada romântica. Sabia que boa parte do motivo para que ele se mostrasse tão disponível como seu acompanhante era o fato de que assim podia vigiá-la melhor. Ela poderia lhe dizer que não tinha outros negócios para fazer na ilha, mas não havia razão para que ele acreditasse. De qualquer forma, a companhia de Philip servia a um propósito de Adrianne. Ou pelo menos foi o que ela disse a si mesma enquanto escolhia um vestido branco, com metros de saia, mas com as costas nuas. Seria tão generosa quanto Philip em seu tempo com ele. Dessa maneira ele não estaria alerta quando ela deixasse o país... no dia seguinte.

Havia planos a serem finalizados, planos que ela começara a formular dez anos antes. Voltaria para Jaquir pouco depois de iniciado o novo ano. Pendurou pedras nas orelhas, tão frias quanto seus pensamentos e tão falsas quanto a imagem que apresentaria ao pai.

Naquela noite, porém, aproveitaria a luz persistente do pôr do sol tropical e o sussurro do mar.

Já estava pronta quando Philip bateu na porta. Ele também vestira branco, e a camisa era uma mancha azul sob o paletó.

– Existe alguma coisa de maravilhoso em passar o inverno num clima quente. – Ele passou as mãos pelos ombros nus de Adrianne. – Descansou?

– Descansei.

Ela não contou que dera um pulo no El Grande para arrumar suas coisas e fechar a conta. Ao seu contato, sentiu a confusão frustrada de um cavalo que é esporeado e puxado ao mesmo tempo.

– E, como uma boa turista, os meus pensamentos quase nunca vão além da próxima refeição – acrescentou Adrianne.

– Melhor assim. Antes de sairmos, tenho uma coisa para você.

Ele tirou do bolso uma pequena caixa de veludo. Dessa vez Adrianne recuou, como se tivesse sido beliscada.

– Não...

A voz saiu mais fria do que ela queria, mas Philip pegou sua mão e pôs a caixa nela.

– Não apenas é uma grosseria recusar um presente de Natal, mas também dá azar.

Ele não disse que tivera de abrir caminho com subornos e gorjetas até encontrar um joalheiro disposto a abrir sua loja no feriado.

– Não era necessário.

– Deveria ser? Vamos, Adrianne, uma mulher como você deve saber como aceitar um presente de forma graciosa.

Philip tinha razão, é claro, e ela estava bancando a tola. Abriu a caixa e contemplou o broche repousando sobre cetim branco. Não, não repousando, pensou Adrianne, mas irrequieto, como a pantera que era, de um preto reluzente, com olhos de rubis pegando fogo.

– É lindo!

– Me fez pensar em você. É uma coisa que temos em comum. – Ele pregou o broche no vestido com a facilidade de um homem acostumado a fazer essas coisas. Adrianne sorriu, porque precisava oferecer uma reação descontraída.

– De um ladrão para outro?

Mas seus dedos subiram para acariciar a joia.

– De uma alma irrequieta para outra – corrigiu Philip.

Ele guardou a caixa no bolso e pegou a mão de Adrianne. Jantaram lagosta grelhada e tomaram um vinho que permitia sentir o gosto da uva enquanto *mariachis* tocavam canções de amor e desejo. De sua mesa, junto da janela, podiam observar as pessoas passeando pelo dique. Muitos meninos, sempre ansiosos por uma moeda, esperavam ao lado da fileira de táxis, preparados para abrir a porta.

Enquanto comiam, o sol mergulhou no mar, num esplendor de cores; e a lua, menos apressada, surgiu em toda a sua imponência.

Adrianne indagou sobre a infância de Philip e ficou surpresa quando ele não se esquivou nem falou como se fosse uma piada.

– A minha mãe era bilheteira num cinema. O que era uma vantagem para mim, pois podia entrar e assistir a qualquer filme, às vezes durante a tarde inteira. Afora isso, o dinheiro mal dava para pagar o aluguel de um apartamento miserável de dois cômodos em Chelsea. O meu pai tinha entrado na vida dela apenas pelo tempo suficiente para me gerar. Sumiu logo em seguida, assim que soube que eu estava a caminho.

Adrianne sentiu uma pontada de angústia. Teve vontade de pegar a mão dele, mas Philip levantou o copo de vinho. O momento passou.

– Deve ter sido difícil para ela, vivendo sozinha.

– Tenho certeza de que foi um inferno, mas não se pode saber. Ela é uma otimista nata, o tipo de mulher que se contenta com qualquer coisa que tenha, pouco ou muito. É uma grande fã da sua mãe, diga-se de passagem. Quando descobriu que levei a filha de Phoebe Spring para jantar, me passou um sermão de uma hora por não ter levado você para que a conhecesse.

– Mamãe tinha um jeito especial de conquistar as pessoas.

– Nunca pensou em seguir os passos da sua mãe como atriz?

Foi fácil sorrir enquanto levantava o copo.

– Não é o que eu faço?

– Eu me pergunto até que ponto é uma representação.

– Uma representação? – Ela gesticulou com as mãos. – Qualquer coisa que seja necessária para alcançar um objetivo. A sua mãe sabe sobre a sua... vocação?

– Refere-se ao sexo?

Ele não sabia se Adrianne riria. Mas depois ela se inclinou para a frente, a luz da vela refletindo-se em seus olhos.

– Vocação no sentido de ocupação profissional, Philip.

– Ah, sim. Nunca conversamos a respeito. Mas basta dizer que mamãe não é nenhuma tola. Mais vinho?

– Só um pouco. Nunca pensou em voltar à atividade para um último e espetacular trabalho? Alguma coisa que o manteria satisfeito na velhice?

– O Sol e a Lua?

– Esse é meu.

– O Sol e a Lua... – repetiu ele, divertido, enquanto a observava. – Duas pedras fascinantes no mesmo colar. O Sol, um diamante de 280 quilates, da primeira água, absolutamente puro, de uma transparência brilhante. Segundo a lenda, uma pedra com um passado movimentado. Foi encontrada na região de Deccan, na Índia, no século XVI. Antes da lapidação, tinha 800 quilates. Dois irmãos a descobriram. Como Caim e Abel, um assassinou o outro para ser o único dono. Em vez de ser banido para a Terra de Node, o irmão sobrevivente encontrou o sofrimento em sua pátria. A esposa e os filhos morreram afogados, deixando-o com o conforto um tanto frio da pedra. – Philip tomou um gole do vinho. Como Adrianne não fizesse qualquer comentário, tornou a encher os copos. – A lenda diz que ele enlouqueceu e ofereceu a pedra ao demônio. Não se sabe se a oferta foi aceita ou não, mas ele acabou assassinado. Então a pedra iniciou suas viagens. Istambul, Sião, Creta e dezenas de outros lugares exóticos, sempre deixando uma trilha de traição e assassinato em sua esteira. Até que, depois de satisfazer os deuses, foi encontrada numa casa em Jaquir, em 1876.

– O meu trisavô comprou o diamante para sua esposa predileta. – Adrianne começou a passar o dedo pela borda do copo de vinho.

– Pelo equivalente a um milhão e meio de dólares. Teria custado mais se a pedra não tivesse desenvolvido uma reputação de perigosa.

O dedo parou de repente.

– Havia pessoas morrendo de fome em Jaquir nessa ocasião.

– Não seria o primeiro soberano a ignorar essas coisas, nem o último. – Philip esperou até que o garçom tirasse os pratos. – O diamante foi lapidado por um veneziano, que por nervosismo ou falta de habilidade perdeu mais da pedra bruta do que seria necessário. Suas mãos foram cortadas e penduradas no pescoço antes de o abandonarem no meio do deserto, mas a pedra sobreviveu para ser unida a uma pérola igualmente antiga, tirada do Golfo Pérsico, perfeitamente esférica, com uma iridescência que desafia qualquer descrição. Lustrosa, reluzente, como 250 quilates de luar. Enquanto o diamante cintila, a pérola parece arder. A lenda diz que a magia da pérola luta contra a magia do diamante. Juntas as duas são como a paz e a guerra, a neve e o fogo. – Philip fez uma pausa. Levantou o copo. – Ou o sol e a lua.

Adrianne tomou um gole do vinho para aliviar a garganta. Conversar sobre o colar deixava-a excitada e perturbada ao mesmo tempo. Sabia como era, pendurado no pescoço da mãe, e podia imaginar, apenas imaginar, qual seria a sensação quando o tivesse em suas mãos. Com ou sem magia, com ou sem lenda, ela teria o colar.

– Fez muito bem o seu dever de casa.

– Conheço O Sol e a Lua da mesma maneira como conheço o Kohinoor ou o Pitt, como pedras que posso admirar, até mesmo desejar, mas não como pedras pelas quais arriscaria a minha vida.

– Quando o motivo é apenas dinheiro ou vontade de posse, pode-se resistir até mesmo a diamantes.

Ela fez menção de se levantar, mas Philip segurou-a pela mão. O aperto foi mais firme do que deveria, e não havia mais um brilho divertido em seus olhos.

– Quando o motivo é vingança, também se deve resistir. – A mão de Adrianne flexionou-se uma vez e depois ficou passiva. O controle pode ser tanto uma bênção quanto uma maldição, pensou ele. – A vingança turva a mente, a tal ponto que não se consegue pensar com clareza. Paixões de qualquer tipo levam a erros.

– Só tenho uma paixão. – A luz da vela dançava no rosto de Adrianne, acentuando os contornos da face. – Tive 20 anos para cultivá-la, canalizá-la. Nem todas as paixões são ardentes e perigosas, Philip. Algumas são frias como o gelo.

Quando Adrianne levantou-se, ele não disse nada, mas prometeu a si mesmo que provaria que ela estava enganada antes de a noite terminar.

19

Ele era um homem difícil de avaliar, pensou Adrianne. Podia ser intenso em um momento e frívolo no seguinte. Enquanto voltavam para o hotel, ele manteve uma conversa amena, divertida, de meros conhecidos. Era como se não tivesse acontecido aquele instante no restaurante em que Philip pegara sua mão, fitando-a nos olhos como se pudesse subjugá-la apenas pelo olhar. Agora, só havia o luar e a brisa tropical. Desvanecera-se a conversa sobre o colar e o sangue derramado por sua causa.

Era fácil compreender como Philip infiltrara-se no círculo dos ricos e mimados. Não se via um ladrão de rua órfão pai de Chelsea quando se olhava para ele. Também não se via um ladrão calculista e confiante. Em vez disso, a imagem era a de um homem refinado, um pouco entediado, encantador, sem objetivos definidos. Só que ele não era nenhuma dessas coisas.

Mesmo sabendo disso, ela relaxou. Parte do poder de Philip era a maneira que tinha de fazer uma mulher tremer em um momento e rir e se desarmar no instante seguinte. Adrianne descobriu-se lamentando depois que estacionaram o carro e se encaminharam para sua suíte, a noite se aproximando do fim.

– Fiquei aborrecida ao encontrar você na ilha – comentou ela ao abrir a bolsa para pegar a chave.

– Mais do que isso, ficou furiosa.

Philip pegou a chave e enfiou-a na fechadura.

– Está bem. – Ela se sentia relaxada e divertida, o que transparecia em seu sorriso. – Não costumo mudar de ideia com frequência, mas foi bom ter a sua companhia hoje.

– Estou contente por ouvir isso, porque a minha intenção é continuar com você.

Enquanto falava, ele a pegou pelo cotovelo e os dois passaram pela porta.

– Se pensa que vou voltar para pegar as joias dos St. John não precisa se preocupar.

Philip jogou a chave em cima da cômoda. Tirou a bolsa da mão de Adrianne e largou-a no mesmo lugar.

– A minha presença aqui no momento não tem nada a ver com joias.

Antes que Adrianne pudesse recuar, ele pôs as mãos em seus ombros. Desceu com os dedos pelos braços com uma incrível gentileza. Com a maior naturalidade, os dedos dos dois se entrelaçaram.

– Não.

Ele levantou uma das mãos de Adrianne, beijou-a, depois levantou a outra.

– Não o quê?

Como um foguete, o calor subiu pelo corpo dela. Uma coisa era ignorar o que nunca se precisava, outra era resistir a uma súbita necessidade.

– Quero que você vá embora.

Ainda segurando uma das mãos dela, ele afastou os cabelos de seu ombro, as pontas dos dedos mal roçando-lhe a pele nua. Sentiu o tremor do choque, mas não sabia de qual dos dois.

– Eu iria se acreditasse em você. Sabe que a chamam de inacessível?

Ela sabia muito bem.

– É por isso que você me quer? Por que sou inacessível?

– Poderia ser suficiente. – E mexeu nos cabelos dela. – Antes.

– Não estou interessada, Philip. Pensei que tinha deixado isso bem claro.

– Uma das coisas que mais admiro em você é o seu talento para mentir.

Ele estava mais perto, muito mais do que deveria.

– Não sei o que mais posso fazer para convencê-lo de que está perdendo o seu tempo.

– Não é preciso muito quando é verdade. Você tem uma maneira de olhar para um homem que faz o sangue mais quente se transformar em gelo. Não é assim que está me olhando agora.

Estendeu a mão para a nuca de Adrianne. Ao mesmo tempo em que ela ficava rígida, Philip observou os lábios cheios e macios se entreabrirem, tremendo um pouco.

Adrianne sentiu o coração subir pela garganta, descompassado, quando os lábios roçaram sua boca. Começou a levantar a mão para empurrá-lo. Isso era autopreservação. Mas os dedos agarraram a camisa de Philip e o apertaram com força. Isso era necessidade.

Depois, com a necessidade, surpreendentemente veio o remorso.

– Não posso dar o que você quer. Não sou como as outras.

– Não, não é. – Num impulso instintivo, ele passou os dedos pelo pescoço de Adrianne; um gesto tranquilizador, enquanto os lábios deixavam-na com os nervos à flor da pele. – E não quero mais do que você pode me dar.

Quando Philip aprofundou o beijo, ela gemeu. Havia alguma coisa de desespero e espanto no som. Por um instante, apenas um instante, ela cedeu. Pressionou o corpo contra o dele, os lábios se entreabriram, o coração se abriu. Ele teve um vislumbre da beleza, da generosidade, tão intensas que isso o deixou abalado. E depois Adrianne recuou, virando-se.

– Sei qual é a minha imagem, Philip, mas não passa de uma imagem. Esse tipo de coisa não é para mim.

Ela cruzou as mãos para mantê-las firmes.

– Talvez não fosse mesmo. – Ele tornou a pôr as mãos nos ombros de Adrianne. – Até agora.

Ela tinha orgulho. Alcançara-o ao longo de anos instáveis e confusos. Porque o orgulho era firme, Adrianne foi capaz de falar sem vergonha.

– Nunca estive com um homem. Jamais desejei estar.

– Sei disso.

Adrianne virou-lhe as costas, como ele esperava que aconteceria.

– Compreendi essa manhã, quando me falou do seu pai, quando contou o que viu acontecer entre ele e a sua mãe – continuou Philip. – Não há nada que eu possa dizer para apagar ou aliviar os seus sentimentos a esse respeito... exceto que não tem de ser assim, nunca deveria ser assim.

Ele a tocou de novo, a mão em seu rosto. Era um teste, para os dois. Adrianne fechou os olhos, permitindo-se absorver a sensação dos dedos em sua pele, o clamor dos nervos e das necessidades que despertavam. Sempre fora uma mulher que conhecia a própria mente, o próprio destino. Naquela noite, ao que tudo indicava, Philip se tornaria parte das duas coisas.

– Tenho medo.

Philip tirou as travessas de marfim dos cabelos dela.

– Eu também.

Ela abriu os olhos ao ouvir isso.

– Por que deveria sentir medo?

– Porque você é importante. – Ele largou as travessas e enfiou os dedos pelos cabelos dela. – Porque isso é importante.

Philip tornou a puxá-la, fazendo um esforço para permanecer gentil, para lembrar-se da fragilidade de Adrianne, não de sua força. As duas coisas estavam presentes, as duas coisas o atraíam desde o início.

– Podemos analisar isso durante a noite toda, Addy. Ou você pode deixar que eu a ame.

Não havia opção. Nunca houvera. Adrianne acreditava no destino. Estava fadada a deixar Jaquir e também a voltar. E estava fadada a passar aquela noite, ainda que fosse apenas uma noite, com Philip... e descobrir o que fazia com que as mulheres entregassem aos homens seu coração... e sua liberdade.

Esperava a paixão. Podia compreendê-la. Era o frenesi selvagem que levava os homens a procurarem uma forma de liberação. Conhecia o sexo, das conversas francas no harém aos diálogos românticos e sonhadores nos chás. As mulheres eram tão famintas quanto os homens, embora nem sempre fossem capazes de saciar sua fome. A impressão de sexo que permanecera em sua mente desde a infância era uma confusão de braços e pernas, uma torrente de sons e movimentos, que ocorriam melhor no escuro.

Quando os lábios tornaram a encontrar os seus, Adrianne estava disposta a se entregar.

Mas foi apenas o sussurro de um beijo, um roçar de leve, um recuo, um novo encontro. Ela piscou os olhos, surpresa, e descobriu que Philip a observava.

Ele percebeu a confusão, o desejo que aumentava a cada momento, enquanto acariciava a boca de Adrianne. Não havia impulso para devorar ou possuir. Não dessa vez. Não com ela. Toda a habilidade que possuía e toda a paciência que adquirira teriam de ser usadas naquela noite. Ele deixou que as mãos se perdessem nos cabelos sedosos, proporcionando a ambos o tempo para se ajustarem ao inesperado.

Por isso, quando ele a acariciou, Adrianne não se contraiu. Seu corpo parecia preparado para ser acariciado e descoberto. Philip tirou o paletó e ela não hesitou mais em passar as mãos por seus ombros, descer por suas costas. Impaciente em conhecer a mesma liberdade que ele experimentava, Adrianne puxou sua camisa até abri-la para sentir a carne por baixo.

Ouviu-o respirar fundo com suas carícias. A boca de Philip na sua tornou-se mais urgente, as batidas do coração já não eram mais tão firmes. Ouviu-o murmurar, mas não compreendeu seu pedido para ir devagar. Não sabia quanto custava a Philip despi-la com cuidado, manter as mãos contidas, quando queria agarrá-la com toda voracidade. Nua, ela estremeceu uma vez. O som do vestido caindo como uma poça em torno de seus pés ressoou como uma trovoada em sua mente.

A pele refulgia ao luar, que prateava as pontas dos cabelos, espalhados sobre os seios. Philip sabia o que era o desejo, mas nunca imaginara que pudesse ser tão intenso e atordoante... a tal ponto que suas mãos tremiam quando arrancou a camisa, a tal ponto que a garganta doía quando a estendeu na cama.

Adrianne também conhecia o desejo. Só que seus anseios sempre tinham um rumo certo e um fim definido. Segurança, reputação, retaliação. Agora, descobria que alguns desejos tinham um pântano de caminhos, levando a muitos destinos. Ainda tinha medo, mas não era mais medo de Philip. O medo agora era de si mesma, do preço que poderia estar disposta a pagar para continuar a se sentir como naquela noite.

Philip mostrava a ela o que era queimar lentamente e continuar a ansiar pelo calor. Ela ouviu o próprio suspiro trêmulo quando o corpo, por tanto tempo privado daquele único prazer, contraiu-se, estremeceu e aceitou. Ali havia a paixão que dissolvia, a ternura que excitava e o conhecimento que derrubava antigas convicções.

Ele a tomou, como Adrianne sabia que aconteceria, mas também se deu ao ato. E não houve dor, não houve angústia. Havia a certeza de que ela sentiria dor e angústia. As mãos de Philip, no entanto, deslocavam-se por seu corpo como água. Mesmo quando sua boca desceu para o seio dela, o corpo arqueando-se em reação, houve apenas prazer. Ondas de prazer.

Adrianne recendia a fumaça, a seda e a segredos. O suficiente para levar um homem à loucura. Ela também acariciava, mas cautelosa. Embora sua reação fosse tudo o que um homem podia desejar, ele sentiu que um nó de tensão persistia. Adrianne se encaminhava para um auge, e Philip sabia que ela não conseguiria compreender. Parte da mente de Adrianne se continha, talvez cautelosa com o preço a pagar depois. Onde havia um prazer intenso, havia também uma vulnerabilidade intensa. Ele tornou a beijá-la, com um murmúrio. A boca de Adrianne se abriu e as línguas iniciaram uma dança experimental.

Os gostos eram novos para Adrianne... e, no entanto... também eram familiares. A sensação do corpo de Philip, em movimento contra o seu, ajustando-se, deslizando, não era estranha, nem assustadora, como ela esperava. Não experimentou a violação para a qual se preparara quando ele tocou onde nenhum homem jamais tocara.

E depois houve mais, mais do que sensações agradáveis, mais do que a descoberta fácil. A respiração de Adrianne tornou-se superficial e ela teve de fazer um esforço para respirar. A pele, tão sensível a cada carícia, foi esquentando cada vez mais, até que nem mesmo a brisa que entrava pelas janelas abertas podia aliviá-la. Desamparo. E desamparo era uma coisa que ela jurara que nunca sentiria, não nas mãos de um homem. Adrianne lutou de novo contra ele enquanto o calor se acumulava, se concentrava, se expandia no centro de seu ser.

Ali estava a dor, mas não tinha nada a ver com qualquer outra dor que ela já conhecera. Adrianne lutou contra, ao mesmo tempo em que lutava a favor. Cravou as unhas nos lençóis, numa tentativa desesperada de encontrar o equilíbrio.

Lentamente, ele passou a mão por sua coxa, sentindo o tremor de cada músculo separado. E a encontrou, quente e úmida Houve um instante de resistência, a respiração estrangulada, enquanto a sensação se intensificava. O corpo de Adrianne contraiu-se, para depois relaxar, num gemido de atônita liberação.

Desse momento em diante, ela se descobriu envolvida, ansiosa por qualquer coisa que pudesse sentir, desesperada por tudo o que Philip podia lhe ensinar. O sangue bombeava quente, rápido, próximo da superfície quando ela o abraçou. Havia confiança. E Adrianne abriu-se para essa confiança, assim como se abria para ele.

E quando Philip a penetrou, houve choque, houve prazer, de um para o outro. Ele poderia dizer naquele momento, com os corpos unidos, que se sentia mais vulnerável do que em qualquer outra ocasião anterior, mais vulnerável do que jamais se arriscara a ficar.

MAIS TARDE, ADRIANNE FICOU imóvel a seu lado. Não deveria ter significado tanto. Não podia mudar as coisas. Ela sabia que era insensatez sentir de maneira diferente. Em seu país, uma mulher de sua idade há muito tempo já estaria casada; e se Deus fosse generoso, já teria gerado filhos. O que acontecera naquela noite era apenas uma função natural. Uma mulher nascia para proporcionar a um homem prazer e filhos.

Ela estava pensando como uma mulher de Jaquir! O choque da compreensão deixou um gosto amargo em sua boca, que prevaleceu sobre o gosto persistente do homem a seu lado. Adrianne começou a se afastar, talvez para fugir. E foi nesse instante que o braço de Philip a envolveu.

O corpo soerguido, apoiado num cotovelo, ele estudou o rosto de Adrianne. Ainda havia segredos ali. Por baixo do brilho das paixões saciadas havia reservas que ele nem sequer podia imaginar.

– Eu machuquei você?

Não era pensamento, mas sentia que ainda não estava preparado para partilhar seus segredos, tanto quanto ela.

– Não... claro que não.

Philip tocou seu rosto. Embora ela não se desviasse, tampouco retribuiu a carícia. Porque a pele de Adrianne esfriara, ele puxou o lençol, esperando que ela dissesse alguma coisa, que desse algum sinal de como se sentia ou do que precisava. O silêncio foi se prolongando, constrangedor.

– Nunca mais vai me esquecer – murmurou Philip. – Uma mulher nunca esquece o primeiro amante.

Havia azedume suficiente na voz para que Adrianne percebesse que ele fazia um esforço para se controlar, mas não o bastante para que reconhecesse a mágoa.

– Não, não o esquecerei.

Ele a virou. Os cabelos dela cobriam os dois. Os olhos se encontraram. Havia um desafio, admitido e aceito.

– Vamos ter certeza – murmurou Philip, beijando-a de novo.

O SOL ESTAVA ALTO quando ela acordou.

Havia uma dor em seu corpo, indefinida e doce, para lembrá-la da noite. Sua vontade era de sorrir, aconchegar-se na cama, como se tivesse roubado uma sacola cheia com os melhores diamantes. Mas havia uma parte sua, uma parte profunda, que ainda acreditava que a submissão de uma mulher na cama significava a submissão em tudo.

Philip dormia a seu lado. Não imaginara que ele passaria a noite. Tampouco imaginara como podia ser confortador acordar no escuro e ouvir sua respiração firme. E sabia agora como era bom observar o rosto de Philip ao sol da manhã.

Ternura. Ela podia sentir, e lutou contra. Ansiava por passar os dedos pelo rosto dele e enfiá-los entre seus cabelos. Seria prazeroso tocá-lo agora, como se fosse real e importante o que acontecera durante a noite.

Cautelosa, ela esticou os dedos e começou a estender a mão. As pontas mal roçaram-lhe o rosto quando ele piscou e abriu os olhos. Adrianne retirou a mão rapidamente.

Mesmo no sono, seus reflexos eram rápidos. Philip segurou-a pelo pulso e levou a mão a seus lábios.

– Bom dia.

– Bom dia. – Contrafeita. Ela se sentia absurdamente contrafeita. – Dormimos até mais tarde do que eu pretendia.

– As férias são para isso. – Em um movimento suave, Philip rolou para cima dela, beijando seu pescoço. – E para outras coisas.

Adrianne fechou os olhos. Era difícil, muito mais difícil do que jamais imaginara, resistir à necessidade de ceder. Se possível, desejava-o agora ainda mais do que durante a noite. O amor, como qualquer indulgência, despertava um desejo maior depois de experimentado pela primeira vez.

– Vamos tomar o café da manhã? – indagou ela, torcendo para que a voz saísse descontraída.

Depois de mordê-la de leve nos lábios, ele recuou.

– Está com fome?

– Muita.

– Devo pedir que mandem para o quarto?

– Sim... não. – Adrianne já começava a se odiar pela mentira. – Prefiro tomar um banho e me vestir. Pensei em depois ir mergulhar em Palancar.

– Já reservou um barco?

– Ainda não.

Quando ele se sentou na cama, Adrianne mudou de posição apenas ligeiramente, para que os corpos não mais se tocassem.

– Vou providenciar tudo. Também vou tomar um banho. Encontro você no restaurante dentro de uma hora e podemos sair depois de comer.

– Combinado. – Ela conseguiu dar um sorriso. – Posso demorar um pouco mais... preciso ligar para a Celeste.

– Mas não por muito tempo.

Philip beijou-a; e porque já começava a se arrepender, ela retribuiu com ardor. Ele a apertou com um murmúrio de aprovação.

– Uma pessoa pode passar dias sem comer.

A risada foi apenas um pouco tensa.

– Não esta pessoa.

Adrianne esperou até ficar sozinha para levantar os joelhos e encostar a cabeça neles. Não devia doer. Fazer o que era necessário não devia doer. Mas doía. Ela jogou o lençol para o lado, levantou-se apressada e começou a se movimentar.

Philip deu-lhe 15 minutos a mais, sentado junto à janela do restaurante, observando os adoradores do sol. Sabia que havia mulheres que não davam a menor importância para o tempo, mas, finalmente, lembrou-se de que Adrianne não era uma delas. Com um esforço para conter a impaciência, prolongou uma segunda xícara de café. Um homem ficava de péssimo humor quando começava a contar os minutos. Philip pegou a rosa que pusera ao lado do prato de Adrianne. Estava de péssimo humor.

Acontecera mais na noite anterior do que apenas paixão e liberação. Algo havia mudado dentro dele, assentando em posições inalteráveis. Não procurava, nem mesmo queria procurar, alguém que harmonizasse com tanta perfeição. Mas não havia como voltar. E o mesmo acontecia com Adrianne, pensou ele enquanto acendia um cigarro. Ela podia pensar que poderia continuar sua vida do ponto em que a deixara antes de conhecê-lo, mas ele provaria que estava enganada.

Tomara uma decisão, talvez a primeira em sua vida que não atendia a um interesse pessoal, nem ao lucro. Mas tomara assim mesmo. E não tinha a menor intenção de desperdiçar o resto da manhã esperando para começar a convencê-la de que era a decisão certa.

Esmagou o cigarro no cinzeiro. Deixou-o fumegando e o café esfriando enquanto saía do restaurante. Estava apreensivo quando chegou à suíte de Adrianne. Um idiota apaixonado, disse a si mesmo, irritado. Bateu na porta com mais força do que era necessário. Experimentou a maçaneta quando ela não atendeu. Estava trancada, mas a chave de sua porta estava no bolso, junto com um cartão de crédito e uma moeda fina. Não se deu o trabalho de olhar ao redor enquanto trabalhava.

Quando abriu a porta, compreendeu tudo no mesmo instante. Já resmungava quando foi abrir o closet. Estava vazio, a não ser pela fragrância de Adrianne. Havia um pouco de talco no balcão de maquiagem, mas os vidros, potes e tubos haviam desaparecido.

Deixou a porta do closet bater. Enfiou as mãos nos bolsos. Por um momento, houve apenas raiva e impotência. Jamais um homem violento, descobriu naquele momento como era antecipar um assassinato com satisfação, mas tratou de controlar as emoções. Foi até o telefone e ligou para a recepção.

– Há quanto tempo Lara O'Conner deixou o hotel? – Ele esperou, fantasiando vingança e retaliação. – Quarenta minutos? Obrigado.

Ela podia correr, pensou Philip ao desligar, mas nunca seria capaz de correr tão depressa.

Enquanto Philip jurava vingança, Adrianne afivelava o cinto de segurança. Escondera os olhos com óculos escuros. Não estavam injetados, pois não se permitira lágrimas, mas havia pesar neles. Philip ficaria furioso, pensou ela. Mas depois continuaria com sua vida... como ela faria, como tinha de fazer. As emoções do tipo que Philip podia provocar não tinham lugar na vida dela. Até que O Sol e a Lua estivesse em seu poder, não havia espaço para nada além da vingança.

20

Nevara em Londres. As ruas estavam cinzentas com a sujeira da neve derretida, acumulada junto do meio-fio, enegrecida, como carvão, igualmente horrível. Nos telhados, porém, continuava branca como numa campina imaculada, faiscando ao sol fraco. Um vento forte investia contra os casacos e chapéus dos pedestres que passavam apressados, os corpos inclinados, segurando qualquer coisa sob a ameaça de ser arrebatada. Era o tipo de frio que penetrava até os ossos e suplicava por uma bebida quente. Horas antes, Philip desfrutava o ardente sol mexicano.

– Aqui está o chá, querido.

Em movimentos rápidos, do hábito antigo de tentar alcançar todo mundo, Mary Chamberlain entrou em sua sala aconchegante. Philip afastou-se da janela para pegar a bandeja carregada. Todas as iguarias prediletas de sua infância estavam ali. Por mais sombria que fosse sua disposição, não pôde deixar de sorrir. Mary sempre tentara mimá-lo quando tinha os recursos para isso, e mesmo quando não tinha.

– Fez o suficiente para um exército.

– Deve oferecer alguma coisa ao seu convidado quando ele chegar.

Ela se sentou à mesa de chá. Levantou o bule para servir. Era um excelente jogo de chá de porcelana Meissen, com rosas bem claras e folhas douradas.

– Antes de ele chegar, porém, achei que poderíamos tomar uma xícara de chá e conversar um pouco.

Ela acrescentou um pouco de creme ao chá de Philip, lembrando que ele não tomava chá com açúcar desde os 12 anos. O fato de que o filho já passava dos 30 ainda a espantava. Sentia que ela própria não tinha muito mais do que isso. Como qualquer mãe, achava que o filho estava muito magro, por isso pôs dois pedaços de bolo com glacê num prato para ele.

– Tome.

Satisfeita, despejou uma porção considerável de açúcar em seu próprio chá. Não havia nada como um chá bem quente e doce numa tarde de inverno.

– Tome o seu chá, querido. É sempre um choque para o organismo viajar de um clima para outro.

Ele acabaria dizendo o que o perturbava acabaria, Mary tinha certeza, mais cedo ou mais tarde.

Philip obedeceu, numa reação automática, fitando a mãe por cima da xícara. Ela engordara nos últimos anos. O que lhe era favorável, pensou Philip. A mãe sempre fora muito magra quando ele era criança. O rosto era redondo; e se a pele carecia do viço da juventude, tinha o brilho de uma mulher madura. Umas poucas rugas, é verdade, mas resultavam mais do riso do que da idade. Mary sempre gostara de rir. Os olhos eram azul-claros e inocentes.

Não herdara a aparência da mãe, mas sim do homem que a seduzira e depois saíra de sua vida. Quando menino, isso o incomodava muito, a tal ponto que observava todo homem, do carteiro ao príncipe, à procura de uma semelhança. Até hoje, porém, não tinha certeza do que pretendia fazer se encontrasse alguma.

– Mudou os cabelos, mamãe.

Mary afofou-os. O gesto era coquete e totalmente espontâneo.

– Mudei. O que achou?

– Estão lindos.

Ela riu, um som exuberante e satisfeito.

– Tenho um novo cabeleireiro, o Sr. Mark... pode imaginar? – Mary revirou os olhos e lambeu um pouquinho de glacê da ponta do dedo. – Ele flerta tanto que não se pode deixar de dar uma gorjeta maior. Todas as garotas estão loucas pelo Sr. Mark, mas acho que ele é de outra fé.

– Episcopaliano?

O humor faiscou nos olhos de Mary. Seu Phil sempre fora um demônio.

– Isso mesmo. Agora... – Ela se recostou, com a xícara de chá nas mãos, os lábios contraídos num sorriso. – Conte-me tudo sobre as suas férias. Espero que não tenha bebido a água de lá. Ouvimos falar as piores coisas a respeito. Divertiu-se bastante?

Ele pensou em engatinhar através de dutos, esconder-se em closets e fazer amor com Adrianne.

– Teve seus momentos.

– Nada como passar férias nos trópicos durante o inverno. Ainda me lembro de quando você me levou para a Jamaica em meados de fevereiro.

Fora um benefício secundário do roubo da coleção De Marco.

– Deixou os nativos inquietos.

– Achei que devia me comportar como uma respeitável matrona britânica. – Ela riu. Estava aí uma coisa que Mary nunca seria: matronal. – Estou pensando em fazer um cruzeiro. Talvez pelas Bahamas.

Ela avistou Chauncy, o gato gordo e preguiçoso que adotara havia alguns anos. Antes que ele pulasse em cima da bandeja, Mary pôs um pouco de creme num pires, que largou no chão.

– O adorável Sr. Paddington me convidou.

– O quê? – Philip voltou aturdido ao presente, com um sobressalto. Ao lado, o gato devorava o creme, voraz. – Pode repetir?

– Eu disse que estava pensando em viajar para as Bahamas com o Sr. Paddington. Chauncy, você é um porco!

Coração mole, ela pôs um pedaço de bolo no pires. O gato comeu tudo de uma vez.

– Viajar num cruzeiro com aquele velho oleoso e devasso? Isso é ridículo!

Mary debateu consigo mesma se comia ou não outro pedaço de bolo.

– O Sr. Paddington é um membro muito respeitado da comunidade. Não seja tão obtuso, Phil.

– Não tenho a menor intenção de ver a minha mãe violada em alto-mar.

– Ah, que perspectiva adorável! – Rindo, ela inclinou-se e afagou a mão do filho. – De qualquer forma, querido, você não veria. Agora, por que não me conta o que o está perturbando? Espero que seja uma mulher.

Philip levantou-se, impaciente com o chá e o bolo, e passou a andar de um lado para outro da sala. Como sempre, Mary enfeitara uma árvore de Natal com todos os ornamentos de que gostava. Não havia um tema definido, nenhuma harmonia de cor. Havia de tudo, de renas de plástico a anjos de porcelana. Philip pegou uma fita dourada para passar pelos dedos.

– É apenas um problema de negócios.

– Nunca o vi desse jeito por causa de um problema de negócios. Seria por causa daquela doce jovem com quem falei pelo telefone? A filha de Phoebe Spring?

Quando ele partiu a fita dourada ao meio, Mary quase esfregou as mãos.

– Mas isso é maravilhoso!

– Não há nada de maravilhoso. Pode parar de sentir o cheiro de flores de laranjeira. – Philip tornou a afundar na cadeira. – Por que o sorriso?

– Acho que você está apaixonado. Finalmente. Como se sente?

Ele baixou os olhos para os pés, de cara amarrada, mais do que um pouco tentado a chutar o gato.

– Péssimo.

– Bom, bom... É assim mesmo que a pessoa deve se sentir.

Incapaz de fazer o contrário, Philip riu.

– Você é sempre um conforto para mim, mamãe.

– Quando posso conhecê-la?

– Não sei. Há um problema.

– Claro que há. Nem poderia ser de outra forma. O verdadeiro amor acarreta problemas.

Philip duvidava de que qualquer tipo de amor tivesse de lidar com um diamante de 280 quilates e uma pérola de valor inestimável.

– Fale-me o que sabe sobre Phoebe Spring.

– Ela foi gloriosa. Não há ninguém hoje que possa ser comparado a ela, o glamour... a presença.

A simples lembrança fez Mary suspirar. Sonhara também em ser atriz, uma estrela, mas depois viera Philip e tivera de se contentar em vender ingressos para os filmes em vez de atuar neles. Contudo, nunca lhe ocorrera se arrepender.

– A maioria das estrelas do cinema hoje em dia, Philip, parece com pessoas comuns... talvez um pouco bonitas, esguias, elegantes, mas qualquer mulher pode ser assim com um pouco de esforço. Phoebe Spring nunca foi uma mulher comum. Espere um instante que eu vou lhe mostrar.

Ela se levantou e foi para outra sala. Philip ouviu-a procurar, mexer em caixas, largar algumas no chão. Sacudiu a cabeça. A mãe era uma colecionadora obsessiva. Guardava tudo. Sempre houvera cacos de vidro colorido, retalhos, saleiros, uma gaveta com velhos canhotos de ingressos do cinema.

Em Chelsea, o peitoril das janelas era enfeitado com pequenos animais de gesso. Como não podia ter bichos de estimação, Mary compensava à sua maneira. Philip ainda podia se lembrar da mãe recortando e colando fotos de todo mundo, dos membros da família real ao último deus do cinema. Substituíam o tradicional álbum de família para uma mulher que tinha apenas ela própria e um menino pequeno. Mary voltou, soprando a poeira de um enorme álbum de recortes vermelho.

– Você sabe que guardei os álbuns sobre as minhas celebridades prediletas.

– Os álbuns das estrelas.

– Isso mesmo.

Sem o menor constrangimento, Mary sentou-se e abriu o álbum. Quando Chauncy pulou em cima, ela o enxotou de volta para o chão, gentilmente.

– Essa é Phoebe Spring. A foto deve ter sido tirada na estreia do seu primeiro filme. Ela não devia ter mais do que 20 anos.

Philip foi se sentar no braço da poltrona em que estava a mãe. A mulher na foto tinha a mão no braço de um homem, mas ninguém o notava. Só a ela. O vestido era um esplendor de lantejoulas. Os cabelos escuros espalhavam-se pelos ombros. Mesmo em preto e branco, dava para perceber como eram brilhantes. Os olhos projetavam uma excitação inocente, o corpo era todo promessa.

– Foi o filme que a transformou numa estrela.

Mary passou a folhear o álbum. Havia outras fotos, com algumas poses, outras tiradas em momentos inesperados. Ela nunca parecia menos do que bonita. Através das fotos, algumas tão antigas que se dobravam nos cantos, ela irradiava sexualidade. Havia também notícias que Mary recortara de colunas sociais e tabloides sensacionalistas. Rumores de aventuras românticas de Phoebe com os atores com que contracenava, com produtores, diretores, políticos.

– Essa foi tirada na noite do Oscar, quando ela foi indicada por *Filha do amanhã*. Uma pena que não tenha ganhado, mas foi acompanhada por Cary Grant, o que vale alguma coisa.

– Vi esse filme. Ela se apaixonou pelo homem errado, teve um filho e depois brigou contra ele e seus pais ricos pela custódia da criança.

– Eu chorava cada vez que assistia! Ela era muito corajosa, apesar de tão maltratada.

Mary tornou a suspirar e virou a página. Havia uma foto de Phoebe num vestido de cetim, fazendo uma reverência graciosa para a rainha. Outra foto mostrava-a dançando com um homem moreno, de smoking. Philip não precisava que ninguém lhe dissesse que aquele era o pai de Adrianne. Os olhos, a estrutura óssea, a cor da pele diziam tudo.

– Quem é esse?

– O marido. O rei Abdu qualquer coisa. Ela se casou apenas uma vez. Os jornais e as revistas não paravam de comentar, tipo "como se conheceram aqui em Londres, quando ela filmava *Rosas brancas*", "como se apaixonaram no instante em que se viram pela primeira vez", essas coisas. Ele mandava duas dúzias de rosas brancas todos os dias para a suíte de Phoebe no hotel até ela parecer uma enorme estufa. Houve uma ocasião em que ele reservou um restaurante inteiro só para poderem jantar a sós. O fato de que ele era um rei tornava tudo ainda mais romântico. – De sua posição como espectadora, mesmo depois de um quarto de século, os olhos de Mary ainda ficavam úmidos com lágrimas. – As pessoas começaram a recordar Grace Kelly e Rita Hayworth. Phoebe acabou deixando o cinema para se casar com ele. E partiu para seu pequeno país...

Mary indicou a direção com um aceno de mão.

– Jaquir.

– Isso mesmo. Era como um conto de fadas. Aqui está uma foto do casamento. Ela parece uma rainha.

O vestido era deslumbrante, com camadas de renda e quilômetros de seda. Mesmo sob o tule, os cabelos de Phoebe brilhavam. Ela parecia radiante de felicidade, de uma juventude deslumbrante. Carregava nos braços dezenas de rosas brancas. E no pescoço, reluzente, quase queimando a foto, estava o colar: O Sol e a Lua.

O diamante e a pérola, o primeiro por cima, pendiam de uma corrente de ouro maciço trançada. Os engastes eram como poeira de estrelas, muito ornados, antiquados, gloriosos.

Philip podia estar aposentado, mas as pontas de seus dedos comicharam, a pulsação acelerou. Segurar aquele colar, possuí-lo, mesmo que fosse por apenas um momento, seria como possuir o mundo.

– Depois que eles se casaram, não houve muita notícia e quase nenhuma foto. Há algum costume no país contra as fotos. Noticiaram que ela estava grávida e, depois, que tinha nascido uma menina. Deve ser a sua Adrianne.

– É.

– As pessoas falaram a respeito por algum tempo, mas cada vez se lia menos e menos sobre ela, até que apareceu em Nova York com a filha, alguns anos mais tarde. Parece que o casamento não foi feliz. Ela largou o marido e voltou para os Estados Unidos. Queria retomar a carreira. Deu uma entrevista nessa ocasião, mas não disse muita coisa, a não ser que sentia saudade do trabalho como atriz.

Ela virou a página para mostrar outra foto. Phoebe ainda era bonita, mas não tinha mais o viço e a glória. Em seu lugar havia tensão e nervosismo. Adrianne estava a seu lado. Não devia ter mais do que 8 anos. Era pequena para a idade. Empertigada, olhava para a câmera, mas os olhos eram cautelosos. Agarrava a mão da mãe... ou Phoebe agarrava a sua.

– Foi uma volta muito triste. Phoebe nunca mais fez um filme realmente bom. Só filmes em que tirava a roupa. – Mary virou as páginas para mostrar uma Phoebe diferente, com rugas em torno dos olhos e decotes para mostrar os seios ainda empinados. Havia uma expressão vazia no rosto e um desespero no sorriso. Uma certa dureza substituía a inocência. – Ela fez uma sessão de fotos para uma revista masculina. – Mary torceu o nariz. Não era puritana, mas havia limites. – Teve um caso com o agente, entre outros. Havia insinuações de que ele estava de olho na filha. Uma coisa sórdida para um homem daquela idade.

Philip sentiu uma pressão no fundo do estômago.

– Como era o nome dele?

– Não me lembro... se é que alguma vez eu soube. Talvez esteja em alguma notícia.

– Posso ficar com o álbum?

– Claro. Isso tem alguma importância, Phil? – Mary pôs a mão sobre a do filho quando Philip fechou o álbum. – O que os pais dela foram, o que fizeram, nada disso muda o que ela é.

– Eu sei. – Ele encostou os lábios no rosto da mãe. – Mas ela precisa de ajuda.

– A moça tem sorte por contar com você.

– Tem razão. – Philip sorriu e beijou-a de novo. – Também sei disso.

Quando a campainha tocou, Philip olhou para o relógio.

– Deve ser o Stuart. Pontual como sempre.

– Devo esquentar o chá?

– Ainda está quente – disse ele, enquanto se encaminhava para a porta. – Olá, Stuart.

O nariz e as faces avermelhados pelo vento, Spencer entrou na casa.

– Um frio terrível! Vai nevar de novo depois que anoitecer. Olá, Sra. Chamberlain. – Ele pegou a mão oferecida e afagou-a. – É um prazer tornar a vê-la.

– Uma xícara de chá vai esquentá-lo, Sr. Spencer. Phil vai servi-lo. Infelizmente tenho várias coisas para fazer. – Ela vestiu o casaco de pele preto que o filho lhe dera como presente de Natal. – Há mais bolo na copa, se quiserem.

– Obrigado, mamãe. – Philip ajeitou a gola do casaco de Mary. – Está parecendo uma estrela de cinema.

Nada poderia deixá-la mais satisfeita. Depois de beliscar de leve o rosto do filho, ela saiu.

– A sua mãe é adorável.

– É mesmo. Está pensando em fazer um cruzeiro com um quitandeiro chamado Paddington.

– Quitandeiro? – Spencer dobrou o casaco com todo cuidado e ajeitou-o no encosto de uma cadeira antes de se virar para a bandeja. – Tenho certeza de que ela vai agir com todo bom-senso. – Ele se serviu chá antes de acrescentar: – Pensei que ia tirar esses dias de folga.

– E é o que estou fazendo.

Spencer levantou uma sobrancelha. E a ergueu um pouco mais alto quando Philip pegou um cigarro.

– Pensei que tinha parado de fumar.

– E parei.

Spencer pingou algumas gotas de limão no chá.

– Achei que era o momento propício de informá-lo sobre Paris.

Embora já soubesse o que acontecera, Philip sentou-se, preparado para ouvir.

– Como você suspeitou, a condessa era a pessoa visada. Infiltramos um agente secreto como ajudante de cozinha, além de postarmos mais dois nas proximidades. O nosso homem deve ter percebido, porque foi um tanto precipitado. Disparou um alarme. É a primeira vez que faz isso.

Philip serviu-se de uma segunda xícara de chá antes de lançar um olhar de advertência para Chauncy.

– É mesmo incrível.

– Os homens lá fora também o viram, outro fato que aconteceu pela primeira vez, embora a descrição seja vaga, na melhor das hipóteses. Os dois alegam que ele deve ser parisiense, tipo um rato de esgoto, mas talvez tenham dito isso porque o perderam.

– E as joias da condessa?

– Estão seguras. – Spencer deixou escapar um suspiro satisfeito. – Frustramos o trabalho dele ali.

– Talvez tenha sido mais do que isso. – Philip ofereceu o bolo. Spencer ainda resistiu por um momento, mas depois deu uma mordida. – Ouvi alguns rumores.

– Quais?

– Talvez não passem de rumores, mas tenho me mantido atento a tudo. Sabia que o nosso homem tem uma cúmplice?

– Uma mulher? – Spencer largou o bolo. Pegou o bloco de anotações. – Não temos nada sobre uma mulher...

Philip bateu a cinza do cigarro.

– É por isso que precisa de mim, capitão. Não tenho um nome, mas ela é ruiva, um tanto vulgar e inteligente o suficiente apenas para cumprir as ordens dele.

Ele teve de sorrir ao dizer isso, pensando que Adrianne ficaria furiosa se ouvisse a descrição.

– Seja como for, ela falou com um contato meu. – Philip levantou a mão em antecipação. – Sabe que não posso lhe dar o nome, Stuart. É parte do acordo desde o início.

– Acordo esse que eu lamento ter aceitado. Quando penso em todos os marginais e larápios que poderia retirar das ruas... mas não importa. O que ela disse?

– Que o Sombra... sabia que ele é conhecido como o Sombra?

– Querem romantizá-lo.

– O Sombra se relaciona com ela há anos ao que tudo indica. Parece que agora está com um pouco de artrite. – Philip flexionou os dedos. – Esse é um dos maiores medos de vários tipos de artistas. Músicos, pintores, ladrões. A destreza é um instrumento valioso.

– Não sinto a menor compaixão.

– Coma outro pedaço de bolo, capitão. O rumor é que o Sombra vai se aposentar.

Spencer ficou imóvel, com o bolo na metade do caminho para a boca. Os olhos arregalados e vidrados. Philip pensou num buldogue que acaba de descobrir que o osso suculento em que cravou os dentes é de plástico.

– Aposentar? Ele não pode se aposentar, logo agora. Há dois dias quase o pegamos em Paris.

– É apenas um rumor.

– Mas que droga!

Spencer largou o bolo no prato. Lambeu os dedos.

– Talvez ele pretenda apenas tirar férias, capitão.

– O que você sugere?

– Até que ele aja de novo, se agir, devemos esperar.

Spencer remoeu a informação como um fragmento de comida entre os dentes:

– Talvez compense nos concentrarmos na mulher.

– É possível. – Philip, porém, deu de ombros como se descartasse essa perspectiva. – Se você tiver tempo para procurar as ruivas vulgares em dois continentes. – Ele se inclinou para a frente, a fim de pegar sua xícara. – Sei que é frustrante, Stuart, mas o perigo em Paris pode ter sido a última gota para ele. – Philip pensou que precisava se lembrar de mandar um cheque generoso para seu velho amigo André, que providenciara para que os agentes em Paris tivessem alguma coisa para relatar. – Tenho alguns negócios pessoais para resolver nas próximas semanas, mas o informarei se souber de alguma coisa útil.

– Quero esse homem de qualquer maneira, Philip.

Os cantos da boca de Philip se contraíram, numa insinuação de sorriso.

– Não mais do que eu, capitão, posso lhe garantir.

Já passava de 2 horas da madrugada quando Adrianne entrou em seu apartamento. A festa de réveillon de que se esgueirara provavelmente continuaria até o amanhecer. Deixara Celeste flertando com um antigo apaixonado e várias garrafas de champanhe ainda fechadas. O acompanhante de Adrianne já devia ter notado sua ausência àquela altura, mas com certeza conseguiria encontrar alguma coisa – ou alguém – para diverti-lo.

Fora difícil não olhar para as joias sem pensar na possibilidade de um trabalho. Havia muitos anos que admirava um colar e estudava uma pulseira já calculando o retorno em dólares e centavos. Era um hábito que tentava mudar. Só realizaria mais um trabalho, e podia projetar a joia em qualquer momento do dia ou da noite. Podia ver o colar no retrato da mãe que mandara pintar com base numa foto antiga.

Quando voltasse de Jaquir, seria a mulher que todos acreditavam que sempre fora. Sua vida seria repletas de festas, eventos beneficentes e viagens aos lugares que uma mulher com seus recursos devia frequentar. Aprenderia a aproveitar, tal como uma mulher que desfruta do sucesso depois que o trabalho de sua vida é realizado. E faria isso sozinha.

Não se arrependeria. O sucesso tinha um preço; por maior que fosse, não se podia deixar de pagar. Queimara suas pontes quando embarcara no avião em Cozumel. Talvez tivesse riscado o fósforo para isso anos antes.

Philip a esqueceria. Era bem provável até que já tivesse começado a esquecê-la. Afinal, ela fora apenas mais uma mulher. Não fora a primeira, e não podia ter ilusões de que seria a última. Mas Philip fora as duas coisas para ela, o primeiro e o último, e tinha de aceitar o fato.

Pendurou o casaco no braço ao subir a escada curva para o segundo andar. Não conseguia parar de pensar em Philip. Mas tampouco podia se permitir o arrependimento por tê-lo amado ou por ter fechado a porta para o rumo que esse amor poderia tomar. Eram becos sem saída, pensou ela. Quando uma mulher amava, era sempre um beco sem saída.

O que ela queria agora era dormir, um sono longo e profundo, pois precisaria de toda sua energia, habilidade e presença de espírito ao longo dos próximos dias. Seu voo para Jaquir já fora reservado.

Adrianne não acendeu a luz do quarto. Largou o casaco numa cadeira e começou a soltar os cabelos no escuro. Lá fora, o barulho do tráfego elevava-se em ondas, lembrando-a do mar. Podia quase sentir o cheiro... da maresia e de tabaco, e da fragrância do sabonete que sempre a fazia pensar em Philip.

Ficou imóvel, as mãos nos cabelos, quando o abajur na mesinha de cabeceira acendeu.

Parecia uma estátua esculpida em alabastro e âmbar, com a pele dourada sobressaindo no vestido branco de contas que caía pelo corpo, reto, justo e reluzente, mas ao levar a taça aos lábios, Philip observou seus olhos. Agradou-o perceber o choque, depois o prazer, antes que o controle prevalecesse.

– Feliz ano-novo, querida.

Ele levantou a taça com champanhe. Largou-a em seguida para pegar a garrafa e encher o segundo copo, à espera.

Philip estava todo de preto, com camisa de gola rulê, jeans bem justos, botas de couro flexíveis. Enquanto esperava, tratara de ficar à vontade, recostado nos vários travesseiros que Adrianne mantinha na cama.

Ela sentiu tudo ao mesmo tempo, necessidade, irritação, satisfação... e culpa. Por causa disso, sua voz saiu tão gelada quanto o champanhe que ele ofereceu. Lentamente, baixou os braços para os lados do corpo.

– Não esperava ver você de novo.

– Mas deveria. Nenhum brinde ao novo ano, Addy?

A fim de provar seu desinteresse, para si mesma e para ele, Adrianne adiantou-se para pegar a taça. O vestido ondulava como água.

– Aos começos... e ao pagamento de antigas dívidas. – Cristal retiniu em cristal.

– Fez uma longa viagem para um brinde.

O perfume de Adrianne pairava no ar, envolvendo todos os sentidos de Philip. Poderia estrangulá-la por isso.

– O champanhe é de uma excelente safra.

Para Adrianne, o gosto era de areia.

– Se quiser, posso pedir desculpas por ter partido tão abruptamente.

– Não precisa se incomodar. – Philip fez um esforço para se controlar. A raiva estava mais intensa do que imaginara. – Eu deveria ter compreendido que você era covarde.

– Não sou covarde.

Ela pôs a taça de champanhe, cujo gosto não sentira, na mesinha de cabeceira, ao lado da outra.

– É, sim. Uma covarde lamentável, trêmula e egoísta.

Ela o esbofeteou antes de compreender que tinha essa intenção; antes de Philip ver a intenção em seu rosto. O som de carne batendo em carne estalou, ressoou pelo quarto. Os olhos de Philip ficaram sombrios, com uma violência contida, antes que ele pegasse a taça de novo, calmamente. Mas as articulações estavam brancas apertando a haste.

– Isso não muda nada.

– Você não tem o direito de me julgar, não tem o direito de me insultar. Fui embora porque decidi ir, porque achei que era melhor e porque não quero ser uma diversão para você.

– Posso lhe assegurar que há bem pouca coisa em você que me diverte, Adrianne. – Depois de largar a taça de novo, ele uniu as pontas dos dedos, observando-a por cima. – Pensou que eu estava interessado em algumas trepadas tropicais?

A cor se esvaiu do rosto dela, mas voltou depressa, com bastante calor para deixar suas faces ardendo.

– É mais objetivo dizer que não estou interessada num caso com você.

– Pode usar o termo que quiser, mas foi você quem reduziu o que aconteceu entre nós a um encontro ordinário de uma única noite.

– Que diferença isso faz? – A fúria aflorava na voz de Adrianne, seguida pela vergonha de ouvir a verdade. – Uma noite, duas ou uma dúzia?

– Você é insuportável!

Philip agarrou-a pelo pulso e arrastou-a para a cama. Enquanto ela se debatia, ele se deitou por cima dela e imobilizou seus braços. Chamas arderam.

– Foi mais do que isso, e você sabe muito bem. Não foi apenas sexo, não foi estupro, e eu não sou o seu pai. – Ela ficou imóvel ao ouvir isso. A cor da raiva desapareceu de seu rosto, deixando-a muito pálida. – É isso, não é? Cada vez que um homem se aproxima, cada vez que você se sente tentada, pensa no seu pai. Mas não comigo, Adrianne. Nunca comigo!

– Você não sabe do que está falando.

– Não sei? – Philip mantinha o rosto a poucos centímetros do dela. Podia ver a vida retornando, na cor, na raiva, na negação. – Pode odiá-lo, se quiser. Tem esse direito. Mas não vou permitir que você me tome por ele, ou por qualquer outro.

Ele a beijou, não com a ternura que demonstrara antes, não com cuidado ou persuasão, mas com uma demanda furiosa, com uma fome insaciável. Adrianne não se debateu, mas as mãos se contraíram em punhos enquanto o sangue começava a esquentar e disparar pelas veias.

– O que aconteceu entre nós aconteceu porque você quis, tanto quanto eu, porque precisava tanto quanto eu. Olhe para mim.

Adrianne manteve os olhos fechados. Ele esperou até que ela os abriu, o rosto iluminado pela luz do abajur.

– Pode negar?

Ela queria. A mentira chegou a se formar em seus lábios, mas depois foi sufocada pela verdade.

– Não. Mas o que aconteceu entre nós já acabou.

– Estamos muito longe disso. Acha que é só a raiva que faz o seu coração bater descompassado? Acha que duas pessoas podem se unir da maneira como aconteceu conosco e depois se afastarem e se esquecerem?

Ele soltou as mãos de Adrianne, apenas para passar as suas pelos cabelos dela.

– Eu mostrei a você um caminho naquela noite. Agora vou lhe mostrar outro.

Sua boca era quente, furiosa e faminta. Quando a beijou, ela permaneceu inerte, determinada a não lhe dar nada, a não aceitar nada, mas sua respiração começou a acelerar, os lábios esquentaram e se abriram. E Philip a invadiu, deixando a língua tentar, os lábios excitarem.

Aquilo era sedução, muito mais do que palavras suaves e uma luz suave. Aquilo era um desafio, uma provocação. Era a resposta para as perguntas que ela nunca ousara formular.

E no instante seguinte ela o apertava, retribuía, mas nada parecia satisfazê-lo.

Philip desceu por seu corpo, levantou o vestido até a cintura para deixar mais carne à mostra. Não havia exploração agora, mas uma conquista. Ele encheu as mãos com os seios, apertou-os, beijou-os até os mamilos ficaram duros, quentes e doloridos, até o corpo de Adrianne se contorcer e arquear. E se projetando para Philip, ela aceitou tudo.

Gritou, sem pensar, palavras incoerentes, que o deixaram ainda mais excitado, vibrando entre as pernas a cada batida do coração. E o sedutor se transformou em seduzido.

Era uma tranca que ele abriria. Tinha a habilidade, a experiência e a necessidade. Os tesouros ali eram mais ricos e mais tentadores do que tudo que ele já tirara do fundo dos cofres. Apenas com as mãos e os lábios ele a levou à beira do orgasmo.

Havia uma escuridão ali, como veludo. O ar era denso e pesado. Adrianne fazia um esforço para trazê-lo até os pulmões, apenas para que escapasse de novo, várias vezes, em gemidos. Deveria ter percebido antes, pelas insinuações de Philip, que o prazer podia abalar seu corpo, transformá-lo numa massa de sensações e necessidades. A opção de dar e tomar, de oferecer e receber, estava fora de seu alcance.

Ela arrancou as roupas de Philip, perdendo por completo qualquer sentimento de negação e autopreservação, como a chama de uma vela que se extingue. Houvera prazer antes, mas não daquele jeito. Querer assim era esquecer todos os outros anseios. Nunca estivera tão consciente de seu corpo. Podia sentir cada vibração, centenas ao mesmo tempo, onde ele tocava, onde ela queria ser tocada, acariciada.

O suor aflorou em sua pele. E na pele de Philip. Ela podia sentir o gosto de sal enquanto rolavam na cama. O cheiro da paixão se elevou, intenso, pungente, excitante. Podia ouvir a respiração tensa e entrecortada de Philip enquanto ele a imobilizava de novo por baixo de seu corpo. Os olhos se encontraram. Ele sentia a cabeça latejar enquanto o ar entrava e saía de seus pulmões. Podia sentir as unhas cravadas em suas costas e a pressão dos seios em seu peito.

– Quero ver você subir para o céu – murmurou Philip, as palavras doendo em sua garganta. – Vai saber que sou o único que pode levá-la ao êxtase total.

Ele a penetrou, mexendo, arremetendo, até deixá-la com os olhos arregalados e vidrados. O grito de prazer saiu estrangulado pela garganta de Adrianne.

Philip podia sentir cada músculo separado em seu próprio corpo se contraindo, em absoluta tensão. Depois, os quadris de Adrianne iniciaram movimentos frenéticos, acompanhando as arremetidas. As sensações aumentaram. Ele podia ver o rosto iluminado de Adrianne, ouvir o sussurro dos lençóis, quase sentir os poros de seu corpo se abrirem. O perfume de Adrianne, seus braços, suas pernas, seus cabelos envolviam-no por completo. A realidade entrou em foco na ponta de um alfinete. Philip imaginou que morrer devia ser assim. Depois, teve a visão ofuscada. O grito de gozo de Adrianne foi como um eco no momento em que ele despejava seu sêmen.

Ela esperou que a vergonha viesse, a repulsa por si mesma. Mas havia apenas o resquício suave e agradável do prazer intenso. Philip fizera coisas com ela que nunca soubera que podia desfrutar. E acolhera todas com a maior satisfação. Exultante. Mesmo agora, a paixão consumida, sabia que tornaria a recebê-las com profunda alegria. Ela manteve os olhos fechados, sabendo que Philip a observava.

Adrianne não podia saber como parecia, pensou ele. Nua, as pernas compridas e bem torneadas ainda entreabertas no abandono, a pele aquecida na esteira do sexo satisfatório, os cabelos espalhados pela renda branca dos travesseiros. Ela não usava nada além dos brincos de diamantes, que cintilavam, eróticos, à luz do abajur.

– Esses são verdadeiros – murmurou Philip, tocando os brincos.

– São.

– Quem os deu para você?

– Celeste. Quando fiz 18 anos.

– Ainda bem. Se o presente fosse de um homem, eu teria que sentir ciúme. E não tenho muita energia para isso no momento.

Adrianne abriu os olhos. Quase sorriu.

– Não sei o que eu deveria dizer.

– Pode dizer alguma coisa sobre ser uma excelente maneira de iniciar o novo ano.

Ela queria tocar nos cabelos de Philip. Eram quase dourados na luz, espalhados sobre o rosto. Suas mãos haviam feito isso no afã da paixão, mas ela as manteve paradas agora.

– Philip, você tem que compreender que o que aconteceu não pode mudar nada. Seria melhor para você se voltasse para Londres.

– Hum, hum... Você tem uma verruga aqui. – Ele deslizou os dedos pelos quadris de Adrianne. – Eu poderia descobri-la no escuro.

– Tenho que ser prática. – Ao mesmo tempo em que falava, com toda intenção, ela se comprimia contra Philip. – Preciso ser prática.

– Uma ideia excelente. Vamos fazer um brinde a isso.

Ele se virou para pegar as taças.

– Quero que me escute, Philip. Eu podia estar errada ao ir embora daquela maneira no México, mas pensei que seria mais fácil. Queria evitar dizer coisas que precisam ser ditas.

– O seu problema, Addy, é que tenta pensar mais do que sentir. Mas pode falar. Diga o que está pensando.

– Não posso me envolver com você, nem com qualquer outra pessoa. O que tenho que fazer nesse momento exige toda a minha concentração. Sabe tão bem quanto eu como é vital não permitir que problemas interfiram no seu trabalho.

– É isso o que eu sou? – Ele se sentia bastante satisfeito para achar engraçado em vez de ficar furioso. – Um problema?

Ela ficou em silêncio por um momento.

– Você não faz parte dos meus planos em Jaquir. Mesmo depois de acabar, pretendo permanecer sozinha. Nunca mais vou construir a minha vida em torno de um homem. Nunca mais vou tomar decisões baseadas nos meus sentimentos por um homem. Se parece egoísmo, sinto muito, mas sei como é fácil perder quem e o que você é.

Ele escutou, os olhos firmes, a expressão solene.

– Tudo isso estaria certo, Adrianne, se não fosse por um pequeno problema. Eu amo você. – Ela entreabriu os lábios. Em choque, compreendeu Philip, irônico. Depois, Adrianne quase saiu da cama, mas ele a segurou. – Você não vai fugir de mim. – Philip puxou-a de volta, ignorando a taça que ela deixara na beira da cama e o champanhe que derramou no carpete. – E não vou deixar que fuja de si mesma.

– Não faça isso.

– Já fiz.

– Está deixando a imaginação dominar você, Philip. Romantizou o que aconteceu entre nós, acrescentando violinos e o luar.

– Pensar assim faz com que você se sinta mais segura?

– Não é uma questão de me sentir segura, mas de ter bom-senso. – Mas isso não era verdade, não quando ela podia sentir o medo embrulhando seu estômago. – Não vamos complicar a situação mais do que já está complicada.

– Está bem. Vamos manter as coisas o mais simples possível. – Ele pegou o rosto de Adrianne entre as mãos, dessa vez gentilmente. – Estou apaixonado por você, Addy. Vai ter que se acostumar com isso, porque não vai mais se livrar de mim. Agora, relaxe. – Ele baixou a mão para acariciar-lhe um seio enquanto murmurava: – E vou mostrar a você que estou falando sério.

21

Adrianne aconchegou-se no travesseiro, piscou contra a intromissão da luz e depois se esticou. O braço de Philip levantou junto com o dela. Metal retiniu. Atônita, em choque, ela olhou para as algemas que prendiam os pulsos dos dois.

– Seu desgraçado!

– Já chegamos a essa conclusão. – Ele baixou o braço, trazendo junto a mão de Adrianne, completamente nua. – Bom dia, querida.

Ela tentou se erguer, mas tornou a cair sobre ele.

– Mas o que é isso?

Adrianne puxou o braço com força suficiente para fazê-lo estremecer.

– Uma simples precaução... para evitar que você escapula pela porta. – Com a mão livre, ele pegou os cabelos dela e puxou seu rosto. Já estava com tesão só de lembrar. – Eu a amo, Addy, mas não confio em você.

– Tire isso agora mesmo!

Ele se virou, de tal forma que as pernas deles se entrelaçaram.

– Esperava que me deixasse provar que posso fazer amor com você com uma das mãos amarrada nas costas.

Ela reprimiu uma risada.

– Em alguma outra ocasião.

– Como quiser.

Philip ajeitou a cabeça no travesseiro e fechou os olhos.

– Eu disse para tirar isso, Philip!

– Vou tirar, quando chegar a hora de se levantar.

Ela deu outro puxão brusco nos dois braços.

– Eu me recuso a ser algemada como uma espécie de escrava...

– Uma ideia adorável.

– E vou me levantar.

Ele abriu um olho.

– A essa hora?

– Já passa de meio-dia.

Irritada, ela levantou as algemas para poder estudar a fechadura. Calculou que poderia arrastá-lo até suas ferramentas.

– Sempre me levantei cedo antes de conhecer você.

– Para quê?

Num acesso de irritação, ela passou por cima de Philip.

– Onde está a droga da chave?

– Está bem. Não precisa se zangar.

Com os pés bem plantados no chão, Adrianne deu um puxão. Teve de cair de joelhos, mas foi bastante satisfatório ver Philip se esparramar no chão.

– Essa não! – A dignidade esquecida, ele esfregou a parte que batera primeiro no chão. – Qual é a pressa?

Com um esforço para não rir, Adrianne afastou os cabelos dos olhos.

– Se quer mesmo saber... preciso ir ao banheiro.

– Por que não disse logo?

O ar assobiou entre os dentes quando ela os trincou.

– Não sabia que precisava anunciar, até que me descobri algemada a você.

– Um sentimento agradável, não é? – murmurou ele, inclinando-se para beijá-la.

– Philip!

– Ah, sim, a chave... – Ele olhou ao redor. Viu o jeans caído ao pé da cama. – Venha comigo.

Com Adrianne a reboque, xingando-o, ele alcançou o jeans.

– Está no bolso. – Philip enfiou a mão em um deles. Nada encontrou. Tentou no outro. – Acho que você quer companhia.

– Philip!

Ela não queria rir. Naquele momento, o riso poderia ser um desastre.

– Não? Nesse caso... – Ele largou o jeans. – Tem um grampo de cabelo?

Quando ele desceu, pouco depois, esperava um café. A última coisa que podia imaginar era encontrar Adrianne vestindo um *training* largo, fritando bacon. O aroma era suficiente para deixar um homem apaixonado.

– O que está fazendo?

– Preparando o café da manhã. O café está quente.

Philip foi até o fogão para ver o bacon na frigideira.

– Sabe cozinhar?

– Claro. – Ela tirou o bacon da frigideira e pôs para escorrer. – Mamãe e eu passamos muitos anos sem empregada. Ainda prefiro cuidar de tudo sozinha.

– E está fazendo o café da manhã para mim.

Tímida, ela pegou uma caixa de ovos.

– Não pense que pretendo fazer isso pelo resto da vida.

– Está fazendo o café da manhã para mim – repetiu Philip, enquanto afastava os cabelos da nuca de Adrianne para beijá-la. – Você me ama, Addy. Apenas ainda não compreende isso.

Ele ganhou tempo com a refeição, deixando-a relaxar. Não sabia que ela estava fazendo exatamente a mesma coisa. Sentados junto da janela, com uma vista do Central Park, demoraram a tomar o café. Foi nesse momento que os primeiros flocos de neve começaram a cair.

– A cidade fica adorável com a neve. Chorei na primeira vez que a vi, porque pensei que continuaria a nevar até cobrir todo mundo. Depois, mamãe saiu comigo e me ensinou a fazer um boneco de neve. – Adrianne empurrou seu café para longe, sabendo que a cafeína a deixaria nervosa se continuasse a tomar. – Eu gostaria de passar os próximos dias mostrando Nova York para você, mas tenho muito trabalho a fazer.

– Não me importo de acompanhá-la.

Ela limpou a garganta e tentou de novo.

– Se puder voltar daqui a algumas semanas, estarei livre para levá-lo a museus, alguns espetáculos na Broadway, algumas galerias.

Ele bateu com o cigarro na mesa antes de acendê-lo.

– Não vim para me divertir, Addy, mas para ficar com você.

– Viajo para Jaquir no fim de semana, Philip.

Ele deu uma tragada longa e tranquilizadora.

– Há uma coisa sobre a qual precisamos conversar.

– Não tente me convencer. Preciso fazer isso. Lamento que você não compreenda nem aprove, mas não vai... nem pode... fazer diferença.

Philip continuou a olhar para a neve. Um garoto entrava no parque com um bando de cachorros. Uma linda cena, pensou Philip. Ficaria contente em passar uma parte de sua vida naquele continente, naquela cidade, naquela cozinha. Quando falou, não foi com raiva, pois não era uma ameaça. Foi dito com a simplicidade calma do fato incontestável.

– Há coisas que posso fazer, Addy, que tornariam difícil, até mesmo impossível, sua saída do país, ainda mais para uma região tão instável quanto o Oriente Médio.

Ela levantou a cabeça apenas um pouco, mas foi o suficiente para lhe proporcionar um ar de realeza.

– Sou a princesa Adrianne de Jaquir. Se decidir visitar o país em que nasci, nem você nem ninguém poderá me impedir.

– Você faz isso muito bem. – Tão bem que a foto do pai dela surgiu na mente de Philip. – E se planejasse uma simples visita, eu poderia aceitar. Mas posso impedi-la, Adrianne, e pode ter certeza de que o farei.

– A decisão não cabe a você.

– Mantê-la viva tornou-se uma questão do meu interesse.

– Nesse caso, deve compreender que se eu não for e fizer o que tenho de fazer, posso me considerar morta.

– Está dramatizando. – Philip inclinou-se sobre a mesa. Pegou as mãos de Adrianne, forçando-a a fitá-lo. – Sei um pouco mais agora. Passei uma boa parte dos últimos dias lendo sobre a sua mãe, as poucas notícias que pude encontrar sobre o seu pai, sobre os primeiros anos da sua vida.

– Não tinha o direito...

– Não tem nada a ver com direitos. Sei que foi difícil, até horrível, sob muitos aspectos, mas acabou. – Apertou as mãos de Adrianne. – Está se apegando a uma ideia que deveria ter abandonado há muito tempo.

– Vou tomar o que é meu por direito, pela lei e pelo meu nascimento. Quero recuperar a dignidade que foi roubada da minha mãe e de mim.

– Nós dois sabemos que pedras preciosas não proporcionam dignidade a ninguém.

– Você não compreende. Não pode compreender. – Os dedos de Adrianne apertaram os dele por um momento, depois relaxaram. – Venha comigo.

Ela o levou para fora da copa. Atravessaram o corredor até a sala de estar. Era decorada de branco sobre branco, com algumas manchas de vermelho e azul-real. Por cima da impecável lareira de mármore havia um retrato.

Mais do que quaisquer fotos recortadas de revistas e jornais, mais do que qualquer filme que ele assistira, mostrava Phoebe Spring em sua glória. Os cabelos, de um ruivo rebelde, caíam em ondas sobre os ombros. A pele era como leite fresco contra um vestido esmeralda, com um decote profundo nos seios e ombros e braços à mostra. Ela sorria, à beira de uma risada, de tal forma que os lábios largos e sensuais pareciam ainda mais cheios. Os olhos, de um fascinante azul, iluminavam-se em promessa, com uma inocência inequívoca. Um homem não podia contemplar aquela mulher sem se sentir atraído, sem desejar, sem especular.

Em torno do pescoço, como ele vira antes, estava o colar, O Sol e a Lua.

– Ela era magnífica, Addy. A mulher mais linda que já vi.

– É verdade. Mas também era mais do que a aparência. Era gentil, Philip. Muito gentil. De uma bondade imensa. Seu coração comovia-se pelos problemas de um estranho. Magoava-se com facilidade, por uma palavra mais áspera, uma expressão irritada. Tudo o que mamãe sempre quis foi fazer as pessoas felizes. Não era assim que parecia quando morreu.

– Addy...

– Não, eu quero que você veja. Mandei pintar o retrato de uma foto que ela tirou pouco antes do casamento. Era jovem, mais jovem do que eu sou agora. E estava muito apaixonada. Pode ver, só de olhar, que naquele momento ela era uma mulher segura, feliz com a vida.

– Dá para perceber. O tempo passa, Addy, e as coisas mudam.

– Não foi uma questão de tempo para ela, de mudança natural. Esse colar... Um dia ela me contou como se sentiu na primeira vez em que o usou. Sentiu-se uma rainha. Não importava para ela ter de renunciar a tudo o que conhecia, ir para outro país, passar a viver sob regras diferentes. Estava apaixonada e sentia-se como uma rainha.

Ele estendeu a mão para o rosto de Adrianne.

– Ela era uma rainha.

– Não. – Adrianne ergueu a mão e pegou o pulso dele. – Era apenas uma mulher, ingênua, com um coração imenso, com medo do lado sinistro da vida. Conquistara uma carreira, tornara-se alguém. E abandonou tudo porque ele pediu. O colar era um símbolo, uma promessa de que o Abdu seria tão dedicado a ela quanto ela se dedicava a ele. Quando ele tomou o colar de volta, foi uma declaração de que renunciava a nós duas. Ele apagou o casamento como se nunca tivesse existido. Quando fez isso, acabou com o último resquício de dignidade de mamãe e roubou o meu direito hereditário.

– Addy, sente-se um pouco. Por favor. – Phil sentou-se no sofá, sem largar as mãos de Adrianne. – Compreendo como se sente. Houve um tempo em que eu procurava o meu pai no rosto de cada estranho. Em cada professor que já tive, em cada guarda de que me esquivei, até mesmo nos alvos que escolhia. Passei a infância odiando-o por virar as costas para minha mãe, por se recusar a me reconhecer, mas ainda assim o procurava. Não sei o que faria se o encontrasse, mas tenho certeza de que chega um momento em que você não pode mais continuar como era.

– Você tem a sua mãe, Philip. O que aconteceu com ela não a destruiu. Você não teve que ver a sua morrer pouco a pouco. Eu a amava demais. Devo muito a ela.

– O que acontece entre uma mãe e um filho não exige pagamento.

– Ela arriscou a vida por mim. Nada menos. Foi por mim que deixou Jaquir, muito mais do que por si mesma. Se fosse apanhada, levada de volta, sua vida teria acabado. – Quando os olhos de Philip se contraíram, ela acrescentou: – Não, ele não a mataria. Não ousaria. Mas ela desejaria ter morrido, pois a morte seria muito melhor.

– Por mais que você a tenha amado, Addy, por mais que pense que lhe deve alguma coisa, não vale arriscar a sua vida. Pergunte a você mesma se ela iria querer que isso acontecesse.

Adrianne sacudiu a cabeça.

– Só importa o que eu quero. O colar é meu.

– Mesmo que você conseguisse escapar de Jaquir com o colar, nunca poderia anunciar publicamente que o tomou, nunca poderia usá-lo.

– Mas não quero o colar para possuí-lo, não quero para usá-lo. – Um fogo voltou a seus olhos, um fogo perigoso. – Quero o colar para que ele saiba, finalmente saiba, que o odeio.

– Acha que isso importaria para ele?

– O fato de a filha odiá-lo? Não. Uma filha significa menos do que nada para um homem como ele. Uma mercadoria a ser negociada, como ele já negociou outras filhas, em troca de segurança política. – Adrianne tornou a olhar para o retrato. – Mas O Sol e a Lua significa tudo. Não há nada que valha mais em Jaquir, não pelo valor monetário. Está além de qualquer preço. É uma questão de orgulho e força. Se sair das mãos da família real, haverá revolução, derramamento de sangue, o desmoronamento do poder. A turbulência nas fronteiras de Jaquir vai varrer o país.

– Você quer vingança contra o seu pai ou contra Jaquir?

Ela se controlou. Tinha os olhos distantes, de uma pessoa que estivera sonhando.

– Eu poderia ter as duas coisas, mas vai depender dele. Abdu nunca vai arriscar Jaquir ou a sua posição. O seu orgulho. No final, o orgulho é que vai permitir a retaliação.

– O orgulho do seu pai pode muito bem se virar contra você.

– Talvez. É um risco que estou disposta a correr. – Adrianne levantou-se. De costas para o retrato, estendeu a mão para Philip. – Não diga nada ainda. Há mais uma coisa que quero lhe mostrar. Quer me acompanhar?

– Para onde?

– Vai precisar do casaco. Vou buscá-lo.

A neve caía, tangida pelo vento afunilado entre os edifícios. Com o casaco de pele por cima do *training*, Adrianne tentou relaxar no calor da limusine. Nunca contara tanto a ninguém, nem mesmo a Celeste. E não mostrara a ninguém o que tencionava mostrar agora a Philip.

Era importante. Por mais que ela tentasse negar, importava o que ele pensava. Pela primeira vez, em mais tempo do que podia contar, precisava do apoio e da aprovação de alguém.

O bairro no East Side era muito menos próspero que seu endereço no Central Park. A cobertura de neve ajudava, mas os grafites grosseiros, pintados com spray nas fachadas dos prédios, sobressaíam. Aqui e ali havia janelas tapadas com tábuas, e mais de um carro estacionado no meio-fio era obviamente roubado. Uma batida na porta certa podia resultar num papelote de cocaína, em componentes originais de aparelhos de som de última geração ou em uma facada nas costas. Philip nunca estivera ali antes, mas podia reconhecer os sinais.

– Um lugar estranho para visitar em Nova York.

Adrianne ajeitou os cabelos sob o gorro de pele.

– Não vamos demorar – informou ela ao motorista.

O homem acenou com a cabeça, torcendo fervorosamente para que assim fosse.

Havia fragmentos de lixo jogados na calçada, como um frasco de crack vazio, um preservativo usado, cacos de vidro. Philip conduziu-a entre o lixo, enquanto sua irritação aumentava.

– O que estamos fazendo num lugar como esse? Você pode ter a garganta cortada apenas pelos sapatos e ainda está usando um casaco de pele!

– Serve para me esquentar. – Ela pegou as chaves na bolsa. – Não se preocupe. Conheço a maioria das pessoas que moram nessa quadra.

– Já é uma boa notícia. – Ele a pegou pelo braço, quando ela começou a subir os degraus quebrados e escorregadios. – Vamos torcer para que não haja primos de fora da cidade visitando. Que lugar é esse?

Ela abriu as três fechaduras da porta do prédio. Empurrou-a, enquanto informava:

– O prédio é meu.

Philip fechou a porta, mas mesmo assim continuava frio.

– Nunca mencionou que era dona de um cortiço.

– Não alugo.

Entraram numa enorme sala vazia. Havia vários buracos no chão, o que fez Philip pensar, contrafeito, em ratos. Duas janelas estavam fechadas por tábuas e as outras cobertas de poeira e sujeira. A claridade que vinha da rua era mínima e tão suja quanto as paredes. Umas poucas caixas e mesas quebradas estavam amontoadas nos cantos. Algum pintor local desenhara casais em várias posições sexuais, acrescentando legendas desnecessárias.

– Aqui funcionava um hotel ordinário. – Os passos de Adrianne ecoavam enquanto ela andava pela sala. – Eu o levaria até lá em cima para mostrar os quartos se a escada não tivesse desabado há dois ou três meses.

– Que falta de sorte a minha.

– Há 12 quartos em cada andar. Os encanamentos, na melhor das hipóteses, não merecem confiança. Toda a fiação elétrica precisa ser trocada. E um novo boiler é indispensável.

– Qual é o objetivo? Merda! – O rosto de Philip esbarrara em teias de aranha. – Se está pensando em entrar no ramo da hotelaria, Addy, pense de novo. Esse lugar precisaria de um milhão só para remover a sujeira e matar os bichos!

– Fiz a estimativa de um milhão e meio para a reforma, mais outro milhão para decoração, estoque e pessoal. Quero o melhor.

– O melhor fica a quilômetros daqui, no Waldorf. – Alguma coisa começou a roer no outro lado da parede. – Detesto camundongos!

– É bem provável que sejam mesmo ratos.

– Está bem, Addy. Eu amo você. – Philip removeu mais teias de aranha dos cabelos. – Se está pensando em se aposentar e usar seu dinheiro para fazer concorrência aos St. John no ramo da hotelaria, tudo bem. Mas acho que podemos fazer melhor do que isso.

– Não vai ser um hotel, mas uma clínica... a Clínica de Apoio Phoebe Spring, com os melhores terapeutas que eu puder contratar. Quando estiver pronta, poderá abrigar trinta mulheres e crianças que não tenham para onde ir.

– Addy...

Ela sacudiu a cabeça para fazê-lo calar. Seus olhos brilhavam agora com um novo tipo de paixão.

– Pode compreender como é não ter para onde ir? Ficar com alguém porque não sabe mais o que fazer, porque ao longo dos anos quase se acostumou às surras e às humilhações? E acostumou-se tanto que começou a sentir que as merecia?

Philip não tinha nenhuma observação sagaz para fazer agora, nenhum comentário tranquilizador.

– Não, não posso.

– Já vi mulheres assim, e crianças também. Espancadas, com mais do que meras equimoses, Philip... com cicatrizes na mente e no coração. Nem sempre são pobres, nem sempre são ignorantes, mas todas têm uma coisa em comum. A desesperança, o desamparo.

Ela se virou por um momento. As emoções sempre prevaleciam nesse ponto, mas Adrianne queria que ele visse o lado prático.

– Poderemos atender pelo menos trinta pacientes internadas, e outras mais numa clínica externa. O dobro, quando expandirmos. A equipe vai ser constituída por profissionais e voluntários. Os honorários terão uma escala móvel, com base na capacidade de pagar. Nenhuma mulher vai ser rejeitada.

O vento assoviava através das aberturas das janelas e subia pelos buracos do chão. Era um lugar miserável, num bairro miserável. Ele gostaria de parar por aí, mas também tinha visão, como Adrianne.

– Há quanto tempo vem planejando isso?

– Comprei o prédio há seis meses, mas tenho o projeto há muito mais tempo. – Os passos de Adrianne tornaram a ecoar quando ela atravessou a sala. Havia manchas de umidade no teto, abaulado em vários pontos. – Pegar o colar é uma coisa que tenho de fazer por mim mesma. O motivo é completamente egoísta.

– Tem certeza?

– Claro que tenho. – Adrianne tornou a se virar. – Não atribua qualquer nobreza ao ato, Philip, nem a mim. É vingança, pura e simples. Mas depois que roubar o colar, acabou. Não o quero. Não preciso dele. Abdu pode recuperá-lo... por um preço.

Na pouca claridade, os olhos de Adrianne eram muito escuros. Envolta pelo casaco de pele preto, parecia mesmo uma princesa.

– Cinco milhões de dólares. É apenas uma fração mínima do que vale o colar, em termos monetários e emocionais, mas é suficiente... o suficiente para reformar esse prédio, devolver a dignidade à minha mãe e permitir que eu me aposente como uma mulher muito rica. Preciso fazer todas as três coisas. Passei os últimos dez anos da minha vida me preparando para isso. Não há nada que você possa dizer ou fazer para me impedir.

Ele enfiou as mãos nos bolsos.

– O que a faz pensar que ele pagará? Mesmo que pegue o colar e consiga sair viva de Jaquir, ele só precisa comunicar às autoridades.

– E admitir publicamente que violou a lei ao negar o colar à minha mãe? – Os lábios de Adrianne se contraíram. – Admitir publicamente que foi enganado por uma mulher e atrair a vergonha para a Casa de Jaquir? Ele vai querer me envergonhar, pode até desejar a minha morte, mas vai querer manter o seu orgulho... e O Sol e a Lua ainda mais.

– Há uma possibilidade de que ele encontre uma maneira de alcançar as três coisas.

Adrianne estremeceu sob o casaco de pele.

– Está frio aqui dentro! Vamos voltar.

Philip não disse nada ao partirem. Ainda podia ver como ela parecia, cercada por aquelas paredes imundas. Era fácil compreender por que o levara até lá, por que lhe revelara seus planos. Deixara bem claro, de uma maneira que as palavras nunca poderiam fazer, que estava decidida. Ele não poderia impedi-la. Mas havia outra coisa que podia fazer. Cada decisão no passado sempre visara a seu ganho pessoal. Não se arrependia, nunca se arrependeria. Só podia torcer para que a decisão que estava tomando agora, uma decisão altruísta, não acarretasse arrependimento mais tarde.

No momento em que fechou a porta do apartamento de Adrianne, assumiu uma atitude profissional.

– Tem as plantas do palácio?

– Claro.

– Especificações de segurança, horários, rotas alternativas?

Ela tirou o casaco de pele. O blusão do *training* era largo nos quadris.

– Conheço o meu trabalho.

– Mostre-me as plantas.

Depois de tirar o gorro de pele, Adrianne sacudiu os cabelos.

– Para quê? Não preciso de um consultor.

– Não entro num trabalho enquanto não souber tudo o que há para saber. Usaremos a mesa de jantar.

– Do que está falando?

– Achei que estava óbvio. – Ele removeu a neve derretida do casaco. – Vou com você.

– Não. – Ela o segurou pelo braço antes que Philip pudesse seguir para a sala. Seus dedos finos e compridos o apertavam com toda força. – Não vai, não.

– Posso lhe assegurar de que tem condições de pagar os meus honorários.

– Isso não é uma piada. Eu trabalho sozinha. Sempre trabalho sozinha.

Ele pegou a mão de Adrianne e ergueu-a para roçar os lábios nela.

– Seu ego está aparecendo, querida.

– Pare com isso!

Ela se desvencilhou e subiu a escada, furiosa. Andava de um lado para outro do quarto quando Philip a alcançou.

– Passei a metade da minha vida planejando isso. Conheço o país, a cultura, os riscos. Essa é minha visão, Philip. E é minha vida que está em jogo. Não quero você lá. Não posso ter o seu sangue nas minhas mãos!

Ele deitou na cama, como fizera na noite anterior.

– Eu já abria fechaduras quando você ainda brincava de boneca, minha querida. Já havia roubado o meu primeiro milhão antes de você usar o seu primeiro sutiã. Você pode ser boa, Addy, muito boa mesmo, mas nunca será a metade do ladrão que eu fui.

– Você não passa de um filho da puta presunçoso e egocêntrico! – gritou Adrianne, deixando-o na maior satisfação. – Sou tão boa quanto você era, provavelmente ainda melhor. E não passei os últimos cinco anos de cócoras, podando roseiras!

Philip limitou-se a sorrir.

– Nunca fui apanhado.

– Nem eu!

Quando o sorriso de Philip se alargou, ela acrescentou, ainda mais furiosa:

– Aquilo foi muito diferente! Você apenas desconfiava, até que eu decidi lhe contar.

– Foi relaxada quando entrou no meu quarto para pegar o seu colar... porque estava com raiva. Porque deixou que as emoções a dominassem. A vingança pode ser o seu propósito agora, mas a vingança é uma das emoções mais fortes. Você não vai sozinha para Jaquir.

– Você está aposentado.

Ele pegou um pequeno pote de creme para as mãos na mesinha de cabeceira, desatarraxou a tampa e cheirou-o.

– Estou temporariamente de volta ao ramo. Perguntou-me uma vez se eu não gostaria de realizar um último trabalho, algum feito extraordinário. – Depois de largar o pote na mesinha, Philip cruzou as mãos atrás da cabeça. – Decidi que vai ser esse.

– O trabalho é meu.

– Você vai para Jaquir comigo ou não vai. Só preciso pegar o telefone. Há um homem em Londres que teria o maior prazer em conhecê-la.

– Seria capaz de fazer isso? – Dividida entre a fúria e a traição, Adrianne sentou-se no pé da cama. – Depois de tudo o que lhe contei?

– Vou fazer o que tiver de fazer.

Philip era rápido. Ela quase se esquecera disso. Seus braços envolveram-na e puxaram-na.

– Estou apaixonado por você. É a primeira vez que isso acontece comigo. E não tenho a menor intenção de perdê-la. Tenho uma casa de campo que pode ter sido construída para você. Não importa o que for preciso fazer, você vai estar comigo lá na primavera.

– Nesse caso, irei na primavera. – Desesperada demais para pensar com lucidez, ela o agarrou pelo suéter. – Dou a minha palavra. Mas não suportaria se alguma coisa acontecesse com você.

Os olhos de Philip se estreitaram, o abraço se tornou mais apertado.

– Por quê?

Ela sacudiu a cabeça e fez menção de se desvencilhar.

Ele quase exigiu, mas depois mudou de ideia.

– Muito bem. Isso pode esperar. Agora, preste atenção. Não vou lhe dar opção, não nesse caso. Ou vamos juntos ou você não vai. Estou tentando compreender por que é tão importante para você a ponto de não poder desistir. Vai ter de compreender por que isso faz com que também seja importante para mim.

Adrianne recostou-se quando ele a soltou. Philip parecia muito como no dia em que o vira pela primeira vez, no nevoeiro, vestido de preto, os cabelos penteados para trás, os olhos concentrados. Ela estendeu a mão para tocar seu rosto, sem qualquer exortação dele, pela primeira vez.

– Você é um romântico, Philip.

– É o que parece.

– Vou pegar as plantas.

ESPALHARAM TODA A PESQUISA de Adrianne na mesa de jantar. Ela escolhera o tradicional para decorá-la: Chippendale, Waterford, toalha de renda irlandesa. Na parede cor de salmão havia uma ninfa marinha de Maxfield Parrish. Ao ver o quadro, Philip refletiu que Adrianne era mais romântica do que queria admitir.

Ele a interrogou, ponto por ponto, avançando, recuando, enquanto a neve caía lá fora. Quando o crepúsculo chegou, mais cedo, acenderam as luzes e requentaram o café. As pastas de arquivos e os livros de contabilidade, os estalidos ocasionais de uma calculadora, tudo criava um clima de reunião de negócios. Philip escrevia suas anotações enquanto comiam sanduíches frios.

– Como pode ter certeza de que o sistema de segurança não foi atualizado?

– Ainda tenho contatos lá. – Adrianne torceu o nariz. A borra do café tinha um gosto amargo. – Primas, tias. Quando o filho de Abdu...

– Seu irmão?

– O filho de Abdu – repetiu ela, pois não queria a interferência de qualquer emoção. Doeria demais pensar no menino e no quanto o amara. – Quando ele estudou na Universidade da Califórnia, passamos algum tempo juntos. Pude extrair algumas informações. Assim como a maioria dos membros da Casa de Jaquir que viaja para o exterior, Fahid considerava-se muito americanizado, muito progressista. Pelo menos enquanto vestia um jeans Levi's e dirigia um Porsche. Queria que Abdu promovesse algumas mudanças políticas e culturais. Uma de suas queixas era a de que o palácio continuava o mesmo havia séculos. Os guardas ainda andam armados, quando um moderno sistema de segurança eletrônica tornaria isso desnecessário.

– Na parte externa.

– Isso mesmo. Os guardas e a posição do palácio são suficientes para garantir a segurança. Ainda mais porque não há ninguém em Jaquir que pensaria em desafiar essa segurança. Há muralhas e ameias de uma lado, e o mar do outro. Assim, é muito difícil um acesso clandestino por fora. É por esse motivo que vou exigir o meu direito de ser alojada no palácio.

– Descreva o cofre de novo.

Philip tocou com o dedo as plantas.

– O cofre tem mais de cem anos. Tem 2 metros quadrados, hermético, à prova de som. Pouco depois da passagem do século, uma esposa adúltera foi trancada lá dentro, para morrer entre as joias, lentamente e sozinha. Era conhecido antes como a Sala do Tesouro, mas desde então passou a ser a Tumba de Berina. – Ela esfregou os olhos, um pouco injetados da tensão. – Pouco depois da Segunda Guerra Mundial, a porta do cofre foi modernizada. Tem três trancas, duas com combinações e uma de chave. O soberano de Jaquir sempre anda com a chave, como um símbolo de seu poder, para abrir ou fechar.

– E os alarmes?

Ela suspirou e empurrou a xícara vazia para o lado.

– Foram instalados nos anos 1970, quando o surto do petróleo levou muitos infiéis a Jaquir e ao restante do Oriente Médio.

– Infiéis?

Adrianne ignorou o tom divertido.

– Executivos americanos em particular. Como na maioria dos países árabes, eram ao mesmo tempo usados e desprezados. Sua tecnologia era necessária, desesperadamente necessária, para permitir que Jaquir lucrasse com o petróleo. O dinheiro corria, havia muito progresso em certas áreas. Eletricidade, estradas modernas, uma melhora na educação e nos cuidados com a saúde. Mas nunca se confiou nos estrangeiros. Os alarmes foram instalados para garantir que ninguém entrasse ou saísse do palácio sem ser visto. Acima de tudo, visam a evitar a entrada no palácio. Mas há um sistema no cofre. – Ela empurrou as especificações na direção de Philip. – Um sistema elementar, diga-se de passagem. Os fios podem ser grampeados e desativados, aqui e aqui, na fonte. – Ela indicou os pontos. – Prefiro isso a um corte, já que pode demorar um pouco antes que o produto do roubo possa deixar o país.

– Isso cuida do alarme quando se destranca a porta, não quando ela é aberta.

– Eu teria de ligar um controle remoto para o alarme secundário. É muito parecido com o sistema usado para controlar um aparelho de som ou de televisão do outro lado da sala. Levei quase um ano para aperfeiçoá-lo.

– E tem certeza de que conseguiu?

– Usei no trabalho Barnsworth no outono passado. – Ela deu um sorriso afável. – A eletrônica é a minha especialidade.

– Já notei.

– Com isso, posso desligar o alarme a 40 metros de distância. A parte difícil são os guardas. Há alguns patrulhando também o interior do palácio. Até entrar, não vou conseguir descobrir os horários.

– Câmeras de segurança?

– Nenhuma. Abdu detesta câmeras.

– O que é isso?.

– O túnel antigo entre os aposentos do rei e o harém, para que uma mulher possa ser chamada e deixar o harém sem correr o risco de que a vejam.

– Ainda é usado?

– É possível. Não sei. Por quê?

– Apenas procurando rotas de fuga. Qual é a altura dessa janela?

– Uns 18 ou 20 metros. Para os rochedos e o mar.

– Prefiro o harém.

– Seria castrado se fosse apanhado lá. – Ela falou em tom incisivo. Estendeu um livro. – Esse é um excelente livro sobre o país e seus costumes. É melhor lê-lo antes de se descobrir numa cela escura por tocar no braço de uma mulher no mercado, ou fazer a pergunta errada.

– Muito obrigado.

– Não é um país que você possa compreender, Philip. Vai ficar sozinho enquanto eu estiver lá dentro. Ainda não sei como vou entrar em contato com você para avisá-lo de que o trabalho foi feito.

– Se pensa que vou ficar esperando angustiado em algum hotel quente e miserável enquanto você banca a princesa no palácio, está muito enganada. Vou com você.

Adrianne recostou-se, acenando com um dedo para o livro.

– Vai ter que ler este livro de qualquer maneira. Depois que eu chegar a Jaquir, você não vai poder nem sequer falar comigo, muito menos entrar junto no palácio. É a lei. Como mulher, estou proibida de ter contato com qualquer homem fora da minha família. Se eu fosse casada, poderia também ter contato com os homens da família do meu marido.

– Nesse caso, vamos ter que encontrar uma maneira de contornar isso. – Philip folheou o livro. – E você vai ter que me conseguir um convite para ir ao palácio.

– Não tenho condições de pedir favores ao Abdu. Ele vai ter que me deixar voltar, ou vai se envergonhar, mas não é obrigado a me conceder nenhum favor.

– Então você vai ter que se casar comigo.

– Não seja ridículo!

Adrianne levantou-se abruptamente, pegou o bule de café e foi para a cozinha.

– Acho que podemos adiar. – Ele a seguiu até a cozinha. Começou a vasculhar a geladeira à procura de algo mais interessante do que sanduíches. – Eu gostaria que conhecesse a minha mãe primeiro.

– Nunca vou me casar.

Ela jogou o pó do café no lixo.

– Como quiser. Vamos viver em pecado até a primeira criança nascer. Bem, vamos voltar a tratar de negócios. – Philip encontrou sorvete no freezer. Pegou uma colher e passou a comer direto da caixa. – E se fôssemos noivos? – Antes que

Adrianne pudesse protestar, ele se apressou em concluir: – Pelo menos aos olhos de Abdu.

– Não vamos ficar noivos aos olhos de ninguém.

– Pense a respeito por um momento. Faz sentido. Depois de tantos anos, você volta a Jaquir para fazer as pazes com o seu pai antes de se casar. Só para ficar um pouco melhor, a viagem pode ter sido feita por insistência minha. Vou ficar feliz em bancar o chauvinista arrogante.

– Faria o papel muito bem. – Mas Adrianne estava pensando a respeito. Pegou a caixa de sorvete e tomou um pouco. – Acho que poderia dar certo. Pode até ser uma vantagem. Ele ia querer que você ficasse no palácio para poder avaliá-lo. E esperaria que a sua aprovação tivesse alguma influência. Se você quer ir de qualquer maneira, pode ser de algum proveito.

– Muito obrigado. – Ele empurrou o nariz de Adrianne para dentro da caixa. – Por que você não pratica bancar a esposa quieta e subserviente enquanto dou alguns telefonemas?

– Prefiro engolir uma barata.

– Como quiser. Mas não faria mal nenhum se ensaiasse como balançar a cabeça em concordância e andar dois passos atrás de mim.

– Não pretendo passar mais do que duas semanas lá. – Ela limpou o sorvete do nariz. – Portanto, não se acostume.

– Vou fazer o melhor que puder.

– Para quem vai ligar?

– Tenho que procurar alguns contatos para obter o visto para Jaquir. E tenho que providenciar para que a notícia do nosso noivado se espalhe depressa. O melhor para a nossa cobertura, alteza.

– Não vou casar com você, Philip.

– Certo. – Ele se encaminhou para a porta da cozinha, mas se virou antes de sair. – Uma pergunta. Se eu for apanhado fazendo amor com você em Jaquir, o que posso esperar?

– Ser açoitado com um chicote de pelo de camelo, no mínimo. Uma decapitação é mais provável... para os dois.

– Hum... Um homem tem de pensar a respeito.

Adrianne balançou a cabeça quando ele saiu. Olhou para o bule de café e o largou no balcão. O que precisava agora era de uma bebida. E das mais fortes.

Parte III
O Doce

Mais cedo ou mais tarde, o amor é seu próprio vingador.

Lorde Byron

O passado amargo, mais agradável é o doce.

Shakespeare

22

Dezessete anos era muito tempo para especular. Era muito tempo para planejar. Era muito tempo para odiar. O azul profundo de safira do Mediterrâneo espalhava-se como um carpete lá embaixo, coberto apenas por umas poucas nuvens e o ponto de terra que era Chipre. Faltava pouco para chegar a Jaquir. A espera terminava.

Adrianne recostou-se. A seu lado, na poltrona confortável do jato particular, Philip cochilava. O paletó do terno, a gravata e até os sapatos haviam sido deixados na parte de trás da poltrona, para que ele pudesse se acomodar da melhor forma possível, aproveitando a última etapa da viagem. Já Adrianne mantinha-se plenamente vestida, plenamente desperta e plenamente consciente de cada minuto que passava.

Haviam feito um amor selvagem depois da decolagem de Paris. Ou talvez fosse apenas ela que se sentia desesperada. Precisava daquela intimidade desvairada e insensata, carne contra carne, tanto quanto precisava do conforto e da serenidade que se seguiram.

Devotara a maior parte de sua vida àquela volta. Agora, os anos definhavam em minutos, e ela sentia medo. Não era um medo que pudesse explicar para si mesma ou para Philip. A emoção não deixava as mãos pegajosas de suor, nem um gosto metálico na boca. Apenas embrulhava o estômago e provocava uma pulsação um pouco dolorida por trás dos olhos.

Ainda tinha a imagem do pai que se formara em sua mente de criança, com o intenso amor e o medo que a acompanhavam. Podia vê-lo como era naquele tempo, esguio e atlético a boca sisuda e forte, as mãos bonitas.

Durante 20 anos vivera sob a lei ocidental, a tradição ocidental, as convicções ocidentais. Nem uma única vez se permitira duvidar de que era, sob todos os aspectos, uma mulher ocidental. Mas a verdade, havia muito sepultada, era que tinha sangue beduíno, e o sangue podia reagir de uma maneira que nenhuma mulher americana compreenderia.

Quem ela se tornaria depois que voltasse a Jaquir, para a casa do pai, restringida pela leis do Corão e pelas tradições determinadas e impostas pelos homens? Muito mais intenso do que o medo de ser apanhada, aprisionada ou executada era o medo de perder a mulher que tanto se empenhara para se tornar.

Esse medo a impedia de fazer promessas a Philip. Impedia-a de dizer as palavras que afloravam com tanta facilidade aos lábios de outras mulheres. Ela o amava, mas o amor não eram as palavras suaves dos poetas. O amor, com suas duas faces, era o fator que enfraquecia tantas mulheres, que as pressionava a fazer concessões em relação a seus próprios anseios e suas próprias necessidades, aos anseios e às necessidades de outra pessoa.

O avião começou a descer. O mar parecia subir ao encontro deles. Os nervos tensos, Adrianne pôs a mão no ombro de Philip.

– Tenho que me aprontar. Vamos aterrissar em breve.

Ele acordou no mesmo instante, percebendo a tensão na voz de Adrianne.

– Ainda pode mudar de ideia.

– Não, não posso. – Ela se levantou, atravessou o corredor e pegou uma bolsa de viagem. – Não se esqueça. Depois que desembarcarmos, vamos ser levados para o terminal em carros separados. Temos que aceitar os costumes.

Enquanto falava, ela prendia os cabelos num lenço preto, até não restar nenhum fio solto.

– Pode ser um processo humilhante, mas a influência de Abdu talvez atenue um pouco o esquema. Não vou voltar a vê-lo até entrarmos no palácio, e não posso dizer quando isso será permitido. Fora, não pode haver contato. Lá dentro, porque não sou de sangue puro e acham que vou me casar com um ocidental, as normas vão ser um pouco mais relaxadas. Não me procure, em nenhuma circunstância. Se e quando possível, eu procuro você.

– Quarenta e oito horas. – Enquanto dava o nó na gravata, ele observava Adrianne vestir a *abaaya* preta, que a cobria do pescoço aos pés, tão pouco atraente quanto um saco de aniagem. Mais do que os olhos ou a cor da pele, isso fazia com que se tornasse uma mulher do Islã. – Se não encontrar uma maneira de falar comigo em 48 horas, vou dar um jeito de encontrá-la.

– E vai ser deportado, no mínimo. – Era o véu o que mais a incomodava. Em vez de prendê-lo, Adrianne deixou que pendesse de seus dedos. Com o paletó, Philip parecia muito britânico, subitamente estrangeiro. Ela ignorou a dor na garganta quando o coração começou a bater forte. O abismo estava se alargando. – Tem que confiar no meu julgamento nesse ponto, Philip. Não pretendo passar mais do que duas semanas em Jaquir, e quero ir embora com o colar.

– Em vez de usar o verbo no singular, eu preferia que falasse no plural.

– Está bem, nós. – Com a insinuação de um sorriso, ela esperou até que Philip calçasse os sapatos. – Mas trate de convencer Abdu de que vai ser um marido apropriado. E não deixe de negociar o preço da noiva.

Ele se adiantou para pegar as mãos de Adrianne. Eram firmes nas suas, mas geladas.

– Quanto você acha que vale?

– Um milhão seria um bom ponto de partida.

– Um milhão de quê?

Foi um alívio para Adrianne que ainda fosse capaz de rir enquanto se sentava e afivelava o cinto de segurança.

– Libras esterlinas. Qualquer coisa menos, com os antecedentes que inventou para você, seria um insulto.

– Nesse caso, é melhor começarmos com isso.

Ele tirou uma caixa do bolso. Quando a abriu, o anel fez Adrianne retrair a mão. Philip tornou a pegá-la e enfiou o anel de diamante no terceiro dedo. A reação de Adrianne era exatamente o motivo pelo qual esperara até o último minuto. Assim, ela teria pouco tempo para argumentar.

– Pode considerar parte da cobertura, se quiser.

Tinha mais de 5 quilates. Pelo fogo branco gelado, Adrianne deduziu que era russo, da melhor água. Como os melhores diamantes, era ao mesmo tempo ardente e indiferente. Contra o preto da *abaaya*, parecia flamejar... e levou-a a querer mais do que deveria ter.

– Um embuste caro.

– O joalheiro garantiu que teria o maior prazer em comprálo de volta.

Ela levantou os olhos no mesmo instante ao ouvir isso. Ainda viu o sorriso antes que Philip a beijasse. Havia fogo ali também, aumentando de intensidade enquanto o avião pousava. Por um momento, ela quis esquecer tudo, exceto aquilo, a promessa em seu dedo, a sedução no beijo.

– Vou sair primeiro. – Depois de respirar fundo, ela desafivelou o cinto de segurança. – Tome cuidado, Philip. Não quero O Sol e a Lua banhado no seu sangue.

– Dentro de duas semanas estaremos comemorando com champanhe em Paris.

– Que seja uma Magnum – murmurou Adrianne antes de cobrir o rosto com o véu.

Mudara bastante. Mesmo sabendo da prosperidade que o petróleo trouxera para Jaquir nos anos 1970, mesmo sabendo que o Ocidente se infiltrara no país, Adrianne não estava preparada para os edifícios, alguns reluzentes, de aço e vidro, nem para as ruas pavimentadas, para atender a um tráfego agora intenso. Quando partira, a construção mais alta de Karfia, a capital de Jaquir, era a torre de água, que agora era ofuscada pelos prédios de escritórios e hotéis. Ainda assim, apesar das ruas modernas e dos vidros cintilantes, parecia que a cidade poderia, se Alá decidisse, voltar a ser deserto.

Havia imensos caminhões circulando pela estrada e inúmeros cargueiros no porto, com cargas esperando por liberação empilhadas no cais. Ela sabia que Jaquir estava em cima da cerca política, conseguindo apaziguar os vizinhos no Oriente e os nervosos partidários no Ocidente por meio da habilidade, da astúcia e do dinheiro. Havia guerra perto de suas fronteiras, mas Jaquir se apegava, pelo menos na superfície, à neutralidade.

Muita coisa permanecera como antes. Enquanto atravessavam a cidade, Adrianne percebeu que apesar das ruas modernas e do esforço obstinado dos expatriados ocidentais, Jaquir era como desejava ser. Constatara isso no aeroporto, onde as mulheres, carregadas de bagagens e carrinhos de bebê, eram conduzidas para ônibus separados por meio de uma porta com a indicação MULHERES E FAMÍLIAS, sempre policiadas por homens gritando ordens. Constatava a mesma coisa nos minaretes da mesquita, que se projetavam para o céu de puro azul.

A prece do meio-dia já terminara, e por isso as lojas e os mercados estavam abertos. Embora mantivesse a janela do carro fechada, ela quase podia ouvir o zumbido de atividade, a cadência do árabe, os estalidos das contas de orações. Mulheres circulavam pelos estandes, em grupos ou acompanhadas por um parente. As ruas eram policiadas pelos *matawain*, que zelavam com empenho pelo cumprimento das leis religiosas, as barbas irregulares com hena nas pontas, empunhando os chicotes de pelo de camelo. Através da janela escura da limusine Adrianne observou um deles avançar para uma mulher ocidental que tivera a péssima ideia de arregaçar as mangas, deixando os braços à mostra.

Podiam ser os últimos dias do século XX, mas Jaquir pouco mudara.

Tamareiras margeavam as ruas. Assim como Mercedes, Rolls Royces e limusines. A Maison Dior tinha duas entradas, uma para homens, outra para mulheres. Adrianne avistou o brilho de pedras preciosas, radiantes ao sol do meio-dia, numa vitrine. Um burro todo empoeirado era conduzido por um homem de *throbe* branco e sandálias arrebentadas.

Muitas habitações eram de lama batida, não mais permanentes do que a areia do deserto. O que não impedia que flores subissem pelas paredes. As janelas eram de treliça, sempre de treliça, para esconder as mulheres lá dentro... não porque fossem apreciadas e reverenciadas, refletiu Adrianne, mas porque eram consideradas criaturas insensatas, vítimas de seu impulso sexual incontrolável.

Os homens, de túnica e turbante, sentavam-se em tapetes vermelhos, comendo sanduíches. *Shawarma*. Era estranho que o gosto de cordeiro bem condimentado em pão árabe sempre ressurgisse em sua mente, pensou ela.

A limusine passou pelo mercado e começou a subir. Ali, as casas eram mais elegantes, à sombra de árvores. Uma ou outra até ostentava o luxo de um gramado. Lembrou-se de visitar uma daquelas casas e de tomar chá verde numa sala escura, o som de seda farfalhando, o cheiro de incenso sufocante.

Passaram pelos portões do palácio, pelos olhos escuros e impassíveis dos guardas. Também mudara pouco, embora sua mente de criança acrescentasse grandiosidade além do que merecia. Ao sol forte da tarde, as paredes de estuque eram de um branco brilhante. O telhado de telhas verdes era uma arrogância de cor. As janelas, a maioria com cortinas para proteger da claridade, refletiam a luz do sol. Havia minaretes, mas em deferência a Alá não eram mais altos do que os minaretes da mesquita.

Havia parapeitos em torno do palácio, para que ele pudesse ser defendido em caso de guerra civil ou ataque externo. O mar projetava-se por trás contra os rochedos. Os jardins eram exuberantes, protegendo o palácio de olhos bisbilhoteiros e, mais do que isso, as mulheres da tentação quando passeavam por ali.

Embora houvesse uma porta para as mulheres e outra para os homens, foi para o jardim que a limusine seguiu, não para a entrada principal. Adrianne ergueu um pouco as sobrancelhas. O que significava que seria levada primeiro ao harém, antes de se encontrar com Abdu. Talvez fosse melhor assim.

Ela esperou até o motorista abrir a porta. Embora tivesse certeza de que o homem era um parente, por mais distante que fosse, ele não ofereceu a mão para ajudá-la a sair. E teve o cuidado de manter os olhos desviados. Ela levantou a *abaaya* e saltou para a explosão de calor e cheiros. Sem olhar para trás, passou pelo portão do jardim.

Havia um filete de água escorrendo do chafariz. Adrianne sabia que era o chafariz que o pai mandara construir para a mãe durante o primeiro ano do casamento. Alimentava um pequeno laguinho, onde uma carpa crescia até o tamanho do comprimento do braço de um homem. Ao redor, flores se inclinavam, atraídas pela umidade.

Antes mesmo que ela a alcançasse, a porta oculta foi aberta. Adrianne entrou, passando pela criada toda vestida de preto. Foi envolvida pelas fragrâncias das mulheres, que a levaram de volta à infância. Enquanto a porta era fechada, ela fez o que ansiara durante toda a viagem desde o aeroporto. Tirou o véu.

– Adrianne. – Uma mulher saiu da sombra para a luz. Recendia a almíscar e usava um traje de lantejoulas vermelhas mais apropriado a um baile do século XIX. – Seja bem-vinda! – Enquanto falava, a mulher ofereceu o cumprimento tradicional, um beijo em cada face. – Era apenas uma criança quando a vi pela última vez. Sou a sua tia, Latifa, esposa de Fahir, irmão de seu pai.

Adrianne retribuiu o cumprimento.

– Lembro-me de você, tia Latifa. Estive com Duja. Ela está bem e feliz. Mandou seu amor para você e o respeito para o pai.

Latifa balançou a cabeça. Embora a posição de Adrianne fosse superior, ela tivera cinco filhos fortes e por isso ocupava um lugar de honra e inveja no harém.

– Venha comigo. Há refrescos à sua espera. As outras também querem lhe dar as boas-vindas.

Pouco mudara ali também. Havia a fragrância de café temperado, a sedução do perfume misturando-se com o aroma insinuante do incenso. Adrianne encontrou uma mesa comprida, coberta por uma toalha branca com uma bainha dourada. Os alimentos na mesa eram tão coloridos quanto os trajes das mulheres. Havia sedas e cetins, e até mesmo o brilho do veludo, apesar da temperatura elevada. Contas e lantejoulas faiscavam. Havia o calor do ouro, o frio da prata e sempre o cintilar das pedras preciosas. Pulseiras retiniam e rendas sussurravam enquanto os cumprimentos tradicionais eram trocados.

Ela roçou os lábios nas faces da segunda esposa de Abdu, a mulher que tantos anos antes causara uma profunda infelicidade a Phoebe. Adrianne não experimentou qualquer ressentimento. Uma mulher fazia o que lhe era ordenado. O que foi confirmado pela descoberta de que Leiha, já mãe de sete filhos, com mais de 40 anos de idade, estava obviamente grávida outra vez.

Havia algumas primas de que ela se lembrava, e mais uma vintena de princesas menores. Algumas tinham cabelos cortados curtos ou ondulados. Assim como os trajes vistosos, era algo que faziam para seu próprio prazer, como crianças com um brinquedo novo para mostrar às outras.

Lá estava Sara, a mais recente esposa de Abdu, uma jovem pequena, de olhos grandes, de apenas 16 anos e já grávida. A julgar pelas aparências, ela e Leiha haviam concebido na mesma ocasião.

Adrianne notou que as pedras em seus dedos e orelhas não eram menos cintilantes do que as usadas por Leiha. Essa era a lei. Um homem podia tomar quatro esposas, mas apenas se as tratasse com igualdade.

Phoebe nunca fora igual ali, mas Adrianne não sentia no coração nenhuma disposição para desprezar uma jovem por causa disso.

– Você é bem-vinda aqui – disse Sara, a voz sussurrante e musical tropeçando na frase em inglês.

– Essa é a princesa Yasmin. – A tia de Adrianne pôs a mão no ombro de uma jovem com cerca de 12 anos com um rosto escuro e enormes argolas de ouro nas orelhas. – Sua irmã.

Ela não esperava por isso. Sabia que conheceria as outras crianças de Abdu, mas não estava preparada para fitar olhos com os mesmos contornos e a mesma cor dos seus. Não estava preparada para um lampejo de afinidade ou reconhecimento. Por isso, o cumprimento foi contrafeito quando se inclinou para beijar as faces de Yasmin.

– Seja bem-vinda à casa do meu pai.

– Seu inglês é bom.

Yasmin ergueu as sobrancelhas, um gesto que indicou a Adrianne que já era uma mulher, embora ainda faltassem meses para começar a usar o véu.

– Frequento a escola, para não ser ignorante quando eu for para o meu marido.

– Entendo. – O reconhecimento era de igual para igual enquanto Adrianne tirava a *abaaya*. Ela gesticulou para dispensar a ajuda de uma criada. Dobrou o traje com todo cuidado. Costurara no forro suas ferramentas de trabalho. – Vai ter que me contar tudo o que aprendeu.

Yasmin analisou a saia e a blusa branca simples de Adrianne com os olhos de uma crítica de moda. Certa vez, Duja contrabandeara para o harém fotos de Adrianne publicadas em jornais. Por isso Yasmin já sabia que a irmã era bonita. Achou uma pena que Adrianne não estivesse usando alguma coisa vermelha e reluzente.

– Primeiro, eu a levarei para a minha avó.

Atrás delas, as mulheres já aproveitavam o bufê. A comida era uma das atrações prediletas; quanto mais suculenta, melhor. A conversa já se concentrava em torno de crianças e compras.

A velha sentada numa cadeira de brocado era esplendorosa, num vestido verde-esmeralda. As rugas haviam caído em dobras pelo rosto, mas os cabelos continuavam a ser pintados com hena. Os dedos, um pouco encurvados pela artrite, tinham vários anéis, que faiscavam enquanto ela afagava um menino de 2 ou 3 anos em seu colo. Duas criadas a ladeavam, abanando leques, para que a fumaça de um pote de latão para incenso perfumasse seus cabelos.

Quase 20 anos haviam se passado, e Adrianne tinha apenas 8 anos quando fora embora, mas ainda se lembrava. As lágrimas começaram tão abruptamente e de uma forma tão desconcertante que ela nada pôde fazer para contê-las. Em vez do cumprimento esperado, ficou de joelhos e encostou a cabeça no colo da avó. A mãe de seu pai.

Os olhos, frágeis, eram o que Adrianne podia sentir por baixo do cetim grosso. A fragrância da avó era a mesma, por mais inacreditável que pudesse parecer. Ao sentir a mão afagar seus cabelos, ela se aconchegou ainda mais. As lembranças mais doces que tinha de Jaquir eram daquela mulher escovando seus cabelos, contando histórias de piratas e príncipes.

– Eu sabia que voltaria a vê-la. – Jiddah, muito frágil aos 70 anos, mãe de 12 crianças, a única esposa que o rei Ahmend tivera, ficou afagando os cabelos da neta muito amada ao mesmo tempo em que mantinha no colo o neto caçula. – Chorei quando você nos deixou, e choro por sua volta.

Como uma criança, Adrianne enxugou o rosto com o dorso da mão. Ergueu-se para o beijo.

– Vovó, você está mais bonita do que eu me lembrava. Senti muita saudade.

– Você voltou como uma mulher adulta, parecida com o seu pai.

Adrianne empertigou-se, mas conseguiu sorrir.

– Talvez eu me pareça com a minha avó.

Jiddah sorriu também, mostrando dentes muito brancos e retos para serem seus. A dentadura era nova e ela se orgulhava tanto dela quanto do colar de esmeraldas em seu pescoço.

– É possível. – Jiddah pegou a xícara de chá oferecida por uma criada. – Chocolate para a minha neta. Ainda gosta de chocolate?

– Gosto muito. – Adrianne acomodou-se numa almofada, aos pés de Jiddah. – Lembro-me de que você sempre me dava um punhado de chocolate, embrulhado em papel vermelho e prateado. Eu levava tanto tempo para desembrulhar que o chocolate derretia, mas você nunca me repreendeu.

Ela notou que Yasmin continuava em pé, a seu lado, o rosto jovem impassível, a não ser por um brilho nos olhos que podia ser de ciúme. Sem pensar, Adrianne estendeu a mão e puxou-a para a almofada.

– A avó ainda conta história?

– Conta. – Depois de uma breve hesitação, Yasmin se soltou. – Vai me contar sobre os Estados Unidos e o homem com quem vai se casar?

Com a cabeça no joelho da avó e uma xícara de chá verde na mão, Adrianne começou. Só mais tarde percebeu que falava em árabe.

Em matéria de palácios, Philip decidiu, preferia o estilo europeu. Uma construção de pedra, com janelas de barras verticais, madeira antiga e escura. Aquele palácio era escuro, já que cortinas e treliças bloqueavam o sol. Era suntuoso, sem dúvida, com tapeçarias de seda penduradas nas paredes, vasos

Ming em nichos nas paredes. Na banheira da suíte, a água saía de torneiras de ouro. Ele refletiu que era britânico demais para apreciar o hábito oriental de tapetes de oração e mosquiteiros.

Seus aposentos davam para o jardim, o que ele aprovava. Apesar do sol, Philip abriu uma janela para deixar entrar a brisa quente, trazendo a fragrância de jasmim.

Onde estava Adrianne?

O irmão de Adrianne, o príncipe herdeiro Fahid, recebera-o no aeroporto. O jovem, mal entrado na casa dos 20 anos, usava um turbante e um terno impecável. Philip descobrira-o um exemplar perfeito do encontro do Oriente com o Ocidente, com seu excelente inglês e sua atitude inescrutável. Sua única referência a Adrianne fora para dizer a Philip que ela seria levada aos aposentos das mulheres.

Philip fechou os olhos, projetando as plantas. Ela estava dois andares abaixo, na ala leste. O cofre ficava na extremidade oposta do palácio. Naquele noite, ele faria sua excursão particular. Por enquanto, porém, pensou enquanto abria a mala, bancaria o hóspede perfeito e o futuro marido.

Aproveitara ao máximo a enorme banheira e acabara de desfazer as malas quando ouviu o chamado para a oração. A voz profunda e gutural do muezim entrou pela janela aberta. *Allahu Akbar*. Alá é grande!

Com uma olhada para o relógio, Philip calculou que deveria ser o terceiro chamado do dia. Haveria outro ao pôr do sol, logo acompanhado pelo último, uma hora depois.

Os mercados e suques fechariam e os homens se ajoelhariam para encostar o rosto no chão. Dentro do palácio, como em toda parte, as atividades cessariam, na submissão à vontade de Alá.

Em movimentos silenciosos, Philip foi abrir a porta. Era uma ocasião tão boa quanto outra qualquer para fazer um levantamento da situação.

Achou que era melhor verificar primeiro a área próxima a seus aposentos. O quarto ao lado estava vazio, as cortinas fechadas, a cama feita com uma precisão militar. O mesmo acontecia com o quarto do outro lado do corredor. Continuou pelo corredor e empurrou outra porta. Havia ali um homem, não, um menino, inclinado em súplica, o corpo virado para o sul, em direção a Meca. O tapete de orações tinha fios de ouro e as cortinas na cama eram azul-real. Philip fechou a porta antes de seguir para o segundo andar.

Ali ficavam os escritórios de Abdu, assim como as salas do conselho. Havia tempo suficiente para uma revista maior. Ele desceu para o andar principal, onde os cômodos estavam silenciosos como túmulos. Consciente da passagem do tempo, seguiu pelos corredores sinuosos até a sala do cofre.

A porta estava trancada. Foi preciso apenas a lixa de unha em seu bolso para abri-la. Com um rápido olhar para a esquerda e para a direita, entrou na sala e fechou a porta.

Ao passo que em outros cômodos havia pelo menos alguma claridade, aquele estava em total escuridão. Philip desejou ter se arriscado a levar uma lanterna enquanto tateava na direção do cofre. A porta era de aço, liso e frio ao toque. Philip mediu a extensão, a largura, a altura e a posição das trancas, usando as pontas dos dedos como olhos.

Como Adrianne informara, havia duas combinações. Ele tomou o cuidado de não tocar nos diais. Usou a lixa para medir e descobriu que o buraco da fechadura era grande e antiquado. As gazuas que ele trouxera não funcionariam numa tranca tão antiga, mas sempre havia outros meios. Satisfeito, recuou. Precisava voltar com uma lanterna, mas deixaria isso para mais tarde.

Já estendia a mão para a maçaneta da porta quando ouviu passos lá fora. Não havia tempo para qualquer imprecação enquanto ele se comprimia de costas na parede ao lado da porta.

Eram dois homens, falando em árabe. Um deles, se o tom servia de indicação, estava furioso, o outro, tenso. Philip torceu para que os dois se afastassem logo. E foi então que ouviu o nome de Adrianne. Mais do que nunca, criticou-se por não falar árabe.

Os dois discutiam a seu respeito. Ele tinha certeza. Havia veneno suficiente em uma das vozes para deixar seus músculos tensos, as mãos contraídas. Houve uma ordem ríspida, respondida com o silêncio, depois os passos impacientes de um homem se afastando. Philip ouviu o outro resmungar um palavrão em inglês. O príncipe Fahid, deduziu Philip. Portanto, não podia haver a menor dúvida de que a voz furiosa era de Abdu. Por que o pai e o irmão de Adrianne discutiam a seu respeito?

Ele esperou Fahid se afastar para sair da sala do cofre. O corredor estava vazio de novo, a porta trancada. Com as mãos nos bolsos, Philip seguiu na direção dos jardins. Se fosse encontrado ali, teria a desculpa plausível de seu interesse pela flora. Mas a verdade era que ele queria tomar ar fresco e pensar na situação.

ADRIANNE NÃO COMPREENDERA que seria muito difícil fazer o que pretendia. Não em termos técnicos, pois tinha confiança em sua habilidade e na de Philip. O que não imaginara antes era que haveria tantas memórias. Lembranças que, como fantasmas, sussurravam para ela, roçavam nela. Havia alguma coisa confortadora no harém – as conversas das mulheres, as fragrâncias das mulheres, os segredos das mulheres. Era possível esquecer o confinamento por um curto período e desfrutar a segurança. Independentemente do que acontecesse dali por diante, ela nunca mais seria capaz de virar as costas por completo.

A conversa continuou, ainda concentrando-se em sexo, compras e fertilidade. Mas havia também coisas novas. Uma prima que se tornara médica, outra que obtivera o diploma de professora. Havia uma jovem tia que trabalhava no ramo da construção como administradora, embora todos os contatos com os homens com quem trabalhava ocorressem por meio de cartas e telefonemas. A instrução se tornara acessível para as mulheres, que agarravam a oportunidade com as duas mãos. Os professores davam aulas por meio de um circuito fechado de televisão, mas ensinavam. E as mulheres aprendiam.

Se havia um meio de mesclar o novo com o antigo, haveria de encontrá-lo.

Não percebeu quando uma criada se adiantou e se inclinou no ouvido da avó. Quando Jiddah tocou em seus cabelos, Adrianne virou o rosto e sorriu.

– O seu pai deseja falar com você.

Adrianne sentiu o prazer secar como uma poça ao sol do deserto. Levantou-se. Embora pusesse a *abaaya*, recusou-se a usar o véu. O pai veria seu rosto e se lembraria.

23

Como Jaquir, seu soberano mudara; no entanto, permanecera essencialmente o mesmo. Envelhecera. E isso foi a primeira coisa que impressionou Adrianne quando o viu. Sua lembrança, reforçada pelos recortes da imprensa que a mãe guardava, era a de um homem apenas um pouco mais velho do que a idade que ela própria tinha agora, como um falcão, o rosto sem rugas, cabelos pretos abundantes. O falcão continuava ali, nas feições aquilinas e firmes, mas havia rugas profundas que o tempo e o sol haviam escavado. Contornavam a boca que quase nunca sorria, realçavam os cantos dos olhos que vigiavam e avaliavam. Os cabelos ainda eram lustrosos e penteados para trás, como uma juba, tão abundantes quanto na juventude, parte de sua vaidade. Agora, com fios prateados. Ao longo dos anos, engordara muito pouco, de maneira que o corpo continuava a ser o de um soldado.

O *throbe* branco era bordado com fios de ouro, as sandálias cravejadas com pedras preciosas. Sem exagero, a idade tornara-o ainda mais bonito, como acontece com a maioria dos homens. Era um rosto pelo qual as mulheres se sentiriam atraídas apesar de haver bem pouca compaixão nele... ou talvez exatamente por esse motivo.

Adrianne sentiu o estômago se contrair quando se aproximou. Andava devagar, não por incerteza, nem mesmo por respeito, mas pelo desejo de encarar aquele momento, aguardado por tanto tempo, com um foco bem nítido. Nada fora esquecido. Nada seria esquecido.

Como ocorrera com o momento desconcertante no harém, havia também fragrâncias ali... verniz, flores, um vestígio de incenso. Ela continuou a avançar, chegando mais perto de um passado que nunca fora superado. Já se encaminhara para o pai antes, ou recuara intimidada. Até aquele instante, porém, não se dera conta de que não conseguia recordar uma única ocasião em que ele fora a seu encontro.

Abdu não a chamara para uma de suas salas particulares, mas sim para a área imensa em que concedia suas *majlis* semanais, suas audiências. As cortinas nas janelas eram grossas, do azul-real de que ele tanto gostava. O tapete era antigo, o mesmo que pertencera antes ao pai e ao avô dele, um tapete pisado por muitos reis. Os desenhos eram em preto e azul, com uma faixa dourada sinuosa que parecia uma cobra. Havia urnas tão altas quanto um homem nas laterais da porta. Segundo a lenda, haviam sido trazidas da Pérsia para outro Abdu dois séculos antes. Dentro de cada urna viera uma virgem.

Um leão antigo, de ouro, com olhos de safira, guardava a cadeira de seda azul na qual Abdu se sentava, concedendo seu tempo ao povo.

Embora a sala fosse vedada às mulheres durante as audiências, o fato de Adrianne ser recebida ali indicava que Abdu ainda pensava nela como uma súdita, não como sua filha. Como as virgens da Pérsia, esperava-se que ela se submetesse à vontade do rei.

Adrianne parou diante do pai. Embora Abdu não fosse muito alto, ela teve de levantar a cabeça para olhá-lo nos olhos. O que ele sentia, se é que sentia alguma coisa, estava oculto com o maior cuidado. Inclinou-se para a saudação tradicional. Os lábios mal tocaram as faces de Adrianne, com menos emoção do que seria dispensada a uma pessoa estranha. Doeu. Adrianne não esperava por isso, não estava preparada, e foi o motivo pelo qual doeu tanto.

– Você é bem-vinda aqui.

– Fico grata por sua permissão para voltar.

Ele se sentou. Depois de um longo momento de silêncio, apontou uma cadeira para ela.

– Você é uma filha de Alá?

Por isso ela esperava. A religião era como a respiração em Jaquir.

– Não sou muçulmana, mas Deus é um só.

A resposta aparentemente o satisfez, pois ele fez sinal para que um criado servisse o chá. Era uma espécie de concessão o fato de haver duas xícaras esperando.

– Agrada-me que vá se casar. Uma mulher precisa da proteção e da orientação de um homem.

– Não vou me casar com Philip por sua proteção ou por sua orientação. – Adrianne tomou um gole do chá. – E ele não vai se casar comigo para aumentar a sua tribo.

Ela falara em tom incisivo, como um homem falaria com outro homem, não como uma mulher falaria com um rei. Abdu poderia agredi-la; tinha esse direito. Em vez disso, ele se recostou, segurando a xícara de chá com as duas mãos. Era uma xícara delicada, de frágil porcelana francesa. Suas mãos eram largas e cheias de anéis.

– Você se tornou uma mulher do Ocidente.

– A minha vida é lá, como foi a vida da minha mãe.

– Não vamos falar da sua mãe.

Ele largou a xícara. Ergueu a mão quando um criado fez menção de se adiantar para tornar a enchê-la.

– Ela falava de você. Com frequência.

Alguma coisa aflorou nos olhos de Abdu. Adrianne não pôde evitar que uma parte dela torcesse para que fosse arrependimento. Mas era raiva.

– Como minha filha você é bem-vinda, com a honra que lhe é devida como integrante da Casa de Jaquir. Enquanto estiver aqui, respeitará as leis e as tradições. Cobrirá os cabelos e manterá os olhos abaixados. Os seus trajes e a sua fala serão recatados. Se me trouxer vergonha, será punida, como eu puniria qualquer mulher da minha família.

Como não conseguia manter os dedos firmes, Adrianne apertou a xícara. Depois de tantos anos, pensou ela, o pai só conseguia falar em ordens e ameaças. Seu plano de ser a mulher que ele esperava foi suplantado pela necessidade de ser o que ela era.

– Não vou lhe trazer vergonha, mas sinto vergonha. A minha mãe sofreu e morreu angustiada, enquanto você nada fez para ajudar.

Quando ele se levantou, Adrianne também se ergueu, tão depressa que a xícara caiu de sua mão e se espatifou no chão.

– Como pôde não fazer nada?

– Ela nada era para mim.

– Nada além de sua esposa. Seria preciso muito pouco, mas você não deu nada. Você nos abandonou, nós duas. A vergonha é sua!

Abdu golpeou-a nesse instante, um tapa com o dorso da mão que jogou sua cabeça para trás e deixou os olhos lacrimejando. Não era o tapa descuidado que um pai irado dá numa criança malcomportada, mas o golpe deliberado e firme com que um homem atinge seu inimigo. Se não esbarrasse na pesada cadeira e se apoiasse, Adrianne teria caído no chão. Embora cambaleasse, ela conseguiu permanecer em pé.

A respiração saía acelerada enquanto fazia um esforço para manter o controle, para reprimir as lágrimas ardentes. Lentamente, levantou a mão para limpar o sangue onde a pedra de um anel cortara-lhe a pele. Os olhos dos dois se encontraram, tão parecidos na forma, tão similares na expressão. Não fora Adrianne que ele agredira, e ambos sabiam disso. Fora Phoebe. Ainda era Phoebe.

– Muitos anos atrás eu poderia me sentir grata por tanta atenção da sua parte – murmurou Adrianne.

– Direi uma coisa e nunca mais a repetirei. – Ele fez um sinal para que a xícara quebrada fosse removida. A raiva que Adrianne provocara não era uma raiva apropriada a um rei. – A sua mãe deixou Jaquir e perdeu todos os direitos, toda a lealdade e toda a honra. Ao fazer isso, acarretou a mesma coisa para você. Ela era fraca, como as mulheres são, mas também era dissimulada e corrompida.

– Corrompida? – Embora pudesse lhe valer outro tapa, Adrianne não foi capaz de conter as palavras. – Como pode dizer isso? Ela era a mulher mais gentil e de coração mais puro que eu já conheci!

– Ela era uma atriz. – Abdu falou como se a palavra tivesse um gosto horrível. – Exibia-se para os homens. A minha única vergonha é ter permitido que ela me enfeitiçasse a ponto de trazê-la para o meu país e me deitar com ela como um homem faria com qualquer prostituta.

– Já a chamou assim antes. – A voz de Adrianne tremia agora. – Como um homem pode falar dessa maneira sobre a mulher com quem se casou, a mulher com quem teve uma filha?

– Um homem pode se casar com uma mulher, pode plantar a sua semente nela, mas não pode mudar a sua natureza. Quando eu a trouxe para cá e os meus olhos clarearam, ela não quis aceitar o seu lugar, os seus deveres.

– Ela era doente e infeliz.

– Era fraca e pecadora. – Abdu levantou a mão, um homem acostumado a não precisar fazer mais do que isso para ser obedecido. – Você é o resultado da minha cegueira, e só está aqui porque o meu sangue corre nas suas veias e porque Fahid intercedeu em sua defesa. Mas é uma questão de honra, a minha honra. E só vai continuar aqui enquanto respeitar isso.

Adrianne teve vontade de reagir, gritar, argumentar que ele não tinha honra. A parte dela que ainda ansiava por amor se fechara. Nem mesmo o mais hábil dos ladrões seria capaz agora de abrir essa tranca. Adrianne cruzou as mãos. Baixou os olhos. Gestos de submissão. O pai poderia golpeá-la de novo, e ela aceitaria. Poderia caluniar a mãe, insultá-la, e ela aceitaria. Tamanho era o poder da vingança.

– Estou na casa do meu pai e respeito os desejos do meu pai.

Abdu balançou a cabeça; não esperava menos de uma mulher de sua família. Sentia-se à vontade na realeza. Quando voltara a Jaquir, tantos anos antes, com uma rainha, uma rainha ocidental, estava enfeitiçado. Esquecera suas raízes, seus deveres, suas leis, por causa de uma mulher.

A punição fora o fato de ser uma menina sua primeira criança e de a rainha não poder lhe dar mais filhos. Agora, a filha desse casamento vergonhoso postava-se à sua frente, de cabeça baixa, as mãos cruzadas. Como Alá quisera que ela fosse sua primogênita, Abdu daria a Adrianne o que lhe era devido, mas não mais.

A uma palavra áspera e um gesto brusco, um criado se adiantou apressado para entregar uma caixa.

– Um presente, pelo seu noivado.

Adrianne recuperara o controle, o que tornou fácil estender a mão. Abriu a caixa. O púrpura intenso das ametistas cintilava, engastadas em ouro pesado, todo trabalhado. A pedra central tinha um corte quadrado, do tamanho do polegar de Adrianne. Um colar apropriado para uma princesa. Seu preço, se tivesse vindo anos antes, poderia ter mudado o destino de ambos.

Agora era apenas uma pedra colorida. Ela sempre roubara melhores.

– É muito generoso. Pensarei no meu pai sempre que usar o colar.

Era uma promessa. Ele fez outro sinal, antes de falar:

– Receberei o seu noivo agora. Depois, enquanto conversamos sobre os termos do casamento, você voltará para os seus aposentos ou passeará pelo jardim.

Ela escondeu a caixa nas dobras da *abaaya* para que Abdu não visse como seus dedos a apertavam.

– Como desejar.

Quando entrou na sala, acompanhando o criado, Philip não esperava encontrar Adrianne, muito menos vê-la ainda vestida de preto, cabeça baixa, os ombros encolhidos, como se estivesse à espera de um tapa. A seu lado, o *throbe* branco de Abdu era um enorme contraste. Os dois estavam tão próximos que os tecidos quase encostavam, mas não havia qualquer senso de reunião, de afinidade. Abdu olhou por cima da cabeça de Adrianne como se ela não existisse.

– Com a sua permissão – murmurou ela.

– Está bem.

Abdu concedeu a permissão sem fitá-la.

– Rei Abdu ibn Faisal Rahman al-Jaquir, chefe da Casa de Jaquir, xeique dos xeiques, permita que lhe apresente Philip Chamberlain, o homem com quem casarei, se der o seu consentimento.

– Sr. Chamberlain... – adiantou-se Abdu, com a mão estendida. Podia se comportar à maneira ocidental quando lhe convinha. – Seja bem-vindo a Jaquir e à minha casa.

– Obrigado.

Philip apertou a mão estendida, que era lisa e forte.

– O seus aposentos são confortáveis?

– Mais do que isso. Fico com uma dívida.

– É meu hóspede. – Ele lançou um olhar para Adrianne. – Pode se retirar.

Era o tom usado para dispensar um criado. Philip percebeu, ressentido, quase decidindo achar engraçado. Foi nesse instante que Adrianne ergueu o rosto. O olhar foi breve, mas o suficiente para que Philip visse a marca em seu rosto já escurecendo para se tornar uma equimose. Ela tornou a baixar a cabeça e se afastou, a *abaaya* sussurrando em torno das pernas.

Ele teve de suspirar, uma respiração longa e superficial. Pelo bem de Adrianne, não diria nem faria nada precipitado. Talvez estivesse enganado. Não era possível que Abdu tivesse batido na filha que não via havia 20 anos logo no primeiro encontro.

– Não quer se sentar?

Philip recuperou o controle. Virou-se para Abdu. Os olhos que o fitavam eram penetrantes, avaliadores.

– Obrigado.

No momento em que ele se sentou, novas xícaras foram trazidas e o chá servido.

– Você é britânico.

– Isso mesmo. Nasci na Inglaterra e passo a maior parte do tempo lá, embora viaje com frequência.

– Por causa do seu trabalho. – Abdu ignorou o chá, cruzando as mãos com muitos anéis. – Negocia com pedras preciosas.

Havia anos que ele usava essa cobertura. Era bastante sólida, com a ajuda da Interpol.

– Isso mesmo. Exige um bom olho e algum talento para a negociação. Gosto de trabalhar com pedras preciosas.

– Os árabes são negociadores naturais, e sempre compreendemos o valor das pedras preciosas.

– Sei disso. O rubi em seu terceiro dedo. Posso dar uma olhada?

Abdu estendeu a mão, erguendo uma sobrancelha.

– Sete a oito quilates, birmanês, à primeira vista... cor excelente, o que costumam chamar de vermelho de sangue de pombo, com o lustre vítreo que se espera de uma pedra de qualidade. – Philip recostou-se. Pegou a xícara. – Reconheço e respeito as pedras de grande valor, alteza. É por isso que quero a sua filha.

– Você é franco, mas há mais coisas envolvidas num casamento dessa natureza do que imagina.

Abdu não disse mais nada por um momento. Pensara um pouco a respeito do casamento de Adrianne, como faria com qualquer questão menor social ou política. Se ela fosse de sangue puro, nunca aprovaria seu casamento com um europeu, muito menos com algum mercador britânico de pedras preciosas com a pele muito clara. O sangue de Adrianne, no entanto, era maculado. Aquela filha tinha menos valor para ele do que um bom cavalo. Em um nível mínimo, podia ser uma ligação entre Jaquir e a Europa. Mais importante, porém, era o fato de que ele não tinha o menor desejo de vê-la em Jaquir.

– Tive pouco tempo para pesquisar as suas origens, Sr. Chamberlain, mas o que descobri é satisfatório. – E talvez, ao contrário da mãe, ela pudesse gerar filhos. Netos na Inglaterra poderiam ter algum proveito no futuro. – Se Adrianne tivesse permanecido na minha casa, um casamento diferente seria acertado, mais condizente com a sua posição. Mas como não foi o que aconteceu, estou propenso a aprovar... se pudermos concordar sobre as condições.

– Não tenho a pretensão de ser um conhecedor da sua cultura, mas compreendo que um acordo é costumeiro.

– O preço da noiva, um presente que vai oferecer à minha filha. Esse presente vai ser de Adrianne e continuará pertencendo a ela. – Ele não pensou em O Sol e a Lua, mas Philip pensou. – Também se espera que você ofereça um presente à família da noiva, como recompensa pela sua perda.

– Entendo. E que presente o recompensaria por Adrianne?

Ele pensou em brincar com Philip. Os relatórios indicavam que o inglês era rico, mas havia coisas mais importantes do que dinheiro para Abdu. A primeira era o orgulho.

– Seis camelos.

Philip teve de fazer um esforço para disfarçar seu divertimento.

Pensativo, ele bateu com um dedo no braço da cadeira.

– Dois.

Abdu ficou mais satisfeito do que ficaria com uma concordância fácil.

– Quatro.

Embora não tivesse a menor ideia de onde poderia obter um camelo, muito menos quatro, Philip acenou com a cabeça em concordância.

– Fechado.

– Assim será escrito. – Ainda observando Philip, Abdu gritou uma ordem para um criado. – O meu secretário vai preparar os contratos, em árabe e em inglês. É satisfatório?

– Estou em seu país, alteza. Faremos tudo à sua maneira. – Ele pousou a xícara, ansioso por um cigarro. O chá era temperado com algum condimento um pouco desagradável ao paladar britânico. – Como pai da Adrianne, é natural que esteja preocupado que ela seja bem provida.

Abdu manteve o rosto impassível. Podia haver uma insinuação de sarcasmo na voz de Philip, ou talvez fosse apenas o sotaque britânico.

– Claro.

– Pensei em 1 milhão de libras para o acordo.

Era raro para Abdu ser apanhado de surpresa, e mais raro ainda que essa surpresa transparecesse em seu rosto. Ou o inglês era louco ou estava completamente apaixonado. Talvez Adrianne, como a mãe, tivesse o poder de cegar um homem, mas o destino do inglês não era do seu interesse, da mesma forma que o destino da filha, que o lembrava, só por existir, de um erro cometido. Não concederia a ela a honra de barganhar.

– Será escrito. Teremos uma refeição essa noite para apresentá-lo à minha família e anunciar o noivado.

Abdu levantou-se para encerrar a conversa.

– O prazer será meu. – Philip tinha se preparado para achar Abdu frio, mas a realidade era mais rígida e mais implacável do que qualquer especulação.

– Vai comparecer ao casamento na primavera?

– Na primavera? – Os lábios de Abdu contraíram-se pela primeira vez no que poderia ser um sorriso. – Se deseja ter uma cerimônia em seu país, não é da minha conta. Mas o casamento vai ser realizado aqui, na próxima semana, de acordo com as leis e as tradições de Jaquir. Deve desejar descansar até essa noite. Um criado o levará aos seus aposentos.

Philip ficou parado no lugar em que Abdu o deixara. Podia ter rido, mas duvidava de que Adrianne fosse considerar a notícia engraçada.

A NOITE SERIA UMA MISTURA dos costumes antigos e dos novos. Adrianne prendeu os cabelos, mas ignorou o véu. Vestiu-se com recato, aceitando o *aurat*, as coisas que não podem ser mostradas, ao escolher um vestido de mangas compridas, saia longa e gola alta. A etiqueta, porém, era Saint Laurent. Espalhara-se pelos aposentos das mulheres que Philip seria apresentado à família naquela noite. Isso significava que ele fizera sua parte. Agora que Philip e o noivado tinham sido aceitos, o primeiro estágio do plano fora concluído.

Era tarde demais para voltar atrás. Sempre fora tarde demais.

O diamante em seu dedo faiscava no espelho enquanto ela cobria a equimose no rosto com maquiagem. Os símbolos dos dois homens que haviam mudado sua vida, pensou Adrianne.

Deu um passo para trás, para uma última avaliação. Escolhera o preto de propósito, sabendo que as outras mulheres estariam coloridas como pavões. De preto, pareceria mais recatada e obediente. Relutante, pôs no pescoço o colar de ametistas. Era o que Abdu esperaria. Até deixar Jaquir, tencionava oferecer ao pai tudo o que ele esperava.

Philip acertara numa coisa. Quando permitira que as emoções aflorassem à superfície, ela se mostrara temerária. Por mais verdadeiras que fossem as palavras que dissera para Abdu naquela tarde, haviam sido precipitadas. Tinha a equimose no rosto para lembrá-la de que ele não era agora – e nunca fora – um homem que podia escutar o que havia no coração de uma mulher.

Adrianne tocou a equimose. Não sentia raiva pelo tapa, nem mesmo ressentimento. A dor fora breve e a marca servia para lembrá-la de que por mais que houvesse em Jaquir novos prédios, novas ruas, novas liberdades, os homens ainda mandavam como julgavam mais conveniente. Era menos a filha de Abdu e mais uma coisa a ser casada, e depois enxotada para longe do país, onde os erros que pudesse cometer não se refletiriam sobre a honra do pai.

Não lamentava por isso, mas ainda se ressentia por ter guardado em seu coração um lugar para a esperança de que poderia haver amor, arrependimento e reencontro.

A esperança morrera. Adrianne virou-se ao ouvir a batida na porta. Agora, havia apenas determinação.

– *Yellah*.

Yasmin, vestida num cetim listrado e lustroso, adiantou-se para pegar sua mão.

– Vamos. Depressa! – repetiu ela, em inglês. – O meu pai mandou nos chamar. Por que usa preto, quando o vermelho seria mais favorável?

Enquanto os lábios de Adrianne se contraíam, Yasmin já a levava para junto das outras mulheres.

Os homens esperavam no salão. Abdu, três de seus irmãos, seus dois filhos, uma porção de primos. Adrianne lançou um olhar para o menino que era seu irmão mais moço. Ele tinha apenas 14 anos, mas já era integrado entre os homens. Em uma questão de segundos, estudaram um ao outro. Ela viu um lampejo da curiosidade que sentia, a mesma afinidade relutante. Dessa vez, não tentou evitar o sorriso e foi recompensada por uma breve contração dos lábios. No sorriso do meio-irmão viu a avó.

E lá estava Philip, maravilhoso e firme, totalmente europeu. Como um oásis, pensou Adrianne, revigorante e confortador. Teve vontade de se aproximar, mesmo que apenas por um instante, e ficar de mãos dadas com ele. Estabelecer uma ligação. Em vez disso, manteve as mãos cruzadas à sua frente.

Ele também queria cinco minutos a sós com Adrianne. Não houvera oportunidade de trocarem uma só palavra desde que haviam desembarcado do jato. Gostaria de contar a Adrianne seu encontro com Abdu e descobrir o que o pai fizera com ela. Cinco minutos, pensou ele, impaciente com os costumes, que eram ao mesmo tempo uma cobertura e uma limitação. Havia um vulcão em Adrianne. Ele o vira aflorar por um momento em seus olhos, naquela tarde. Não havia como saber se o anúncio de Abdu causaria uma erupção.

Uma a uma, com uma formalidade apropriada ao Palácio de Buckingham, as mulheres foram apresentadas a Philip. Em seus trajes opulentos de festa eram um arco-íris de mulheres morenas com olhos escuros e vozes suaves. Alguns vestidos eram muito elegantes, outros espalhafatosos, alguns extravagantes, mas todas as mulheres eram idênticas na atitude. Mantinham a cabeça baixa, olhavam para o chão, as mãos com muitos anéis cruzadas nas extremidades das mangas compridas.

Ele observou Adrianne adiantar-se a um gesto do pai para cumprimentar os irmãos. Fahid beijou-a nas faces e depois apertou seus braços de leve.

– Fico feliz por você, Adrianne. Seja bem-vinda.

O irmão era sincero, ela teve certeza. Embora fosse impossível se sentir bem-vinda em Jaquir, ela experimentou algum conforto. *Eu amo Adrianne.* Ele lhe dissera isso muitas vezes, com a maior simplicidade, absoluta honestidade, à maneira das crianças. Aquelas crianças haviam desaparecido, mas ainda restava alguma coisa na maneira como os olhos se encontraram e se mantiveram assim. Como poderia ela saber, depois de tanto tempo sem isso, que a família significaria alguma coisa?

– Estou contente por vê-lo de novo.

Ela também falava sério.

– Nosso irmão Rahman.

Ela esperou, como era apropriado, que ele a beijasse. Não foi constrangimento o que sentiu quando os lábios de Rahman roçaram em suas faces, mas timidez.

– Seja bem-vinda, irmã. Louvamos Alá por trazê-la de volta.

Rahman... Ele tinha os olhos de um poeta e o nome do bisavô, o guerreiro. Adrianne teve vontade de falar com ele, criar algum vínculo, mas Abdu a vigiava.

Philip continuou a observar enquanto ela era apresentada ao restante da família. Reconheceu o irmão mais novo como o garoto que vira orando sozinho no quarto perto do seu. Qual seria a sensação, especulou Philip, de fitar um irmão que nunca vira antes? Era estranho, mas até aquele momento ele nunca considerara o fato de que poderia ter irmãos. Pensou na distância entre Adrianne e os outros filhos de seu pai. Talvez fosse melhor nunca saber.

Ela falava um árabe fluente e musical. Isso, mais do que qualquer outra coisa, fazia com que toda a cena parecesse um sonho. Embora ele desejasse, Adrianne não olhou em sua direção uma só vez. Foi para o lado de Abdu, obedecendo a uma ordem.

– Essa noite nos regozijamos. – Em deferência a Philip, Abdu falou num inglês claro e preciso. – Dou esta mulher da minha família a este homem. Pela vontade de Alá e em sua honra, eles vão se casar.

Ele pegou a mão de Adrianne, colocou-a na mão de Philip e acrescentou:

– Que ela possa ser uma esposa fértil e recatada.

Adrianne poderia sorrir ao ouvir isso, mas olhou para a avó, amparada por mulheres mais jovens, enxugando uma lágrima.

– Os documentos foram assinados – continuou Abdu. – O preço acertado. A cerimônia será realizada daqui a uma semana, a contar de hoje. *Inshallah*.

Philip sentiu-lhe os dedos apertarem os seus. Adrianne levantou a cabeça, e por duas batidas do coração o vulcão entrou em atividade, fumegando. Depois ela tornou a baixar os olhos, aceitando os votos de felicidade e muitos filhos.

Ainda não tinham trocado uma palavra sequer quando Adrianne, junto com as outras mulheres, saiu do salão. Elas iam comemorar longe da vista dos homens.

Os sonhos de Adrianne foram perturbadores o bastante para fazer com que se revirasse na cama. Um se fundia indefinido no outro, deixando-a com um sentimento de apreensão e angústia. Acalentara a esperança de ficar exausta para depois escapar no sono. Ficara mesmo exausta depois de toda a conversa sobre vestido de noiva e noite de núpcias. Mas um sono atormentado por sonhos não era uma fuga.

Quando sentiu a mão cobrir sua boca, ela se sentou na cama. Pegou no pulso no mesmo instante com uma das mãos, enquanto a outra procurava um ponto de apoio.

– Calma. – Philip disse a palavra num sussurro, direto em seu ouvido. – Se começar a gritar, seus parentes vão cortar pedaços vitais do meu corpo.

– Philip!

A primeira onda de alívio foi tão intensa que ela o abraçou. Philip se acomodou na cama e silenciou qualquer murmúrio com um beijo. Era isso, o gosto de que ele precisara, pelo qual tanto ansiara durante toda a noite. Não imaginara que a necessidade podia se acumular tanto numa questão de horas ou que a preocupação podia pesar como uma bigorna em sua nuca.

– Eu estava enlouquecendo – murmurou ele, colado à garganta de Adrianne. – Sem saber quando poderia falar com você, acariciá-la. Quero você, Addy... agora.

Numa concordância sussurrada, ela passou os dedos por seus cabelos. No instante seguinte, porém, empurrou-o para o lado e sentou na cama.

– Por que veio aqui? Sabe o que vai acontecer se for descoberto?

– Também sentiu saudade.

– Isso não é uma brincadeira. Ainda usam a decapitação pública, perto do mercado.

– Não pretendo perder a cabeça por você. – Ele pegou a mão de Adrianne e levou-a aos lábios. – Mais do que já perdi.

– Você é um idiota!

A pulsação de Adrianne era quase inexistente.

– Um romântico.

– É a mesma coisa. – Ela empurrou o lençol para o lado e levantou-se. – Você tem que sair daqui, o mais depressa possível.

– Só depois que conversarmos. São três horas da madrugada, Adrianne. Todo mundo está deitado, num sono profundo, de tanto carneiro e romã.

Ela voltou a se sentar na cama. Mais cinco minutos não fariam mal, disse a si mesma. E era bom ter a companhia de Philip.

– Como encontrou os aposentos das mulheres?

– Pelo túnel.

Philip dissera a verdade. Podia encontrar qualquer coisa no escuro.

– Por Deus, Philip! Se foi visto...

– Não fui.

– Quer me escutar?

– Sou todo ouvidos.

– E mãos. – Ela afastou-lhe as mãos. – É um risco insensato sair da sua ala, mas vir até aqui...

Ela fez uma pausa por tempo suficiente para remover os dedos hábeis de Philip dos botões de sua camisola.

– Como descobriu qual era o meu quarto?

– Tenho meios para descobrir tudo.

– Philip!

– Pus um localizador no seu estojo de maquiagem.

Com um grunhido irritado, Adrianne levantou-se para andar pelo quarto.

– Trabalhou por tempo demais com a Interpol. Se continuar a tratar tudo isso como um romance de espionagem, vai acabar perdendo a cabeça.

– Eu precisava ver você. Tinha que verificar se estava bem.

– Agradeço a consideração, mas você deveria esperar até que eu entrasse em contato.

– Não esperei. Quer desperdiçar o tempo discutindo essa questão?

– Não. – Adrianne achou que não seria sensato correr o risco de acender o lampião. Em vez disso, acendeu duas velas. – Acho que é melhor conversarmos sobre a pequena surpresa do Abdu.

– Lamento que você tenha tomado conhecimento daquele jeito, mas foi impossível avisá-la.

– Em termos mais objetivos, o que vamos fazer a respeito?

– O que podemos fazer? – Uma certa presunção na voz de Philip não passou despercebida. – Já assinei na linha pontilhada.

E duvido muito que possamos roubar o colar e descobrir uma rota alternativa para deixar o país em menos de uma semana.

– Tem razão. – Adrianne tornou a se sentar, tentando avaliar a situação, como fizera durante a noite inteira. – Tenho especulado se ele desconfia de alguma coisa e por isso quer apressar o casamento.

– Desconfia de que a filha é uma das maiores ladras dos últimos anos?

Ela ergueu uma sobrancelha.

– Uma das maiores?

– Ainda estou por aqui, querida. – Philip pegou o véu e o passou entre as mãos. – Acho difícil imaginar que Abdu desconfie de sua intenção considerando que você conseguiu despistar a Interpol durante todos esses anos. Não é mais provável que ele queira controlar tudo?

– Por sentimentalismo paternal? Não creio.

– Não está pensando direito, Addy. – Ele falou em voz baixa, porque o tom de irritação de Adrianne o preocupava. – Desconfio de que seja mais uma questão de orgulho e imagem.

Ela ficou imóvel por um momento, contendo a amargura do passado.

– É bem possível. As duas coisas são muito importantes para Abdu. – Adrianne girou o anel de diamante no dedo. – Como vamos resolver o problema?

– Diga você. – Ele jogou o véu para o lado. – O jogo é seu.

– Vai deixar você numa situação muito embaraçosa, Philip.

– Uma situação em que já decidi me meter, se está lembrada. Pretendo me casar com você de qualquer maneira. Aqui ou em Londres, não importa.

Em toda sua carreira, Adrianne nunca se sentira mais acuada.

– Sabe como eu me sinto em relação a isso?

– Claro que sei. E daí?

Ela continuou sentada na cama, mexendo no anel.

– É apenas uma cerimônia, no final das contas. Não somos muçulmanos. Portanto, não precisamos levar a sério.

– Um casamento é um casamento.

Adrianne dissera a mesma coisa para si mesma.

– Muito bem, vamos aceitar a cerimônia. Mas um casamento muçulmano pode ser encerrado pelos costumes muçulmanos. Você pode se divorciar de mim assim que voltarmos.

Divertindo-se, ele se sentou na cama também.

– Sob que alegação?

– Você é um homem, Philip. Não precisa apresentar alegação. Só precisa dizer "eu me divorcio de você" três vezes e o casamento acaba.

– Muito conveniente. – Ele estendeu a mão para um cigarro, mas se conteve. – E vai ser apenas pelo preço módico de quatro camelos.

– Foi isso o que ele pediu? Quatro camelos?

– Negociei, como você sugeriu, mas não sabia se estava ou não sendo enganado.

– Não foi enganado. É um bom negócio. Pagaria mais por uma terceira esposa manca.

– Adrianne...

– O insulto é para mim, não para você. – Ela se desvencilhou da mão de Philip. – Não tem importância, ou pelo menos não vai ter depois que eu me apoderar do colar... O Sol e a Lua. Quatro camelos ou quatrocentos, ainda estou sendo comprada e vendida.

– Só precisamos jogar pelas regras de Abdu enquanto estivermos aqui. – Gentilmente, ele empurrou os cabelos dela para trás da orelha. – Dentro de duas semanas estaremos...

A chama da vela inclinou-se para o rosto de Adrianne, fazendo a equimose sobressair.

– Como aconteceu?

– Por causa da honestidade. – Ela começou a sorrir, mas viu a expressão dele, que a deixou com a boca ressequida. – Philip...

– Foi ele quem fez isso? – Philip falava como se cada palavra pudesse quebrar se não fosse tratada com cuidado. – Bateu em você?

– Não foi nada. – O pânico fez com que Adrianne o segurasse quando ele fez menção de se levantar. – Não foi nada, Philip. Ele tem o direito...

– Nada disso. – Philip desvencilhou-se. – Por Deus, ele não tem esse direito.

– Tem aqui. – Adrianne falava depressa, bloqueando seu caminho para a porta. A paixão vibrava na voz que ela não ousava elevar. – As regras dele, lembra? Foi o que você acabou de dizer.

– Não quando inclui bater em você dessa maneira.

– As equimoses desaparecem, Philip. Mas se você passar pela porta e fizer o que vejo em seus olhos que pretende fazer, tudo vai estar acabado para nós dois. Há maneiras melhores de vingar a sua honra e a minha. Por favor.

Ela ergueu a mão para tocar o rosto dele, mas Philip se virou.

– Dê-me um minuto.

Ela tinha razão. Philip sabia disso. Sempre fora capaz de pensar em termos lógicos, mas nunca experimentara aquele ímpeto de violência. Não sabia até aquele momento que tinha a capacidade de matar. Ou que poderia gostar de matar.

Virou-se para ver Adrianne, à luz da vela, as mãos unidas, os olhos arregalados e sombrios.

– Ele não vai machucar você de novo.

O ar que ela prendia nos pulmões escapou por entre os lábios. Ele era Philip de novo.

– Nem pode. Não onde importa.

Philip adiantou-se e passou o polegar de leve pela equimose.

– Nem de qualquer outra maneira. – Ele deu-lhe um beijo na testa e outro nos lábios. – Eu amo você, Addy.

– Philip... – Ela o abraçou, o rosto comprimido contra seu ombro. – Você significa mais para mim do que qualquer outra pessoa jamais significou.

Ele desceu a mão pelos cabelos de Adrianne. Era o mais próximo que ela já estivera de dizer as três palavras que ele descobrira que precisava.

– Estive na sala do cofre. – Quando Adrianne fez menção de recuar, ele a apertou com mais força. – Não me faça um discurso, Addy. É muito chato. O esquema é exatamente o que analisamos, mas acho que seria melhor se nós dois pudéssemos dar uma olhada juntos. Quanto à chave...

– A chave falsa que fiz deve servir. Podemos limá-la e ajustá-la, se for preciso.

– Eu me sentiria melhor se cuidássemos de tudo com antecedência. – Ele deu um passo para trás, sabendo que, com Adrianne, aquele era um terreno perigoso. – Se me der a chave, posso experimentá-la no cofre, talvez amanhã à noite, e resolver esse problema.

Ela pensou a respeito.

– Nós dois iremos até lá amanhã de noite para resolver esse problema.

– Não há necessidade de irem os dois.

– Está certo. Vou sozinha.

– Está sendo teimosa, Addy.

– Tem toda razão. Não há nenhuma parte desse trabalho da qual eu possa ser excluída. Ajustar a chave com antecedência faz sentido. Pelo menos os ajustes preliminares. Vamos fazer isso juntos ou eu vou sozinha.

– Seja feita sua vontade. – Ele voltou a tocar a marca no rosto de Adrianne com a ponta do dedo. – Vai chegar um dia em que você nem sempre vai fazer as coisas à sua maneira.

– É possível. Enquanto isso, pensei um pouco sobre a nossa noite de núpcias.

– É mesmo?

Com um sorriso, ele enganchou um dedo na parte superior da camisola e puxou-a.

– Pensei nisso também, mas tenho as minhas prioridades.

– E quais são?

– Não poderia haver uma noite melhor para pegar o colar.

– Os negócios antes do prazer? Você é cruel com o meu ego, Adrianne.

– É que você não faz ideia do quanto as cerimônias de casamento são longas, cansativas e chatas por aqui. Todo mundo vai comer até ficar em estado de estupor. Depois, teremos privacidade total. Ninguém pensaria em nos perturbar. E um dia ou dois depois, poderemos ir embora sem que ninguém se sinta ofendido.

– Eu diria que é lamentável que você não seja mais romântica, mas faz sentido. E suponho que seja bem apropriado que dois ladrões aproveitem a primeira noite do casamento para um roubo.

– Não um simples roubo, Philip... o roubo de uma lenda. – Ela o beijou e depois se encaminhou para a porta. – Agora você tem que ir embora. É perigoso continuar aqui. Se tudo correr bem, eu o encontrarei na sala do cofre às três e meia da próxima madrugada.

– Vamos sincronizar nossos relógios?

– Não creio que seja necessário.

– Mas isso é necessário. – Antes que Adrianne pudesse abrir a porta para verificar os corredores, ele a abraçou. – Se estou arriscando a minha cabeça, tem de ser por mais do que conversa.

E Philip levou-a de volta para a cama.

24

– Você vai ser uma linda noiva. – Dagmar, a *couturière* trazida de avião de Paris, ajeitou o cetim branco sobre os ombros de Adrianne. – Poucas mulheres podem usar um véu de puro branco. Mais renda aqui.

Ela pregava com alfinete, inclinada, já que era pelo menos 15 centímetros mais alta do que Adrianne. As mãos eram feias, mas rápidas e hábeis. Recendia à água de colônia que tinha seu nome e que acabara de ser lançada no mercado.

– A renda tem de fluir da garganta para o corpete – acrescentou ela.

Adrianne contemplou o reflexo no espelho. O pai trabalhava depressa. Devia ser muito caro ter um vestido de uma das maiores estilistas de Paris preparado em uma semana. Outra vez uma questão de honra, pensou ela. O rei Abdu não podia mandar a filha para o marido em menos do que o melhor. Ela sentiu que os dedos começavam a doer. Fez um esforço lento e deliberado para relaxá-los.

– Prefiro que seja simples.

Dagmar apertou as mangas compridas.

– Confie em mim. Será simples, mas não feio; elegante, mas não opulento. Muito disso e muito daquilo faz com que as pessoas notem o vestido, mas não a mulher. – Ela levantou os olhos para as duas assistentes que entraram com mais vestidos. – Para as damas de honra. Recebemos uma lista.

Ela pegou um alfinete na almofada em seu pulso e apertou a cintura do vestido.

– E quantas vão ser as damas de honra?

Dagmar fitou-a por um momento, surpresa por a noiva ter de perguntar.

– Doze. O azul-turquesa é uma excelente cor. Combina com quase tudo.

Ela gesticulou para que uma assistente levantasse um vestido. Tinha um decote festivo, que deixava uma parte do ombro à mostra, e uma saia longa, com renda por cima.

– A escolha coube a mim. Espero que aprove.

– Tenho certeza de que todos os vestidos ficarão bem.

– Vire-se, por favor.

Era raro encontrar uma noiva tão solene e indiferente. Dagmar já ouvira falar da princesa Adrianne, esperava ter a oportunidade de vesti-la, mas nunca imaginara que o faria em Jaquir, para um casamento providenciado às pressas. Se a noiva estava grávida, sua cintura estreita e a barriga lisa não davam indicação. De qualquer forma, Dagmar era discreta demais para fazer fofoca de suas clientes, ainda mais quando um trabalho podia levar a outros. Era francesa e, como tal, sempre prática.

– A cauda vai ser presa aqui. – Indicou um ponto abaixo dos ombros de Adrianne. – Daí se projeta do vestido como um rio. Uma corrente impetuosa. – Dagmar gesticulou com as mãos estreitas e feias enquanto acrescentava: – Muito real. *N'est-ce pas*?

Pela primeira vez, Adrianne sorriu. A mulher estava fazendo o melhor que podia.

– Parece adorável.

Encorajada, Dagmar deu a volta, mexendo na bainha. Ao longo dos anos, vestira as ricas e famosas, camuflando com a maior habilidade os defeitos e as protuberâncias. A princesa tinha um corpo adorável, pequeno e benfeito. Qualquer coisa que criasse para um corpo assim seria notada e invejada. Ela concluiu que era uma pena que não tivesse havido a encomenda de um enxoval.

– Os cabelos... como vai usá-los? Presos? Soltos?

– Não sei. Ainda não pensei a respeito.

– Deve pensar. O penteado deve combinar com o vestido. – Depois de afagar os cabelos de Adrianne, ela deu um passo para trás. Era magra e forte, o rosto um tanto feio, mas com lindos olhos verdes. – Numa trança... acho que seria o melhor. Muito francês, muito sutil, como o vestido. Mas não severo. – Satisfeita, ela desviou os olhos críticos para o vestido. – Vai usar joias? Alguma coisa especial?

Adrianne pensou em O Sol e a Lua refulgindo contra o vestido de noiva de sua mãe.

– Não, nada sobre o vestido.

As duas ouviram os movimentos e risos no outro lado da porta.

– As damas de honra. – Dagmar revirou os lindos olhos verdes. – Vamos enlouquecer em uma semana, mas tudo ficará perfeito.

– Madame, quanto está cobrando por esse vestido?

– Alteza...

– Prefiro saber o preço do que é meu.

Dagmar deu de ombros, enquanto puxava a saia do vestido.

– Talvez 250 mil francos.

Com um aceno de cabeça, Adrianne tocou na renda em sua garganta. Ganhara mais do que isso em sua comissão do trabalho St. John. Parecia apropriado, se não mesmo irônico, que o dinheiro fosse usado assim.

– Mande a conta para mim, não para o rei.

– Mas, alteza...

– Mande a conta para mim – reiterou Adrianne, decidida a não usar um vestido pelo qual não pagara.

– Como desejar.

– O casamento é em Jaquir, madame. – Adrianne sorriu de novo. – Mas sou americana. É difícil romper com hábitos antigos.

Para encerrar o assunto, ela se virou quando a porta foi aberta. Havia mais do que as damas de honra ali; havia pelo menos outra dúzia de mulheres para observar, tomar chá e conversar sobre casamentos e moda. Adrianne calculou que Dagmar teria encomendas para mais seis vestidos pelo menos antes de as provas da tarde terminarem.

As mulheres ficaram apenas com as roupas de baixo. Como a lingerie era uma paixão para elas tão grande quanto as joias, as peças variavam do deslumbrante ao embaraçoso. Cinta-liga vermelha e renda preta, cetim branco e seda transparente. Em meio ao tumulto de vozes, vestidos foram experimentados e comentados. Houve perguntas sobre flores, presentes, lua de mel. Poderia ser divertido, até mesmo comovente, pensou Adrianne, se não fosse pela dor de cabeça que latejava por trás de seus olhos. Talvez o casamento fosse uma farsa, uma medida temporária, até mesmo uma conveniência, mas a preparação era bastante real.

Ela observou a jovem irmã experimentando um vestido apropriado para uma mulher com o dobro de sua idade.

– Não. – Adrianne acenou com a mão para a mulher que ajeitava a bainha. – Esse vestido não serve para ela.

Yasmin levantou a saia larga.

– Eu gosto. Keri e as outras vão vestir a mesma coisa.

– Faz você parecer uma criança brincando de adulta. – À expressão rebelde de Yasmin, Adrianne gesticulou para Dagmar. – Quero uma coisa especial para a minha irmã, um vestido mais apropriado.

– O seu pai disse que as damas de honra deveriam ter vestidos idênticos.

Os olhos de Adrianne encontraram-se com os de Dagmar no espelho longo.

– Estou lhe dizendo que a minha irmã não vai vestir isso. Quero um vestido mais suave, mais... – Adrianne conteve-se antes de dizer "mais jovem", mais contemporâneo. – Talvez rosa, para que ela sobressaia entre as outras.

Os olhos de Yasmin se iluminaram.

– Vermelho.

– Rosa – insistiu Adrianne.

Porque concordava, e porque era mais provável que recebesse novas encomendas de Adrianne, não do rei, Dagmar decidiu cooperar.

– Talvez haja algum vestido no *salon* que eu possa mandar trazer.

– Pois faça isso. E também me mande a conta. – Ela tocou o rosto de Yasmin. – Você vai ficar linda. Especial. Como uma rosa entre samambaias.

– Fico linda nesse vestido.

Adrianne virou-se a fim de que as duas pudessem se ver nos espelhos.

– Mais linda ainda. É uma tradição que a principal dama de honra use um vestido de estilo ou cor diferente dos outros vestidos, para que seja mais notada.

Yasmin pensou um pouco a respeito e aprovou a ideia. Aceitaria o véu na maior felicidade quando chegasse o momento, mas, por enquanto, sempre que possível, preferia ser notada.

– De seda?

Ela mesma fora uma menina que ansiara por um vestido de seda.

– Claro.

Satisfeita, Yasmin avaliou os reflexos das duas.

– Quando eu casar, vou usar um vestido como o seu.

– Pode usar este, se quiser.

Yasmin franziu as sobrancelhas.

– Um vestido já usado?

– É outra tradição usar o vestido de noiva da mãe, irmã ou amiga.

Enquanto pensava a respeito, Yasmin passou um dedo pelo cetim da saia de Adrianne. Era um costume estranho, refletiu ela, mas valia a pena – se o vestido fosse o certo – considerar a possibilidade.

– Eu não usaria o vestido da minha mãe. Não pode ter sido tão bonito quanto o seu. Ela foi uma segunda esposa. Por que você não usa o vestido da sua mãe?

– Não tenho mais o vestido. Só restou uma foto. Um dia, quando você me visitar nos Estados Unidos, eu lhe mostrarei.

– Visitá-la? – Ela acenou com a mão, impaciente e autoritária, pensou Adrianne no momento em que uma criada ofereceu um chá. – Quando?

– Quando for permitido.

– Comeremos num restaurante?

– Se você quiser.

Por um momento, Yasmin parecia com qualquer menina a quem era oferecida uma guloseima.

– Algumas mulheres em Jaquir comem em restaurantes, mas o meu pai não permite isso para a família.

Adrianne pegou na mão da menina.

– Jantaremos em restaurantes todas as noites.

Philip quase não via o rei, mas estava sendo muito bem tratado. Como um diplomata visitante, pensou ele, depois de uma excursão guiada pelo palácio. Foi levado a todos os cômodos, inclusive aos aposentos das mulheres, enquanto o príncipe herdeiro oferecia um relato longo e muitas vezes tedioso da história de Jaquir. Sem deixar de escutar, Philip fazia anotações mentais sobre as janelas, portas, entradas e saídas. Observava guardas e criados passarem, atento aos horários, à procura de uma rotina.

E fazia perguntas. O livro que Adrianne lhe dera para ler o informara muito bem para saber que comentários ou perguntas seriam considerados críticas. Por isso não fez nenhuma indagação sobre as mulheres ocultas por trás dos muros do jardim e das janelas com treliça... para o bem delas. Também não perguntou sobre os mercados de escravos que ainda funcionavam, embora em segredo. Nem sobre as decapitações, que não eram secretas.

Almoçaram caviar e ovos de codorna numa sala que tinha uma piscina com ondas. Aves de plumas brilhantes cantavam em gaiolas penduradas do teto. Conversaram sobre arte e literatura, mas não falaram sobre os chicotes tão usados nos suques. Rahman juntou-se aos dois por um breve período. Depois de uma batalha contra a timidez, bombardeou Philip com perguntas sobre Londres. Sua mente era como uma esponja, absorvendo tudo.

– Há uma grande população muçulmana em Londres?

Philip tomou um gole do café, com saudade do chá britânico.

– Creio que sim.

– Eu gostaria de visitar a cidade, conhecer os prédios e museus, mas no inverno, quando há neve. Gostaria de ver a neve.

Ele recordou como Adrianne falara da primeira vez em que vira a neve.

– Nesse caso, deve ir a Londres no próximo ano e ser hóspede meu e de Adrianne.

Rahman pensou que seria maravilhoso ver a grande cidade, passar algum tempo com a irmã de sorriso e olhos adoráveis. Haveria muita coisa para aprender em Londres, e ele queria muito aprender. Lançou um olhar rápido para o irmão. Ambos conheciam a mente do pai. – Você é muito gentil. Um dia irei a Londres, se Alá permitir. Peço licença agora, pois devo voltar para os meus estudos.

Mais tarde, numa limusine com ar-condicionado, eles percorreram a cidade. Fahid mostrou os navios no porto enquanto falava sobre os excelentes acordos comerciais entre Jaquir e os países ocidentais.

Havia uma grande beleza ali; Philip podia contemplá-la nas colinas escuras distantes, no azul forte do mar. Apesar do tráfego intenso e da disparada ensandecida dos táxis, havia um senso de antiguidade; mais do que isso, uma resistência à mudança.

Passaram por um pátio em que, menos de cinco anos antes, uma princesa menor e seu amante haviam sido executados por adultério. A distância, Philip podia avistar a coluna prateada de um prédio de escritórios, encimado por uma antena parabólica.

– Somos um país de contrastes. – Fahid observava um membro do Comitê de Proteção da Virtude e Prevenção da Imoralidade agarrar pelo braço uma mulher desacompanhada. – Houve muita mudança em Jaquir nos últimos 25 anos, mas ainda somos e sempre seremos um país do Islã.

Como havia a abertura, Philip resolveu esmiuçar mais um pouco.

– É difícil para você, que estudou no Ocidente?

Fahid continuou a observar o *matawain*, que gritava com a mulher sozinha, levando-a para fora do suque. Desaprovava essas coisas, mas ainda não era o rei.

– Às vezes é difícil encontrar o equilíbrio entre o que é melhor no seu mundo e o que é melhor no meu. Se Jaquir quiser sobreviver a mais progresso, terá de fazer mais concessões. As leis do Islã não podem mudar, mas as tradições dos homens devem mudar.

Philip também percebera o incidente no suque.

– Tradições como a de os homens maltratarem fisicamente as mulheres?

Fahid deu algumas instruções ao motorista, e se recostou em seguida.

– A polícia religiosa é dedicada, e é a religião que governa Jaquir.

– Não sou de criticar a religião dos outros, Fahid, mas é difícil para um homem ficar de braços cruzados ao ver uma mulher ser maltratada.

Ele pensava na mulher no suque, em Adrianne e em Phoebe. Fahid não teve dificuldade para seguir a trilha.

– Em alguns pontos, você e eu nunca estaremos de acordo.

– O que você vai mudar quando passar a governar?

– Não é tanto o que eu vou mudar, mas o que o povo vai permitir que seja mudado. Como muitos europeus, você acredita que é o governo que torna o povo o que é. Que oprime e liberta. Sob muitos aspectos, talvez a maioria deles, é o povo que retarda a mudança. As pessoas lutam contra o progresso mesmo quando abrem os braços para aceitá-lo. – Fahid sorriu. Havia na geladeira um jarro com suco de fruta gelado, que ele serviu em copos de cristal. – Ficaria surpreso se soubesse que muitas mulheres apreciam o véu? Não está na lei. O hábito foi popularizado pela elite há muitos séculos. O que se tornou moda na época de Maomé acabou virando uma tradição.

Quando Philip pegou um cigarro, Fahid acendeu-o com um isqueiro de ouro.

– Nenhuma mulher tem permissão para dirigir um carro em Jaquir. Não é uma lei, mas uma tradição. Não está escrito que é indecoroso que uma mulher dirija um carro, mas isso é... desencorajado, porque se ela tivesse um pneu furado, nenhum homem poderia ajudá-la. Se ela dirigisse de maneira imprudente, a polícia não poderia detê-la. Assim, a tradição torna-se mais sólida do que a própria lei.

– E as suas mulheres estão satisfeitas?

– Quem conhece a mente de uma mulher?

Philip sorriu.

– Nesse ponto, Oriente e Ocidente podem concordar.

– Era isso o que eu queria lhe mostrar. – Enquanto a limusine parava, Fahid gesticulava pela janela. – A Universidade Memorial Ahmand. Para as mulheres.

O prédio fora construído em alvenaria, ao melhor estilo americano. As janelas tinham treliças, tanto para a proteção contra o sol quanto para desencorajar os olhares curiosos. Philip viu três mulheres, nos trajes tradicionais, subirem apressadas os degraus e passarem pela porta. Também notou que, por baixo da *abaaya*, as mulheres usavam Nikes e Reeboks.

– As famílias são encorajadas a mandar suas mulheres para estudar aqui em Jaquir. As tradições podem ser flexíveis. Jaquir precisa de mulheres médicas, professoras, banqueiras. Por enquanto, isso serve para tornar menos complicado que nossas mulheres recebam tratamento médico, sejam instruídas e cuidem de seu dinheiro. Nem sempre vai ser assim.

Philip deixou de analisar o prédio para voltar a fitar Fahid.

– Você compreende isso.

– E muito bem. Trabalho em estreito contato com o ministro do Trabalho. É uma ambição minha ver as pessoas do meu país, homens e mulheres, fortalecerem Jaquir com conhecimento e competência. Com a educação vem o conhecimento, mas também o descontentamento, pela necessidade de saber mais, ver mais, ter mais. Jaquir vai ser forçado a se ajustar... e, no entanto, o sangue não muda. As mulheres usarão o véu por opção pessoal. E vão se apegar ao harém porque encontram conforto ali.

– Acredita nisso?

– Tenho certeza.

Depois de um sinal para o motorista, Fahid cruzou as mãos sobre o colo. Era um homem equilibrado e erudito que ainda não tinha 23 anos. Seria o rei. Não tivera permissão para esquecer esse fato em momento algum desde o nascimento.

– Fui educado na América, amei uma mulher americana, apreciei muitas coisas americanas, mas tenho sangue beduíno. Adrianne tinha uma mãe americana e foi criada no Ocidente, mas tem sangue beduíno. Correrá por suas veias até o dia em que morrer. Isso a torna o que ela é.

– Não vai mudá-la.

– A vida de Adrianne não tem sido simples. Até que ponto ela odeia o meu pai?

– Ódio é uma palavra muito forte.

– Mas apropriada. – Fahid ergueu a mão, com a palma para cima. Era uma questão importante, e o principal motivo por ele ter insistido em passar algum tempo a sós com Philip.

– As paixões de amor e ódio nunca são simples. Se você a ama, leve-a embora depois do casamento. Enquanto o meu pai viver, mantenha-a longe de Jaquir. Ele também não perdoa.

O chamado para a oração soou, um canto que vinha do fundo da garganta. Com pouca confusão e sem dificuldades, portas se fecharam e homens se ajoelharam para baixar o rosto até o chão. Fahid saltou do carro. Sua túnica era de seda, mas ele se juntou aos outros homens que se submetiam à vontade de Alá.

Irrequieto. Philip saiu para o calor da tarde. Podia ver o muezim nos degraus da mesquita chamando os fiéis. Era uma cena forte, quase humilde, com o sol ardente e os cheiros fortes de suor e especiarias dos suques, os homens de túnica com as testas abaixadas no chão. As mulheres recuaram, abrigando-se nas poucas sombras que podiam encontrar. Podiam orar em silêncio, mas não tinham permissão para atender ao chamado. Uns poucos executivos ocidentais esperavam, com a paciência dos resignados.

Enquanto observava, Philip começou a compreender Fahid. As pessoas não apenas aderiam ou se submetiam à tradição, mas a abraçavam, perpetuavam-na. Aquele modo de vida girava em torno da religião e da honra masculina. Prédios podiam ser construídos, a educação podia ser oferecida, mas nada mudaria o sangue.

Ele se virou da direção de Meca e olhou para o palácio. Os jardins eram uma mistura de cores a distância. Os telhados de telha verde faiscavam ao sol. Em algum lugar, dentro daquelas paredes, estava Adrianne. O chamado da oração a levaria até uma janela?

O DISPOSITIVO LEVADO POR Adrianne era bastante sensível. para aquele breve encontro, deixou o resto dos equipamentos escondido em seu quarto. Levou apenas o pequeno amplificador, a chave de latão e uma lima. Por uma questão de cautela, também deixou a calça e a blusa pretas. Se fosse apanhada naquela noite, seria melhor se estivesse de saia comprida.

Usou o túnel, como as mulheres faziam havia gerações, ao seguirem de seus aposentos para a parte principal do palácio. Algumas teriam ido na maior satisfação; outras, resignadas. Sempre com um propósito, pensou Adrianne, como ela naquela noite. As sandálias não faziam barulho no chão. O caminho, como acontecia desde o passado distante, era iluminado por tochas, não por luz elétrica. As chamas baixas e irregulares acrescentavam sombras e romance.

Um homem podia passar por ali, um rei ou um príncipe, mas àquela hora o palácio dormia, e ela caminhava sozinha.

Preocupava-se com Philip. Era sempre possível que os aposentos dele estivessem sendo vigiados. Se ele fosse apanhado no lugar errado, na hora errada, seria deportado antes que os dois pudessem trocar uma palavra. Ela podia levar uma surra ou ser confinada aos aposentos das mulheres, mas esse seria um preço pequeno a pagar pelo objetivo supremo.

Saiu do túnel para os aposentos do rei. Abdu dormia no quarto mais adiante. Sozinho, pois qualquer que fosse a esposa escolhida para aquela noite já fora enviada de volta para sua própria cama depois de cumprir seu dever.

Podia sentir a fragrância do pai ali, o incenso de sândalo, que ele preferia. Especulou quantas vezes a mãe teria sido chamada àqueles aposentos, como uma cadela que servia apenas para a reprodução.

Por um momento, apenas um momento, Adrianne sentiu-se tentada a abrir a porta do quarto do pai, acordá-lo do sono presunçoso e lhe dizer tudo o que pensava, tudo o que germinara e brotara das sementes amargas daqueles primeiros anos, mas essa satisfação duraria apenas o tempo que levasse para dizer as palavras. E ela queria mais do que isso, muito mais.

Os guardas não eram trocados até uma hora antes do amanhecer. Adrianne olhou para o mostrador luminoso do seu relógio e calculou o tempo de que dispunha. O suficiente, pensou. Mais do que o suficiente.

O corredor estava vazio, escuro, silencioso. Orientada pela planta em sua memória, ela seguiu para a ala adjacente. Foi até a porta da sala do cofre. Agachou-se para abrir a fechadura. As mãos estavam firmes, embora suadas. Irritada, ela as enxugou na saia antes de terminar o serviço. Com um rápido olhar para a esquerda e a direita, entrou na sala e trancou a porta.

O coração quase parou quando sentiu a mão tapar sua boca. Xingou Philip quando o coração voltou ao normal. Com um movimento brusco, direcionou para seu rosto o facho estreito da lanterna.

– Faça isso de novo e vai perder a mão!

– Também estou feliz por vê-la de novo. – Ele se inclinou para beijá-la. – Teve algum problema com a fechadura, não é?

– Não. – Adrianne começou a passar por ele, mas se virou de repente e o enlaçou pelo pescoço. – Não sabia que sentiria tanta saudade de você, Philip.

Ele roçou o rosto por seus cabelos, sentindo-lhes a fragrância, a textura.

– Ora, ora, está ficando cada vez melhor. O que você fez durante o dia inteiro, enquanto eu ganhava uma excursão pela cidade?

– Tomei intermináveis xícaras de chá, ouvi conferências sobre fertilidade e parto e fiz a prova do meu vestido de noiva.

– Dá a impressão de que não gostou de nenhuma parte.

– É terrível... eu não sabia que era tão difícil enganar a minha avó. E não gosto de experimentar um vestido de cetim branco para um casamento que não passa de uma farsa.

– Não precisa ser.

O tom era jovial, mas Adrianne não viu ironia em seus olhos.

– Sabe como me sinto a respeito disso, e esse não é o momento para discutir o assunto. Já examinou o cofre?

– De cima a baixo. – Philip iluminou a porta de aço com sua lanterna. – Pelas especificações, há um alarme em cada fechadura. Consome tempo, mas é relativamente simples. Vamos usar os grampos, como você sugeriu. Tenho sensibilidade para as combinações, e por isso não deve levar muito tempo.

– Isso deve ajudar. – Adrianne mostrou um botão da espessura de seu polegar, um pouco menor do que uma moeda de um quarto de dólar. – É um amplificador. Venho trabalhando nele há algum tempo. Encoste na porta ali e vai captar um espirro a três salas de distância.

Pensativo, Philip examinou o dispositivo.

– Foi você quem projetou isso?

– Reprojetei. Queria um aparelho compacto, além de sensível.

– Para alguém que não completou os estudos, você tem um jeito espantoso para a eletrônica.

– Talento natural. Calculo que vai ser preciso uma hora para abrir o cofre.

– Quarenta minutos. Cinquenta, no máximo.

– Vamos aumentar para sessenta. – Ela sorriu e tocou o rosto de Philip. – Sem qualquer crítica ao seu talento, querido.

– Aposto mil libras que posso abri-lo em quarenta.

– Fechado. Não vai poder começar em segurança até as três horas. Só vou começar a trabalhar nos alarmes às duas e meia. Trabalharei mais depressa se você vier direto para cá. Não toque em nada até as três horas. Virei me encontrar com você o mais depressa que puder.

– Não me agrada a ideia de você cuidar dessa parte sozinha.

– Faria tudo sozinha se pudesse impor a minha vontade. Comece pelo botão de cima.

– Já falamos sobre isso, Addy. Sei como abrir um cofre.

Adrianne passou por ele, tirando a chave do bolso.

– Não deixe que o seu ego interfira.

– Não vou deixar, pois ando ocupado demais me esquivando do seu. Como posso ter certeza de que você desligou os alarmes?

– Fé. – À expressão de Philip, ela ergueu o queixo. – Trabalhei muito, planejei com todo o cuidado e não posso cometer um erro agora. Confie em mim ou deixe-me fazer tudo sozinha.

Ele a observou passar a lima com toda delicadeza sobre a chave.

– Não estou acostumado a trabalhar com uma parceira.

– Nem eu.

– Ainda bem que vamos nos aposentar depois desse trabalho. Eu me sentiria melhor se você não estivesse tão tensa, Addy.

– E eu me sentiria melhor se você estivesse em Londres. – Ela ergueu a mão antes que Philip pudesse falar. – Podemos não ter a oportunidade de conversar de novo. Se alguma coisa der errado, se tivermos a impressão de que vai dar errado, quero que você caia fora. Prometa.

– E você não?

– Não posso. Há uma diferença.

– Ainda não compreende, não é? – Ele estendeu a mão para o queixo de Adrianne, os dedos esticados. – Ainda não entrou na sua cabeça. Pode dizer que não acredita no amor, que não é capaz de senti-lo ou aceitá-lo, mas isso não muda a maneira como me sinto em relação a você. Vai chegar o momento, Addy, quando tudo isso estiver para trás, em que haverá apenas você e eu. E vai ter que enfrentar o problema.

– Isso é um trabalho. Não tem nada a ver com amor.

– Não tem? Você está metida nisso não apenas porque odeia o seu pai, mas também porque amava a sua mãe. Talvez mais por amor. E eu vim porque tudo o que você é e sente se tornou importante para mim.

– Philip... – Ela pôs a mão em seu pulso. – Nunca sei o que lhe dizer.

– Vai saber. – Sempre pronto para tirar proveito de qualquer situação, ele a abraçou. – Não quer me convidar para voltar ao seu quarto?

– Eu gostaria muito... – Adrianne fechou os olhos e aproveitou o beijo. – Mas não posso. Que tal adiar o encontro?

– Desde que seja para o mais breve possível.

Ela tornou a inserir a chave na fechadura. Tinha os ouvidos sintonizados para perceber o menor rangido de metal contra metal onde não deslizasse direito.

– Não posso correr o risco de destrancar agora. O remate final deve esperar até que os alarmes sejam desligados. Mas acho... – Adrianne tornou a inserir e a tirar a chave – ... que falta muito pouco.

Ela parou, com a chave na mão, olhando para a porta.

– Está logo ali, do outro lado, bem perto de nós. Estou surpresa por não sentirmos o calor.

– Pensou alguma vez em ficar com o colar?

– Quando eu era jovem. Imaginava... imaginava pendurar o colar no pescoço de mamãe e ver a vida voltar ao rosto dela. Imaginava pôr o colar no meu próprio pescoço e sentir...

– Sentir o quê?

Ela sorriu.

– Sentir-me como uma princesa. – Adrianne guardou a chave no bolso. – Não é para mim. Depois de tanta tragédia que acompanhou o colar ao longo dos anos, agora vai ter um bom proveito. – Ela deu de ombros, sentindo-se tola, enquanto comentava: – Isso parece idealista e estúpido.

– É verdade. – Ele levou a mão de Adrianne aos lábios. – Mas só a desejei depois que compreendi que era idealista e estúpida.

Encaminharam-se para a porta de mãos dadas.

– Tome cuidado com o seu pai, Addy.

– Quase nunca cometo o mesmo erro duas vezes, Philip. – Ela pôs o amplificador de som na porta e esperou até ter certeza de que o silêncio era absoluto. – Não se preocupe comigo. Venho representando a princesa há anos.

Ele abraçou-a antes de saírem.

– Não precisa representar o que você é, Adrianne.

25

Ela não estava convencida de que Philip tinha razão. Ao longo dos dias que se seguiram, Adrianne teve de recorrer a todo seu equilíbrio, a todo seu controle. Parte de sua capacidade vinha do sangue real. Mas a maior parte do talento, em sua opinião, fora herdada de uma menina de Nebraska que conquistara Hollywood.

Adrianne compareceu a festas, incontáveis almoços e bufês, oferecidos por mulheres da família, em que a conversa era invariavelmente a mesma. Escutava os conselhos e respondia às perguntas que qualquer noiva podia esperar. Via Philip de vez em quando, nunca a sós. Consumia horas em provas de roupa e mais ainda em compras com tias e primas.

Os presentes já começavam a chegar, de todas as partes do mundo. Era um aspecto da farsa que ela não previra, mas que seria proveitoso. Travessas de ouro, urnas de prata, vasos da dinastia Sung, de chefes de Estado e aliados reais. A vingança, que outrora fora intensamente pessoal, espalhara-se para abranger tanto amigos quanto desconhecidos. Embora não tivessem conhecimento de nada, príncipes e presidentes haviam se tornado parte do jogo.

Como era esperado, ela agradeceu os presentes pessoalmente. O tempo era consumido escrevendo cartas e recebendo convidados que chegavam de avião para a cerimônia.

Havia, porém, um presente que se diferenciava dos outros, um presente muito especial, enviado de Nova York. Fora incumbência de Philip ligar para Celeste e solicitá-lo. Agora, estava guardado entre os outros presentes – uma caixa chinesa laqueada. Uma caixa de quebra-cabeça, num padrão fascinante de aberturas corrediças e molas. Dentro de poucos dias, Adrianne esconderia O Sol e a Lua na gaveta secreta e a mandaria para casa, junto com os vasos e as travessas.

O plano temerário e potencialmente perigoso de contrabandear o colar escondido em seu corpo podia ser rejeitado. Abdu, por meio de seu orgulho, proporcionara o caminho perfeito para a vingança.

Adrianne só o viu mais uma vez antes do dia do casamento, e porque foi obrigada a procurá-lo. A autorização por escrito de um homem da família ainda era necessária para que uma mulher pudesse sair, princesa ou não.

Ela parou diante do rei, as mãos cruzadas nas extremidades das mangas compridas. Usava apenas o anel de diamante que Philip lhe dera e os brincos que ganhara de presente de Celeste. O colar de ametistas já fora guardado. Seria vendido para pagar o novo sistema de encanamento da clínica.

– Obrigada por me receber.

O escritório do pai era uma sinfonia de vermelho e azul-real. Uma espada com pedras preciosas no cabo estava pendurada na parede por trás de Abdu. Ele se sentava a uma escrivaninha de ébano, tamborilando com os dedos sobre a superfície, impaciente.

– Só tenho pouco tempo para lhe conceder. Deveria estar se preparando para a cerimônia amanhã.

O orgulho herdado do pai aflorou. A habilidade herdada da mãe conteve-a para que a voz saísse abafada.

– Tudo está pronto.

– Nesse caso, deveria passar o tempo pensando no casamento e em seus deveres.

Antes de falar, ela forçou as mãos a relaxarem.

– Quase não tenho pensado em outra coisa. Devo lhe agradecer por providenciar tudo.

Ambos sabiam que o custo do casamento de uma filha era outra maneira pela qual se julgava um homem.

– Isso é tudo?

– Também vim pedir a sua permissão para levar Yasmin e minhas outras irmãs à praia, hoje, por umas poucas horas. Tive muito pouco tempo para conhecê-las.

– Tempo havia, mas você preferiu viver em outro lugar.

– Ainda são minhas irmãs.

– São mulheres de Jaquir, filhas de Alá. Você nunca foi.

O gesto de manter a cabeça baixa e a voz contida foi uma das coisas mais difíceis que Adrianne já fizera.

– Nem você nem eu podemos negar o sangue, por mais que quiséssemos.

– Posso negar às minhas filhas a corrupção da sua influência. – Abdu abriu as mãos sobre a mesa. – Amanhã você vai estar casada numa cerimônia apropriada à sua posição. Depois, deixará Jaquir, e nunca mais pensarei em você. *Inshallah*. Para mim você morreu desde o dia em que deixou Jaquir. Não há necessidade de negar o que não existe.

Ela se adiantou, sem se importar se seria agredida ou não por suas palavras, talvez até por algo pior.

– Ainda vai chegar o dia em que pensará em mim. Juro.

Naquela noite, sozinha em seu quarto, Adrianne não sonhou. Mas chorou.

O CHAMADO PARA A ORAÇÃO acordou-a no dia do casamento. Adrianne abriu as janelas, recebendo com satisfação o calor e a claridade. Aquele dia seria o mais longo e talvez o mais difícil de sua vida. Só dispunha de mais uns poucos momentos antes que as mulheres da família e as criadas invadissem sua privacidade para iniciar a provação de vesti-la.

Com um esforço para deixar a mente vazia, ela encheu a enorme banheira com água quente, à qual acrescentou óleos de banho.

Se o casamento fosse real, em seu coração haveria excitamento, alegria, ansiedade? Tudo o que sentia naquele momento era uma pulsação incômoda de pesar pelo que não podia ser. A cerimônia seria uma mentira, assim como as promessas feitas em tais cerimônias, no mundo inteiro, eram, com frequência, mentiras.

O que era o casamento senão a servidão para uma mulher? Ela aceitava o nome de um homem e renunciava ao seu e, com isso, renunciava também ao seu direito de ser outra coisa que não uma esposa. Prevaleciam a vontade do homem, os seus desejos, a sua honra, sem se considerarem os dela.

Em Jaquir, chamava-se de *sharaf* a honra pessoal dos homens. As leis baseavam-se no *sharaf*, e todas as tradições derivavam daí. Se um homem a perdia, nunca mais podia recuperar. Por isso, as mulheres da família eram vigiadas de maneira obsessiva... ou sua castidade, pois um homem era considerado responsável pelo comportamento da filha enquanto ela vivesse. Em lugar da liberdade, ganhavam criadas, uma ausência de trabalho físico e vidas vazias. A escravidão dourada prolongava-se interminável. As mulheres permitiam-se ser vendidas para o casamento, tanto quanto ela também permitia, pelo preço da vingança.

Mas o que o pai dissera também era verdade. Ela não era uma mulher de Jaquir, e Philip não tinha sangue beduíno. Era tudo uma farsa, fingimento. Naquele dia, o mais importante da sua vida, o dia que aguardara desde a infância, tinha de se lembrar disso. Podia ter o sangue de Abdu nas veias, mas não era sua filha.

Quando acabasse, quando a longa fanfarra de celebração chegasse ao fim, ela faria o que tinha de fazer. O que jurara fazer. A vingança, ainda ardente depois de tantos anos, seria ao mesmo tempo arrebatada e doce.

Ao final, todos os laços de família estariam irremediavelmente cortados. Sofreria por isso, sentiria uma profunda angústia. Adrianne já sabia que era inevitável. Havia um preço para tudo.

As mulheres da casa entraram em seus aposentos quando ela ainda estava molhada do banho. Vinham perfumar sua pele e seus cabelos, escurecer os olhos com *kohl* e avermelhar os lábios. Tornou-se como um sonho a música incessante dos tambores, a sensação de pontas de dedos em sua pele, o som dos murmúrios femininos. A avó estava sentada numa cadeira dourada, instruindo, aprovando, enxugando os olhos.

– Lembra-se do dia do seu casamento, vovó?

Um suspiro saiu, tão fraco e frágil quanto eram seus ossos.

– Uma mulher não esquece do dia em que se tornou uma mulher de fato.

Ajeitaram a seda no corpo de Adrianne, bordada, branco sobre branco.

– Como se sentiu?

Jiddah sorriu ao recordar. Era velha para uma mulher da sua cultura, mas ainda se lembrava do tempo em que era jovem.

– Ele era bonito e empertigado... e muito jovem. Você se parece com ele, assim como o seu pai. Éramos primos, embora ele fosse bem mais velho, como convinha. Fiquei honrada por ser escolhida por ele, mas também tive medo de não agradá-lo. – Jiddah soltou uma risada, a sexualidade aflorando em seus olhos. – Mas naquela noite não tive mais medo.

Sucederam-se gracejos sobre a noite de núpcias iminente, alguns divertidos, outros com uma inveja evidente. Mãos pegaram os cabelos de Adrianne, que foram trançados, ondulados, enquanto se abanava fumaça de incenso em sua direção. Adrianne não sentia o menor ânimo para protestar.

A maioria das mulheres teve de se retirar quando a *couturière* chegou com o vestido de noiva. A língua estalando, com instruções murmuradas, Dagmar ajudou Adrianne a pôr o vestido. Já se cansara do paraíso e queria voltar a Paris, onde o pior que uma mulher podia esperar, no passeio ao fim da tarde, eram alguns assobios e cantadas. Soaram exclamações de admiração enquanto ela prendia duas dúzias de botões forrados.

– É uma noiva magnífica, alteza. Espere um pouco. – Dagmar gesticulou impaciente para a ajudante que cuidava do véu. – Quero que veja o efeito completo quando se olhar no espelho.

O tule foi pendurado na frente de seus olhos. Um véu, mesmo agora. Só mais do que um sonho, pensou Adrianne, enquanto olhava pela luz difusa. O espelho foi virado. Ela se viu envolta por seda branca e rendas delicadas, com uma cauda que brilhava à luz que entrava pelo outro lado do quarto. As costureiras haviam trabalhado por mais de cem horas no total para costurar as pérolas na cauda. O adorno na cabeça cintilava, uma pequena coroa de pérolas e diamantes.

– Ficou deslumbrante. O vestido é mesmo tudo o que prometi.

– E mais até. Obrigada.

– Foi um prazer. – E um alívio acabar. – Eu gostaria de lhe desejar felicidade, alteza. Que o dia de hoje possa ser tudo o que deseja.

Adrianne pensou no colar... O Sol e a Lua.

– Vai ser.

Ela pegou o buquê de orquídeas e rosas brancas.

Era uma noiva, mas não haveria marcha nupcial, nem sapatos e latas presos a um para-choque, nem arroz jogado. De certa forma, isso tornava mais fácil fingir que era apenas um espetáculo, apenas mais uma parte do jogo.

Com as mãos frias e firmes, o coração batendo fácil, ela seguiu as damas de honra para a sala em que seria apresentada ao marido e aos homens de sua própria família.

Ao vê-la, Philip não conseguiu respirar. Não havia outra maneira de descrever sua reação. Num momento ele respirava normalmente, pensando como qualquer homem, e no instante seguinte, ao contemplá-la, tudo parou. Até mesmo seus dedos ficaram dormentes. Um nervosismo que nunca imaginara que poderia sentir até aquele momento deixou-o quase sufocado.

Adrianne foi beijada pelos homens da família, algumas vezes com a maior solenidade, outras com alegria. Depois, recebeu um beijo contrafeito do pai. Abdu pegou sua mão e levou-a até Philip. E cortou o vínculo com ela.

Receberam as bênçãos. Palavras do Corão foram lidas, mas em árabe. Philip não entendeu nada. Sabia apenas que a mão na sua era gelada e começava a tremer.

Adrianne não sabia que ele usaria o *throbe* branco e o turbante do Islã. Deveria fazer com que parecesse mais irreal, mas fez com que lhe ocorresse, por mais que simulasse ou negasse, que o casamento era um fato. Seria temporário, dissolvido com facilidade, mas naquele dia era real.

Mais de uma hora se passou antes que começasse a procissão tradicional. Foi anunciada por um grito, acompanhado pelo tradicional estalar de língua das beduínas esperando no salão do casamento. Philip podia ouvir os tambores e a música quando iniciaram a longa caminhada.

Naquela noite, tornariam a passar por aqueles corredores, só que em segredo.

– Isso é tudo?

Ela quase teve um sobressalto com o sussurro de Philip. Depois, disse a si mesma que era tempo de se divertir um pouco com a situação.

– Nem de longe. Os convidados para o casamento precisam de diversão. Os músicos e dançarinos apresentam-se primeiro.

Você não tem permissão para vê-los. – Adrianne ofereceu um sorriso rápido. – Não deve levar mais de vinte minutos.

– E depois?

– Haverá o cortejo nupcial. Vamos circular entre as cadeiras. Haverá uma espécie de palanque. Com muitas flores. Sentaremos lá para a cerimônia e receberemos os cumprimentos pelas duas horas seguintes.

– Duas horas? Maravilhoso... Por acaso nos dão alguma coisa para comer?

Adrianne sentiu vontade de beijá-lo por isso, mas apenas riu.

– Só depois, no banquete de casamento. Por que está vestido dessa maneira?

Porque Abdu pedira, mas ele achou que era melhor não dizer.

– Quando em Roma...

Não houve mais tempo para continuar a conversa. Adrianne não exagerara sobre as flores. Havia verdadeiras muralhas de flores, do chão ao teto. Só as joias das mulheres privilegiadas pelo convite eram mais espetaculares. Ela também não exagerara sobre o tempo. Sentaram-se sob um caramanchão, apertando mãos, recebendo beijos, agradecendo os votos de felicidades, durante mais de duas horas. A fragrância e os perfumes penetrantes deixaram Philip com dor de cabeça, um latejamento persistente por trás dos olhos.

Mas ainda havia mais. Foram levados, conduzidos como uma manada, para um vasto salão, com uma entrada estreita, onde havia inúmeras mesas, cheias de comida, frutas cristalizadas, sobremesas apetitosas, carnes bem temperadas. No centro do salão, havia um bolo com vinte camadas.

Alguém levara escondida uma câmera Polaroid. As mulheres posavam com a maior alegria, escondendo as fotos em seguida. Philip pediu que tirassem uma foto sua com Adrianne, que depois guardou no bolso.

Oito horas depois de ter posto o vestido de noiva, Adrianne foi levada com Philip para os aposentos em que passariam a primeira noite como marido e mulher.

– Ufa! – murmurou ela, depois que a porta foi fechada e as últimas risadas desapareceram na distância. – Foi um espetáculo e tanto.

– Só faltou uma coisa.

– Mulheres lutando na lama?

– Mas que cínica! – Philip pegou as mãos de Adrianne antes que ela tirasse a pequena coroa. – Não beijei a noiva.

Ela relaxou o suficiente para sorrir.

– Ainda há tempo.

Adrianne apoiou-se nele e aceitou o conforto de seus braços. Só por uma vez, disse a si mesma. Só por uma vez permitiu-se acreditar que poderiam ser felizes para sempre. A fragrância das flores ainda os impregnava. Seu beijo foi ardente, firme, mais do que qualquer coisa de que ela precisava.

– Você está linda, Addy. Quase fiquei sem ar quando a vi entrar naquela sala.

– Eu não estava nervosa até ver você. – Ela encostou a cabeça no ombro de Philip. – Nunca vou poder retribuir tudo o que está fazendo por mim.

– Quando as coisas são feitas com um propósito egoísta, não há razão para retribuir. Vamos partir amanhã...

– Mas...

– Já avisei ao seu pai. – Depois de soltar a coroa e o véu, Philip largou-os numa mesinha. Os dedos ansiavam por soltar aqueles cabelos. – Ele não se opôs ao meu desejo de levar a minha esposa para uma viagem de lua de mel o mais depressa possível. Informei que passaríamos duas semanas em Paris e depois voltaríamos para Nova York.

– Você tem razão. É a melhor coisa. Quanto menos eu me encontrar com os meus irmãos e as minhas irmãs, mais fácil vai ser saber que nunca mais vou voltar a vê-los.

– Não pode ter certeza do que vai acontecer.

– Ele não vai permitir que entrem em contato comigo depois disso. Tenho certeza e aceito o fato. Só não sabia que seria tão difícil renunciar a uma coisa que tive por tão pouco tempo. – Adrianne levou as mãos à nuca para começar a desabotoar o vestido. – Precisamos descansar, Philip. Vai ser uma longa noite.

Philip assumiu a tarefa de abrir os botões.

– Há algumas coisas que precisam ser feitas antes do descanso. – Ele a beijava no rosto enquanto descia pelos botões. – Tenho sentido saudade de você, Addy. Saudade de seu gosto.

Ela afastou a túnica do ombro de Philip.

– Só dessa vez você pode saborear tudo o que quiser.

A dedicada costureira francesa teria estremecido se visse a seda cair no chão como uma pilha informe.

Ele acordou no escuro e ficou imóvel, sentindo o peso do corpo de Adrianne comprimido contra o seu. Ela dormia, mas era um sono leve. Philip sabia que se fizesse qualquer movimento ou sussurrasse seu nome, ela ficaria alerta no mesmo instante, mas ainda havia tempo para isso.

Philip quase nunca dormia antes de um trabalho. O problema com algumas profissões era o fato de elas nunca se tornarem rotineiras, corriqueiras ou bastante chatas para que suas atividades fossem consideradas comuns.

O Sol e a Lua... Num passado não muito distante, a ideia de pegar o colar o deixaria em êxtase por semanas. Agora, queria apenas que tudo aquilo terminasse logo, que pudesse levar Adrianne para Oxfordshire e lá se sentarem diante de um fogo aconchegante na lareira, com dois cães pastores a seus pés.

Devia estar envelhecendo.

Ou então, que Deus o guardasse, estava se tornando convencional.

A verdade é que estava apaixonado, e isso ainda não era fácil de aceitar.

Ele passou o dedo pelo anel de diamante que Adrianne usava, o anel que pusera em seu dedo durante o circo que passara por cerimônia de casamento. Significara alguma coisa, mais do que ele esperava ou queria, um símbolo genuíno. Ela era sua esposa, a mulher que queria levar para casa, apresentar à mãe, a mulher com a qual queria planejar o futuro.

Planejar o futuro... Philip ergueu a mão para afastar os cabelos dos olhos. Dera um salto grande em pouco tempo, de planejar a diversão da próxima noite para pensar em filhos e jantares em família, mas já dera saltos antes e, até aquele momento, até aquele momento, caíra sem perder o equilíbrio.

Uma pena que não pudesse ser uma noite de núpcias simples. Champanhe, música e loucura até o amanhecer. Embora ele não pudesse deixar de admitir que houvera muita loucura antes de adormecerem. Adrianne fora como um vulcão, fumegante, perigoso; e a erupção final deixara-o trêmulo como um adolescente no banco traseiro de um carro. As tensões com que conviviam desde a vinda para Jaquir haviam sido esquecidas, mesmo que apenas por umas poucas horas.

Haviam sido parceiros na cama, e agora, para o melhor ou para o pior, seriam parceiros na vingança. Ele encostou a mão no rosto de Adrianne e murmurou seu nome. Ela acordou no mesmo instante.

– Que horas são?

– Pouco mais de uma.

Com um aceno de cabeça, ela se levantou e começou a se preparar.

Haviam se vestido de branco à tarde. Agora, vestiriam preto. Não havia necessidade de palavras enquanto verificavam ferramentas e ajustavam cintos. Adrianne pendurou uma pequena bolsa enviesada sobre o peito. Havia ali grampos para fiação elétrica, um controle remoto, uma bolsa acolchoada, suas limas e uma chave de latão.

– Dê-me trinta minutos. – Ela verificou o relógio, apertando depois o botão do cronômetro. – Não deixe a suíte antes de duas e meia ou correrá o risco de esbarrar com aquele guarda na ala leste.

– Não precisaríamos nos separar se fôssemos bastante rápidos.

Tanto ele quanto Adrianne puseram luvas cirúrgicas.

– Já conversamos sobre isso, Philip. Você sabe que estou certa.

– Isso não significa que eu tenha de gostar.

– Apenas se concentre nas combinações. – Ela ergueu-se na ponta dos pés para beijá-lo. – Boa sorte.

Philip puxou-a para um beijo mais ardente.

– Só a melhor sorte.

Como uma sombra, Adrianne deixou o quarto e desapareceu.

Tinha de pensar a respeito como fazia em qualquer trabalho. Com absoluta frieza. Planejara tudo. E esperara por muito tempo. Agora que chegara a noite que aguardara durante toda sua vida, estava nervosa, como se estivesse furtando alguma coisa na Macy's pela primeira vez, num dia de pouco movimento. Foi avançando depressa, junto das paredes, sempre escutando, atenta a qualquer som.

Seus olhos ajustaram-se logo à escuridão. Aqui e ali, havia manchas de luar onde uma janela fora deixada com a treliça aberta. Havia fortunas nos corredores e pequenas salas, como marfim indiano, jade chinês, porcelana francesa. Não a interessavam mais do que os berloques no mercado. Mas os guardas a interessavam. Desceu a escada para o primeiro andar.

Tudo estava em silêncio ali. Adrianne podia ouvir a própria pulsação. Flores trazidas da Europa para o casamento impregnavam o ar com sua fragrância adocicada. Um par de pombas brancas dormia numa gaiola de ouro, no meio de mil pétalas. Adrianne passou por ali, por todos os salões, pelos escritórios. A porta para a sala da guarda ficava num canto discreto. Os hóspedes deviam ser protegidos sem serem incomodados por problemas banais, como alarmes e armas. Ela prendeu a respiração ao empurrar a porta.

Esperou cinco segundos, dez... mas a escuridão e o silêncio permaneceram constantes. Os sapatos de sola de borracha não faziam qualquer barulho quando entrou na sala e fechou a porta. Ali, a escada era íngreme e aberta. Se o momento fosse errado e a descobrissem, não haveria onde se esconder, nenhuma desculpa para oferecer. Sem uma lanterna, sem um corrimão para orientá-la, não podia ir muito depressa, para não correr o risco de uma queda. Cautelosa, devagar demais para seu sossego, ela desceu.

O coração batia descompassado quando alcançou a base da escada, por isso forçou-se a respirações longas e profundas. Um olhar para o relógio indicou que tinha vinte minutos para desligar os alarmes antes que Philip tocasse no primeiro botão. Tempo suficiente. Ela pegou uma lanterna pequena, de facho largo, e examinou a sala.

Havia caixotes empilhados até a altura de dois homens. A camada de poeira comprovava que não eram novos ali. Uma parede era ocupada por um armário com portas de vidro, de tranca dupla. Havia rifles enfileirados, como soldados. O óleo brilhava nos canos. O sistema de alarme ficava na parede oposta. Adrianne começou a trabalhar, fazendo um esforço para ignorar os rifles às suas costas.

Não se preocupou com o sistema de alarme externo. Levou cinco suados minutos para desatarraxar a placa da caixa do alarme, identificar e prender com um grampo o primeiro fio. Eram doze, no total, quatro para cada tranca. Com precisão – as especificações do alarme em foco na sua mente –, ela foi prendendo os fios, na ordem do código de cores. Primeiro branco, depois azul, preto e vermelho.

Olhou para o teto, especulando se Philip já estaria em posição. Os dois alarmes haviam sido desligados, mas a tensão permanecia, quase como uma pressão firme na base do crânio. O menor erro agora e uma vida inteira de planejamento estaria perdida.

Localizara o último fio e estendia um grampo quando ouviu passos. Sem tempo para entrar em pânico, pôs a placa no lugar e girou com o dedo um único parafuso para sustentá-la antes de se esconder atrás dos caixotes.

Eram dois guardas, armados cada um com uma pistola no coldre, usado por cima de um *throbe*. As vozes, num nível normal, soavam como estampidos de tiros na cabeça de Adrianne. Ela se contraiu como uma bola e prendeu a respiração.

Um guarda se queixava do trabalho noturno extra por causa do casamento e dos hóspedes. O outro se mostrava mais filosófico a respeito. Preferiu se gabar de uma recente viagem à Turquia, onde se divertira com prostitutas trazidas de Budapeste. A esposa tinha agora a sífilis que ele lhe transmitira.

As luzes acenderam antes que ele parasse, a menos de um passo do lugar em que Adrianne se fundia com os caixotes. Com uma risada, o segundo homem tirou uma revista de baixo da túnica. Na capa havia uma mulher nua, as pernas abertas, com a mão em ação entre elas. Guardas do palácio ou não, se os *matawain* descobrissem a revista, eles poderiam perder a mão ou um olho. O suor pingava do pescoço de Adrianne à medida que os minutos passavam.

Um cigarro turco apareceu e foi acendido enquanto os dois homens se deliciavam com as fotos. A fumaça do cigarro flutuou até Adrianne, deixando-a tonta. Um homem baixou a mão para se acariciar, antes de devolver o cigarro ao companheiro.

Ela escutou os grunhidos e os comentários que poderiam deixar corada uma prostituta veterana. Um homem mudou de posição, e isso fez com que a bainha de seu *throbe* quase roçasse no pé de Adrianne. Ela podia sentir o cheiro de suor. Houve uma negociação, jovial a princípio, depois mais acalorada. Ela não ousava fazer qualquer movimento, nem mesmo olhar para o relógio. Philip estaria em posição lá em cima naquele momento, com os dedos no primeiro botão de segredo. A qualquer momento o alarme podia disparar. E tudo estaria perdido.

O dinheiro trocou de mãos. A revista desapareceu. O cigarro foi apagado e a guimba escondida. Ela ouviu as risadas dos guardas, os ouvidos latejando. Eles se afastaram e Adrianne esperou que a luz fosse apagada.

Levantou-se no instante em que isso aconteceu. Não havia tempo para cautela agora. O mostrador do relógio indicava que só tinha noventa segundos para prender o último fio.

Ela sentia a boca ressequida. Isso e a náusea eram uma experiência nova. Quando removeu a placa, ela quase escapuliu de seus dedos. Quarenta e cinco segundos. Prendeu a placa entre os joelhos e pegou o fio. A mão era firme, tão firme que parecia pertencer a outra pessoa, não à mulher encharcada de suor. Com a delicadeza de um cirurgião, fechou o circuito. Vinte segundos. E, finalmente, prendeu o grampo para manter o fio na posição.

Adrianne passou o dorso da mão pela boca. Olhou para o relógio. Dois segundos. Esperou, em contagem regressiva. Depois, ficou imóvel, paciente, contando por um minuto inteiro. Nenhum alarme rompeu o silêncio. Ela parou de rezar pelo tempo suficiente para prender a placa no lugar.

Os dedos de Philip eram ágeis e o ouvido, aguçado. Trabalhava com a paciência de um mestre da lapidação. Ou de um ladrão. Parte de seu cérebro formulava a mesma pergunta, várias vezes, enquanto escutava os estalidos na fechadura. Onde ela estava?

Já haviam se passado 15 minutos além do tempo calculado para que Adrianne percorresse os corredores até a sala do cofre.

Através do amplificador, ouviu o ruído característico, indicando que a primeira tranca se soltara. Ela desligara o alarme. Significava algum conforto, mas não muito. Philip acariciou o segundo botão e inclinou a cabeça, os olhos fixados na porta. Mais cinco minutos, prometeu a si mesmo. Se Adrianne não aparecesse em cinco minutos, sairia à sua procura e que se danasse o colar. Ele flexionou os dedos como faz um pianista prestes a iniciar um arpejo. O primeiro pino deslocou-se no instante em que ele ouviu a maçaneta da porta girar. Estava atrás da porta, comprimido contra a parede, quando Adrianne entrou.

– Está atrasada.

Uma risadinha escapou, mostrando como ela estava com os nervos à flor da pele.

– Desculpe. Não consegui arrumar um táxi.

Ela o abraçou por um instante e foi o suficiente para recuperar o controle.

– Algum problema?

– Nem tanto. Apenas dois guardas com uma revista pornográfica e um cigarro de maconha turco. Uma festa e tanto.

Ele ergueu o rosto de Adrianne. Seus olhos eram claros e firmes, mas ela estava pálida.

– Devo lembrá-la que é uma mulher casada agora. Na próxima vez, não vá a uma festa se eu não for convidado também.

– Combinado. – Ela deu um passo para trás, espantada pela rapidez com que o medo se dissipara. – Alguma sorte?

– Que pergunta sem sentido. É melhor começar a trabalhar na chave, querida. Estou quase acabando.

– Meu herói.

– Não se esqueça disso.

Trabalharam lado a lado; Philip na combinação, Adrianne na pesada chave. Ele parou duas vezes porque o barulho da lima o distraiu.

– Pronto. – Philip recuou. – Quase havia me esquecido do som maravilhoso das trancas se abrindo.

Ele olhou para o relógio, depois anunciou:

– Trinta e nove minutos e quarenta segundos.

– Meus parabéns.

– Você me deve mil libras, querida.

Ela enxugou o suor da testa enquanto o fitava.

– Ponha na minha conta.

– Eu deveria saber que me daria o calote. – Philip suspirou e inclinou-se. – Quase pronto?

– Você ficou com a parte mais fácil. É um desenho muito complicado. Se eu tirar demais, a chave pode não funcionar.

– Posso tentar uma gazua. Talvez demore uma hora.

– Não precisa. Estou chegando perto.

Adrianne tornou a inserir a chave. Girou-a gentilmente para a direita, depois para a esquerda. Podia sentir a resistência nas pontas dos dedos. Os olhos fechados, quase via o latão forçando contra os ajustes. Retirou a chave, limou uma fração aqui, uma fração ali, acrescentou óleo, depois trocou por uma lixa, para o trabalho mais delicado. Tinha cãibras nos dedos, como um cirurgião durante uma operação longa e tediosa.

Demorou mais trinta minutos. Finalmente ela inseriu a chave, girou-a e sentiu a fechadura ceder. Por um momento conseguiu apenas permanecer de joelhos, a chave imóvel na mão. Toda sua vida fora dirigida para aquele momento. Agora que acontecia, não era capaz de se mexer.

– Addy?

– Sabia que é um pouco como morrer? Depois de tanto tempo, realizar o objetivo mais importante da sua vida. Saber que, ao acabar, estará acabado e nada jamais terá o mesmo impacto. – Ela tirou a chave e guardou-a na bolsa. – Ainda assim, não acabou.

Ela pegou o controle remoto e apertou o código. A luz vermelha piscou. O diamante em seu dedo cintilava quando acionou o circuito secundário. A luz vermelha apagou e a verde acendeu.

– Isso deve resolver.

– Deve?

Adrianne sorriu.

– Não tenho nenhuma garantia.

Por compreendê-la, Philip recuou e deixou que ela abrisse a porta do cofre. Houve um fluxo de ar quente. Adrianne quase pôde ouvi-lo. Talvez fosse o choro da rainha havia muito morta. Iluminou com a lanterna o interior do cofre, onde faiscavam ouro, prata e pedras preciosas.

– A caverna de Aladim – murmurou Philip. – A suprema fantasia de qualquer ladrão. Meu Deus! E eu que pensava que já tinha visto tudo...

Havia barras de ouro empilhadas numa pirâmide até a altura da cintura, com lingotes de prata ao lado. Havia taças, urnas e travessas, feitas com os mesmos metais, algumas incrustadas com pedras preciosas. Uma coroa para mulher, com rubis como se fossem gotas de sangue, estava ao lado de uma coroa de homem, feita com diamantes. Numa arca aberta por Adrianne havia tantas pedras não lapidadas que podia-se afundados os braços nelas até os cotovelos.

Havia também obras de arte, telas de Rubens, Monet, Picasso. O tipo de quadros que Abdu nunca exibiria no palácio, mas nos quais seria sensato investir. Eles atraíram o olhar de Philip, desviando sua atenção das pedras preciosas. Ele se agachou, iluminando as telas e pensando.

– O tesouro do rei – murmurou Adrianne. – Alguns comprados com petróleo, alguns com sangue, alguns com amor, alguns com traição. E a minha mãe morreu sem nada, a não ser o que eu podia roubar para ela.

Philip levantou-se e fitou-a enquanto ela acrescentava:

– E o pior, o pior de tudo, é que mamãe ainda o amava quando morreu.

Gentilmente, Philip passou os polegares pelas faces dela para enxugar-lhe as lágrimas.

– Ele não vale isso, Addy.

– Não, não vale. – Com um suspiro, ela se livrou do resto da tristeza. – Vou pegar o que é meu.

Ela virou a lanterna para a parede oposta, procurando lentamente. Quando o encontrou, O Sol e a Lua pareceu uma explosão de vida.

– Ali.

Ela se adiantou. Ou talvez o colar a tenha atraído. Agora suas mãos tremiam, mas não de medo, não de tristeza. De euforia. O colar era envolto por uma redoma, mas o vidro não podia extinguir o fogo. Amor e ódio. Paz e guerra. Promessa e traição. Bastava olhar para sentir as paixões e os prazeres.

Todas as joias eram pessoais, mas nenhuma jamais seria tão pessoal quanto aquela. Philip também virou sua lanterna para o colar, os fachos se fundindo.

– Por Deus, é mais do que eu imaginava. Nada do que fantasiei se compara com isso. É seu. – Ele pôs a mão no ombro de Adrianne. – Pegue-o.

Ela levantou a redoma e pegou o colar. Era pesado. De certa forma, o peso a surpreendeu. Parecia uma ilusão, a ilusão de que pudesse se escoar pelas mãos de qualquer pessoa que tentasse se apossar. Mas era pesado em suas mãos, pulsando com vida, faiscando com promessa. Enquanto o contemplava, Adrianne quase podia ver o fluxo de sangue que se derramara sobre o colar tantos anos antes.

– Pode ter sido feito para ela.

– É possível.

Isso fez Adrianne sorrir, porque sabia que ele compreendia.

– Sempre me perguntei como seria ter o destino nas minhas mãos.

– E o que sente agora?

Ela se virou para Philip, o colar nas mãos como uma promessa.

– Só consigo lembrar como era quando mamãe ria. E lamento não poder devolver a ela o colar.

– Está fazendo mais do que isso. – Ele pensou no prédio infestado de ratos em Manhattan que Adrianne transformaria numa clínica para mulheres vítimas de estupro. – Ela se orgulharia de você, Addy.

Com um aceno de cabeça, ela tirou da bolsa um rolo de veludo e envolveu o colar.

– Ele irá atrás. – Adrianne cobriu o diamante e depois cobriu a pérola. – Você tem que compreender isso.

– Compreendo que a vida com você nunca vai ser um tédio.

E mais uma vez correu o facho da lanterna pelo cofre. Algo esculpido na parede, por trás da redoma vazia, atraiu sua atenção. Adiantou-se para ver melhor. Era antiga, mas ainda bastante clara. As marcas podiam ter sido feitas com um diamante.

– O que diz?

– É uma mensagem de Berina. Diz: "Morro por amor, não por vergonha. *Allahu Akbar.*" – Adrianne pegou a mão de Philip. – Talvez agora ela possa descansar em paz.

26

Ia doer. Adrianne continuou a fazer as malas, enquanto Yasmin andava de um lado para outro do quarto, parando aqui para cheirar um vidro de perfume, parando ali para arrancar as pétalas de uma flor murcha. A luz do sol entrava pela janela e incidia sobre as listras brilhantes do vestido de Yasmin, faiscava no ouro que ela usava nos pulsos, nos dedos e nas orelhas. Adrianne desejou que fosse o sol que estivesse fazendo seus olhos doerem e lacrimejarem. Doera quando ela deixara Jaquir antes, mas sobrevivera.

Dessa vez levaria o colar. Mas deixava para trás mais do que julgara possível.

– Pode ficar mais um pouco... mais um dia.

Yasmin observou Adrianne dobrar uma saia comprida e guardá-la numa mala. Não parecia justo que ela ganhasse de repente uma irmã tão bela e fascinante, só para perdê-la de novo, tão depressa. Suas outras irmãs eram chatas, mesmo que fosse apenas porque as conhecera durante toda sua vida.

– Sinto muito, mas não posso.

Teria sido mais fácil se ela não tivesse descoberto como amar podia ser simples. Adrianne guardou uma caixa com uma pulseira dupla de ouro batido, um presente de Rahman. Ele queria ser engenheiro... pela glória de Alá. Era estranho, ou era o destino, que ele partilhasse o objetivo de Adrianne na infância? Ela tornou a pegar a caixa e pôs a pulseira no braço. Já pregara o broche da pantera na lapela do tailleur.

– Philip tem negócios a tratar. Já passou tempo demais aqui.

E ela também, se tivesse tempo para se arrepender. Adrianne fechou a mala. Seria um prazer se pudesse jogar no mar, pela janela do avião, o conteúdo da mala, as saias compridas que tudo escondiam, as blusas de mangas compridas e golas altas.

– Quando tiver permissão para visitar os Estados Unidos, vai ficar na minha casa.

– Para conhecer o lugar de que você falou... Radio City?

Adrianne não pôde deixar de rir enquanto vestia a *abaaya*.

– Isso e muito mais.

– Bloomerdale's.

– Bloom*ing*dale's.

– É mesmo um lugar maior do que o suque?

Não era preciso muito tempo para saber onde se encontrava o coração de Yasmin.

– Todas as roupas que se pode imaginar, em um só lugar, sob o mesmo teto. Balcões e mais balcões de perfumes e cremes.

– E posso levar o que quiser se tiver o cartão de plástico.

Com um balanço de cabeça afirmativo, Adrianne pegou o véu.

– Os vendedores vão adorá-la.

Aconteceria um dia. Ela precisava acreditar.

– Quero muito viajar e conhecer lugares como o metrô e a Trump Tower.

– Tenho certeza de que os Trump terão o maior prazer em conhecê-la.

– É bom ter coisas para pensar enquanto você está longe. Mas sei que vai voltar a Jaquir.

Adrianne poderia ter mentido. Aprendera a mentir sem dificuldade. Virou-se e fitou a irmã, sentada entre as almofadas macias de uma *chaise longue.*

– Não, Yasmin, não vou voltar a Jaquir.

– O seu marido não permitirá?

– Philip permitiria, se eu quisesse.

Yasmin empurrou as almofadas para o lado.

– Não quer me ver de novo.

Cansada, Adrianne sentou-se, puxando Yasmin para se sentar a seu lado.

– Quando vim para Jaquir, não conhecia você nem Rahman. Fahid ainda era um menino na minha memória. Não pensei que importaria se só ficasse por alguns dias. Agora parte o meu coração ter que deixá-la.

– Então por que não fica? Ouvi dizer que os Estados Unidos é uma terra do mal, com homens sem religião e mulheres sem honra. – Ela esqueceu convenientemente a Bloomingdale's e o Radio City. – É melhor você ficar aqui, onde o meu pai é sábio e generoso.

Que ele sempre seja assim com você, pensou Adrianne.

– Os Estados Unidos não são piores nem melhores do que outros lugares. As pessoas de lá são como as pessoas em toda parte, algumas boas, algumas más. Mas é o meu lar, como Jaquir é o seu. O meu coração está lá, Yasmin, mas deixo um pedaço aqui com você.

Ela pegou um anel, uma água-marinha simples, de corte quadrado, numa argola fina de ouro.

– Isso pertenceu à mãe da minha mãe. Agora é um presente para você... para que se lembre de mim.

Yasmin virou a pedra para que refletisse a luz. O olho experiente lhe dizia que tinha pouco valor real. Mas a achou linda, e era bastante mulher para ser sentimental. Num súbito impulso, tirou das orelhas as argolas de ouro.

– Para que você se lembre de mim. Vai me escrever?

– Claro.

As cartas podiam ser confiscadas, mas Adrianne sabia que contaria com a avó para que fossem entregues. Para agradar as duas, Adrianne tirou das orelhas as pérolas e pôs as argolas de ouro.

– Um dia vou mostrar a você todos os lugares sobre os quais escreverei.

Yasmin aceitou o abraço. Ainda era uma criança, e "um dia" era tão distante quanto sua imaginação.

– Tinha razão sobre o vestido, Adrianne. Fez com que eu parecesse especial.

Adrianne beijou-a de novo. Especulou se a vida de Yasmin seria sempre tão simples quanto a escolha do vestido certo. As chances eram de que não tornaria a ver a irmã até que Yasmin fosse adulta, com suas próprias filhas.

– Vou lembrar de você usando o vestido. Venha comigo. Preciso me despedir da Jiddah.

Ela não queria chorar. Não queria experimentar aquela sensação angustiante de perda. Mas quando se ajoelhou aos pés da avó, as lágrimas afloraram. Aquela era uma parte de sua infância que lhe fora devolvida por um momento, mas que acabaria para sempre depois daquele dia.

– Uma jovem esposa não deve derramar lágrimas.

– Vou sentir saudade, vovó. Nunca a esquecerei.

Jiddah enroscou os dedos nas palmas das mãos de Adrianne enquanto a beijava nas faces. Conhecia o filho tão bem quanto conhecia a si mesma. O coração de Abdu nunca se abriria o suficiente para incluir Adrianne.

– Eu amo você tanto quanto amo todas os filhos dos meus filhos. Voltaremos a nos ver. Não nessa vida, mas na outra.

– Se eu tiver filhos, contarei a eles todas as histórias que ouvi de você.

– Terá filhos. *Inshallah*! Vá para o seu marido!

Houve outras despedidas, antes que ela pudesse passar pelo portão do jardim. Mais de uma mulher invejou sua liberdade para partir. Mais de uma mulher se compadeceu por ela perder a proteção do harém. Adrianne beijou Leiha, depois Sara. As duas levavam vidas que as prendiam a Jaquir. Ao lhes virar as costas, Adrianne se perguntou se algum dia tornaria a sentir aquele mesmo tipo de união intensa.

Mas logo o harém, com todas as suas fragrâncias, todos os seus símbolos, ficou para trás. Ela ouviu as águas das fontes murmurando enquanto atravessava o jardim e seguia adiante. O palácio e as lembranças que continha também ficaram para trás.

O carro já esperava. A seu lado estava Philip, junto com os dois irmãos de Adrianne.

– Desejo toda felicidade para você. – Fahid beijou-a nas faces. – E uma vida longa e fecunda. Sempre a amei.

– Sei disso. – Ela encostou a palma da mão no rosto de Fahid. – Se algum dia voltar aos Estados Unidos, a minha casa estará à sua disposição. À disposição dos dois.

Adrianne entrou no carro. Não disse nada a caminho do aeroporto. Philip deixou-a absorvida em seus pensamentos, que sabia que não eram sobre o colar escondido na caixa, no porão de carga de um avião já voando para oeste. Ela pensava nas pessoas que deixava para trás. Não olhou para a direita nem para a esquerda ao atravessarem a cidade. Também não lançou um último olhar para o palácio, que diminuía na distância.

– Você está bem?

Ela continuou a olhar reto para a frente, mas pôs a mão sobre a de Philip.

– Vou ficar.

No aeroporto, ele conseguiu desencorajar os carregadores turcos, que falavam sem parar e pegavam as malas para levar a táxis ou aos portões quer os passageiros quisessem quer não. Com ameaças e gestos, Philip manteve-os a distância. Ele e o motorista carregaram a bagagem para o avião à espera. O piloto estendeu a mão para ajudar Adrianne a embarcar.

– Boa tarde, senhor. Boa tarde, senhora. Espero que façam uma boa viagem.

Philip teve o súbito impulso de dar um beijo na boca do piloto, apenas pelo alegre sotaque britânico.

– Como está o tempo em Londres, Harry?

– Horrível, senhor, simplesmente horrível.

– Graças a Deus.

– Seu quarto em Paris está reservado, senhor. E permita que eu lhe dê os parabéns pelo casamento.

– Obrigado. – Philip virou a cabeça, lançando um último olhar para Jaquir. – Agora, tire-nos daqui.

Adrianne já tirara a *abaaya* quando ele embarcou. Usava por baixo um tailleur sob medida, da cor de framboesa. Os cabelos, descobertos agora estavam soltos. Philip se perguntou se ela sabia que o estilo a fazia parecer mais exótica do que nunca.

– Sente-se melhor agora?

Ela olhou, como Philip fazia, para os símbolos que descartara, a *abaaya*, o lenço para os cabelos e o véu.

– Um pouco. Quanto tempo falta para decolarmos?

– Assim que recebermos autorização. Aceita um drinque?

Como já vira o balde com o champanhe, ela conseguiu sorrir.

– Adoraria.

Adrianne fez menção de se sentar, mas sabendo que estava irrequieta demais, pôs-se a andar de um lado para outro da cabine.

– Por que me sinto mais nervosa agora do que no momento em que chegamos?

– É bastante natural, Addy.

– É? – Ela mexeu no broche em sua lapela. – Você não está assim.

– Não estou deixando nada para trás.

Adrianne baixou a mão. Entrelaçou os dedos. Era difícil dizer se apreciava ou se se ressentia do fato de Philip conhecê-la tão bem.

– Temos muito que decidir, Philip, inclusive o que fazer com todos os presentes de casamento.

Se ela não queria pensar sobre o verdadeiro motivo para seu turbilhão emocional, Philip podia esperar. Ele tirou a rolha da garrafa com um estalo abafado. O champanhe subiu pelo gargalo, mas logo tornou a descer.

– Pensei que haviam sido despachados para Nova York como camuflagem para o colar.

– E foram. Mas não podemos ficar com eles.

Ele deu a ela um olhar sugestivo enquanto servia o cham panhe.

– Para uma ladra, você tem uma consciência excepcional.

– Roubar é muito diferente de aceitar presentes sob um falso pretexto.

Ela pegou a taça. Philip bateu com a sua de leve, observando-a atentamente.

– A cerimônia não foi legal?

– Acho que se pode considerar que foi. Mas é mais uma questão de intenção, não é mesmo?

Como sabia qual era exatamente sua própria intenção, Philip sorriu.

– Eu diria que é melhor nos concentrarmos em O Sol e a Lua do que em alguns jogos de lençóis e toalhas. – Como Adrianne franziu as sobrancelhas para a maneira como ele descartara uma pequena fortuna em presentes, Philip acrescentou: – Um passo de cada vez, Addy.

– Está certo. A gaveta secreta na caixa chinesa vai guardar o colar em segurança.

– Ainda mais porque é revestida com chumbo.

– Não é tão satisfatório quanto partir com o colar no meu pescoço, mas é mais prático. – Ela conseguiu sorrir. – É bastante improvável que a alfândega efetue uma revista meticulosa nos presentes de casamento da princesa Adrianne. Como religuei o alarme, é possível que se passem semanas até Abdu descobrir que o colar desapareceu.

– Isso a incomoda?

– O quê? – Ela tinha de fazer um esforço para se desvencilhar do passado. – Não, não me incomoda. Talvez me agradasse ter uma confrontação com ele, mas seria uma estupidez extraordinária provocar um conflito em seu território.

O foco era agora no futuro. Depois de uma pausa, Adrianne murmurou:

– Ele vai me procurar.

– Pois então vamos deixar para nos preocupar no momento em que isso acontecer.

O alto-falante chiou.

– Recebemos autorização para decolar, senhor. Por favor, sentem-se e apertem os cintos de segurança.

O pequeno avião disparou pela pista. Adrianne sentiu o momento em que as rodas levantaram do solo. Deixaram Jaquir. A inclinação do avião empurrou-a para o encosto quando fechou os olhos. Pensou na mãe e em outra ocasião.

– Na última vez em que deixei Jaquir também seguia para Paris. Estava muito excitada, muito nervosa. Era a primeira vez que deixava o país. Não parava de pensar nos vestidos novos que mamãe me prometera, na permissão para comer num restaurante. – Após dizer isso e pensar em Yasmin, ela balançou a cabeça. – Mamãe já havia decidido fugir, e devia estar apavorada. Mas ria enquanto sobrevoávamos o mar. Mostrou-me um livro com fotos da Torre Eiffel e de Notre-Dame. Nunca chegamos a subir na Torre Eiffel.

– Podemos subir agora, se você quiser.

– Eu gostaria.

Cansada, Adrianne esfregou os olhos. Ao mantê-los fechados, podia ver o colar exatamente como no momento em que o escondera, ao amanhecer. Os raios do sol incidiam nas pedras. Gelo guerreara com fogo, num combate que jamais acabaria.

– Ela o deixou para trás. Deixou tudo para trás, menos eu. Só quando estávamos sãs e salvas em Nova York é que compreendi que mamãe arriscara a vida para me tirar de Jaquir.

– Nesse caso, estou em dívida com ela tanto quanto você. – Ele pegou as mãos de Adrianne e as levou aos lábios. Sentiu a pulsação e o poder se agitarem dentro dela. – A sua mãe era uma mulher extraordinária. Tão extraordinária quanto a filha e o colar que você recuperou para ela. Jamais vou esquecer a sua expressão quando pegou o colar. E devo dizer que estava enganada. O colar é para você.

Adrianne lembrou o peso. Lembrou a glória. E sentiu a tristeza.

– Faça amor comigo, Philip.

Ele desafivelou os dois cintos. Pegou a mão de Adrianne e levantou-a. Parados no estreito corredor, Philip tirou-lhe o casaco e o deixou cair no chão. Quando a beijou, sentiu o nervosismo que ela tentava controlar. Adrianne tinha os lábios macios. Entreabriu-os, vulnerável. Seus dedos, sempre tão seguros, tiveram dificuldade para abrir os botões da camisa de Philip.

– Incrível... – Ela baixou as mãos. – Parece a primeira vez.

– E, de certa forma, é mesmo. Há muitos momentos decisivos na vida, Addy.

Ele tirou a blusa e a saia de Adrianne. Ela usava apenas uma combinação quase transparente e o anel que Philip lhe dera.

Devagar, precisando prolongar o momento, ele tirou-lhe os grampos dos cabelos, que se derramaram sobre os seios. Ela se adiantou, os corpos se encontrando.

Philip não se apressou, por si mesmo e por ela. Beijos lentos, carícias suaves. Um murmúrio. Um suspiro. Enquanto o avião sobrevoava o mar, ele baixou-a para o sofá estreito, os dois enlaçados.

Havia força em Philip, uma força que ela descobrira camada por camada. Ele era muito mais do que um homem que oferecia a uma mulher rosas e champanhe ao luar. Mais do que um ladrão que escalava prédios para entrar por uma janela no escuro. Era um homem que cumpriria sua palavra, que ficaria do seu lado, se ela permitisse. Um homem que ofereceria surpresas, mas também estabilidade, por mais estranho que pudesse parecer.

Adrianne não sabia dizer quando passara além de suas fronteiras e se apaixonara. Não podia dizer por que acontecera, apesar de sua determinação para evitar. Talvez tivesse sido naquela primeira noite, como estranhos, cruzando-se no nevoeiro. Mas ela sabia em que momento finalmente admitira para si mesma. Agora.

Ele sentiu a mudança, mas não podia descrevê-la. O corpo de Adrianne parecia mais quente, mais macio, a pele fluindo como vinho sob suas mãos. E o coração batia como uma trovoada. Ela o apertou, a boca se abrindo. A paixão estava ali, mas temperada por alguma coisa mais sombria, mais profunda. A pele de Adrianne era úmida, esquentando grau a grau, enquanto as carícias desciam... seios, cintura, coxas.

Ela tremia. Quando Philip levantou o rosto, descobriu que ela tinha os olhos também úmidos.

– Addy...

– Não. – Ela encostou um dedo em seus lábios. – Apenas me ame. Preciso de você.

Os olhos de Philip se contraíram num alerta de fúria ou desejo. Mas seus lábios continuaram gentis, enquanto ele reprimia o impulso de devorar com voracidade o que lhe era oferecido.

– Diga de novo.

Antes que ela pudesse falar, Philip levou-a a um ponto máximo de excitamento, em que os dedos dela apertaram seus ombros, carne úmida fazendo pressão contra carne úmida. E Adrianne despejou sua paixão, um fluxo na mão de Philip, deixando-a ofegante, os olhos arregalados e vidrados, enquanto o corpo se contraía, para depois ficar inerte. A respiração tornou a acelerar quando ela iniciou a ascensão seguinte. Agora só pensava em Philip. Seu corpo era como água, fluindo, ondulando, se avolumando. A luz inundava a cabine, investindo contra suas pálpebras fechadas como um nevoeiro vermelho.

Ela mudou de posição, ansiosa por lhe proporcionar o mesmo prazer desvairado. O corpo de Philip era fascinante, esguio e firme, a pele muito mais clara do que a sua. E Adrianne deslizou por aquele corpo, deixando beijos molhados e linhas de calor. Através dos lábios, ela podia sentir as batidas do coração; com as pontas dos dedos, fez com que disparasse. Uma parte era instinto, uma parte o que ele lhe ensinara. Em combinação, o conhecimento de Adrianne era tudo o que ele podia pedir.

Ela sentiu os dedos de Philip descerem por seus braços. As palmas se encontraram. Ao abrir os olhos, Adrianne descobriu que ele a observava. Os dedos se entrelaçaram, apertaram-se firmes, como uma promessa.

Adrianne estremeceu quando ele a penetrou. E se projetou a seu encontro, os movimentos harmonizados, os ímpetos se juntando.

O avião balançava através das nuvens. Enlaçados, os dois sentiam apenas sua própria turbulência. Paris era um nevoeiro na distância. Foi o nome de Philip que ela gritou, revelando para ele tudo o que queria saber.

– Partiremos para Nova York amanhã.

Philip levou o telefone até a janela e olhou para Paris. A cidade estava molhada de chuva fina, o céu tão cinzento quanto chumbo. Não era a primeira vez, mas mesmo assim desejou que Adrianne não tivesse saído sozinha.

– É muita gentileza sua me avisar.

Philip achou melhor ignorar o sarcasmo de Spencer.

– Um homem tem direito à privacidade durante a lua de mel.

– Quanto a isso... – Spencer apertou entre os dentes a haste do cachimbo. – Meus parabéns.

– Obrigado.

– Poderia ter me informado antes.

– Foi... ahn... um romance rápido. Isso não significa que está isento de mandar um presente de casamento, meu caro. Um presente de bom gosto e de alto preço.

– Não incluir uma repreensão em sua ficha já é um grande presente. Repreensão por ignorar os canais normais para autorização, depois se esgueirar sem me falar nada para um país esquecido por Deus, enquanto estamos absorvidos num caso da maior importância.

– O amor faz coisas estranhas com um homem, Stuart. Tenho certeza de que ainda se lembra disso. – Quando Spencer limpou a garganta para protestar, ele se apressou em acrescentar: – Quanto ao caso, não o negligenciei por completo. A informação dos meus antigos associados é de que o homem se aposentou. E deixou o continente por enquanto.

– Lamentável!

– Também acho, mas talvez eu possa compensá-lo.

– Como?

– Lembra-se de um Rubens que foi roubado da coleção Van Wyes há cerca de quatro anos?

– Três anos e meio... Um Rubens, junto com dois Corot, um Wyeth e um bico-de-pena de Beardsley.

– Tem uma memória fabulosa, capitão. Mas é com o Rubens que posso ajudar.

– De que maneira?

– Tenho uma pista.

Philip sorriu ao lembrar-se de sua lanterna iluminando o quadro por um instante no cofre-forte de Abdu. Havia vários caminhos para a vingança.

– É possível que o Rubens possa levá-los aos outros quadros.

– Quero você em Londres amanhã, Philip, para um relatório completo.

– Lamento, mas assumi um compromisso anterior. – Antes que Spencer pudesse gritar qualquer coisa, ele continuou: – Estarei mais do que disposto a lhe contar tudo o que sei, o que é muito, dentro de poucos dias. Desde que possamos chegar a um acordo.

– Que tipo de acordo? Se você tem informações sobre um quadro roubado, é seu dever me relatar tudo.

Philip ouviu a porta abrir. O sorriso dele se alargou quando Adrianne entrou. Ela tinha os cabelos úmidos da chuva. Sentiu um enorme prazer só de observá-la tirar as luvas.

– Sei exatamente qual é o meu dever, capitão. Exatamente. – Ele passou um braço pela cintura de Adrianne e beijou-a no alto da cabeça. – Teremos uma longa conversa mais tarde. Seria ótimo se pudesse ir até Nova York. Eu gostaria que conhecesse a minha esposa.

Ele desligou para poder beijar Adrianne de uma maneira mais satisfatória.

– Está gelada!

Philip esfregou as mãos de Adrianne.

– Era o seu capitão Spencer?

– Ele manda parabéns.

– Posso apostar. – Ela largou a bolsa de compras. – Até que ponto ele está irritado?

– Muito. Mas tenho uma coisa que deve animá-lo. Comprou alguma coisa para mim?

– Isso mesmo. Comprei uma echarpe de seda para a Celeste na Hermès, e vi isso. – Ela tirou da bolsa de compras um suéter de cashmere da mesma cor dos olhos de Philip. – Não trouxe roupa para um inverno em Paris. Imagino que deve ter centenas de agasalhos em casa.

Talvez fosse tolice se sentir comovido, mas ele ficou.

– Não tenho nenhum presente para você. Foi por isso que não quis me deixar acompanhá-la?

– Não. – Adrianne puxou a bainha do suéter depois que ele a meteu pela cabeça. – Precisava passar algum tempo sozinha, para pensar. Liguei para Celeste. Tudo foi entregue no meu apartamento. Ela abriu a caixa chinesa.

– E o colar?

– Está exatamente onde o guardei. Eu disse a ela para deixá-lo lá. Prefiro cuidar de tudo pessoalmente, quando voltarmos.

– Parece que você tem tudo sob controle. – Ele levantou o queixo de Adrianne com a ponta do dedo. – Agora, por que não me conta o que realmente pensou?

Ela respirou fundo.

– Philip, mandei uma carta para o meu pai. Comuniquei a ele que estou com O Sol e a Lua.

27

– Tenho de lhe dizer que me sinto profundamente magoada por você ter se casado sem a minha presença.

– Já expliquei que foi apenas um artifício, Celeste.

– Artifício ou não, eu deveria estar presente. – Celeste ajustou a echarpe nova em torno do pescoço e avaliou o efeito no espelho. – Além do fato de que, se sou capaz de julgar qualquer coisa, você vai ter de correr depressa e por uma grande distância para escapar de um homem como Philip Chamberlain. – Ela sorriu, passando os dedos pela echarpe. – Há vinte anos, eu teria corrido com você para conquistá-lo.

– Seja como for, vamos seguir por caminhos separados assim que tudo acabar.

– Minha querida... – Ela se virou do espelho para fitar Adrianne. – Você não é tão boa atriz quanto a sua mãe.

– Não sei do que está falando.

– É apaixonada por ele, e eu diria que se trata de um caso terminal. O que me deixa emocionada por você.

– Os sentimentos não mudam os fatos. – Ela pensou no anel em seu dedo. – O Philip e eu temos um acordo.

– Minha querida... – Celeste deu um beijo no rosto de Adrianne. – Os sentimentos mudam tudo. Gostaria de falar a respeito?

– Não. – Adrianne suspirou, irritada porque o som parecia um lamento. – Para ser franca, nem sequer quero pensar a respeito por enquanto. Já tenho problemas suficientes com que me preocupar.

Foi preciso apenas um instante para o sorriso de Celeste se desvanecer.

– Estou preocupada com você... preocupada com o que ele vai fazer agora que sabe que o colar está em seu poder.

– O que ele pode fazer? – Para encerrar o assunto, Adrianne pegou seu casaco. – Pode querer me assassinar, mas isso não lhe devolveria o colar.

Ela tornou a se contemplar no espelho, enquanto prendia os colchetes.

– Acredite em mim. Sei o quanto ele quer o colar, o quanto está disposto a dar para recuperá-lo.

– Como pode falar sobre isso com tanta calma?

– Porque sou bastante beduína para aceitar o meu destino. Foi por isso que esperei durante toda a vida. Não se preocupe, Celeste. Ele não vai me matar... e vai pagar o que eu pedir. – Adrianne viu seus olhos endurecerem no espelho. – E depois que isso acontecer, talvez eu possa contemplar o resto da minha vida com mais clareza.

– Addy... – Celeste pegou a mão de Adrianne. – Valeu a pena?

Ela pensou em todos os caminhos que percorrera, tudo levando a um cofre-forte num palácio antigo. Num gesto involuntário, tocou nas argolas em suas orelhas.

– Tem de valer. Vai valer.

Adrianne saiu. Decidiu percorrer a pé as poucas quadras até seu apartamento em vez de pegar um táxi. A rua estava vazia. Era quase fevereiro agora, frio demais para passeios a esmo. Haveria uns poucos obstinados correndo pelo parque gelado, a respiração saindo em nuvens. Os porteiros estavam envoltos em lã, as orelhas cobertas. Com as mãos enfiadas nos bolsos, Adrianne caminhava sem pressa.

Sabia que era seguida. Avistara o homem no dia anterior. Uma iniciativa do pai, tinha certeza. Mas não mencionara a Philip. O colar era o seu seguro.

A essa altura, Philip devia estar em sua reunião com Spencer.

Havia algum segredo ali, refletiu ela. Ele parecia distraído quando haviam se separado naquela tarde. Na verdade, mostrava-se distraído desde o momento em que Spencer telefonara para avisar que chegara a Nova York.

Não era da sua conta, disse Adrianne a si mesma. Não acabara de dizer a Celeste que ela e Philip tinham um acordo? Se ele tinha segredos, ou problemas com seu superior, a privacidade era um direito seu. Mas ela gostaria – não podia deixar de desejar – que Philip tivesse lhe confidenciado tudo.

Avistou a limusine comprida e preta parada na frente de seu prédio. Não era uma cena excepcional, mas seu coração disparou. Sabia quem saltaria antes mesmo que a porta fosse aberta.

Abdu trocara o *throbe* por um terno, as sandálias por sapatos italianos. Mas ainda usava o turbante de seu país. Os dois pararam, fitando-se em silêncio.

– Venha comigo.

Ela fitou o homem ao lado de Abdu. Sabia que ele estava armado e que obedeceria a qualquer ordem de seu rei sem pensar duas vezes. A fúria podia fazer com que Abdu quisesse que ela fosse fuzilada ali mesmo, na rua. Mas ele não era nenhum tolo.

– Acho que é melhor o contrário: você vem comigo.

Adrianne virou as costas e recomeçou a andar. Prendeu a respiração enquanto entrava no prédio. Ao sentir que Abdu a acompanhava, acrescentou:

– Mande o seu homem esperar aqui fora. O assunto é entre nós dois.

Entraram no elevador. Se alguém olhasse, veria um homem bonito e distinto, de terno azul-escuro, e uma jovem de casaco de pele, obviamente sua filha. E poderia pensar que ofereciam uma cena fascinante antes de a porta do elevador se fechar.

Adrianne sentia calor. Nada tinha a ver com o aquecimento do prédio ou o casaco de pele. Não era medo, embora soubesse que o pai tinha mãos fortes o suficiente para estrangulá-la antes que chegassem ao último andar.

– Recebeu a minha carta. – Embora Abdu não respondesse, ela inclinou a cabeça para fitá-lo. – Enviei outra carta há muitos anos. Não apareceu naquela ocasião. Ao que parece, o colar vale mais do que a vida da minha mãe.

– Eu poderia levá-la de volta para Jaquir. E ficaria agradecida por ter apenas as mãos cortadas.

– Você não tem nenhum poder sobre mim. – Ela saltou do elevador quando a porta se abriu. – Não mais. Houve um tempo em que o amava... e o temia ainda mais. Agora, até o medo desapareceu.

Adrianne abriu a porta do apartamento. Percebeu no mesmo instante que havia sido revistado pelos homens de Abdu. As almofadas estavam rasgadas, as mesas viradas, gavetas jogadas no chão. Fora mais do que uma busca, algo mais pessoal, mais vingativo. A fúria aflorou em seus olhos.

– Pensou que eu o esconderia aqui? – Ela foi para o quarto, contornando a bagunça. – Esperei tempo demais para fazer com que fosse simples para você.

Adrianne esperava o golpe e conseguiu recuar a tempo, de maneira que a mão dele apenas roçou seu rosto.

– Se tentar me agredir de novo, juro que nunca mais vai ver o colar!

Ele cerrou as mãos nos lados do corpo.

– Vai devolver o que me pertence.

Adrianne tirou o casaco e o jogou para o lado. A caixa chinesa estava no chão, quebrada, mas já cumprira sua função. O colar estava outra vez num cofre. Dessa vez num banco de Nova York.

– Não tenho nada que lhe pertença. Tenho o que pertencia à minha mãe, e agora é meu. É a lei do Islã, a lei de Jaquir, a lei do rei. – Os olhos de Adrianne eram um espelho dos olhos do pai. – Vai desafiar a lei?

– Eu sou a lei. O Sol e a Lua pertence a Jaquir e a mim, não à filha de uma prostituta!

Adrianne foi até o retrato da mãe, arrancado da parede e jogado no chão. Com todo cuidado, ela o endireitou, para que o rosto glorioso ficasse virado em sua direção. Esperou até Abdu olhá-lo e lembrar.

– Pertencia à esposa de um rei, perante Deus e perante a lei. Foi você quem roubou dela... o colar, a honra e no final até a vida. Jurei que o pegaria de volta, e foi o que fiz. Jurei que faria você pagar, e é o que vai acontecer.

– É típico de uma mulher cobiçar pedras preciosas. – Ele agarrou o braço de Adrianne, os dedos apertando-a com toda força. – Não tem conhecimento do verdadeiro valor, do verdadeiro significado.

– Tanto quanto você – declarou Adrianne, desvencilhando-se. – Talvez melhor do que você. Acha que me importo com o diamante ou com a pérola? – Com um grunhido de repulsa, ela se afastou. – Era o presente que importava para ela, e a traição quando o tirou, a usurpação. Ela não se preocupava com o colar, a cor, os quilates. Só se importava por ter lhe dado amor e recebido ódio em troca.

Abdu detestou ter o retrato ali, fitando-o, lembrando-o.

– Eu estava louco quando dei o colar e curado quando o peguei de volta. Se quer continuar a viver, entregue-me o colar!

– Outra morte nas suas mãos? – Ela deu de ombros, como se não se importasse com isso. – Se eu morrer, o colar morre comigo.

Adrianne esperou até ter certeza de que ele acreditava.

– Já compreendeu que falo sério. Estou disposta a morrer por isso. Se eu morrer, ainda terei a vingança, mas prefiro evitar. Pode levar o colar de volta para Jaquir, mas vai ter de pagar um preço.

– Levarei o colar de volta, e você é que vai pagar o preço.

Ela se virou para ele. Aquele homem era seu pai, mas Adrianne nada sentia. Graças a Deus que dessa vez não sentia nada.

– Passei a maior parte da minha vida odiando você. – Ela falou com calma, incisiva, a voz um espelho de suas emoções. – Sabe como ela sofreu, como ela morreu. – Adrianne esperou, observando os olhos de Abdu. – Claro que sabe. Dor, tormento, tristeza, confusão. Observei-a morrer pouco a pouco, ano a ano. Sabendo isso, você deve compreender que não importa o que possa fazer comigo.

– Talvez não com você, mas não vive sozinha.

Ela empalideceu, o que deixou Abdu satisfeito.

– Se fizer algum mal ao Philip, juro que dou um jeito de matá-lo. E o destino do colar, O Sol e a Lua, vai ser o fundo do mar.

– Portanto, ele importa para você.

– Mais do que você é capaz de compreender. – Com um aperto na garganta, Adrianne jogou a carta final. – Mas nem mesmo ele sabe onde está o colar. Só eu sei. Tem que negociar comigo, Abdu, só comigo. Prometo que o valor que cobrarei pela sua honra será muito abaixo do valor da vida da minha mãe.

Ele ergueu o punho dessa vez. Adrianne preparou-se para o golpe no instante em que a porta foi batida.

– Encoste a mão nela de novo e eu mato você!

Enquanto Adrianne cambaleava para trás, Philip agarrava Abdu pela lapela.

– Não faça isso! – Em pânico, ela agarrou o braço de Philip e o puxou. – Ele não me bateu!

Philip lançou-lhe um rápido olhar.

– O sangue no seu lábio.

– Não é nada. Eu...

– Não dessa vez, Addy.

Ele falou calmamente, antes de acertar um soco no queixo de Abdu. O rei caiu, arrastando uma mesinha Queen Anne na queda.

A ardência nas articulações de Philip proporcionou mais satisfação do que segurar uma centena de pedras preciosas.

– Isso foi pela equimose que deixou no rosto da minha mulher! – Ele esperou que Abdu se sentasse no sofá rasgado, antes de continuar: – Pelo resto do que deve a ela, eu teria que matar você. Mas Adrianne não o quer morto. Por isso, vou dizer que há sempre meios de mutilar um homem. Tenho certeza de que sabe disso. Pense neles, com todo cuidado, antes de levantar a mão para ela outra vez.

Abdu limpou o sangue da boca. A respiração era pesada, não de dor, mas de humilhação. Não era agredido, nem sequer tocado se não concedesse permissão desde o dia em que se tornara rei.

– Você é um homem morto!

– Acho que não. Seus dois guardas lá fora já estão respondendo a algumas perguntas de meus companheiros sobre o motivo pelo qual carregavam armas escondidas. O capitão Stuart Spencer, da Interpol, está no comando. Esqueci de mencionar que trabalho para a Interpol, não é mesmo? – Philip olhou a bagunça ao redor. – É melhor despedir a empregada, Adrianne. Eu gostaria de tomar um conhaque. Incomoda-se de procurar a garrafa?

Ela nunca o vira com aquela atitude. Nunca ouvira sua voz tão incisiva. Não sentira medo de Abdu, mas teve medo de Philip naquele instante. E medo por ele.

– Philip...

– Por favor. – Ele tocou no rosto de Adrianne. – Faça isso por mim.

– Está bem. Volto num instante.

Philip esperou que ela deixasse a sala e sentou no braço de uma poltrona.

– Em Jaquir, você não viveria até o sol se pôr... e louvaria Deus quando morresse.

– Você é um filho da puta, Abdu. E o fato de ter sangue azul não o torna menos filho da puta. – Ele deixou escapar um longo suspiro. – Agora que concluímos as amenidades, quero começar por dizer que não estou nem um pouco preocupado com os seus costumes. Não aqui. E o que sinto por você nesse momento também não importa. Isso é negócio. E antes de entrarmos no assunto, eu gostaria de explicar as regras.

– Não tenho negócios para tratar com você, Chamberlain.

– Independentemente de todo o resto, você não é estúpido. Não preciso detalhar os motivos para Addy pegar o colar. Só participei nos últimos estágios. Embora seja um golpe para o meu orgulho admitir, sei que ela poderia fazer o trabalho sozinha. Pegou o colar debaixo do seu nariz e vai ter que pagar a ela. – Philip fez uma pausa. – Mas vai ter que pagar para mim se ela sofrer qualquer coisa. Devo acrescentar que se você está pensando em fazer um acordo para depois mandar cortar as nossas gargantas, a Interpol já está a par de todos os detalhes da transação. As nossas mortes, acidentais ou não, vão acarretar uma investigação sua e do seu país, que eu creio que preferirá evitar. Ela levou a melhor sobre você, Abdu. E o meu conselho é aceitar como um homem.

– O que você sabe sobre ser um homem? Não passa de um cachorrinho submisso de uma mulher.

Philip apenas sorriu, mas até o divertimento era ameaçador.

– Prefere sair e acertar as contas num beco? Posso garantir que sempre concordo com uma boa proposta.

Ele olhou quando Adrianne entrou na sala.

– Obrigado, querida. – Depois de pegar o copo de conhaque, ele gesticulou para Abdu. – Acho que devemos tratar logo do nosso negócio. Abdu é um homem ocupado.

As mãos de Adrianne estavam firmes de novo. Deliberadamente, ela escolheu uma cadeira entre Philip e Abdu.

– Como eu disse, o colar é minha propriedade. Essa é a lei, que seria respeitada até em Jaquir se a situação se tornasse pública. Prefiro evitar a publicidade, mas recorrerei à imprensa aqui, na Europa e, se for necessário, no Oriente Médio. O escândalo teria pouca consequência para mim.

– A história do roubo e a traição acarretariam a sua ruína.

– Ao contrário. – Adrianne sorriu. – Eu poderia ter jantares de graça pelo resto da vida só para contar a história. Mas não é essa a questão. Vou devolver o colar a você e renunciar a qualquer reivindicação. Manterei silêncio sobre o tratamento que dispensou à minha mãe e sua desonra. Pode voltar para Jaquir com O Sol e a Lua, além dos seus segredos... por 5 milhões de dólares.

– Cobra um preço muito alto por sua honra.

Os olhos firmes de Adrianne voltaram a encontrar os do pai.

– Não é a minha honra, mas a da minha mãe.

Ele poderia mandar matá-los. Abdu avaliou a satisfação de vê-los destruídos por um carro-bomba, assassinados por balas disparadas de uma arma com silenciador, envenenados em alguma festa americana decadente. Tinha os meios e o poder para providenciar. A satisfação seria imensa. Mas quais seriam as consequências?

Se as mortes fossem ligadas a ele, não poderia abafar o clamor. Se todo mundo soubesse que haviam lhe tirado O Sol e a Lua, seu povo poderia se amotinar e ele seria envergonhado. Ele queria o colar de volta, mas não podia se vingar.

Seus vínculos com o Ocidente eram odiosos, mas necessários. O dinheiro era bombeado do deserto todos os dias. Cinco milhões de dólares não afetariam tanto seu tesouro.

– Terá o seu dinheiro, se dinheiro é o que precisa.

– É tudo o que preciso de você.

Adrianne levantou-se e pegou a bolsa. Tirou um cartão, que entregou a Abdu.

– Os meus advogados. A transação será efetuada por intermédio deles. No momento em que eu tiver a confirmação de que foi feito o depósito na minha conta na Suíça, entregarei O Sol e a Lua a você ou a seu representante.

– Nunca mais voltará a Jaquir, nem terá contato com qualquer pessoa da minha família.

Era o preço a pagar, mais alto do que imaginara antes.

– Nunca enquanto você viver.

Ele falou em árabe, a voz baixa. Adrianne empalideceu. Depois, Abdu virou-se e foi embora.

– O que ele disse?

Porque era importante não se importar, mesmo agora, ela deu de ombros.

– Disse que viveria por muito tempo, mas que para ele e para todos os membros da Casa de Jaquir eu já estava morta. E que vai orar a Alá para que eu morra em dor e desespero, como a minha mãe.

Philip levantou-se. Ergueu o queixo de Adrianne.

– Não podia esperar uma bênção.

Ela forçou um sorriso.

– Não, não podia. Está feito. Eu esperava sentir uma onda fabulosa de alegria e satisfação.

– E o que sente?

– Nada. Depois de tudo, não consigo sentir absolutamente nada.

– Nesse caso, acho melhor sairmos para dar uma olhada no seu prédio.

O sorriso veio fácil. Adrianne passou a mão pelos cabelos.

– Tem toda razão. Preciso saber que fiz o que era certo.

Ela olhou para o retrato da mãe e sentiu que os músculos relaxavam.

– O dinheiro nada significava para ele, mas quero ter certeza de que Abdu compreendeu e vai se lembrar.

– Ele compreendeu, Addy. E não vai esquecer.

– Philip... – Ela tocou sua mão, depois recuou. – Temos que conversar.

– Preciso de mais conhaque.

– Quero que saiba como me sinto grata por tudo o que fez.

– Hum...

Ele decidiu que era melhor se sentar de novo.

– Não pense que é pouca coisa. Você me ajudou no momento mais importante da minha vida. Sem você, eu ainda poderia conseguir, mas não significaria a mesma coisa.

– Duvido de que você fosse capaz de realizar o trabalho sem a minha ajuda. Mas se isso faz com que se sinta melhor, não me incomodo.

– Eu sabia exatamente o que... – Adrianne se controlou. – Não importa. O importante é que preciso agradecer por tudo.

– Antes de me acompanhar até a porta?

– Antes de cada um retomar a sua vida.

– Está tentando me irritar?

– Claro que não. Apenas quero ter certeza de saber exatamente o que você quer.

– Já acabou de me agradecer?

– Já. – Ela virou-se para chutar um vaso quebrado. – Acabei.

– Poderia ter falado um pouco mais, mas me contentarei com o que disse. Agora, se entendi direito, você quer que eu passe pela porta e saia da sua vida.

– Eu gostaria que fizesse o que é melhor para nós dois.

– Nesse caso...

Quando ele a segurou pelos ombros, Adrianne se desvencilhou.

– Acabou, Philip. Tenho planos para pôr em prática. A clínica, a aposentadoria... a minha vida social.

Philip decidiu que podia esperar um dia ou dois para comunicar que ela passaria a trabalhar para a Interpol. E quando o momento fosse apropriado, acrescentaria que Abdu teria de responder a algumas perguntas difíceis sobre a posse de um quadro roubado. Mas precisavam tratar primeiramente de outros problemas... de questões pessoais.

– E não há lugar na sua vida para um marido.

– O casamento foi parte da encenação. – Adrianne virou as costas. Aquela conversa deveria ser fácil, pensou. Deveriam rir antes de seguirem por caminhos separados. – Pode ser um pouco desagradável tratar com a imprensa e os amigos bem-intencionados, mas entre nós tudo pode ser resolvido sem dificuldade. Não há razão para nos prendermos...

– A uma promessa? Pelo que me lembro, houve algumas promessas.

– Não torne a situação mais difícil do que o necessário.

– Está bem. Jogamos à sua maneira até agora. E terminaremos à sua maneira. O que devo fazer?

A boca ressequida, ela pegou o copo de conhaque de Philip e tomou um gole.

– É fácil. Basta dizer "Eu me divorcio de você" três vezes.

– Só isso? Não preciso ficar equilibrado sobre um único pé, numa noite de lua cheia?

Adrianne largou o copo com um grunhido.

– Não é nada engraçado.

– Pode não ser engraçado, mas é ridículo.

Ele pegou a mão de Adrianne, mantendo-a firme quando ela fez menção de retirá-la. Philip sabia como calcular as chances. Sempre soubera. Mas dessa vez não podia ter certeza se lhe eram favoráveis.

– Eu me divorcio de você.

Ele inclinou-se para beijá-la. Os lábios de Adrianne tremeram, os dedos se contraíram.

– Eu me divorcio de você.

Com a mão livre, Philip puxou-a e tornou o beijo mais ardente.

– Eu me...

– Não! – Furiosa, ela o abraçou e apertou. – Não!

O alívio o deixou com os joelhos bambos. Por um momento, apenas um momento, comprimiu o rosto contra os cabelos de Adrianne.

– Você me interrompeu, Addy. Agora vou ter que começar tudo de novo. Daqui a cinquenta anos.

– Philip...

– À minha maneira agora.

Ele recuou, a fim de poder contemplar o rosto de Adrianne. Ela estava pálida de novo. Ótimo. Esperava tê-la deixado apavorada.

– Estamos casados, para o melhor ou pior. Se for necessário, teremos outra cerimônia, aqui ou em Londres. Do tipo que exige advogados, muito dinheiro e muita dificuldade para dissolver.

– Nunca disse que eu...

– Tarde demais. – Ele mordeu de leve o lábio inferior dela. – Perdeu sua chance.

Ela fechou os olhos.

– Não sei por quê.

– Sabe sim. Diga em voz alta, Addy. A sua língua não vai cair. – Quando ela tentou recuar, Philip segurou-a com firmeza. – Vamos, querida. Nunca foi uma covarde.

Isso fez com que ela abrisse os olhos. Philip viu a expressão fulminante e sorriu.

– Talvez eu ame você.

– Talvez?

Ela deixou escapar um suspiro.

– Acho que amo você.

– Tente mais uma vez. Vai acabar falando direito.

– Eu amo você – falou depressa Adrianne. – Pronto. Satisfeito agora?

– Não, mas pretendo ficar.

E ele a levou para o sofá todo rasgado.

fim